Sex, Ecology, Spirituality: The Spirit of Evolution, Second Edition

켄 윌버의
성, 생태, 영성

- 진화하는 靈 -

Ken Wilber 저 | 조옥경 · 김철수 공역

학지사

역자 서문

인류는 현재 전대미문의 혼란 속에 있다. 2020년 초 갑자기 전 세계를 덮친 신종 바이러스는 인공지능이 주도할 4차 산업의 도래를 목전에 두고 한껏 부풀었던 인류의 자존심에 치명적인 타격을 가하고 있다. 눈부시게 발전해 왔던 과학과 기술은 마스크와 사회적 거리두기라는 원시적인 대책 이상의 대안을 마련하지 못하는 실정이다. 여기에 더해서 해마다 가속되는 기후 변화는 인류에게 새로운 돌파구가 시급하다는 경종을 울리고 있다. 우리는 현재 어디쯤 위치하고 있는 걸까? 미래는 어떻게 전개될 것이고 더 나은 미래를 위해 우리가 할 수 있는 일은 무엇일까? 이런 식의 자기성찰적 화두가 모두의 머릿속에 맴돌고 있다. 한국 독자에게도 이미 잘 알려진 켄 윌버는 이 질문에 대해 정신사적으로 가장 적절한 대답을 줄 수 있는 사상가로 보인다. 그의 통합사상은 물리학, 생물학, 생태과학, 심리학, 현상학, 해석학은 물론 동서양 대부분의 신비 전통을 포용하고 있다는 점에서 그는 우리 시대 최고 통합사상가이자 "동양 영성의 헤겔(주간 출판Publishers Weekly)"로 칭송받고 있다. 특히 물질 차원만을 고려하는 평원론적 우주cosmos에서 물질-생명-마음-혼-영을 포괄하는 다차원의 전일적 온우주Kosmos로 눈을 돌리게 만든 그는 물질주의에 지나치게 매몰된 현대인에게 정신과 영성의 회복이라는 시대적 과제를 부여하고 있다.

저널리스트 토니 슈워츠Tony Schwartz는 현대 미국의 대표적인 지혜를 발굴해서 소개하는 자신의 저서 『무엇이 진정 중요한가What really matters?』에서 켄 윌버를 프로이트와 붓다를 포괄하는 철학 사상가로 소개하였다. 프로이트의 신중하면서도 날카로운 눈빛에 고요하면서도 따뜻한 붓다의 미소가 만나 서로 조화를 이룬다는 것의 의미는 무엇일까? 프로이트는 신비 경험을 포함해서 모든 초월적 경험은 위대한 어머니와의 비분리로 인한 원초적, 유아적 경험으로서 병리를 유발할 소인을 안고 있다고 경고하였다. 반면에 붓다로 대표되는 동양의 명상 전통은 분리된 자아란 환상에 불과함을 설파하면서 전개인-개인-초개인으로 순차적으로 이동하는 의식의 발달 현상을 간과하였다. 켄 윌버는 1977년『의식의 스펙트럼The spectrum of consciousness』을 출판하여 '성장하고 발달하는' 의식을 우리에게 각인시켰다. 이 저서에서 그는 인간의 의식 또한 신체와 마찬가지로 일정한 단계를 거쳐 변화 발전한다고 주장하면서 이를 뒷받침하는 동서양의 증거들을 제시하였다. 이로써 세계적인 주목을 끌었던 그의 나이는 겨우 27세에 불과했다.

『성, 생태, 영성Sex, Ecology, Spirituality』은 1995년에 출판된 켄 윌버 최고의 걸작으로 평가되고 있다. 윌버 자신이 서문에서도 밝혔듯이 이 책은 원래 '온우주 3부작The Kosmos Triology'으로 계획된 것의 1권에 해당한다. 아내를 잃고 약 3년 동안 칩거에 들어간 윌버는 근대를 넘어 탈근대가 맞닥뜨린 주요 이슈들을 이 세 개 키워드로 요약한 후 이들을 모두 해결할 수 있는 새천년의 통합비전을 제시하였다. 또한 과학, 도덕성, 미학, 동서양 철학과 수행 전통, 전근대-근대-탈근대, 동서양의 다양한 명상 전통을 포괄하는 온우주Kosmos의 지도를 만들고자 하였다. 현대에 이르기까지 전 세계 과학자, 철학자, 사상가들이 제시했던 만물을 통섭하는 계층구조 약 200개를 늘어놓고, 이것들을 어떻게 통합시킬까를 장시간 고심한 결실로 총 2,500페이지에 달하는 '온우주 3부작'의 초고를 완성하였다. 인간 잠재력 운동의 본산지이자 인본주의 심리학, 트랜스퍼스널 심리학을 낳는 데 핵심 역할을 했던 에살렌 연구소Esalen Institute의 설립자 마이클 머피는 20세기가 낳은 가장 위대한 저서 네 권 중 하나로『SES』를 꼽을 정도였다.

16~18세기 유럽에서 일어난 계몽주의는 존재의 영적 측면을 도외시한 철학적 자연주의에 매몰된 점에서 윌버의 눈에는 불완전해 보였다. 따라서 현대에는 동서양의 수많은 사상가, 철학자들이 동의하고 전제하는 '영원의 철학perennial philosophy'을 근간으로 삼는 영Spirit을 부활시킨 새로운 계몽주의 비전이 필요하다고 윌버는 강조한다. 이 점에서 중요하게 부각시킬 필요가 있는 사상가로 그는 플로티노스, 나가르주나, 셸링, 스리 오로빈도를 꼽았다. 윌버는 세계의 전개를 진화하는 영Spirit의 활동

으로 보았다. 근원의 일자적 영에서 다자로 진화evolution하는 영은 다시 내화involution의 과정을 거쳐 일자로 회귀한다. 위에서 언급한 네 사람은 대립되는 양극단을 통섭하는 비이원적 관점을 견지한 대표적인 사상가들이다. 플로티노스는 상승의 길과 하강의 길을 통합한 점에서, 셸링은 에고Ego와 에코Eco 간의 갈등을 통합한 점에서 비이원론자이다. 나가르주나는 비이원철학을 최초로 주장한 불교철학자이며, 오로빈도는 진화적 관점을 취한 비이원의 베단타철학자이다. 양단을 포함하는 동시에 초월하는 비이원의 관점에서 세계를 관조한 윌버는 현대 생물학, 생태과학, 사회과학, 심리학, 근대 및 탈근대 철학의 성과를 비이원철학 속에 녹여 넣는 작업을 시도하였다.

『SES』는 상권과 하권으로 구분되어 있지만, 상당 분량의 주석이 추가되어 총 세 개 부분으로 구성되었다고 보는 것이 적절할 것이다. 상권에서는 기계론적이고 유물론적인 근대세계관을 기초로 한 철학적 자연주의가 갖는 내면성의 소외, 영성의 배제라는 문제점을 지적하면서 그런 문제점을 보완하는 새로운 온우주론을 제시하였다. 오늘날의 생태적 위기를 극복하기 위한 대안으로 제시된 생명의 그물망이라는 생태적 전일론은 계층구조를 부정하고 수평적 확장만을 강조하는 평원론적 우주관에 머물고 말아 새로운 문제를 낳았다고 그는 말한다. 이런 평원론은 상위 차원이 하위 차원을 초월하고 포함하는 존재의 대사슬을 설명할 수 없다는 점을 지적하면서 그 대안으로 '영의 대둥지Great Nest of Spirit'를 제안하였다. 영의 대둥지를 구성하는 최소 단위는 '어느 한 맥락에서는 전체인 것이 동시에 다른 맥락에서는 부분이 되는' 홀론holon이며 홀론은 어느 한 단계에서는 전체였던 것이 다음 단계에서는 더 큰 전체의 일부가 된다는 점에서 홀론계층holarchy의 계층구조를 이룬다. 이런 계층 구조는 힘을 통한 지배력이 근간이 되는 지배 계층구조와는 뚜렷하게 구분되는 실현 계층구조actualization hierarchy로서 여기에서는 낮은 기능의 홀론에서 높은 기능의 홀론으로 진화한다. 홀론이 따르는 십여 개 원리를 상권 2장에서 구체적으로 조목조목 설명하면서 만물은 이런 원리에 따라 서로 연결되어 있을 뿐 아니라 공진화한다고 주장하였다.

홀론, 홀론계층 관점은 홀론 개체의 크기와 집단의 폭이라는 개념으로 개체와 사회라는 외견상 대립되는 두 요소의 종합을 허용한다. 즉, 진화가 진행될수록 개체 홀론의 크기는 커지는 반면 집단 홀론의 폭은 더 작아진다는 것이다. 여기에 더해서 윌버는 그동안 인류 정신사의 흐름에서 주요 지류로 도도히 흐르는 개인의 주관성, 내면성에 관한 지금까지의 경험과 지식을 인간의식론에 통합시킬 필요성을 제기한다. 개체-사회의 차원에 외면-내면의 차원이 결합되자 그의 사상은 큰 도약을 맞이하여 인류 정신사의 큰 획을 긋는 사상한론이 본격적으로 모습을 드러내게 된다. 내면성의 회복은 일차원의 기계론적 평원론에 깊이를 추가하는 결과를 낳음으로써 이제 인간의 의식은 개체-내면(좌상상한), 집단-내면(좌하상한), 개체-외면(우상상한), 집단-외면(우하상한)의 더욱 확장되고 풍성해졌다. 『SES』에서 최초로 제기된 사상한론은 두 가지 환원주의 오류, 즉 사상한으로 전개되는 온우주를 외부만으로만 구성된 물질적 기계론(우상상한)으로 환원시킴으로 계몽주의가 저질렀던 거친 환원주의와 내부를 외부(우측 상한)로 환원시킴으로서 시스템 이론이 저지른 미묘한 환원주의 모두를 마침내 극복하였다. 이로써 근대와 탈근대를 넘어 새로운 21세기를 여는 통합의식론의 기초가 마련된 것이다.

평원적 생태론이 제시한 수평적 차원에 내면성의 깊이로 수직성을 추가한 윌버는 초기 사상에서 제시한 의식발달론(좌상상한)을 집단의식에 적용시켜(좌하상한) 역사적으로 집단의식이 어떻게 발달하고 성장하며 진화해 왔는지를 설득력 있게 설파하였다. 보여 주었다. 개인의식발달을 위해서 피아제의 인지발달론이 필요했다면, 집단의식발달을 위해서는 하버마스의 사회-문화적 발달에 관한 연구가 필요했다. 이 두 개의 이론으로 서구 사회가 어떻게 마술magic, 신화적mythic 단계를 거쳐 합리적rational 의식 단계로 발전해 왔는지가 설명되었다. 인류 집단의식발달의 여정은 인류가 어떻게 물질권에서 생물권으로 해방되고, 생물권에서 정신권으로 해방되었는지를 잘 보여 준다. 윌버는 생물권에서 정신권이 분리되어 분화되는 과정에 페미니즘이 위치하고 있다고 주장하였다. 생물학적 성sex의 구속에서 해방된 여성은 정신권에서 사회학적 성gender으로 자신을 재정립하고 사회 속에서 자신의 권리를 쟁취하는 투쟁이 시작되었다는 것이다. 따라서 윌버의 시각에서 보면 페미니즘은 정신권이 생물권으로부터 분화된 필연적인 결과다. 이제 정신권의 자율성과 독립성을 쟁취한 인류의 집단의식은 목전에는 더 상위 차원에서 생물권과 정신권이 통합되는 비전-논리vision-logic가 기다리고 있다. 그렇다면 비전-논리야말로 인류의식 진화의 정점일까? 아니라면 무엇이 우리를 기다리고 있는 걸까? 이런 질문에 대한 해답의 단초로 윌버는 개인의식발달의 스펙트럼으로 눈을 돌린다. 비전-논리 이후 의식이 진화하는 방향, 즉 에머슨으로 대표되는 자연 신비주의, 아빌라의 성 테레사로 대표되는 신성 신비주의, 에크하르트로 대표되는 무형 신비주의, 라마나 마하르시로 대표되는 비이원 신비주의가 우리를 기다리고 있다. 시대를 앞서간 이 위대한 신비가들은 우리의 과거가 아니라 우리의 미래인 것이다.

하권에서 윌버는 현재 인류에게 주어진 과제, 특히 생태 위기와 영성의 회복과 관련해서 제기되는 쟁점들을 의식발달의 최정점인 비이원의 관섬에서 종합하려는 시도를 하였다. 우선 일자 혹은 절대를 포용하는 상승의 철학과 다수, 다자를 포용하는 하강의 철학은 플라톤에서 출발해서 플로티노스로 이어진다. 플라톤에게 있어 상승 과정은 점점 더 큰 통일성을 찾아가는 에로스에 의해 추진된다. 반면에 플로티노스의 경우 상승의 매 단계마다 하위 단계들이 포함되므로 창조성으로 추동되는 에로스는 하위에 대한 사랑, 관심, 자비로 추동되는 아가페와 균형을 이룬다. 윌버는 에로스와 아가페가 원인적 일자의 직접 경험을 통해 개인 안에서 통합되지 못하면 에로스는 실존의 공포인 포보스Phobos로 변질되어 존재의 대둥지의 하위 수준들을 혐오하고, 소외시키고, 그 수준을 억압한다고 하였다. 이와는 달리 아가페와 에로스가 분리되어 균형을 잃으면 죽음 충동인 타나토스Thanatos로 변질될 위험이 있다고 하였다.

켄 윌버는 또한 근대의 빛과 그늘을 그 시대를 대표하는 길보good news와 흉보bad news로 나누어 기술하였다. 근대의 길보는 신화가 경험적 증거를 요구하는 합리성으로 경질되었다는 것이고, 흉보는 그런 상승 과정에서 '더 이상 신화는 그만'이라는 구호가 '더 이상 상승은 그만'으로 변질되었다는 것이다. 발달적 상승 기회가 부정되었기 때문에 모든 관심이 다차원적 홀론계층으로 이루어진 온우주가 아니라 우측 경험적 접근만으로 탐구 가능한 '평원', 즉 거대한 평면에 머문 상호 연결적 질서로 전락하고 말았다. 이런 세계관은 근대의 중심적인 문제, 즉 합리적 자아의 자율적인 독자성 대 자연과의 결합을 지향하는 자연세계와의 공동성의 대립이라는 문제를 제기하였다. 여기에서 '에고 진영'과 '에코 진영'의 갈등이 출현한다. 에코 진영의 최대 관심은 어떻게 하면 인간을 생명의 흐름 안으로 되돌릴 것인가에 있었지만, 이 진영의 사상가들은 분화를 분리와 혼동함으로써 발달의 순서를 따라 진행되는 진화의 과정을 올바로 인식하지 못한 채 분리와 소외 이전의 과거를 찬미하는 낭만주의 오류를 범하고 말았다.

에고와 에코와의 갈등에 대한 해결책을 마련한 사람은 셸링이다. 그는 마음과 자연 간의 분리는 어린 시절로 돌아가거나 느낌의 즉각성으로 돌아가는 것으로 치유될 수 있는 것이 아니라 마음과 자연 모두를 발견하는 합리적 이성 너머로 진전해 감으로써 치유될 수 있다고 하였다. 따라서 셸링의 경우 절대자는 발달의 알파이자 오메가이고, 근원인 동시에 정상이었다. 외견상 두 가지 절대자로 보이는 영의 움직임은 이 둘의 초월, 즉 하나의 절대자로의 통일, 주체와 객체의 일체성을 통해 종합된다. 그러나 셸링 이후 헤겔로 이어지는 관념론은 실패를 맞이하고 말았다. 윌버에 따르면 관념론자들은 비이원적 실재와 그런 실재의 현현을 일별한 것으로 보이지만, 이런 잠시의 일별을 지속적인 비전으로 안정화시키는 작업, 그런 일별을 의지로 재획득하고 공고한 구조로 전환시키는 고되고 힘겨운 변용 과정의 작업을 소홀히 했기 때문이다. 따라서 비이원의 관념론은 단순한 형이상학으로 전락하여 역사 속으로 사라지는 운명을 맞고 말았다. 여기에서 윌버는 의식 변용의 방법론을 갖춘 관념론의 재창출이 필요하다는 점을 거듭 강조하였다.

진화에는 일종의 초월적 충동이 존재하고 점점 더 많은 사람이 자기초월적 충동을 직관하고 있다. 그러나 상위 단계를 직관한 대다수 사람은 참자아, 순수한 각성, 진여, 불성 등 주관적인 현상에 초점을 둔 개인적, 주관적인 좌상상한에 머물러 버린 나머지 '우리(좌하상한)'와 '그것(우측 상한)'에 해당하는 사회, 문화 및 객관적 현상을 도외시하는 우를 범하였다. 그 결과 상위 단계에서 요구되는 공동체 활동과 봉사, 그리고 그런 활동을 지원하는 데 필수적인 기술, 경제적 인프라를 구축하는 일을 외면하는 결과를 낳았다. 따라서 세상에 대한 근심, 걱정에서는 해방되었지만 더 이상 자신과 분리되지 않은 세상을 품어 안고 세상을 위해 헌신하고 봉사해야 할 상호 주관성의 요구마저 저버린 것이다. 윌버는 개인의 발달과 문화적 통합, 생태 보전과 자연에 대한 인식이 상호 연결된 의식의 통합적 발달을 위해서는, 첫째, 초개인 단계로 발달할 수 있는 가능성의 이해, 둘째, 그런 단계를 실현하기 위한 훈련, 셋째, 사상한 모두를 적용시켜 그것들을 행동으로 표현할 것을 요구한다. 그런 포괄적 비전에 의해서만 진화하는 영이 우리 안에서 그리고 우리를 통해서 달성될 수 있다는 것이다.

수백 페이지에 달하는 방대한 양의 『SES』가 출판되자 세계적으로 큰 반향을 일으켰다. 이 저서에 대한 평가는 지금까지도 크게 엇갈린다. 한편에서는 이원론, 기계론, 인간중심, 남성중심의 지배 계층구조적 근대세계관이 초래한 인간-자연, 몸-마음, 물질-영혼으로 양분된 세계관을 거시적 관점에서 통합하는 획기적인 세계관을 제시했다는 점에서 엄청난 찬사가 쏟아졌다. 그러나 다른 한편에서는 혹독한 비판도 쏟아졌는데, '만물의 이론'이라는 명분으로 지금까지 인류가 쌓아 온 방대한 양의 지식과 정보를 윌버 자신의 '온상한, 온수준' 패러다임 속에 집어넣으려 지나치게 애쓴 나머지 아이디어, 개념, 통찰 간의 논리적 정합성이 부족하여 대학생 수준에 머문 일반화에 그치고 말았다는 것이다. 특히 페미니즘 진영은 생물권으로부터 정신권이 분화되어 나온 시점에 페미니즘을 위치시키면서 그들이 그토록 혐오하는 남성중심의 계층구조를 부활시킨 점에 대해 노골적으로 반감을 표시하였다. 그럼에도 불구하고 『SES』는 몇 가지 점에서 인간의식에 관한 역사상 최대 규모의 거대담론이자 통합론을 인류에게 선사했다는 사실에 이의를 제기하는 사람은 많지 않을 것이다.

『SES』가 인간의식 연구에 기여한 바를 요약하면, 첫째 자기조직, 자기초월하는 물질, 생명, 마음의 진화 과정을 밝힘으로써 근대의 기계론적 유물론과 탈근대의 탈목적론적 상대주의를 극복하였다. 둘째, 홀론의 계층구조(홀론계층)를 제시함으로써 남성중심적인 지배의 계층구조를 부정하고, 실현 계층구조 안에서 하위 수준에서 상위 수준으로 스스로 성장하면서 자기실현하는 홀론의 지향성을 분명하게 제시하였다. 셋째, 홀론계층의 상위 수준은 하위 수준을 '포함하면서도 초월한다'는 개념을 도입하여 유물론적 세계관과 시스템 이론의 세계관이 빠진 상위 수준을 하위 수준으로, 또 내면을 외면으로 환원시킨 환원주의 오류를 극복하였다. 넷째, 사상한론을 통해 근대적 세계관에서 종종 대립의 양극으로 갈등하였던 개체-사회, 내면-외면의 간극을 해소함으로써 틈새 없이 이어진 만물의 전개를 적절하게 설명하였다. 다섯째, 근대세계에서 독립과 자율성을 획득한 에고가 에코를 착취하고, 소외시키고, 억압하고, 지배함으로써 초래된 생태적 위기를 더 상위 차원에서 에고-에코를 통합시키는 방법론을 제시함으로써 생태 위기를 극복할 수 있는 대안을 마련하였다. 여섯째, 의식의 스펙트럼 관점에서 인류 집단의식의 현 위치(합리, 비전-논리의 새벽)와 미래에 전개될 트랜스퍼스널 의식의 단계를 보여 줌으로써 의식 진화의 과정을 구체적으로 밝혀 주었다. 일곱째, 영성 추구의 여정에서 종종 대립하였던 상승의 길과 하강의 길을 비이원 관점에서 종합하였다. 여덟째, 만물의 현현을 활동하는 영의 전개로 파악함으로써 진화하는 영의 알파와 오메가 포인트를 구체적으로 제시하였다.

코스몰로지, 생물학, 인류학, 사회학, 심리학, 철학, 생태학, 동서양 영적 전통을 두루 섭렵한 켄 윌버 최고의 역작을 번역하는 일은 쉽지 않았다. 책 분량만큼이나 방대한 주석에도 수많은 아이디어, 개념, 명칭, 사상들이 넘쳐 나서 그것을 번역하는 일 또한 고되고 힘겨운 작업이라서 처음 번역에 착수한 후 마무리를 짓기까지 적지 않은 세월이 걸렸다. 그 긴 시간을 인내하며 끝까지 따뜻한 위로로 독려해 주신 학지사 김진환 사장님과 관계자 여러분께 진심으로 감사를 드린다. 켄 윌버의 저서 대부분이 한글로 번역되었다는 사실은 그를 찾고 사랑하는 한국 독자층이 해마다 늘고 있음을 나타낸다. 그럼에도 불구하고 그의 저서를 두루 섭렵한 독자를 만나기란 쉽지 않다. 아마도 독자들에게 가장 많은 사랑을 받는 저서는 『무경계 No Boundary』일 것이다. 켄 윌버 저서를 읽었다는 사람에게 무경계 외에 어떤 책을 읽었냐고 물어보면 대부분 침묵을 하거나 말끝을 흐린다. "윌버를 이해하고 싶은데 책들이 너무 어려워요."라는 것이 가장 일반적인 반응일 것이다. 책의 부피만큼이나 거대한 사상, 최고의 지성, 넘치는 개념과 아이디어, 학제 간을 종횡무진으로 넘나들면서 쏟아지는 이름과 개념들, 곳곳에 숨어 있는 날카로운 통찰 등을 품고 있는 『SES』가 '난해한 윌버'라는 이미지를 공고히 하는 결과로 이어지지 않을지 다소 우려가 된다. 윌버 자신도 언급했듯이 그의 통합론은 만물이 하나로 연결되어 있음을 드러내기 위해 세부 사항보다는 지향적 일반화orienting generalization 수준에서 제시하는 인간 의식에 관한 지도이다. 인류의식발달의 정점인 오메가 포인트를 가리키는 윌버의 손가락을 방향키 삼아 오늘날 전 세계인들에게 엄중하게 불어닥친 혼란, 갈등, 위기를 헤쳐 갈 수 있으면 좋겠다.

2020. 11.
역자 조옥경, 김철수

2판 서문

성, 생태, 영성의 탄생

『성, 생태, 영성Sex, Ecology, Spirituality: SES』은 『세상에서 가장 아름다운 용기Grace and Grit』에서 서술된 사건 이후 거의 10년 동안 저술했던 최초의 이론 서적이다. (잭 엥글러Jack Engler와 대니얼 브라운Daniel P. Brown과 함께 저술한) 이전 저서 『의식의 변용 Transformations of Consciousness』은 1984년에 완성되었고, 『세상에서 가장 아름다운 용기』 는 1991년에 완성되었다. 그 후 나는 수년 동안 계획했던 심리학 교본을 마침내 저 술하는 쪽으로 가닥을 잡았다. 나는 그 교본의 명칭을 『시스템, 자기, 구조System, Self, and Structure』로 했지만, 어쨌든 저술을 끝마칠 것 같지 않았다. 그것을 완성할 결심으 로 자리를 잡고 앉아서 두 권짜리 작업을 글로 옮기면서, 나는 첫 번째 단락에서 내 가 사용한 네 개 단어(발달, 계층구조, 초월적, 보편적)는 학문적 담론에서 더 이상 허 용되지 않음을 충격적으로 깨닫게 되었다. 언급할 필요도 없이 이것은 그 책을 쓰 고자 하는 나의 시도에 엄청난 압박을 가함으로써 가엾은 『시스템, 자기, 구조』는 또 다시 보류되었다(나는 최근 『통합심리학Integral Psychology』이라는 제목으로 그 책의 축약형 을 출간하였다).

내가 10년 동안 저술을 중단한 사이에 일어난 주의를 충분히 기울이지 못한 사 실은 극단적인 포스트모더니즘이 학문세계에 일반적으로, 특히 문화 연구를 완전 히 침범하고 있다는 사실이었는데, 특히나 대안적인 대학과 기관들이 권위주의에 찬 우레 같은 목소리로 포스트모더니즘을 전파하는 사람들이었다. 대학에서 언급 될 수 있거나 없는 진지한 담론 유형을 정치적으로 정당성을 띤 세력이 감시하고 있었다. 다원적 상대론이 유일하게 수용 가능한 세계관이었다. 그것은 일체의 진실이 문화에 기반을 두고 있다고 주장했고(모든 문화에서 진실인 자신의 진실은 예외로 친다.), 초월적 진실이란 존재하지 않는다고 주장했으며(특정 맥락을 초월하는 자신의 선언은 예외로 친다.), 일체의 위계구조나 가치 서열은 탄압적이면서 사회적으로 소외시킨다고 주장했고(다른 대안보다 우월한 자신의 가치 서열은 예외로 친다.), 보편적인 진실이란 없다고 주장했다(모든 사람에게 보편적으로 진실인 자신의 다원주의만은 예외로 친다).

극단적인 포스트모더니즘과 다원적 상대론이 안고 있는 불리한 측면이 지금에 와서는 잘 알려져 있을 뿐 아니라 널리 인정되고 있지만,『시스템, 자기, 구조』를 저술하려 할 당시 그것들은 일종의 복음으로 간주되었으며 종교적으로 포용되어 어떤 식이든 발달 및 초월적 연구는 배척의 대상이 되어 버렸다. 그러므로 나는『시스템, 자기, 구조』를 밀쳐 두고는, 최초로 흐름을 역행해서 재미 삼아 헤엄치는 연어 같은 심정으로 최선의 진행 방식을 숙고하기 시작했다.

그러나 나는 포스트모더니즘과 다원적 상대론의 불리한 측면만을 곱씹기만 했다. 그들이 기여한 긍정적인 이로움도 똑같이 많으며 그 영향 또한 지대했으므로 들어 볼 가치는 있다. 나는 여러 곳에서(예컨대,『감각과 영혼의 만남The Marriage of Sense and Soul』『통합심리학』『모든 것의 이론A Theory of Everything』) 다원적 상대론은 실제로 의식의 후형식적 수준에서 도출된 매우 높은 발달적 성취로서 일련의 아주 중요한 진실들을 드러낸다는 점을 제시하려 했다. ['후형식적'이란 선형적인 합리성이나 형식적 조작 사고를 곧바로 넘어 존재하는 인지 단계를 의미한다. 따라서 인지발달은 감각운동부터 전조작, 구체적 조작, 형식적 조작, 후형식적 인지, 아마도 그 이후 더 높은 양식으로 진행될 것이다(다음의 내용을 보라). 나는 또한 후형식적 인지를 네트워크-논리 또는 비전-논리로 부르는데, 겝서Gebser는 이것을 통합-비조망으로 불렀다. 포스트모더니즘의 최선을 추동하는 것은 비전-논리다.]

그런 출판물에서 내가 제시한 바와 같이 포스트모더니즘의 진실에는 구성주의(세계란 지각에 머물지 않는 해석이다.), 맥락주의(일체의 진실은 맥락 의존적이며, 맥락은 무한하다.), 통합-비조망주의가(어떤 맥락에도 최종적인 우선권이 부여되지 않으므로 통합적 관점에 다중의 관점, 다원주의, 다문화주의를 포함시켜야 한다.) 포함되어 있다. 이 모든 중요한 진실은 후형식적 비전-논리의 초기 단계로부터 도출될 수 있으며, 포스트모더니즘은 기껏해야 그들의 심오한 중요성을 설명하는 데 불과하다.

특히나 구체적 조작과 ('신화-멤버십'으로 불리는 세계관을 지원한다.) 형식적 조작 ('보편적 형식주의'로 불리는 세계관을 지원한다.) 같은 이전 단계들은 본질적인 한계와 약점을 안고 있으며, 이런 한계를 사회적 행위에 강제로 적용시킬 경우 여러 유형의 경직된 사회적 계층구조를 생산하고, 국소적인 색깔을 무시하는 기계론적 세계관, 문화, 사람, 장소 간에 존재하는 풍요로운 차이들을 훼손하는 인간에 관한 보편적인 선언을 생산한다. 그러나 일단 의식이 형식에서 후형식으로 진화하면, 그리하여 보편적 형식주의에서 다원적 상대론으로 진화하면, 이런 다중 맥락과 다원적 피류이 갑자기 전면으로 튀어나온다. 포스트모더니즘은 경직된 위계질서, 형식주의, 탄압적 획책을 해체시키기 위해 노력하면서 지난 20년 동안 상당 기간을 보냈는데, 이들은 전형식에서 형식에 이르는 의식 진화의 단계들에 내재하는 것들이다.

그러나 여러 연구에서 일관되게 보여 주듯이, 다원적 상대론 자체는 최상위에 위치하고 있는 발달의 최고 파동이 아니다(『통합심리학』을 보라). 비전-논리가 중기 및 후기 단계로 성숙되면, 다원적 상대론은 점차 더 의식의 전일론적 양식에 길을 내주는데, 이 양식은 다원적 목소리를 통합적 의도라는 아름다운 피류으로 함께 엮기 시작한다. 다원적 상대론은 **보편적 통합론**으로 대체된다. 다원론이 서로 다른 수많은 목소리와 다중의 맥락을 해방시키면, 보편적 통합론은 그들을 조화로운 코러스로 결합하기 시작한다(따라서 보편적 통합론은 더 상위 발달로 가는 문턱에 있는 셈인데, 이는 초개인 및 영적 영역을 직접 드러내며, 그런 발달에서는 후형식의 심리구조가 대체로 후심리나 초심리로 대체된다).

그러나 이는 다원적 상대론을 곤란한 상황에 빠뜨렸다. 경직된 보편적 형식론을 초월해서 용감무쌍하게 발전했지만, 그것은 어떤 보편성에도 의심의 눈초리를 보냄으로써 그것이 이전에 등장했던 모든 시스템을 해체시켰던 것과 똑같은 포악성을 띠면서 보편적 통합론의 출현에 맞서 싸우는 경향이 있다. 그것은 비판의 총구를 전-다원적 단계에 겨눌 뿐 아니라(이는 적절하다.), 후-다원적 단계를 향해서도 겨누고 있다(이는 재앙을 불러온다). 이에 따라 해체적 포스트모더니즘은 어떤 상위 성장 단계와도 적극적으로 싸우기 시작함으로써 종종 학문세계를 해체적 격노가 들끓는 오싹한 지평으로 바꿔 버리고 말았다. 새로운 것은 거의 창조되지 않고 과거의 영광은 허물어지고 말았다. 참신한 것이 구축되지 않은 채 과거의 구축물은 해체되었다. 새로운 건물은 거의 세워지지 않은 채 낡은 건물은 날아가 버렸다. 포스트모더니즘은 종종 현재 우리가 잘 알고 있는 허무주의와 자기애로 타락하고 말았으며, 연기가 피어오르는 폐허를 응시하는 텅 비고, 잔뜩 겁에 질려 있으며, 움푹 패어 버린 전문적인 학문세계의 눈은 지극히 구슬프게 이야기를 늘어놓았다.

길을 가로막는 것을 모조리 해체하는 데 바친 지적 분위기에서 최선을 다해 어떻게 나아갈 것인가를 고민하며 분투했던 나에게는 한 가지가 매우 분명했다. 나는 후진해서 처음부터 출발한 후 더 건설적인 철학을 위한 단어들을 창조하기 위해 노력해야만 했다. 다원적 상대론을 넘어선 곳에 보편적 통합론이 있다. 그러므로 나는 보편적 통합론이라는 철학의 윤곽을 그리는 일을 시도했다.

달리 표현하면, 나는 세계철학을 찾았다. 나는 통합철학, 과학, 도덕, 미학, 동서양 철학, 세계의 위대한 지혜 전통이라는 수많은 다원적 맥락을 믿을 수 있을 만큼 함께 짜서 엮을 수 있는 철학을 찾았다. 제한적으로 불가능한 세부 사항 수준이 아니라 지향적 일반화orienting generalization 수준에서 제시하는, 세계는 실로 분리되지 않고 전체이며 모든 면에서 스스로와 관련되어 있음을 제시하는 방법, 전일론적 온우주를 위한 전일론적 철학holistic philosophy, 세계철학, 통합철학 말이다.

3년 후 그 결과로 『성, 생태, 영성』이 탄생했다. 그 시기 동안 나는 은자隱者의 삶을 살았다. 3년에 걸쳐 정확히 네 사람을 만났다(의사인 로저 월시Roger Walsh는 내가 살아 있는지 확인하려고 일 년에 한 번씩 들렀다). 3년에 걸친 그 시기는 전형적인 침묵의 은거였다(이 시기는 『켄 윌버의 일기One Taste』의 6월 12일자에 기술되어 있다). 나는 이 문제에 사로잡혔고, 그 문제가 내 머리를 떠나지 않았다.

어려운 부분은 계층구조hierarchies와 관련이 있었다. 경직된 사회 계층구조는 개탄스럽고, 탄압적인 사회 서열은 해로운 게 당연했다. 운 좋게도 포스트모더니즘은 우리 모두를 그런 부당함에 대해 더 민감하게끔 만들어 주었다. 그러나 반계층구조 쪽으로 기운 비평가들조차 자신들만의 강한 계층구조(또는 가치 서열)를 갖고 있었다. 포스트모던주의자들은 다원론을 절대론 위에 두었는데, 그것이 그들이 갖고 있는 가치의 계층구조였다. 인간을 진화 계층의 정점에 두는 계층구조를 혐오하는 생태 철학자들조차도 자신들만의 매우 강한 계층구조를 갖고 있었는데, 아원자 요소는 원자의 부분이며, 원자는 분자의 부분, 분자는 세포의 부분, 세포는 유기체의 부분, 유기체는 생태 시스템의 부분, 생태 시스템은 생물권의 부분이라는 식이다. 따라서 그들은 인간 같은 특정 유기체보다 생물권에 가치를 더 부여했으며, 우리 자신이 이기적이면서 파괴적인 목적으로 생물권을 사용하는 것에 대해 개탄했다. 이 모든 내용은 그들이 가진 특정 가치 계층구조로부터 나온 것이다.

페미니스트는 몇 가지 계층구조를 갖고 있다(예를 들어, 파트너십 사회는 권력 사회보다 낫다. 연결 짓기linking는 서열 짓기ranking보다 낫다. 해방은 탄압보다 낫다). 시스템 이론가들은 수백 가지에 달하는 계층구조를 갖고 있다(일체의 자연계는 계층구조식으로 배열되어 있다). 생물학자와 언어학자, 발달심리학자는 모두 계층구조를 갖고 있다. 모두가 어떤 식이든 계층구조를 갖고 있는 것 같았으며, 자신들은 그렇지 않다고 주장하는 사람들조차도 마찬가지였다. 아무도 다른 이들과 잘 맞지 않는 게 문제였다. 어떤 계층구조도 서로 동의하는 것 같지 않았다. 바로 그런 기본적인 문제로 인해 3년 동안이나 방 안에 꼼짝없이 갇혀 있었다.

어느 순간 나는 200개가 넘는 계층구조가 기록된 종잇장을 방안에 온통 늘어놓고 이것들을 어떻게 맞춰야 할지 알아내려 애쓰고 있었다. '자연과학' 계층구조는 쉬웠는데, 모두가 여기에 동의하기 때문이었다. 예를 들어, 원자에서 분자, 세포, 유기체라는 식이다. 그것들은 아주 도식적이어서 이해하기 쉬웠다. 유기체는 실제로 세포를 담고 있고, 세포는 실제로 분자를 담고 있으며, 분자는 실제로 원자를 담고 있었다. 현미경으로도 이것을 직접 볼 수 있다. 그런 계층구조는 사실로 포용하고 있는 계층구조로서, 세포는 문자 그대로 분자를 포용하거나 감싼다.

꽤나 쉬운 일련의 계층구조로는 발달심리학자들이 발견한 계층구조가 있다. 그들은 모두 감각부터 지각, 충동, 심상, 상징, 개념, 규칙으로 진행되는 인지 계층구조의 다양한 모습에 대해서 말하고 있었다. 명칭이 다양하고 형식은 약간 다르지만 계층구조 스토리는 동일했다. 뒤이어 등장하는 각 단계는 그 선행 단계를 포함한 후 다소 새로운 역량을 추가한다. 이는 여전히 명백하게 부합하지 않았지만 자연과학에서 나타나는 계층구조와 매우 유사했다. 실증세계에서 당신은 실제로 유기체와 세포를 볼 수 있지만, 의식의 내면 상태를 똑같은 방식으로 볼 수는 없다. 이런 계층구조들이 서로 어떻게 관련되는지 또는 관련될 수 있는지가 도무지 분명치 않았다.

그리고 그것들은 비교적 쉬웠다. 언어적 계층구조, 맥락적 계층구조, 영적 계층구조가 남아 있었다. 음성학, 별자리 시스템, 문화적 세계관, 자기생성 시스템, 기술 양식, 경제구조, 계통 발생적 전개, 초의식의 실현 등의 발달 단계도 있었다. 그것들은 서로 맞아떨어지길 거부했다.

『형상의 법칙Laws of Form』이라는 탁월한 저서에서 스펜서 브라운G. Spencer Brown은 당신이 알고 싶어 하는 것을 단순히 마음속에 담을 때 새로운 지식이 나타난다고 말했다. 문제를 마음속에 계속 품고 있으면 결실을 맺을 것이다. 인간 역사는 분명코 그런 사실을 증거하고 있다. 한 사람이 문제에 맞닥뜨려서 그 문제를 풀 때까지 사로잡힌다. 재미있는 일은 그 문제가 언제나 풀려 있다는 것이다. 한 주가 걸릴지도, 한 달, 일 년, 십 년, 백 년 혹은 천 년이 걸릴지도 모르지만 온우주는 언제나 해결이 가까워지는 식으로 되어 있다. 백만 년 동안 사람들은 달을 보았고 그 위를 걷고 싶어 했던 것이다…….

역량을 갖춘 사람은 누구나 문제가 자신들의 비밀을 드러낼 때까지 그 문제를 마음속에 품을 수 있다고 나는 믿는다. 모든 사람이 갖지 못한 것은 거기에 필요한 의지, 열정 또는 그 문제를 오래 또는 충분히 격렬하게 유지할 수 있는 미치광이 같은 집착이다. 어쨌든 나는 이 특정 문제에 관한 한 충분히 미쳐 있었으며, 3년이 끝나갈 즈음 문제 전체가 분명해지기 시작했다. 여러 계층구조가 네 가지 주된 부류로 나누어떨어진다는 게(결국 내가 사상한four quadrants으로 부르게 되었다.) 곧 분명해졌다. 어떤 계층구조는 개체와, 어떤 것은 집단과 관련되어 있으며, 어떤 것은 외면적 실재와, 어떤 것은 내면적 실재에 대한 것이지만, 그들 모두는 이음새 없이 딱 들어맞았다. 이런 계층구조를 구성하고 있는 재료는 **홀론**, 다른 전체의 일부가 되는 전체였다(예를 들어, 전체 원자는 전체 분자의 부분이고, 분자는 세포 전체의 부분이며, 세포는 전체 유기체의 부분이 된다 등등). 그러므로 홀라키에 대한 정확한 단어는 **홀라키** holarchy다. 온우주는 둥지 속의 둥지, 그 속의 둥지라는 일련의 둥지로 무한히 이어지면서 점점 더 많이 포용하고 있다. 어디에나 홀론의 홀라키인 것이다! 그런 이유로 모두가 자신만의 가치 홀라키를 갖고 있는 것이며, 결국에는 이 모든 홀라키가 다른 일체와 딱 들어맞아 완벽하게 조화를 이룬다.

우주는 위로도 쭉, 아래로도 쭉 홀론으로 구성되어 있다. 이로써 『성, 생태, 영성』의 상당 부분은 저절로 쓰이기 시작했다. 책은 두 부분으로 나뉜다. (주석까지 치면 실제로 세 권이 되는데, 각각은 별도의 책이나 마찬가지다.) 1권은 **둥지** 속의 둥지 또 그 속의 둥지로 무한히 이어지는 이런 홀론적 온우주와 그것을 가장 확실하게 표현할 수 있는 보편적 통합론의 세계관을 서술하고 있다. 이 부분은 상당한 지평을 총망라하는데, 한 가지 후회되는 일은 더욱 설득력을 가질 수 있도록 세부 내용에 살을 붙일 수 있는 방대한 양의 연구 자료와 설명을 포함시킬 수 없었던 점이다. 연구 기록의 일부를 본 사람들이 증명해 주겠지만 『성, 생태, 영성』에 있는 수많은 단락은 짤막한 책의 요약이다(한 논평가는 실제로 이를 찾아내서 이렇게 논평을 시작했다. "이 책을 요약하는 건 불가능하다. '이 책은 모두 합쳐 본문 524쪽, 주석 239쪽으로 된 요약'이라는 말은 그 범위의 깊이와 넓이를 잘 드러낸다." 다른 논평자는 이것을 매우 성가시게 느꼈지만 나로서는 선택의 여지가 없었다. 나는 어떤 지점에서는 이런 연구 기록을 출판할 수 있기를 바라는데, 자료 자체를 보여 주기 위해서보다는 비평할 수 있고 검토할 수 있게 하기 위해서다. 그러나 그 논평자의 말이 맞다. SES는 요약이다).

이 책의 첫 부분이 보편적 통합론, 하의식subconscious에서 자의식, 초의식으로 가는 홀론적 온우주 관점의 윤곽을 그리려는 시도라면, 두 번째 부분은 이 전일론적 온우주가 왜 종종 무시되거나 거부되었는지를 설명하려는 시도다. 우주가 실제로 상호 관련된 패턴과 과정으로 된 하나의 패턴, 홀론들의 홀라키라면(그들만의 협소한 전문성은 별도로 치고라도), 이런 사실을 인정한 학문 분야가 왜 없는 걸까? 온우주가 전일론적·통합적·홀론적이 아니라면, 공통된 맥락이나 연결이나 결합이나 공통적 요소 없이 조각난 채 마구 뒤섞여 버린 사건이라면, 그렇다면 세상은 여러 전문가가 그렇다고 말하듯 뒤죽박죽 엉망진창에 불과하다. 그러나 세상이 전일론, 홀론적이라면 왜 더 많은 사람이 이것을 보지 못하는 걸까? 왜 수많은 학문적 전문성은 이것을 적극 부정하는 걸까? 세상이 하나의 전체라면 수많은 사람은 왜 그것을 조각난 것으로 보는 걸까? 세상은 왜 부서지고, 조각나고, 소외되고, 분열된 걸까?

그러므로 이 책의 두 번째 부분은 우리가 전일론적 온우주를 보지 못하게 방해하는 것을 바라본다. 그것은 우리가 평원flatland으로 부른 것을 바라본다.

(하나의 명칭을 부여함으로써 그 내용을 협소하게 만들지 않겠다고 마음먹기 전부터 어느 순간 나는 1부와 2부로 부르게 되었다. 그러나 1부는 '활동하는 영Spirit-in-Action'이고, 2부는 '평원'이다. 아무튼 2부에서는 왜 1부를 좀 더 자주 살펴보고 이해할 수 없는지 설명하려고 했다.)

『전집Collcted Works』에 포함시키기 위해 이 책을 검토하면서 나는 개정판을(당신이 지금 손에 들고 있는 책이다.) 내기로 마음먹었는데, 주된 이유는 첫 번째 판에 대한 건설적 비평의 관점에서 몇 개 단락을 분명히 하고 싶었기 때문이다. 특히 나는 과학적 유물론(평원의 한 버전)의 역사적 발흥을 더 선명하게 설명하고 싶었고, 이에 따라 몇 개 장에서 새로운 단락 몇 가지를 추가(특히, 12장과 13장)했으며, 이와 더불어 새로운 도식을 여섯 개 추가했는데 내용을 이해하는 데 상당한 도움을 줄 것으로 믿는다. 또한 나는 주석을 면밀하게 검토하면서 적절한 곳에 새로운 자료를 포함시켰다.

주석에 관해 말하자면, 내용 자체가 한 권의 책이 되게끔 저술하였다. SES에 등장하는 가장 중요한 개념들 다수는 주석에만 언급되고 있으며, 그곳에서 발전되었다(기본적인 도덕적 직관Basic Moral Intuition이 그 예이다). 또한 다른 학자들(하이데거Heidegger, 푸코Foucault, 데리다Derrida, 하버마스Habermas, 파르메니데스Parmenides, 피히테Fichte, 헤겔Hegel, 화이트헤드Whitehead, 후설Husserl) 그리고 현 시대의 대안 이론가들(그로프Grof, 타나스Tarnas, 버먼Berman, 스프레트낙Spretnak, 로작Roszak)과의 대화에서 도출된 상당 부분도 마찬가지다. 주석은 또한 격론을 불러일으킬 수 있는 집중 포화를 담고 있는데, 여기에 대해서는 잠시 후에 설명할 것이다. 제2판에서는 이 모든 내용에 다시 손을 댔다.

일단 책을 쓰기로 마음먹자 실제 저술하는 일은 상당히 빠르게 진행되었다. 1995년에 책이 출판되었으며, 내가 듣기로는 온갖 종류의 책 중 학술 서적으로는 그 해 가장 많이 팔린 두꺼운 책이 되었다. 한때는 네 달 만에 3쇄까지 출판되는 쾌거를 올리기도 했다. 반응은 극단적이었는데, 믿을 수 없을 만큼 긍정적인 언급에서부터 노발대발 격노하는 폭언까지 다양했다. 그러나 특정 비평은 솔직했으며, 존경심을 갖고 들을 만한 가치가 있었다.

『성, 생태, 영성』에 대한 주요 비판

일부 비평가들은 이 책이 여러 다양한 접근을 지나칠 정도로 경직되게 범주화시킴으로써 중요한 차이를 하찮게 만들었다고 주장했다. 따라서 그들은 이 책에 이런 저런 '주의isms'를 갖다 붙였다(성차별주의, 인간중심주의, 종중심주의, 로고스중심주의, 불쾌한 일원주의). 이 책을 옹호하는 사람들은 이런 비평이 대부분 그 세계관이 비교적 협소하고 편파적임을 보여 주는 사람들로부터 나온 것이며, 그런 이유로 그들은 부정적인 방식으로 반응하고 있다고 주장했다. 대체로 양측은 조금도 양보하지 않았다.

내 생각에 다룰 필요가 있는 몇 가지 진지한 비판이 있다. 이런 비판 대부분은 내 작업 전체와 친숙하지 않은 탓에 제기된 것이지만, 몇 가지는 더 진지했다. 주된 비판들을 살펴보자.

피아제

가장 흔한 비난 한 가지는 내가 심리발달을 전체적으로 조망하는 근거로 피아제를 활용했다는 것이다. 이는 매우 부정확한 비판이지만 이 책이 어떻게 그런 인상을 주게 되었는지는 이해가 된다. 내 생각을 저술하면서 직면한 가장 어려운 문제 한 가지는 독자들이 항상 내 작업에 관해서 사전 지식이 없다고 가정하는 것이다. 그러므로 새 책이 나올 때마다 나는 맨 처음부터 시작해야만 했고, 처음부터 나의 '체계'를 설명해야만 했다. 보통 그 체계를 안내하는 데 책의 첫 1/3 정도가 소요되고, 그런 다음 후반부에서 새로운 자료를 제시하였다. 이로써 내 작업에 친숙한 독자들에게는 내가 반복하고 있다는 인상을 준다. 이는 게임에 참여한 신참자에게 혜택을 주기 위함이다.

SES에서 나는 몇 가지 지름길을 사용했는데, 이는 별로 좋은 생각이 아니었을 것이다. 상위 발달이나 초개인발달 단계에 대해서는 단계들 자체를 설명하는 대신 각각의 예(에머슨Emerson, 성 테레사Saint Teresa, 에크하르트Eckhart, 스리 라마나 마하르시Sri Ramana Maharshi)를 활용했으며, 세계관에 대한 개체 발생적 발달을 위해서는 장 피아제의 작업을 활용했다. 수많은 논평가, 특히 포스트모던 다원주의자들은 내가 낡은 패러다임, 계층구조, 유럽중심, 성차별주의 체계를 이용하고 있다는 한 예로서 피아제로 달려들었으며, 그러므로 책 전체를 수상쩍게 바라보았다.

물론 내 작업에 친숙한 사람들은 내가 발달에 관한 좀더 전일론적인 개관에 통합시키려고 노력한 십여 이론가들 중 한 사람이 피아제일 뿐임을 알고 있다. 그렇다 해도 나는 어쨌든 엄격한 피아제주의자가 아니다. 그러니 내 관점을 간략하게 서술하기 전에 피아제에 관한 공격으로 서둘러 이동하지는 말자. 왜냐하면 그런 공격이 갖는 편파성은 SES를 겨냥한 공격에도 똑같이 적용되기 때문이다. 피아제가 연구한 인지 측면에 초점을 둘 경우, 그의 일반 체계는 범문화적 연구를 강하게 내세운다. 피아제를 공격하는 사람들은 종종 그런 증거를 모르는 것 같다.

범문화 연구가 치열하게 실시된 지 거의 30년이 지난 후 사실상 전원 합의에 도달한 증거가 있다. 피아제 단계는 형식적 조작까지 보편적이고 범문화적이다. 한 가지만 예로 들면, 『다양한 문화의 삶: 범문화적 인간발달Lives Across Cultures: Cross-Cultural Human Development』은 자유주의 관점을(이 관점은 종종 '보편적인' 단계를 의심한다.) 공공연하게 드러내면서 저술된 아주 높이 평가되는 교과서다. 저자들(해리 가디너Harry Gardiner, 제이 머터Jay Mutter, 커린 코스미츠키Corinne Kosmitzki)은 피아제의 감각운동, 전조작, 구체적 조작, 형식적 조작을 지지하는 증거를 주의 깊게 검토하였다. 그들이 발견한 사실은 문화적 배경이 때로는 발달의 속도나 단계 특정적인 측면에 대한 **강조**를 변화시킬지라도, 단계 자체나 단계의 범문화적 타당성은 그대로 남는다는 것이다.

따라서 감각운동의 경우, '사실상, 감각운동 발달의 질적 특징은 그 문화적 환경이 크게 다름에도 불구하고 지금까지 연구한 모든 유아에게 거의 동일'하다. 나이지리아인, 잠비아인, 이란인, 알제리인, 네팔인, 아시아인, 세네갈인, 아마존 인디안, 호주 원주민이 포함된 엄청난 수에 달하는 연구에 근거해 볼 때, 전조작과 구체적 조작의 경우 '이런 방대한 양의 범문화적 자료로부터 우리가 어떤 결론을 내릴 수 있을까? 첫째, 전조작 시기의 근저에 놓인 구조나 작용의 보편성을 지지하는 증거는 고도로 설득력을 갖는다. 두 번째로… 구체적 조작 발달의 질적 특성(예를 들어, 단계 순서와 추론 스타일)은 보편적인 것처럼 보인다. [그러나] 인지발달 속도는… 한결같지 않고 생태문화적 요인에 의존'한다. 정확히 이런 용어를 사용하진 않았지만, 저자들은 단계의 심층 양상은 보편적이지만 표층 양상은 문화, 환경, 생태적 요인에 (내 방식으로 표현하면 개인발달에는 사상한이 모두 관련되어 있다.) 강하게 의존한다는 결론을 내렸다. '마지막으로, 아이들이 피아제의 구체적 조작 시기를 거칠 때 그 수행의 속도와 수준은 문화적 경험에 의존하지만, 여러 사회의 어린이들은 여전히 그가 예언한 것과 동일한 순서로 발달하는 것 같다.'

어떤 문화(아시아인, 아프리카인, 미국인 또는 그 외 사람들)에서든 형식적 조작 인지에 도달한 사람 수는 더 적은데, 그 이유는 다양하다. 내 생각에 형식적 조작은 단연코 높은 단계라서 거기에 도달한 숫자가 더 적을 수 있다. 형식적 조작은 진정한 역량이지만 저자들이 생각하듯 진정한 단계는 아닐 수 있다(즉, 일부 문화만 형식적 조작을 강조하여 그것을 가르친다). 그러므로 피아제의 형식적 조작이 존재한다는 증거는 강력하지만 결정적이진 않다. 그럼에도 불구하고 피아제의 단계를 모조리 묵살하기 위해 종종 이 한 가지 항목을 사용하는데, 이와는 다르게 엄청난 증거가 지지하고 있는 정확한 결론은 형식적 조작까지의 모든 단계는 현재 보편적이면서 범문화적이라는 점이 제대로 증명되었다는 것이다.

비전-논리와 초합리적 일반 단계들을 포함해서 형식적 조작 및 그것을 넘어선 단계 또한 보편적이라고 나는 믿으며, 내가 저술한 여러 저서는 거기에 대해서 상당량의 증거를 제시하고 있다. 요컨대, 형식적 조작까지의 피아제 단계를 포함시키지 않은 모델은 어떤 모델이든 부적절하다.

파동, 지류, 상태

범문화적 증거가 요구한 대로 피아제식 인지 라인을 내 모델에 포함시켰지만, 그의 체제는 전체적인 관점의 작은 부분에 불과할 뿐이다. 내 모델에서는 다양한 의식의 수준이나 파동이 존재하며(물질부터 신체, 마음, 혼, 영까지 뻗어 있다.), 여러 발달 라인이나 지류(인지, 정서, 도덕, 대인 관계, 영성, 자기정체성, 욕구, 동기 등이 포함된다.)가 이들을 거쳐 간다. 어떤 사람은 한 라인(말하자면, 인지)에서는 높은 수준일 수 있고, 다른 라인(예를 들어, 정서지능)에서는 중간 수준의 발달, 또 다른 수준(예를 들어, 도덕)에서는 낮은 수준의 발달을 보일 수 있다. 따라서 한 개인의 전반적인 발달은 어쨌거나 선형적인 순서를 따르지 않는다. 발달은 순서가 있다거나 사다리 같다거나 덜컹거리면서 삐걱대고 가는 일련의 단계가 아니라, 오히려 거대한 생명의 강River of Life 속의 수많은 파동과 지류로 유연하게 흐르는 것과 관계가 있다.

더욱이 실제로 발달의 어떤 파동이나 단계에 있는 사람은 어떤 초개인 영역(심령, 정묘, 원인 또는 비이원)이든 그 영역과 관련된 의식의 변성 상태나 절정 경험을 할 수 있다. 따라서 실제 어떤 발달 단계에 있든 사실상 모든 사람이 초개인 절정 경험과 변성 상태에 접근할 수 있다. 상위 발달 수준에서만 초개인 상태에 접근할 수 있다는 생각은 꽤나 잘못된 생각이다. 그렇다면 나의 전반적인 모델은 파동, 지류, 상태로 구성되어 있으며, 따라서 선형적인 경우는 극히 드물다.

SES가 선형적 발달 모델을 드러낼 뿐이라는 것이 SES에 대해 지금까지 가장 흔하게 제기되는 비판이다. 1981년 이래로 나는 선형 모델에 동의한 적이 없기 때문에(『전집 제3권』의 서론을 보라.) 그리고 사실상 그런 관점을 비판하면서 장황하게 저술했기 때문에(그런 관점의 거부는 내 작업이 2기에서 3기로 이동할 때 특징이 되는 내용이다.) 나는 논평자들이 이런 관점을 내 탓으로 돌려서 그것을 오래 비판하는 걸 보고는 경악을 금치 못했다. 내 작업과의 대화를 시도한 한 권의 책이 이런 오류나 이와 유사한 오류를 책 전반에 담고 있었으며, 이런 불행한 왜곡에도 불구하고 사실을 밝히는 데는 수년의 세월이 걸렸다. 내 작업을 지지하는 편에 선 학자들의 열렬한 지원 덕분에 마침내 내 모델이 선형적이라거나(그것은 다차원적이다.) 유럽중심적이라거나(그것은 상당량의 범문화적 증거에 근거하고 있다.) 사회적으로 소외시킨다거나(홀라키는 다중 맥락에서 초월하고 포함한다.) 초개인 경험은 상위 수준에서만 일어난다는(그런 경험들은 실제로 어느 수준에서나 상태로서 접근이 가능하다.) 비난을 점점 덜 듣게 되었다.

이와 동시에 나는 SES만 읽은 비평가들이 어떻게 그런 그릇된 인상을 가질 수 있었는지 이해할 수 있다고 반복해서 말했다. 나는 나의 전반적인 모델을 훨씬 더 명확하게 만들었어야 했는데, 그랬다면 이런 오해를 피하는 데 도움이 되었을 것이다. 나는 2판에서, 그리고 분명 여기 서문에서 그렇게 하려고 시도했다.

어린이와 인간 여명기의 영성

앞선 비판과 밀접하게 관련된 내용인데, 내가 어린이와 초기 인류에게 어떤 식이든 영성을 부정했다는 비난이 있었다. 이 또한 내 모델이 선형 모델일 뿐이라는 생각에 기초를 둔 비판으로서, 이는 불행히도 내 작업을 그릇되게 설명한 것이다. 소수 비평가들은 나의 '선형' 모델에 대해 기절할 만큼 놀란 나머지 우물에 독을 퍼트리는 것보다 더 나쁘다고 비난을 퍼부었다. 나의 모델은 파동, 지류, 상태 모델이기 때문에, 그리고 영적 상태는 전개되는 사실상의 어떤 파동에서도 일어날 수 있기 때문에 그런 특정 비판은 핵심을 상당히 벗어난 것이다. 오로지 SES만 읽었던 비평가가 어떻게 그런 인상을 받게 되었는지는 이해할 수 있지만, 그런 인상은 잘못된 것이다(어린이와 초기 인류에서의 영성에 관한 특정 논의를 살펴보려면 『통합심리학』 10, 11, 12장을 보라).

아마도 차차 분명해지겠지만, SES에 관한 주된 비평은 내 작업을 단순히 그릇되게 설명한 데 근거를 두고 있으므로 양측 모두 비난받아 마땅하다. 나는 분명코 나의 전체 모델의 개요를 분명하게 제시하지 않았으며, 비평가들은 나의 다른 작업들을 잘 모르고 있다. 내 반응이 낡은 레코드판처럼 들리기 시작했다. "그건 내 견해가 아니고, 그건 내 견해가 아니고, 그건 아니고……." 여기에 대해 나만큼 지친 사람은 없을 것이다.

생태철학 논의

꽤나 정확한 비평 한 가지는 내가 수없이 다양한 생태철학을 뭉뚱그려서 무분별하게 다루고 있다는 것이다. 이건 사실이며 그런 비판은 올바른 비판이다. 나 자신을 방어하기 위해서 나는 온우주 삼부작에서(『섹스, 신, 젠더: 남녀의 생태학Sex, God, and Gender: The Ecology of Men and Women』이라는 임시 제목을 달았다.) 여러 생태철학을 개별적으로 다루었으며, 각각을 그들만의 용어로 다루었음을 몇 개 주석에서 설명했다고만 말할 수 있다. 나는 그런 연구로부터 도출된 광범위한 특정 결론만을 언급했을 뿐이다. 이와 동시에 SES는 현 생태철학의 다수를 대등하게 다루면서, 그들은 사실상 매우 평원적인 관점을 대표하고 있음을 지적했다. SES의 한 논평자는 "내가 일반적으로 진실로 믿고 있는 이런 설명은 대부분 형태의 생태이론에 치명적이다."라고 결론지었으며, 마이클 치머만Michael Zimmerman(『급진적 생태학Radical Ecology』의 저자)은 생태철학 대부분(모두는 아니다.) 실제 설명한 대로 평원에 사로잡힌 것 같다고 지적했다.

SES는 평원의 용어가 아닌 완전히 생태적인 유형의 생태철학을 계속 제시하고 있으며, 이런 **홀론생태학**은 내 생각에 책이 기여한 가장 중요한 부분이다. 그러나 SES는 대부분의 생태철학이 (모두는 아니다.) 채택하고 있는 평원 버전의 생태학에 동의하지 않기 때문에 생태철학자들은 일반적으로 SES를 잘 받아들이지 않는다. 지금도 여전하다. 그러나 SES가 주의 깊게 설명하고 있는 것처럼, 대부분의 생태철학은 실로 평원에 내재하고 있는 주된 문제를 안고 있으며, 더 홀론적인 생태학을 포용할 때까지 이런 문제가 (이론적으로나 실천적으로나) 계속 그들의 다리를 묶어 둘 가능성은 매우 높다.

에머슨과 플로티노스

소수 생태철학자들은 내가 에머슨Emerson과 플로티노스Plotinus를 다룬 방식에 반대했다. 그들의 관점을 보고하는 데 있어 사실 나는 두 가지 사소한 오류를 범했다.

에머슨을 인용한 몇 가지에서 타원형을 올바로 사용하지 못한 것이 그 하나다. 두 번째로는 이미 지적한 바와 같이, 나는 윌리엄 잉William Inge이 아니라 카를 야스퍼스Karl Jaspers의 번역을 좇아 플로티노스의 마지막 말을 보고하였다. 후속 쇄에서 두 가지 오류를 수정했다. 그런 사소한 위반이 에머슨과 플로티노스에 대한 내 해석과 관련해서 흥분에 찬 맹공격을 받게 된 출발점이 되었다(『아이 오브 스피릿The Eye of Spirit』 11장의 주석 1, 2, 3을 보라). 불행히도 내 생각에 이런 공격은 일부 생태철학자들로 하여금 그들의 관점을 향해 내가 가한 실질적인 비평으로부터 주의를 돌릴 뿐 아니라 에머슨과 플로티노스 둘 다 자연 신비주의에 대항해서 퍼부은 (그러므로 오늘날의 생태심리학, 심층 생태학, 생태페미니즘, 신이교주의neopaganism 형태 대부분에 반해서도 퍼부었을) 주된 비평을 도외시하게끔 만들었다.

『아이 오브 스피릿』에서 발췌한 널리 수용되는 에머슨 해석을 요약하면 그 내용은 다음과 같다. (1) 자연은 영Spirit이 아니라 영의 상징(또는 영의 현현)이다. (2) 감각적 자각 자체는 영을 드러내는 게 아니라 모호하게 만든다. (3) 영을 드러내는 데는 상승(또는 초월적)의 흐름이 필요하다. (4) 자연을 초월할 때만 영을 이해한다(즉, 영은 자연에 내재하지만 자연을 초월할 때만 스스로를 온전하게 드러낸다. 요약하면, 영은 자연을 초월하지만 포함한다). 에머슨을 연구하는 학자들에게 이런 점들은 의심의 여지가 없다.

플로티노스도 이런 요점에 완전히 동의할 것이다. 따라서 에머슨도 플로티노스도 대부분의(모두는 아니다.) 생태심리학, 가이아 숭배, 신이교주의, 심층 생태학, 생태페미니즘은 진실하지만 부분적이라고 비난할 것이다. 이런 이유로 이 특정 생태철학자들은 (내가 제시했던) 통상적이면서도 널리 수용되는 에머슨과 플로티노스에 관한 해석은 사실 엄청난 왜곡이라고 주장하는 것이 중요해지는데, 왜냐하면 그렇지 않다면 그들은 이 두 비범한 인물로부터 자신들의 이론이 지지받고 있다고 주장할 수 없기 때문이다. 물론 고전을 신선하면서도 참신하게 해석할 자유가 있으며, 이는 항상 가치가 있다. 그러나 내가 이 이론가들을 엄청나게 왜곡하고 있다고만 주장함으로써 새로운 해석을 전달하려 애쓰는 것은 SES를 겨냥한 비판 중 가장 서투른 비판이다(그것이 진실이라 해도 어느 쪽으로든 SES의 결론에 영향을 미치지 않을 거라는 사실은 두말할 필요도 없다). 그러나 그것은 재미있으면서도 활기에 넘치는 폭죽놀이 같았음을 말해야겠다.

사소한 비판들

2장에서는 어디서나 발견할 수 있는 진화하거나 성장하는 시스템에 공통적으로 나타나는 '20개 원리'를 개략적으로 서술했다. 그 숫자를 센 많은 사람이 20개가 되지 않음을 알고는 뭔가가 빠졌는지 알고 싶어 했다. 이것은 무엇을 한 개의 원리로 세는지에 달려 있다. 나는 12개 원리를 제시했으며, 2번은 4개 원리, 12번은 5개 원리를 담고 있다. 전부 합치면 19개가 된다. 책 전반에 걸쳐 나는 3개를 추가시켰으며, 그렇게 되면 22개가 된다. 그러나 한두 원리는 실제로 특징이라기보다는 언어에 관한 정의에 불과하다(예를 들어, 원리 7과 9도 가능하다). 그래서 사실상 약 20개쯤 되는 원리 또는 진화의 실제 특징이 남는다. 20이라는 숫자에는 어떤 신성한 의미도 없다. 이것들은 더욱 두드러지게 나타나는 진화의 추세, 향성向性, 경향성이다.

9장 '상승과 하강'에서는 진화와 내화involution를 논하였다. 진화란 물질에서 신체, 마음, 혼, 영으로의 전개인데 각 상위 차원은 그 하위 차원을 초월하고 포함하고 있으며, 그 결과로 존재의 대둥지Great Nest of Being가 된다. 내화란 역방향 과정 또는 상위 차원이 하위 차원 속으로 '포개지고' '감싸지는' 것으로서, 진화와 더불어 현실태로 전개될 채비를 갖춘 거대한 잠재력으로서 하위 차원으로 스스로 침전된다. 일부 독자들은 이로써 우주가 완전히 결정론적이면서 운명적으로 된다고 느낀다. 그러나 내 생각에 내화는 광대한 잠재력의 장場을 창조하는데, 이는 그들의 표층 양상에 결정적으로 작용하지 않는다. 개인적인 솔선수범부터 무작위적인 기회에 이르기까지 거의 무한한 수에 달하는 변인들에 따라, 그들은 진화의 도정에서 공동창조된다(나는 전집 하권의 서문과 『통합심리학』에서 이 주제를 명확하게 다루었다). 드넓은 공간에서 진화는 매 순간 유희하듯 스스로 창조한다!

소수 융주의자들은 원형에 대한 논의를 확장시키길 원했다. 『아이 오브 스피릿』 11장(이는 또한 융주의자들이 제기한 공통된 비판에 대해 답을 주었다.)과 『통합심리학』

에서(특히, 8장) 더 많은 자료를 찾을 수 있다.

한 비평가는 계통 발생적 진화에 대한 내 설명에서 하버마스에 왜 그토록 많이 의존했는지 궁금해했다. 사실 나는 수십 가지에 달하는 주요 인류학적 연구에 의존했으며, 그중 다수를 참고문헌에 열거했다(그리고 삼부작 제2권에 수백 가지가 열거되어 있다). 그러나 예술, 도덕, 과학('삼대 가치Big Three')이라는 세 영역 모두를 인식한 이론가의 한 예로서 하버마스를 이용했기 때문에, 그 분야에서 일반적으로 수용되는 결론과 상충되지 않는 한 그의 광범위한 인류학적 연구를 제시했을 뿐이다.

이보게들, 웃으면서 말합시다

마지막으로, 책의 분위기를 언급하자. 『성, 생태, 영성』은 어떤 면에서는 화가 나서 집필한 책이다. 분노인지 고뇌인지는 말하기 어렵다. 일반적인 담론 분위기가 악의에 차 있고, 옹졸하며, 거만하고, 공격적인 포스트모던 문화 연구에 3년이나 몰두한 후에, 대다수가 역사상 가장 위대한 변용이었으며 지구를 구원하고 세계를 구원할 새로운 패러다임을 갖추었다고 노골적으로 자랑하는 무수한 '신패러다임' 논문을 훑어본 후에, 내가 살펴본 것 중에서 가장 독기를 뿜고 앙심을 품은 일부 저술이었던 그리고 문화 연구를 이런저런 지론持論과 자기애적인 자기과시로 축소시켜버리는 반서구, 반남성, 반문화, 온갖 미사여구에 반대하는 내용들의 무자비한 공격에 노출된 후에, 이 모든 것이 일어난 후에 분노와 고민에 싸여 SES를 썼으므로 책의 분위기가 그런 상태를 어쩔 수 없이 반영하고 있다.

많은 경우, 매우 분명했다. 나는 독은 독으로, 비방은 비방으로 대처하면서 내가 비판하는 비평가의 분위기를 종종 모방했다. 그러면서도 물론 나는 다른 뺨마저 내밀지 못했다. 다른 뺨을 내밀 때도 있고, 그러지 않을 때도 있었다. SES에서 제시한 전일론 비전에 수긍이 간다면, 요즘 통용되는 문화 연구의 편협함에 대해 당신 또한 화가 날 것이다. 포스트모더니즘에 만연하는 천박함에 대해 느끼는 슬픔과 우울감에도 공감할 것이다. 내가 이 책을 쓸 때 그랬던 것처럼, 당신도 분노와 고민 사이를 오락가락할지도 모른다. 솔직히 말해서 나는 그런 모든 현상이 적절하다고 생각한다. 그러나 SES는 분명 분노와 고민에서 나오는 외침이었다.

책 분위기를 누그러뜨릴 수도 있었지만 일부러 그러지 않았다. 지금도 마찬가지이지만, 때로는 폭발하듯 치열하게 격론을 벌이는 것이 대화를 통합적 방향으로 몰아가는 데 필요하다고 진심으로 믿는다. 나는 통합적이고 전일론적임을 주장하는 '신패러다임' 이론가들이 완전히 무시하고 있는 통합적 의도를 띤 탁월한 책들을 20년이 넘도록 수없이 살펴보았다. 나는 새장을 흔들어서 무슨 일이 일어나는지 보기로 마음먹었다.

실제 효과가 있었을까? 무슨 효과일까? 몇몇 비평가들은 그런 격론을 나의 험악한 성질을 보여 주는 증거로 받아들였다. 나는 그럴 수밖에 없었으며 공격을 해야만 했다. 이는 20년에 걸쳐 집필된 나의 첫 12권의 책에는 격론을 벌이는 문장이 단 한 문장도 없었다는 사실을 간과하고 있다.

어떤 비평가들은 그런 분위기 때문에 책이 주는 메시지가 전달되지 않는다고 주장했다. 그들이 말한 의미를 진심으로 이해하지만 나는 정확히 정반대를 주장한다. 좋든 나쁘든 그들이 중심 무대로 몰고 온 격론을 일으킨 소동이 일어날 때까지 이런 아이디어는 수십 년 동안 고의적으로 무시되었다.

어떤 비평가는 SES를 본따 '대담'을 요구함으로써 관련 사항을 무심코 증명해 보였는데, 그 안에서는 모든 진영이 상호 존중 속에서 서로를 배려하고, 이론적 담론을 전쟁인 양 떠들지 말자고 했다. 그러고선 이 비평가는 자신이 경멸했다고 고백했던 바로 그런 일을 했으며, 논쟁에 가담한 양측을 공정하고 정중하게 제시하지 않고 처음부터 끝까지 내 분위기를 힐난하기만 했다.

책의 분위기에 대한 찬반 입장은 그 책에 동의하는지의 여부와 거의 정확하게 일치하는 결과를 낳았다. SES의 전일론 비전에 동의하는 사람들은 나의 분노와 고민에 공감하면서 격론에 갈채를 보냈다. 한 비평가는 "신선한 비판과 해방감을 주는 유머 때문에 SES에 나타난 격론 투의 어조를 우리 다수가 정말 좋아한다는 사실을 잊지 맙시다."라고 말했다.

이 책에서 비판의 대상이 되었거나 비전이 불완전하다고 생각한 반대편 사람들은 책의 분위기를 몰아세웠다. 어떤 사람은 "윌버는 무지하다 못해 예의가 없으며, 불손하고, 공격적이다."라고 말했다.

의심의 여지없이, 양측 다 옳다.

온우주 삼부작

지금까지 SES에 대해 가장 흔하게 일어난 전반적인 반응은 우리 생각에 기쁨으로 부를 수 있는 것에 속한다. 독자들로부터 메일이 쇄도했는데, 그들은 SES가 세상에 대한 자신들의 관점, 실재에 대한 자신들의 관점, 자신들의 의식 자체에 미친 해방감에 대해 말했다. 결국 SES는 당신 자신의 참자아가 이룬 위업에 관한 이야기이며, 수많은 독자는 그것을 상기하면서 크게 기뻐했다. 여성들은 다소 가부장적 역겨움이 보이는 것에 대해 나를 용서했으며, 남성들은 마지막 장 내내 눈물을 흘렸다고 말했다. 『세상에서 가장 아름다운 용기』를 제외하고는 SES에서 내가 받은 것만큼 진심 어린, 심히 감동적인 편지를 받은 적이 없으며, 이 편지들은 3년이라는 힘겨운 시기의 값어치를 하고도 남았다.

나는 삼부작 2권은 언제 출판되느냐는 질문을 종종 받는다. 원래 계획은 10년에 한 권씩 출판할 예정이었으며, 이는 2권이 2005년쯤 준비될 것임을 뜻한다. 그러나 현재로서는 다른 두 권의 책이 언제쯤 준비될지 정확히 모르겠다. 2권은 어느 정도는 완전히 저술되었고, 3권은 개요만 있는 셈이다. 그러나 나는 각 권이 그 이전 책에 대한 건설적 비판을 흡수할 시간을 갖길 바란다. 반대 의견들에 대한 이전의 절에서 나는 주된 비판에만 중점을 두었는데, 각각에 대해서 만족스럽게 답변할 수 있다고 생각한다. 타당하면서도 제대로라고 생각되는 수십 가지 사소한 비판들은 언급하지 않았으며, 후속 저술에 이것을 포함시키려고 노력했다. 나는 온우주 삼부작이 실로 통합적인 철학, 최초이지만 신뢰할 수 있는 세계철학에 관한 견고한 버전으로 우뚝 서기를 바라므로 설득력 있는 다수의 비판 모두에 대해서 숙고할 수 있는 시간을 충분히 가졌으면 한다.

　다른 책들의 출판을 서두르지 않는 또 다른 이유가 있다. SES 자체는 부분적으로는 포스트모던 문화 연구가 보여 준 상태에 대해 개탄하면서 시작되었다. SES를 구상한 이후로 시간이 지나면서 포스트모던 입장은 눈에 띄게 약화되었다. 우리는 실로 포스트모던 이후, 후 다원주의 세계, 다른 말로는 **통합적인** 세계로 진입하고 있다. 실로 통합적인 철학이 점점 더 많이 수용될 것이고, 현재 수용되고 있으며, 열렬히 포용되기까지 한다. 한 해 한 해 지날수록 내가 써야 하는 비평의 장이 하나씩 줄어들고 있다. 한 해가 지날 때마다 보편적 통합론이 점점 더 환영을 받고 있다.

　한 비평가는 SES에 대해서, "그것은 역사에서 그 어떤 접근보다도 더 많은 진실을 존중하면서 포함시키고 있다."라고 썼다. 나는 분명 그 말이 맞다고 믿고 싶지만, 나는 또한 내일이 올 때마다 새로운 진실이 생겨나고, 새로운 전망이 열리며, 더 포괄적인 관점에 대한 욕구가 생긴다는 사실을 알고 있다. SES는 길게 늘어선 전일론 비전 중 가장 최근의 비전일 뿐이며, 그 자체가 더 큰 내일로 이어져 더 영광스러운 관점에 대한 각주에 그치고 말 것이다.

　그럭저럭하는 사이, 신나게 달려 왔다.

서문

그 어떤 것이든 무언가가 일어나고 있다는 게 아주 이상하다. 아무것도 없다가 빅뱅이 일어나고 우리 모두 여기에 있다. 지극히 불가사의한 일이다.

"어째서 무無가 아니라 무언가가 존재하는 걸까?"라는 셸링Schelling의 타오르는 질문에는 항상 두 가지 일반적인 대답이 있었다. 첫 번째는 '실수'의 철학이라고 부르는 것일 것이다. 우주는 그저 생겨났으며, 그뿐이다. 우주는 근본적으로는 우연이나 무작위적인 것으로서 그저 그럴 뿐, 실수로 일어났을 뿐이다. 때로는 아무리 정교하고 성숙해 보여도 실증철학에서 과학적 유물론, 언어 분석에서 사적史的 유물론, 자연주의에서 실증주의에 이르기까지 그 현대적 명칭과 숫자는 무척 많지만 이는 항상 근본적으로 똑같은 대답, 즉 "묻지 마라."로 귀결된다.

질문 자체(무언가가 도대체 왜 일어나는 걸까? 왜 나는 여기에 있는 걸까?)가 혼란스럽고, 병리적이며, 무의미하고, 유아적이라고 말한다. 그들 모두는 그런 어리석거나 혼란스러운 질문을 멈추는 것이 성숙의 징표이자 이 우주에서 성장했다는 징후라고 말한다.

나는 그렇게 생각하지 않는다. 나는 이 '현대적이고 성숙한' 분야들이 제공하는 대답, 즉 "실수야!"(그러니 묻지 마라.)라는 대답은 인간 상황이 제시할 수 있는 유아적인 반응이라고 생각한다.

그동안 제안해 왔던 그 밖의 개략적인 대답으로는 무언가 다른 것이 진행되고 있다는 것이다. 우연한 드라마 위에는 더 깊거나 높거나 넓은 패턴, 또는 질서나 지성이 존재한다는 것이다. 이런 '더 심오한 질서'에는 도道, 신, 정신Geist, 우주의 질서Maat, 원형적 형상, 이성, 이理, 대승불교, 브라만, 리그파Rigpa처럼 다양성이 존재한다. 더 심오한 질서를 이처럼 달리 표현하는 것은 많은 점에서 서로 이견을 보이지만 이들은 모두 우주가 외면상 보이는 것과는 다르다는 점에 동의한다. 무언가 다른 것, 실수와는 전혀 다른 무언가가 일어나고 있는 것이다.

****

이 책은 '실수와는 다른 무언가'에 관한 것이다. 이 책은 더 심오한 질서의 가능성에 대한 것이다. 이 책은 진화, 종교 그리고 어떤 의미에서는 그 중간쯤에 있는 모든 것에 관한 것이다. 이 책은 우주, 생물권, 정신, 신에 관한 간략한 역사, 말할 필요 없이 한 얼간이가 말하는 이야기, 정확히는 아무것도 의미하지 않으면서 모든 것을 의미하는 이야기다. 음향과 분노가 있을 뿐이다.

이것은 홀론holon, 무한히 다른 전체의 일부가 되는 전체에 관한 책이다. 원자 전체는 분자의 일부가 되고, 분자 전체는 세포의 일부가 되며, 세포 전체는 유기체의 일부가 되는 등등이다. 각 전체는 동시에 부분으로서 전체/부분, 즉 홀론이 된다. 실재는 사물이나 과정, 전체나 부분으로 구성되어 있지 않고, 전체/부분인 홀론으로 구성되어 있다. 우리는 우주, 생물, 정신, 신에 존재하는 홀론을 보게 될 것이다. 그 모두를 연결시키고, 그 모두를 전개하고, 그 모두를 영원히 포용하는 진화의 실타래를 보게 될 것이다.

첫 장은 물질적 우주(물질)와 생물권(생명)에서의 홀론을 다룬다. 이는 자연과학, 생태과학, 생명과학, 시스템 과학의 일반 영역이며, 우리는 이들 각각을 신중하게 탐구할 것이다. 현재 앙갚음하며 이 지구를 덮는 생태 위기뿐 아니라 영성과 생태학을 분리시키지 않고 연결시키려는 노력에서 발생한 심층 생태학에서 생태페미니즘에 이르는 수많은 운동을 생각한다면 이는 특히 중요한 일이다. 그리고 우리는 그 모든 것의 의미를 보게 될 것이다.

중간 장들은 마음, 심리구조 또는 정신권noosphere의 출현을 탐색한다. 그것은 심리구조 자체를 구성하는 홀론이다(마음은 맥락 안에서만 의미가 있는 단위들, 영원히 다른 전체의 부분인 전체로 구성되어 있다). 모든 홀론과 마찬가지로, 이런 심적 홀론은 창발하며 시간과 역사 안에서 진화한다. 우리는 마음과 의식의 역사적 진화 그리고 이런 심적 홀론들이 어떻게 우주와 생물이라는 홀론들과 관련을 맺는지를 살펴볼 것이다.

마지막 장들은 신, 신성한 영역, 더 심오한 질서를 다루고, 그것이 실로 어떻게 우주, 생물권, 정신권과 관계 맺는지를 다룬다. 여기에는 무언가 놀라운 일이 기다리고 있다고 생각한다.

이 책은 세 권으로 구상한 책 중 첫 번째 책이다(연작물은 『온우주Kosmos』 또는 『온우주 삼부작』으로 불리며, 다른 두 권의 책에 대한 간단한 요약이 이 책 전체에 제시되어 있다). 이 책에서 제기된 수많은 질문을 다른 두 권의 책에서 더 면밀하게 검토하였다. 어쨌든 완성된 결론이라기보다는 광범위한 개관이자 소개서로 이 책을 볼 수 있다.

이 책은 내가 '지향적 일반화orienting generalization'로 부르는 것에 기초하고 있다. 예를 들어, 도덕발달 분야에서 모든 사람이 로렌스 콜버그Lawrence Kohlberg의 7개 도덕 단계나 콜버그 구조를 재작업한 캐럴 길리건Carol Gilligan의 세부 사항에 동의하지는 않는다. 그러나 인간의 도덕발달이 적어도 세 가지의 폭넓은 단계를 거친다는 데에는 일반적으로 또한 충분하게 합의하고 있다. 즉, 출생 시 인간은 아직 어떤 식으로든 도덕 체계 내로 사회화되어 있지 않다('전인습'). 그 다음에서야 인간은 자기가 자라온 사회의 기본 가치를 대표하는 일반적인 도덕구조를 스스로, 그리고 타인으로부터 습득한다('인습'). 그리고 더 성장하면 사회를 성찰하는 것이 가능해지고, 따라서 사회로부터 약간 거리를 두면서 사회를 비판하거나 개혁하는 역량을 획득한다(개인은 어느 정도 '후인습'으로 된다).

그런 발달 순서의 실제 세부 사항과 정확한 의미는 여전히 뜨거운 논쟁거리이지만, 그런 세 가지 전반적인 단계 같은 것이 실로 일어나며 보편적으로 일어난다는 점에 모두가 상당 정도 동의하고 있다. 이것들이 **지향적 일반화**다. 이는 중요한 숲이 어디에 위치하는지를 우리에게 보여 주고 있다. 얼마나 많은 나무가 있는지에 관해서는 동의하지 않더라도 말이다.

요컨대, (물리학에서 생물학, 심리학, 신학에 이르기까지) 지식의 다양한 분야로부터 이런 식의 대략 동의하는 지향적 일반화를 취한다면, 또한 이런 지향적 일반화를 함께 엮는다면 우리는 놀라우면서도 종종 심오한 어떤 결론, 탁월한 결론일 수도 있지만 그럼에도 불구하고 우리가 이미 동의했던 지식 이상을 구현할 수 없는 결론에 도달할 것이다. 지식의 구슬 하나하나는 이미 받아들여지고 있다. 그것들을 한데 엮어 목걸이로 만들 수 있는 실타래를 제공하는 것이 유일하게 필요한 일이다.

이 세 권의 책은 그런 목걸이를 함께 꿰려는 하나의 시도다. 그런 시도가 성공할지는 두고 볼 일이다. 그렇지 않다면, 내 생각에 이것은 최소한 오늘날 포스트모던 세계에서 이런 식의 작업을 어떻게 해낼 수 있는지 보여 주는 좋은 사례가 될 것이다. 포괄적인 지향적 일반화를 다루는 데 있어 삼부작은 우주, 생명, 영과 관련해서 남녀의 위치에 대한 포괄적인 지향적 지도를 제시하고 있으며, 세부 사항들은 우리가 원하는 대로 채워 넣을 수 있다. 그러나 지도의 포괄적인 윤곽은 인간 지식의 여러 분야로부터 추출된 단순하지만 견고한, 지향적 일반화로부터 선택한 엄청난 양의 지지 증거를 갖고 있다.

그럼에도 불구하고 이런 포괄적인 지향적 지도는 결코 고정된 것도 최종적인 것도 아니다. 나는 이 책이 포괄적인 지향적 일반화로 되어 있음은 물론 천 가지 정도의 가정으로 구성된 책이라고 말하고 싶다. 나는 그것이 단지 한 가지 사례인 듯 이야기를 전개하려고 한다(왜냐하면 그런 식으로 말하는 편이 읽기 더 편할 것이기 때문이다). 앞으로 전개되는 모든 문장은 적합한 공동체의 확증이나 거부에 대해 열려 있다. 수많은 독자는 내가 하고 있는 일을 '형이상학'이라고 주장할 것이다. 그러나 '형이상학'이 증거가 없는 사유를 의미할 경우, 이 책 전반에 걸쳐 형이상학적인 문장은 단 한 줄도 없다.

이 책(또는 이 삼부작)은 보다 넓은 온우주(물질, 생명, 마음, 영)에서 남녀의 위치를 포괄적으로 정하는 지도를 제공하고 있기 때문에 생태학적 위기에서부터 페미니즘까지, 근대와 탈근대의 의미에서부터 섹스, 젠더, 인종, 계급, 신념과 관계된 '해방'의 성질에 이르기까지, 기술경제적 발달의 성질과 그것들이 다양한 세계관과 맺고 있는 관계에 이르기까지, 사물의 더 큰 구조 속에서 우리가 차지하는 위치에 관해 세계가 거기에 대해 제시했던 다양한 영적 및 지혜 전통에 이르기까지 최근에 '논란거리가 된' 수많은 주제를 당연히 다루고 있다.

우리가 어떻게 더 온전한 인간이 될 수 있으며, 이와 동시에 그저 인간에 불과할 뿐이라는 운명으로부터 어떻게 구원받을 수 있을까? 신을 저버리고 여신을 저버린 이 근대라는 세계에서 영은 어디에 있는 걸까? 우리 자신의 조건을 개선시키려 노력하면서도 우리는 왜 가이아를 파괴하는 걸까? 구원을 위한 수많은 시도가 왜 자살이 되고 마는 걸까? 우리는 어떻게 더 큰 온우주와 실제로 조화를 이룰 것인가? 우리는 어떻게 더 큰 무언가의 부분이기도 한 전체 개인이 될 것인가?

달리 표현해서, 인간 존재가 온우주의 모든 다른 존재와 마찬가지로 절대적으로 홀론이기 때문이라면 그것은 무슨 의미인가? 영원히 우리를 초월해서 움직이고 있는 것과 우리는 어떻게 어울릴 수 있을까? 해방이란 우리 스스로 전체가 된다는 것일까 아니면 더 큰 무언가의 일부가 된다는 것일까? 아니면 다른 무엇이 된다는 것일까? 역사란 내가 깨어나려고 애쓰는 하나의 악몽이라면, 내가 정확히 어떤 것으로 깨어난다는 것일까?

가장 중요하게는 그 광활하고도 놀라운 온우주를 응시하면서 실수보다는 더 성숙해진 무언가로 반응할 수 있지 않을까?

이 책의 필사본을 이미 읽은 사람들이 독자를 위해 두 가지 제안을 하였다.

첫 번째로, (만약 두 번 이상 읽는다면) 처음 읽을 때는 주석을 건너뛰면서 두 번째를 위해 남겨 두라. 이 책은 의도적으로 두 개 수준으로 집필되었다. 본문은 가능하면 쉽게 접근할 수 있도록 모든 노력을 기울였고, 주석은(자체로 작은 책자가 된다.) 진지한 학도들을 위한 것이다. 그러나 양쪽 모두에게 대부분의 주석은 두 번째 독서를 위해 남겨 두는 게 최선책인데, 그것들이 서술의 흐름을 크게 방해하기 때문이다 (그렇지 않을 경우 어떤 사람들은 일종의 부록으로서 주석을 읽는데, 그것도 괜찮다).

두 번째로, 한 번에 한 문장씩 읽으라. 띄엄띄엄 읽으려는 사람들은 완전히 길을 잃을 것이다. 그러나 대부분의 사람은 각 문장을 그냥 읽다 보면 내용이 저절로 전개되어 부딪히는 모든 문제가 보통은 해결된다고들 한다. 이 책은 분명 방대한 책이지만 작고 미세한 바이트 크기의 조각으로 되어 있으며, 모든 독자는 한 번에 한 바이트씩 읽으면서 매우 즐거운 시간을 보내는 것 같다.

오늘날 근대 및 탈근대 세계에서 어둠의 세력들이 우리를 덮치고 있다는 말이 종종 들려온다. 그러나 나는 그렇지 않다고 생각한다. 어둠과 심연에는 항상 치유 가능한 진실이 존재한다. 도처에서 진, 선, 미를 위협하면서도, 모순되게도 스스로를 깊고 심오하다고 알리는 세력은 어둠의 세력이 아니라 천박한 세력이다. 현대의 위험, 현대의 위협이 도처에 도사리고 있으며, 그럼에도 불구하고 어디에서나 우리에게 구원자라고 외치는 것은 화려하면서도 두려움을 모르는 천박함이다.

우리는 빛을, 고원을 잃어버렸는지도 모른다. 그러나 더 무서운 일은 우리가 신비와 깊이, 공성空性과 심연을 잃어버린 데 있다. 표면과 그림자, 외면과 껍질에 전념한 세계에서 우리는 그것을 잃어버렸다. 그 세계의 예언자들은 맨 먼저 수영장 머리맡의 야트막한 가장자리로 뛰어들라고 우리를 다정하게 설득한다.

에머슨은 "역사가 나의 존재와 생성being and becoming에 관한 유쾌한 우화나 비유의 도를 넘으면 오만과 모욕이 된다."라고 말했다. 그렇다면 이어지는 내용은 당신의 현재와 미래에 관한 유쾌한 비유이자, 당신이 숨을 쉴 때마다 전개되고 감싸지며, 진화evolving하고 내화involving하며, 세계를 창조하고 소멸시키면서 영원히 흘러나오는 공성에 관한 우화다. 이것은 당신이 이미 행했던 것의 연대기, 당신이 보았던 것에 관한 이야기, 우리 모두가 되어 갈 것의 척도다.

차례

상

켄
윌
버
의
성,
생
태,
영성:
진
화
하
는
靈

하

Sex
Ecology
Spirituality

The Spirit of Evolution

무無에서 당신을 갑자기 불러내서 당신과는 아무 관계도 없는 광경을 잠시 즐기게 만든 것은 무엇일까? 당신 존재의 조건은 바위만큼이나 오래되었다. 수천 년 동안 남자는 노력하고 고통을 겪어 아비가 되었고, 여자는 고통 속에서 출산했다. 아마도 백 년 전쯤 또 한 사람의 남자나 여자가 이 자리에 앉았을 것이다. 당신과 마찬가지로 그는 가슴속에 경외심과 열망을 품고 빙하로 떨어져 사라져 가는 빛을 바라보았을 것이다. 당신과 마찬가지로 그도 아비가 되고, 여성으로부터 태어났다. 당신과 마찬가지로 그도 고통과 잠시의 기쁨을 느꼈다. 그는 다른 사람인가? 당신 자신이 아니었던가? 당신의 것인 이 참자아Self는 무엇인가?

−에르빈 슈뢰딩거−

SEX   ECOLOGY   SPIRITUALITY

01
생명의 그물망

영원한 움직임에 닻을 내린 세상은 자신을 지성으로 채우는
영혼에 의해 살아 있고, 축복받는 존재가 되나니.

—플로티노스—

이상한 세상이다. 약 150억 년 전 정확히 아무것도 없다가 10억분의 1초보다 짧은 시간에 물질적 우주가 폭발하여 존재하게 되었던 것 같다.

더 이상한 일은 그렇게 나타난 물질은 그저 임의로 생겨난 무질서한 덩어리가 아니라 더욱 복잡하고 뒤얽힌 형상으로 스스로를 조직한 것 같다. 이런 형상들이 너무 복잡해서 수십억 년 후에는 그들 중 일부가 스스로 생산하는 길을 발견했으며, 그리하여 물질에서 생명이 생겼다.

더더욱 이상한 것은 이런 생명의 형태는 분명 스스로를 생산하는 데 만족하지 않고 기나긴 진화를 시작해서 결국 스스로를 표상하고 기호와 상징, 개념을 낳았으며, 그리하여 생명으로부터 마음이 생겼다는 것이다.

이런 진화 과정이 무엇이든지 그것은 물질에서 생명 그리고 마음으로 믿기 어려울 정도로 내몰린 것 같다.

　　몇백 년 전, 보잘것 없는 별 주변에 위치한 작고 평범한 행성에서 진화가 스스로를 의식하게 되었다는 것은 훨씬 이상한 일이다.

　　정확히 그와 동시에 진화가 스스로를 의식하게끔 허용했던 바로 그 메커니즘이 그 자신이 일제히 소멸하도록 작용하고 있다.

　　그것이 가장 불가사의다.

생태 위기

　　현재 우리는 하루 약 100개의 종을 몰살하고 있다는 사실에서부터 우리가 일 초 동안 축구장만 한 크기의 세계 열대 숲을 파괴하고 있다는 사실에 이르기까지 섬뜩한 통계치를 모조리 발표함으로써 문제에 대해 장황하게 늘어놓고 싶지 않다. 실로 지구는 재앙을 향해 가고 있으며, 인류 역사상 최초로 이제 완전히 인간이 만들어 놓은 환경으로 인해[1] 우리 중 아무도 살아남아 이야기를 들려주지 못하는 게 가능해졌다. 지구가 진실로 우리의 몸이자 피라면, 그것을 파괴함으로써 우리는 끔찍한 자살을 천천히 저지르고 있는 셈이다.

　　생태 재앙의 걱정스러운 차원에(내가 추정하는 성질과 그 범위는 모든 지성인에게 분명하다.) 대응하여 일어나는 것은 보통 환경 운동으로(통상적으로는 1962년 레이첼 카슨Rachel Carson의 『침묵의 봄Silent Spring』의 출판으로 거슬러 올라간다.)[2] 언급되는 다양한 종류의 일반적인 반응들이다. 부분적으로는 환경 운동에서 시작했지만 그것을 훨씬 넘어서서, 특히 우리의 관심을 끌게 될 두 가지 '생태철학', 즉 생태페미니즘 ecofeminism과 심층 생태학deep ecology이 있다(이들은 거의 완벽히 동일한 주제에 대해 여성적·남성적 가치를 각각 구현하고 있음을 볼 것이다).

　　이런 생태적 접근중심에는 우리가 겪고 있는 현재의 환경적 위기가 일차적으로는 파편화된 세계관, 즉 마음과 몸, 주체와 객체, 문화와 자연, 사고와 사물, 가치와 사실, 영과 물질, 인간과 비인간을 철저하게 구분했던 세계관, 이원적이고 기계적이며, 원자적·인간중심적이며 병리적으로 계층구조적인 세계관, 간단히 말해서 인간을 실재를 구성하는 나머지 구조와 잘못 분리시키고, 인간을 그 위로 불필요하게 격상시킨 세계관, 생명, 지구, 우주의 본성을 구성하는 패턴과 관계의 복잡한 그물망으로부터 남녀를 소외시키는 고장 난 세계관 탓이라는 생각이 자리 잡고 있다.

나아가 이런 접근들은, 지구를 치유하고 우리 스스로를 치유할 수 있는 유일한 길은 이런 파편화된 세계관을 더 전일적이고, 관계적이며, 통합적이고, 지구를 존중하면서 오만하게 인간중심적인 정도가 덜한 세계관으로 대체하는 것이라고 주장한다. 간단히 말해서 생명의 전체 그물망, 그 자체의 고유한 가치를 띤 그물망, 필연적으로 우리 자신 존재의 뼈와 골수인 그물망을 존중하는 세계관이다.

한 예로, 프리초프 카프라Fritjof Capra는 현 세계의 사회, 경제, 환경의 위기는 모두 파편화된 세계관에서 파생되었다고 주장하였다.

> 우리 사회 전체가 (전례 없는) 위기를 맞고 있다. 신문에서 수많은 징후에 관해 매일 읽을 수 있다. 실업률은 높고, 에너지 위기가 닥쳐오며, 의료 서비스 위기, 오염 및 그 밖의 환경 재앙이 닥치고 있으며, 폭력이 증가하고 있다. 이 책 『전환점 The Turning Point』의 기본 논지는 이 모든 것이 동일한 위기의 서로 다른 측면이며, 이런 위기는 근본적으로 인식의 위기라는 것이다. 이는 우리가 시대에 뒤떨어진 세계관, 즉 기계론적 세계관의 개념을 그 개념으로는 더 이상 이해할 수 없는 실재에 적용하려고 노력한다는 사실에서 비롯되었다. 오늘날 우리는 생물, 심리, 사회, 환경 현상들이 모두 상호 의존하고 있는 전 지구적으로 상호 연결된 세계 속에서 살고 있다. 이런 세계를 적절하게 기술하기 위해서 우리에게는 생태적 관점이 필요하다……. [3]

수많은 학자가 지적한 것처럼, '여성'과 '자연'은 서로 가깝다고 인식하고 있기 때문에 지구의 자연환경 파괴와 여성의 예속은 역사적으로 함께해 왔다. 생태페미니즘은 이 '타자'를 폄하한 데 대한 강력한 반응이다. 주디스 플랜트Judith Plant는 이렇게 설명하였다.

역사적으로 여성은 외부 세계에서 어떤 실제적인 힘도, 의사 결정과 지적 생활에서 어떤 위치도 갖지 못했다. 그러나 오늘날 생태학은 지구를 위해 인간/환경 관계에서 '타자'를 대변하고 있으며, 페미니즘은 여성/남성 관계에서 '타자'를 대변하고 있다. 생태페미니즘은 원래의 양쪽 타자들을 대변하면서 모든 지배의 상호 연관된 뿌리뿐만 아니라 저항하고 변화하는 방법들을 이해하려고 노력하고 있다. 생태페미니스트의 과제는 행동의 가능한 결과를 고려할 때 타자의 입장에서는 역량을 개발하고, 우리가 서로 간에, 그리고 지구와 맺고 있는 관계를 개선함에 따라서 우리 모두가 서로 일부가 된다는 사실을 반드시 잊지 않게끔 하는 것이다……4)

심층 생태학으로 알려진 운동을 대표하는 빌 드발Bill Devall과 조지 세션즈George Sessions는 "이것은 우리가 생태의식, 즉 모든 것이 연결되어 있다는 통찰을 개발한다고 말하는 작업"이라고 지적했으며, 잭 포브스Jack Forbes는 이것을 우리 스스로를 "다른 사람들, 서로 연결된 복잡한 생명의 그물망, 즉 진정한 공동체 주변을 둘러싸고 있는 비인간적인 생명 형태와 깊게 연결되어 있는" 것으로 인식하는 것이라고 설명하였다. "모든 생물과 사물은 형제자매다. 이런 생각으로부터 비착취, 모든 생명체에 대한 존중과 숭배가 나온다."5)

일부 사람들은 비현실적이라고 말할 정도로 문장들이 낭만적이고 시적으로 들리지만, 이 모든 인용문은 사실 가장 단단한 과학적 증거에 뿌리를 내리고 있다는 것이 놀랍다. 결국 '생명의 그물망'이라는 전일론 이론들은 문명만큼이나 오래된 것으로서 세계의 위대한 종교 및 지혜 전통의 핵심을 이룬다(우리가 앞으로 살펴볼 것이다). 신을 당신 편으로 만드는 일은 과학을 당신 편으로 만드는 일과는 전혀 다르다.

생태과학이 바로 그런 경성과학hard science이다. 그렇다면 내가 하려는 일은 시스템(전일론 혹은 생태) 과학을 간단히 검토하고, 그런 과학들이 모든 생명의 상호 연관성이나 '그물망 같은' 성질을 언급할 때 정확히 무엇을 의미하는지 보여 주는 것이다. 이는 우리에게 필요한 배경 정보를 제공할 뿐 아니라 생태페미니즘과 심층 생태학에 대해 우리가 논의할 무대를 제공할 것이다.

마지막으로, 우리는 그런 접근에 지극히 중요한 몇 가지를 수정해야만 할 텐데,

이는 생태나 전일론 시스템 접근만큼이나 중요하다(그 이유는 앞으로 분명해질 것이다). 가장 중요하게는 그런 접근을 그보다 더 큰 맥락, 거의 언제나 간과되었던 맥락(이로써 꽤나 끔찍한 결과를 낳았다.) 속에 두어야만 할 것이다. 그리고 우리는 똑같은 강점, 똑같은 약점이 생태페미니즘뿐 아니라 심층 생태학도 괴롭히고 있음을 알게 될 것이다.

바꿔 말하면, 우리는 '생명의 그물망'에 대해 말하는 사람은 근본적으로 절반은 맞고 절반은 틀리다는 것(혹은 심각할 정도로 불완전하다는 것) 그리고 '맞는 절반'이 해결했던 것보다 '틀린 절반'이 더 많은 문제를 야기했다는 것을 알게 될 것이다.

우선 절반은 확실히 맞는 것 같다.

시간의 두 화살

새로운 시스템 과학은 어떤 의미에서는 전체와 연결성의 과학이다. 이제 우리가 발달이나 진화의 개념, 전체는 성장하고 진화한다는 생각을 추가한다면 현대 시스템 과학의 정수에 도달한 셈이다. 어빈 라슬로Ervin Laszlo가 말한 것처럼, "이제 과학에 기원을 두고 있으며, 깊이와 폭에 있어서는 철학적인 새로운 시스템이 부상하고 있다. 그것은 물질 우주, 살아 있는 생명체의 세계, 역사의 세계라는 거대한 영역을 포괄하고 있다. 이는 진화적 패러다임이다……". 그는 이렇게 설명했다.

"모든 것은 서로 연결되어 있다."라는 오랜 속담은 사태의 진정한 상태를 설명한다. (진화학이) 이룬 결과는 진화가 전개되는 물질, 생물, 사회 영역은 결코 서로 분리되어 있지 않다는 충분한 증거를 제시하고 있다. 어느 한 진화는 최소한 다른 진화를 위한 기초를 마련한다. 물질 영역의 진화로 말미암아 창조된 조건들로부터 생물 진화의 시작을 허용하는 조건이 출현하였다. 생물의 진화로 인해 창조된 조건들로부터 인간 존재 그리고 수많은 종이 특정 사회 조직의 형태를 진화시키도록 허용하는 조건들이 생겼다.[6]

라슬로는 이렇듯 중요한 결론을 내리고 있다.

> 물질 우주, 살아 있는 생명체 우주 그리고 역사 세계에서까지도 진화를 통해 추
> 적되는 패턴이 존재한다는 과학적 증거가 빠르게 축적되고 있다. 이는 결합되어
> 반복되고 되풀이되는 기본 규칙성이라는 이미지를 향해 모인다. 이제 이런 규칙
> 성을 찾고 진화, 살아 있는 세계 및 인간 사회역사 세계를 포함해서 전체로서의
> 우주 진화가 갖고 있는 근본 성질을 어렴풋하게나마 아는 일이 가능해졌다.
>   이런 규칙성을 찾고 체계적으로 진술하는 것은 물질, 생물, 사회 진화를 고유한
> 법칙과 논리를 띤 일관된 구조로 결합시키는 '장엄한 통합'을 창조하는 일에 참여
> 하는 것이다.[7]

우리는 이번 장과 다음 장에서 그런 법칙과 논리가 정확히 무엇인지 살펴볼 것이
다. 지금은 라슬로가 진화의 세 가지 '거대한 영역', 즉 물질, 생물, 역사를 언급하고
있음에 주목하자. 에리히 얀치Erich Jantsch는 이들을 우주, 생물사회, 사회문화라고
하였다. 마이클 머피Michael Murphy는 이들을 물질, 생물, 심리로 요약하였다. 대중적
인 용어를 사용하면 물질, 생명, 마음이 된다. 나는 이 세 가지 일반 영역을 물질권
physiosphere, 물질, 생물권biosphere, 생명, 정신권noosphere, 마음으로 언급할 것이다.[8]
이 거대한 세 영역이 갖는 실제 성질이 무엇이든 그들은 모두 연결되어 있는데,
반드시 동일한 내용으로써 연결된 것이 아니라 모두가 동일한 일반 법칙이나 역동
적 패턴을 표현하고 있기 때문에 그렇다. 이것이 진화 시스템 과학이 제기하는 핵
심 주장이다. 일반 시스템 이론General System Theory의 창시자 루트비히 폰 버탈랜피
Ludwig von Bertalanffy가 말했듯이, "과학의 통일성Unity of Science이 인정되는데, 모든 과학
을 이상적으로 물리학과 화학으로 환원시킴으로써가 아니라 서로 다른 실재 수준
의 구조적 동일성(역동적 패턴의 규칙성)을 통해서다".[9]
플라톤과 아리스토텔레스 시대부터 거의 19세기 말에 이르기까지 이 거대한 영
역, 즉 물질권, 생물권, 정신권은 모두 단절되거나 중단 없는 완벽한 모습으로 물질
에서 생명, 마음, 혼, 영에 이르는, 서로 연결되어 지속되는 영Spirit, 존재의 대사슬

Great Chain of Being의 현현이라고 역사적으로 주장되어 왔다.

아서 러브조이Arthur Lovejoy[10]가 보여 주었듯이, 여러 대사슬이론가들은 세 가지 기본 요점을 이렇게 주장했다. (1) 모든 현상, 모든 사물과 사건, 사람, 동물, 광물, 식물은 넘칠 정도로 풍부한 영의 현현이므로, 본질적으로는 각각 영으로 엮여 있으므로 물질과 자연의 세계 일체는 플라톤의 말처럼 '눈에 보이고 감지할 수 있는 신'이다. (2) 그러므로 자연에는 '틈이 없으며', 빠진 고리도 없고, 메울 수 없는 이원성도 존재하지 않는다. 왜냐하면 모든 것은 서로 얽혀 있기 때문이다('존재의 연속체 continuum of being'). (3) 그럼에도 불구하고 존재의 연속체에는 등급이 있는데, 각종 창발요소emergents들은 다른 차원에서는 나타나지 않는 차원에서 일부 나타나기 때문이다(예를 들어, 늑대는 달릴 수 있지만 바위는 달리지 못한다. 그러므로 특정 의미에서는 창발요소에 '틈새'가 존재한다).

우리 현대인들이 대사슬을 하나의 이론으로 생각하든 안 하든 간에, 그럼에도 불구하고 그것은 "문명화된 인류 대부분이 역사상 대부분의 기간 동안 내내 품어 왔던 공식적인 철학이었다". 더구나 그것은 '훨씬 정교하게 사색했던 수많은 지성인과 수많은 위대한 종교 지도자(동서양 모두)가 여러 가지 형태로 관여했던 세계관'이었다.[11]

그러므로 우리가 대사슬의 일부 버전들을(이 장 후반에서 이것을 검토할 것이다.) 수용하든 안하든, 이런 세계관은 물질, 신체, 마음을 영 안에서 살아가는 상호 얽혀 있는 질서의 광대한 네트워크로 보았으며, 존재의 연속체에 있는 각 교점, 사슬의 각 고리는 절대로 필요하면서 본질적으로 가치 있다는 점에 학자들은 동의하고 있다. 이제 한 가지만 예로 들면, 플로티노스는 각각의 고리는 영의 선善이 드러난 것이기 때문에 각각은 본질적인 가치를 가지며, 즉 그것은 그 자체로 가치가 있으며, 아무리 '낮아도' 어떤 고리든 순전히 또는 일차적으로는 다른 고리들이 도구로 사용하기 위해 존재하므로, 어떤 귀중한 가닥이라도 파괴할 경우 전체 구조가 해체될 것이라고 설명할 것이다.

그러나, 특히 코페르니쿠스, 케플러, 갈릴레오, 베이컨, 뉴턴, 켈빈, 클라우지우스 Clausius와 관련된 근대 과학의 발흥과 더불어 전일론적이고 통합된 이런 위대한 세계관은 조각나기 시작했는데, 이는 분명 선구적인 이 과학자들 스스로도 예견하거나 의도하지 않았던 것이다.

그 세계관은 매우 특이한 방식으로 조각나 버렸다. 이 초기 과학자들은 분명히 가장 덜 복잡한 영역, 즉 물질권, 물질적 우주, 생명 없는 물질세계에서 실험 연구를 시작했다. 케플러는 지구운동에, 갈릴레오는 지구역학에 초점을 두었으며, 뉴턴은 중력에 관한 보편법칙과 운동법칙으로 그 결과들을 종합하였다. 데카르트는 모든 결과를 가장 영향력 있는 철학으로 만들었다. 이 모든 노력을 통해 물질권은 거대한 메커니즘, 엄격한 인과론의 지배를 받는 보편적인 기계처럼 보이기 시작했다. 더 심하게 말해서 정지된 기계가 된 것이다.

문제는 이렇다. 물질세계에서 과학은 적어도 두 가지 매우 다른 유형의 현상, 하나는 고전 역학 법칙으로 설명되는 현상과 나머지는 열역학 법칙으로 설명되는 현상이 존재함을 발견하였다. 전자에 해당하는 고전 뉴턴식 역학에서는 시간이 어떤 근본적인 역할도 하지 못하는데, 기술된 과정이 가역적이기 때문이다. 예를 들어, 지구가 태양 주변을 어느 한 방향이나 반대 방향으로 돈다면 운동을 기술하는 법칙은 똑같은데, 이런 유형의 '고전 역학'에서 시간은 본질적으로 아무것도 변화시키지 않기 때문이다. 시계를 앞으로 돌릴 수 있듯이 뒤로도 쉽게 돌릴 수 있으며, 그 메커니즘과 법칙은 당신이 시계를 어느 방향으로 돌리는지에는 관심이 없기 때문이다.

그러나 열역학 과정에서 '시간의 화살'은 절대적으로 중요하다. 만일 당신이 한 잔의 물에 잉크 한 방울을 떨어뜨릴 경우, 하루 정도가 지나면 잉크는 물 전체로 골고루 퍼질 것이다. 그러나 당신은 그 반대 과정이 일어나는 것을 결코 볼 수 없을 것이다. 당신은 퍼진 잉크가 작은 방울로 모여드는 걸 결코 볼 수 없을 것이다. 그러므로 이런 유형의 물질 과정에서 시간의 화살은 결정적으로 작용하는데, 이런 과정들은 항상 한 방향으로만 진행되기 때문이다. 이를 되돌릴 수는 없다.

악명 높은 열역학 제2법칙은 참담한 결론, 시간의 화살 방향은 아래쪽으로 향한다는 결론을 덧붙인다. 잉크 방울과 마찬가지로, 물질 과정은 항상 더 질서 있는 것에서(잉크 방울) 덜 질서 있는 것으로(물 전체에 퍼진) 진행한다. 우주는 거대한 시계

장치일 수 있지만 그 시계는 서서히 멈추고 있고, 결국에는 다 써 버리고 말 것이 다…….

이런 초기 개념들이 단순히 틀렸다는 게 문제가 아니다. 물질권 측면은 실로 결정 론적이고, 기계론적인 방식으로 움직이며, 일부는 분명 소모된다. 오히려 문제는 이 런 개념이 **부분적**이라는 데 있다. 이 개념은 가장 명백한 물질권의 일면을 다루지만, 그 당시 이용 가능했던 수단과 도구들이 미개한 탓에 더욱 미세한 (그리고 더 중요한) 물질권의 측면을 간과했다.

앞으로 살펴보겠지만, 물질권과 생물권의 **연결성**을 확립할 수 있는 것은 정확히 이런 더 미세한 측면들이다. 그러나 그 당시 이런 연결성이 부족해서 물질권과 생물 권이 과학, 종교, 철학으로부터 분리되었다. 그러므로 그 결과로 등장한 서구세계관 이 갖는 꽤나 참혹한 파열에 우연하게도 기여했던 것은, 확연히 드러난 오류가 아니 라 초기 자연과학이 갖고 있었던 부분성partialness이었다.

되돌릴 수 없이 소모되는 가역적 메커니즘으로 보였던 물질권에 대한 이런 초기 (그리고 부분적인)의 과학적 이해와는 달리, **생물권**에서는 자연선택을 통한 진화에 관한 앨프리드 윌리스Alfred Wallace와 찰스 다윈의 연구가 등장하였다. 진화나 시간을 통한 비가역적 발달 개념에는 (이오니아철학에서 헤라클레이토스, 아리스토텔레스, 셀 링에 이르기까지) 영광스러운 오랜 역사가 있지만, 세심한 실증적 관찰에 힘입어 그 것을 과학적인 구조로 만든 사람은 물론 윌리스와 다윈이었다. 인간을 포함해서 여 러 종의 진화적 성질에 관한 아이디어로 세계의 상상력에 불을 지핀 사람은, 특히 다윈이었다.

자연선택(현재 대부분의 이론가가 동의하는 것은 진화의 미세 변화는 설명할 수 있지만 거대 변화는 설명할 수 없다는 것이다.)의 특성과는 별개로 다윈식 세계관에서 두 가지 가 눈에 띄는데, 하나는 전혀 새롭지 않은 반면 다른 하나는 매우 새롭다. 그 첫 번 째가 생명의 연속성이고, 두 번째는 자연선택의 종분화speciation(한 생물종이 여러 종 으로 나뉘는 과정-역자 주)다.

생명의 연속성이라는 개념, 생명의 그물망, 생명의 나무, '자연에는 틈새가 없다' 는 관점은 적어도 플라톤, 아리스토텔레스만큼이나 오래되었지만, 내가 간단하게 언급했듯이 그것은 존재의 대사슬 개념을 구성하는 근본적인 요소다. 영은 그토록 완전하고 충만하게 세상에서 스스로를 드러내므로 자연에는 어떤 간극도, 대사슬에는 어떤 단절 고리도 없다. 러브조이가 지적했듯이, 그것은 자연의 단절 고리(이 표현은 여기서 시작되었다.)와 다른 행성에서의 생명의 증거를 찾으려는 과학적 시도로 직접 이끌었던 창조에는 틈새가 없다는 철학적 신념이었다. 대사슬을 완성하려면 이 모든 '틈새'를 메울 필요가 있으며, 연속되는 생명의 나무라는 다윈의 설명에는 새롭거나 이례적인 내용은 전혀 없었다.

대사슬의 여러 고리, 다양한 종 자체는 사실상 광대하게 뻗어 있는 지질학적 시간에 걸쳐 전개되거나 진화했으며 창조가 일어났을 때 그곳에 한꺼번에 존재했던 것은 아니라는 그의 논문은 다소 새롭다. 아리스토텔레스가 변형metamorphosis으로 불렀던 것을 거쳐 무기물(물질)에서 영양물(식물), 감각운동(동물), 상징을 이용하는 동물(인간)까지 모두가 점진적인 구조화를 보이면서 형태의 복잡성이 증가하는 자연의 연속적이면서 중단 없는 발달을 보여 준다고 주장하는, 특히 아리스토텔레스의 대사슬 버전에서 이 논문의 전례를 찾을 수 있다. 라이프니츠Leibniz에 와서는 엄청난 진전을 이루어 대사슬을 '시간적으로 한정'시켰으며, 셸링과 헤겔에 와서 우리는 정확히 존재의 모든 측면과 모든 영역에 적용되는 과정이나 발달철학에 관해서 본격적으로 전개된 개념들을 볼 수 있다.

그러나 발달이나 진화 개념을 과학의 최전선으로 몰고 간 것은 자연선택에 관한 다윈의 가설과 더불어 자연종에 관한 그의 꼼꼼한 설명 및 설명에 있어서의 비상한 명확성이었다. **생물권**에 관해서 말이다.

생물권에서 다윈(그리고 다른 수많은 사람)은 결정적인 시간의 화살 또한 존재한다는 점에 주목하였다. 진화는 비가역적이다. 우리는 아메바가 마침내 원숭이로 진화하는 것을 볼 수 있다. 그러나 원숭이가 아메바로 변하는 걸 볼 수는 없다. 즉, 진화는 점점 더 분화/통합되어 가고, 구조 조직화structural organization가 커지며, 더 복잡해지는 방향으로 비가역적으로 진행된다. 그것은 질서가 덜 잡힌 쪽에서 더 잡힌 쪽으로 나아간다. 그러나 이런 시간의 화살 방향은 분명 (이미 알려진) 물질권에서 나타나는 시간의 화살과는 정반대다. 생물권은 나선을 따라 올라가지만 물질권은 내려간다.

물질권과 생물권이 분리된 것은 역사상 이 지점에서였으며, 상황은 매우 어려워졌다. 한 예를 들면, 물리학과 생물학은 모두 실증적 관찰, 측정, 이론 형성, 엄격한 실험(이런 전반적인 과정은 케플러와 갈릴레오와 더불어 1605년으로 거슬러 올라가는 실로 새로운 것이었다.)에 의존하는 새로운 자연과학의 일부로 여겨졌다. 물리학과 생물학의 방법은 유사하지만 그 결과는 근본적으로 양립할 수 없어서, 라슬로가 말했듯이 '소모가 예정된 기계론적 세계와 감아 올라가는 것처럼 보이는 유기적 세계 간의 끈질긴 모순'의 부담을 안고 있었다.[12]

물리학과 생물학이 정신권, 마음과 가치 그리고 역사와 맺고 있는 관계는 더 복잡하다. 존재의 대사슬에 관한 초기 개념으로 보면, 물질, 신체, 마음은 넘쳐흐르는 영의 방출이 보여 주는 완벽히 연속적인 측면들이다. 그들은 모두 틈새와 구멍이 없는 신성의 현현이나 발산으로서 모두가 서로 유기적으로 관련을 맺고 있다(플라톤부터 시작해서 플로티노스, 파스칼에 이르기까지 이것을 볼 수 있다). 그러나 물질권과 생물권이 분리되어 (시간의 두 개 화살이 서로 달라서) 사슬 전체의 고리가 서로 소외되고 서로 관계없는 것처럼 보이는 영역, 즉 죽은 물질과 생명에 찬 신체, 육체로부터 분리된 마음이 되었다.

손상을 복구하고 우주를 통일된 개념으로 되돌리려는 직접적이면서도 매우 필사적인 시도들이 생겼다. 일관된 세계관을 부활시키려는 최초의 그리고 지금까지 가장 영향력을 행사한 시도로는 물질적 환원주의material reductionism, 즉 일체의 마음과 일체의 신체를 물질과 메커니즘의 다양한 조합으로 환원시키려는 시도를 들 수 있다(홉스, 라 메트리La Mettrie, 홀바흐Holbach). 정반대 계획, 물질과 신체 일체를 정신적 사건의 위상으로 격상시키려는 것(마흐Mach 또는 버클리의 현상론phenomenalism)도 똑같이 매력적이다. 환원주의와 격상주의elevationism라는 두 극단 사이에 불안정한 여러 가지 타협, 예를 들어 마음의 위상을 단순한 물질적 기제로 환원시키려는 데서 구출하기 위해 당시로서는 고결하면서도 전적으로 이해할 수 있는 시도인 데카르트의 이원론이 있는데, 불행히도 이는 생물권 전체를 기계론자들에게 던져 주고는 상어의 이빨로부터 정신권만 낚아챘다. 또 다른 예로서 마음과 물질을 상호 작용하지 않는 서로 독립된 신의 두 속성으로 간주한 스피노자의(그는 스스로를 훌륭한 데카르트 사상가로 보았다.) 범신론pantheism을 들 수 있다(그는 그 문제를 처리했다고 생각했다). T. H. 헉슬리Huxley의 부수현상론epiphenomenalism도 있는데, 그는 마음을 그 자체로는 실재하지만 순전히 생물학적 원인의 부산물에 불과한 '부수현상epiphenomenon', 자체로는 원인적 힘을 전혀 갖지 않은 '기계 속의 환영'으로 보았다.

이 모든 시도는 (적어도 문명만큼이나 오래되어 이전에는 아무도 신경을 쓰지 않았던) 마음과 신체의 분리 때문이기보다는 더 원초적이고 극단적인 마음과 물질의 분리, 즉 생명과 물질의 분리(특정 형태는 실로 아주 새롭고도 충격적이었다.) 때문에 출발부터 저항에 부딪혔다. 앙리 베르그송Henri Bergson이 말했듯이, 우주는 두 가지 경향성을 보이는데 '스스로를 망쳐 버리는 실재로부터 스스로를 만들어 가고 있는 실재'다.

정확히 물질권과 생물권이 조각나 버렸으므로 세계는 실로 파편화되었다는 것이 이 모든 것의 결말이다. 그 즉각적인 결과로 물리학과 생물학은 서로 다른 길을 걷게 되었다. 자연철학이 도덕철학과 분리되고, 자연과학이 인간과학과 분리된 것이 더 곤혹스러웠다. 물질권은 역사의 영향에서 벗어난 사실의 영역으로, 정신권은 주로 역사에 의해 창조된 가치와 도덕 영역으로 간주되었으며, 이러한 간극을 절대로 메울 수 없다고 느꼈다. 물질권이라는 '경성과학'과 정신권이라는 '연성과학soft science' 중간에 갇혀 버린 가련한 생물학은 이제 겨우 물리학을 흉내 내어 모든 생명을 메커니즘으로 환원시키고, 정신권을 흉내 내어 모든 생명을 기본적으로 활력élan vital, 가치, 역사를 구현하는 것으로 보려고 노력하는 분명코 정신분열적인 모습을 띠고 말았다.

몇몇 연구자가 지적했듯이, 서로 상반되는 시간의 두 화살이라는 수수께끼가 20세기 후반에 해결될 때까지는 물질과 마음, 자연세계와 인간세계, 그리하여 근대 서구 문명이 안고 있는 '두 문화' 사이에 존재하는 간극을 메울 수 있는 확실한 근거가 존재하지 않았다.[13] 내가 이미 언급한 바와 같이, 메울 필요가 있는 것은 마음과 신체 간의 간극이 아니라 신체와 물질 간의 간극이었다.

근대의 진화적 통합

특정 조건하에는 더 상위 질서, 상위 복잡성, 상위 조직화 상태로 **스스로를 추동하**는 물질 영역의 더 정묘하면서 본래는 숨겨졌던 측면들을 최근에 발견하면서 물질권과 생물권 간에 존재하는 틈새가 메워졌다. 바꿔 말하면, 하수구를 내려가는 물이 갑자기 무질서를 벗어나 완벽한 깔대기나 소용돌이를 형성할 때처럼 일정한 조건이 되면 물질은 '스스로 상승하여' 더 높은 질서 상태가 된다. 물질적 과정이 매우 무질서해지고 '평형에서 벗어나면' 고유의 힘에 의해 무질서를 더 높고 더 구조화된 질서, 보통 '혼돈으로부터의 질서'로 불리는 질서로 변형되어 무질서를 탈피하는 경향이 있다.

순수하게 물질적인 이런 유형의 시스템에도 시간의 화살이 존재하지만, 이 화살은 살아 있는 시스템과 **동일한 방향으로** 날아가는 시간의 화살, 즉 더 높은 질서와 더 높은 구조 조직화를 지향하고 있음에 주목하라. 바꿔 말해서, 물질권 측면들은 생물권과 **동일한 방향**을 향하는데, 거칠게 표현하면 이것이 그들 사이의 간극을 메운다. 물질세계는 생명이 출현하기 훨씬 오래전에 나선형으로 올라갈 수 있으며, '스스로 감아 올라가는self-winding' 물질의 성질은 생명으로 알려진 복잡한 자기조직을 위한 단계를 마련하거나 그 조건을 준비하였다.

무질서한 이런 전환과 변형의 성질은 여전히 탐구 대상이다. 그러나, 요컨대 한때는 물질세계와 생명세계 간에 절대 메울 수 없었던 유일한 간극, 완전히 해결 불가능했던 문제를 제기했던 틈새가 이제는 일련의 미세한 틈새들로 보이기 시작했다. 미세 틈새들의 정확한 성질이 무엇이든, 그것은 물질과 생명을 본질적으로 연결시키는 일련의 교량처럼 보이지 이들을 영원히 분리시키는 해자垓字처럼 보이지 않았다. 그러므로 물질권과 생물권 사이에 존재하는 오래된 연속성, 대사슬의 보증 마크였던 연속성이 또다시 입증되었다.

이미 말했듯이 (창발요소에서 표현되는) 어떤 유형의 매우 중요한 간극이나 '도약'이 자연에는 여전히 존재하지만 이제 이것은 의미가 통하며 아무튼 불가피해 보이는데, 이는 초기 과학이 이해할 수 없었던 방식이다.

'스스로 감아 올라가거나' '자기조직하는' 이런 시스템을 다루는 신과학은 총체적으로 복잡성 과학science of complexity으로 알려져 있는데, 특히 일반 시스템 이론(버탈랜피, 바이스Weiss), 사이버네틱스(위너Wiener), 비평형 열역학(프리고진Prigogine), 세포 자동자 이론cellular automata theory(폰 노이만von Neumann), 자가생성 시스템 이론autopoietic system theory(마투라나Maturana와 바렐라Varela), 동적 시스템 이론dynamic systems theory(샤우Shau, 아브라함Abraham), 카오스이론이 여기에 포함된다.

나는 이런 여러 과학 간에 존재하는 실제 차이나 더 최근에 등장한 복잡성 과학(특히, 자가생성 시스템과 카오스이론)이 이전에 나타났던 과학들을 넘어 성취한 위대한 진보를 가볍게 보려는 게 아니다. 나의 목적은 매우 일반적인 것이기 때문에 이들을 시스템 이론, 동적 시스템 이론 또는 진화 시스템 이론으로 통칭하려고 한다. 왜냐하면 진화 시스템 이론은 물질권, 생물권, 정신권이라는 세 가지 거대한 진화 영역 모두에 광범위하게 적용되는 기본적인 규칙성, 패턴 또는 법칙들이 발견되었으며, 이제 '과학의 통일성', 일관되고 통일된 세계관이 가능해졌다는[14] 일반적인 주장을 펴기 때문이다. 달리 표현하면, 그들은 "모두가 서로 연결되어 있다". 즉, 그저 종교적인 결론이 아니라 과학적인 결론으로서의 생명의 그물망을 주장하고 있다.

계층구조의 문제

진화 시스템 과학이 제시하는 더 정교한 요점과 결론을 논의하기 전에 우리가 주목하지 않을 수 없는 첫 번째는, 이 과학은 아주 불운을 겪었던 용어인 계층구조hierarchy 개념으로 넘쳐 난다는 점이다. 심층 생태학에서 사회 비평가에 이르기까지, 생태페미니스트에서 탈근대 후구조주의자에 이르기까지 온갖 이론가는 계층구조 개념이 바람직하지 않을 뿐만 아니라 사회 지배, 억압, 불평등을 상당 부분 야기한 진짜 원인으로 보고 있다.

그러나 계층구조를 대놓고 극찬하는 사실상의 시스템 이론이 존재한다. 여기에 대한 증거를 추후에 제시하겠지만, 일반 시스템 이론의 창시자 루트비히 폰 버탈랜피에서부터("현대적인 개념에서 보면 실재는 조직화된 실체들의 엄청난 계층구조 질서로 나타난다.") 루퍼트 셸드레이크Rupert Sheldrake와 그의 '겹겹이 쌓인 형태형성장 계층구조nested hierarchy of morphogenetic fields'에 이르기까지, 위대한 시스템 언어학자 로만 야콥슨Roman Jakobson에서부터("그렇다면 계층구조는 기본적인 언어의 구조원리다.") '계층구조 가치'에 근거한 찰스 버치Charles Birch와 존 콥John Cobb의 실재에 관한 생태학적 모델에 이르기까지, 자가생성 시스템에 관한 프란시스코 바렐라Francisco Varela의 획기적인 업적에서부터("수준의 계층을 생성하는 것이… 자연 시스템의 풍부함을 일반적으로 반영하는 것 같다.") 로저 스페리Roger Sperry와 존 에클스 경Sir John Eccles, 와일더 펜필드Wilder Penfield의('비환원적 창발요소의 계층구조') 뇌 연구 그리고 하버마스의 사회 비평이론('의사소통 역량의 계층구조')까지도 포함해서 계층구조는 도처에 널려 있는 것 같다.

계층구조 반대자들, 그들의 이름을 들자면 수없이 많은데, 그들의 기본 주장은 모든 계층구조에는 다른 가치와 그런 가치를 고수하는 사람들(계층구조는 '차등적 가치를 하찮게 보는 패권적 지배'다.)을 억압하는 서열 짓거나 지배하는 판단이 포함되어 있으며, 연결 짓거나 비서열적인 실재에 대한 모델이 더 정확할 뿐 아니라, 더 친절하고 부드러우며 정당하다는 것이다.

그들은 여러 형태의 비계층구조heterarchy 개념을 제안하였다. 비계층구조에서는 모든 관련자의 다원적이고 평등한 상호 작용을 통해 규칙이나 통치가 이루어진다. 반면에 계층구조에서는 더 중요하고 덜 중요한 것을 정하는 일련의 우선권을 통해 규칙이나 통치가 이루어진다.

현대 사회이론 문헌에서 계층구조/비계층구조 주제보다 더 신랄함이 드러나는 곳은 없다. 한편에서는 평등주의, '평등론자' 관점이(비계층구조) 승리를 거두었는데, 이들은 모든 생명체를 생명의 그물망에 있는 평등한 매듭으로 보았으며, 충분한 이유를 대면서 냉혹한 사회 서열과 지배를 통렬하게 비난하고, 그 대신 그물망의 각 가닥에 본질적인 가치를 부여하는 다원주의적 전체성을 변호하면서 '더 높다' '더 낮다'는 개념은 조직화 형태가 아닌 지배와 착취 형태라고 말한다. '더 높다' '더 낮다'

는 개념은 일부 '낡은 패러다임' 사유일 뿐 '새로운 패러다임' '네트워크' '생명의 그물 망' 사유는 아니라고 말한다.

그러나 생명의 그물망 과학, 전체성과 연결성의 과학을 살펴보면, 그것들이 전체 성의 기본 조직원리로서 명백하게 계층구조를 말하고 있음을 알게 된다. 계층구조 없이는 전체도 없는데, 왜냐하면 오로지 부분들만 갖고 있는 것보다 더 높거나 깊은 원리로 결합시킬 수 있는 더 광대한 전체 안으로 부분들을 체계화시키지 못한다면 전체가 아닌 더미heap로만 남기 때문이라고 그들은 주장한다. 가닥은 있지만 결코 그물망은 없다. 부분들의 상호 작용을 전체라 쳐도 전체는 부분과 동일한 수준에 있 을 수 없거나, 전체 자체가 또 한 부분이 될 뿐 어느 한 부분이라도 빠짐없이 포용하 고 통합할 수 있는 전체로 될 수는 없다. 달리 말하면, '계층구조'와 '전체'는 똑같은 것을 지칭하는 두 가지 명칭으로서 하나를 파괴하면 나머지도 완전히 파괴된다.

과장 없이 말하면, 생명의 그물망이 사회적으로 승리하면서 온갖 형태의 계층구 조를 부정했음에도 불구하고 생명의 그물망에 관한 과학이 그것을 주장하고 있음 은 모순이 아닐 수 없다. 전자가 스스로를 뒷받침하기 위해 종종 후자를 들먹이고 있다는 사실은(예를 들어, "신물리학은 평등주의를 주장하는 생명의 그물망을 지원한다".) 이중으로 모순이다.

무슨 일이 생긴 걸까? 나는 이것이 부분적으로는 엄청난 의미론적 혼동, 두 진영 은 각자 상상하는 것보다 실제로는 더 가깝다는 것을 보여 주려 할 것이다. 실제 세 계에는 실로 자연스러운, 혹은 정상적인 계층구조가 들어 있다(앞으로 살펴볼 것이 다). 여기에는 분명코 병리적 혹은 지배자 계층구조도 들어 있다. 실제 세계는 일부 정상적인 비계층구조와 일부 병리적인 비계층구조를 함유하고 있다는 것도 똑같이 중요한 점이다(나는 곧 네 가지 예를 모두 제시할 것이다). 이 주제를 둘러싸고 있는 의 미론적 혼동은 절대적인 악몽, 양측 모두에게 이데올로기적 분노를 과도하게 야기 한 혼동으로서, 이런 혼동을 일부 제거하려고 노력하지 않는 한 논의를 진전시킬 수 없을 것이다. 그러므로 시작해 보자.

홀론

Hiero-는 신성하거나 성스러움을 의미하고, -arch는 통치나 규칙을 의미한다. 위대한 6세기 기독교 신비가 아레오파고스의 성 디오니시우스 아레오파기타Dionysius the Areopagite가 소개한 'Hierarchies'는 천상의 9개 질서를 지칭하는데, 정상에는 세라핌과 케루빔이, 맨 밑에는 대천사와 천사가 존재한다. 이런 천상의 질서는 관조적 의식을 통해 더 잘 접근할 수 있는 고차원의 앎, 가치, 빛을 나타낸다. 이런 질서에는 서열이 정해져 있는데, 연속되는 각 질서는 더 포괄적이면서도 더 많은 것을 포함하고 있으며, 그런 의미에서 볼 때 "더 높다". 그러므로 결국 분석해 보면 '계층구조'는 '신성한 통치'나 '영적 힘으로 개인의 삶을 자제하는 것'을 의미한다.

그러나 관조적 의식을 통한 이런 천상의 질서들은 가톨릭 교회 역사가 진행되는 과정에서 정치적인 권력질서로 바뀌었으며, 계층구조는 아마도 교황, 대주교, 주교(그다음에 사제와 부제)로 표현되었을 것이다. 1851년 마티노Martineau가 말한 것처럼, '쉽게 폭정으로 될 수 있는 계층구조제도'가 된 것이다. 전체성이 점점 증가하는 정상적인 발달 순서가 어떻게 탄압과 억압 시스템으로 타락할 수 있는지를 볼 수 있다.

현대심리학, 진화이론, 시스템 이론에서처럼, 계층구조란 전일론적 역량holistic capacity에 따른 사건 질서의 서열일 뿐이다. 모든 발달 순서는 어느 한 단계에서 전체였던 것이 다음 단계에서 더 큰 전체의 일부가 된다. 문자는 단어 전체의 일부가 되고, 단어는 문장 전체의 일부가 되며, 문장은 단락 전체의 일부가 되는 등이다. 하워드 가드너Howard Gardner가 생물학에 관해 설명한 바와 같이, "한 유기체에 일어난 모든 변화는 모든 부분에게 영향을 미칠 것이며, 구조의 어떤 측면이라도 변할 경우 구조 전체에 영향을 미친다. 각각의 전체는 부분들을 담고 있으며, 그 자체가 더 큰 전체의 일부가 된다".15) 로만 야콥슨은 언어에 관해 이렇게 말했다. "음소는 뚜렷한 양상들의 조합이다. 그것은 다양한 원시 신호 단위로 구성되어 있으며, 그 자체로 음절과 단어 같은 더 큰 단위들에 통합될 수 있다. 동시에 그것은 부분들로 구성된 일종의 전체이며, 그 자체로 더 큰 전체에 포함되는 부분이다."16)

아서 케스틀러Arthur Koestler는 한 맥락에서는 전체였던 것이 동시에 다른 맥락에서는 부분이 되는 것을 가리켜 홀론holon이라는 용어를 썼다. 예를 들어, '개 짖는 소리 the bark of a dog'라는 구절과 관련해서 bark라는 단어는 각각의 문자와 관련지어 볼 때는 전체이지만 구절 자체와 관련해서는 부분이 된다. 전체(또는 맥락)는 부분의 의미와 기능을 결정할 수 있다. '개 짖는 소리'와 '나무껍질the bark of a tree'이라는 구절에서 bark의 의미는 달라진다. 바꿔 말해서 전체는 부분의 집합 이상이며, 많은 경우 전체는 부분의 기능에 영향을 미치며 기능을 결정할 수 있다(물론 이와 동시에 전체 자체는 다른 전체의 부분이 된다. 나는 잠시 후에 이 주제로 돌아올 것이다).

예를 들어, 원자에서 분자 그리고 세포에 이르는 정상적인 계층구조는 점점 증가하는 홀론의 질서일 뿐으로서 전체성 및 통합적 역량의 증가를 나타낸다. 이 때문에 계층구조는 시스템 이론, 전체나 전일론('일체론') 이론의 핵심이 된다. 더 큰 전체의 부분이 된다는 말은 고립된 부분에서는 발견될 수 없는 원리(또는 일종의 접착제)를 전체가 제공하며, 이런 원리는 혼자서는 불가능했던 방식으로 부분들이 결합되고, 서로 연결되며, 공통된 무언가를 갖고, 서로 접속되게끔 만든다.

따라서 계층구조는 더미를 전체로, 따로 떨어진 파편들을 상호 작용의 네트워크로 전환시킨다. "전체는 부분들의 집합보다 크다."라고 말할 때 '크다'는 '계층구조'를 의미한다. 그것은 파시스트적인 지배를 의미하지 않고, 고립된 가닥을 실제의 그물망으로, 분자를 세포로, 세포를 유기체로 결합시키는 더 높은(또는 더 깊은) 공통성을 의미한다.

이 때문에 가드너가 "부분이 계층구조 모양의 전체로 통합되는 전체로서 생물 유기체가 드러난다."[17]라고 말한 것처럼, '계층구조'와 '전체'는 종종 동일한 문장 내에서 사용된다. 또는 이런 이유로 야콥슨은 '부분으로 구성된 전체인 동시에 그 자체가 더 큰 전체에 포함되는 부분'으로 언어를 설명한 후, "그렇다면 계층구조는 근본적인 구조원리다."라고 곧바로 결론지었던 것이다. 또한 이런 이유로 정상적인 계층구조를 종종 일련의 동심원, 구나 '겹으로 층을 이룬' 모습으로 그린 것이다. 굿지 Goudge는 이렇게 설명했다.

수준에 관한 전반적 계획을 줄지어 나타나는 지질학적 지층이나 사다리를 구성하는 일련의 가로대 비슷한 것으로 보아서는 안 된다. 그런 이미지는 실제 세계에 존재하는 복잡한 상호 관계를 제대로 다루지 못하고 있다. 이런 상호 관계는 겹으로 된 한 벌의 중국 상자 또는 한 세트의 동심원에서 볼 수 있는 것과 더 유사한데, 왜냐하면 창발적 진화론자emergent evolutionist에 따르면, 주어진 수준은 그 안에 다른 수준들을 포함할 수 있기 때문이다(즉, 홀론).18)

모든 계층구조는 '선형'이라는 통상적인 설명은, 이렇듯 요점을 완전히 놓친 셈이다. 우리가 도토리, 묘목, 떡갈나무 순으로 적을 수 있듯이 모든 시스템의 성장 단계를 물론 '선형' 순서로 적을 수는 있지만, 그렇다고 선형 순서로 떡갈나무가 되었다는 건 우스꽝스럽게 들린다. 앞으로 살펴보겠지만, 성장 단계들은 무계획적이고 임의적이지 않고 어떤 식의 패턴을 따라 일어나는데, 이런 패턴을 '선형'으로 부르는 것은 그 과정 자체가 엄격히 일방통행임을 전혀 의미하지 않으며, 실제로는 상호 의존하면서 복잡하게 상호 작용한다. 그러므로 우리는 실제 관여하고 있는 복잡성을 이해하는 데 약간의 상상력을 발휘할 때만 '수준' '사다리' 또는 '층'이라는 은유를 사용할 수 있다.

마지막으로, 계층구조는 비대칭인데(또는 '더 높은higher' 질서-archy), 그 과정이 반대로 일어나진 않기 때문이다. 도토리는 떡갈나무로 되지만 역은 성립하지 않는다. 처음에는 문자가, 다음에는 단어, 문장, 구절이 되지만 그 반대로 되지는 않는다. 원자가 결합해서 분자로 되지만 그 역은 아니다. '반대로 되진 않는다'는 것은 불가피한 계층구조, 전체성이 점점 증가하거나 비대칭 질서를 이룬다는 뜻이다.

우리가 인식하는 모든 발달·진화 순서는 부분적으로는 계층구조화hierarchization 혹은 전일론 증가의 질서, 예를 들어 분자가 기관으로, 기관계로, 유기체로, 유기체 사회로 되는 질서를 좇아 진행된다. 인지발달에 있어서 우리는 한 대상이나 사건만을 대표하는 단순한 심상에서부터 사건과 사물의 전체 집단이나 부류를 대표하는 상징과 개념으로, 다양한 부류와 집단을 네트워크 전체로 조직하는 규칙으로 의식이 확장됨을 알고 있다. (남성이나 여성의) 도덕발달에서 독립된 주체로부터 한 집단이나 종족의 서로 관련된 주체로, 어떤 고립된 요소라도 초월하여 집단 네트워크 전체로 이동한다고 추론한다.

(캐럴 길리건Carol Gilligan이 콜버그Kohlberg 체계의 단계들이 갖는 구체적인 성질만이 아니라 그의 계층구조적 접근 전체를 부정했다는 말이 가끔 들린다. 이것은 사실이 아니다. 길리건은 전인습에서 인습, 후인습, 즉 '초윤리'에 이르는 발달이라는 콜버그의 일반적인 세 단계 또는 세 층의 계층구조 체계를 사실상 수용했다. 그녀는 정의라는 논리만으로 그 순서를 설명할 수 있음을 부정했다. 남자는 권리와 정의를 강조하는 것 같으며 이는 배려와 책임의 논리로 보완될 필요가 있는데, 이런 여성의 논리는 동일한 계층구조를 거치면서 성장한다고 그녀는 말한다. 우리는 나중에 이 대목으로 돌아올 것이다.)

이런 계층구조식 네트워크는 내가 앞에서 언급했듯이 반드시 순차적이거나 유사 단계적인 방식으로 전개되는데, 처음에는 분자, 그다음은 세포, 그다음은 기관, 그다음은 복잡한 유기체로 되기 때문이다. 이들은 불쑥 한꺼번에 나타나지 않는다. 바꿔 말하면, 성장은 단계적으로 일어나고 단계에는 마땅히 논리적 순서, 연대순으로 서열이 매겨진다. 더 전일론적인 패턴은 발달의 후반에 나타나는데, 전체 문장이 단어 전체 후에 나타나는 것과 똑같이 그런 패턴은 부분들의 출현을 기다려야 하고, 그다음에 부분들을 통합하거나 결합시킨다.

어떤 계층구조는 일종의 조절 네트워크를 포함한다. 로저 스페리가 지적했듯이, 그가 '상향 인과율upward causation'로 불렀던 것을 통해 (덜 전일론적인 수준을 의미하는) 낮은 수준은 (더 전일론적인) 높은 수준들에게 영향을 미칠 수 있다. 그는 우리에게 똑같이 중요한 점으로 더 높은 수준은 낮은 수준에게 강력한 영향이나 통제, 소위 '하향 인과율downward causation'을 행사할 수 있음을 상기시켰다. 예를 들어, 팔을 움직이려고 마음먹으면 팔에 있는 모든 원자, 분자, 세포가 팔과 함께 움직이는데, 이는 하향 인과율의 한 예일 것이다.

주어진 수준의 어느 한 계층구조 패턴 내에서 그 수준의 요소들은 비계층구조에 의해 작동한다. 즉, 어떤 요소도 특히 더 중요하거나 더 지배적인 것처럼 보이지 않으며, 각각은 전체 수준의 건강에 다소 평등하게 기여한다(소위, '스스로 진행되는 과정bootstrapping'). 그러나 낮은 서열 전체가 부분을 형성하는 높은 서열 전체는 그 구성요소들 각각에 우선적으로 영향력을 행사할 수 있다. 다시 말해서, 팔을 움직이려고 마음먹으면 높은 서열에 있는 전일론 조직인 당신의 마음은 낮은 서열의 전체에 해당하는 팔 세포 전체에 영향을 미치지만 그 반대로 되진 않는다. 즉, 팔에 있는 세포는 팔 전체를 움직이는 결정을 내릴 수가 없다. 꼬리가 개를 흔들지는 못하는 것이다.

그러므로 시스템 이론가들은 각 수준 내에서는 비계층구조, 수준 간에는 계층구조라고 말하는 경향이 있다.

발달이나 성장의 모든 순서에서 더 포괄적인 단계나 홀론이 출현하면, 그것은 이전 단계(즉, 이전 홀론)의 역량, 패턴, 기능을 포함하면서 자신만의 고유한 (그리고 더 포괄적인) 역량을 추가한다. 그런 의미에서, 그런 의미에서만이 새롭고 더 포괄적인 홀론을 '더 높거나' '더 깊다고' 말할 수 있다('더 높고' '더 깊은' 것은 수평적 확장에서는 발견할 수 없는 통합의 수직 차원을 의미한다. 우리는 곧 이 지점으로 돌아올 것이다). 유기체는 세포를 포함하고, 세포는 분자를 포함하며, 분자는 원자를 포함한다(반대로 되진 않는다).

그러므로 선행 단계가 갖는 가치가 아무리 중요해도, 새로운 단계는 자신의 구조 안에 그것을 감싸 안으면서 다른 무엇을 (예를 들어, 더 통합적인 역량) 추가한다. '다른 무엇'이란 (덜 포괄적인) 선행 단계와 비교할 때 '다른 무언가'를 의미한다. '더 높은 단계'에 대한 이런 결정적인 정의는 서양에서는 아리스토텔레스가, 동양에서는 샹카라Shankara와 열자列子가 처음으로 도입하였다. 그 후 그런 식의 정의는 발달 연구에 핵심적인 내용이 되었다.

간단한 예를 들어 보자. 인지와 발달 연구에서 전조작이나 전인습 사고 단계는 소년, 소녀 모두에게 주로 개인적인 관점('자기애')과 관련이 있다. 다음 단계인 조작이나 인습 사고 단계에서는 여전히 개인 고유의 관점을 고려하고 있지만 타인의 관점을 취하는 역량이 추가된다. 근본적인 것은 아무것도 잃지 않지만 무언가 새로운 것이 추가된다. 그러므로 이런 의미에서 볼 때 이 단계는 더 높거나 깊다고, 즉 더 폭넓은 상호 관계의 범위를 고려할 때 더 가치 있고 유용하다는 뜻이라고 말하는 게 적절하다. 균형 잡힌 도덕적 반응을 확립하는 데 있어 인습 사고는 전인습 사고보다 더 가치가 있다(그리고 후인습은 더더욱 가치가 있다 등등).

헤겔이 처음으로 언급했고 그 후 발달론자들이 되풀이하고 있는 것처럼, 각 단계는 적합하면서도 가치가 있지만 더 깊거나 높은 단계는 더 적합하며, 그런 의미에서만 더 가치가 있다(이는 항상 더 전일적이거나 더 폭넓게 반응할 수 있음을 의미한다).

이런 이유에서 케스틀러는 모든 계층구조가 홀론 또는 전체성이 증가하는 질서로 되어 있다고 말한 후에, '계층구조'를 지칭하는 정확한 단어는 사실상 '홀라키 holarchy'라고 지적하였다.19)

단연코 그가 옳았다. 그래서 나는 이제부터 '계층구조'와 '홀라키'를 서로 바꿔 가며 쓸 것이다.

그러므로 '비계층구조'와 '전일론holism'은 똑같다고(둘 다 구분 짓는 불쾌한 '계층구조'와는 대조된다.) 주장하는 비계층구조론자들은 정확히 거꾸로 가고 있다. 전일론을 취하는 유일한 길은 홀라키를 통해서다. 비계층구조 자체는 통합이 배제된 분화일 뿐이며, 더 깊고 공통된 목적이나 조직을 인식하지 못하는 해체된 부분들이다. 전체가 아닌 더미인 것이다.

병리

이것이 정상적 혹은 자연스러운 홀라키, 전체성의 정도가 커지는 더 큰 네트워크의 연속적 혹은 유사 단계적인 전개인데, 여기에는 낮은 서열의 전체에 영향을 미칠 수 있는 더 크거나 넓은 전체가 수반된다. 자연스럽고 바람직하며 불가피한 사실한 가지는, 당신은 이미 홀라키가 어떻게 병리적으로 될 수 있는지 볼 수 있다는 것이다. 높은 수준이 낮은 수준에 영향을 미칠 수 있다면 높은 수준은 낮은 수준을 과도하게 지배하거나 억압하고 소외시킬 수도 있다. 이는 개인 및 사회 전반에 수많은 병리 문제를 야기한다.

정확히 세계는 홀라키 모습으로 배열되어 있고, 장field 내의 장 또 그 안의 장을 담고 있기 때문에 사태가 대단히 잘못 흐를 수 있으며, 한 장에서 일어나는 파괴나 병리는 시스템 전체에 반향을 불러일으킬 수 있다. 병리에 대한 치료는 모든 시스템에서 본질적으로 동일하며, 병리적 홀론을 근절시켜야 조화로 돌아갈 수 있다. 홀라키 자체를 제거한다고 해서 치료될 수는 없는데, 설사 그것이 가능하다손 쳐도 가치의 차이를 전혀 두지 않는 일차원의 균일한 평원flatland을 초래하기 때문이다(이런 이유로 계층구조 전체를 던져 버린 비평가들은 그것을 즉각 자신들만의 새로운 가치 척도, 즉 자신들만의 특정한 계층구조로 대체하였다).

더 정확히 말해서, 어떤 시스템이든 질병에 걸린 시스템을 치료하려면 상향이나 하향 인과율의 힘을 남용함으로써 그들의 지위를 시스템 전반에 불법 사용하는 모든 홀론을 뿌리 뽑아야 한다. 정확히 이것이 바로 정신분석(그림자 홀론은 통합을 거부한다.), 사회 비평이론(이데올로기 홀론은 개방된 의사소통을 왜곡한다.), 민주적 혁명(군주나 파시스트 홀론은 정치 통일체를 억압한다.), 의료과학의 치료 개입(암 홀론이 양성 시스템을 침입한다.), 급진적 페미니스트 비평(가부장적 홀론이 공공의 영역을 지배한다.) 등에서 작동하고 있는 치료다. 홀라키 자체를 제거하지 말고 오만한 홀론을 저지해야 (그리고 통합해야) 한다.

간단히 말해서, 병리 계층구조가 존재한다고 해서 계층구조 전반을 탓할 수는 없다. 이런 구분은 결정적인 구분이며, 보통은 밝혀내기가 아주 쉽다. 따라서 비계층구조의 충성스런 옹호자인 리안 아이슬러Riane Eisler는, 그럼에도 불구하고 "지배 계층구조와 실현 계층구조 간에 중요한 구분이 이루어져야 한다. 지배 계층구조라는 용어는 힘 또는 힘의 표현, 내포된 힘의 위협에 근거한 계층구조를 설명하고 있다. 그런 계층구조는, 예를 들어 세포로부터 기관으로 진행되는 것처럼, 더 낮은 기능 순서에서 더 높은 기능 순서로의 진행에서 발견되는 계층구조와는 완전히 다르다. 이 유형의 계층구조는 실현 계층구조actualization hierarchies라는 용어로 특징지을 수 있는데, 그들의 기능이 유기체가 갖는 잠재력을 최대화하기 때문이다. 이와는 달리 힘이나 힘의 위협에 근거한 인간의 계층구조는 개인의 창조성을 저해할 뿐 아니라 인간의 제일 낮은(저급한) 성질들이 강화되고, 높은 열망(자비와 공감뿐 아니라 진리와 정의를 위한 노력)을 체계적으로 억압하는 사회 시스템을 낳기 때문이다."[20]라고 단호하게 지적하였다.

더욱이 아이슬러 자신의 정의에 따르면, 지배자 계층구조가 억압하는 것은 사실상 인간의 '가장 낮은(저급한)' 성질이 아닌 그녀가 '인간의 높은 열망'으로 부른 것, 개인 스스로의 실현 계층구조라는 사실에 주목하자. 바꿔 말하면, 병리 계층구조의 치료제는 (전체로 되고 치료되는 게 아니라 더미와 파편화를 더더욱 야기할) 비계층구조가 아닌 실현 계층구조다.

이런 식의 구분은 아주 중요한데, 병리 혹은 지배자 계층구조가 존재할 뿐 아니라 병리 혹은 **지배자 비계층구조**도 존재하기 때문이다(이는 복합구조론자들이 맹렬히 피하고 있는 주제다). 나는 정상적인 계층구조나 수준들 간의 전일론은 수준들 간에 문제가 생길 때, (개인발달이든 사회발달이든) 특정 홀론이 다른 홀론에 대해 억압적·탄압적인 지배 역할을 오만하게 취할 때 병리적이 된다고 제안할 뿐이다. 반면에 어떤 수준 내에서든 전일론으로 되는 정상적인 **비계층구조**는 환경 내에서 그 수준이 모호해지거나 융합될 때 병리적으로 된다. 특정 홀론이 지나치게 두드러지진 않지만 지나치게 섞여 버린다. 다른 것에 대해 월권을 행사하는 것이 아니라 다른 것들 사이에서 스스로를 잃어버린다. 가치나 정체성에서 모든 특징을 잃어버리는 것이다(개체 홀론은 오로지 다른 홀론들을 통해서만 스스로의 가치와 정체성을 발견한다).

달리 표현하면, 병리 **계층구조**에서 한 홀론은 모든 홀론을 손상시키면서 독자적인agentic 지배력을 행사한다. 이 홀론은 스스로 전체이면서 동시에 부분이라고 가정하지 않고, 자신이 전체라고 가정하며 그것으로 끝을 낸다. 반면에 병리 **비계층구조**에서 개체 홀론은 집단적인 융합과 용해 속에서 자신의 뚜렷한 가치와 정체성을 잃어버린다. 이 홀론은 스스로를 전체이면서 부분이라고 가정하지 않고, 부분으로 가정하고 나서는 그것으로 끝을 낸다. 그것은 다른 어떤 용도를 위한 도구에 불과하며, 그물망의 한 가닥이 될 뿐 본질적인 가치를 갖지 못한다.

그러므로 병리 비계층구조는 연합union이 아닌 융합fusion, 통합이 아닌 미분화, 관계가 아닌 용해를 의미한다. 개인적 가치나 정체성이 결여된 채 모든 가치는 동등해지며 균질적으로 된다. 어떤 중요한 의미에서도 더 깊거나 높거나 나은 것은 없다고 말할 수 있다. 평범을 이끄는 평범이라는 식의 군중 사고방식 안으로 모든 가치가 사라져 버린다.

병리 계층구조가 (한 사람이 다수를 지배하는) 일종의 존재론적 파시즘이라면, 병리 비계층구조는 (다수가 한 사람을 지배하는) 일종의 존재론적 전체주의다. 우리는 뒤에서 이 모든 내용을 자세하게 논의할 것이다(여기서 우리는 병리 계층구조와 병리 비계층구조는 각각 병리 **독자성**agency과 병리 **공동성**communion임을 볼 것이다. 나아가 이 두 병리들은 종종 길리건, 아이슬러 등의 연구에서와 같이 **남성**과 **여성** 각각의 가치 영역과 관련되어 있고, 남성은 '서열 짓기', 여성은 '연결 짓기'와 관련되며, 지배와 융합이라는 각각의 **병리** 가능성과 관련될 뿐 아니라, 페미니스트들은 지배라는 남성적 병리에 치우침으로써 똑같이 재앙을 불러오는 융합이라는 병리를 놓치고 있음을 볼 것이다).

화제를 바꿔서, 계층구조만을, 비계층구조만을 밀어붙이는 온갖 이론가, 존재론적 의미에서 어느 한쪽에 더 큰 가치를 두는 온갖 시도를 경계하라. 내가 '홀라키'라는 용어를 쓸 때는, 특히 정상적인 계층구조와 정상적인 비계층구조의 균형을 의미한다(맥락을 살펴보면 분명해진다). '홀라키'는 극단적인 계층구조와 극단적인 비계층구조를 약화시켜 양쪽 세계를 마음에 확고하게 새기면서 양쪽의 최선을 취하는 가운데 논의가 진전되도록 허용한다는 것이 내 생각이다.

마지막으로 내가 말하고 싶은 건, 병리 계층구조의(내가 지적한 것처럼, 우리는 병리적 남성성과 때로는 '가부장제'로 불리는 병리 독자성이라는 범주에서 이를 탐색할 것이다.) 심각한 불균형을 바로잡기 위해 노력하는 데 있어서 정상적인 여성성과 정상적인 비계층구조를 과장해서 강조하며, 거기에 더 큰 가치를 둘 뿐 아니라 그런 의무감마저 갖는 것인데, 그것은 단지 저울의 균형을 맞추기 위해서다. 반대편 극단으로 가서 병리적 남성성을 병리적 여성성으로 대체하는 것이 우리에게는 허용되지 않을 것이라고 나는 믿으며, 실제로 동어 반복이 되겠지만 병리 계층구조가 병리 비계층구조로 치료되지는 않는다고 믿는다.

질적 차이

실현 계층구조는 전일론 역량의 서열이나 가치 서열이 점점 높아지는 것과 관련된다는 사실은 온갖 종류의 실제 서열이나 판단을 단호히 부정하는 비계층구조의 극단적인 신봉자를 극도로 불안하게 만든다. 그들은 아주 그럴듯하면서도 종종 고상한 이유를 들면서(나는 많은 이유를 기꺼이 지지한다.), 모든 서열 짓기는 꽤나 자주 사회적 탄압과 불평등으로 변질되는 계층구조식 판단이므로 오늘날의 사회에서 더 자비롭고 공정한 반응은 급진적 평등주의나 다원적 시스템, 가치가 동일한 비계층 구조임을 지적하고 있다. 내가 이미 말했듯이 이런 비평 중 일부는 무척이나 훌륭한 영감에서 나온 비평이지만, 일부는 모든 가치의 위계를 목청 높여 저주한다는 점에서 단연코 악의적일 뿐 아니라 사악하기까지 하다. '더 높다'는 것은 다양한 용도로 쓰이는 더러운 단어가 되고 말았다.

비계층구조를 높게 평가하며 포용하는 자체가 계층구조적 판단이라는 점을 그들은 깨닫지 못하고 있다. 그들은 비계층구조에 가치를 둔다. 그것이 더 많은 정의, 자비, 품위를 구현하고 있다고 그들은 느낀다. 그들은 자신들이 지배하고 손상을 가한다고 느끼는 계층구조 관점과 그것을 대비시킨다. 바꿔 말해서, 그들은 이 두 관점에 서열을 매기면서 하나가 나머지보다 분명 낮다고 느낀다. 즉, 그들은 자신들만의 계층구조, 가치 서열을 갖고 있는 것이다.

온갖 계층구조를 의식적으로 부인하고 있기 때문에 그들은 자신들이 내세운 계층구조를 알아보기 어려우며, 그것을 숨긴다. 자신들의 계층구조는 계층구조가 아닌 척해야만 한다. 자신들이 내세우는 서열 짓기는 인정하지 않은 채 은밀히 숨어버렸다. 더구나 자신들의 계층구조는 은닉되었고 자기모순을 낳았다. 계층구조를 부정하는 계층구조로 된 것이다. 그들은 자신이 부정하는 것을 전제하고 있다. 자신들이 실제 취하고 있는 입장을 의식적으로 부인한 꼴이 되고 말았다.

대규모로 계층구조식 판단을 내리면서도 그것을 검토하는 일조차 거부함으로써 그들은 사유가 부족한, 꽤나 조악한 가치의 계층구조라는 부담을 떠안았다. 이 모든 것은 불행히도 종종 그들의 입장에 위선의 분위기를 조성하였다. 그들은 꽤나 정당한 분노를 띤 채 계층적으로 계층구조를 비난하고 있다. 오른손이 다른 사람들을 향해 경멸하는 짓을 왼손이 행하고 있다. 그들은 자신들의 판단을 감춘 채 판단을 혐오함으로써 자기혐오를 타인에 대한 정당한 비난으로 바꾸고 있다.

그들의 입장은 본질적으로 이렇게 말하는 것과 같다. "나는 서열을 매기지만 당신은 그래서는 안 된다. 나의 서열 짓기는 서열이 아닌 척하면서(이는 무의식적으로 일어난다.) '나는 전혀 서열 짓지 않는다.'라고 말할 것이다. 자비와 평등의 이름으로 내가 발견한 모든 서열 짓기를 경멸하고 공격할 것이다. 왜냐하면 서열을 매기는 건 나쁘기 때문이다."

이렇듯 인정받지 못할 방식으로 계층구조식 판단을 함으로써 그들은 맨 처음에는 어떻게 가치 판단을 할 것인가라는 실로 난감한 문제들을 피하고 억누른다. 그들은 타인이 행하는 개탄할 만한 계층구조식 가치 판단에 대해서는 분명히 말하지만, 그들 스스로 왜 어떻게 자신들의 판단에 도달했는지에 대해서는 묘하게도 언급이 없을 뿐 아니라 사실상 완전히 침묵하고 있다. 그들은 불분명함이라는 자신들의 자가윤리와 목청껏 외치는 타인의 윤리가 결합해서 친절의 미명하에 다른 사람들을 맹렬히 비난하는 거대한 협의체를 형성하였다. 이는 인간 가치체계의 성질, 남녀가 어떻게 진, 선, 미를 택하는지의 성질을 분명하게 하는 데에는 거의 도움이 되지 않는데, 이는 서열 짓기를 수반하는 선택이자 선택 후에는 자신들이 선택했음을 부정하는 선택이다.

그들의 비계층구조는 은밀한 계층구조다. 그들은 자신들의 발자국을 묻어 버린 후 자기에게는 발자국이 없다고 주장함으로써, 인간은 왜 항상 발자국을 남기는 걸까라는 실로 심오하면서도 힘거운 주제를 피하고 억압하였다. 세상에서 가치의 발견이 왜 인간 조건에 본질적으로 내재할까? 모든 것에 똑같은 가치를 주겠다는 결정을 했다손 쳐도 그것은 그렇지 않은 가치체계의 **부정**을 포함하고 있으므로 어떤 식이든 왜 서열 짓기가 **불가피한** 걸까? 인간 성향이라는 구조에 왜 질적인 차이가 들어 있는 걸까? 왜 스스로 하나의 가치임을 애써 부인하는 걸까? 서열 짓기를 서열 짓기로 부르는 것에 왜 저항하는 걸까? 사정이 그러면, 불가피한 우리의 계층구조를 분별력을 갖고 의식적으로 선택하면서도 어떻게 비인정, 억압, 불분명의 윤리에 빠지지 않을 수 있을까?

『자기의 원천Sources of the Self』을 집필하고 이 책 후반에서 계속 우리의 친구가 될 찰스 테일러Charles Taylor는, 자신의 세계관은 세계관이 아님을 주장하는 세계관이 현대에 와서 발흥한 내용을 추적하는 대가다운 솜씨의 작업을 하였다. 즉, 가치 판단임을 거부하는 특정 가치 판단의 발생, 계층구조의 존재를 거부하는 특정 계층구조의 발생이다. 전반적으로 볼 때 이 책은 매력적인 스토리로서 우리는 추후에 이를 자세히 살펴볼 것이다. 그러나 현재로서는 다음의 내용을 관찰할 수 있다.

테일러는 자신이 '질적 차이qualitative distinctions'로 부른 것이 성립된 건 인간 상황의 불가피한 측면이었음을 언급하면서 시작하고 있다. 우리 스스로가 여러 맥락, 여러 틀 안에 존재하는 것을 알 수 있는데, (내가 말했듯이 우리는 홀론 속의 홀론, 맥락 속의 맥락이다.) 이런 맥락은 불가피하게 우리의 상황에 내포된 다양한 가치와 의미를 구성하고 있다. 테일러는 이렇게 말했다. "내가 틀framework로 부른 것은 일련의 결정적인 질적 차이(가치의 계층구조)를 포함한다. 그런 틀 안에서 생각하고 느끼며 판단하는 것은 어떤 행위, 어떤 삶의 양식, 느낌 양식은 우리에게 쉽게 다가올 수 있는 여타의 것들보다 비할 바 없이 높다는 의미로 기능한다는 것이다. 여기서 나는 '더 높다'를 포괄적인 의미로 쓰고 있다. 어떤 차이가 있는지 그 의미는 수없이 다양한 형태를 띤다. 생명의 어떤 형태는 더 완전해 보일 수 있고, 어떤 느낌과 행위 방식은 더 순수해 보일 수 있으며, 어떤 느낌이나 삶의 양식은 더 심오해 보일 수 있고, 어떤 삶의 스타일은 더 칭송할 만한 것으로 보일 수 있다."[21]

그러므로 비계층구조나 급진적 다원주의를 포용하는 사람들조차도, 비록 그들이 질적 차이를 야만적이고 부도덕하다고 비난할지라도 틀 개념을 모조리 부정해도 깊고도 심오한 질적 차이를 두는 셈이다. "그러나 이 사람에게 어떤 틀이 없는 건 아니다. 그렇기는커녕 그는 선의라는 특정한 이상에 강하게 헌신하고 있는 셈이다. 그는 이런 이상에 따라 살아가는 사람들을 칭송하며, 거기에 실패하거나 그것을 받아들이기에는 너무 혼란스러운 사람들을 비난하며 그 스스로 그런 이상에 맞추지 못하면 문제가 있다고 느낀다. 그는 자신의 도덕이론이 설명할 수 없는 도덕적 지평 안에서 살아간다."[22]

문제는 이런 사람이 다양성과 가치의 동등성을 신봉한다손 쳐도, 테일러가 말했듯이 "우리가 행하는 모든 걸 수용할 수 있다."라는 게 결코 아니라는 점이다.

틀 없는 행위는 전적으로 불가능하다는 강력한 명제를 나는 옹호하고 싶다. 달리 말해서, 우리가 삶을 살아가고 삶의 의미를 찾는 지평은 이런 강한 질적 차이 (가치의 계층구조)를 포함시켜야 한다. 더구나 이는 우연하게도 인간 존재에 대해 실로 진실된 심적 사실, 어느 날엔가는 특출할 수 있는 사람이나 새로운 유형의 인간, 유리되어 객관화시킬 수 있는 어떤 초인간에게는 해당되지 않을 수 있는 심적 사실을 의미하는 게 아니다. 오히려 그런 강한 질적 지평 속에서 살아가는 것은 인간 주체의 필수 구성요소이며… 그것 없이 지내는 게 더 나을 수 있는, 선택의 여지가 있는 가외 요소가 아니라고 주장하는 것이다.[23]

그러나 현대적 시각이 존재한다. "이런 구조를 모두 거부하고 싶은 유혹이 있다. 여기서 나의 명제는 이런 생각은 심하게 잘못된 것이며… 심하게 혼동하고 있다는 것이다. 그것은 삶과 자유의 긍정을 질적 차이의 거부, 구성요소를 이루는 가치 자체의 거부와 연루되어 있다고 해석하는데, 이와는 달리 이들은 그 자체로 질적 차이를 반영하고 있으며 질적 가치의 개념을 전제하고 있다."[24]라고 테일러는 말했다.

신기하게도 이런 특이한 입장이 발생한 것을 역사적으로 추적하는 과정에서 테일러는 "니체가 '계보학genealogy'으로 부른 이런 이론의 동기를 더 깊게 조사할수록 그것은 더 낯설어 보인다. 그것들은 자유, 이타주의, 보편주의(즉, 보편적 다원론)와 같은 매우 강력한 도덕적 이상에서 비롯된 것 같다. 그것들은 근대 문화, 그것의 특징인 과도한 가치(강한 계층구조)가 추구하는 핵심적인 도덕적 열망에 속해 있다. 그러나 이런 이상이 이론가들을 몰아가는 곳은 그런 모든 가치의 부정이다. 그들은 낯선 실용적 모순에 사로잡혔으며, 그로써 자신들을 움직이는 바로 그 가치가 스스로에게 압력을 가해서 그런 가치를 모조리 부정하거나 변질시키도록 만들었다. 그들은 자신들의 사유가 갖는 더 심오한 원천을 체질적으로 인정할 수 없었다. 그들의 사고는 필연적으로 갑갑해졌다."[25]라고 언급했다. 테일러는 어떤 것도 우위를 점하지 않는 우주에서 그들만이 도덕적으로 우월해졌다고 말했다.

그 결과로 나타난 '준거 없는 행위자frameworkless agent'는 '이런 부정이 포함하고 있는 극도의 비일관성과 자기환상'으로 움직이는 '괴물'이라고 테일러는 말했다. 테일러에 따르면, 계층구조에 대한 이런 식의 계층적 부정은 억압의 윤리를 내포하고 있는데, 왜냐하면 자신의 판단의 원천을 스스로에게 철저히 숨기는 '억압층'이 필요하기 때문이다.

더 나아가서 이것은 테일러가 말한 것처럼 이 이론가들이 왜 '기생충'인지 설명하고 있다. '자신의 사유가 갖는 더 심오한 원천을 인정'할 수 없기 때문에 그들은 당연히 자신들의 질적 차이를 기껏해야 의식적으로 인정하는 관점들을 목청 높여 비난하면서 살아갈 수밖에 없다. "그들의 도덕적 원천을 공언할 수 없기 때문에 그들은 주로 논쟁에 호소한다. 그들이 지닌 주된 힘의 언어는 비난하는 것이다. (사실상) 그들이 살아가는 상당 부분은 자신들의 적이 공격당하고 논박당하는 분노로부터 나와야 한다. 자기은닉적인 이런 부류의 철학은 그로 인해 기생적이기도 하다……."

그러므로 급진적 다원주의자들(비계층구조론자들)은 자유, 이타성(보편적 선의), 보편적 다원론이라는 가치에 의해 움직인다. 이들은 철처히 계층적인 판단, 내 생각에는 역사를 통해 꽃피웠던 여타 유형의 가치 판단과 계층구조들을 격렬하게 거부하는 판단들이다. 예를 들어, 그들은 전사의 윤리, 엘리트 귀족주의 윤리, 남성 유일의 윤리, 주인-노예 윤리를 철저히 거부한다.

달리 표현하면, 그들이 주장하는 비계층구조 가치는 계층구조식 판단에 의해(이들 대부분에 나는 완전히 동의한다.) 제자리를 잡고, 이 모든 것을 의식적으로 이해하면서 비난하고 억압하는 기생충 같은 웅변술을 감추지 않으려 노력하는 가운데, 스스로를 인정하고 우리에게 합류하는 편이 나을 것이다.

물론 똑같은 문제가 '문화적 상대론자cultural relativist'를 괴롭히는데, 이들은 다양한 문화적 가치는 모두 (기능적 의미에서) 똑같이 타당하며, 어떤 보편적인 가치 판단도 불가능하다고 주장한다. 그러나 그런 판단 자체가 보편적인 판단이다. 그것은 어떤 판단도 보편 진리가 될 수 없다는 것이 보편 진리라고 주장한다. 그것은 자신만의 보편적 판단을 한 후 이와 동시에 다른 판단들을 모두 부정하는데, 보편적 판단은 아주 아주 나쁘기 때문이다. 그러므로 그것은 우리가 맨 처음 어떻게 타당한 보편적 판단을 하게 되었는가라는 결정적인 문제를 도외시하고 있다. 그것은 자신들의 보편적 주장은 주장이 아니라고 선언하면서, 자신의 주장을 모든 감시로부터 면제시켰다.

그러므로 극단에 치우친 문화 상대론자들은 기본적으로 어떤 문화든 '진리'는 그 문화가 동의하는 것이므로 어떤 '진리'도 다른 진리보다 본질적으로 낮지 않다고 주장한다. 1960년대와 1970년대에는 이런 식의 입장이 분명 유행했지만, 가장 소문난 예로 꼽을 수 있는 미셸 푸코의 책 『사물의 질서The Order of Things』에서 그것이 가진 자기모순의 성질이 분명해졌다. 이 책에서 푸코는 본질적으로 인간이 '진리'로 부르게 된 것은 권력과 관습의 자의적 유희에 불과하다고 주장하였다. 그리고 그는 몇 시대를 간략하게 서술했는데, 이들 시대에서 '진리'란 전적으로 변화하는 관습적 인습의 에피스테메episteme(특정한 시대를 지배하는 무의식적인 인식 체계-역자 주)거나 '진리'가 아닌 배제 변형원리exclusionary transformation principles를 통해 지배되는 담론 형성에 달려 있는 것처럼 보인다. 표현을 달리하면, 모든 진리는 궁극적으로 자의적이다.

그런 주장은 매우 설득력 있어 보이며 전 세계적으로 소규모의 반향을 일으키기도 했다. 더 똑똑한 비평가가 "당신은 모든 진리가 자의적이라고 하였다. 당신이 제시한 것 자체는 진리인가?"라고 물을 때까지는 그랬다.

모든 상대론자와 마찬가지로, 푸코는 자신이 다른 사람들에게 공격적으로 적용시켰던 바로 그 기준으로부터 스스로를 면제시켰다. 그는 (자신의 특권적 입장을 열외로 놓고) 모든 진리 주장을 부정하는 일련의 포괄적 진리 주장을 하였으며, 그럼으로써 하머바스에서 테일러에 이르는 비평가들이 지적했듯이 그의 입장은 무척 비논리적으로 되고 말았다. 푸코 자신은 '고고학적' 노력이라는 이런 극단적 상대론을 포기하고 이를 더 균형 잡힌 접근에(이 접근은 연속성과 돌연한 불연속성을 포함시킬 것이다. 그는 고고학적인 데 머무는 접근을 '오만'하다고 불렀다.) 포함시켰다.

문화의 수많은 측면은 실로 다르며 똑같이 가치가 있음을 누구도 부인하지 못한다. 요점은 그런 입장 자체는 보편적이고 인종중심적인 편견에 근거해서 순전히 자의적으로 문화에 서열을 매기는 일을 거부한다는(나도 이런 거부를 공유한다.) 것이다. 그러나 그것은 모든 서열 짓기가 나쁘다거나 자의적이라고 주장하기 때문에 자신의 입장과 자신의 (승인되지 못한) 서열 짓기 체계의 과정을 설명할 수가 없다. 아무튼 무의식적 서열 짓기는 이름을 어떻게 붙이든 악랄한 서열 짓기다.

상대론자는 아주 형편없는 계급주의자다.[26] 하버마스를 포함해서 그 외 여러 사람들(찰스 테일러, 칼-오토 아펠Karl-Otto Apel, 쿠엔틴 스키너Quentin Skinner, 존 설John Searle 등)

은 그들 모두가 '수행모순performative contradiction'을 끌어들인, 달리 말해서 그들은 자신의 존재 가능성을 부정하는 보편적인 타당성 요건validity claim을 암묵적으로 전제하고 있음을 지적하면서 이런 입장들을 통렬하게 비판하였다.

요약하면, 극단적인 문화적 상대성과 단순한 비계층구조 가치체계는 한때 그들이 누렸던 인기를 더 이상 누리지 못하고 있다. 인간 상황에서 질적 차이는 불가피해졌으며, 더 나아가서 질적 차이를 만드는 더 좋은, 혹은 더 나쁜 방법이 존재한다.

여러 면에서 문화적 다양성 운동이 내린 포괄적인 **결론**에 동의하고 싶다. 우리는 모든 문화를 똑같이 소중하게 여기고 싶다. 그러나 그런 보편적 다원론은 모든 문화가 동의하는 입장은 아니다. 그런 보편적 다원론은 대부분의 인종중심·사회중심 문화들이 인식조차 못하는 매우 특별한 유형의 서열 짓기다. 그런 보편적 다원론은 이런저런 지배자 계층구조에 대항해서 악전고투했던 매우 긴 역사의 산물이다.27)

그럼에도 불구하고 보편적 다원론은 왜 지배자 계층구조보다 나은 걸까? 대부분의 역사가 그런 견해를 경멸했음에도 불구하고 우리는 어떻게 보편적 다원론의 입장으로 발달 혹은 진화했을까? 이런 질문들은 이 책에서 제시한 수많은 발달·진화적 일부 주제다. 우리는 어떻게 그런 보편적 다원론에 도달했으며, 지배적인 방식으로 자신들의 문화나 신념 또는 가치를 다른 모든 것 위에 두었던 사람들에 대항해서 어떤 식으로 방어할 수 있을까? 이런 질문들은 결정적인 질문임에도 그저 서열 짓기를 거부함으로써, 그리고 맨 처음 생긴 질적 차이를 거부함으로써 그 대답은 중도 하차하는 신세가 되고 말았다.

결론

나의 요점은 이렇다. 틀이 불가피하다면(우리는 맥락 속의 맥락, 홀론 속의 홀론이다.), 틀이 질적 차이와 연관된다면, 바꿔 말해서 계층구조식 판단과 우리가 불가분의 관계에 있다면 우리는 계층구조의 과학, 즉 홀라키의 과학, 틀 속의 틀의 과학, 맥락 속의 맥락의 과학, 홀론 속의 홀론의 과학으로 이런 판단에 의식적으로 합류할 수 있으며, 이로써 가치와 사실이 더 이상 자동으로 결별을 선언하지 않게 된다.

비계층구조 옹호자들이 자신의 관점을 '전일론'으로 부르는 한(이것은 사실상 '더미'다.) 이런 통일적·통합적 움직임은 막혀 버린다. 비계층구조 옹호자들은 실재는 비계층이라고 주장한 반면, 전체wholeness의 과학은 전혀 다르게 주장했기 때문에 막혀 버린 것이다. 그러나 전일론에 이르는 유일한 방법은 홀라키를 통해서라는 점을 이해할 경우, 우리는 이제 사실과 가치를 더 부드럽게 포용하면서도 재정비하는 입장에서서 더미로 된 세계관이 아닌 실로 전일론적 세계관을 구축하는 데 있어 과학을 적군이 아닌 아군으로 만들 수 있다.

더 나아가, 존재의 대사슬은 사실상 본질적으로 각 고리는 전체로서 이는 동시에 더 큰 전체의 부분이 된다는 존재의 대홀라키Great Holarchy of Being이면서 영 안에서 겹으로 층을 이루고 있는 연속체 전체임에 주목하자.[28]

과학, 가치 판단, 위대한 지혜 전통에서의 이런 여러 홀라키가 실제로 서로 공감하면서도 정렬될 수 있다면, 실로 의미심장한 통합이 우리의 집합적인 미래에 놓여 있을 것이다.

02
연결 짓는 패턴

형태도 정렬도 없이 수동적으로만 보이는 물질은 가장 단순한 상태에서조차도
자연적인 진화에 따라 스스로를 더 완전한 구조로 만들려는 충동을 갖고 있다.

—이마누엘 칸트—

신은 무감각하게 죽어 있는 존재가 아니다.
돌멩이조차 소리 높여 외치면서 영을 향해 스스로를 고양시킨다.

—게오르크 헤겔—

패턴의 성질

전체성wholeness의 과학이나 시스템 이론에서부터 시작해 보자. 이 장의 나머지 부분과 3장, 4장은 모두 현대 진화학이 도달한 일부 기본 결론들을 더 큰 체계 속으로 통합시킬 수 있는 가능성에 도움을 주는 관점을 갖고 그 결론들을 탐구하는 데 바칠 것이다.

앞으로 전개될 내용은 우리가 '존재 패턴' '진화의 경향' '형태의 법칙' 또는 '현현manifestation의 성향'으로 부를 수 있는 20가지 기본 원리(또는 결론)다. 이들은 공통 패턴이나 경향성으로서 현대 시스템 과학이 진화의 세 영역, 즉 물질권, 생물권, 정신권에서 작동하고 있다고 결론 내린 것임을 기억할 필요가 있으며, 그런 점에서 이들은 이 우주를 참된 우니-베르숨uni-versum('하나의 꼴')이나 공통 패턴, '연결된 패턴'으

로 단단히 묶어 놓는 창발적 다원주의emergent pluralism로 만드는 경향이 있다(이 시점에서 나는 이것들이 우주의 '영원한 법칙'인지 '비교적 안정된 습관'에 그치는지에 관한 논쟁으로 골치 아프게 얽히고 싶지 않다. 그래서 나는 후자로 만족할 것이다).1)

(이하 내용에서 20개 원리로 열거한) 이런 패턴들은 현대 진화학과 시스템 과학으로부터 도출된 내용이지만 그런 과학에 의해 제한되지는 않음을 강조하고 싶다. 이미 언급한 바와 같이, 지금 우리에게 정확해 보이는 그런 과학들의 '절반'만 보고 있을 뿐, 지극히 의심스러운 나머지 절반을 검토하는 일이 남아 있다(3장을 시작으로 이 내용을 다룰 것이다). 상세히 살펴보겠지만 진화의 세 영역에서 발견되는 공통 패턴의 개요를 서술하려는 사실상의 모든 시도가 안고 있는 문제는 패턴들이 객관적 자연주의objective naturalism의 언어('그것it'-언어)로 제시되므로 나I-언어(미학)와 우리We-언어(윤리학)만으로 서술되는 영역에 적용될 때는 불행하게도 실패하고 만다는 데 있다. 내가 지금까지 살펴보았던 모든 '통일된 시스템적 시도'는 올바로 기능하지 못하게 만드는 이런 부적합성으로 인해 손해를 보고 있다.

이에 따라 나는 그것-언어, 우리-언어, 나-언어(또는 진, 선, 미)와 충분히 양립할 수 있다고 믿는 수준과 유형으로 이 원리들을 분할해서, 그럼으로써 이전 시스템 이론이 사실적이면서도 객관적인 그들만의 용어로 미묘하게 환원시키는 데 열중했던 영역으로까지 그런 종합이 완만하게 진행될 수 있도록 매우 주의를 기울였다(이미 말했듯이, 3장부터 이 모든 내용을 자세하게 논의할 것이다).

끝으로, 사소하지만 경종을 울리고 싶다. 많은 독자는 이 원리들을 책의 가장 흥미로운 부분으로 알고 있지만, 어떤 사람들은 지나치게 추상적이면서도 다소 지루하다고 느낀다. 당신이 후자인 경우, 후속되는 장에서는 여기에 살을 붙였으므로 내용이 분명해질 것임을 언급해야겠다. 그러는 사이에 『리더스 다이제스트Reader's Digest』 식으로 내용을 정리해 보면 이렇다.

실재는 사물이나 과정으로 구성되어 있지 않다. 원자나 쿼크로도 구성되어 있지 않으며, 전체로도, 부분으로도 구성되어 있지 않다. 실재는 오히려 전체/부분 또는 홀론holon으로 구성되어 있다.

원자, 세포, 상징, 개념에 관해서도 이것이 진실이다. 이들을 사물로도, 과정으로도, 전체로도, 부분으로도 이해할 수 없으며, 동시에 전체/부분으로만 이해할 수 있으므로 표준이 되는 '원자론' '전일론' 시도는 양쪽 모두 궤적을 벗어났다고 할 수 있다. (위로도 아래로도 영원히) 홀론이 아닌 것은 아무것도 없다.

원자는 원자이기 전에 홀론이다. 세포는 세포이기 전에 홀론이다. 개념은 개념이기 전에 홀론이다. 이 모두는 다른 전체 속에 존재하는 전체다. 따라서 이 모두는 전체/부분인 홀론이다(우리가 어떤 '두드러진 특징'을 추출하기 훨씬 전부터 그렇다).

마찬가지로, 실재는 사물이 아닌 과정일 수 있지만 모든 과정은 다른 과정 속에 내재하는 과정일 뿐이다. 즉, 그 과정들은 맨 먼저 홀론이다. 실재를 구성하는 기본 단위가 사물인지 과정인지 정하려는 시도는 완전히 핵심을 벗어났는데, 어떤 식으로 정하든 그들은 모두 홀론이라서 어느 하나나 다른 하나에 초점을 두는 것은 핵심적인 이유를 놓치는 셈이 된다. 분명 어떤 사물이 존재하고 어떤 과정이 존재하지만, 그들은 모두 홀론이다.

따라서 우리는 **홀론**의 공통점을 살펴볼 수 있으며, 이는 존재의 모든 수준과 영역에 공통으로 존재하는 과정이나 실체들을 찾으려는 완전히 쓸모없는 시도로부터 우리를 해방시키는데, 그런 시도는 분명코 효과를 내지 못하며 언제나 참된 통합이 아닌 환원주의로 내몰기 때문이다.

예를 들어, 우주는 원래 쿼크로 되어 있다고 말하는 건 이미 특정 영역에 우선권을 부여하는 것이다. 마찬가지로, 스펙트럼 반대 끝으로 가서 실로 우주는 상징으로 되어 있고 이들만이 우리가 실제로 알고 있는 것이라고 말하는 것 또한 특정 영역에 우선권을 부여하는 것이다. 그러나 우주가 홀론으로 구성되어 있다고 말한다면, 특정 영역에 우선권을 부여하지 않을 뿐 아니라 어떤 수준도 특별히 근본적임을 암시하지 않는다. 예를 들어, 문학은 아원자 입자로 구성되어 있지 않지만, 문학과 아원자 입자는 모두 홀론으로 되어 있다.

홀론 개념으로 출발해서 **선험적 이성**과 **후험적 증거**를 혼합해서 진행한다면, 우리는 이미 알려진 홀론들이 공통적으로 갖고 있는 것처럼 보이는 게 무엇일지 알아보려는 노력을 기울일 수 있다. (세포생물학부터 물리적 산일구조까지, 항성의 진화부터 심리적 성장까지, 자동생성 시스템부터 영적 경험까지, 언어구조부터 DNA 복제까지) 모든 영역을 검토함으로써 이런 결론을 정교하게 만들고 확인하였다.

이 모든 영역은 홀론으로 작동하기 때문에 그들이 상호 작용할 때 이 모든 홀론의 공통점, 그들의 '법칙' '패턴' '경향성' '습관'이 무엇인지 알아보려고 노력할 수 있다. 그리고 이것은 약 20개 원리가 담긴 목록을 제시하는데, 나는 이것을 12개 범주로 묶어 보았다(일부는 정의에 그치지만 편의상 나는 전체 목록을 항상 '20개 원리tenet'로 부를 것이다. 20이라는 숫자에는 특별한 의미가 없다. 일부는 유지되지 못할 수도, 다른 것이 추가될 수도 있으므로 나는 단 하나라도 누락시키지 않으려고 애쓰지는 않았다).

약 20개 원리

1. 전체로서의 실재는 사물이나 과정이 아닌 홀론으로 구성되어 있다 즉, 동시에 다른 전체의 일부가 되는 전체로 되어 있으며 위로나 아래로도 한계가 없다. 홀론은 사물이 아닌 과정이라고 말하는 건 어떤 의미에서는 진실이지만, 과정 자체는 다른 홀론 과정 안에서만 존재한다는 점에서 핵심 포인트에서 벗어났다. 사물이나 과정이 아닌 홀론만 존재한다.

실재는 전체로 구성되지 않기 때문에, 부분을 갖지도 않기 때문에, 전체/부분만 존재하기 때문에 이런 접근은 원자론과(모든 사물은 근본적으로 고립된 개별적인 전체로서 우연을 통해서만 상호 작용한다.) 전일론(모든 사물은 더 큰 그물망이나 전체의 가닥이나 부분일 뿐이다.) 간의 전통적인 논쟁을 뿌리째 뽑는다 양측 관점은 단연코 잘못되었다. 전체도 없고, 부분도 없으며, 전체/부분만 존재한다.

이런 접근은 유물론 진영과 관념론 진영 간의 논쟁도 불식시킨다. 실재는 쿼크로, 자동 처리하는 하드론으로 또는 아원자 교환으로 구성된 것이 아니며, 개념, 상징 또는 생각으로 된 것도 아니다. 실재는 홀론으로 되어 있다.

현자賢者에게 가서 어떻게 지구가 추락하지 않는지 물었던 늙은 왕에 관한 우화가 있다. 현자는 "지구는 사자 위에 있지요."라고 대답했다. "그렇다면 사자는 어디에 의지하고 있습니까?" "사자는 코끼리 위에 있답니다." "코끼리는요?" "코끼리는 거북 등 위에 있습니다." "거북은……." "폐하, 거기서 멈출 수 있어요. 쭉 내려가면서 계속 거북이랍니다."

홀론으로 쭉 내려간다. "아원자 입자는 상대론적 양자역학에서만 엄격하게 정의될 수 있다는 의미에서 서로 겹겹이 싸고 있다. 요컨대, 물리적 입자, 환치된 입자는 (1) 소량 입자bare particle와, (2) 가상 입자들의 엄청난 뒤엉킴이 순환하는 덩어리로 서로 뗄 수 없이 함께 엮여 있다. 그러므로 모든 참된 입자의 존재는 그 입자가 퍼져 나갈 때 그것을 둘러싼 가상 '구름'에 담겨 있는 무수히 많은 다른 입자의 존재를 포함하고 있다. 구름 속의 가상 입자 각각은 자신의 가상 구름을 물론 따라가면서 거품 속의 거품(홀론 속의 홀론)을 무한히 끌고 다닌다……."[2]

위로도 쭉 거북들이 있다. 수학을 예로 들어 보자. 그 무엇보다도 타르스키Tarski의 정리, 괴델Gödel의 불완전성 정리를 유도했던 집합이론에서 악명 높은 '역설'(칸토어Cantor의 역설, 부랄리-포르티Burali-Forti의 역설, 러셀Russell의 역설)은 수학을 비가역적인, 영원히 팽창하는, 상한선 없는 우주에 놓았다. "집합들의 총합은 잘 정의된 생성 과정의 종착점이 될 수 없는데, 왜냐하면 그럴 경우 우리가 지금까지 만들어 낸 일체를 한 개 집합으로 취할 수 있을 뿐 아니라, 더 큰 우주를 계속해서 만들 수 있기 때문이다. 집합들의 총합(수학적 홀론)은 '무조건적'이거나 절대적인 총합으로서, 그 이유 하나만으로도 인간의 마음이 올바로 포착할 수 없는 대상이다. 왜냐하면 정상적인 개념의 대상은 항상 더 포괄적인 전체에 포섭되기 때문이다. 게다가 집합들은 유한을 뛰어넘는 계층구조로 배열되어 있다." 위쪽으로도 영원히 계속되는 또 영원히('유한을 뛰어넘어') 계속되어야만 하는 홀라키다. 그렇지 않다면 수학은 자기모순으로 인해 비명을 지르면서 멈추고 말 것이다.[3] 수학마저도 시간의 화살 속에 놓여 있고, 시간의 화살은 '유한을 뛰어넘어' 무한히 홀라키적이다.

이는 철학에서도, 특히 현재 '전일론'을 소란스럽게 떠드는 다수의 '뉴에이지' 패러다임에게도 중요하다. (위로도 계속해서 거북이 있는) '유한을 뛰어넘어서' 우주에 있는 모든 전체/부분의 총합은 그 자체로 전체일 수 없는데, 그렇게 ('전체'로) 되는 순간 그 총합은 다음 순간에 나타나는 전체의 일부일 뿐이며, 이는 또다시 다른 전체의 일부가 되면서 끝없이 이어짐을 의미한다.

이는 우리가 멈춰서서 "우주의 기본 원리는 전체성이다."라고 말할 수 있는 지점이 존재하지 않음을 의미한다(물론 "기본 원리는 부분성이다."라고도 말할 수 없다). 이로써 우리는 전체의 원리가 세계를 지배한다고 결코 말할 수 없는데, 실제로 그렇지 않기 때문이다. 어떤 전체도 부분일 뿐이며 무한정 그렇다.

따라서 홀론 속의 홀론, 그 속의 홀론이라는 세계는 전체나 부분에 기초를 두고 있지 않음을 의미한다(영적 의미의 관점에서 어떤 식의 '절대 실재'에 관해서 언급해 보면, 우리는 그 실재가 전체도 부분도 아니고, 일자거나 다자도 아닌 근원이 없는 순수한 공空, 근원적인 비이원의 영임을 보게 될 것이다).

이 점은 중요한데, 그럼으로써 전체화로 만드는 지배적인 전체성을 저지하기 때문이다. '전체성', 이것은 매우 위험한 개념으로서(이 책 전체를 통해 우리와 동행하게 될 핵심이다.) 위험한 이유는 수없이 많지만 그중 적지 않은 이유를 들자면, 그것은 항상 이데올로기적 종말로 떠밀려 가는 데 일조하기 때문이다. 누구라도 전체성이 궁극이라고 말할 때마다 내 생각에는 매우 조심할 필요가 있는데, 그들은 종종 우리는 그들 특유의 '전체성', 버전의 '부분'에 불과하므로 우리가 그들의 비전에 복종해야 한다고, 우리는 그들이 말하는 멋진 그물망의 가닥이라고 말하기 때문이다.

우리 모두가 그런 그물의 가닥으로 정의된다면, 특히 전체주의로 만드는 사회적 행동 강령이 분명 그럴듯해 보인다. 하버마스와 푸코 같은 이론가들이 전체주의화하는 그런 행동 강령들을 현대에 등장한 생명세계의 주된 적으로 보았음은(12장에서 이 지점으로 돌아올 것이다.) 핵심을 찌른 것이다.

홀라키의 불확정성, 개방성, 어지러울 정도로 층층이 겹쳐진 성질, 지배자 홀라키가 아닌 실현 홀라키actualization holarchy를 강조하는 것이 지극히 중요하기 때문에 나는 이 주제를 상세히 논하는 것이다. 어떤 홀론이든 정확히 부분/전체가 아니라 전체로서 끝나 버릴 때 지배자 홀라키가 생긴다는 점을 기억하라. '궁극의 전체', 이것은 지배자 홀라키, 병리적 홀라키의 에센스다. '순수한 전체', 이것은 전체주의로 만드는 거짓말이다.

이런 온갖 이유 때문에 나는 보통 우주에 존재하는 사건들의 총합을 '전체Whole'라고 말하지 않고(이것은 일부에 대한 전체의 최종 우선권을 의미한다.) '일체the All'라고(이것은 전체/부분의 총합이다.) 말한다. 이런 총합은 전체가 아닌 전체/부분이다. '일체'를 생각하는 순간 당신 자신의 사고는 그 일체에 또 다른 홀론을 추가하며(그래서 최초의 모든 것은 더 이상 일체가 아니며 모든 새로운 것의 **부분**에 불과하다.), 이에 따라 무한히 뻗어 나가면서 우리는 결코 '일체'로 상징할 지점에 도달하지 않게 된다. 이 때문에 그것은 결코 전체가 되지 못하고 끝없이 이어지는 전체/부분의 연속체가 된다(그 연속체 자체가 전체/부분이라서 '초한超限'이 된다).

피타고라스 학설을 신봉하는 사람들은 '온우주Kosmos'라는 개념을 도입했는데, 우리는 이것을 보통 '우주cosmos'(자연계를 포함한 물질권을 말한다. 생물권, 정신권, 신권을 포함한 온우주Kosmos와는 구분된다-역자 주)로 번역한다. 그러나 온우주의 원래 의미는 물질 우주에 한정시키지 않는, 물질에서 수학, 신학까지 모든 영역의 패턴화된 성질이나 과정을 말하는데, 이는 통상 오늘날 '우주'와 '유니버스universe' 양쪽을 의미하는 것이다.

그래서 나는 온우주라는 용어를 재도입하고 싶다. 온우주는 우주(또는 물질권), 생물학(또는 생물권), 지성(정신권), 신학(신권이나 신성한 영역)을 담고 있으며, 이 중 어떤 것도 근본적일 수 없다(영마저도 공空으로 서서히 퇴색한다).

그러므로 우리는 간단히 이렇게 말할 수 있다. 온우주는 위로 쭉 올라가고 아래로 쭉 내려가면서 홀론으로 구성되어 있다.

마지막으로, 예상치 않았던 자료에서 나왔을 예를 한 가지 들면서 이 절을 마치고 싶다. 데리다, 푸코, 장-프랑스아 리오타르Jean-François Lyotard와 연결되어 있고, 조르주 바타유Georges Bataille와 니체로 거슬러 올라가는 '탈근대 후기 구조주의자'들은 어떤 식이건 체계적인 이론이나 '거대 담론'을 무척이나 적대시했으므로 '홀라키'라는 전반적인 이론에 대해 준엄한 비판을 제기할 것으로 예상된다. 그러나 그들의 작업을 주의 깊게 살펴보면 거기에는 정확히 홀론 속의 홀론 또 그 속의 홀론, 텍스트 안의 텍스트 또 그 속의 텍스트라는 개념이 주도하고 있으며, 그들이 공격 무기로 활용하는 '무근거foundationless'의 무대가 되는 것도 텍스트 속의 텍스트라는 이런 미끄러지기 게임임을 알 수 있다.

조르주 바타유를 예로 들어 보자. "가장 일반적으로 말해서 우주에 있는 고립시킬 수 있는 모든 요소는 항상 그 입자를 초월하는 전체로 구성될 수 있는 하나의 입자로 보인다. 존재는 그 상대적 자율성이 유지되는 입자들로(전체이기도 한 부분) 구성된 전체로서만 발견된다. (강조한 부분은 바타유 자신이 강조한 내용이다.) 이 두 가지 원리가 (전체이자 동시에 부분인) 만사를 계속 의심하게 만드는 저 건너편 존재 자체의 불확실한 현존의 특징이다."4)

만사를 의심하는 이유는 모든 것이 영원히 맥락 속의 맥락이기 때문이다. 만사를 의심하는 것은 정확히 탈근대 후기 구조주의자들의 몫이다. 머지않아 전형적으로 될 (지금쯤이며 거의 우스꽝스러운) 언어로 바타유는 뒤이어 '만사를 의심하는' 것은 완전히 몸에 익어 버린 전체성과 우쭐대는 보편성 관점에서 사물들을 난폭하게 배열하려는 인간의 욕구와 상충된다고 지적하였다. "극한의 공포는 부득이하게 보편성에로의 욕구가 되고, 욕구를 구성하는 활동으로 말미암아 현기증이 날 만큼 넓이 나간, 하나의 보편적 실재로 스스로를 드러내는 존재 자체는 위태로운 폭력에서 벗어난 광대무변에서는 하나의 도전, 당혹에 빠진 자신만의 환상의 기회가 아닌 모든 것을 비극적으로 부인하는 것일 뿐이다. 그러나 한 인간으로서 이 존재는 동료들이 제공한 지식의 미로에 귀속되는데, 이 미로는 세계의 칠흑 같은 밤 속에서 자율성이라는 치명적 광기를 초월하는 것의 한 구성요소로 축소시키기 위해 그의 본질을 흡수해 버린다."5) 이런 식으로 줄줄이 이어진다.

요컨대, 바타유 자신에게는 어떤 식의 시스템이든 시스템이 없다는 게 아니라 그 시스템이 홀론 속의 홀론으로 미끄러지고 있다는 것이다. "시스템이 없다."라는 주장에는 진솔성이 다소 부족하다. 이런 이유 때문에 당시 초현실주의자를 이끌었던 앙드레 브르통André Breton이 바타유의 이런 부분에 반격을 가했으며, 오늘날 탈근대주의자들을 비평하는 사람들도 여기에 공감하고 있다. "바타유의 불행은 논리적으로 생각하는 데 있다. 의심할 바 없이 그는 '코에 파리가 앉은' 사람처럼 추론을 하며, 이 점에서 그는 산 자보다는 죽은 자에 더 가깝다. 그러나 그는 논리적으로 생각하고 있다. 그 안에 자리 잡고 있는 완전 무질서하지는 않은 아주 작은 기제의 도움을 받아 그는 자신의 강박관념을 공유하려고 애쓴다. 이런 사실은 그가 무슨 말을 하건 어떤 시스템과도 무분별한 짐승과도 같이 대립한다고 주장할 수 없음을 보여 준다."6)

어떤 의미에서는 양측 다 옳다. 시스템이 있지만 그 시스템이 미끄러지고 있다. 현기증이 날 정도로 끝없이 홀론적이다. 자크 데리다Jacques Derrida 해체주의의 최고 해석자일 수 있는 조너선 컬러Jonathan Culler가 데리다는 진실 자체를 부정한 게 아니라 진실과 의미는 **맥락 구속적**context-bound임(각 맥락은 또 다른 전체 맥락의 부분이기도 한 전체다……)을 주장했을 뿐이라고 지적할 수 있었던 건 이런 이유 때문이다. "그러므로 의미의 맥락적 확인과 맥락의 무한한 확장이라는 한 쌍의 원리로 해체주의를 확인할 수 있다."[7]라고 컬러는 말했다.

위로 쭉 올라가면서, 아래로 쭉 내려가면서 거북인 셈이다. 해체주의가 의혹을 품은 것은 전체 또는 부분 또는 그 중간 어디쯤에 최종적인 휴식처를 발견하려는 욕망이다. 텍스트(또는 삶이나 역사나 온우주)에 대한 최종 해석이나 근본적인 해석을 누군가 발견할 때마다 해체주의가 나타나 전체 맥락이나 전체적 해석은 존재하지 않는데, 그것 또한 끝없이, 영원히 또 다른 텍스트의 부분이기 때문이라고 말한다. 컬러가 말한 것처럼, "원리상으로나 실질적으로나 전체 맥락(최종적인 전체)을 습득할 수 없다. 의미는 맥락에 구속되어 있고, 맥락은 무한하다".[8] 유한을 초월해서 거북이 계속되는 것이다.

일반적으로 데리다의 바타유에 대해 브르통의 입장을 취한 하버마스조차도 그 특정 지점에 동의하고 있다. 그가 말했듯이, "의미를 변화시키는 이런 맥락의 변동을 원리상 저지하거나 통제할 수 없는데, 맥락에는 한계가 없기 때문이다. 즉, 이론상 맥락은 완전히 정복될 수 없기 때문이다".[9]

시스템이 미끄러진다는 것은 의미가 성립될 수 없다는, 진실이 존재하지 않는다는, 또는 단순하게 요점을 말할 수 있을 만큼 맥락을 충분히 오래 유지시킬 수 없다는 의미가 아니다. 수많은 탈근대 후기 구조주의자들은 홀론 공간을 발견하지 못한 게 아니라 그 속에서 완전히 길을 잃은 것이다(13장에서 이 요점으로 돌아올 것이다. 예를 들어, 조르주 바타유는 홀론 공간을 잘, 오랫동안, 열심히 바라보면서 당연히 미쳐 버렸다. 그러나 무엇이 원인이고, 무엇이 결과인지 말하기는 어렵다).

우리들의 여정을 위해 시스템이 존재하지만 미끄러진다는 사실만을 주목할 필요가 있다. 온우주는 끝나지 않는 일체All로서 위로도 아래로도 쭉 홀론으로 구성되어 있다.

2. 홀론은 자기보존, 자기적응, 자기초월, 자기해체라는 네 가지 기본 역량을 보인다

이들은 모두 매우 중요하므로 한 번에 한 가지씩 다룰 것이다.

a. 자기보존　모든 홀론은 자신의 개체성을 보존하고, 특정 전체성이나 자율성을 보존하는 역량을 보인다. 적합한 맥락에서 수소 원자는 수소 원자로 남아 있다. 어떤 발전된 의미로도 의도성을 반드시 드러내진 않지만, 시간이 흐르면서 그것은 자신의 독자성을 보존한다. 시간의 변화에도 불구하고 수소 원자는 자체로 남아 있으려고 애쓴다. 시간에 걸쳐 정체성을 유지한다는 단순한 의미에서 그것은 자기보존을 드러낸다(그 자체로 놀라운 성취가 아닐 수 없다!).

살아 있는 맥락에 있는 홀론(예를 들어, 세포)은 더 정교한 자기보존 역량, 자기재생(자기생성) 역량을 보인다. 그것은 물질적 요소들이 교환될 때에도 쉽게 알아볼 수 있는 패턴(또는 구조)을 유지하며 환경을 자신에게 **동화시킨다**(그것은 '준안정의 산일구조'다).

바꿔 말해서, 홀론은 서로 연결된 관계나 맥락을 통해 존재하지만 맥락만으로만 규정되지 않고, 고유한 개별 형상, 패턴 또는 구조에 의해서도 규정된다(다른 입자들을 자동 처리하는 입자조차도 라이프니츠가 말했듯이 개별적인 관점을 유지한다).

이런 고유한 형상이나 패턴들은 엔텔레키(아리스토텔레스), 형태 단위/장(셸드레이크), 체제regime, 코드나 규범(케스틀러), 심층구조(윌버)라는 다양한 이름으로 알려져 있다. 물질권에서는 홀론의 형태가 비교적 단순하지만(그러나 이마저도 당혹스러울 정도로 복잡하다.), 생물권과 정신권에서는 환경과의 관계교환이라는 정교한 질서, 자기 고유의 구조를 형성하는 자기조직하는 질서를 취하며, 이는 모두 어떤 홀론이든 그 에센스를 이루는 안정되고(또는 합목적적으로 인식 가능한) 일관성 있으며 비교적 자율적인 패턴을 유지하도록 조율되어 있다. 예를 들어, 프란시스코 바렐라는 '낡은 생물학'을 '관련성 논리로 작동하는 타율적 단위'에 근거를 두는 반면, 새로운 생물학의 에센스는 '일관성 논리로 작동하는 자율적 단위'[10]라고 설명했다.

간단히 말해서 홀론은 홀론이 만들어지는 물질(물질이란 없다.)에 의해 규정되지도 홀론이 살아가는 맥락에 의해서만(그러나 그것들은 맥락과 불가분의 관계에 있다.)

규정되지도 않고, 홀론이 보여 주는 비교적 자율적이고 응집성 있는 패턴에 의해서 규정되며, 그런 패턴을 유지하는 역량이 홀론의 한 특성이다. 그 패턴 보존에서 특정 홀론의 전체성 측면이 드러난다.

b. 자기적응 홀론은 자기보존하는 전체로서 기능할 뿐 아니라 더 큰 전체의 부분으로서도 기능한다. 그리고 부분으로서의 역량을 통해 스스로를 다른 홀론에 적응시키거나 거기에 순응(자기생성이 아닌 타자생성, 동화가 아닌 순응)한다. 홀론의 부분적 측면은 다른 홀론에 순응하고, 다른 홀론을 새겨 넣고, 현존하는 환경에 맞춰 가는 역량으로 드러난다. 예를 들어, 전자조차도 궤도 껍질에서 다른 전자들의 수數에 순응한다. 그들은 자신이 처한 환경을 새겨 넣고 거기에 반응한다. 전자에게 의도가 있다는 말이 아니라 주변을 둘러싼 행위들에 반응하는 역량이 있음을 의미한다. 전자는 전체로서는 그 자체로 존재하고 부분으로서는 맞춰 가야만 한다. 이것들이 원리 2a와 2b다.

이런 두 가지 상반된 경향성을 홀론의 **독자성**과 **공동성**communion으로 생각할 수 있다. 홀론의 독자성, 자기를 주장하고 자기를 보존하며 동화시키는 경향성은 홀론의 **전체성**, 상대적 자율성을 표현하는 반면, 홀론의 공동성, 참여하고 유대를 형성하며 결합하는 경향성은 **부분성**, 무언가 더 큰 것과의 관계를 표현한다.

양쪽의 역량이나 경향성은 단연코 결정적이면서도 똑같이 중요하다. 둘 중 하나가 과도하면 홀론을 즉시 죽이고 말 것이다(즉, 스스로 확인하는 패턴을 파괴한다). 적정 수준의 불균형조차도 구조적 기형으로 이어질 것이다(식물의 성장이든 가부장제의 성장이든 간에 그렇다). (1장에서) 이미 어떤 시스템에서든 이런 두 경향성의 불균형은 **병리적 독자성**(소외와 억압)이나 **병리적 공동성**(융합과 비분리)으로 표현된다고 이미 제시하였다.

이런 근본적인 양극성이 현현된 모든 존재 영역에 흐르고 있으며, 전형적으로는 음(공동성)과 양(독자성)이라는 도가道家의 원리로 표현되고 있다. 케스틀러의 말을 빌려 보자. "서로 다른 수준의 비유기적·유기적 계층구조에서 일어나는 '특이성'(독자성)의 힘과 '전일성'(공동성)의 힘이라는 양극화는 비록 그 형태는 다를지라도 모든 수준에서 관찰할 수 있다."[11]

(심리 수준과 정치 수준에서 일어나는 자기조직에 이르면, 특히 남녀의 가치 영역, 권리(독자성)와 책임(공동성)이라는 정치적인 이론들과 관련된 이 두 경향성에 관해서 내가 할 말이 훨씬 더 많다.)

c. 자기초월 (또는 자기변용)   산소 원자 한 개와 수소 원자 두 개가 적합한 환경에서 결합되면 어떤 면에서는 전례가 없었던 물 분자라는 새로운 홀론이 창발한다. 이는 세 개 원자의 공동성, 자기적응 또는 연합이 아니라 하나의 변용으로서 무언가 새로우면서도 창발적인 것이 도출된 것이다. 서로 다른 전체들이 모여 전혀 새로운 색다른 전체가 형성된다. 이전 것에 어떤 창조적 선회가 일어난 셈이다. 화이트헤드는 이것을 창조성으로 불렀으며(그는 이것을 '궁극의 범주', 다른 범주를 이해하는 데 필요한 범주로 불렀다.),[12] 얀치Jantsch와 웨딩턴Waddington은 **자기초월**로 불렀다.

케스틀러 같은 일부 저술가들은 자기적응과 자기초월을 뭉뚱그려 서로 바꿔 가며 가리키기도 했는데, 양자는 모두 일종의 '넘어서는' 것을 구현하고 있기 때문이다. 그러나 이런 유사성과는 달리 두 가지는 그 정도와 종류에서 서로 다르다. 자기적응이나 공동성에서 개체는 스스로가 더 큰 전체의 부분임을 알지만, 자기변용에서 개체는 새로운 전체로 되면서 새로운 전체는 새로운 형태의 독자성과 공동성을 갖는다.[13] 얀치는 이렇게 말했다.

> 이런 시스템을 단순히 개방적, 적응적, 비평형이나 학습하는 시스템(공동성)으로 특징지어 말하는 것으로는 충분치 않다. 그들은 그 이상으로서 **자기초월적**이다. 이는 그들이 스스로를 변용시킬 수 있음을 의미한다. 자기초월 시스템은 질적 변화를 위한 진화의 수단이므로 그 지속성이 보장된다. 반대로, 진화는 상호 의존하는 세계에서만 존재할 수 있는 자기초월 시스템을 유지한다. 자기초월 시스템에서 존재Being는 과정Becoming과 일치한다······.[14]

일리야 프리고진Ilya Prigogine의 말처럼, 진화의 여러 수준과 단계들은 서로 환원시킬 수 없는데 이들 간의 이동은 **대칭와해**symmetry break라는 특징을 갖기 때문이며, 이는 그것들은 동일한 물질을 (그 '물질'이 무엇이든) 동등한 가치로 재배열한 것이 아니라 어느 정도는 괄목할 만한 초월, 새롭고도 창조적인 선회임을 의미한다. 얀치는 이렇게 설명하고 있다.

> 대칭와해는 형태형성에 새로운 역동 가능성을 열어 줌으로써 자기초월 행위를 알린다. 복잡성은 대칭와해를 통해서만 가능하다. 그것들로부터 창발하는 세계를 단일한 기본(속성들) 수준으로 환원시키는 것은 점점 더 불가능해진다. 창발하는 실재는 여러 수준에서 조화를 이룬다.

그는 이 모든 내용을 이렇게 요약하고 있다. "자기조직 패러다임에서 진화는 모든 수준에서 자기초월이 일어난 결과다."[15] 그는 또한 이것을 '자기초월을 통한 자기실현'으로 부른다.

바꿔 말하면, 이는 소위 수평적 독자성과 공동성을 수직으로 절단하는 수직 차원을 도입하고 있다. 자기초월에서 독자성과 공동성은 상호 작용하는 데 그치지 않고 진화하는 흐름에서 새롭고도 창조적인 선회를 도입함으로써 대칭와해를 통해 새로운 형태의 독자성과 공동성이 출현한다. 진화에는 연속성만 있는 게 아니라 불연속성도 존재한다. "자연은 단편적으로 일어나는 조정을 통해서라기보다는 돌연한 도약 및 심층적인 변용을 통해 진보한다. 가지를 뻗고 있는 생명의 나무라는 도식은 더 이상 종합이론이 제시하는 연속성을 띤 Y-자 모양의 접합부와 닮지 않았다. 이제 그것은 갑자기 등장하는 스위치 모습으로 그려진다⋯⋯. 역동적인 시스템은 시간에 따라 완만하면서 지속적으로 진화하지 않고 비교적 갑작스러운 도약과 폭발로 진화한다는 유의미한 증거가 실증과학의 수많은 분야에서 쌓이고 있다."[16]

고생물학자 조지 심슨George Simpson은 이것을 '양자적 진화quantum evolution'라고 했는데, 이런 폭발은 "적응역량이나 신체구조에서의 비교적 갑작스러운 변화를 수반하며, 이들의 이행 과정에 관한 증거가 화석 기록에는 거의 또는 전혀 남아 있지 않다".[17] 이런 '양자적 진화'로 말미암아 나일스 엘드레지Niles Eldredge와 스테판 제이 굴드Stephen Jay Gould의 '단속斷續 모델punctuational model'이 탄생했으며, 이 모두를 마이클 머피Michael Murphy는 '진화적 초월'로 요약하였다.

머피는 "진화이론가인 테오도시우스 도브잔스키Theodosius Dobzhansky와 프란시스코 아얄라Francisco Ayala는 이런 사건들을 '진화적 초월'의 예로 들었는데, 각 사건에서 존재의 새로운 질서가 일어나기 때문이다. 현대 진화이론의 주된 설계자인 레드어드 스테빈스G. Ledyard Stebbins는 식물과 동물의 아계亞界(분류학상 계와 문 사이에 들어가는 분류 단위-역자 주)에서 나타나는 작은 진보와 중요한 진보를 구분하면서 유기적 진화에서 규모가 큰 단계와 작은 단계 간에 존재하는 특정 차이들을 기술하였다. 아계grade란 조상에 비해 후손의 종에게 분명 어떤 이점을 제공하는 일련의 특징이나 능력들을 나타내기 위해 생물학자들 사이에서 사용되는 용어다. 스테빈스에 따르면, 박쥐가리와 난초에서 볼 수 있는 수분受粉작용 기제의 발달은 아계에서 일어난 사소한 진보의 한 예이지만, 소화관, 중추신경계, 정교한 감각기관, 척추동물의 사지, 정교한 사회 행동은 주된 진보를 대표하고 있다. 수억 년에 걸친 진핵생물의 진화 기간 동안 전자의 경우 약 64만 번 일어난 데 반해, 후자의 경우에는 20~100번 일어났다고 추산했다."라고 지적하였다.[18]

요컨대, 여기에는 특별히 형이상학적이거나 신비한 요소가 없다는 것이다. 자기초월은 주어진 상태를 넘어서서 일정 정도의 참신함을 도입하는 시스템의 역량, 그런 역량이 없다면 확실히 진화란 결코 시작되지도 시작될 수도 없었을 역량을 말한다. 우주 구석구석에 스며 있는(또는 진화에서 벗어날 수 없는) 자기초월이란 이전 것을 넘어서는 본질적 역량이 우주에 존재함을 의미할 뿐이다.

d. 자기해체   (수직적 자기변용을 거쳐) 형성된 홀론은 허물어질 수도 있다. 홀론이 '소멸되거나' '서로 멀어지면' 그들이 형성된 것과 동일한 수직 순서를 따라 그렇게 되는 경향이 있다는 것은 당연하다(물론 방향은 반대다).

어떤 구조가 (예컨대, 비평형에서의 변화로 인해) 진화에서 어쩔 수 없이 후퇴해야 한다면, 교란이 강하게 일어나지 않는 한 왔던 길과 동일한 길을 따라서 후퇴한다……. 이는 화학반응 시스템 수준에서 이미 일어난 원초적이고 전일적인 시스템 기억을 의미한다.[19]

심리, 언어 (정신권) 홀론도 마찬가지다. 로만 야콥슨은 '마음의 서로 다른 영역에서 현대심리학이 알아낸 중층 현상stratified phenomena'에 대해 말하면서, "새로운 것이 이전 것들에 추가되며 해체될 때는 상위부터 해체가 시작된다. 이런 습득이 연대순으로 연속으로 일어나는 것과 세계 모든 언어의 공시성을 지배하는 비가역적 결속이라는 일반 법칙은 놀랄 정도로 정확하게 일치한다."[20]라고 했다.

달리 표현하면, 수직으로 형성된 것은 수직으로 허물어지며 양쪽 경로는 기본적으로 똑같다.

종합하면, 독자성이나 자기보존, 공동성이나 자기적응, 자기초월, 자기해체의 이 네 역량을 두 개의 수평 '대극'(독자성과 공동성), 두 개의 수직 '대극'(자기초월과 자기해체)이 있는 십자가로 그려 볼 수 있다.

이 네 가지 '힘'은 끊임없는 긴장 관계에 있다(이 책을 통해 살펴볼 것이다). 수평적으로 볼 때 독자성이 커지면 공동성은 그만큼 적어지며, 그 역도 성립한다. 즉, 한 홀론이 자신의 개체성을, 전체성을 더 강하게 보존할수록 공동성 또는 더 크거나 넓은 전체 안에서 차지하는 부분성은 작아진다(반대로, 더 많이 부분이 될수록 자신의 전체성은 작아진다). 예를 들어, (헬륨 같은) 원소가 '불활성'이라고 말한다면 그것은 복합체를 형성하기 위해 다른 원소들과 결합하는 데 강하게 저항한다는 뜻이다. 그것은 독자성을 유지하면서 공동성에 저항한다. 그러므로 비교적 불활성으로 된다.

이를테면, 모든 영역에 걸쳐 끊임없이 긴장이 일어나며, 자기보존과 종보존 간의 투쟁에서부터 권리(독자성)와 의무(공동성), 개별성과 멤버십, 개성과 공동체, 응집성과 관련성, 자기지향과 타자지향, 자율성과 타율성 … 간의 갈등까지 어디에서나 긴장이 나타난다. 간단히 말해, 하나를 희생하지 않은 채 나는 어떻게 전체로서의 나인 동시에 더 큰 무언가의 일부일 수 있을까?

(앞으로 살펴보겠지만 인간을 포함해서 모든 진화 단계에서 양쪽 파트너를 교대로 통합하고 함유하는 새로운 형태의 독자성과 공동성으로 향하는 자기초월이 관여한다는 사실이 이 일부 대답일 것이다. 더 넓은 전체, 수평적 확장이 아닌 더 깊거나 높은 수직적 창발로서, 실로 이런 이유로 '진화는 모든 수준에서 자기초월이 일어난 결과'이자, 이런 이유로 진화는 '자기초월을 통한 자기실현'인 것이다. 이야기가 다소 앞질렀다.)

끊임없이 이어지는 독자성과 공동성 간의 이런 수평적 투쟁은 주어진 수준에서 나타나는 병리 형태로까지 확장되는데 독자성이 지나치면, 즉 개별성이 지나치면 맨 먼저 개별성을 유지하는 풍부한 공동성 네트워크가 단절된다(억압과 소외). 또한 공동성이 지나치면 개인의 온전성이 소실되고, 타인과 융합되며, 비분리가 일어나고, 경계가 모호해지며, 자율성이 파국을 맞거나 사라진다.

(앞으로 우리는 전형적인 '남성 병리'는 헬륨의 불활성처럼 지나친 독자성이나 관계에 대한 공포인 경향이 있고, 전형적인 '여성 병리'는 지나친 공동성이나 자율성에 대한 공포인 경향이 있음을, 하나는 지배로 나머지는 융합으로 됨을 볼 것이다. 또한 우리는 '부계사회'와 '모계사회'에서 이것이 어떤 역할을 하는지도 살펴볼 것이다.)

독자성과 공동성 간에 수평적 투쟁이 있을 경우 자기초월과 자기해체 간에 지속적인 수직적 투쟁이 일어나는데, 이는 구축하거나 파괴되는 경향이다(물론 이런 힘들은 주어진 어떤 수준에서도 독자성 및 공동성과 복잡하게 상호 작용하며, 독자성이 지나치거나 공동성이 지나치면 양쪽 다 무너진다. 앞으로 보겠지만 이는 인간사에 지속적으로 일어나는 문제로서, '더 큰 의미'를 발견하려는 욕망은 종종 '더 거창한 원인'과의 지나친 공동성이나 융합을 초래하고 이런 융합을 초월로 오해하지만, 이는 분명 자율성의 상실과 매력적으로 보이는 책임으로부터의 해방에 불과할 뿐이다).

지금까지 나는 주로 인간 영역에서 볼 수 있는 예를 들었지만, 요컨대 이런 네 가지 힘들은 가장 단순한 홀론에서조차도 더 단순한 형태로 작동하는데, 아래로 쭉 내려가면서도 거북이가 있기 때문이다. 사실상 모든 홀론은 무한히 다른 홀론 내의 홀론이다. 즉, 모든 홀론은 **하위 홀론**(다른 홀론의 일부)인 동시에 **상위 홀론**이다(자체로 홀론을 포함한다). 그것은 한 개 홀론으로서 자신만의 패턴을 유지해야만 하며(시간에 걸친 독자성), 그 환경을 새겨 넣고 거기에 반응해야만 한다(공간 내의 공동성). 적절하게 반응하지 못할 경우 홀론은 소멸된다. 지나친 독자성이나 지나친 공동성은 스스로를 확인할 수 있는 패턴을 허물고 말 것이다.

각 홀론은 또한 상위 홀론이므로 그것이 사라지면 자기해체를 거쳐 하위 홀론으로 되는데, 하위 홀론이 따라갔던 경로와 똑같은 경로로 해체되는 경향이 있다. 세포는 분자로, 분자는 원자로, 원자는 입자로, 입자는 확률로 나타나는 '버블 내의 버블'이라는 무한한 구름 속으로 사라져 버린다.

보존이나 적응, 초월이나 해체라는 네 가지 서로 다른 힘이 온우주의 모든 홀론을 서로 끌어당기고 있다.

3. 홀론은 창발한다　홀론의 자기초월 역량 덕분에 새로운 홀론이 창발한다. 처음에는 아원자 입자, 그다음엔 원자, 분자, 고분자, 세포 등으로 진행된다. 창발하는 홀론은 어떤 의미에서는 새롭다. 그것들은 그 구성 성분으로부터 엄격히, 전적으로 연역할 수 없는 속성과 성질을 갖고 있다. 따라서 그들은, 그들에 대한 설명은 그 구성 부분으로 남김없이 환원될 수 없다. "존재론으로 볼 때 조직화 수준은 자기조직 과정이 진행되었던 요소들을 초월한 새로운 속성을 포함하고 있다. 완전히 결정론적으로 설명할 수 있는 수준은 존재하지 않는다."21) 호프스태터Hofstadter의 말처럼, "상위 수준의 법칙은 하위 수준을 설명하는 언어로 기술될 수 없다". 그는 또한 이런 진실은 가스 입자에서부터 생물 종의 형성에 이르기까지, 컴퓨터 프로그램에서부터 DNA 복제에 이르기까지, 음악 악보에서부터 언어 규칙에 이르기까지 적용된다고 지적하였다.22)

창발은 또한 우주라는 직물은 **불확정성**으로 (그리고 이와 관련된 자유도) 짜여 있다는 것을 의미하는데, 전례 없는 창발이란 과거에 의해 **결정될 수 없음**을 의미하기 때문이다(그러나 우주라는 주머니는 고전 역학에서처럼 결정론적인 양상으로 규칙적으로 붕괴될 수 있다). 즉, 근본적으로 홀론은 어떤 측면에서는 불확정적이다(정확히 말해서, 그들은 근본적으로 자기초월하기 때문이다). 라슬로는 이용 가능한 증거들을 이렇게 요약하고 있다. "역동적으로 기능하는 대안적 안정 상태들의 무리로부터 선택하는 일은 예정되어 있지 않다. 새로운 상태는 시스템의 초기 조건에 의해서도, 환경 변수의 중대한 가치 변화에 의해서도 결정되지 않는다. 역동적인 시스템이 근본적으로 불안정해지면 그것은 불확실하게 행동한다."23)

홀론의 자기초월 역량이 제로에 접근하거나 홀론의 자기초월이 불확정성의 위치를 더 상위 홀론으로 넘겨 주는 한정된 경우에만 결정론이 발생한다는 것이 현재 거의 확실해 보인다(우리는 다음 내용에서 이 중요한 주제로 돌아올 것이다).

창발은 드문 현상도, 고립된 현상도 아니다. 바렐라, 톰슨Thompson, 로쉬Rosch는 입수할 수 있는 증거들을 이렇게 요약하였다. "창발 속성이 보텍스와 레이저, 화학적 진동, 유전 네트워크, 발달 패턴, 인구유전학, 면역 네트워크, 생태학, 지구물리학의 모든 영역에서 발견되는 게 확실하다. 이 온갖 다양한 현상이 갖는 공통점은 각 경우에서 네트워크는 새로운 속성을 유발한다는 것이다……. 서로 상호 작용하는 요소들의 시스템에서 전반적인 패턴이나 형태의 창발은 고립된 경우에만 나타나는 기이한 현상도, (특정) 시스템에서 유례없이 나타나는 현상도 아니다. 사실 빽빽하게 연결된 집합체가 창발 속성을 피하기는 어려운 것 같다."24) 에른스트 마이어Ernst Mayr는 철저하게 연구한 자신의 저술 『생물학적 사고의 성장The Growth of Biological Thought』에서 이렇게 말했다.

따로 구분하거나 부분적으로 조합한 구성요소들에 대한 가장 완벽한 지식을 통해 전체의 특징이 추론될 수 없는(이론상으로도 불가능하다.) 특성을 시스템은 거의 언제나 갖고 있다. 전체에서 드러나는 새로운 특성의 출현을 창발이라고 한다. 생명, 마음, 의식 같은 난해한 현상들을 설명하기 위해 창발을 종종 끌어들였다. 실제로 창발은 비유기적 시스템의 특성이기도 하다……. 그런 창발은 꽤나 보편적이며, 칼 포퍼Karl Popper의 말처럼 "우리는 새롭게 창발하는 우주 속에서 살아간다".25)

말이 난 김에 이는 모든 과학이 근본적으로는 재구성과학reconstructive science임을 의미한다는 데 주목해 보자. 즉, 어느 홀론이든 그 홀론이 내일 무엇을 할지 정확히 알지도, 알 수도 없다는 것이다(과거 관찰에 근거해서 광범위한 개요와 가능성은 알 수는 있지만 자기초월적인 창발은 어느 정도까지는 항상 놀라움 자체다!). 우리는 기다리면서 살펴보아야만 하고, 거기서부터 사실을 좇아 지식 체계를 재구성한다.26)

그러나 홀론의 자기초월이 제로에 접근하면(그 창조성이 최소가 되면) 재구성과학은 예언과학으로 주저앉는다. 역사적으로 볼 때, 창조성이 최소가 되는 홀론들을 정확히 연구함으로써 실증과학이 시작되었다. 사실, 실증과학은 기본적으로 움직이고 있는 돌멩이 한 덩어리에 불과한 것을 연구했으며(공간을 통해 시간을 따라 움직이는 질량), 그 과학은 따라서 과학의 성질을 본질적으로 예언적인 것으로 오인했다.

나는 돌멩이에 반대할 뜻은 없지만, 존재 중에서 가장 멍청한 것을 취해서 그들에 대한 연구를 '실로 실존하는 실재'의 연구로 만들어 버림으로써 온우주를 물질로 된 우주cosmos로 무너뜨린 데 대한, 광대한 존재의 홀라키를 신께서 창조하신 녹색 지구에서 가장 멍청한 창조물로 환원시킨 데 대한, 다차원의 실재를 **최소한의 창조성**으로(따라서 예언력이 **최대로** 되게끔) 규정한 빛바랜 편평한 풍경으로 허물어 버린 데 대한 주된 책임이 물질과학에 있음을 알고 있다.[27]

돌멩이의 구성물질조차도 어이없는 환원주의만큼이나 예언 가능하지 않을 뿐 아니라 멍청하지도 않다는 사실을 우리에게 상기시키기 위해서는 하이젠베르크의 불확실성 원리 같은 사건이 몰고 온 방향 전환이 필요했다. 그 사이에 예언력으로서의 지식의 '이상ideal'은 그것이 적용되는 사실상의 모든 분야(바위도 포함된다.)를 허물고 말았는데, 그 방법이 그 방법으로 가능했을 모든 창조성을 말살함으로써 새롭고, 중요하며, 가치 있고, 의미 있는 것을 지워 버렸기 때문이다……

4. 홀론은 홀라키 모습으로 창발한다 즉, 전체/부분이 계속 커지는 식으로 창발한다. 유기체는 세포를 담고 있지만 그 반대는 아니다. 세포는 분자를 담고 있지만 그 반대는 아니다. 분자는 원자를 담고 있지만 그 반대는 아니다. 매 단계마다 반대로는 안 되는 일이 일어나므로 비대칭성과 겹겹이 층을 이룬 계층구조(홀라키)가 불가피해진다. 더 깊거나 높은 홀론은 선행하는 하위 홀론을 포용하지만, 더 포괄적인 새로운 패턴이나 전체성, (아리스토텔레스가 분명히 밝혔듯이) 이를 단순한 더미가 아닌 하나의 전체로 규정하게 될 새로운 코드, 규범, 형태장이나 독자성을 추가한다. 이것이 화이트헤드의 유명한 선언, "다자가 일자로 되고, 일자에 의해 증가한다."이다. 라슬로는 이렇게 논평했다.

이런 과정을 지지하는 실증적 증거에는 의심의 여지가 없다. 다양한 원자 요소가 무리를 이루어 분자 집합체가 되고, 특정 분자들이 무리를 이루어 결정과 유기적 거대 분자가 되며, 후자가 무리를 이루어 세포와 생명을 이루는 아세포 구성요소가 되고, 단세포 유기체가 무리를 이루어 다세포종이 되며, 가장 다양한 종이 모여 생태계를 이룬다.[28])

버탈랜피는 매우 직설적으로 이렇게 표현했다. "현대식 개념으로 볼 때 실재는 조직화된 실체들의 거대한 계층구조, 수많은 수준이 중첩되면서 물질적·화학적 시스템에서 생물학적·사회학적 시스템으로 되는 계층구조로 보인다. 그런 계층구조와 더 상위 질서 시스템으로의 결합은 전체로서의 실재라는 특징을 띠며, 특히 생물학, 심리학, 사회학에서 근본적으로 중요해진다."[29]) 이와 마찬가지로, '신패러다임'을 설명한 에드워드 골드스미스Edward Goldsmith의 『길: 생태학적 세계관The Way: An Ecological Worldview』에서는, "생태학은 시공간 가이아의 계층구조 안에서 수행하는 역할로 사건을 설명한다."[30])라고 요약하였다. 지극히 혁신적이면서도 매우 대담하다고 생각되는 형태장에 관한 루퍼트 셸드레이크의 이론조차도 이런 분명한 사실을 얼버무리지 않았다. 셸드레이크의 결론처럼, "형태 단위와 마찬가지로 형태형성장은 그 구조가 근본적으로 계층구조다".[31])

'신생물학'의 초석을 마련했던(원리 2a를 보라.) 홀론 인지의 자율적 성질에 관한 연구가 프란시스코 바렐라는 "수준의 계층구조를 보여 주는 징후가 반복될 수 있는 것은 자연계의 풍요로움을 일반적으로 반영하는 것 같다. 윗수준을 고려할지 아랫수준을 고려할지의 선택은 주어진 시스템을 자율적인 것으로 다룰지 제한된 것으로 다룰지의 선택에 해당한다."[32])라고 말했다. 즉, 모든 홀론은 전체인 동시에 부분이며, 그 자율성(독자성)과 관련지어 생각할 수도, 다른 홀론들에 의해 제한된 것(공동성)으로 생각할 수도 있다. 양쪽 관점이 다 옳다(그러나 부분적이다).

실제로 모든 심층 생태학자와 생태페미니스트는 홀라키 개념을 거부하는데, 내게는 그 이유가 좀 혼란스러워 보인다. 내가 말할 수 있는 입장에서 보면, 그들은 계층구조와 원자론은 '나쁘고' 자신들의 '전일론wholism'은 정반대라고 생각하는 것 같다. 그러나 심층 생태학의 수호신 격인 아르네 네스Arne Naess는 분명 '전일론'과 '원자론'은 사실상 동일한 문제의 양면이며, **양쪽을 치료하는** 것은 계층구조임을 지적했다. 그가 지적하길, 모든 실재는 그가 '예속된 전체' 또는 '예속된 형태'로 부른 것으로 구성되어 있다. 즉, 홀론이다. 그는 "따라서 우리는 거대한 계층구조로 존재하는 복잡한 형태 영역을 갖고 있다. 그러므로 우리는 낮은 차원의 형태와 높은 차원의 형태에 대해서 말할 수 있다."[33]라고 했다.

한 걸음 더 나아가 네스는 전일론과(전체만 강조함을 의미한다.) 원자론(부분만 강조한다.) 양쪽을 중화하는 데에는 이런 계층구조 개념이 필요한데, 게슈탈트는 홀론이기 때문임을 지적했다. 그것은 높고 낮은 계층구조로 배열된 전체인 동시에 부분이다. 그는 "이 용어, 낮은 등급과 높은 등급의 게슈탈트로 된 거대한 계층구조는 전체와 전일론에 관해 언급하는 것보다 유용한데, 이것이 전체와 부분과의 관계에 대해 사람들이 더 열심히 생각하도록 유도하기 때문이다. 그것은 (또한) 분석적 사고에서 나타나는 강한 원자론 또는 기계론적 추세로부터 해방되는 것을 촉진한다."[34]라고 언급했다.

요약하면, 네스에게 계층구조는 원자론과 전일론(극단적인 비계층구조) 양쪽 모두를 위한 해독제다. 나는 그의 추종자들이 그의 개념을 포착하기까지 왜 그토록 어려운 시기를 거쳤는지 알 수가 없다. 내가 앞에서 제안했듯이, 아마도 그들은 병리 계층구조에 대해 강하게 반발함으로써 목욕물과 함께 아기마저 버렸을 것이다. 나는 이 점을 꽤 수긍할 수 있는데, 초기 버전의 계층구조 개념은 '파시스트'처럼 경직되어 있다는 면에서 틀림없이 우리가 병리 독자성이라고 부른 것으로부터 생겼을 것이다.

물론 한 홀론이 전체에서 자신의 위치를 찬탈하는 병리 계층구조를 수평적·수직적 관계에서 항상 부분인 동시에 전체인 홀론 간의 자연스러운 상호 관계를 표현하는 정상 홀라키 일반과 구분하는 것이 핵심이다. 앞에서 이미 살펴본 것처럼 병리 계층구조와 병리 비계층구조는 존재하고 이들을 **병리**로 다룰 필요가 있지만, 그 때문에 정상 비계층구조와 정상 계층구조의 존재를 지옥으로 보낼 수는 없으며, 전체와 부분이 공존하기 위해서는 모두 필요하다.

얀치는 더 최근에 등장한 균형 잡힌 이해를 표현하고 있다.

진화는 존재의 자기생성 수준으로 드러나는 진화 사슬이 계층구조 질서로 드러나는 다多수준으로 구성된 실재로 (보인다.) 각 수준은 하위 수준 일체를 포함한다. 문제시되는 전체 시스템 안에는 시스템 속의 시스템, 시스템 속의 시스템 … 들이 존재한다. 그러나 근본적으로 이런 계층구조는 정보가 윗방향으로 흐르고 명령이 위에서 아래로 하달되는 통제 계층구조가 아니다. 각 수준은 특정 (상대적) 자율성을 유지하며 특정한 환경과의 수평적 관계(비계층구조) 속에서 적절한 존재로 살아가고 있다. (예를 들어) 세포 속에 있는 세포기관은 자율적인 방식으로 에너지 교환이라는 자신들의 업무에 착수하는 동시에, 세계적 규모의 가이아 시스템이라는 틀 안에서 수평적인 관계를 유지하고 있다.[35)]

심층 생태학자들과 생태페미니스트들이 네스의 선례를 따를 경우, 논의 전체가 더 원만하게 진전될 수 있을 것이다. 오늘날과 마찬가지로 그들은 종종 평원 '전일론'과 극단에 치우친 비계층구조의 수호신으로 행세하는데, 이는 실로 원자론의 대극으로서 똑같은 문제의 양면일 뿐이다.

5. 창발하는 각 홀론은 그 선행 홀론을 초월하지만 포함한다   우리가 이미 살펴본 바와 같이, 새롭게 창발하는 각 홀론은 이전 홀론을 포함시킨 후에 스스로를 규정하는 새로운 패턴, 형상 또는 전체성(새로운 규범, 코드 또는 형태장)을 추가한다. 바꿔 말하면, 그것은 이전 홀론들을 보존하지만 그 홀론들의 분리나 고립이나 단독성을 부정한다. 그것은 자신들의 존재는 보존하지만 자신들이 가진 편파성이나 배타성은 부정한다. 헤겔은 "대체한다는 건 보존하면서 동시에 부정하는 것이다."[36)]라고 했다.

다른 식으로 표현해 보자. 하위 수준은 상위 수준에 모두 포함되지만 상위 수준 모두가 하위 수준에 포함되지는 않는다. 예컨대, 물 분자 속에는 수소 원자가 있지만 물 분자가 원자 속에 있지는 않다(물 분자는 원자에 '배어들거나' '침투하고 있지만' 실제로 원자 속에 있는 건 아닌데, 문장 속에는 모든 단어가 있지만 한 단어 속에 모든 문장이 있는 건 아니라는 사실과 마찬가지다).

바렐라는 "주어진 계층구조 수준에서 특정 시스템은 그 밑에 있는 시스템에게는 외부로 보일 수 있고, 그 위에 있는 시스템에게는 내부로 보일 수 있다. 그러므로 주어진 시스템의 위상은 윗방향이나 아랫방향에 있는 수준을 거치면서 변화한다."[37])라고 지적했다. 이는 비대칭성의 또 다른 예로서 모든 홀론이 똑같이 다른 모든 홀론 내부에 있지 않음을 의미한다(어떤 것은 창발이나 대칭와해라는 특징으로 말미암아 부분적으로는 외부라는 관계에 있다). 낮은 것은 높은 것에 모두 포함되지만 높은 것이 낮은 것에 모두 포함되지는 않는다.

노벨상 수상자 로저 스페리는 이를 매우 단도직입적으로 표현하였다. "이런 연결과 관련해서 더 단순하면서도 원초적이고 근본적인 힘이 계속 존재하고 작동한다는 것을 기억하는 게 중요하다. 아무것도 사라지지 않는다. 그러나 이런 하위 수준의 힘과 속성은 점점 복잡해지는 조직적 실체의 힘에 의해 마치 포함되고 포섭되는 것처럼 뒤이어 등장하는 단계에 의해 대체된다."[38]) 상위 수준은 하위 수준을 마치 포용하는 것 같아서 모든 발달을 감싸 안는다envelopment.

그러나 중요한 구분을 강조할 필요가 있는데, 일찍이 나는 대체는 "존재를 보존하지만 부분성을 부정한다."(또는 "보존하고 부정한다.")라고 말함으로써 이를 보여 주었다. 단순한 예 한 가지를 드는 것으로 충분할 것이다. 하와이가 미국의 주州가 되기 전에는 그 자체로 국가였다. 한 국가로서 하와이는 통치의 온갖 특권을 갖고 있었다. 전쟁을 선포할 수도, 화폐를 발행할 수도, 군대를 징발할 수도, 기타의 것들을 할 수 있었다. 이 모두는 그것의 정치 제도, 법체계, 법규들 일부를 구성하는 요소로서 하와이의 자기보존 또는 개별 국가로서, 전체로서의 독자성을 나타내는 것들이다.

하와이가 미국의 주로 되었을 때 그들이 가진 기본 재산, 토지, 근본 특색들은 미국의 일부가 되었다. 이런 기본구조들은 모두 새로운 연합에 보존되었고, 그 무엇도 파괴되거나 손상되지 않았다. 그러나 보존되지 못했던 것, 잃어버린 것, 실제로 부정된 것은 하와이가 자신의 국가가 되는, 전쟁을 선포하는, 화폐를 발행하는 등의 역량이다. 분리된 자율성을 획득한 하와이 정치 제도는 더 상위에 있는 미국 정치 제도 안으로 포섭되었다(미국에서 하와이는 한 주로서 비교적 자율적인 권리를 갖는다).

이것이 내가 "초월하지만 포함한다." 또는 "부정하고 보존한다."라고 말할 때의 의미다. 모든 기본구조와 기능은 더 큰 정체성 속에 보존되고 수용되지만, 고립, 따로 떼어 둠, 부분성, 독점성, 분리된 독자성으로 말미암아 존재했던 모든 배타구조와 기능

들은 떨어져 나가고 더 폭넓은 공동성에 도달하는 더 깊은 독자성으로 대체된다.39)

이는 전일론 구조의 모든 수준에서 관찰할 수 있는 일반적인 현상으로 안내한다. 정상 홀라키에서 상위에 있는 새로운 패턴이나 전체성은 그 하위 홀론의 **불확정성** indeterminacy을 어느 정도 제한한다(자유를 체계화한다. 정확하게는 상위 홀론이 하위 홀론을 초월하지만 포함하기 때문이다. 즉, '하향적 인과율' 또는 일반적으로 말해서 '하향적 영향'을 통해서 그렇다). 무엇이 관여하는지, 그 현상이 얼마나 광범위하면서도 필수적인지를 정확히 보여 주기 위해 루퍼트 셸드레이크를 길게 인용할 가치가 있다.

화학 분야에서와 마찬가지로, 살아 있는 유기체에서도 형태형성장(홀론)은 계층구조식처럼 조직되어 있다. 예를 들어, 세포핵, 미토콘드리아, 엽록체 같은 세포기관의 형태형성장은 자신 안에서 일어나는 물리화학적 과정에게 명령을 내린다. 이런 장場들은 세포의 상위 수준 장에 종속되며, 세포의 장은 조직의 장에, 조직의 장은 기관의 장에, 기관의 장은 전체 유기체의 형태형성장에 종속된다. 각 수준의 장은 그렇지 않았다면 불확실해질 수 있는 과정에 질서를 부여함으로써 활동한다.

예를 들어 자유 원자의 경우, 전자 사건은 원자의 형태형성장이 갖는 일정한 확률구조가 제공하는 가능성을 띠면서 발생한다. 그러나 원자가 분자 한 개가 갖는 상위 수준의 형태형성장의 영향을 받으면, 이 가능성은 다른 사건들이 일어날 가능성은 적어지면서 최종 형태의 실현을 향한 사건이 일어날 가능성을 높이는 쪽으로 수정된다. 그러므로 분자의 형태형성장은 자유 원자들의 확률구조로부터 출발하는 계산을 근거로 예상 가능한 개수의 원자 배열을 제한한다. 예를 들어, 단백질 접힘protein folding(선형으로 된 아미노산 복합체인 단백질이 개개의 단백질로 되면서 고유한 접힌 구조를 만드는 과정—역자 주)의 경우 그 과정이 일어나는 속도는 시스템이 원자들의 무수한 배열을 '탐색하지' 않음을 보여 준다. 마찬가지로, 결정의 형태형성장은 그것을 구성하는 분자들의 확률구조가 허용할 수 있는 배열의 수를 제한한다.

세포 수준에서의 형태형성장은 세포 분열의 조정을 위해 필요한 미세소관의 결정화 및 그 밖의 과정들에게 명령을 내린다. 그러나 세포가 분열하는 정도는 상위 수준의 장이 없는 경우 불확정적이다. 예를 들어, 상처 난 식물 조직에서 세포는 어느 정도 무작위로 증식하여 혼란투성이의 조직 덩어리를 만든다. 반면에 조직화된 조직 내에서 조직의 형태형성장이 갖는 한 가지 기능은 세포 분열 수준에서 특정 패턴을 부과하여 전체로서의 조직이 성장하는 방식을 통제하는 것일 수 있다. 그럴 경우, 조직 자체의 발달은 조직들이 인위적으로 고립된 채 조직 배양 내에서 성장할 때 드러나는 것처럼 여러 면에서 본질적으로 불확정적이다. 정상 조건에서는 이런 불확정성이 기관이라는 높은 수준의 장에 의해 제한된다. 화학계에서와 마찬가지로, 생물계 각 수준의 형태 단위들은 상위 수준 형태 단위의 일부로 될 때보다 고립되어 있을 때 더 불확실하게 행동한다. 상위 수준의 형태형성장은 그들 고유의 불확정성을 제한하고 거기에 형태를 부여한다.[40]

이것은 우리를 여섯 번째 원리로 곧장 데려간다.

6. 하위는 상위의 가능성이 펼쳐지게 하고, 상위는 하위의 개연성을 마련한다 우리는 방금 상위 수준의 창조적 참신함이 창발하면, 그것은 여러 면에서 이전 수준에서 주어진 것을 넘어선다는(그러나 포함한다.) 점을 보았다. 그러나 상위 수준이 하위 수준을 '넘어서'도 그것은 하위 수준의 법칙이나 패턴을 위반하지는 않는다. 상위 수준은 하위 수준으로 환원될 수 없으며, 하위 수준에 의해서 결정될 수도 없지만 하위 수준을 무시할 수도 없다. 내 몸은 중력 법칙을 따르지만, 내 마음은 상징적 의사소통과 언어적 통사론처럼 별도의 법칙을 따른다. 그러나 내 몸이 절벽에서 떨어지면 내 마음도 따라간다.

이는 하위 수준은 가능성이나 큰 틀을 마련하며, 상위 수준은 그 안에서 작동해야 하지만 그 안에 구속되지는 않는다는 말의 의미다. 폴라니Polanyi가 든 예로서 물리적 입자를 지배하는 어떤 법칙도 손목시계의 창발을 예언할 수 없지만, 물리학 법칙을 위반하는 시계는 존재하지 않는다. 라슬로는 모든 수준에 적용되는 이 내용을 다음과 같이 훌륭하게 요약하였다.

우주 진화 과정은 다양한 물질-에너지 시스템을 낳았다. 이런 시스템은 상위 수준이 어떤 시스템 내에서 진화할 수 있는지, 그 제약의 범위와 가능성의 여지를 규정한다. 하위 수준군에 있는 시스템은 상위 수준군에 있는 시스템 진화를 허용할 수는 있지만, 결코 그 성질을 결정할 수는 없다. 물리적 물질-에너지 시스템 진화는 생물종의 진화를 위한 게임의 무대를 마련하고, 그 규칙을 명시하며, 생물학적 진화는 사회문화 시스템 게임을 위한 무대를 마련하고 그 규칙을 명시한다.[41]

상위가 하위의 개연성을 제한하는 점에 관해서 우리는 이미 셸드레이크가 대규모의 증거를 요약한 내용을 들어 본 적이 있다. 그는 이런 식으로 결론 내렸다.

모든 수준에서 홀론의 장은 확률적이고 홀론 내의 물질 과정은 다소 무작위적이거나 불확정적이다. 상위 수준의 장은 하위 수준 홀론의 장에 작용하여 그것들의 확률구조를 바꾼다. 그들의 불확정성을 제한한다는 의미로 생각할 수 있다. 일어날 수 있는 수없이 가능한 사건의 패턴들 중에서 현재는 일부의 가능성만 일어날 수 있는데, 상위 수준의 장이 부과한 질서의 결과로 그렇다. 이런 장이 고립되어 있는 하위 수준의 장에 의해 드러날 수 있을 불확정성을 조직하고, 여기에 형태를 부여한다.[42]

이제 몇 가지 객관적 기준을 통해 홀라키 '수준'을 확립시켰다. (포퍼가 설명한 것처럼) 질적 창발, 비대칭성(또는 프리고진과 얀치가 설명한 '대칭성 파괴symmetry breaks'), 포함 원리inclusionary principle(아리스토텔레스가 설명한 것처럼 상위는 하위를 포함하지만 그 반대는 성립되지 않는다.), 발달 논리(헤겔이 설명한 것처럼 상위는 하위를 부정하고 보존하지만 그 반대는 성립되지 않는다.), 연대기적 지표(성 그레고리우스가 설명한 것처럼 연대 순으로 볼 때 상위는 하위가 나타난 후에 나타나지만 후에 일어난 것 모두가 상위에 해당되지는 않는다.)가 그 기준이다.

수준 개념('상위'와 '하위'의 의미)이 분명함에도 불구하고, 일부 비평가들은 그 개념 자체는 주어진 홀론에서 수준의 숫자가 갖는 완전히 자의적인 성질 때문에 보존될 수 없다고 주장한다. 어떤 홀론이라도 그 수준의 숫자에 자의적 요소가 있다는 건 분명 사실인데, 왜냐하면 현현된 홀라키에는 상한선이나 하한선이 없어서 절대 지시물이 존재하지 않기 때문이다.

예를 들어, 원자를 궁극의 홀론으로 생각한다면 단순한 원자는 한 수준, 물 분자는 두 수준, 얼음 결정은 세 수준이 된다. 양자, 중성자, 전자를 궁극의 홀론으로 생각한다면 이들은 한 수준, 핵은 두 수준, 원자는 세 수준이 된다. 그러나 그것은 홀론 자체의 상대 위치를 변화시키지 않으므로 상위와 하위의 의미를 조금도 변화시키지 못한다.

실로 창발적인 어떤 성질이라도 한 수준으로 칠 수 있음에 주목할 필요가 있는데, 이는 한 가지 연속체를 몇 개로라도 나누고 더 세분할 수 있음을 의미한다. 거친 비유가 되겠지만, 각 층 사이에 20개의 계단이 있는 3층 건물을 예로 들어 보자. 통상적으로 우리는 그 집에 주요 수준이 세 개 있다고 말하지만(세 가지 일반적인 진화 영역이라고 말할 수 있는 것과 같다.), 계단을 기준으로 삼을 경우 집에는 60개 수준이나 계단이 있다고 말할 수 있다. 분명히 이것은 어느 정도 자의적이다.

수준 주장을 간단히 정리하면, (1) 층과 계단 존재 자체는 전적으로 자의적이지 않다. 인간이 존재하든 안 하든 우주에는 양자가 존재한다. (2) 어떤 비교에서나 동일한 잣대를 사용해서 그런 특정 자의성을 배제시킨다(우리가 어떤 것을 사용할지 동의하기만 하면 섭씨나 화씨 또는 무엇이 되어도 자의적 기준의 숫자가 얼마가 되든지 간에 물의 온도를 측정할 수 있는 것과 똑같다). 그렇다면 우리가 한 홀론에서의 '수준의 숫자'를 언급할 때마다 우리는 특정 비교 안에서 일관성 있게 적용시킬 수 있는 상대적 기준을 사용하고 있는 셈이다.

이 점을 염두에 두고 우리는 아서 케스틀러가 최초로 분명하게 제시한 매우 중요한 두 가지 정의를 도입할 수 있다.

7. 어느 한 계층구조를 구성하고 있는 수준의 수는 그것이 '얕은'지 '깊은'지를 결정한다. 그리고 주어진 수준의 홀론 수를 그 홀론의 '폭$_{span}$'으로 부를 것이다[43] 한 예로서, 원자에게 3이라는 깊이$_{depth}$를 부여해 보자(원자는 적어도 두 가지 다른 수준을 그 구성요

소로 포함하고 있다). 우리는 원자만 존재했고 분자는 아직 존재하지 않았던 우주 초기를 상상할 수 있다. 원자는 깊이는 얕지만, (3) 추정컨대 존재하고 있는 우주 전체에 펼쳐 있으면서 엄청난 숫자에 달하는 거대한 폭을 갖고 있다(그러므로 깊이=3, 폭=엄청난 수). 최초로 분자가 출현했을 때, 더 깊은 4라는 깊이를 갖고 있었지만 처음에 그 폭은 매우 적었다(추정컨대, 수백 개 정도였지만 그다음에는 빠르게 성장했다).

또한 이것은 어떤 홀라키에서도 발견할 수 있는 결정적인 구분, 즉 수직 차원과 수평 차원의 구분을 인식하고 있다. 홀론의 수직 차원이 클수록(그것이 담고 있는 수준은 더 많다.) 그 홀론의 깊이는 깊으며, 그 수준에서 홀론이 더 많을수록 그 폭은 넓다.

이는 중요한 점인데, 왜냐하면 풍성함의 순서(또는 질적 창발의 순서)를 정하는 것은 집단의 크기가 아닌 깊이임을 가리키기 때문이다. 일반적인 생태학 또는 ('대중적'이든, '진지한 것'이든 간에) 신패러다임 이론들에서 발견되는 최대 혼란 중 한 가지는 그들이 종종 큰 폭을 큰 깊이로 착각한 데 있다. 왜냐하면 우리는 다음과 같은 내용을 알게 될 테니 말이다.

8. 진화에서 각 후속 수준은 깊이가 더 깊고 폭이 더 작다　　홀론의 깊이가 깊을수록 그 존재는 더 불안정한데, 왜냐하면 그 존재는 또한 자신 안에 있는 다른 연속된 홀론들의 존재에 의존하기 때문이다. 하위 홀론은 상위 홀론의 구성요소이기 때문에 물리적으로 볼 때 상위 수가 구성요소들 수보다 더 많을 수는 없다.

그러므로, 예를 들어 우주에 존재하는 분자의 수는 우주에 존재하는 원자의 수보다 항상 적을 것이다. 우주에 존재하는 세포의 수는 우주에 존재하는 분자의 수보다 항상 적을 것이라는 식이다. 간단히 말해서, 이는 전체의 수는 부분의 수보다 항상 적음을 의미한다.

그러므로 깊이가 깊다는 것은 항상 선행 홀론에 비해 그 폭이 좁음을 의미한다. 물론 우리가 '전체 폭'으로 부를 수 있는 것은 커진다. 무엇이든 그보다 더 많은 것이 존재할 경우, 모든 것의 총합은 증가한다. 그러나 단순한 폭, 어떤 유형이든 주어진 홀론의 폭은 그 선행 홀론과 비교할 때 점점 더 좁아진다(이런 이유로 정신 홀론의 폭은 살아 있는 홀론의 폭보다 훨씬 좁으며, 살아 있는 홀론은 물질 홀론의 폭보다 훨씬 좁다.

그러므로 소위 발달의 피라미드가 된다). 우리는 이 점으로 끊임없이 되돌아올 것이다.

이 책 내내 나는 '근본이 되는 추가 사항'으로 부를 수 있는 것을 20개 원리에 덧붙일 것이다. 이런 추가 사항들은 진화와 온우주를 이해하는 데 결정적으로 보이는 원리지만, 앞으로 상세하게 탐구할 이유 때문에 도구적이면서 객관화시키는 자연주의(즉, 시스템 이론)의 그것-언어it-language로는 확립시킬 수 없는 원리들이다. 그것을 왜 시스템 이론으로 확립할 수 없는지, 그 이유가 현대 시스템 과학이 갖고 있는 '그릇된 반쪽'에 관한 논의의 상당 부분을 차지할 것이다.

이 추가 사항들은 시스템 이론에 위배되고 있진 않지만 그 이론이 제시하는 원리에 이런 사항이 들어설 여지는 없다(예를 들어, '나'라는 주관세계는 '그것들' '대상' '과정'이라는 객관 언어로 포착되지 않는다. 전체주의 원리로 환원시키지 않고서는 시스템 이론 내에서 '우리'라는 집단세계를 포착할 수 없다). 이미 말했던 것처럼, 우리는 이 모든 내용을 추후에 더 상세하게 다룰 것이다. 그러므로 지금으로서는 첫 번째 추가 사항에만 주목할 필요가 있다.

추가 사항 1: 홀론의 깊이가 깊을수록 의식의 정도는 커진다   진화의 스펙트럼은 의식의 스펙트럼이다. 영적 차원은 온우주라는 피륙, 그 깊이에 이미 짜여 있다는 점을 아는 일에서 출발할 수 있다.

그러나 이 추가 사항은 이야기를 앞지르는 내용이므로 더 공인된 설명으로 돌아가서 원리 7에서의 이야기, 깊이와 폭 간의 차이, 또는 수직적인 풍성함과 수평적인 작용 폭 간의 차이에 대해서 이야기해 보자. 여기서 우리는 서로 다른 두 척도, 깊거나 얕은 수직척도와 넓거나 좁은 수평척도를 갖는다.

이런 구분을 염두에 둘 때 일어나는 난점 한 가지는 우리가 환원주의를 거부한다면, 온우주에 대한 평원식 접근을 거부한다면, 이론상으로 볼 때 우리는 더 이상 체스 게임을 두는 게 아닌데, 이로써 사태가 무척 어려워진다는 것이다. 이제 우리는 극도로 복잡한 삼차원 체스를 두고 있다! n차원 체스는 언급조차 하고 싶지 않다! 왜냐하면 발달이 진행되는 곳마다 적어도 우리는 깊이와 폭을 구분해야만 하는데, 그 이유는 그런 구분에 대한 객관적인 (실제상의) 지시물이 존재할 뿐 아니라 '전일'

이라는 미명하에 그런 구분을 하지 않을 경우 미묘한 형태의 환원주의를 재도입하는 꼴이 되기 때문이다. 왜냐하면 그럴 경우 (크거나 작거나, 넓거나 좁거나 간에) 집단의 폭으로 모든 것을 비교함으로써 깊이가 몽땅 사라져 버리기 때문이다.

다음 장에서 보겠지만 그런 이론가 다수는 크기만을 근거로 일련의 전일론 사건들을 구성하려 노력한다. 그들은 넓은 폭을 깊이로 완전히 혼동하고 있는데, 왜냐하면 그들이 갖고 있는 유일한 질적 구분이 실제로는 양적이기 때문이다. 그들에게는 외길만 있다. 즉, "더 큰 것이 더 좋다". 그들은 폭에만 근거를 두고 있기 때문에 그들이 말하는 '일련의 전일론 사건들'은 사실상 퇴행적이다. 왜냐하면 진화란 더 많고 더 좋은 게 아니라 더 좁고 더 좋기 때문이다(깊이는 깊고 폭은 좁다). 앞으로 자세하게 살펴보겠지만, 이 이론가들은 부지불식간에 순수한 퇴행을 구원으로 추천하는 것으로 끝을 맺는다.[44]

이 점에 대해서 마지막 포인트 한 가지를 언급해 보자. 어떤 비평가들은 '깊이'라는 용어를 수용하는 데 반해, '높이'란 분명 인간적인 오만의 높이라고 느끼면서 '높이'라는 용어에 맹렬하게 반대하고 있다. 그러나 그들은 '깊이'는 수용하는데, 내 생각에 이는 인간적 어리석음의 깊이이기 때문일 것이다. 어쨌든 우리는 그것을 잘라내서 높이가 없는 깊이란 얕음을 표현하는 또 다른 용어에 불과하다고 말한다.

수직척도(어느 쪽에 동의했던 간에 나는 수직이라는 용어를 사용할 것이다.)와 관련해서 우리는 높이와 깊이를 같은 뜻으로 언급할 수 있다. 홀론의 높이와 홀론의 깊이는 똑같은 말로서 그 홀론의 내면에 존재하는 다른 홀론들의 (상대적인) 수數를 말한다. 그러나 휴스턴 스미스Huston Smith는 전통적으로 온우주를 지칭할 때는 ('높은 하늘'에서처럼) 높이를 사용했고 ('그녀 혼의 깊이'에서처럼) 개인과 관련해서는 깊이를 사용했다는 흥미로운 관찰을 했다.

그러나 나는 두 용어를 혼용해서 사용할 텐데, 그럴 경우 수직차원은 깊은/높은 대 얕은/편평한의 척도, 수평 차원은 넓이 대 협소함의 척도가 된다.

우리는 이미 몇 가지 경우에서 이 두 차원을 만났다. 독자성과 공동성(또는 자기보존과 자기적응)은 수평 차원에서의 변화를, 자기초월과 자기해체는 수직 차원에서의 변화를 지칭한다. 그러므로 우리는 더 간단한 정의 몇 가지를 도입할 수 있게 되었다.

나는 수평 차원에서의 변화를 **변환**translation으로, 수직 차원에서의 변화를 **변용** transformation으로 부를 것이다.

주어진 홀론의 독자성(또는 체제, 또는 코드)은 그 코드나 체제에 따라 세계를 변환한다. 그것은 자신의 코드에 맞는 사항만 인식하거나 기록하거나 거기에 반응한다. 예컨대, 전자는 수많은 여타 물리적 힘을 기록하지만 문학의 의미를 기록하거나 거기에 반응하지 않을 뿐 아니라 토끼 한 마리의 성적 구애에도 반응하지 않는다.

바꿔 말해서, 홀론은 주어진 세계를 단순히 반영하지 않는다. 그보다 홀론은 자신의 역량에 따라 자기 주변을 둘러싸고 단계적으로 펼쳐지는 수많은 자극을 선택하고 조직하며 거기에 형상을 부여한다. 그들의 반응은 결코 '저 밖에 있는' 무언가에 '부합되지' 않는다. 그들은 자기체제(또는 코드나 독자성이나 심층구조)의 일관성 coherency에 들어맞는 것들만 기록한다(그러므로 거기에 반응한다). 예를 들어, 바렐라가 홀론은 '관련성 논리로 작동하는 타율적 단위'가 아니라 비교적 '일관성 논리로 작동하는 자율적 단위'라고 말할 때, 이것이 그가 의미하는 내용이다. 홀론은 자신들의 독자성 패턴, 비교적 자율적이면서 일관성 있는 자신의 심층구조에 따라 실재를 **변환**하며, 그 심층구조나 체제에 들어맞지 않는 자극은 기록하지도 않을 뿐 아니라 존재하지도 않는 것과 같다(사실상 그 홀론에게는 존재하지 않으며 스스로 드러나지 않는다).

그러나 **변용**에서는 새로운 형태의 독자성이 출현하는데, 이는 창발하는 새로운 홀론에게는 이용 가능한 자극들로 구성된 완전히 새로운 세계가 열린다는 의미다. 새로운 홀론은 더 깊거나 높은 세계에 반응할 수 있는데, 왜냐하면 홀론의 변환 과정이 하위 홀론의 변환 과정을 초월하면서 포함하기 때문이다. 예를 들어, 한 마리 사슴은 자기에게 계속 영향을 미치는 물리적 힘을 기록하고 거기에 반응할 뿐 아니라 배고픔부터 통증, 성적 충동에 이르는 생물학적 힘의 전 범위를 기록하고 거기에 반응하는데, 이들은 사슴을 구성하는 원자에게는 전혀 영향을 미치지 않는다. 개별 원자에게 이런 새로운 힘들은 모두 '피안'의, 문자 그대로 세상 밖의 또는 자신의 세상에는 존재하지 않는 것들이다.

그러므로 **변용**(또는 자기초월)에서는 완전히 새로운 변환의 세계가 스스로를 드러

낸다. 이 '신세계'는 물리적으로 어딘가 다른 곳에 위치한 것이 아니라, 이 세계에서
가용한 자극에 대한 더 깊은 지각(또는 더 깊은 기록)으로서 존재할 뿐이다. 하위 홀론
에게 이들은 '피안'처럼 보이는 것 같지만, 이런 '피안'은 변용과 자기초월을 통해서
스스로를 드러냄으로써 차안이 된다. 우리는 뒷장에서 발달이란 창발하는 진화와
변용이 유발하는 지각의 깊어짐을 통해 '피안'을 '차안'으로 끊임없이 전환시키는 것
임을 볼 것이다. 더 깊은 깊이는 피안을 차안으로 바꾼다. 쉼 없이…….

　　홀론의 체제나 심층구조는 홀론에게 가능한 변환의 범위를 지배하고 홀론이 반
응할 수 있는 세계의 유형을 지배한다.

　　이것이 홀론의 안정성, 상대적 자율성이나 일관성을 실로 허용하는 것이다. 우리
는 안정된 어떤 홀론도 자신을 확인하는 패턴, 즉 비교적 자율적인 코드, 규범, 체
제, 엔텔레키entelechy, 형태 단위, 내가 **심층구조**로 부르는 것에 의해 안정성을 찾는
다는 점에 주목하였다. 예를 들어, 인간의 몸은 어디서나 208개의 뼈, 1개의 심장,
2개의 허파 등을 갖는다. 그러나 여러 양식의 놀이, 일, 성 등 인간의 몸으로 행하는
것은 문화에 따라 다르다. 심층구조에 있는 이런 다양성들을 나는 **표층구조**라고 부
른다. 케스틀러는 이런 차이를 '고정된 코드와 유연한 전략', 즉 비교적 안정된 심층
구조와 그 심층구조의 기본 가이드라인(또는 제한을 가하는 기본 원리) 내에서 변화하
는 표층구조로 언급하였다.

　　따라서 우리는 이렇게 말할 수 있겠다. **변환**은 **표층구조**에서의 ('수평적') 변화인 반
면, **변용**은 **심층구조**에서의 ('수직적') 변화다.

　　(심층구조와 표층구조의 관계를 나는 '**전사**transcription'로 부르는데, 추후에 여기에 대해 논
의하겠지만 지금은 주석에서 다루겠다.)[45]

　　이것이 진화는 왜 수평적인 덧셈으로만 설명될 수 없는지, 즉 변환, 독자성과 공
동성에서의 수평적 변화로만 설명될 수 없는지를 말해 주는 또 다른 이유다. 수소와
산소의 체제나 심층구조가 어떤 양상으로 결합될 때 새로운 체제나 심층구조로서
물 분자가 출현하는데, 이는 별개 원자 체제들을 단일한 '형태 단위'로 통합하는 체
제, 그 선행자들을 포섭하는 새로운 심층구조를 가진 홀론으로 통합하는 체제다. 이
것이 수직적 **변용** 또는 **심층구조의 변화**다. 이는 원자를 점점 더 많이 추가하는 일이

아닌데, 그렇게 추가할 경우 하나의 분자가 아니라 어수선한 혼합물, 전체가 아닌 더미가 만들어질 뿐이다. 변환은 부분을 뒤섞지만 변용은 전체를 만든다.[46]

이 모든 정의를 요약하기 위해 3층 건물이라는 단순한 비유를 들 수 있다. 3개 층 각각은 심층구조이고, 각 층에 있는 가구, 의자, 탁자들은 표층구조다. 주어진 층에서 가구들을 재배열하는 것은 변환에 해당하며, 층을 바꾸는 것은 변용에 해당한다(그리고 가구와 각 층 간의 관계는 전사다).

요컨대, 진화란 우선 일련의 변용('자기초월을 통한 자기실현')이다. 변용은 당신이 어떻게 수준에 도달하는가를 말한다. 각각의 주된 변용은 그 이전 수준에 비해서, 그 선행자에 비해서 깊이는 더 깊고 폭은 더 좁다.

9. 어떤 유형의 홀론이든 그 홀론을 파괴하면 당신은 그보다 상위 홀론을 모두 파괴하는 것이지만, 하위에 있는 홀론은 전혀 파괴하지 않은 것이다 연속으로 일어나는 발달에서 주어진 홀론이 '더 높은지' '더 낮은지'를 결정하는 데 있어 문헌상의 엄청난 혼란이 존재한다. 상위와 하위를 모조리 부정하는 수많은 비평가는 말할 필요도 없다.

그러나 우리는 사실상 일종의 사고실험으로서, "이 유형의 홀론을 파괴할 경우 다른 어떤 유형의 홀론들이 파괴될 것인가?"를 우리 자신에게 물음으로써 진화 또는 전일론 스펙트럼상에서 홀론 수준을 정할 수 있다.

아원자 입자, 원자, 분자, 세포와 같이 잇달아 일어나는 전일론 순서를 예로 들어 보자. 이것이 실로 전일론 순서라는 데에는 모두 동의하고 있다. 각 멤버는 그 선행 멤버를 포함하지만 그 반대는 아니다. 그러므로 연달아 등장하는 각 멤버는 실로 더 포괄적이다(또는 더 전일적이다).

불가피하게 발생하는 또 다른 의미에 주목해 보자. 예를 들어, 우주에 있는 모든 분자를 파괴할 경우 우리는 또한 우주에 있는 모든 세포(연속선상에서 분자 위에 있는 모든 홀론)를 파괴할 테지만, 원자와 아원자 입자는 여전히 존재할 것이고 존재할 수 있을 것이다(하위 홀론 중 어떤 것도 소멸될 필요가 없다).

바꿔 말하면, 특정 유형의 홀론을 파괴할 경우 연달아 나타나는 모든 상위 홀론도 파괴되는데, 왜냐하면 그런 상위 전체는 그 구성요소들로서의 하위 전체에 의존하기 때문이다.

분자는 원자 없이는 존재할 수 없지만 원자는 분자 없이도 존재할 수 있다. 이런 배열은 전혀 작위적이지 않다. 이는 특정한 '인간중심 가치 판단'의 산물이 아니다. 그것은 물리적으로, 논리적으로 그리고 발생 순서상으로도 진실이다(어떤 세포든 원자와 분자는 그것이 창발하기 이전에 스스로 온전하게 존재했다. 우주에 존재하는 모든 세포를 파괴하면 그 후에 등장하는 모든 것, 즉 식물, 동물, 사회 또한 파괴되겠지만 그 이전에 나타난 것들, 즉 아원자 입자, 원자, 분자, 고분자는 전혀 파괴되지 않을 것이다).

이는 연달아 일어나는 전일론 순서에서 무엇이 낮고 무엇이 높은지 쉽게 결정할 수 있게 한다. 특정 홀론을 파괴할 경우, 그것들도 파괴되는 일체의 것들은 높고 파괴되지 않는 홀론들은 낮다. 47)

이는 연속되는 발달 순서에서도 사실이며, 홀론이 해체될 때 우리가 알 수 있는 '후퇴'의 부분적인 원인이기도 하다. 홀론은 그다음 하위 수준으로 퇴행한다. 반면에 하위 수준이 파괴되면 모든 상위 수준은 자동적으로 운명을 같이한다. 이는 또한 진화에서 왜 수평 차원만이 아니라 수직 차원이 존재하는지를 매우 분명하게 강조하고 있으며, '상위'와 '하위'가 왜 자의적이 아닌지를 보여 준다. 48)

다음 장에서 우리는 '연속되는 전일론 순서holistic sequence'를 구축하려 시도하는 몇몇 이론가의 작업에 이 원리를 적용할 것이다. 훨씬 큰 우주에서 남녀에게 더 정확한 위치를 부여하기 위해서 이들 이론가들은 인간이 자신의 공동성의 위치를 정할 수 있는 '더 전일론적인' 실재를 찾으려고 노력했는데, 이는 전적으로 훌륭한 과업이 아닐 수 없다. 그러나 이들 중 대다수는 폭을 깊이와 혼동했기 때문에 사실상 퇴행적인 '전일론 순서'로 끝맺고 말았다. 이로써 깊은 깊이/좁은 폭을 가진 피라미드를 미끄러져 내려가 온우주의 가장 얕은 밑바닥으로 우리를 끌어내렸다.

앞으로 보겠지만 이런 사고실험을 주의 깊게 적용하면 그들이 말한 연속 순서들이 실로 전일론적인지(또는 퇴행에 그치는지) 결정할 수 있으며, 남녀가 실제로 전일론 양상으로 스스로의 위치를 정할 수 있는 대안적인 '큰 그림'을 제공할 수 있다.

그동안 이런 사고실험을 통해 우리는 중요한 또 하나의 정의, 근본적인fundamental 것과 중요한significant 것 간의 차이를 도입할 수 있다. 왜냐하면 홀론이 더 근본적일수록 덜 중요하고, 그 역도 성립한다는 사실을 알게 될 것이기 때문이다.

말하자면, 홀론의 깊이가 얕으면 그 홀론은 온우주에 더 근본적인데, 왜냐하면 그것은 다른 수많은 홀론의 구성요소이기 때문이다. 예를 들어, 원자는 비교적 매우 근본적인데 분자, 세포, 유기체 모두가 원자에 의존하기 때문이다. 홀론이 더 근본적일수록 우주에서 더 많은 것이 필요한 요소 또는 구성물로서 그 홀론을 담고 있으며, 이것이 없다면 다른 홀론들은 기능할 수가 없다(또는 존재할 수조차 없다). 낮은 깊이는 더 근본적임을 의미하고, 특정 홀론이 수많은 여타 홀론의 '건축용 블록'이 됨을 의미한다.

이와 동시에 홀론의 깊이가 얕으면 그 홀론은 온우주에 덜 중요한데, 왜냐하면 그것은 온우주에서 (그 구성요소로서) 아주 작은 부분만 포용하기 때문이다. 상대적으로 볼 때 이 홀론의 내면, 그 홀론 자체 내부에 실제로 포용되는 온우주의 부분이 적다(바꿔 말해서, 온우주의 더 많은 부분이 그 외부에 있기 때문에 그 홀론은 덜 중요하다).

반면에 홀론의 깊이가 깊을수록 또는 홀론의 특정 전체성이 더 클수록 그 홀론은 덜 근본적인데, 왜냐하면 자신의 존재를 위해 그 홀론에 의존하는 다른 홀론들의 수가 더 적기 때문이다. 예를 들어, 영장류는 매우 근본적인 홀론일 수 없는데 원자도, 분자도, 세포도 그들에게 의존하지 않기 때문이다. 같은 이유로 덜 근본적일수록 더 중요하다. 그 홀론은 우주에 더 중요한데, 왜냐하면 그 특정 전체성 안에는 더 많은 우주가 반영되어 있거나 포함되기 때문이다(온우주의 더 많은 것이 존재의 일부로서 그 내면에 존재한다). 영장류는 상대적으로 아주 중요한데, 그들은 원자, 분자, 세포를 대표하면서 그것들을 포함하기 때문이다. 영장류는 온우주의 더 많은 것을 드러낸다.

예를 들어, 원자는 세포보다 더 근본적이지만 덜 중요하다. 더 근본적인 이유는 원자 위에 있는 모든 것(세포를 포함해서)은 자신의 존재를 위해 원자에게 의존하기 때문이다. 덜 중요한 이유는 그 안(또는 그것의 실제 내면)에는 온우주의 더 적은 것들이 포함되기 때문이다. 반면에 세포는 더 중요한데 세포는 원자를 포함하고 있으며, 그러므로 그 존재 속에 온우주의 더 많은 것을 반영하거나 드러내기 때문이다. 세포는 원자에 비해 더 중요하지만 덜 근본적이라는 식으로 줄줄이 이어진다.

(우리는 이 책에서 줄곧 이 주제로 돌아올 것이며, 이것이 내적 가치와 외적 가치 주제와 연관됨을 볼 것이다. 깊이를 폭으로 오인하는 이론가들은 항상 더 근본적인 것을 더 중요한 것과 혼동함으로써 또다시 더 큰 성장을 향한 방향으로 퇴행할 것을 추천하고 있음도 볼 것이다. 이들은 평원 존재론flatland ontology을 제시하는데, 여기에는 중대한 깊이 차원이 빠졌다.)

10. 홀라키는 공진화coevolve**한다**　　홀론은 홀로 진화하지 않는데, 홀로 존재하는 홀론은 없기 때문이다(場장 안의 장, 그 안의 장만 존재한다). 이 원리는 종종 공진화로 언급되는데, 간단히 말해서 이는 진화의 '단위'는 고립된 홀론(개별 분자나 식물이나 동물)이 아니라 한 개 홀론 더하기 그것과 분리할 수 없는 환경임을 의미한다. 즉, 진화란 가장 넓은 의미에서 생태적이다.

얀치는 이것을 미시진화와 거시진화의 상호 의존성이라고 말했는데, 그가 말한 의미는 개체(미시)와 개체를 둘러싼 더 넓은 환경(거시)의 공진화다. 이는 모든 독자성은 언제나 공동성 내의 독자성agency-in-communion임을 다른 방식으로 말하고 있을 뿐이다.[49] 얀치는 이렇게 말했다.

> 직접적인 결과는… 우주에서 거시진화와 미시진화의 동시성이다. 거시구조는 미시구조를 위한 환경이 되고 그들의 진화에 결정적인 방식으로 영향을 미치거나 아무튼 진화가 가능하도록 만든다. 그 역도 마찬가지로, 미시구조의 진화는 거시구조의 형성이나 진화에서 결정적인 요소가 된다. 이런 상호 의존성이 공진화의 한 측면이다(그는 '세 영역 모두에서' 작동한다고 말한다). 이 원리는, 모든 시스템은 순환 과정을 통해 그 환경과 연결되는데 이 과정은 양측의 진화 사이에 피드백 고리를 형성함을 함의하고 있다. 이는 동일한 계층구조 수준에 있는 시스템에만 적용되지 않는다. 복잡계 전체 더하기 환경은 하나의 전체로서 진화한다.[50]

달리 말해서, 얀치(그리고 그 밖의 인물들)에 따르면 미시와 거시, 즉 개인과 사회/환경은 각각의 새로운 홀라키 수준으로 비계층적으로heterarchically 진화한다.

개체 홀론과 사회 홀론과의(가장 넓은 의미에서의 환경) 이런 구분은 처음 생각보다 나누기 쉽지 않은데, 우선 개체individual의 의미를 정의하기가 거의 불가능하기 때문이다. 라틴어 individualis에서 온 이 단어는 나눌 수 없고 분리할 수 없다는 뜻인데, 그런 정의에서 보면 온우주 어디에서도 개체란 존재하지 않는다. 홀론이나 나눌 수 있는 것dividuals들만 존재한다.[51]

여기에 반해 지속되는 홀론은 특정 형상이나 패턴을 갖고 있으며, 이런 패턴은 어느 정도까지는 자율적이거나 환경적 차단에 대해 저항한다는 사실을 우리는 알고 있다. 이것이 홀론을 보통 '개체'로 부를 때의 의미다. 개체란 오래 지속되는 복합 개체 enduring compound individual를 의미하며, 여기에는 그것의 하위 홀론의 복합체를 향해 스스로를 정의하는 고유한 형상이나 전체성 또는 규범이나 심층구조가 추가된다(이는 자신의 복합 개체성을 띤 새로운 홀론이다). 더 나아가서 우리가 말하는 의미는 (비록 우리는 이런 용어들을 사용하지는 않지만) 보통 개체 홀론의 전반적인 전체성이나 형태장은 그 하위 파트너나 하위 홀론들의 불명확성에 체계를 부여한다는 것이다.

바꿔 말해서, '개체 홀론'이 그 사회 환경과 밀접하게 관련되어 존재한다손 쳐도 그것을 정의하는 요소는 고유의 특정 형상이나 패턴이다. 그 패턴을 합당하게 인식할 수 있는 한 우리는 그것을 개체 홀론이라고 부를 것이다.

이는 물론 여전히 다소간 자의적인데, 예를 들어 개미 집단처럼 개체 홀론이나 '초유기체'로 행동하는 듯 보이는 사회 홀론도 존재하기 때문이다. 인간사에서 정반대 예를 들면, 우리 대부분은 국가 같은 사회 홀론을 문자 그대로 초유기체로 설명하려는 유혹에 저항하는데, 모든 유기체는 구성요소들 모두에 대해 우선권을 갖지만 민주주의구조의 발흥과 더불어 국가가 국민에게 종사한다고 생각하길 좋아하며, 그것이 사실인 한 사회 시스템은 진정한 유기체가 아니기 때문이다(그것은 사회 혹은 환경 홀론이지 개체 홀론이 아니다). 한 걸음 더 나아가서, 국가는 구체적인 개체와는 달리 자기파지self-prehension의 중심, 단일성oneness으로서의 통일된 느낌을 갖고 있지 않다. 더 일반적으로 표현하면, 국가에는 개별적인 자기존재self-being의 중심이 없다(화이트헤드의 주된 결론 중 하나다. 하버마스는 국가는 거시 주체가 아니라고 했다). 마지막으로, 이런 사회 시스템을 구성하는 부분들은 의식을 갖지만 '전체'는 그렇지 않다.

우리는 다음 장에서 상당 부분을 이 주제에 할애할 것이다. 당분간 미시진화와 거시진화 간의 차이, 개체 홀론과 사회나 환경 홀론 간의 중요한 차이가 존재한다는 점만을 인지하자(그러나 이들은 서로 분리할 수 없이 상호 작용하며, 이것이 '공진화'의 의미다). 사회 홀론도 여전히 홀론이며 단순한 더미나 덩어리가 아닌데, 사회 홀론은 전체/부분의 패턴을 보이고, 규칙에 구속되어 있으며, 어떤 의미에서는 발달하고(우리는 별들의 진화, 생태계 진화, 사회 진화 등에 대해서도 일관성 있게 말할 수 있다.), (그 깊이에 따라) 그 정도가 다양한 상향과 하향 인과율로 기능할 수 있기 때문이다. 화이트헤드, 하버마스 및 그 밖의 이론가들이 지적했듯이, 사회 홀론은 진정한 개체 홀론이 아니다. 얀치는 이것을 '수직적 유기체 조직과 수평적 생태계(공생적) 조직' 간의 차이라고 언급했다. 그러나 다시 한번 말하지만, 그것들이 공진화한다는 것이 요점이다.

11. 모든 깊이 수준에서 미시는 거시와 관계교환relational exchange**한다**　　이 원리는 지극히 중요한데, 깊은, 훨씬 깊은 홀론 그리고 그들이 공동창조해야만 하고 자신들의 존재가 거기에 의존하는 (넓은 의미에서의) 생태계인 경우 특히 그렇다.

물질, 생명, 마음 세 수준을 사용하여 인간을 예로 들어 보자. 이 모든 수준은 환경 안에서 동일한 깊이의 홀론들과 맺는 놀랄 만큼 풍성한 관계교환 그물망을 통해 자신의 생존을 유지한다. 물질적 신체는 중력, 물질적인 힘과 에너지, 빛, 물, 환경적 기후 등 여타 물질체와의 관계교환 시스템 내에 존재한다. 물질적인 신체는 자신의 존재를 위해 이런 물질적 관계에 의존한다. 인류라는 종은 물질권 안에서 기본 물질 교환을 위한 경제 내에서 조직된 사회적 노동을 통해 식량을 생산하고 소비하는 일을 통해 스스로를 물질적으로 재생산한다.

이와 마찬가지로, 인류는 가족 및 적합한 사회적 환경 내에서 조직된 정서-성 관계를 통해 **생물학적으로** 스스로를 재생산하며, 생물학적 생존을 위해 다른 생물계(그리고 생태계)의 전체 그물망에 의존한다. 인류는 생물권과의 조화로운 관계교환에 의존한다.

마지막으로, 인간 존재는 문화적이고 상징적인 환경과의 교환을 통해 **정신적으로**

스스로를 재생산하는데, 다른 상징 교환자와의 상징을 관계교환하는 것이 그 핵심이다. 이런 관계교환은 그 사회가 문화 수준에서 스스로를 재생산할 수 있고, 정신권에서 스스로를 재생산할 수 있게끔 특정 사회의 전통과 제도 속에 단단히 매몰되어 있다.

간략하게 정리하면, 홀론이 진화함에 따라 깊이의 각층은 동일한 수준의 구조적 조직화same level of structural organization에 있는 다른 홀론과의 관계망 속에 계속 존재한다 (그리고 의존한다). 나는 보통 이것을 간단히 '동일 수준의 관계교환'으로 부른다.[52] 모든 홀론은 복합 개체로서 이전 홀론에 자신만의 특징인 창발 패턴을 추가한 것이 혼합되어 만들어지며, 이런 홀론의 각 수준(즉, 모든 홀론)은 사회(또는 거시) 환경 속에 있는 동일 깊이의 홀론과의 관계교환을 통해 생존을 유지한다는 것이 요점이다.

12. 진화에는 방향이 있다　이것은 생물권에서 최초로 인식된 그 유명한 진화 쪽으로 가는 시간의 화살이지만, 이제 복잡성 과학에서는 진화의 거대한 세 영역 모두에서 이 화살이 존재한다고 이해되고 있다. 이런 방향은 보통 분화, 다양성, 복잡성, 조직화의 증가로 언급되고 있다. 그렇지만 나는 이런 진화의 방향이 갖는 여러 지표를 서로 상이한 자료들로부터 수집해서 한 번에 한 개씩 간단하게 검토하는 것이 도움이 된다고 생각한다.

진화는 창조적 창발(새로움), 대칭성 파괴, 자기초월, 점증하는 깊이(그리고 더 커지는 의식인데, 여기에 대해서는 나중에 추가로 논의할 것이다.)라는 특징을 띠고 있음을 이미 살펴보았다. 이것들은 이미 진화의 방향을 나타내는 지표다. 다른 것들도 있는데, 퇴행, 해체, 정지 등과는 별도로 진화는 다음과 같은 방향을 띠는 경향이 있다.

　a. **복잡성의 증가**　독일 생물학자 월트렉Woltereck은 자신이 자연의 핵심이자 보편적인 특성으로 본 것을 설명하기 위해 **아나모르포시스**anamorphosis(왜곡된 그림)라는 신조어를 만들었는데, 이는 '무정형이 아닌'이라는 문자적 의미를 가진 용어로서 점점 더 증가하는 복잡성의 출현을 말한다. 얀치의 설명을 들어 보자.

우주의 진화는 분화된 질서 또는 복잡성이 전개되는 역사다. 전개는 구축과는 다르다. 후자는 구조를 강조하고, 시스템을 '밑에서 위로' 결합시킴으로써 계층구조 수준이 출현하는 것을 설명하고 있다. 이와는 달리 전개란 서로 다른 계층구조 수준에서 구조화라는 현상으로 동시에 이끌어 가며 서로 짜 맞춰 가는 과정을 뜻한다. 진화는 거시와 미시세계가 동시에 상호 의존하면서 구조화되는 식으로 작용한다. 그러므로 분화와 통합 과정의 상호 침투로부터 복잡성이 창발한다…….53)

발머Ballmer와 폰 바이츠제커von Weizsacker는 사실상 이런 복잡성의 극대화를 '진화에 대한 일반 진술'로 불렀으며 화이트L. L. Whyte는 '패턴 발달의 근본 원리'로 불렀다.

여기서 한 가지 단서가 필요하다. 라슬로가 지적했듯이 새로운 수준의 복잡성의 창발은 약간 다른 각도에서 보면 새로운 단순성을 수반하는데, 정확한 이유는 새로운 전체는 유일한 전체로서 수많은 부분보다 더 단순하기 때문이다. 그러므로 라슬로는 "상위 수준 시스템의 창발은… 시스템 기능의 단순화다."라고 말했다. 그는 다음과 같이 계속 이어 갔다.

일단 새로운 계층구조 수준이 출현하면 새로운 수준의 시스템은 점차 더 복잡해지는 경향이 있다. 예를 들어, 원자 수준의 구조로 볼 때 우주 진화 과정에서 합성된 첫 번째 원소인 수소는 그 후에 합성되는 더 무거운 원소보다 구조적으로 더 단순하다. 구조상 더 상위 수준에 있는 물 분자는 단백질 분자보다 더 단순하다. 더 상위 구조 수준에 있는 단세포 유기체는 다세포 유기체보다 덜 복잡하다……. 그러므로 새로운 수준의 구조란 시스템 기능, 대응하는 시스템 구조의 단순화를 의미하는 반면 그것은 또한 점진적인 구조적·기능적 복잡화 과정이 개시됨을 의미한다.54)

b. 분화/통합의 증가   이 원리는 허버트 스펜서Herbert Spencer가 『제1원리First Principles』에서 근대 최초로 언급하면서 인정되었다. 진화란 "지속적인 분화와 통합을 통해 불명확하고 비일관적인 동질성으로부터 명확하고 일관성 있는 이질성으로의 변화다"

(진화라는 용어를 이렇게 정의함으로써 생물학자들은 '변이를 동반한 유전'이라는 다윈의 문구 대신 이것을 사용하기 시작했다). 우리가 이미 인용한 얀치의 말처럼, "그러므로 분화와 통합 과정의 상호 침투로부터 복잡성이 출현한다……".

분화는 부분성이나 새로운 '다자'를 만들고, 통합은 전체성이나 새로운 '일자'를 만든다. 홀론은 전체/부분이기 때문에 분화와 통합의 결합 작용을 통해 만들어진다.

분화 과정은 분명 진화로부터 창조되는 부인할 수 없는 새로움과 다양성을 위해 필요하지만 통합도 그만큼 필수적이라서 다자를 일자로 전환시킨다(홀론의 체제, 규범 또는 패턴은 홀론의 통합적인 일관성이다). 그러므로 "우주에 만연하는 궁극의 특징은 새로운 합성(통합)을 끝없이 생산하려는 충동이다".[55] 화이트헤드가 이런 충동을 '창조성'으로 불렀음을 우리는 알고 있다. 그는 이것이 '영원한 활동' 근저에 놓인 실현 에너지'라서, "어떤 것도 피할 수 없다."라고 말했다.[56]

그러므로 화이트헤드가 언급한 지극히 중요한 격언, "다자(분화)가 일자로 되고 (통합) 일자(새로운 홀론)에 의해 증가한다."가 된다.

물질권(원자는 분화된 입자들을 통합하고, 분자는 분화된 원자들을 통합하는 등등)과 생물권(예를 들어, 접합자$_{zygote}$의 점진적인 분화와 그 결과로 생긴 부분들이 점차 조직, 기관계, 유기체로 통합되는 것)에서는 이 두 과정이 분명하지만, 정신권에서도 팽배해 있다. 정신분석조차도 여기에 탑승하고 있다. 예를 들어, 정신분석 발달심리학의 개척자 거트루드 블랭크$_{Gertrude Blanck}$와 루빈 블랭크$_{Rubin Blanck}$는 공격 충동은 **분화를 향한 충동**이고, 성 충동$_{Eros}$은 **통합을 향한 충동**이며, 둘 중 하나가 파괴되면 심각한 병리를 초래한다고 설득력 있게 주장하였다(우리는 9장에서 이 주제로 돌아올 것이다).

차연$_{différance}$이라는 데리다의 개념을 둘러싼 온갖 소란에 대해서 일부 비평가들은 자신들이 좋아하지 않는 온갖 것을 해체하기 위해 그 개념을 사용했지만, 데리다 자신은 그 개념을 '분화 과정'이라고 단순하게 정의했다.[57] 의사소통이 개시될 수 있기 전에 실체$_{entities}$는 우선 분화되어야만 한다. 어떤 의미에서 이런 실체는 분화 과정 자체가 일어나기 전에는 존재하지 않는다. 그러므로 차연이란 창조성이라는 '영원한 활동', 존재로 되는 역동적인 힘의 일부다. "그것은 충동적인 힘, 발화 또는 분화의 힘을 갖는다."[58] 바꿔 말해서, 그의 해석자 한 사람이 지적한 것처럼 "데리다는 실재를 특징짓는 역동적 차이가 언어 자체의 성질을 구성하는 것으로도 보고 있다. 이는 언어로 하여금 차별이라는 그 본질적 과정을 통해 실현의 수단으로서 기능하도록 한다……. 언어는 그것이 드러내고 있는 실재에 참여한다……. 그 역동이 실재 자체가 되는 것이다".59) 그러나 분화는 통합과 합성을 요구하는데, 데리다의 언급처럼 "차이의 유희는 실제로 종합과 참조referral를 가정한다……".60)

분화와 통합하는 힘 또는 차연과 종합 그리고 참조의 이런 유희는 '현존presence'에 대한 데리다의 악명 높은 비판 배후에 숨어 있다. 데리다의 말을 빌려 보자.

> 차이의 유희는 종합과 참조를 포함하는데, 이는 어떤 순간에나 어떤 방식으로든 그 자체로 현존하고 자신만을 참조하는 단순 요소로 되지 못하게 막는다. 글로 쓰인 담론이든 말로 표현된 담론이든 간에 어떤 요소도 다른 요소들과 관련을 맺지 않는 기호로서 기능할 수는 없으며, 이 다른 요소 자체도 단순히 존재하지 않는다. 이런 연결은 각 '요소'는 그 속에 있는 다른 시스템 요소들의 자취를 참조함으로써 구성됨을 의미한다. 요소든 시스템이든 간에 어떤 것도 그냥 존재하거나 부재하지 않는다.61)

달리 표현하면, 홀론이 아닌 건 아무것도 없다. 영원히 맥락 속의 맥락이다. 아무것이나, 아무 홀론이나 가리키며 그것은 그 자체일 뿐 다른 어떤 것도 아니라고 말할 수는 없는데, 모든 홀론은 동시에 상위 홀론이면서 하위 홀론이기 때문이다. 모든 홀론은 홀론들로 구성되어 있고, 다른 홀론들을 구성한다(시공간을 가로질러 그렇다). 그냥 존재하는 건 아무것도 없다.62)

정신권에서 일어나는 분화와 통합의 연합 작동에 관해서 하버마스는 "충돌하는 서로 다른 생활세계는 어떤 식이든 상호 이해 없이는 이웃하지 못한다. 전체(홀론)로서 그들은 보편성을 향한 자신들의 요구가 끌어당기는 힘을 따르며, 서로 간에 이해의 지평이 '융합'(통합)될 때까지 자신들의 차이를 해소한다."63)라고 지적하였다. 전반적으로 볼 때, 우리는 확장과 압축이라는 이중 작용을 본다. 그는 "점차 커지는 문화의 내성성reflexivity, 가치와 규범의 일반화, 사회화된 주체의 개별화 강화, 비판적

의식의 증가, 자율적인 의지 형성, 개별화는 언어적으로 생성된 상호 주관성이라는 더 확대되고 더 섬세하게 짜인 망이라는 조건에서 발생할 것이다."라고 말했다. 이 모든 것은 "분화와 압축(통합)을 동시에 의미하는데, 문화, 사회, 인간이라는 더 뚜렷이 분화된 구성요소들을 동시에 결합시키는 상호 주관적 실타래로 짜인 유동적인 연결망이 더 두터워지는 것이다."[64]가 그의 요점이다.

이 구절은 의미심장하다. 연결망의 확장뿐 아니라 두터워지는 것이요, 폭만이 아닌 깊이도 있다는 뜻이다.

마지막으로, 푸코의 승인하에 우리는 그가 언급한 "고고학적 전일론은 무엇을 가능한 요소로 칠 수 있는 지를 전체가 결정한다고 주장한다. 언어 내용 전체가 더 근본적이므로 그 부분의 합 이상이다. 실제로 부분을 확인해 주면서 거기에 개체성을 부여하는 장場 내부를 벗어나는 부분이란 없다."에 주목할 수 있을 것이다. 부분을 확인해 주고 거기에 개체성을 부여한다는 말은 분화하고 통합한다는 뜻이다.[65] 푸코는 독점적인 방법론으로서의 고고학을 결국 포기했는데, 정확한 이유는 고고학 자체는 사회적 실천이라는 더 큰 홀론의 일부에 불과했기 때문임에 다시 주목하자. 전체가 아니라 전체/부분인 것이다.

종합하면, 진화는 더불어 작동하는 분화와 통합 양자를 모두 필요로 한다. "다자가 일자로 되고 일자에 의해 증가한다." (건강한 홀라키에서) 정상적인 경우 실로 이 두 가지는 연동해서 일어나는데, 이 때문에 나는 이를 '분화/통합'으로 적었다. 이것은 한쪽이 더 많으면 다른 쪽은 적어지는 평원 존재론에서만 상반(또는 완전히 다른 경향성)되는 듯 보인다. 그러나 다차원의 온우주에서는 한쪽이 많으면 다른 쪽도 많아진다. 그들은 영원히 손잡고 새로운 전체/부분 또는 다자/일자 또는 홀론들을 만들어 낸다. 깊이의 변증법이다……

c. 조직화/구조화의 증가 "초시스템에서 진화가 더 진전되면 그것을 정의하는 시스템 수준이 점점 더 복잡해져, 결국에는 그것을 다음 조직화 수준으로 이동시키는 초사이클을 만든다. 그러므로 진화는 단순한 시스템에서 더 복잡한 시스템으로, 하위 수준의 조직화에서 상위 수준의 조직화로 이동한다."[66] 예를 들어, 진화생물학에서 클레이드clade와 그레이드grade 간의 표준적인 구분의 배후에는 이것이 놓여 있

다. "최근의 공통 조상을 가진 일군의 종은 클레이드를 형성하고, 동일한 수준의 구조적 조직화를 띤 군은 그레이드를 형성한다."67) 물론 그레이드는 깊이를 나타내는 또 다른 용어다.

d. 상대적 자율성의 증가   이는 상당히 오인되고 있는 개념이다. 이것은 환경적 요동에도 불구하고 홀론이 자기보존을 할 수 있는 역량을 말한다(상대적 자율성이란 독자성을 나타내는 또 다른 용어다). 복잡성 과학에 따르면, 홀론의 깊이가 깊을수록 상대적 자율성이 커진다. 이는 내구성이 커지거나 응결된 단단함이 커진다는 의미가 아니다. 벌레는 바위보다 오래가지 못한다. 상대적 자율성이란 변화하는 환경 조건에도 불구하고 어떤 유연성을 띤다는 걸 말한다. 여우는 변화하는 기후에 대해 비교적 독립적으로 내부 체온을 유지하는 반면, 바위의 온도는 변화하는 모든 환경에 맞추어 즉각적으로 요동친다.

인간에게서 등장하는 정신권에 도달할 쯤이면 상대적 자율성의 정도가 매우 높아져서 환경으로부터 분화될 수 있을 뿐 아니라 환경으로부터 해리되기도 한다. 전자는 필요한 일이지만 후자는 불행한 일, 병리적 독자성의 표현으로서 무엇보다도 생태 지옥으로 직행하는 결과를 낳는다(우리는 이 주제로 돌아올 것이다).

자율성이 언제나 상대적인 이유는 전체가 아닌 전체/부분만 존재하기 때문이다. 전체로서의 홀론은 스스로를 확인하는 지속적인 패턴으로 표현되는 자율성, 자기보존을 어느 정도 갖는다. 시공을 가로질러 일관성과 정체성을 갖는다(그렇지 않다면 존재하길 멈출 것이다). 이 때문에 자율성은 사실상 독자성, 체제, 코드, 규범, 심층구조와 동의어다. 그러나 부분으로서의 모든 홀론, 모든 홀론의 자율성은 더 큰 힘과 그것이 한 요소가 되는 시스템에 예속되어 있다. 이것이 홀론의 근본 패턴이나 스스로를 확인하는 체제를 변화시키진 않지만, 그러나 그 표현을 바꿀 수 있는 여러 제한적인 환경과 조건에 스스로를 예속시킨다. 그리고 홀론은 종종 행동 개시의 원천을 다른 체제에 전가한다(예를 들어, 내 조국이 전쟁을 선포하면 좋든 싫든 내가 포함된다).

바꿔 말해서, 우리가 몇 번이고 반복해서 보았지만 모든 독자성은 공동성 내 독자성이다('구조 동조 structural coupling'라는 바렐라의 개념이 이것을 멋지게 포착하고 있다. 생물계의 독자성은 비교적 자율적이지만 자율성의 형태는 그 환경과의 구조 결합 내에서 진

120

화한다. 즉, 현재의 독자성은 진화 공동성의 결과다).

따라서 홀론의 모든 측면과 마찬가지로 자율성은 미끄러진다. 홀론은 그 하위 홀론에 비해 상대적으로 자율적이지만, 상위 홀론에 비해 상대적으로 종속되어 있다.[68]

이렇게 표현할 수 있다면 탈근대 후기 구조주의자들이 벌이는 게임이 주는 재미는 고립된 단위가 갖는다고 추정되는 '자율성'을 실제로 '결정하는' 더 큰 맥락을 가리킴으로써 이미 **확립된 자율성**을 무너뜨리는 데 있다. 그 결과, 고립된 단위 자체가 즉각적으로 '죽음'(필자의 죽음, 주체의 죽음, 가부장제의 죽음, 신화적 신의 죽음, 자아의 죽음, 합리성의 죽음, 로고스중심주의의 죽음 등)을 선포함으로써 더 큰 맥락의 '자율성'이나 시스템적 구조가 그저 부분에 불과한 것으로 전락한다……. 비평가가 지칠 때까지(또는 특정 이데올로기에 정착할 때까지) 게임이 계속되는데, 왜냐하면 미끄러지는 게임을 멈출 수 있는 게 현실에서는 전혀 없기 때문이다. 맥락은 끝이 없기 때문이다.

그러나 이전에는 '자율적'이었던 단위의 '탈중심화decentering'는 탈근대가 가한 비판에 담긴 일부 중요한 진실로서, 이 책 전반에 걸쳐 이런 비평들로 돌아올 것이다. 그러므로 지금으로서는 몇 가지 예만 들어 보자. 계몽주의가 제시한 자율적인 자아는 그다지 자율적이라고 볼 수 없는데, 왜냐하면 자아는 실제로 고유의 유기적 충동이라는 (계몽주의에 대한 정신분석적 비판) 맥락에 놓여 있으며, 진정한 자율성이 출현하기 위해서는 이전에는 무의식적이었던 이런 충동들이 통합될 필요가 있기 때문이다. 그러나 정신분석이 말하는 완전히 통합되고 자율적인 인간조차도 실제로는 자율로 볼 수 없는데, 그 사람은 실제로 언어구조의 맥락 속에 놓여 있으며, 이는 그 사람이 알지 못한 사이에 자율적으로 의미를 결정하기 때문이다(구조주의, 고고학이 시작한 비판). 그러나 언어구조는 실제로 그다지 자율적이지 않은데, 이 구조는 언어를 사용하면서 언어 없이는 그런 사실조차 표명하지 못하는 표현 이전의 세계관이라는 맥락 속에서만 존재하기 때문이다(하이데거와 겝서의 비판). 더구나 세계관 자체는 사회적 실천이라는 거대한 그물망과 맥락 중에서 단지 작은 요소만을 차지하고 있다(마르크스, 하버마스, 나중에는 푸코가 언급한 여러 가지 방식에서 그렇다). 더 나아가서 키에르케고르, 셸링, 헤겔에 이르는 이론가들은 이런 사회적 실천은 영이라는 더 큰 맥락 안에서, 그리고 그런 맥락으로 인해서만 존재한다고 주장할 것이다.

모든 경우에 있어서 여러 이론가(프로이트, 마르크스, 하이데거, 푸코, 셸링 등)는 우리 존재를 더 큰 맥락에 위치시킴으로써 존재의 의미에 대해서 무언가 중요한 내용을 말해 주고 있다. 왜냐하면 우리가 앞서 주목했듯이, 의미와 맥락은 중요한 방식에서 동의어이기 때문이다. 그리고 각 이론가는 우리의 발밑에서 갑자기 자율성을 낚아채서는, 우리가 살아가고 숨쉬며 존재를 유지하는 더 큰 공동성을 들먹이는 이전에는 숨어 있던 맥락을 발견해 냄으로써 더 깊거나 크거나 넓은 의미를 존재에게 부여해 주었다.

어떤 의미에서 이들 각자는 지극히 옳다고 할 수 있다. 자아는 전체 유기체와 그 충동이라는 맥락 안에 존재하고, 이들은 언어적으로 드러난 세계라는 맥락 안에 존재하며, 그 세계는 사회적 실천이라는 그물망 전체 속에 존재하고, 사회적 실천 자체는 영 안에서 존속하고 있다. 이것이 바로 맥락 속의 맥락 또 그 속의 맥락이라는 **홀론**의 성질이다. 이런 더 큰(더 깊은) 맥락을 찾아낼 때마다 우리는 주어진 홀론에 부여된 새로운 의미를 발견하는데, 앞에서 주목했듯이 더 큰 맥락은 따로 떨어져 고립된 홀론 자체가 갖지 못하고, 가질 수도 없는 의미를 자신의 홀론에게 부여하기 때문이다.[69]

마찬가지로, 매번 새롭고도 깊은 맥락과 의미를 발견하는 것은 새로운 치료를 발견하는 일이다. 우리는 더 깊고 더 넓은 맥락을 포용하기 위해 종종 상당량의 저항에 맞서서 우리의 관점을 이동하고 지각을 심화시켜야만 한다. 자기는 맥락 속의 맥락, 그 맥락 속의 맥락 속에 위치하며, 매번 맥락을 이동하는 것은 종종 고통스러운 성장의 과정이자 낮은 맥락에 대한 죽음, 더 깊은 맥락에로의 재탄생 과정이다.

바로 이 때문에 더 깊은 맥락을 확인할 때마다 우리의 상대적 자율성은 실제로 커지는데, 왜냐하면 우리는 더 깊은 지각과 동일시하면서 더 넓은 자유를 발견하기 때문이다.

이 모든 개념에 관해서는 계속 진행하면서 논의할 것이다. 이 절에서 언급할 필요가 있는 요점을 단순하게 요약하면, 모든 자율성은 상대적이지만 그럼에도 불구하고 상대적 자율성이 진화와 함께 증가한다는 것이다(우리가 이미 말한 바와 같이 여우는 바위보다 더 자율적이다). 상대적 자율성이 창발적 진화와 함께 증가하는 이유는 홀론의 자율성에 미치는 더 많은 외부적 힘은 그것과 함께 협력하는 내부적 힘이 되기 때문이다(대체 또는 초월과 포함으로 인해 그렇다). 홀론은 더 깊은 맥락과 동일시함으로써 더 넓은 자유를 발견한다. 이야기를 진전시키면서 이를 드러내는 여러 가지 예를 볼 것이다.

e. **목적성**telos의 증가　홀론의 체제, 규범, 코드 또는 심층구조는 시공간 내에서 그 홀론의 실현을 위한 자석, 끌개attractor, 단계별 오메가 포인트로 작용한다. 즉, 시스템의 최종 목적지는 그 시스템이 물질이건, 생물이건, 정신이건 간에 그 방향으로 홀론이 실현되도록(또는 발달하도록) '끌어당기는' 경향이 있다.

다시 한번 말해서, 이것은 과학이 움직이는 돌멩이 더미를 연구하는 데 전념하는 동안에는 주로 무시되었던 항목이지만, 전자구름이든 무질서한 복잡계의 끌개든 간에 물질권에서조차도 홀론의 '엔텔레키'(체제, 규범, 심층구조, 형태장)는 홀론 실현의 최종 형태를 지배하고 있다. "현대의 역동적 시스템 이론을 지배하고 있는 기하학적 방향성에서 역동적 시스템의 주된 양상은 끌개다. 그들은 시스템의 장기 행동의 특성을 나타낸다. 역동적 시스템은 주어진 초기 상태로부터 진화 법칙에 부합되게끔 상태 특유의 궤적을 따라서 진화한다(20개 원리가 일부 변형된 내용이다). 이것은 결국 궤적이 꼼짝없이 붙잡히는 곳에서 어떤 인식 가능한 패턴이 드러나게끔 유도한다. 그 패턴이 시스템의 끌개를 정의한다……."

> 일련의 시스템 상태가 정지하면 그것의 진화는 정지된 끌개의 지배를 받는다(예를 들어, 르네 통René Thom의 위상수학적 '파국이론catastrophe theory'이 이것을 연구하였다). 만일 명확한 주기가 있는 상태가 반복될 경우 시스템은 주기적인 끌개의 영향을 받는다. 만일 시스템 상태의 궤적이 정지하지도 않고 주기성도 보이지 않지만 고도로 변덕스럽다면, 그것은 소위 무질서한 끌개의 영향을 받는다.[70]

"최근 몇 년 동안 여러 자연계에서 무질서한 행동이 발견되었으며, 그들이 보이는 수학적 모델링이 빠르게 성장하고 있다. 역동적 시스템 이론 내부에서 무질서한 끌개의 속성과 그들의 지배를 받는 시스템에 관한 연구에 헌신하는 온전한 학문 분야가 갑자기 생겼다. 이것은 카오스이론으로 널리 알려져 있다. 그 명칭에도 불구하고 그 이론은 무질서를 발견하거나 창조하기보다는 무질서를 제거하기 위해 노력한다. 그 이론은 겉으로는 무질서해 보이지만 자세하게 분석해 보면 미세한 가닥의 질서를 드러내고 있음이 입증되는 과정들을 연구한다. 무질서한 끌개는 겉보기에는 멋대로 움직이는 예측 불가능한 시스템의 행동을 구속하는 복잡하지만 미세하게 질서를 갖는 구조다."[71]

달리 표현하면, 이런 끌개는 사회 홀론의 체제 또는 조직화하는 힘이자 본질적인 패턴을 향한 목적론적 견인력의 예다(이것이 없다면 홀론은 존재하지 못할 것이다). 특히 관심을 끄는 것은 '분기bifurcation'로서, 이는 한 유형의 끌개에서 다른 유형의 끌개로 이동하는 것으로 되어 있다. "(끌개의 구조 변경을 통해 동요 상태에서 새로운 질서 상태로 이끌어 가는) 파국 분기가 있는 모델은 엄청난 정확성을 띠면서 급격한 진화적 도약의 모습을 그대로 드러낸다. 역동적 시스템이 불안정해지고 도중에 무질서한 국면을 지나서 본질적으로 새로운, 실제로는 예측 불가능한 안정 상태를 향해 갈 때 중요한 시뮬레이션이 일어난다."[72]

이들은 "원소들의 원자부터 인간 사회에 이르기까지 현실세계에서 일어나는 제삼의 모든 상태(평형과는 거리가 멀다.), 시스템에서 나타나는 진화의 근저에 깔린 변용 같은 것이다."[73]가 카오스이론의 결론이다. (변환에 지나지 않는) 이런 류의 **변용**은 "더 커지는 복잡성과 더 높은 수준의 조직화를 향한 통계적으로 유의미한 경향성을 만든다. 시스템은 새로운 안정기로 도약함으로써 자신의 환경에서 더 역동적이고 더 자율적이 된다".[74] 그러므로 마침내 이런 요인들이 모여 "분기 시스템으로 하여금 진화 계층구조의 사다리를 올라가도록 밀어 준다". 즉, 홀라키다.[75]

요동이 커져 시스템의 역동적 안정성이 붕괴되면, 주기적 끌개의 안정점은 기존 상태를 더 이상 유지할 수 없다. 무질서한 끌개가 나타나고, 이와 함께 일시적인 혼란의 특징을 띤 과도기가 등장한다. 시스템이 새로운 상태의 역동적 안정에 도달하면 분기 시점에서 나타난 무질서한 끌개는 새로운 지점이나 주기적인 끌개에게 자리를 내준다. 이 끌개들은 열역학적 평형과는 거리가 먼 조건에서 시스템을 유지하지만, 정보를 보다 효율적으로 이용하고, 자유에너지를 훨씬 효율적으로 사용하며, 유연성(상대적 자율성)도 클 뿐 아니라 더 상위 수준 조직에서의 구조적 복잡성 또한 더 커진다.[76]

물론 목적성, 홀론 체제의 최종 상태로 이끄는 단계별 오메가 포인트가 제공하는 견인력은 물질계뿐만 아니라 생물권과 정신권에서도 만연하고 있다. 도토리의 코드(DNA)에는 온통 참나무가 씌어 있다. **변환, 전사, 변용**의 과정을 통해 씨앗은 나무로 홀라키적으로 전개된다. 이런 생물학적 과정은 엄청나게 연구되었고, 대부분의 독자는 여기에 친숙하므로 나로서도 상세히 설명하진 않겠다(나중에 우리는 실례들을 수없이 볼 것이다). 생물학자들은 '미래에 나타날 기능을 향해 방향을 잡는 존재를 인식하고 있으며' '목적을 띤 유기체의 측면은 논쟁의 여지가 없다.'[77]는 점에만 주의할 필요가 있다.

정신과학과 언어과학이 움직이는 돌멩이에 관한 연구를 정신권에서 흉내 내려는 시도를 일단 멈추고 정신 과정에 주의를 집중했을 때, 마음의 목적성 문제가 전면에 등장한다. 예를 들어, 프로이트의 정신분석은 그 성질상 완전히 **발달론적**이며, 발달의 전반적인 요체는 발달이 무질서하게 일어나는 것이 아니라 실로 어딘가로 향하고 있으므로 탈선하거나 방해받을 수 있으며, 그런 경우 병리가 발생한다는 것이다.

버먼트주에서 전해지는 오래된 농담이 있다. 도시에서 온 남자가 버먼트 전원지대를 운전하다가 길가에 서 있는 트럭 안의 남자를 보았다. 트럭은 차축까지 진흙탕에 **빠져** 있었고 바퀴가 돌고 있었다. "꼼짝할 수 없나요?" 도시에서 온 남자가 물었다. "어딘가로 가고 있다면 그렇겠지요."

마음은 좋든 싫든 어딘가로 가고 있으며, 그것 때문에 과정이 꼼짝없이 묶이고, 그것 때문에 마음이 좌절, 정지, 고착, 고수하는 지점, 정체투성이로 된다. 마음이 어딘가로 가고 있지 않다면 꼼짝 못 할 일도, '아플' 일도 없다. 이런 '아픈 지점' '고수하는 지점'은 마음의 오메가 포인트, 마음이 가고 싶어 하는 곳을 통해서만 이해될 수 있다. 프로이트에만이 아니다. "자주 인용되는 공식에서 피아제는 발달 없는 구조는 없으며, 발달 과정은 최초에 존재하는 구조와 그 구조가 진화할 구조의 관점에서만 이해될 수 있다고 선언하였다."[78] 오목한 부분, 그들의 끝개, 단계별 오메가 포인트인 셈이다.

누구도 부정할 수 없는 미국철학의 천재 찰스 퍼스Charles Peirce는 "목적 또는 그 밖의 최종 원인에 의해 지배를 받는 존재가 심리 현상의 에센스다."라고 말했다. 그는 "미래가 현재에 영향을 미치지 않는다고 말하는 것은 지지받을 수 없는 원리다."[79]라고 덧붙였다. 로만 야콥슨은 수단-목적(목적성) 모델을 언어 디자인에, 언어가 통합성과 역동적 균형 상태를 스스로 조절하면서 유지하는 일에, 그리고 언어의 변이(변용)에 계속해서 적용시키는 일을 최초로 도입한 인물이며, 그의 말을 빌면 '목적론의 수용이 핵심적인 관심'이었다.[80] 이런 기조는 하버마스까지 쭉 이어진다. "언어 사용 안에는 상호 이해를 향한 끈질긴 압력이 존재한다."[81] 데리다조차도 이렇게 말했다. "이런 근원 흔적arche-trace은 그 안에 현현의 온갖 가능성을 근원적인 '차이'로서 담고 있다. 이 '차이'는 우리 안에 있는 자기현현으로 이끌어 가는 타고난 목적론적 힘이다."[82]

나는 마음의 오메가 포인트, 마음의 기본 끝개장, 초기 단계가 애써 도달하려는 마음의 최종 상태의 성질이나 실제 내용을 사실상 언급하지 않았는데, 이 지점에서 이야기가 실로 흥미진진해지기 때문이다. 각 이론가에게 마음의 오메가 포인트는 자신들이 벗어날 수 없다고 믿는 맥락이다. 그 너머로는 성장이나 확장이 진행될 수 없거나 진행되지도 않으며, 진행되어서도 안 된다.

프로이트에게 오메가 포인트, 발달의 끝은 생식기적 조직과 통합된 자아다. 모든 단계와 모든 길은 로마로 향한다. 피아제에게 오메가 포인트는 형식적 조작 사고다. 이것만이 '균형 상태'에 도달할 수 있으며, 그러므로 이것만이 발달의 종지부를 찍는다. 하버마스에게는 비강압적인 상호 이해를 합리적이고 상호 주관적으로 교환하는 것으로서, 이것이 충분히 전개되면 끈질긴 압력은 가라앉는다.

오메가 포인트는 진행될 것이고, 각 이론가는 그것이 어떤 의미에서는 '역사의 종말'이라고 가정한다. 오메가 포인트에 도달하면 그것은 실로 어려운 온갖 질문에 대답할 것이며, 비교적 천국 같은 조건으로 안내할 것이다. 헤겔에게는 상호 공동체에서 개개인이 자신의 내부에서 자신을 통해 활동하는 절대적인 영을 깨닫는 합리적인 국가다. 마르크스에게는 노동과 제품의 소외가 공유되는 상호 배려 속에서 치유될 수 있는 계급 없는 사회. 대부분의 사람은 테야르 드 샤르댕Teilhard de Chardin의 궁극의 오메가 포인트, 모든 오메가 포인트와 마찬가지로 역사와 진화 자체의 목적이라고 주장되는, 각자 안에 존재하는 그리스도의식의 부활에 익숙하다.

다시 한번 말하지만, 이 모든 오메가 포인트에는 진실이 드러나는 중요한 순간이 있다. 성장의 각 단계는 홀론이기 때문에 이중의 긴장에 직면한다. 전체로서 그것은 비교적 자율적이며, 비교적 '건강하고, 행복한 전체'다. 그러나 부분으로서 그것은 자신의 지각을 넘어선 맥락들로부터 어떤 의미에서는 소외되거나, 떨어져 있거나, 분리되어 있다. 부분이 더 크고 더 깊은 맥락을 고려할 때까지 자신의 더 낮은 위치가 갖는 한계가 불완전성이라는 고뇌로 자신을 괴롭히고, 고통을 가하며, 무언가 더 깊고, 높으며, 더 의미 있다고 암시를 주면서 그 경계를 차고 나갈 것이다…….

사실에서 벗어나 시적으로 표현할 생각은 없다. 예컨대, 피아제는 전조작과 구체적 조작 사고 같은 초기/하위 인지 단계에는 본질적인 한계나 갈등이 내재되어 있으며, 그 수준에 정체된 사고는 매우 중요한 특정 과제 주변에서 해결책 없이 끊임없이 갈팡질팡한다는 점을 발견하였다. 형식적 조작 사고가 출현할 때에만 이런 갈등은 평화나 해결책에 도달할 수 있는데, 피아제는 이를 평형equilibration, 균형이 잡혔지만 역동적인 일종의 조화로 불렀다. 아무튼 이런 초기 갈등은 형식적 조작 관점에서만 어떤 의미를 갖는다. 그 갈등은 해결을 위해 오메가 포인트를 향해 분투하고 있으며, 형식적 조작 인지라는 더 큰 맥락 안에서의 평형을 향해 분투하고 있다. 다소 단순하게 표현하면, 이 갈등은 더 큰 지평을 발견할 때까지 행복해질 수 없는 것이다.83)

제한된 맥락은 동일한 수준에서 행해지는 그 무언가를 통해서가 아니라 그 수준을 초월함으로써, 더 깊고 넓은 맥락을 발견함으로써 해답을 찾는다. 더 깊고 넓은 맥락은 제한된 현재 맥락에 대해 견인력, 목적성을 행사한다.

이것이 오메가 포인트를 주장하는 모든 이론가에게서 공통적으로 발견되는 진실이다(그리고 존경할 만한 모든 이론가는 오메가 포인트 이론가다). 그들의 맥락이 기초가 튼실하다고 가정하고, 그들이 환원주의에 빠지지 않는다고 가정한다면 이런 유형의 이론가들 각각에서 많은 것을 배울 수 있다. 그들은 항상 우리의 현재 지각을 넘어선 길을 가리키고 있는데, 그들의 맥락을 진정한 것으로 가정할 경우에는 그들이 옳다. 우리도 더 큰 지평과 더불어 살 수 있을 때까지는 결코 행복하지 않을 것이다. 우리도 더 깊은 깊이를 부드럽게 포용하는 치료를 수용할 수 있을 때까지는⋯⋯.

최후의 오메가 포인트는 무엇일까? 그것은 최후의 전체를 의미할 것이다. 드러난 존재에서 그런 홀론은 존재하지도 않는다. 그러나 우리는 그것을 달리 해석할 수 있다. 누가 알겠는가? 아마도 목적성이, 아마도 에로스가 온우주 전체를 움직이고 있을지도 모른다. 화이트헤드가 말했듯이, 사랑을 향해 부드럽게 설득함으로써 세계를 통해 작용하고 있는, 일체를 포용하는 무질서한 끌개는 아마도 신일 수 있다.

그러나 줄잡아 말해서 이것은 꽤나 앞질러 간 스토리다.

03

개체와 사회

그대가 그대일 수밖에 없어서 내가 나일 수 있다면,
내가 나일 수밖에 없어서 그대가 그대일 수 있다면,
그렇다면 나는 내가 아니고 그대는 그대가 아니다.

―힐렐―

시스템 이론가, 생태이론가, '신패러다임' 사유가, 심층 생태학자, 생태페미니스트 등 '전일론'을 지향하는 이론가들은 근본에서 볼 때, 현 세계가 직면하고 있는 여러 위기는 '파열된' 세계관으로부터 기인한다고 주장하고 있음을 1장에서 보았다. 우리에게는 통일된 비전이 결여되어 있으므로 우리의 세계는 파편화되고, 쪼개졌으며, 소외되었다. 그러므로 어떤 식의 시스템 이론적 지향, 우리 모두가 단일한 생명의 그물로 엮여 있음을 알고 느낄 수 있는 어떤 방식이 필요하다고 그들은 주장한다. 그들은 모두 우리에게는 여러 방식의 지극히 환경중심적인 세계관이 필요하다고 주장한다.

그렇지만 그런 이론가들은 이러한 주장을 하자마자 이론적인 난관에 봉착하고 말았다. 첫째로, 그들은 존 시드John Seed가 이런 관점을 요약하고 있듯이, "세계는 피라미드가 아닌 그물망으로 보인다. 인간은 그런 그물망의 한 가닥에 불과하다."

라는 것이다. 바꿔 말해서, 인간은 더 깊은(또는 더 큰) 생명의 그물인 생물권의 일부다. 그러나 우리는 모든 인간을 파괴할 수 있고, 그래도 생물권은 여전히 남게 되므로(그 역은 아니다.) 이는 생물권은 낮고 얕지만 깊거나 높은 실재가 아님을 보여 주고 있다. 이는 대부분의 생태이론가를 혼란에 빠뜨린다. 생물권을 절대화시키지 않으면서도 그것을 존중할 일관성 있는 방법이 그들에게는 없는 것 같다.

두 번째로, 프리초프 카프라 Fritjof Capra가 '신패러다임' 사유로 요약하고 있듯이, "신패러다임에서 부분의 속성은 전체의 역동을 통해서만 이해될 수 있다. 궁극적으로 부분은 어디에도 없다. 우리가 부분으로 부른 것은 서로 분리할 수 없는 관계 그물에서의 한 패턴일 뿐이다".[1] 부분은 존재하지 않는다는 것이 사실이지만 전체도 존재하지 않는다는 것 또한 사실이다. 영원히 전체/부분이 존재하며, 그러므로 이는 총체적이고 지배적인 모든 어젠다에 저항한다. 전체만 존재한다고 해도 이를 어떻게 소위 정치적인 이론으로 전환시킨단 말인가? 결국 자유로운 시민은 없고 전체 국가만 존재한다는 것인가? 일차는 '전체'이고 우리가 국가의 일부라면, 우리는 분명 국가에 종사하기 위해 존재하며, 분명 전체주의적 체제가 신패러다임의 빛나는 예가 될 것이며, 거기서는 성가시기만 한 부분이 모두 영광스러운 그물 속으로 사라질 것이다.

이 책 내내 십여 번 반복할 테지만, 그런 시스템 이론은 잘못되었다. 아이러니하게도 그것은 터무니없이 편파적이며 일방적이다. 그러므로 이 장과 다음 장에서 우리는 이 이론들이 안고 있는 편파성과 불균형을 일부 바로잡기 시작할 것이다. 이 책이 전개됨에 따라 우리는 시스템 이론 자체는 지구를 치유하고 온전하게 만드는 힘이 아님을 볼 것이다. 오히려 우리는 또다시 아이러니하게도 (수많은 형태를 띤) 시스템 이론은 가이아를 약탈하고 황폐화시키는 데 여전히 기여하고 있는 평원 패러다임에 속한다는 사실을 알게 될 것이다.

미시와 거시

실제로 시스템 이론, 심층 생태학, 생태페미니즘을 신봉하는 대중 이론가들은 장 속의 장 또 그 장 속의 장이라는 존재의 거대한 홀라키가 일부 변형된 이론들을 제시하고 있다. 생태페미니스트인 줄리아 러셀Julia Russell은 이렇게 말했다.

> 이와 동시에 신체와 국가는 그것이 부분으로서 기능하는 더 큰 맥락 속에 존재한다. 국가는 인류라는 정치체體 전체를 구성하는 온갖 국가라는 맥락 속에 존재한다. 그리고 모든 인류는 지구라는 체體 전체의 생물권 속에 존재한다. 우리는 모든 것이 모든 것과 연결된 이음새 없는 전체의 일부로서 존재한다.[2]

[그림 3-1]은 전일론, 생태학 또는 시스템 지향의 서로 다른 이론가들이 명시적으로나 암묵적으로 제시해 왔던 여러 계층구조(홀라키)의 매우 전형적인 양상이다(포퍼, 라슬로, 세션스Sessions, 밀러Miller, 엥겔스Engels 등에서 유사한 홀라키를 발견할 수 있다). 이론가들은 이런 홀라키 다수를 '사다리'처럼 일련의 수준이나 '층화된 질서'(카프라)로 표현하는데, 여기에는 저자들이 주장하고 있는 원형적 복잡성이 실제로 관련되

생물권
사회/국가
문화/하부 문화
공동체
가족
개인
신경계
기관/기관계
조직
세포
세포기관
분자
원자
아원자 입자들

[그림 3-1] 전형적인 홀라키

어 있으며, '선형적'이라는 불공정하면서도 부적절한 혐의를 이 이론가들에게 덮어
씌우지 않는다는 점을 기억하는 한 완전히 수용 가능한 내용이다. 앞으로 보겠지만
문제는 그게 아니다.

[그림 3-1] 또는 이와 유사한 대부분의 홀라키를 살펴볼 경우, 우리는 즉각적으로
개체 홀론과 사회 홀론 간에 혼동과 융합이 존재한다는 사실을 알게 된다. 즉, 미시
세계와 거시세계를 혼동하고 있다. 사회 홀론이 복합 개체 홀론과 동일한 유형, 동
일한 성질을 갖고 있다고 가정하고 있어서 이들은 '위'나 '아래'로 배열될 수 있다. 예
를 들어, 칼 포퍼의 생물권 홀라키를 보라([그림 3-2] 참조). 포퍼(그 혼자만 그런 건 아
니다.)는 개체와 군집을 동일한 논리(그리고 실존) 유형의 존재로 생각함으로써 하나
를 동일 척도상 다른 '수준'으로서 나머지 위에 배열될 수 있게끔 만들었다(그의 체계
에서는 수준 7, 수준 8 또는 수준 10, 수준 11이 된다). 이는 매우 부정확하다.

앞선 장에서(원리 9) 우리는 연속되는 전일론 순서에서 개체나 사회 중 어느 수준
을 파괴할 경우, 전체성/부분성에 대한 단순한 정의에 따라 그 위 모든 수준은 파괴

> 12) 생태계 수준(전체 생물권)
>
> 11) 후생동물과 식물들의 군집 수준
>
> 10) 후생동물과 다세포 식물 수준
>
> 9) 조직과 기관 수준
>
> 8) 단세포 유기체의 군집 수준
>
> 7) 세포 수준과 단세포 유기체 수준
>
> 6) 세포기관 수준(그리고 아마도 바이러스 수준)
>
> 5) 액체와 고체(크리스털)
>
> 4) 분자
>
> 3) 원자
>
> 2) 원소 입자
>
> 1) 아원소 입자
>
> 0) 미지: 아원소의 하부 입자들?

[그림 3-2] 포퍼의 홀라키[3]

되지만 그 아래 수준은 전혀 파괴되지 않음을 보았다. 상위 수준 홀론은 부분적으로는 하위 수준 홀론으로 구성되어 있어서, 하위 수준을 파괴할 경우 우리는 그 위 어느 수준이라도 동시에 파괴하게 되는데, 왜냐하면 그것을 구성하는 부분들의 일부를 탈취했기 때문이다. 그러나 이 부분들 자체는 전체가 창발하기 전에 존재하므로, 일반적으로 말해서 전체 없이도 존재할 수 있다.

[그림 3-1]을 다시 보라. 국가는 더 상위(또는 더 깊은) 전체인 더 큰 생물권의 일부로서 존재한다는 것이 전일론자들의 주장이다. 생물권이 실제로 국가보다 더 상위 조직 수준에 있다면, 생물권이 실로 국가를 부분으로서 상위 수준에서 전체로 조직하거나 포함하고 있다면, 그렇다면 (1) 국가가 생길 때까지 생물권은 존재할 수 없는데, 왜냐하면 국가를 생물권의 구성요소로 주장하기 때문이다. (2) 모든 국가를 파괴할 경우, 생물권도 파괴될 것이다(전체는 그 부분 없이는 존재할 수 없기 때문이다).

두 가지 가정은 명백히 사실이 아니다. 실제로는 정반대다. 생물권을 파괴한다면 모든 국가를 파괴하는 게 되지만, 이론적으로 볼 때 모든 국가를 제거한다 해도 생물권은 지속될 것이고 지속될 수 있을 것이다(국가가 나타나기 훨씬 이전에 생물권이 등장한 것과 똑같다). 이는 생물권은 더 얕은 하위 수준임을 의미한다(이는 생존에 덜 중요하다는 뜻이 아니고 더 **중요하다**는 뜻이다. 왜냐하면 낮은 수준을 파괴할 경우 상위 수준도 함께 파괴되기 때문이다. 원리 9에서 언급했듯이, 그것은 생존에 더 **근본적**이다).

그러므로 이론상 '사라지게 만들' 경우, 무엇이 파괴되고 무엇이 파괴되지 않을지 질문을 던짐으로써 '생물권'이나 '전체 생태계'의 위치를 정해 보자. 포퍼의 도표를 보면 생물권을 파괴(열원자핵 대참사가 지구상의 **모든** 생명체를 파괴)하면 그가 말한 수준 6을 포함해서 그 위에 있는 모든 수준이 파괴되겠지만 그 이하는 파괴되지 않음을 알게 된다. 그것은 생물 생태계는 수준 6에서 **출발**하지 그가 열거한 바대로 수준 12에서 출발하지 않는다는 걸 의미한다(앞으로 살펴보겠지만 이는 수많은 생태이론가의 존재론에서도 나타나는 결정적인 오류다).

달리 표현하면, 우리는 서로 간에 그리고 물리적 환경과 상호 작용하는 서로 다른 생명 형태를 갖자마자 가장 넓은 의미에서 분명히 생태계를 갖게 되며, 이는 원핵생물(세포기관) 수준에서 가장 근본적인 형태로 나타나기 시작한다. 예를 들어, 생태계를 수준 12에 놓으면 수준 10에 해당하는 가엾은 식물과 후생동물에게는 생태계가 사라져 버린다.

그러므로 우리가 '그런' 생태계를 단일 수준으로 생각할 경우, 양쪽 도표는 그것의 위치를 완전히 잘못 정했음이 분명해진다. 상황은 그보다 더 나쁘다. 생태계(또는 '전체 군집')는 개별 홀라키의 어느 수준에 속하는 특정 수준이 아니라, 생물권에 존재하는 어느 수준이든 모든 수준의 사회적 환경이다. 양쪽 도표의 어느 수준에서나 미시와 거시(또는 개체와 사회) 간의 차이를 구분하지 않고 있다. 양쪽은 모두 그들을 동일 척도상의 별개 수준으로 다루고 있다(이것이 대부분의 생태존재론에서 나타나는 두 번째 결정적인 오류다).

예를 들어, 포퍼의 도표를 참고할 때 수준 8과 수준 7은 그가 상상한 것처럼 서로 다른 두 수준이 아니라 동일한 수준의 개체 측면과 사회 측면이다(우리는 이것이 사실임을 알 수 있는데, 둘 중 한 '수준'을 파괴하면 다른 하나도 파괴되기 때문이다. 이는 둘 중 어느 것도 나머지에 비해 더 높거나 낮지 않다는 뜻이다). 실제로 하나가 낮다면, 그가 진술한 것처럼 수준 7이 수준 8보다 실제로 낮다면, 그것은 높은 것 없이도 존재할 수 있을 것이다. 그러나 다른 세포들의 사회(군집) 없이 세포가 존재할 수 없으며, 세포들이 전혀 없다면 세포 군집도 있을 수 없다. 유사한 것들로 구성된 환경 없이는 어떤 것도 홀로 존재할 수 없다.

바꿔 말해서, 개체와 사회는 하나가 다른 하나보다 더 많이 통용되는 서로 다른 두 개 동전이 아니라 어디서나 통용되는 동일한 동전의 앞뒷면이다. 그들은 근본적으로 두 개의 서로 다른 대상(또는 수준)이 아니라 동일한 대상의 두 측면이다.

그렇다면 복합 개체로 된 일련의 참된 홀라키를 구성하고, 동일 수준의 조직에서 개체 홀론이 참여자로 되는(그리고 개체 홀론의 생존이 달려 있는) 환경(또는 사회 홀론)을 나타낼 필요가 있다. 진화의 거대한 세 영역인 물질권, 생물권, 정신권에서 이 일을 수행할 필요가 있다.

운 좋게도 에리히 얀치가 이미 이런 작업을 상당 부분 진전시켰는데, 그는 세 영역 모두에서 공진화의 미시 패턴과 거시 패턴(개체와 사회) 간의 관계를 광범위하게(또한 탁월하게) 연구했던 내가 아는 한 유일한 이론가다(그러나 앞으로 보겠지만 정신권에 접근하면서 그의 주장은 다소 뒤범벅이 되고 말았다).

[그림 3-3]과 [그림 3-4]는 물질권, 생물권 각각의 미시 패턴과 거시 패턴의 공진화를 개요식으로 표현한 얀치의 도표다. [그림 3-4]는 [그림 3-3]에서 빠진 내용(즉, 물질에서 생명에 이르는 경로)을 담고 있다. 각 도표에 기술된 설명은 그의 설명이다(앞으로 내가 언급할 예외 사항을 열외로 치면 이 두 도표에 나와 있는 모든 내용과 거기에 대한 그의 설명에 대해 나는 상당 부분 동의한다).

각 도표의 아랫부분은 개체 홀론의 진화인 미시진화를 나타낸다. 윗부분은 개체 홀론이 얽혀 있는 사회 또는 환경 관계(관계교환)와의 **상호** 관계 수준인 거시진화를 나타낸다. 아이디어는 꽤나 단순하다. 특정 유형의 개체 홀론(예컨대, 중원자)이 주어질 경우, 그 결과로 어떤 식의 사회 또는 집단 환경이 만들어질까? (이 경우에는 항성이 된다.) 분자가 출현하면 행성이 출현한다(즉, 그들은 공출현, 공진화한다). 진핵생

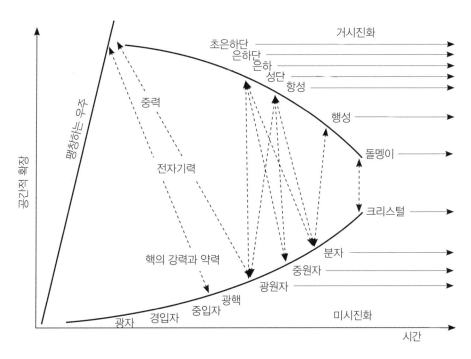

[그림 3-3] 거시구조와 미시구조의 우주적 공진화 4개의 물리적 힘의 비대칭 전개가 미시 측면에서뿐 아니라 거시 측면에서도 새로운 구조 수준을 한 단계씩 동원한다. 이런 수준들은 그들의 진화를 서로 자극한다(얀치, 『자기조직하는 우주The Self-Organizing Universe』, 94쪽).

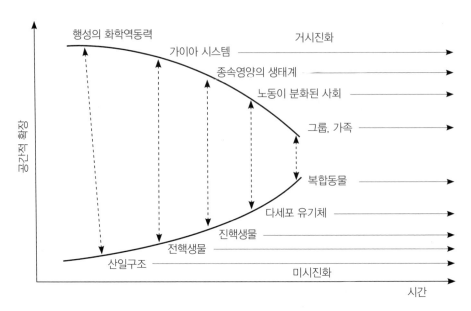

[그림 3-4] 지구에서 생명의 역사는 더 높이 분화하는 자기조직하는 거시계와 미시계의 공진화를 표현하고 있다(얀치,『자기조직하는 우주』, 132쪽).

물이 출현하면 생태계가 출현하며, 복잡한 동물이 출현하면 과科가 출현하는 등이다. 이 모든 대응 관계를 [그림 3-3]과 [그림 3-4]에 열거하였다.

다음 내용에 주목하자. 진화는 깊이가 깊을수록 폭은 좁아지는 쪽으로 진행되기 때문에 개체 홀론은 점점 더 커지지만(즉, 분자는 원자보다 큰데 분자가 원자를 포함하면서 담고 있기 때문이다.), 사회 홀론은 점점 더 작아지는 경향이 있다. 깊이가 깊으면 홀론 수가 적어지기 때문에(원자보다 분자 수가 항상 적다.) 그들을 집단으로 묶을 경우 집단은 작아진다. 그러므로 과科는 생태계보다 작으며, 생태계는 행성보다 작고, 행성은 항성보다 작다(우리는 곧 깊이의 증가/폭의 감소로 돌아올 것이다).

앞서 제시된 [그림 3-1]과 [그림 3-2]는 몹시 시달림을 당하는데, 이 그림들은 미시와 거시를 진화의 전 과정에 나타나는 각 수준의 서로 다른 측면으로 보지 않고 진화의 전 과정에 나타나는 서로 다른 수준으로 다루기 때문이다. 그리고 이 그림들은 하위 수준이 갖는 거시요소를 모두 배제시켰는데, 이는 심각한 누락이 아닐 수 없다.

특히 (물질권과 생물권 모두에서) 얀치가 제시한 미시와 거시 홀라키는 상위/하위라는 관계를 구성한다는 점에 주목하라. (개체든 사회든) 하위를 파괴하면 그보다 위에 있는 수준들도 파괴되지만 그 역은 성립되지 않는다. 얀치는 개체 홀론과 사회 홀론에 관한 진실된 홀라키를 제시하고 있다.

가이아

[그림 3-4]에서 얀치가 '가이아' 위치를 정한 곳에 주목해 보자. 가이아는 일차적으로는 원핵생물이라는 개체 홀론으로 구성된 사회 홀론이다. 여기서 얀치는 린 마굴리스Lynn Margulis와 제임스 러브록James Lovelock이 최초로 제안했던 가이아라는 용어(『파리대왕Lord of the Flies』의 저자 윌리엄 골딩William Golding이 붙인 이름이다.)를 사용하고 있는데, 전문적으로 볼 때는 올바로 사용한 것이다. 얀치는 이렇게 설명하고 있다. "평형 상태에서 꽤나 벗어난 산일구조 형성을 가능하게 만들고, (공기 중에 있는) 여러 기체가 서로 관통해서 흐르도록 만드는 이 시스템(가이아) 내의 자가 촉매 단위는 다름 아닌 원핵생물이다. 침전물들의 산화 및 활성 산소의 축적을 통해 지표면이 엄청날 정도로 변형된 후에, 생물권 플러스 대기권 시스템 전반을 전 지구적인 자가생성적 안정권에 도달하게 만듦으로써, 이들은 현재 150억 년이라는 세월을 지배하는 데 중요한 수단이 되었다."[4]

원핵생물은 대기권(물질권)과의 교환을 매개하지만 그 밖의 모든 원생생물과 서로 연결된 글로벌 네트워크, 가이아 시스템 전체를 형성하기도 한다. 이것이 바로 원리 11, "깊이의 모든 수준에서 미시세계는 거시세계와 관계교환한다."라는 것이다. 한 걸음 더 나아가, 이는 아주 흥미를 끄는 내용이 될 텐데 일부 원핵생물들은 더 상위의 (진핵생물) 세포에 포섭되고 함입되었으며, 이는 다시 복잡한 기관에 포함되기 때문에 원핵생물의 가이아계는 최초에 나타난 전 지구 규모의 기능을 여전히 수행하고 있는 셈이다. 얀치가 기술했듯이, "원핵생물 후손들은 지금도 여전히 더 고차적으로 발달한 세포들의 일부라는 형태로 오랜 자신의 과업을 수행하고 있다".

이는 물론 정확히 원리 5, "창발하는 각각의 홀론은 그 선행 홀론을 초월하지만 포함한다."에 해당한다.

얀치는 가이아계는 지구상에서 살아 있는 가장 큰 사회 홀론인데(가장 많은 단위를 소지하거나 그 폭이 가장 넓다.), 정확히는 가장 얕기 때문이라고(가장 원시적이다.) 지적하였다. 또다시 언급하면, 진화는 더 깊은 깊이와 더 좁은 폭을 낳는다. 이와 동시에 가이아는 살아 있는 일체의 사회 홀론 중 가장 얕기 때문에 정확히는 가장 근본적이다. 앞에서도 이미 언급했듯이, 홀론의 깊이가 얕을수록 그것은 온우주에 더 근본적인데 그것은 수많은 다른 홀론의 구성요소이기 때문이다. 그러므로 가이아는 살아 있는 모든 사회 홀론 중에서 가장 근본적이며(그리고 가장 덜 중요하다.) 그보다 상위의 모든 생명 형태가 거기에 의존한다(상위 생명 형태를 파괴해도 기본적으로 가이아는 건드릴 수 없다. 가이아를 파괴하면 여타의 모든 것들이 날아가 버린다). 실로 가이아는 우리의 뿌리이자 기초다.

이렇듯 전문적으로 서술하는 일은 차치하더라도 가이아는 수많은 사람에게 총체적인 생물권을 의미하는 것이 되었다. 일부 사람들에게 그것은 지구 전체와 모든 생명 형태를 의미한다. 소수 사람들에게 가이아는 지구에 있는 생명력Life Force 전체로서의 영 자체나 여신을 의미하기도 한다. 이 모든 접근에서 근본적인 것과 중요한 것을 혼동하는 경향이 있다. 그럼에도 불구하고, 이런 식으로 사용하는 어떤 것도 전문적으로 볼 때는 올바르지 않지만, 지구상의 생물권 전체나 생명 차원 전체를 의미하는 단어로 가이아를 사용하는 것은 그 단어가 정확히 무엇을 의미하는지 분명히 명시하는 한에서는 충분히 수용할 수 있다. 나는 종종 가이아를 협소한 전문적인 의미(원핵생물 네트워크)와 더 광의의 '신화적' 의미(생물권 전체나 살아 있는 지구 전반) 양쪽으로 사용할 것이며, 그 의도는 맥락을 통해서 분명하게 드러날 것이다.

크기, 폭, 포용

[그림 3-3]과 [그림 3-4] 양쪽에서 얀치가 진화적 시간을 공간적 확장(또는 물리적

크기)으로 구성하면서 양쪽 그림을 통해 내린 결론은, 진화가 진행될수록 개체 홀론은 더 커지고(유기체가 분자보다 더 크다는 의미다.) 사회 홀론은 더 작아지는 경향이 있다는 것이며, 그는 이것을 자신의 도표에서 노골적으로 표시하였다. 우리가 이미 살펴본 바와 같이, 양쪽 모두 진화는 더 깊은 깊이와 더 좁은 폭을 낳는다는 사실의 예가 된다.

반면에 개체 홀론은 그 선행 홀론을 초월하지만 포함하므로 발달은 감싸 안는다. 그런 까닭에 총 깊이나 개체 홀론의 포용은 커진다. 세포는 분자를, 분자는 원자를, 원자는 입자를 포용한다. 이와 마찬가지로, 홀론의 깊이가 깊을수록 그 선행 홀론 수에 비해서 그 수가 적어진 채 유지된다(분자는 원자보다 그 수가 적고, 세포는 분자보다 그 수가 적다). 그러므로 깊이가 깊은 홀론군群은 항상 그 선행 홀론군보다 수가 적을 것이다. 그러므로 깊이가 깊을수록 폭은 좁아진다.

우리는 이런 상관관계가 중요함을 살펴볼 텐데, 수많은 생태이론가와 시스템 이론가는 폭이 넓은 것을 깊이가 깊은 것과 혼동함으로써 종종 퇴행적인 존재론과 더불어 구원과는 역행하는 방향을 추천하고 있기 때문이다.

그러나 이 점에 천착하기 전에 얀치가 제시한 중요한 상관관계가 말해 주는 간단한 요점이 있다. 이런 변화를 실제 크기(또는 물리적 연장)와 동일하게 보는 데 있어서 얀치는 너무 멀리 가 버렸다(또는 지나치게 단순화시켰다). 깊이나 포용은 항상 증가하지만 포용을 반드시 단순한 크기로 전환시킬 수는 없다. 이와 마찬가지로 진화의 증가는 상대적 폭이 좁아짐(또는 단순한 폭의 감소)을 의미하지만, 이는 반드시 물리적 크기가 감소함을 나타내진 않는다(다음을 보라).[5]

물론 일단 주어진 수준이 출현하면 그 단순한 폭은 넓어질 수 있고, 이는 종종 군群의 공간적 확장spatial extension으로서 나타날 것이다. 즉, 주어진 깊이에서 폭은 그것이 담을 수 있는 한계까지 넓어질 수 있다. 따라서 인간의 폭은 소규모 군락에서 지구촌까지 확장되었다.[6] 인간 진화에서 이런 일이 일어나기 시작했을 때 얀치는 혼란을 겪었는데, 왜냐하면 그의 생각에 거시진화는 물리적으로 더 작아지지만 인간의 사회문화적 진화는 계속해서 점점 더 커지고 더 포괄적으로 여겨졌기 때문이다. 이것 때문에 얀치는 인간 진화는 진화의 어디에서나 볼 수 있는 그 이전의 경향성을 완전히 '외면한다'고 말하기까지 하였다. 물론 전혀 그렇지 않다. 외면한 건 크기에 대한 그의 잘못된 가정이었다. 왜냐하면 실제 크기나 공간적 확장이 종종 이런 척도를 나타내는 좋은 지표이지만, 둘 중 어떤 것도 반드시 항상 단순한 물리적 차원으로 변환되지는 않는다는 사실 때문이다.

얀치의 '크기 규칙size rule'이 인간이나 사회문화 진화에서 문제를 일으킨 원인은, 데카르트가 이미 알고 있었던 것처럼 인간의 마음은 확장보다는 의도라는 특징을 갖고 있기 때문이다. 이런 이유로 '규칙'을 엄격하게 포용(홀론의 크기와 무관한 홀론의 깊이)과 폭(실제 크기와는 무관한 그 깊이에 있는 개체들의 수)으로 언급하는 것이 그토록 중요하다. 우리가 앞으로 보겠지만, 개념은 항상 상징을 포함하지만(개념은 상징에 또 다른 인지 기능을 더한 것이다. 그러므로 깊이가 더 깊다.), 개념이 상징보다 물리적으로 더 크다고 할 수는 없다. 하나의 가치는 다른 가치보다 더 **좋을** 수 있지만 더 큰 공간을 차지하는 건 아니다.

크기와 폭 문제

겉으로는 골치 아프게 따지고 드는 식의 이런 구분이 현재 만연하고 있는 '전일론 이론'과 맞닥뜨렸을 때 실제로는 지극히 중요해지는데, 이들 중 다수는 [그림 3-1]에서처럼 자신들의 홀라키를 크기의 증가(또는 이차적으로는 폭의 확장)에 근거해서 구축하려고 하기 때문이다. 이것은 부분적으로는 매우 불편하면서도 혼란스러운 결과를 낳는다. 그들이 자신들의 이론적 근거를 크기에 두든 폭에 두든 그것을 깊이와 혼동하는데, 이는 종종 **퇴행적인** 존재론 및 구원론으로 유도한다. 수많은 전일론, 생태학, 시스템 사상가들에서 발견할 수 있는 이런 공통된 혼란을 타개하려면 [그림 3-1]에서 보여 주고 있는 '오류'를 이해하는 것이 중요하다.

이 시점에서 나는 두 가지 문제만 지적할 것이다. 개체 홀론의 진화에서 더 큰 포용은 우주의 더 많은 부분이 홀론 속에 포섭됨(우주의 더 많은 부분이 실제로 홀론의 내부에 존재한다.)을 의미한다. 앞으로 보겠지만, 개체 홀론은 궁극적으로는 그 깊이가 무한한 온우주 전체를 포용하지만 이런 포용 전체를 인식할 수 있는 홀론의 실제 수(폭)는 아주 아주 적다. 온우주의식이란 온우주 포용을 의미하는 것이지 온우주의 폭을 의미하는 건 아니다.

수많은 전일론 이론가는 일련의 '점점 더 넓어지는 전체'를 구축하기 위해 경탄스러울 정도로 노력하고 있으며 이런 연속된 시리즈는 절대적으로 중요한데, 그들이 주장하길 이것은 사물들의 더 큰 계획 속에서 우리들의 위치, 맥락을 찾도록 우리 인간들을 도움으로써 우리가 친구들과 세계에 대해 도덕적으로나, 정서적으로나, 인지적으로나, 영적으로 스스로의 위치를 더 정확하게 잡을 수 있기 때문이다.

그러나 깊이를 폭(또는 크기)과 혼동할 경우, 그 결과로 생기는 '더 넓은 전체의 전일론 순서'는 완전히 역행적인 동시에 전일론이 아닌 게 되고 만다! 진화에서 단순한 폭은 언제나 좁아지기 때문에, 그럴 경우 더 넓은 폭이라는 전일론 순서를 구축함으로써 우리는 정확히 반대이면서 완전히 잘못된 방향으로 진입하게 된다.

예를 들어, 수많은 전일론 이론가는 단순한 폭을 사용하여 '전일론' 순서를 만듦으로써 마무리를 지었다. 즉, 정신권은 생물권으로 불리는 더 큰 전체의 부분이며, 생물권은 우주(또는 물질권 전체)로 불리는 더 큰 전체의 부분이다.

단연코 진실이 아니다. 단연코 정반대다. 이미 살펴본 바와 같이 정신권이 실제로 생물권의 부분이라면 정신권을 파괴하면 생물권도 사라질 테지만, 분명 그렇지 않다. 원자는 실로 분자의 부분을 이루고 있으므로 원자를 파괴하면 분자 또한 파괴하는 셈이다. 전체에게는 부분이 필요하다. 이와 마찬가지로, 정신권이 실제로 생물권의 일부라면 정신권을 파괴함으로써 생물권이 사라질 것이다. 그러나 실은 정반대다. 생물권을 파괴하면 정신권도 사라지는데, 정확히는 생물권이 정신권의 일부이지 그 반대는 아니기 때문이다.

바꿔 말해서, 이 이론가들은 단순한 폭(그리고 그 크기)만 보기 때문에, 더 넓은 폭을 '더 상위거나 더 깊은 전체'로 생각하기 때문에, 사실 진화가 더 많이 진행될수록 폭은 더 좁아지기 때문에, 이 이론가들은 전일론 순서를 정반대로 뒤집어 놓고 말았다.

전일론자들이 정확히 의미하는 바는 정신권이 생물권에 의존하고, 생물권은 물질권에 의존한다는 것이다. 이는 진실인데, 정확히 말해서 물질권은 생물권의 더 하위 요소이고, 생물권은 정신권의 하위 요소이기 때문이다. 그 반대가 아닌 것이다.

이는 중요한 주제이기 때문에 아주 단순한 예를 들면서 이 주제를 검토해 보고 싶다.

동일 수준의 관계교환

창발적 진화가 일어남에 따라 사실상 우리는 평면 체스가 아닌 삼차원 체커나 체스를 두고 있다고 말한 바 있다. 이렇게 상상해 보자. 40개의 검은색 체커가 놓인 체스판을 상상해 보자. 깊이는 1이지만 폭은 40이다. 그 위에 또 다른 체스판을 놓고는 잠시 체스판을 비워 보자. 깊이는 2이고 폭은 0이 된다.

이제 진화에서 수준 2에 도달하는 유일한 방법은 수준 1을 통해서이고, 수준 2의 체커는 부분적으로는 사실상 수준 1의 체커로 구성되어 있다. 그들은 모두 홀론이거나 복합 개체다. 이를 표현하기 위해 수준 1로부터 체커를 한 개 취해서 수준 2에 놓은 다음 그 위에 붉은색 체커를 추가해 보자. 수준 2에 있는 새로운 '전체 홀론'은 따라서 그 선행 홀론(검은색 체커)을 포함한 후 자신만의 특징적인 속성(붉은색 체커)을 추가한 셈이다. 이렇게 세 번 정도 할 경우, 수준 2에 있는 홀론은 깊이가 2, 폭이 3이 된다.

이제 개체 홀론 또는 수준 1의 체커(물질권)는 존속을 위해 자신의 환경에 있는 모든 다른 검은색 체커와의 상호 관계로 구성된 복잡한 네트워크에 의존한다. 즉, 자신만의 사회 홀론 네트워크에 의존한다(미시와 거시의 공진화). 그들은 동일한 구조 체계 수준에 있는 홀론들과의 관계교환으로 구성된 복잡한 네트워크 내에 존재한다(원리 11).

그러나 수준 2(생물권)에서의 상황은 훨씬 더 복잡한데, 새로운 전체 홀론(검고 붉은색 복합 체커)은 자신의 존재를 양쪽 수준의 복잡한 관계에 의존하기 때문이다. 수준 2에 있는 붉고 검은 체커는 부분적으로는 붉고 검은 다른 체커와의 관계에 의존한다. 즉, 동일한 구조 체계에 있는 살아 있는 다른 홀론과의 생태 또는 거시 관계에 의존한다. 달리 표현하면, 붉고 검은 체커의 '붉은' 요소는 붉고 검은 다른 홀론의 '붉은' 요소와의 상호 관계에 의존한다. 즉, 성적 재생산 같은 관계교환에 의존한다 (이는 검은색 수준에서는 발견되지 않으며, 그 수준에서는 유지될 수도 없다).

그러나 붉고 검은 체커에도 검은색 요소가 있기 때문에 그들 또한 검은 홀론을 지속시키는 복잡한 관계에 의존한다. 즉, 수준 1 홀론을 구성하는 상호 지속을 가능케 하는 관계와 과정 모두에 의존한다. 그러므로 수준 2 홀론은 수준 2에서만 유일하게 발견되는 새로운 '붉은' 관계나 사회 홀론에 의존할 뿐 아니라, 수준 1에서 구축된 이전의 '검은색' 관계와의 지속 가능한 패턴에도 의존한다(그러나 그 역은 성립되지 않는다. 수준 1을 파괴하면 수준 2가 파괴되지만 수준 2를 파괴해도 수준 1의 검은 체커는 여전히 남아 있다).

그러므로 모든 홀론, 모든 복합 개체 홀론은 개별 홀론의 각 수준에 대해서 구조 체계가 동일한 수준의 사회적 환경과의 복잡한 일련의 관계교환에 의존한다. 그 의미는, 예컨대 깊이 3인 홀론은 적어도 동일 깊이에 있는 홀론들을 보유하는 환경 속에서 존재해야만 한다는 것이다. 그러므로 어떤 홀론이든 그것은 근본적으로는 복합 개체이면서 그것이 내포하는 모든 수준에서의 동일한 수준의 관계교환이다. 복합 환경 속의 복합 개체로서 검은 것은 검은 것과 붉은 것은 붉은 것과 교환한다.

우리에게는 마지막 요점 한 가지가 필요하다. 붉고 검은 체커는 검은색 우주 속에 존재하지 않는다. 수준 1 안에 존재하는 것은 더 많은 검은 체커일 뿐이다. 붉고 검은 체커는 수준 1 우주를 어느 정도는 넘어선다(이것이 창발의 의미다). '붉은색'을 갖춘 체커들은 수준 1의 검은색을 초월해 있다. 그들은 진화가 보여 주는 자기초월의 추진력을 완벽하게 표현한 것, 검은색 우주로는 환원될 수 없는 또는 거기서는 발견될 수 없는 창조적 창발creative emergence의 온전한 표현이다.

어떤 의미에서는 정반대가 된다. 붉고 검은색 체커는 '검음'뿐 아니라 '붉음'도 담고 있다. 수준 2 홀론은 수준 1 홀론을 포용한 후 스스로를 정의하는 고유의 창발요소emergents를 수반하면서도 그것을 넘어선다(원리 5). 붉고 검은 체커는 고유 요소인 검은 체커들에 자신의 존재를 의존하기 때문에, 검은 체커 자체는 자신의 우주에 존재하는 모든 다른 검은 체커에게 자기 특유의 존재 유형을 궁극적으로는 의존하고 있기 때문에, 수준 2 홀론 일체는 본질적으로는 고유의 복합 개체성을 통해 수준 1 세계의 모든 것을 포용한다. 살아 있는 단세포는 물리적 우주 전체를 포용하는 것이다. 다자는 일자로 되고 일자에 의해 증가한다. 화이트헤트의 결정적인 격언의 또 다른 의미다. 화이트헤드에 따르면, 이런 '파지적 통일prehensive unification'에서 선행하는 현실적 계기actual occasion들 모두가 어느 정도는 참여한다(그가 조심스럽게 지적했듯이, 포용의 홀라키 안에서 그렇다).

이것이 바로 내가 수준 2 홀론은 수준 1 안에 있지 않지만, 수준 1은 수준 2 안에 있다고, 철저히 그리고 전적으로 수준 2에 의해 감싸진다고 말할 때의 의미다. 앞으로 보겠지만 이것이 사랑, 의식, 창조성, 자기초월처럼 바로 온우주의 깊이에 짜인 애정 어린 포용의 한 의미다.

짧게 요약하면, 이 모든 내용은 생물권은 물질권 안에 있지 않음을 의미한다. 생물권은 물질권으로 불리는 더 큰 전체의 한 요소거나 일부분이 아닌데, 왜냐하면 물질권이 '더 크다'고 말할 수 있는 것은 그 깊이나 전체성이 아니라 그 폭이기 때문이다. 생물권은 우주의 부분이 아니라 그 반대다. 우주는 생물권의 부분이자 요소다.

그러므로 생물권의 일부(즉, 그 물질적 요소)는 실로 더 큰 물질권의 일부다. 그러나 그것을 정의하는 창발적 성질은 비생명 형태를 지배하는 물리적으로 정의 가능한 결정요소들의 세트 속에 있지 않다(마투라나와 바렐라가 지적했듯이, 비생명세계에서는 도무지 자기생성을 발견할 수 없다. 자기생성은 검은 체커 어디에서도 발견할 수 없는 붉은 체커의 성질이다). 생물권은 물질권 속에 있지 않지만 물질권은 실로 생명권 속에 부분으로서 담긴다.

그러므로 원자가 분자 속에 있지만 분자가 원자 속에 있는 것이 아니듯이, 그러나 원자의 폭은 분자의 폭보다 훨씬 더 크듯이, 우주는 생물권 속에 있지만 생물권은 우주 속에 있지 않다. 우주의 폭이 천문학적으로 훨씬 더 넓어도 말이다.

다음 내용에 주목하라. 생물권은 온우주의 일부지만 우주의 일부는 아니다. 이런 단순한 전환을 통해 우리는 환원주의를 영원히 부정하게 되었다. 물리학은 과학 중에서 가장 근본적이면서 가장 덜 중요하다(물리학이 생물학을 설명할 수 없는 이유는 정확히 말해서 생물권이 물질 우주 안에 있지 않기 때문이다).[7]

단순한 폭이나 크기에 대한 소박한 신념이 말해 줄 수 있는 것의 정반대다. 물질 우주는 생물권보다 크기 때문에 우주는 더 중요함에 틀림없다고 가정한다. 그러나 그것은 더 근본적일 뿐이다. 생물권이 물질 우주보다 더 중요한데, 왜냐하면 그것은 그 안에 더 많은 실재를 포함하고 있으며, 훨씬 더 깊고 거대한 전체를 포용하고 있고, 깊이가 더 깊고, 사실상 자신의 존재 안에 물질 우주 전체를 포함하기 때문이다. 물질 우주 전체를 초월하면서 포함하고 있다.

마찬가지로, 앞으로 보겠지만 정신권은 생물권의 일부가 아니라 그 반대다. 생물권은 정신권의 하위 요소, 부분이다. 물론 생물권은 폭이 더 넓다('더 크다'). 우주가 생물권보다 더 큰 이치와 똑같다. 우리가 방금 살펴보았던 내용이 물론 나의 요점을 입증하고 있다.

생물권이 정신권의 요소이기 때문에 생물권을 파괴하면 반드시 정신권도 파괴된다. 이것이 바로 이 책 내내 되돌아오게 될 요점 한 가지다. 이것은 생물권(또는 정신권)을 역방향으로 절대화시키지 않고서도 심원한 생태학적 방향을 갖추는 일이다.

그러나 지금으로서는 상위 수준의 발달에서의 홀론 수(폭)는 항상 이전 수준 수보다 적을 것임에 주목하자(원리 8). 붉고 검은 체커의 수는 항상 검은 체커의 수보다 적을 것이다. 예외는 가능하지 않은데, 전체의 수는 항상 그 속에 담긴 부분들의 수보다 적을 것이기 때문이다. 4학년생 수보다 5학년생 수가 적을 텐데 4학년을 거쳐 5학년이 되어야 하기 때문이다. 도토리보다 도토리나무 수가 더 적다. 그러므로 정상으로 향할수록 반드시 점점 더 그 수가 적어지는 소위 발달의 피라미드가 생긴다. 예를 들어, 라슬로는 이런 피라미드를 [그림 3-5]에서와 같이 표현하였다(이 또한, 예컨대 생물권이 물질권 속에 있지 않음을 정확하게 가리키고 있다). 물질적 조건이 적합한 곳에서 생명이 출현하며, 생명적 조건이 **적합한** 곳에서 마음이 출현한다. 깊이가 깊을수록 폭은 좁아진다.

따라서 전일론 이론가들이 폭의 확장이라는 관점에서 ('점점 더 넓어지는') 자신들의 홀라키를 구축했을 때, 그들은 더 넓은 (그러므로 더 얕은) 폭을 찾아 우리를 곧장 피라미드 아래로 데려갔고 더 깊은 수준들을 문질러 벗겨 내고 말았다. 그들은 더 깊은 포용과 더 넓은 정체성 양쪽을 포함시킨 더 깊은 깊이로 데려갔어야 했다. 수평

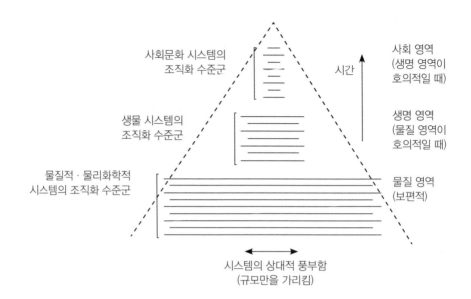

[그림 3-5] 진화의 영역(라슬로, 『진화Evolution』, 55쪽)

적으로뿐만 아니라 수직적·수평적으로의 확장 말이다.

　그러므로 우리는 [그림 3-1]과 같은 도표가 왜 그토록 불운한 지도가 되고 말았는지 알 수 있다. 그 도표들은 미시와 거시를 혼동했고, 깊이와 폭을 혼동했다.

인간 홀론인 두뇌

　얀치의 도표([그림 3-3] [그림 3-4] 참조)는 물질권과 생물권을 포함하고 있다. 이제는 정신권의 출현을 살펴볼 때다.

　우리가 보통 생물권으로부터(또는 오히려 생물권을 통해) 정신권의 창발을 연관시켜 보는 것은 바로 두뇌다. 건서 스텐트Gunther Stent를 따라 얀치는 생물권에서의 소통을 유전, 대사 작용, 신경으로 나누었다(후자의 최고 부분은 정신권의 진화와 관련된다고 전해진다). 다음은 얀치의 언급이다.

유전적 소통은 개인의 일생과 오랫동안 비교해 왔던 시간 간격에서 작용한다. 그것은 수세대를 걸친 계통 발생과 일관된 진화를 가능케 한다. 유기체 내에서 특정 메신저 분자 호르몬에 의해 전달되는 대사代謝 소통은 유기체 내부에서 두 가지 과업을 충족시킨다. 한 과업은 식물뿐만 아니라 동물에서 나타나는 다세포 유기체의 발달을 조절하는 일이다. 나머지 한 과업은 유기체를 위해서 환경적 요동의 결과를 완화시키는 것 또는 달리 표현해서 유기체 자율성의 증가와 관련된다 (원리 12d). 호르몬에 기초한 대사 소통은 비교적 천천히 작용하는데, 수초에서 수분이 걸린다. 생물학적 소통의 세 번째 유형은 신경계에 의해서 전달된다. 이 유형은 전형적으로 1/10~1/100초 안에 유기체 내에서 작용하며, 대사 소통보다 1,000배 빠르다.8)

얀치는 이 세 시스템은 홀라키적으로 출현한다고 지적했으며, 그런 다음 폴 맥린 Paul MacLean의 삼중 뇌triune brain([그림 3-6]을 보라.)라는 매우 영향력 있는 개념에 주로 근거해서 신경구조의 홀라키적 파괴를 제시하였다. 맥린 자신의 이야기를 들어보자.

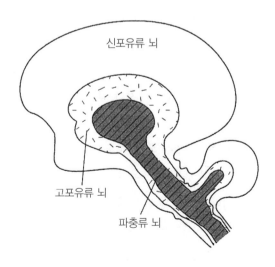

[그림 3-6] 삼중 뇌(맥린에서 발췌)

인간은 자연이 그에게 기본적으로 세 개의 뇌를 부여했다는 처지에 있다. 이 뇌들은 그 구조가 상당히 다름에도 불구하고 함께 기능하고 서로 소통해야만 한다. 이 뇌 중 가장 오래된 것은 기본석으로 파충류 뇌다. 두 번째는 하등 포유류로부터 물려받았으며, 세 번째는 포유류 초기 발달의 산물로서 영장류에 정점을 찍는 뇌로서 이는 인간을 인간답게 만든다.

하나의 뇌 속에 존재하는 이 세 개의 뇌(즉, 홀론)를 비유적으로 말하면, 정신과 의사가 환자에게 긴 의자에 누워 보라고 말하면서 환자에게 말과 악어와 나란히 몸을 뻗어 보라고 요구하는 것을 상상해 볼 수 있다. 파충류 뇌는 조상 대대로 내려오는 지식과 기억으로 가득 차 있으며, 선조들이 말한 바를 실행하는 데 충실하지만 새로운 상황에 직면하는 데에는 썩 훌륭하지 않다(반사와 본능적 행동으로 표현되는 비교적 낮은 자율성).

진화에서 처음으로 볼 수 있는 것은 하등 포유동물 뇌의 출현과 함께 조상 대대로 내려오는 것(융통성 없음.)으로부터의 해방의 시작인데, 자연은 파충류 뇌 위에 이 뇌를 얹어 놓았다……. 지난 20년 동안의 연구가 보여 준 바에 따르면, 하등 포유동물 뇌는 정서적인 행동에서 근본적인 역할을 한다. 그것은 파충류 뇌에 비해서 순간적인 경험을 근거로 새로운 접근을 학습하고 문제를 해결하는 데에는 엄청난 역량을 보인다. 그러나 파충류 뇌와 마찬가지로, 그것은 느낌을 언어로 표현하는 능력을 갖지 못한다.

맥린은 세 개의 뇌가 갖고 있는 홀라키적 성질에 대해 매우 구체적이었다.

진화에서 (인간의) 뇌는 파충류 뇌, 고포유류 뇌, 신포유류 뇌로 편리하게 이름 붙일 수 있는 세 가지 기본 유형이 보여 주는 계층구조를 담고 있다(뇌간은 파충류 조상으로부터 물려받은 파충류 뇌를 나타낸다). 변연계는 고포유류 뇌를 나타내며, 하등 포유류의 유산이다. 인간의 변연계는 하등 포유류보다 훨씬 고도로 구조화되었지만 그 기본구조, 화학적 성질 등은 매우 유사하다. 다른 두 가지 기본 유형에 대해서도 똑같이 말할 수 있을 것이다. 세 유형 모두 고유의 특수한 주관

적·인지적(문제해결) 기억 및 이에 상응하는 여타의 기능을 갖고 있다는 증거는 풍부하다.9)

달리 말해서, 각각의 뇌는 비교적 자율적인 홀론이다. 각각은 하나의 홀론이기 때문에 어떤 특정 기능이 한 홀론에 자리 잡고 있다고 말할 수는 없다. 그들은 모두 상호적으로 작용하며 상향 및 하향의 영향을 주면서 상호 작용한다. 그러나 일반적으로 말해서 세 개의 뇌는 다음과 같은 기본 기능을 갖고 있다.

파충류 뇌(또는 뇌간): "이것은 계통 발생적으로 볼 때 뇌에서 가장 오래된 부분, 뇌의 중심 또는 뼈대로서, 대충 파충류 뇌의 기본구조에 해당한다. 그것은 내적 조절(내장內臟과 선腺), 본능과 반사에 근거한 원시적 활동을 위한 필수 기관을 담고 있으며, 동물의 경계심을 각성시키거나 잠들게 만드는 센터도 담고 있다."10) 우리는 그것을 초보적인 감각운동 지능과 본능적 추동력이나 충동의 전반적인 수준으로 지칭할 수 있다.

고古포유류 뇌(또는 변연계): "변연계는 시상하부와 내장감각 및 성, 기아, 공포, 분노, 공격성이 포함된 정서반응과 관련된 뇌간에 있는 그 밖의 센터와의 양방향 신경로와 밀접하게 연결되어 있다. 이들과 너무도 밀접한 관계를 맺고 있어서 한때는 변연계에 '내장 뇌visceral brain'라는 명칭이 붙을 정도였다."11) 간단히 말해서, "변연계는 느낌과 정서로서 경험되는 식으로 정보를 처리하며 이들이 행동을 안내하는 힘이 된다".12)

신포유류 뇌(또는 신피질): 얀치는 이렇게 말했다. "진화 후기 단계에서 신피질의 폭발적인 성장은 지상에서 일어난 생명의 역사에서 가장 극적인 사건 중 하나다. 그리고 이것은 추정컨대 정신권의 출현과 관련이 있다. 그것은 '언어라는 상징적 이미지와 논리(수학도 포함된다.)가 출현하는 대규모의 신경막'으로서 작용하며, '신피질은 자기반성적 마음의 특징을 나타내는 방식으로 정보가 처리되는' 장소다."13)

맥린은 문학의 구성요소들과 비교함으로써 이 세 개 뇌의 홀라키적 성질을 강조하였으며, 얀치는 다음과 같이 멋지게 요약하였다.

파충류 뇌는 모든 문학의 바탕에 놓인 (기본) 인물과 역할을 나타낸다. 변연계는 정서적인 선호도, 시나리오의 선택과 전개가 일어나도록 한다. 마지막으로, 신피질은 이런 기반 위에서 작가의 수만큼이나 다양한 시, 이야기, 소설, 연극들을 생산한다.14)

하위는 가능성possibilities을, 상위는 개연성probabilities(또는 실현 잠재력)을 조성하는 것을 우리는 다시 한번 보게 된다.

인간 사회 홀론

얀치는 [그림 3-3] [그림 3-4]와 유사한 도표를 몇 개 제시했는데, 그 자신은 이 것이 정신권(또는 그가 사회문화적 진화라고 부른 것)의 발달을 나타낸다고 믿고 있었다. 나는 여기서 그것들을 다시 보여 주고 싶지 않은데, 그들은 기본적으로 혼란스럽기 때문이다. 얀치는 진화가 일단 정신권에 도달하면 "사태는 완전히 역전된다." 라고 말했다. 그러나 역전된 것은 그 스스로 사전에 범한 폭과 크기 간의 혼동이며, 주로 의도intention가 있는 곳에 연장extension을 발견했다는 그의 주장이다. 그런 혼동 만 없었다면 동일한 원리와 동일한 진화 과정, 즉 깊이가 깊을수록 폭은 적다는 사실이 작동함을 볼 수 있을 것이다. '역전'이란 존재하지 않는다. 내가 말했던 것처럼, 얀치는 종종 공간적 연장(물리적 크기)을 심적(사회문화적) 성장의 근본적인 상관 요소로 만들려고 했다. 데카르트조차도 올바로 인식하고 있었듯이, 정신권에서는 연장이 자로 잴 수 없는 의도로 대체된다.

나는 잠시 뒤 이 점으로 돌아와서 그것을 면밀하게 살펴볼 것이다. 그러나 지금은 인류가 살아 온 백만여 년 역사 동안에 인간 사회 홀론의 성장을 구상해 왔던 시스템 이론가들의 작업을 살펴보자.

우리는 이미 원자에서 시작해서 세포, 다세포 유기체, 복합동물에 이르기까지 개 체 홀론의([그림 3-3] [그림 3-4]에서 대략적으로 제시한 바와 같은 미시요소들) 성장을

(간략하게나마) 개략적으로 서술했음을 기억하자. 그리고 우리는 각 단계에서 이들과 상호 관련된 환경 또는 사회 홀론([그림 3-3] [그림 3-4]에서 제시한 거시요소들)도 지적한 바 있다. 그렇다면 우리는 세 개 뇌를 보유한 동물을 포함해서 이들 동물에 이르기까지(파충류에서부터 포유류, 영장류까지) 복합동물들의 개체 홀론이 보여 주는 더 발전된 진화를 간략하게 스케치하였다. 이제 우리는 삼중 뇌를 가진 유기체가 존재했던 **사회적 환경**과 삼중 뇌를 가진 유기체가 고유의 관계교환을 위해 의존했던 **사회 홀론**의 유형을 살펴보고 싶다.

이는 우리를 곧장 정신권 또는 사회문화 영역으로(생물사회적 영역에 그치지 않는다.) 데려간다. 게임에 세 번째 체스판을 추가함으로써 물질, 생명, 마음이 되었다.

얀치의 [그림 3-4]를 살펴보면, 영장류를 포함한(여기에는 인간이 포함된다.) 복합동물 개체는 집단/가족 수준에서의 사회 홀론을 필요로 하며, 적합한 사회 홀론이 주어질 경우 개체 홀론은 꽤나 적절하게 존속될 수 있다는 점을 기억할 수 있을 것이다(물론 복합 개체에서의 모든 하위 수준도 자신의 환경과의 존속 가능한 균형 잡힌 관계 집합 내에 존재한다고 가정한다면, 즉 다수준에 걸친 전 배열이 가장 넓은 의미에서 생태학적으로 견실하다고 가정한다면 말이다. 진화의 이 시점에서 볼 때 이것이 사실임을 믿을 수 있는 이유는 충분하다).

더 단순하게 표현하면, 가족/집단이라는 사회 홀론은 인간에게서 나타나는 세 개 뇌를 무한정 유지할 수 있는데, 이 사회 홀론이 다른 영장류(혈족 관계라는 사회 홀론 속에서 계속 존재하고 있다.)가 보유하고 있는 것과 대략 유사한 삼중 뇌를 여전히 유지하고 있기 때문이다. 그러나 인간 홀론은 가족이라는 혈족 관계(또는 생물권에 근거를 두고 있는), 사회 홀론이라는 환경을 훨씬 넘어서서 촌락, 부락, 도시, 국가 등도 만들기 시작했다. 이미 언급했듯이, 진화 게임에 세 번째 체스판이 추가되었다.

물론 이는 케케묵은 골치 아픈 문제, 심신의 관계에서 시작해서 그 무엇보다도 정신권 자체가 괜찮은 생각인지를 묻는 전반적인 문제에 이르기까지 여러 문제를 야기한다. 최선을 다해 이런 이슈들을 다루려고 노력할 것이라는 게 내가 말할 수 있는 전부다. 그러나 우리는 한 번에 한 단계씩 나아가야만 하며, 각 단계는 그림 전체가 드러나기 시작해야만 그 참된 의미가 밝혀질 것이다.

그러므로 당분간은 촌락, 도시, 국가가 생성될 만한 **생물학적으로 필연적인 이유**는 없다는 점에만 주목하자. 가족/집단이라는 사회 홀론은 다른 영장류가 지금까지 그래 왔던 것처럼 인간의 삼중 뇌를 유지할 수 있을 것이다. 그러나 물질이 밀고 나가 생명을 탄생시킨 것과 마찬가지로 생물학 내부에 있는 자기초월 추동력이 생물학을 넘어 무언가를, 새로운 수준의 사회 홀론을 창조하고 거기에 의존하는 상징과 도구를 만들어 냈는데, 이 사회 홀론에서 상징과 도구를 사용한 자는 존재는 물론 여기에 더해서 스스로를 재생산하기에 이르렀다. 그러나 재생산은 이제 성을 통한 신체의 재생산에 머물지 않고 상징소통symbolic communication을 통한 문화의 재생산이 되었다. 혈족 관계kinship는 '문화적 관계cultureship'에 자리를 비켜 주었다. 검은 체커 위에 붉은 체커, 그 위에 파란 체커가 추가되었다.

환원주의자만이 문화란 실로 식량을 얻기 위해 형성된 멋들어진 새로운 방법일 뿐이라고, 파란 체커는 붉은 체커를 은밀하게 재배열시킨 것일 뿐이라고, 정신권은 생물권을 새로운 방식으로 곡해한 것에 불과하다고 배짱 있게 주장할 것이다. 그러나 생물권이 물질권에 속하지 않은 것과 마찬가지로(당신은 수준 1에서는 붉은 체커를 볼 수 없다.), 정신권은 생물권에 속하지 않는다(수준 2에서는 파란 체커가 존재하지 않는데, 예를 들어 자기반성적인 언어 개념이 없고, 미적분학, 시, 형식 논리도 존재하지 않는다).

우리가 말할 수 있는 것은 인간 뇌가 지난 5만 년 동안 실제로 변하지 않았다는 것이다. 그러나 5만 년 동안 똑같이 유지된 세 개의 뇌는 그 범위에서 엄청난 문화적 성과와 더불어 문화적 재앙을 생산하였다. 바꿔 말해서, 그 기간 동안 세 개의 뇌에는 진정으로 새로운 어떤 일도 일어나지 않았고 생물권에서는 전혀 새로운 진화가 없었다. 그럼에도 불구하고 동일한 생물학적 기반에서 문화라는 장대함과 재난, 그런 기반으로 환원시킬 수도, 그것으로 설명할 수도, 거기에 담을 수도 없는 장대함과 재난이 무대를 누비고 다녔다.

또다시 하위는 상위의 진화가 일어날 가능성(그러나 결정하지는 않는다.)의 기초를 다지고 준비하며, 이제 정신권에서, 문화, 상징, 장난감, 도구들의 영역에서 그런 새로운 가능성이 발현되고 있는 것이다.

다음 장에서 우리는 개체 홀론에서 일어난 정신권의 변화를 살펴볼 것이다. 당분 간은 새롭게 창발한 정신권에서의 **사회** 홀론 진화에 초점을 두자. [그림 3-7]은 역동적 시스템 이론에 근거를 둔 사회적 접근인 알라스테어 테일러Alastair Taylor의 '사회 문화적 비평형 시스템 모델'을 각색한 것이다(그리고 이 시점에서 우리는 시스템 이론의 '진실된' 측면에 중점을 둔다). 테일러는, 연달아 일어나는 각 사회 홀론은 "아래 수준의 속성과 사회적 경험에 기반을 두고 구축되면서 고유의 '창발적 속성'에 기여하는데, 이는 새로운 테크놀로지와 사회구조의 형태를 띠며, 여기에 인간-환경 관계에 대한 새로운 이해가 수반된다. 우리는 (어느 한 역사적 상황에서 서로 다른 또는 상반되기까지 한 경험이 일어날 수 있다 해도) 복잡성과 이질성에서의 점진적인 발달을 식별할 수 있다."15)라고 주장하였다. 모두 친숙한 개념들이다(20개 원리에서 이 모든 내용을 찾을 수 있다).

물론 우리는 도구 유형에서 다양한 세계관에 이르기까지, 정치 기구에서 예술 스타일에 이르기까지, 생산 양식에서 법적 규범에 이르기까지 사회적 인간의 진화하는 정신권이 갖는 엄청난 수에 달하는 요소를 포함시킬 수 있다. 이야기를 진전시킴에 따라 우리는 실제로 이 여러 요소로 되돌아올 것이다. 그러나 현재로서는 [그림 3-7]이 새롭게 창발한 정신권에서 사회 홀론이 성장하는 한 예가 될 수 있다.16) 몇 가지 중요한 관찰을 가능하게 만드는 예로서는 충분하다.

분화와 분리, 초월과 퇴행

'진화적 진보'를 옹호하는 일부 사람들이 주장하는 바대로 홀론의 진화는 언제나 달콤하고 밝지는 않다. 암울한 사실을 언급하자면, 개체든 사회든 구조적 복잡성이 크다는 것은 더 많은 것이 끔찍이도 잘못될 수 있음을 의미하기 때문이다. 원자는 암을 앓지 않지만 동물은 앓는다. 그럼에도 불구하고, 대부분의 진화란 실제로는 퇴화devolution라는 정반대의 결론도 근거가 없다. 암의 존재가 동물 존재 자체에 저주를 내리지는 못한다. 우리는 정신권을 모조리 저주하지 않은 채 정신권에서 암을 따로

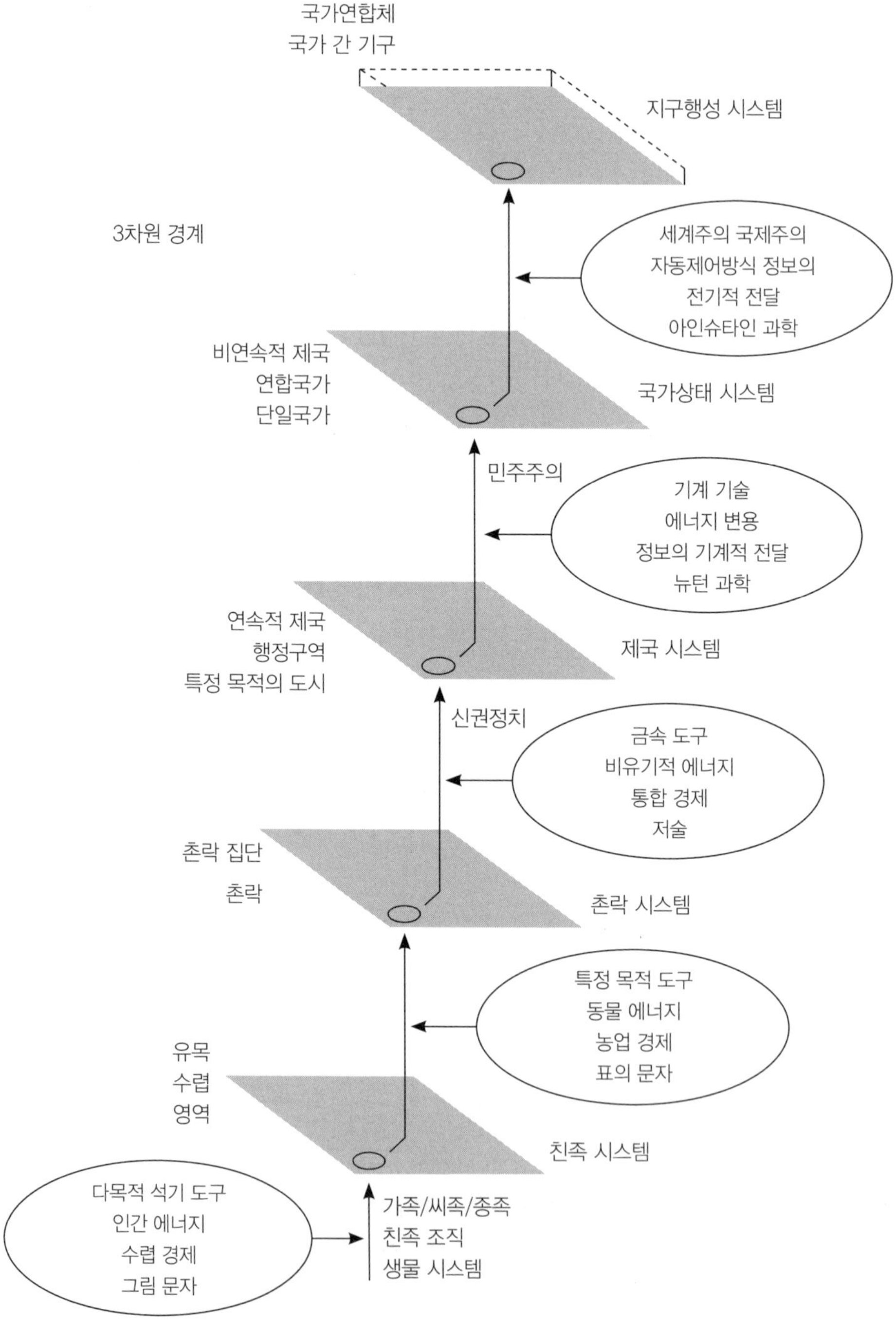

[그림 3-7] 창발하는 지정학적 시스템 수준(테일러)

떼어 내길 원한다.

지난 장에서 보여 주었듯이, 진화는 항상 더 많은 초월과 더 많은 분화를 생산한다는 사실은 있을 법한 병리요소가 모든 진화 단계에 혼입되어 있음을 의미하는데, 왜냐하면 초월이 지나쳐서 억압이 될 수 있기 때문이다. 상위가 하위를 부정하면서 보존하는 것이 아니라 하위를 부정(또는 억압이나 부인)하기만 함으로써 우리 자신의 발을 부정하는 꼴이 되고 만다.

마찬가지로 분화differentiation가 너무 지나쳐서 분리dissociation로 되는데, 이는 새롭게 창발한 차이를 내적으로는 응집성 있고 외적으로는 관련된 다른 홀론들 및 모든 하위 요소와 조화를 이루는 일관된 전체로 적절하게 통합하지 못하는 걸 말한다. 새로운 분화가 새로우면서도 동등한 통합과 잘 들어맞지 않을 때마다, 보존을 배제한 부정이 있을 때마다 그 결과는 이런 저런 유형의 병리, 심각한 경우 진화가 본격적으로 사라지기 시작하는 병리가 된다.

이런 현상은 특히 정신권, 문화적 진화에서 극심해지는데, 인간 홀론은 여러 개의 깊이 수준, 물질권, 생물권, 정신권을 담고 있으므로 모든 수준에서 무언가가 잘못될 수 있기 때문이다.

생물권이 처음 지구에 출현했을 때, 최초의 세포군이 물질권, 이제 살아 있는 세포들이 그 영토를 침범하는 물질권이 설정한 전제 조건에 적응하기 위한 시도로서 시도해 보았던 온갖 간헐적인 활동, 온갖 막다른 길을 상상해 볼 수 있을 것이다. 잘못된 출발, 물질권과 어울리지 못하는 출발은 폐기되었다. 생물이 진화하는 내내 생물권 자체가 새로운 깊이를 층층으로 추가하기 시작함에 따라, 각 수준은 자신의 선임자는 물론 동료들 모두와 적절하게 조화를 이루어야만 했다. 공룡의 끔찍한 예가 상기시켜 주듯이 이는 결코 쉽거나 사소한 과업이 아니었다.

이 모든 것이 인간에게도 적용되지만, 여기에는 더 섬뜩한 부담이 가중되었다. 동료들과도(동일한 수준에 있는 홀론) 정신권을 맞출 뿐 아니라, 동일한 환경적 공간에 계속 거주해 왔을 뿐 아니라, 인간 존재 고유의 복합 개체성에서 그 요소들로서도 존재하고 있는 광물에서부터 식물, 파충류, 고포유류에 이르는 모든 선임자와 정신권을 맞추어야 했다. 인간이 정신분석을 받기 위해 긴 의자에 누웠을 때는 악어 한 마리, 말한 마리와 함께 누워 있는 셈이라고 맥린이 말했을 때, 그것은 반 토막만 말한 게 아니었다. 우리는 식물, 별, 호수, 강, 플랑크톤, 떡갈나무, 도마뱀, 새, 토끼, 원숭이와 함께 누워 있는 셈이다. 반복하면, 그들은 우주에서 우리의 이웃사촌이기 때문이 아니라 우리 자신이라는 존재의 요소들이기 때문이다. 그들은 말 그대로 우리의 뼈, 피, 골수, 내장, 느낌과 공포다.

생물권이 물질권에서 (그리고 그것을 넘어) 받아들여질 수 있는 틈새를 발견해야 했던 것과 마찬가지로, 정신권 또한 생물권에서 (그리고 그것을 넘어) 허용되거나 조화를 이룰 수 있는 위치를 찾아야만 한다. 셰익스피어의 문장을 빌면, "바로 그것이 문제로다".

정신권은 진화한다. 정치, 언어, 기술의 여러 단계가 선행 단계들을 편입하고 초월하면서 출현함에 따라 문화 발달의 이런 상위 단계들은 정신권에서의 이전 연결고리들을 억압하고 소외시킬 뿐만 아니라(앞으로 우리가 살펴볼 것이다.), 위태롭게도 생물권과의 연결마저도 단절시키기에 이르렀다. 그 정도가 걱정을 야기할 정도가 되어 인간은 오늘날 엄청나게 고된 작업과 노동 끝에 취약한 정신권에서 최초로 문화적 공룡으로 전락할 특권과 가능성을 동시에 갖게 되었다.

초월이 아닌 억압, 분화가 아닌 분리, 깊이가 아닌 질병이 되고 만 것이다. 진화의 바로 이런 성질 때문에 성장과 발달의 어떤 단계든 그런 식의 분리가 일어날 수 있다. 이 점에서 정신권이 특권을 누리고 있거나 독보적인 위치를 점하지는 않는다. 이것이 현재 전 지구적 차원에서 일어난다는 점에서 더욱 경악할 수밖에 없다. 생물권이 우리에게 부여한 가능성을 배반한다면, 생물권은 우리를 한 무더기 벼룩처럼 등에서 털어 낼 것이고, 설사 그렇다손 쳐도 꿈쩍도 하지 않을 것이다.

암의 존재가 동물 자체의 존재에 저주를 퍼붓지 않는 것과 마찬가지로, 문화적 질병과 억압의 존재가 문화적 진화 자체를 저주하진 않는다. 이는 특히나 사냥에서 농사, 엔진, 컴퓨터에°이르는 문화적 진화의 점진적인 단계에 적용된다. 연달아 등장하는 각 단계는 새로운 정보, 새로운 잠재력, 새로운 희망, 새로운 공포를 실어 온다. 더 많은 복잡성, 더 많은 분화, 더 많은 상대적 자율성을 몰고 오는 것이다. 그리고 그에 상응해서 통합과 포용이 뒤따르지 않을 경우, 새롭고도 더 큰 병리의 역량도 따라온다. 우리는 문화적 진화의 역사는 새로운 성취의 역사이자 새로운 질병의 역사임을 볼 것이다.

나는 분화와 분리, 초월과 억압, 깊이와 질병을 단순하게 혼동하는 이론가들에게는 공감할 수가 없다.

진화가 새로운 분화를 생성할 때마다, 그런 분화가 통합되지 못할 때마다 병리가 발생하는데, 그런 병리에 접근하는 근본적인 방식이 두 가지 존재한다.

그 한 가지 예(에른스트 크리스Ernst Kris가 소개한)는 '자아를 위한 퇴행'이라는 프로이트식 개념이다. 즉, 의식을 사로잡고 있던 상위 구조의 통제력이 느슨해지고, 최초로 실패한 이전 수준으로 통합이 퇴행하며, 호의적이고 치유적인 맥락에서 손상을 재체험함으로써 그 수준에서 상처가 재생된다. 그런 다음 고차원의 새로운 자아 홀론(또는 자기시스템 전체) 안에서 그 수준을 통합한다. 그 수준, 예전의 '그림자'를 포용한다. 왜냐하면 낮은 수준의 충동(예컨대, 성과 공격성)을 초월하고 포함했어야 하는 형성에 있어서의 중요한 성장 기간 중에 자아는 그런 충동들을 초월했지만 억압하였고, 그것들을 떼 버리고 소외시킨 데 자아의 문제가 있기 때문이다. 상대적으로 더 큰 자율성을 띤 상위 수준 구조의 특권이긴 하지만, 우리가 이미 본 것처럼 항상 병리라는 대가를 치르고서야 획득한 특권인 셈이다. 그러므로 상위의 재통합을 위한 퇴행, 예전에 소외되었던 홀론을 치유하고 온전하게 만듦으로써 진화가 더 조화롭게 진전되게끔 허용하는 퇴행이 치료법으로 등장한다.

또 다른 일반적인 접근에는 종종 퇴행만을 추천하는 것으로 끝내는 복고 낭만주의가 있다. 내 생각에 이런 접근은 분화와 분열을 혼동하고, 초월과 억압을 혼동하고 있다. 그러므로 진화가 새로운 분화를 생성하고, 그런 분화가 병리적 해리로 될 때마다 이런 접근은 창발적 역사의 페이지를 뒤로 넘겨 분화 이전 시기로 영원히 돌아가려고 애쓴다. 분열 이전이 아니다. 우리 모두 동의하지 않는가! 분화 이전으로 돌아가야 하지 않는가!

실로 그것이야말로 새로운 깊이, 새로운 창조성, 새로운 의식을 희생시키지 않고 새로운 병리를 없앨 것이다. 복고 낭만주의 논리로 볼 때 실제로 병리를 제거하는 유일한 길은 분화를 통째로 제거하는 것이 될 텐데, 이는 빅뱅 이후의 모든 것이 엄청난 오류라는 뜻이다.

　복고 낭만주의 접근에서 더욱 문제시되는 것은 이 이론가들이 후퇴를 자의적으로 멈추기로 결정한 시점이 갖고 있는 문제 전반이다. 예를 들어, 종종 기계문명 시대에 수반되는 억압과 소외를 정당한 경계심으로 직시한 수많은 이론가는 우리가 결코 농경시대를 넘어가지 말았어야 했다고 주장한 후, 뒤이어서 자신의 노동 생산물에서 소외된 사람이 거의 없고 평화로우면서도 전일적인 행복 속에서 '대모大母'가 지배하는 '비기계화되고' '탈비인간화된' 농업 사회의 영광을 멋들어지게 찬양하였다. 이런 사회 대다수는 의도적으로 인간 희생을 도입하고, 전쟁의 범위와 수단을 배가할 뿐 아니라, 성 계층화gender stratification가 최고조에 달하도록 방치하고, 엄청난 수의 사람을 노예로 전락시킨 것은 염두에 두지 않았다.

　이런 난제들을 감지한 이론가들은 한 걸음 더 나아가서 인류가 안고 있는 대부분의 문제는 농업의 발명 자체와 더불어 시작되었다고 주장했는데, 왜냐하면 농업과 더불어 인간이라는 동물이 자신의 만족만을 위해 생물권을 마음대로 개조하기 시작했고, 도그마식 경전으로 권력을 안착시키는 문어文語를 만들었으며, 일부 사람들이 경제적으로 타인들을 조절하고 노예화시키게끔 허용하는 농업 잉여물을 생산하였을 뿐 아니라 여성 예속화를 대규모로 시작했기 때문이다. 실로 이 대부분의 일은 농지 경작과 더불어 시작되었다.

　그래서 이 이론가들은 실로 우리가 수렵채집 사회를 넘어가지 말아야 했다고 주장한다. 어떤 사회는 평화를 사랑하는 오히려 평등주의적 사회인 반면, 어떤 사회는 그렇지 않았던 이런 사회들에 관해 언급된 유쾌한 이야기들은 놀랍게도 일방적이다. 그 밖의 이론가들은 이들 사회 중 극소수 소중한 사회만이 실제로 평등했으며, 분명 전투는 존재했고, 여기서 성차별 예속의 씨앗이 심어졌을 뿐 아니라, 노예제도가 없었던 게 아님을 조심스럽게 지적할 때까지는 그랬다.

　실로 우리는 고릴라에 머물러야 했다. 고릴라는 적어도 자신을 고의로 희생시키거나 변절자를 상대로 무력 충돌을 벌이지 않을 것이고, 그런 곳에서는 노예제도도 없으며, 어떤 동물도 자신의 노동으로부터 소외되지 않았을 테니 말이다.

　이런 식으로 진행되면서 점점 더 엳어지는 어둠 속으로 물러가는 에덴동산을 찾아 온우주가 한층 한층 벗겨지게 되었다.

내가 말하려는 요점은 우리의 뿌리를 기억하고 끌어안으며 존중하는 일과 썩은 잎 하나를 해결하겠다고 잎과 가지를 쳐 내면서 축하하는 일은 전혀 별개라는 것이다. 그래서 우리는 새로운 병리가 무성해진다는 사실에 공포로 목이 바싹바싹 타들어 가면서도 이들을 바로잡으려 애쓸 때조차 진화의 새로운 가능성을 축하할 것이다.

그렇더라도 낭만주의 전반에 걸쳐서 도달한 강력한 합의점 한 가지를 되짚어 보자. 정신권 자체에 깊이(높이)를 지나치게 추가시킴으로써 정신권이 생물권에서 모조리 떨어져 나갈 위험에 처해 있다. 그것은 우회로일 뿐 생물권을 전혀 저지하지 못할 것이고, 생물권은 우리 인간이 있든 없든 즐겁게 제 갈 길을 가겠지만, 초월하고 억압하는 동물들에게는 대재앙이 내려질 것이다.

내면성

이 장에서 제시된 모든 도표를 살펴보면 놀라운 사실 한 가지를 알 수 있다. 모든 도표는 모든 실재를 전체적이면서 포괄적으로 다루고 있다고 주장한다. 즉, 그들이 제시한 내용에서 (미시와 거시의 혼동 같은) 오류들을 없애고 도표들을 모두 한데 모으면 그 결과로 나타나는 '큰 그림'은 원자에서부터 세포, 동물까지, 별에서부터 행성, 가이아까지, 촌락에서부터 도시, 행성의 연합체까지(도표에 이 모든 것이 제시되었다.) 실재 전체를 다루고 있다고 시스템 이론가들은 주장할 것이다. 정신권은 생물권을 초월하지만 포용하며, 생물권은 물질권을 초월하지만 포용하는, 여기부터 영원까지 뻗어 있는 하나의 거대한 전일론적이면서 일체를 포괄하는 시스템이 된다.

그럼에도 불구하고 아직은 아니다. 무언가 지독히 잘못되었다. 오히려 끔찍이도 부분적이다. 이 모든 도표는 육체적 감각이나 그 연장물(현미경, 망원경)로 볼 수 있는 사물들을 나타내고 있다. 그들은 모두 우주가 밖에서outside 어떻게 보일지에 관한 것이다. 그들은 모두 진화의 외적 모습이다. 그들 중 어떤 것도 진화가 안에서는inside 어떻게 보일지, 개체 홀론이 여러 단계에서 세계를 어떻게 느끼고 지각하며 인지하는지를 보여 주진 않는다.

반응성irritability, 감각, 지각, 충동, 심상, 상징, 개념 등으로 진행되는 예를 들어 보자. 우리는 세포가 원형질의 반응성을 보이고, 식물은 초보적인 감각을 보이며, 파충류는 지각을, 고포유류는 심상을, 영장류는 상징을, 인간은 개념을 보인다고 믿을 것이다. 이는 사실일 수 있지만(나는 사실이라고 생각한다.), 요점은 우리가 제시한 도표에는 그 무엇도 나타나지 않는다는 것이다. (지금까지) 도표는 진화의 겉모습만을 보여 줄 뿐 그에 상응하는 모습 자체의 '내면적 파지interior prehension'(감각, 느낌, 아이디어 등)는 도무지 없다.

그러므로 (몇 가지 오류를 수정한다면) 도표 자체가 잘못된 게 아니라 지극히도 부분적이라는 것이다. 그들은 우주의 내면을 배제시켰다.

여기에는 이유가 있다. 일반 시스템 과학은 실증적이거나 감각적 증거(또는 그 연장물)에 근거를 두는 일을 추구한다. 그러므로 그들은 세포가 모여 어떻게 복잡한 유기체가 되고, 유기체들이 어떻게 생태 환경의 일부가 되는지 등에만 관심을 가진다. 당신은 이 모든 것을 볼 수 있고, 그러므로 이들을 실증적으로 탐구할 수 있다. 이 모두가 충분히 진실이다.

그러나 그들은 자신들이 내세운 실증적 방법이 다룰 수 없다는 이유로 감각이 어떻게 지각으로 되고, 지각이 충동과 정서에 자리를 내주며, 정서가 갑자기 심상으로 변하고, 심상이 상징으로 확장되는지에는 관심을 두지 않는다. 실증 시스템 과학은 이 모든 것의 외적 모습을 다루며, 이를 매우 잘 다루고 있다. 그들은 이 모든 것의 내면을 놓치고 있을 뿐이며, 내면을 완전히 배제시켰을 뿐이다.

마음과 뇌를 예로 들어 보자. 뇌와 마음에 대해 어떤 식으로 결론을 내리든 다음과 같은 사실이 확실해 보인다. 뇌는 [그림 3-6](또는 해부학적으로 정확한 어떤 그림)처럼 보이지만 마음은 [그림 3-6]처럼 보이지 않는다. 나는 내 마음을 내면에서 알고 있으며, 거기서 마음은 감각, 느낌, 심상, 아이디어들로 끓어넘친다. [그림 3-6]처럼 내 뇌가 보이듯이 내 마음이 보이는 건 아니다.

달리 표현하면, 내면적인 '친분acquaintance을 통해' 내 마음을 알지만, 뇌는 '기술description을 통해' 알려진다(윌리엄 제임스William James, 버트런드 러셀Bertrand Russell). 이 때문에 나는 항상 내 자신의 마음을 어느 정도는 알 수 있지만 내 자신의 뇌는 결코 볼 수 없다(두개골을 열어 거울을 보지 않는 한 그렇다). 나는 두개골을 열어 들여다봄으로써만 사체의 뇌를 볼 수 있지만, 나는 그 사람의 마음을 알거나 그 마음과 공유할 수 없다. 그렇지 않은가? 그가 세상에 대해 어떻게 느끼고 지각하며 생각했는지 알 수 없는 것이다.

뇌는 외면이고, 마음은 내면이다. 우리가 앞으로 살펴보겠지만, 유사한 유형의 외면/내면이 진화의 모든 홀론에 해당된다. 실증 시스템 과학이나 생태과학이 스스로를 전일론이라고 주장해도 실제로는 온우주의 정확히 절반만 다루고 있는 셈이다. 특히 이것이 바로 생명의 그물 이론이 그토록 부분적이라고 지적하는 내용이다. 그들은 실로 장 속의 장 또 그 속의 장을 보았지만, 실제로 그것들은 표면 속의 표면 또 그 속의 표면에 불과하다. 그들은 실재의 반쪽인 외면만 보고 있다.

이제 남은 반쪽을 볼 때가 되었다.

04
내면의 관점

사물에는 내면이 있다. 나는 두 가지 관점이 결합될 필요가 있음을,
조만간 두 관점이 일종의 현상학이나 일반 물리학, 세계의 외적 측면뿐만 아니라
사물의 내적 측면도 고려될 수 있는 물리학 안에서 결합될 것임을 확신한다.
그렇지 않다면 하나의 일관된 설명으로 우주 현상 전체를
다루는 것이 불가능해 보인다.

−피에르 테야르 드 샤르댕−

앞장에서 제시했던 사물의 외면, 개체 및 사회 홀론의 외면과 더불어 우리는 사물의 내면, 동일한 홀론의 내면을 제시할 필요가 있다.

우리의 접근에서 처음에는 이 부분이 다소 낯설게 들릴 수 있다. 예를 들어, 세포의 내부, 세포의 '내면성interiortity'을 어떻게 알겠는가? 대답은 세포는 우리의 일부라는 점, 우리는 우리 자신의 복합 개체성 안에 세포를 포용하고 있다는 사실에 있다고 나는 믿는다. 즉, 앞서 진행된 진화 단계에서 궁극적으로는 어떤 것도 낯설지 않은데, 왜냐하면 정도나 방식만 다를 뿐 그들 모두가 존재의 일부로서 우리 안에 들어 있기 때문이다.

따라서 우리가 다른 홀론의 낌새라도 합리적으로 알아챌 수 있는 건 나 자신의 내면적 느낌을 통해서다. 이 방식으로 그들 또한 나를 알게 된다. 왜냐하면 정도는 달라도 궁극적으로 우리는 모두 서로 속에 존재하고, 지금 당장에도 그렇기 때문이다.

멀리 떨어진 행성에 인력이 작용하는 것과 똑같이 중력이 내 뼛속에 있는 미네랄을 끌어당기고 있다. 배고픈 늑대가 모두 그렇듯 굶주림은 우리의 배를 꼬르륵거리게 만든다. 사자에게 먹히는 가젤의 눈에 서린 공포는 나나 당신에게도 낯설지 않다. 아침 해가 솟아오를 때 울새의 노랫소리가 즐겁지 않은가?

러브조이가 '소급 압력retrotension'으로 불렀던 것, 인간이 그것을 느낀다는 이유로 '상위'의 생각과 느낌을 '하위' 형태에 적용해서 읽어 내는 의인화 오류anthropomorphic fallacy의 위험을 나보다 경계하는 사람은 없다. 그러나 우리는 이런 탐구에 있어 각 발달 단계에 있는 여러 홀론의 외형적 모습을 이미 면밀히 조사한 진화학의 도움을 받고 있다. 왜냐하면 우리는 온당하게도 외형적 모습과 내면적 지각 간의 상관관계를 정리할 수 있기 때문이다.

예를 들어, 아무튼 진화의 현 시점에서 볼 때 의도적인 상징 논리는 복잡한 신피질로 알려진 외형의 모습이 발달한 곳에서만 발견될 가능성이 높다. 그러므로 식물, 도마뱀, 말처럼 신피질이라는 외형의 모습을 갖추지 못한 지구상에 살아 있는 홀론에게는 의도적 상징 논리를 보유한 내면이 없을 수 있다. 이와 마찬가지로, 변연계로 알려진 외적 모습이 없는 동물 홀론에게는 분화된 정서를 보유한 내면도 없을 가능성이 있다. 이는 우리의 '소급 압력 경향성'에 제한을 가하는 격이어서, 그런 느낌을 얼마나 멀리 (또는 그중 어떤 것을) 다른 존재의 심층에까지 확장시킬 수 있을지를 우리 자신의 느낌이라는 깊이에서 파헤칠 수 있도록 도움을 준다.

따라서 우리는 소급 압력을 피하려 노력하고 싶지만 이는 우리를 경험주의자들, 마치 전혀 다른 차원에서 온 물질적 외계 생물을 바라보듯 무표정한 표정으로 장미를 쳐다보면서 인식론적 간극을 어떻게 메울 수 있을지 의아해하는 경험주의자들과는 꽤나 다른 위치에 놓는다. 실제로 그들은 곤혹스러운 표정으로 그것을 '외부 세계에 대한 지식'이라고 말한다. 나는 외부 세계를 알 수 있는데, 왜냐하면 외부 세계는 이미 내 안에 있기 때문이다. 나는 나를 알 수 있다. 타자에 대한 모든 지식은 단지 정도가 다른 자기지식일 뿐인데, 왜냐하면 자기와 타자는 동일한 직물로 짜여 있으며, 서로 간에 속삭이면 어느 순간에도 들을 수 있기 때문이다.

물론 이런 식의 접근은 전혀 새로운 게 아니다. 우리는 아리스토텔레스에서부터 스피노자에 이르기까지, 라이프니츠에서부터 화이트헤드에 이르기까지, 오로빈도Aurobindo에서부터 라다크리슈난Radhakrishnan에 이르기까지 이와 유사한 것들을 발견할 수 있다. 경험주의나 실증주의에서는 그것을 발견할 수 없으며, 경험적이기를 그토록 원하는 '전일론' 시스템 이론가들에게서도 발견할 수 없다. 내가 방금 언급했던 이론가들에 의지해서 그런 불균형을 바로잡고 싶다.

마지막으로, 우리는 인간 홀론에서 성장의 상위 단계들, 예를 들어 신비 체험의 경우 초의식의 광명, (그런 것이 실제로 존재한다면) 신성Divine의 광명에서 나온다고 전해지는 의식의 상위 단계들도 살펴볼 것이다. 즉, 우리는 초개인 심리학으로 알려진 분야를 살펴볼 것이다. 왜냐하면 이제 우리는 최초로 추가된 영역으로 들어가기 때문이다. 진화의 깊이가 깊을수록 의식의 정도는 더 커진다.

내면성과 의식

스피노자, 라이프니츠, 쇼펜하우어, 화이트헤드, 오로빈도, 셸링, 라다크리슈난은 사물의 내면, 개체 홀론의 내면성은 본질적으로 의식과 동일하다는 점을 분명히 인식했던 소수에 속하는 주요 이론가들이다. 물론 그들은 서로 다른 명칭을 사용했으며, 그 의미 또한 약간씩 달랐다.

화이트헤드는 원자를 포함해서 아무리 '원시적'이라도 접촉을 기술하고, 어느 주체라도 그 주체가 갖는 대상에 대한 느낌을 기술하기 위해 '파지prehension'를 사용하였다("생물학은 큰 유기체를 연구하고, 물리학은 작은 유기체를 연구한다."라는 그의 유명한 말이 있다). 스피노자는 '내부로부터' 사상事象을 아는 것을 '인지cognition', 동일한 사상을 '외부로부터' 아는 것을 '연장extension'이라고 했다. 라이프니츠는 자신의 모나드(홀론)의 내면에 대해 '지각perception'(또는 물질)을, 외면에 대해 '물질matter'을 사용했으며, 내면만이 사실상 실재하며 직접적으로 알 수 있고, 물질(또는 연장)은 견실한 실재가 결여된 외양에 불과하다는 단서를 붙였다. 간단히 말해서 외부에서 마음은 이렇게 보이는데, 테야르 드 샤르댕은 "내면, 의식, 자발성은 동일한 것을 세

가지로 표현한 것이다."라고 매우 간결하게 표현하였다. [1]

이 시점에서 나는 범심론 및 심/신 문제에 관한 역사적 해결책(우리는 나중에 여기로 돌아올 것이다.)이라는 문제와 복잡하게 얽혀 있는 여러 다양한 입장이 갖는 미묘한 철학적 차이에는 휘말리지 않을 것이다. 그보다는 당분간 더욱 일반적인 입장을 취하면서 내 관점에서는 사물의 내면이 의식이고, 외면은 형상이라고만 말하고 싶다.

또는 앞에서 언급한 바와 같이 사물의 내면은 깊이이고 외면은 **표면**이다. 그러나 모든 표면은 깊이의 표면이므로 모든 형상은 의식의 형상이라는 뜻이다.

게다가 가장 낮은 홀론에게 전적으로 또는 대부분 초보 형태의 의식이나 파지가 있는지 여부에 대해 실랑이를 벌이고 싶지 않다. 첫 번째로 홀론에는 낮은 한계가 없으므로 표준 기능을 하는 최저점이 없다. 두 번째로 그것들은 모두 깊이가 드러난 형상이므로 거기에 내재하는 의식의 실제 양은 완전히 상대적이다. 그러므로 현재 우리가 가장 낮거나 가장 원시적인 홀론(예컨대, 쿼크)으로 무엇을 취하든, 상대적으로 말해서 **그들은** 가장 얕은 깊이, 가장 적은 의식을 갖고 있다고 말할 수 있을 뿐이며, 그런 형태를 화이트헤드와 같이 '파지'로 부를 것이다. 원한다면 당신은 가장 낮은 수준을 '완전한 부동'으로 자유롭게 부를 수 있으며, 거기서부터 논의를 전개할 수 있다.

당신이 의식을 얼마나 더 아래로 끌고 내려갈지는(또는 그러지 않을지는) 내게 문제되지 않음을 강조하자. 우리가 말했듯이, 화이트헤드는 파지를 더 이상 환원할 수 없는 존재의 '원자'로 보았다. 대승불교는 말 그대로 모든 유정물은 불성을 가지며 해방이란 만물에 스며 있는 의식을 깨닫는 것이라고 주장한다. 유명한 생물학자인 린 마굴리스는 세포에 의식이 있다고 믿었다. 소수 과학자들은 식물이 원형-감각 proto-sensation을 보인다고 생각한다. 동물 권리를 주장하는 활동가들은 동물 형태 대부분이 원시적인 느낌을 갖고 있다고 주장한다. 대부분의 정통 이론가들은 영장류와 보통 인간에 도달하기까지는 의식이 출현하지 않는 것으로 보고 있다고 나는 추측한다.

그러나 나의 주된 요점은 이런 선을 정확히 어디에 그을 것인가, 당신이 편하게 생각하는 어떤 곳이든 거기에 선을 긋는 데 있는 게 아니라 그 선 자체는, 특히 내면성과 외면성을 구분한다는 데 있다.[2] 이 책에서 줄곧 나는 이 요지로 돌아올 것이다. 그동안 나는 의식은 깊이와 동의어이며 깊이는 아래로 쭉 내려가는데, 그러나 깊이가 점점 더 얕아져서 한밤의 어두운 그림자 속으로 사라져 간다고 가정할 것이다. 테야르가 유창하게 표현했듯이, "진화 과정을 되돌아 내려가면 의식은 낮은 쪽이 깜깜한 밤 속으로 사라져 가는, 음영이 점차 옅어지는 스펙트럼으로서 그 질을 드러낸다".[3]

이제 단순한 상관관계를 일부 살펴보자. [그림 4-1]은 개체 홀론의 외적인 모습이 진화할 때 이정표가 되는 일부 사건들과, 이들과 관련이 있다고 나 자신이 제안한 그에 상응하는 의식의 창발적 모습의 이정표를 나열한 것이다.

물론 새로운 내면 홀론 각각은 그 선행 홀론을 초월하지만 포함한다. 이전에 있던 것의 본질적 요소들을 함입한 후 독특하면서도 창발적인 고유의 패턴을 추가한다[4] (우리는 잠시 후에 이를 상세하게 살펴볼 것이다). 이런 내면 홀론은 크기나 공간적 연장과는 무관함에 주목하라. 상징은 심상보다 크지 않으며, 심상은 충동보다 크지 않

원자	파지
세포(유전성)	감수 반응
물질대사하는 유기체	초보적인 감각
(예: 식물)	
원형-신경 유기체	감각
(예: 강장동물)	
신경 유기체	지각
(예: 환형동물)	
신경줄(어류/양서류)	지각/충동
뇌간(파충류)	충동/정서
변연계(고포유류)	정서/심상
신피질(영장류)	상징
복합 신피질(인간)	개념

[그림 4-1] 외면과 내면

다. 물리주의자들의 과학을 적용할 경우, 이 지점에서 매우 왜곡되어 버린다.

새롭게 출현하는 각각의 내면 홀론은 초월하지만 포함하고, 따라서 하위 홀론이 제시하는 정보에 근거해서 작용하며, 이에 따라 진행되고 있는 인지나 내면 지류에서 무언가 새로운 것을 만들어 낸다는 것이 일단은 중요한 요지다. 그러므로 의식의 새로운 성장이란 주어진 세계에서 더 많은 것을 '발견'하는 게 아니라 새로운 세계 자체를 공동창조하는 것, 포퍼가 새로운 인식론 영역의 '창조와 비교making and matching'로 부른 것, 더 높고 더 넓은 세계의 발견/창조다.

이 목록([그림 4-1] 참조)의 실제 세부 사항, 즉 단어 선택, 정확한 위치에 대해서는 상당한 논란이 있을 수 있다. 그러나 주어진 세부 사항에 대해서는 동의하지 않아도, 내 생각에 사람들 대부분은 무언가 이런 일이 정말로 일어나고 있다는 데에는 동의할 것이다. 깊이가 깊을수록 내면성이 커지고 의식이 커진다. 테야르는 이것을 '복잡성과 의식의 법칙', 즉 복잡할수록 의식이 증가한다고 표현하였다. 우리가 이미 보았듯이 진화는 더 복잡해지는 방향으로 가는 경향이 있기 때문에, 의식이 더 증가하는 방향으로 가는 경향성이 있다고 말하는 것에 다름없다(또다시 깊이=의식이다).

[그림 4-1]의 단어 대부분을 별도로 설명할 필요는 없지만, 언급할 필요가 있는 내용은 심상은 어떤 대상을 유사성resemblance으로 나타내는 심적 구성체인 반면(개에 대한 심상은 실제 개 "처럼 보인다".), 상징은 유사성이 아닌 대응correspondence으로 대상을 나타내는 것이며(피도라는 단어는 나의 개를 나타내지만, 단어 자체는 개와 전혀 닮지 않았다. 그런 점에서 더 어려운 인지 작업이다.), 개념은 유사성 부류class 전체를 나타낸다(개라는 단어는 **모든** 개의 부류를 나타내며, 더 복잡한 인지 작업이 된다.)는 점이다.

여우가 담장 너머에서 토끼 한 마리를 발견하면 담장 주변을 수백 야드 달려서 토끼를 잡는데, 추정컨대 여우는 마음속에 토끼의 심상이나 원시 심상을 갖고 있을 것이다. 앞으로 올라가서, 원숭이와 침팬지는 상징(또는 적어도 고高심상)을 만들 수 있으며, 단순한 명시적 언어를 인지하고 사용할 수 있도록 실제로도 훈련시킬 수 있다는 증거는 풍부하다. 우리가 아는 한 인간만이 온전하게 형성된 개념(또는 일반성)을 창조하고 의식적으로 사용하며, 이런 개념들은 인간 복합 개체의 모든 선행 수준까지 따라 내려가고, 이 수준들을 차별화시킬 뿐 아니라 채색한다(고포유류도 격렬한 화를 느끼겠지만, 인간만이 그것을 분노, 나아가 머릿속에 넣어 놓은 지속적이면서도 천천히 타오르는 증오라는 개념으로 정교화시킨다).

바꿔 말해서, 개념은 상징을 초월하고 포함하며 상징은 심상을 초월하고 포함한다(이는 충동을 초월하고 포함한다 등). 그리고 이들 중 어떤 것도 물리적 연장과는 무관하다.

외면적 접근의 한계

앞 장에서 나는 전일론 시스템 이론가들은 자신들이 기술한 홀론의 내면성을 배제시켰다고 언급했다. 더 자세히 살펴보자. 일부 이론가들은 우주의 내면을 고려하려 시도했는데, 왜냐하면 아무튼 그들은 느낌, 상징, 아이디어 같은 것을 언급했기 때문이다. 그러나 그다음에 그들은 이런 내면에 대해 표면에 적용시켰던 것과 똑같은 분석을 적용했는데, 이는 경험적이 되도록 노력했기 때문이며, 이것이 매우 불편한 결과를 초래했다.

[그림 4-2]를 참고하면서 여기에 관해 설명할 수 있다. 여기서 나는 수준 3에 있는 복합 개체 홀론 각도에서 세 개의 일반적인 진화 영역을 나타냈다. 물질권은 A, 생물권은 B, 정신권은 C로 표시함으로써 수준 3에 있는 홀론을 선행 수준을 초월하지만 포함하는 A+B+C로 나타낼 수 있다.

이제 (버탈랜피에서 라슬로, 얀치에 이르기까지) 진화 시스템 이론들은 어떤 수준도 다른 수준으로 환원시킬 수 없지만, **동일한 역동적 패턴의 일반 법칙이나 규칙성을 세 영역 모두에서 발견할 수 있다고 한다.** 이것은 '유사 법칙analog law'이 아닌 '상동 법칙homolog law'으로 부르는데, 이는 영역들 간에 기본적으로 동일한 법칙들이 적용된다는 의미다.

나는 (어느 정도까지는) 그 입장에 동의하며, 2장에서 20개 원리 또는 어디에서 나타나건 홀론의 특징이 되는 '상동 법칙'의 개요를 서술하였다. 여기까지는 괜찮았다.

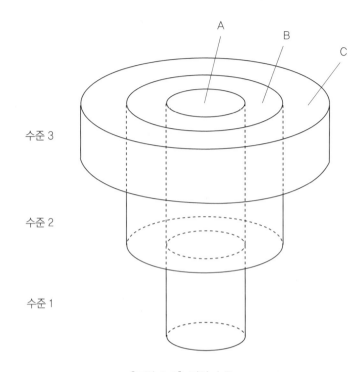

[그림 4-2] 진화 수준

    그러나 이런 원리들은 일반적인 성질이라서 세 가지 일반 영역 모두에 적용되어야 하는데, 이는 본질상 기본적으로는 A로 표시된 영역에 적용된다는 것을 의미한다. 왜냐하면 세 영역 모두가 공통적으로 갖고 있는 유일한 것이 A이기 때문이다. A는 A에서 시작해서 B와 C의 중심을 관통하므로 세 수준 모두에서 일어나는 건 무엇이나 A에 적용된다(그러나 전적으로는 아니다). 그러므로 수준 1, 즉 A에서 우리는 이미 산일구조, 즉 자기조직하는 구조, 깊이와 폭을 갖춘 홀론, 창조적 창발, 복잡성의 증가, 진화적 발달, 분화, 자기초월, 목적론적 끌개장 등을 발견한다. 20개 원리를 제시했을 때 나는 세 영역 모두에서 도출된 예들을 사용했지만, 물질권 자체에서도 모든 원리를 어느 정도까지는 발견할 수 있다(그러므로 전 진화 과정에서 어느 정도는 지속성을 인정할 수 있다. 등식에서 "자연에는 간극이 없다."의 측면에 해당한다). 이 모든 것도 괜찮은 편이다.

    그러나 결정적으로 중요한데도 불구하고 20개 원리 중 어떤 것도, 특히 B와 C에서 일어나는 것을 설명하지 않고 있다. B와 C가 홀론으로 구성되어 있는 한, 실제로도 그렇지만 이들은 20개 원리를 모두 따를 것이다. 그러나 성적 재생산, 대사에서의 소통, 자기생성적 자기보존 등을 예로 들 수 있는 생명이 도입된 홀론은 A 홀론이 하지 못하는 여타의 일들을 수행한다. 마음이 도입된 홀론은 언어 소통, 개념적 자기 표현, 예술적 노력 등 B 홀론이 하지 않는 일들을 수행한다. B와 C의 질, 기능, 인지는 A에도 적용되는 동일한 원리를 따르겠지만, 그들은 더 나아가서 특히 20개 원리로부터 도출될 수 없는 그 밖의 법칙, 패턴, 행동들(이 원리들은, 예컨대 진화가 더 복잡해진다고는 하지만 진화가 시를 창조한다고는 하지 않는다.)을 따른다. 오이디푸스 콤플렉스를 해결하는 방법이나 왜 자존심에 상처를 입는지, 명예란 무엇인지, 인생이 살 만한 가치가 있는지에 대해서 20개 원리가 우리에게 말해 줄 수 있는 건 아무것도 없다.

달리 말해서, 내게는 역동적 시스템 이론의 일반을 의미하는 20개 원리는 모든 발달에서 가장 근본이 되는 원리라서 B, 특히 C쯤 되면 (그리고 더군다나 이보다 고차적인 건 무엇이나) 흥미가 가장 떨어지고, 가장 덜 중요하며, 효과가 가장 떨어지는 원리가 되고 만다. 정확히 말해서, 모든 시스템을 망라하기를 원하고 그렇다고 주장하는 시스템 이론, 그럼으로써 필연적으로 가장 낮은 수준의 공통점을 다루는 데 있어서 시스템 이론은, 스위프트Swift의 말을 인용하자면 퉁퉁 불은 국수조차 다루지 못하는 아무짝에도 쓸모없는 이론이 되고 만다.

퉁퉁 불은 국수, 즉 가장 낮은 홀론은 깊이가 가장 얕고, 내면성이 가장 적으며, 의식도 가장 적어서 그런 과학은 퉁퉁 불은 국수 과학a weakest noodle science이나 다름없다. 그것은 표면의 과학이다. 라슬로의 서적 같은 '시스템 서적'에서 20개 원리와 유사한 무언가를 매우 풍부하면서도 인상적으로 제시하고, 이들을 물질권 및 약간이라도 생물권에 풍성하게 적용한 것을 볼 수 있지만, 그 후 생물권을 탐색한 후 정신권으로 진입하면서 그런 설명은 창백해지고 퇴색되어 아주 빨리 옅어진 채 사라져버리고 마는 데, 이는 언제나 변함없이 이런 이유 때문이다.

사회나 역사 진화에 와서는, 예를 들어 라슬로는 정신권 진화는 적은 질서에서 더 많은 질서로, 덜 복잡한 것에서 더 복잡한 것으로 진행되고, 그것은 비가역적이라고 정확하게 지적하면서 그런 항목 몇 가지를 추가하였다. 그것이 그가 말한 전부이자 시스템 과학자로서 그가 말할 수 있는 전부다. 그러나 우리는 이미 알고 있다. 그것은 평형 상태에서 멀리 떨어진 모든 복잡계에서 일어나는 일이다. 역사를 단순한 산일 구조가 아닌 역사로 만드는, 실로 흥미로우면서도 매우 독특한 내용에 대해서 시스템 과학이 우리에게 말해 줄 수 있는 내용은 극히 드물다. 그것은 A+B+C 시스템에 대해서 가장 낮은 수준의 공통 패턴만을 말해 주는데, 반복해서 말하지만 이는 상위 수준에게는 가장 근본적이지만 가장 덜 중요한 패턴이다.

(물론 수많은 시스템 이론가는 실제로는 B 또는 살아 있는 시스템의 역동을 이용해서 그것을 모든 수준의 전형으로 만들어 버림으로써 이제는 불만족스러운 결과를 양쪽에 똑같이 초래했다. 즉, B는 C를 제대로 설명하지 못하고 A를 과도하게 설명하거나 소급 압력을 행사하는데, 예를 들어 물질권에까지 자기생성의 의미를 부여하려 노력함으로써 설득력을 잃고 말았다. 가장 낮은 수준의 공통점을 취한 접근과 한 영역에만 우선권을 부여하려는 시도로부터 이 모든 골칫거리가 등장했다.)[5]

이런 이유로 얀치 같은 설명처럼, 그렇지 않았다면 종종 매우 빛났을 설명들은 이런 식으로 말할 것이다. "화학적 수준 이외의 수준에서 일어나는 역동 모델에 이런 수학적 관계를 동일한 방식으로 적용할 수 있을 것이다." 여기서 그는 A에 해당하는 시스템 패턴이 수준 B와 C도 유의미하게 포괄하고 있음을 의미한다(그리고 분명하게 언급하고 있다). 그런 다음 그는 "물론 상상력이 필요하다……."[6]라고 덧붙였다.

상상력 이상으로 환상이 필요하다. 셀드레이크는 "마찬가지로, 프리고진의 예로 돌아가서 도시화에 관한 수학 모델은 도회지 성장률에 영향을 미치는 요인들을 밝힐 수 있을지는 모르지만, 예컨대 인도 도시나 브라질 도시에서 발견되는 서로 다른 건축 양식, 문화, 종교를 설명할 수는 없다."[7] 라고 말했다. 특히나 문화적인 것은 단 한 가지도 설명할 수 없다.

마이클 머피는 똑같은 요지를 강력하게 표현했다. 그는 세 가지 주요 영역에서의 유사성(또는 지속성)을 최초로 지적하였다. "물질, 생물, 심리사회 영역에서의 발달 유형들은 서로 다른 과정을 통해 형성되며 서로 다른 패턴을 갖지만, 그들은 진화로 불리는 일관되면서도 비가역적인 순서로 진행된다. 이 세 영역은 많은 특징을 공유한다." 나는 20개 원리에서 이런 공통 특징들을 추출하였다. 그다음 머피는 이렇게 강조하였다. "그러나 세 종류의 진화, 즉 무기물, 생물, 심리사회의 진화는 많은 특징을 공유하지만 별도의 원리에 따라 작동한다. 유익한 과학적 환원은 이(영역)들이 고유의 특징 패턴을 따라 진행한다는 사실을 없애지 못한다."[8]

그러므로 20개 원리는 우리 체계의 중심축으로서 홀론에는 어디서나 이 원리가 들어맞는다. 그렇다고 나는 주장한다. 그러나 살코기, 살덩이, 느낌, 지각, 이런 것들에 대해서 우리는 어딘가 다른 곳, 우리의 수준이기도 한 일체All 수준의 내면으로부터 우러나오는 공감적 느낌을 대신 살펴보아야 할 것이다. 우리와 타인들 속에 있는 이런 느낌들을 가장 낮은 수준의 공통점으로 환원시키거나 그 범위를 좁힘으로써 그 풍성함을 존중하는 게 아니다. 추정컨대 울새, 사슴, 아메바는 여기에 대해 아마도 나만큼이나 모욕감을 느낄 것이다. 항상 그렇듯이 우리의 대답은 평원에서는, 끝없이 의미 없는 종종걸음을 치면서 희미해진 채 마침내 그토록 근본적이고 그토록 무의미한 밤의 어두운 그늘 속으로 사라져 버리는 검은 체커의 세계에서는 결코 찾을 수 없을 것이다.

인간 홀론 내면의 진화

우리는 복잡한 삼중 뇌까지, 개체 홀론의 (선행하는 모든 외면을 포용하거나 포섭하는) 외면 진화와 개념까지 이들과 상호 관련된 동일한 홀론의 (선행하는 모든 내면을 포용하거나 포섭하는) 내면 진화의 윤곽을 그려 보았다. 이제 개념이나 원형-개념을 만들고 집단/가족이라는 사회 홀론 속에서 살아가는 삼중의 복잡한 뇌를 보유한 인간 동물이 최초로 출현한 이야기를 할 차례다. 현재까지 쭉 이어 온 진화를 간단하게 따라가 볼 것이다.

또다시 말하지만 우리의 작업은 이미 대부분 수행되었으며, 이 점에서 우리가 의지할 수 있는 두 가지 주된 자료가 존재한다. 하나는 이 분야에 관한 나 자신의 이전 작업으로서『에덴을 넘어Up from Eden』와『아이 투 아이Eye to Eye』로 출판되었다. 나머지 하나는 위르겐 하버마스의 작업으로서, (나 자신을 포함해서) 많은 사람은 그를 현존하는 세계에서 가장 중요한 철학자이자 사회이론가로 생각한다. 이 두 자료는 매우 다른 각도에서 독립된 결론에 도달하고 있지만, 두 결론은 강하게 일치한다. 『에덴을 넘어』를 작업하고 있을 때, 나는 이제 막 하버마스와 접촉하기 시작했으므로 불행히도 그의 예리한 논평을 포함시킬 기회를 갖지 못했다. 대신에 나는 진 겝서Jean Gebser, 에리히 노이만Erich Neumann, L. L. 화이트, 게오르크 헤겔, 조지프 캠벨Joseph Campbell 같은 개척자들의 작업에 의지했다. 어떤 의미에서 이것은 행운이었다. 매우 다른 각도에서 작업한 하버마스가 동일한 일반 결론에 도달했다는 사실은 논문 전체에 힘을 실어 주었다.

이 장과 다음 장에서 내가 하고 싶은 일은 인간의식과 사회 의사소통의 진화에 관해 하버마스가 실시한 관찰들을 아주 짤막하게 개략적으로 서술하는 일이다(그리고 나 자신의 작업과 일치하는 점을 삽입해서 보여 주는 일이다. 『에덴을 넘어』와 『아이 투 아이』에 익숙한 사람들은 유사점을 즉시 찾아낼 것이다). 의사소통과 사회 진화에 관한 하버마스의 전반적인 관점은 의사소통 행위(또는 오메가 포인트로서의 **상호 이해와 맞물린 행위**)에 관한 그 자신의 이론적 맥락 내에 위치한다. 나는 주변 내용을 상당 부분 잘라내고, 그의 풍성한 이론의 작은 부분 중에도 가장 간단한 골격만 제시할 것이다. 독자들에게 그의 원래 작업을 참고하도록 권한다.[9]

『에덴을 넘어』(그리고 『아이 투 아이』)에서 나는 인간 진화의 네 가지 주된 시기를 인식할 때 진 겝서가 수행한 획기적인 작업을 따랐는데, 각 시기는 개인의식의 특정 구조(또는 수준)와 이에 상응해서 도출된 사회적 세계관(그리고 이것으로 만들어진 개인의식)에 뿌리내리고 있다. 겝서는 이런 일반 단계들을 태고archaic, 마술magic, 신화mythic, 심리mental로 불렀다.

하버마스는 이런 결론에 일반적으로 동의하고 있음을 볼 것이다.

더 나아가서 나는 (정도는 덜하지만 겝서도) 이런 의식 각각은 서로 다른 시공감각, 법과 도덕, 인지 스타일, 자기정체성, 기술 양식(또는 생산력), 충동이나 동기, 개인 병리(그리고 방어) 유형, 사회적 탄압/억압 유형, 죽음 엄습과 죽음 부정의 정도, 종교 경험 유형을 만들어 낸다고 제안했다.

이 장에서, 그리고 특히 다음 장에서 우리는 태고, 마술, 신화, 심적 세계관을 신중하게 살펴볼 것이다(그리고 상위 발달의 가능성도 제안할 것이다).

그러나 우선 여기서 무엇을 시도하는지를 아주 분명하게 짚고 넘어가자. 나는 개체 홀론과 사회 홀론이 존재하며, 각각은 내면과 외면을 갖는다고 제안한 바 있다. 따라서 진화 일반, 특히 인간 진화에 있어서 우리는 서로 다른 네 가닥을 추적할 수 있는데, 그 각각은 다른 모든 것과 밀접하게 관련을 맺으면서 실로 의존하지만 그 어떤 것도 다른 것으로 환원시킬 수 없다.

네 가닥이란 개인과 사회의 내면과 외면, 또는 미시와 거시의 내부와 외부를 말한다.

우리는, (1) 원자에서부터 분자, 세포, 유기체, 신경생물, 삼중 뇌를 가진 신경생물에 이르기까지 개체 홀론의 외부 형태의 발달을 이미 살펴보았다. 또한, (2) 초은하 집단서부터 은하계, 행성, 가이아, 생태계, 집단/군群에 이르기까지 사회 홀론의 외부 형태의 발달도 살펴보았다(그리고 촌락, 국가, 지구 시스템으로 이어진다고 제안했다). 더 나아가서 우리는, (3) 파지에서부터 감각, 충동, 심상, 상징, 개념에 이르기까지 개체 홀론의 내면 발달도 이미 제안했다(또한 구체적 조작 사고, 형식적 조작 사고로 이어지며 더 상위 단계들이 나타날 것이라고 간략하게 제안했다). 마지막으로 방금 우리는 아무튼 인간 진화에 있어서는, (4) **사회 홀론의 내면 발달**은 (마술에서부터 신화, 심리 그리고 아마도 더 상위의 발달까지) 일련의 **공유된 세계관**으로 스스로 드러낸다고 제안한 바 있다.

하위 수준이 어느 정도까지는 의식이나 파지를 갖는다고 믿는 것과 같이 그들도 '세계관'을 갖는데, 내게 이것은 '공통의 세계 공간'을 의미한다. 깊이가 의식이라면, 나는 그렇다고 믿는데, 하위 홀론에 깊이가 있다면, 나는 그렇다고 믿는데, 어느 홀론이든 동일한 수준에 있는 다른 홀론들과의 관계교환 시스템 안에만 존재한다면, 실제로 그런데, 그렇다면 모든 홀론은 그 동료들과 깊이를 공유하며, 이것이 바로 '세계관' 또는 가장 넓은 의미에서 '공통의 세계 공간'이다. 예를 들어, 특정 홀론에 파충류의 뇌간이 있다면 그것은 충동이라는 내면성을 갖는다는 데 우리는 이미 동의했고, 그런 내면성은 객관적인 그것-언어로 모조리 포착될 수는 없다는 사실에도 이미 동의했다. 따라서 그것은 틀림없이 주관적(또는 원형-주관적) 공간, 유사한 깊이를 가진 홀론과 공유하는 공간을 갖는다. 그것은 공유된 표면에 국한되지 않는 공유된 깊이 또는 공통의 세계 공간이다.

다시 한번 말해 보자. 홀론에 공통된 외면이 있다면, 실제로 그런데, 그렇다면 그들은 공통된 내면(또는 세계 공간)을 갖는다. 이것을 아래까지 얼마나 밀고 갈지에 대해서는 의견 충돌이 있는 게 당연하지만, 그것을 인간에게만 한정시키는 것은 터무니없다.

그렇더라도 어떤 원시적인 의식이나 파지 형태가 무대에 등장한다고 느껴지는 진화 지점에 대해서 자유롭게 논의해 보라. 추측건대, 인간까지 올 쯤이면 공유된 세계관이 존재한다는 것에 모두가 동의할 수 있을 것이며, 이런 공유세계관이란 쉽게 말해서 사회 홀론의 내부 느낌, 특정 발달 수준에서 일어나는 집단 자각의 내부 공간이다. 그것은 '내'가 어떻게 느끼는지가 아니라 '우리'가 어떻게 느끼는지와 관련된다.

사상한

이야기를 진전시키면서 이런 구분을 훨씬 상세하게 살펴볼 것이다. 지금 당장을 위해서 [그림 4-3]에 재빨리 요약해 놓았다(다음의 [그림 5-1]에 제시된 더 상세한 도표를 대강 훑어보는 것도 도움이 될 것이다). 도표의 위쪽 절반은 개체 홀론을 나타내고, 아래쪽 절반은 사회나 공동체 홀론을 나타낸다. 오른쪽 절반은 홀론의 외면 형태, 즉 외부에서 어떻게 보이는지를, 왼쪽 절반은 내면, 즉 내부에서 어떻게 보이는지를 나타낸다.

따라서 우리는 모든 홀론의 네 가지 주요 상한 또는 네 가지 주요 측면을 갖는다. 우상상한UR은 개체 홀론의 **외부적** 형태나 구조다. 이 상한은 간단히 빅뱅에 해당하는 중앙에서부터 아원자 입자, 원자, 분자, 세포, 신경생물, 삼중 뇌가 있는 생물까지 뻗어 나간다. 인간과 관련해서 이 상한은 **행동주의자**들이 강조하는 상한이다. 행

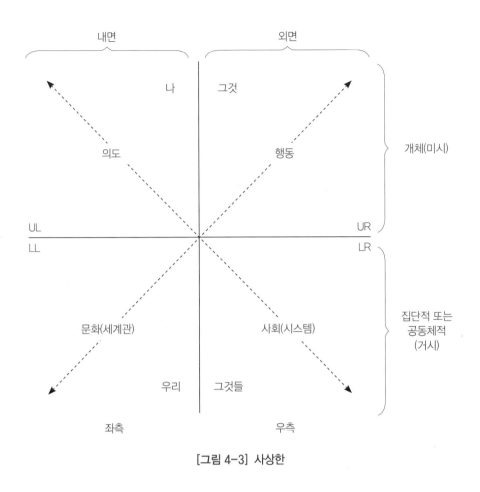

내면　　　　　　　　　외면

나　　　　그것

개체(미시)

의도　　　　　　　행동

UL　　　　　　　　　　　UR
LL　　　　　　　　　　　LR

문화(세계관)　　　　사회(시스템)

집단적 또는
공동체적
(거시)

우리　　그것들

좌측　　　　　　　　우측

[그림 4-3] 사상한

동은 볼 수 있으며 실증적이다. 정확히 이런 이유로 실증과학은 언제나 홀론의 행동 (원자의 행동, 기체의 행동, 물고기의 행동, 인간의 행동)에만 관심을 쏟을 뿐, 개체의 내면을 포함하는 난처한 내성과는 얽히고 싶어 하지 않는다.

　이는 좌상상한이 될 것이다. 이 상한, 개체 홀론의 내면 형태는 중간서부터 파지, 감각, 충동, 심상, 상징, 개념(등)으로 뻗어 나간다. 이런 내면$_{UL}$(좌상상한)은 이미 보았듯이 특정한 외면$_{UR}$과 상호 관련되어 있으므로, 정서는 변연계와 '공존하고' 개념은 삼중의 복잡한 뇌 중 신피질과 '공존하는' 등이다(즉, 우측의 모든 지점은 좌측에 그와 관련된 대상을 갖는다. 모든 외면에는 내면이 있다). 인간과 관련해서 이 상한은 정신분석에서부터 현상학, 수학(외부 세상에서 음수 1의 제곱근이 돌아다니는 걸 본 사람은 아무도 없다. 그것은 내면적으로만 파악된다.)에 이르기까지 (무엇보다) 개체과학의 모든 '내면'을 포함하고 있다.

그러나 개체는 유사한 깊이의 다른 홀론들과의 관계교환 속에서만 존재한다(미시와 거시, 개인과 사회). 달리 말해서, 도표의 위쪽 절반에 있는 모든 지점은 아래쪽 절반에 그에 상응하는 지점을 갖는다(그러므로 사상한은 모두 서로서로 대응점을 갖고 있다). 아래쪽 두 상한을 하나씩 살펴보자.

우하상한LR은 이미 보았듯이 이 빅뱅에서부터 초은하 집단, 은하계, 별, 행성, (지구에 있는) 가이아 시스템, 생태계, 노동이 분업화된 사회, 집단/가족으로(이들은 단순히 폭이 좁아짐으로써 점점 '더 작아진다'.) 뻗어 간다. 인간과 관련해서 이 상한은 친족중심의 부족에서부터 촌락, 국가, 글로벌 세계 시스템까지 뻗어 간다(고유의 수준에서는 점점 '더 커진다'). 그러나 이 상한은 도구 및 기술 양식, 건축 양식, 생산력, 구체적인 제도, 문자화된 (물질적) 형태 등을 포함해서 구체적인 물질에 매몰된 모든 사회적 공동체 형태도 지칭한다.

바꿔 말해서, 우하상한은 사회 시스템의 모든 외면적 형태, 실증적이며 행위적인 형태를 나타낸다(도표의 우측 절반에 있는 것은 모두 실증적인데, 왜냐하면 그것은 홀론의 외면 형태를 포함하기 때문이다. 이 경우에는 사회 홀론이 된다). 이런 이유로 (특히, 앵글로 색슨 국가에서) 인간 '사회학' 연구는 항상 관찰 가능한 사회 시스템(또는 '사회 행위 시스템')에 관한 연구였다. 자료를 실증적으로 알 수 있으면 그것은 '실로 실재하는' 과학이 되어, 모든 사회 홀론은 실증적으로 알 수 있는 외면을 갖고 있다는 이유로 사회학은 종종 이 한 요소(우하상한)로 연구를 한정시켰다. 그리고 사회 행위 시스템에서 독백적이고 관찰 가능한 변인들에서 벗어난 건 무엇이든 이것을 연구하는 일에 대해서는 심한 혐오감을 보였다.

이런 이유로 말미암아 사회학자들이 행동 지향적인 행위 시스템만을 연구하는 실증주의 경향성에 대해 완강하게 저항하면서 사회뿐만 아니라 문화 또는 여러 사회 시스템의 공통 세계관을 형성하는 공유된 가치, 즉 사회 시스템의 내면인 좌하상한LL을 연구하는 것이 매우 어려웠다. 따라서, 예를 들어 ('사회 분석'과는 정반대로)『문화 분석Cultural Analysis』이라는 제목의 최근 선집에서는 우리 편에서 작업하고 있는 피터 버거Peter Berger, 메리 더글러스Mary Douglas, 미셸 푸코, 위르겐 하버마스라는 4명의 주요 이론가들만 찾을 수 있었다(몇 사람 중 찰스 테일러Charles Taylor와 클리퍼드 기어츠Clifford Geertz도 분명 추가할 수 있을 것이다. 이 책을 통해서 이들 6명의 이론가들의 영향력을 강하게 느낄 수 있다).

그러나 편집자는 요점을 제대로 파악했다. "다른 사회과학 분야에서의 이론, 방법, 연구조사는 지난 수십 년간 인상적인 속도로 축적되었지만, 문화에 관한 연구는 거의 진전이 없는 것 같다." 그 이유는 이렇다. 실증적 지향성을 띤 정통 연구자들은 "태도와 느낌… 상호 주관적 현실… 신념과 가치같이 문화를 형성하고 있는 내용들로 구성된 수명이 짧은 영역으로부터 수입 불균형, 비고용, 출산율, 집단 역동, 범죄 등과 같이 사회적 삶에서 더욱 견고하며 (실증적인) 사실로 관심을 돌렸다. 전체적으로 볼 때, 사회과학은 탐구 영역으로서의 문화를 완전히 폐기할 위험에 처해 있다고 말한다면 지나친 속단이 아닐 것이다."[10]라고 했다. 즉, 우하상한을 선호한 나머지 좌하상한을 폐기하고 만 것이다.

이와 더불어 편집자들은 이 네 명의 이론가가, 그럼에도 불구하고 문화 연구 접근에 있어 혁명의 최전선에 있었음에 주목하였다. 문화 측면의 수명이 아무리 '짧더라도' 여러 현상학적·분석적·구조적 도구에 대해서 문제를 제기할 수 있다. 무언가가 '주관적'이라는 건 그것이 존재하지 않다거나 세심하게 연구될 수 없다는 말이 아니다. 편집자들은 지적하길, 이들 이론가 각각은 "문화 자체의 요소에서 **체계적인 패턴**을 밝히려고 노력했다". 내 방식으로 표현하면 문화 홀론, 외면이 아닌 내면의 구조나 패턴이다. "전반적으로 볼 때 사회과학의 주류에서 벗어난 이런 접근은 일차적으로는 의미, 상징주의, 언어, 담론 영역을 지향해 왔다. 각각은 무척 독특하면서도 현대 사회과학의 소위 '실증주의자' 경향성과는 크게 동떨어진 더 깊이 있는 철학 전통에 뿌리를 두고 있다. 이들 중 첫 번째, 그리고 아마도 가장 친숙한 것은 현상학(버거)이고, 두 번째는 문화인류학(더글러스), 세 번째는 구조주의(푸코), 네 번째는 비판이론(하버마스)이다."[11] 이 접근들은 이미 지대한 영향을 끼쳤으며, 편집자 표현대로 '너트와 볼트가 가슴과 마음을 대신한' 실증주의 경향성을 뒤집는 데 도움을 주었다.

그러나 (사회 행위 시스템, 경험적인 너트와 볼트를 의미하는) 사회와 (공유된 세계관과 가치, 가슴과 마음을 의미하는) 문화 간의 이런 구분은 사회(또는 공동체) 홀론의 외면과 내면 간의 구분에 불과하다. 이 두 차원은 서로 밀접하게 상호 작용하면서 관련을 맺고 있지만, 어떤 것도 다른 것으로 곧바로 환원시킬 수는 없다(따라서 제대로 설명하지도 않은 채 중요치 않다고 설명해 치울 수는 없다).

수많은 용어가 돌아다니기 때문에 나는 어쩔 수 없이 사회social라는 단어를 두 가지 의미, 즉 협의의 의미[사회적 시스템 또는 사회에서 관찰 가능한 외부 패턴으로서 (우하상한) '문화' 또는 경험적으로는 포착될 수 없는 내면적 가치와 의미와는 (좌하상한) 대조를 이룬다.]와 광의의 또는 일반적인 의미(여기서는 협의의 의미에서의 사회와 문화를 의미하며, 이는 도표의 아래쪽 전부를 뜻한다.)로 사용하고 있음에 주목하자. 이어지는 논의에서 문맥에 따라 어떤 의미를 뜻하는지가 분명해질 것으로 믿는다. 그렇지만 지금부터 대체로 '문화'는 좌하상한을 의미하기 위해 사용하면서 '사회'는 우하상한의 몫으로 남겨 둘 것이다.

사회와 문화 간의 차이에 관해서 단순한 예 한 가지를 들어 보자. 그 나라의 언어를 말하지 못하는 외국에 갔다고 상상해 보자. 그 나라에 도착하자마자 당신은 그 나라 사회 시스템이나 그 나라의 현실적인 물질요소 안으로 들어간 셈이다. 당신은 그 나라 안에 있다. 주변 사람들은 당신이 이해하지 못하는 외국어로 말을 한다. 그러나 물질적으로 발화된 단어는 다른 사람들과 마찬가지로 당신의 귀를 울린다. 당신과 토착인 모두 사회 시스템의 동일한 물리적 진동 속에 잠겨 있다.

그러나 당신은 한마디도 알아들을 수가 없다. 당신은 사회 시스템 속에 있지만 세계관 속에 있는 건 아니다. 당신은 그 문화 속에 있지 않다. 당신은 외면만 들을 뿐 내면적 의미는 이해하지 못한다. 모든 사회적 기표가 당신을 침범하고 있지만 문화적 기의는 하나도 떠오르지 않는다. 당신은 사회 시스템의 내부자insider이지만 문화의 이방인이다.

내면적인 문화 의미에 관한 연구는 외부적인 행위 시스템 연구로 환원될 수 없다(그러나 이들은 여러 면에서 상호 관련을 맺고 있다). 그렇지 않다면 언어를 습득하지 않고서도 공동체에 관해서 알아야 할 것들을 모두 알 수 있을 것이다. 당신은 (기체 입자의 행동처럼) 거주자의 '행동'을 보고하면서도 까다로운 '의미' 나부랭이는 어떻게 되든 상관치 않을 수 있다(환원주의적 고고학 시기에 푸코는 실제로 이런 방식으로 진행하면서 언어적 진술의 진실과 의미를 괄호에 부치고 그들의 체계적인 행동만 보고했는데, 이로써 엄청난 논란을 야기했다. 그는 나중에 철회했으며, 그런 접근을 배타적으로 사용한 것에 대해 '오만했다'[12]고 표현했다. 그러나 그것은 모든 '행복한 실증주의'가 걸핏하면 반복하는 오만이다). 모든 홀론은 우하상한 요소를 갖는다. 그러나 그것이 전부는 아니다.

좌하상한은 집단이나 공동체 홀론의 세계관(또는 공통의 세계 공간)을 구성하는 공유된 내면적 의미에 관한 연구다. 인간과 관련해서 우리는 이것이 태고서부터 마술, 신화, 심리(온갖 종류의 변형이 있으며 발달이 그 이상 일어날 가능성에 대해서 열어 놓는다.)까지 뻗어 나감을 보았다.

하위 홀론의 세계 공간에 대해 말해 보면, 내가 말하는 의미는 단순히 그들이 반응할 수 있는 공유된 공간이다. 쿼크는 환경 속에 존재하는 모든 자극에 반응하지 않는데, 매우 좁은 범위로 제한된 자신에게 의미가 있는 것, 그들에게 **영향을 미칠 것**들만 접수하기 때문이다. 쿼크(그리고 모든 홀론)는 자신의 세계 공간에 적합한 것에만 반응한다. 그 밖의 것은 외국어에 불과하고 이방인에 불과하다. 홀론이 반응할 수 있는 것에 관한 연구가 공유된 세계 공간에 관한 연구다.[13]

우상한 길과 좌상한 길

사상한 체계와 그 밖의 다른 이론가들의 작업 간에는 엄청난 수에 달하는 상관관계가 존재하는데, 진행해 가면서 우리는 더 상세한 내용을 탐색할 것이다. 당장에는 예비적인 요지 몇 가지만 적어 보자.

[그림 4-3]의 우측 절반 전체, 외면 절반을 '그것$_{it}$' 언어로(또는 '객체' 언어로) 기술할 수 있으며, 이를 **실증적으로**(행동주의, 실증주의 또는 독백론 용어로) 연구할 수 있다. 우리가 이미 말했듯이, 우측 절반 전체는 '저 밖에서' 당신이 볼 수 있는 것, 감각이나 그 연장물(망원경, 현미경, 사진 건판 등으로서 당신은 이런 경험적 관찰대상들에 관한

이론을 제시하는데, 이것이 바로 '독백적' 또는 '실증-분석적'이라고 말할 때의 의미다.)로 등록 가능한 것이다.[14] 우측 절반의 요소, 우상상한과 우하상한은 그 자체가 중립적인 표면, 중립적인 외면, 중립적인 형태로서 이 모두를 '그것'-언어로 충분히 기술할 수 있다. 이 중 어떤 홀론에도 내면을 끌어들일 필요가 없다. 내성, 해석, 의미나 가치를 끌어들일 필요도 없다. 그저 외부 형태와 그 행동을 기술하기만 하면 된다. 어떤 것도 더 낫거나 나쁘지 않으며, 좋거나 나쁘지도, 바람직하거나 바람직하지 않지도, 선하거나 악하지도, 고상하거나 천하지도 않다. 표면적인 형상에 불과하므로 관찰하고 기술하기만 하면 된다.

당신은 그렇게 할 수 있다. 거기에는 표면적인 형상이 있다. 그것은 정당할 뿐 아니라 전적으로 필요한 스토리다. 스토리 전체가 아닐 뿐이다.

나는 우상상한과 우하상한에 관한 연구를 종종 우측의 길Right-Hand path로 부를 것이다. 육안이나 그 연장물로 그 길을 볼 수 있다. 간단하게 말해서, '그것'-언어'it'-language(객관주의자, 독백적, 관찰 가능한, 실증적, 행동적 변인들)의 길이다.

우측 길에는 상충하는 주된 두 진영, 개체의 표면을 연구하는 원자론자와 개체가 아닌 전체 시스템을 주로 연구한다고 주장하는 전일론자가 있다. 그러나 양 진영은 똑같이 표면에만 한정된 외면적 접근이다. 그들은 평원 존재론의 두 진영으로서, 감각을 통해 볼 수 있고 탐지할 수 있는 속속들이 실증적인 존재론이다.

반면에 도표의 좌측 절반은 육안으로 볼 수 없다(좌측 측면이 물질적이거나 외면적인 형태 속에 매몰되는 경우는 예외인데, 여기에 대해서는 추후에 논의할 것이다). 바꿔 말해서, '그것'-언어로 좌측 절반을 기술할 수는 없다. 좌상상한은 오히려 '나'-언어'I'-language로 기술되며, 좌하상한은 '우리'-언어'we'-language로 기술된다(곧 여기에 대해서 설명할 것이다). 나는 이 양자를 좌측의 길로 부를 것이다.

우측 절반은 볼 수 있는 데 반해, 좌측 절반은 해석되어야만 한다. 그 이유는 표면은 볼 수 있기 때문이다. 저기에 있기 때문에 누구든지 볼 수 있다. 그러나 깊이를 직접 지각할 수는 없으며, 여기에는 해석이 필요하다. 우측의 길은 언제나 "그것은 무슨 일을 할까?" 또는 "그것은 어떻게 작동할까?"라고 묻는 데 비해, 좌측의 길은 "그것은 무슨 의미일까?"라고 묻는다.

사슴은 내가 접근하는 것을 본다. 그것은 나의 외면적 형상, 나의 모습을 보고서는 나의 형태를 통해서 사슴에게 다가오는 적절한 물리적 자극을 모두 등록한다. 그러나 그건 무슨 의미일까? 나는 먹을 것을 가진 친절한 친구일까? 아니면 총을 든 사냥꾼일까? 사슴은 자기 고유의 세계 공간이라는 맥락 속에서 그 자극들을 해석해야만 한다. 보는 것에 그치지 않는다. 사슴은 제대로 볼 수 있지만 그 해석에서 **오류**가 생길 수 있다. 실제로는 내가 먹을 것이 아닌 총을 갖고 있을 수 있다. 모든 물리적 자극들이 충분히 사슴에게 다가올 수 있지만(이것이 문제가 아니다.), 문제는 그것들이 실제로 무엇을 의미하는가다. 표면은 주어졌지만 깊이에서는 무엇이 도사리고 있는 걸까? 표면 아래 놓여 있는 의도는 무엇일까? 경험적으로 주어진 게 아닌 경험적으로 전달되는 건 무엇일까?

출발부터 오늘날까지 이어지면서 사회이론은 종종 날카롭게 충돌하는 두 개 진영, 해석학과 구조 기능주의(또는 시스템 이론)로 나뉘었다. 해석학(해석의 기술과 과학)은 인간이 공유하는 문화적 세계 공간을 재구성하고, 공감적으로 그 속으로 진입하려 시도함으로써 그 속에 담겨 있는 가치에 대한 이해라는 결과를 낳았다. 이와는 달리 구조 기능주의는 (참여라는 의미에서의) 의미를 생략하고, 그 대신 외부적인 사회구조와 행위 시스템의 행동을 지배하는 사회 시스템을 살펴보았다.

공동체적 실천이라는 더 큰 네트워크 속에 개인 존재의 위치를 정했으며, 공유된 실천이라는 전일론 배경과 관련짓지 않고는 개인을 이해할 수 없다는 주장을 했다는 의미에서 **양측 모두가 전일론적**이다. 그러나 해석학은 언제나 "그것은 무엇을 의미할까?"를 묻는 반면, 구조 기능주의는 대신에 "그것은 무슨 일을 할까?"를 묻기 때문에 그들은 거의 정확히 좌측의 길과 우측의 길을 대표하고 있다.

의미를 재구성하려면(좌측의 길) 나는 해석에 참여해야만 한다(해석학). 나는 공유된 깊이, 공유된 가치, 거주자의 공유된 세계관 속으로 들어가려고 노력해야만 한다. 나는 내면으로부터의 문화를 이해하고 기술하려고 노력해야만 한다(이와 동시에 기록하기 위해서 미세한 거리를 유지해야 한다). 나는 의미를 볼 수 없는데, 의미는 색깔 맞추기처럼 내 감각을 울리기 위해 표면에 앉아 기다리지 않기 때문이다. 그보다는 나는 가능한 한 거주자의 내면적 깊이와 **공명**해야만 한다. 내 안의 깊이('살아온 경험')

는 내가 다른 사람에게서 이해하려 애쓰는 그에 상응하는 깊이(또는 살아온 경험)에 맞게끔 공감적으로 조정해야 하며 직관적으로 그것을 느껴야만 한다. 경험 조각을 멍청하게 등록하진 않는다. 상호 이해란 깊이를 내적으로 조화롭게 공명하는 것의 한 유형에 불과하다. "나는 네가 말하는 의미를 알고 있어."

예를 들어, 호피족의 기우제 춤은 무슨 의미일까? 수많은 '참여적 관찰자'와 마찬가지로, 나는 그것이 신성하게 느끼는 자연과의 연결을 의미하고, 그것을 표현함으로써 춤은 신성한 자연의 표현이자 똑같은 자연을 향한 요청이 된다는 사실을 알아낼 수 있다. 이를 이해하고(그리고 그 종족의 일부가 되지 않음으로써) 이것을 사회학적인 방식으로 조리 있게 표현하기 위해서 나는 공유된 사회적 실천의 전체 네트워크와 언어적으로(그리고 전언어적으로) 구조화된 의미 및 특정 세계 공간이나 세계관의 '사전 이해' '배경' 또는 '예지豫知'를 구성하는 상호 주관적 교환이라는 '이면의 무의식'을 들여다보아야만 한다. 세계 공간이나 세계관이란 일부 (이해가 필요한) 명시적이고 일부 (발굴이 필요한) 함축적인 특정 문화의 내적 가치와 의미를 구성하는 맥락 속의 맥락, 그 속의 맥락을 총칭한다(이것은 빌헬름 딜타이Wilhelm Dilthey, 베버, 하이데거에서부터 폴 리쾨르Paul Ricoeur, 한스 가다머Hans Gadamer, 기어츠와 테일러를 통해 오늘날까지 내려오는 해석학적 프로그램을 짧게 요약한 것이다).

이와는 달리 기능(우측의 길)을 재구축하기 위해서 나는 토착인들이 자신들이 하고 있다고 말하는 게 아니라 사회 행위 시스템 전체에서 그 춤이 실제로 무슨 기능(토착인은 모르는 기능)을 하는지를 대부분 초연한 방식으로 면밀하게 관찰해야만 한다. 초연한 관찰자(탤컷 파슨스Talcott Parsons처럼)는 춤이 사회적 연대감과 사회적 응집력을 확보하는 기능을 수행한다는 결론을 내린다. 춤이 실제로 비를 내리게 하는지의 여부나 비를 내리게 만들려고 애쓰는지의 여부는 부수적인 관심에 불과하다. 왜냐하면 그것이 실제로 수행하는 것은 부족이라는 사회적 구조(즉, 사회 행위 시스템이 갖는 자기조직하고 자기생성하는 체제) 안으로 사람들을 묶어 놓는 계기를 제공하기 때문이다. 이를 결정하기 위해서 그 부족은 전체적인 패턴(구조)과 전체적인 기능(행동)이 면밀하게 관찰된 하나의 전일론 시스템으로 간주되는데, 그렇게 되면 어떤 개별적인 사건의 '의미'는 전체 시스템에서 그 위치(또는 기능)를 갖는다. (이는 콩트Comte에서부터 파슨스, 니클라스 루만Niklas Luhmann에 이르는 여러 형태의 구조/기능과 '시스템 이론' 프로그램 및 클로드 레비스트로스Claude Lévi-Strauss에서부터 초기 푸코까지를 구조주의와 고고학적 변형으로 볼 수 있는 내용을 요약한 것이다.)[15]

한 길은 항상 "그것은 무슨 일을 **할까**?"를 묻기 때문에 사실적·실증적인 관찰 가능한 변인들에 근거한 설명을 제공하려고 애쓰는 반면, 다른 한 길은 항상 "그것은 무슨 의미일까?"를 묻기 때문에 상호적일 수 있는 이해에 도달하려고 노력한다.[16]

표면은 확장하지만extend 내면은 의도한다intend. 그만큼 간단하다.[17]

미묘한 환원주의

좌측 접근과 우측 접근은 모두 중요한 진실을 담고 있으며, 균형 잡힌 또는 '온상한' 관점에는 양측이 모두 필요하다. 모든 홀론은 (적어도) 존재의 이 네 측면 또는 네 차원(또는 네 개 '상한')을 갖고 있어서 의도, 행동, 문화, 사회라는 맥락에서 연구될 수 있다는 게(그리고 연구되어야 한다.) 나의 입장이다. 어떤 홀론도 네 상한 중 어느 하나에만 존재할 수 없고, 각 홀론은 네 개 상한을 갖는다.

물론 원시 홀론일수록 그 본질적 가치, 의도나 문화에 덜 신경 쓰는 것 같은데, 이는 슬픈 일이다. 이제 요지는 우리가 하위 홀론을 어떻게 생각하든 적어도 인간에 이르면 네 개 상한 중 어떤 상한에도 특권을 부여할 수 없다는 것이다(당신이 어떤 형태의 의식이나 파지든 간에 인간 이하까지 확장되지 않는다고 믿는다면, 사상한에 관한 연구는 달리 생각할 경우 적어도 어떤 방향으로, 어떤 방식으로 내면이 확장될 수 있는지 당신에게 보여 줄 것이며 그 자체로 매우 유용한 훈련이 될 것이다).

이로써 우리는 거친 환원주의gross reductionism와 미묘한 환원주의subtle reductionism라는 주제에 도달하였다. 거친 환원주의는 우선 어디에나 내면이 존재한다는 점을 믿지 않으므로 의미, 가치, 의식, 깊이, 문화, 의도성 같은 사안들이 결코 제기되지 않는다. 실제로 그들은 원자로 환원시킬 수 없는 가치를 단연코 본 적이 없다고 자랑삼아 떠벌이면서 죽길 원한다.

거친 환원주의는 우선 모든 상한을 우상상한으로 환원시키고, 그런 다음 두 번째로 우상상한의 상위 차원 구조를 모두 원자나 아원자 입자로 환원시켜 버리는데, 이것이 거친 측면이다. 그 결과, 순전히 물질적 · (보통) 기계적 · (항상) 원자적으로 된다. 역사적으로 볼 때, 쾌락주의자들부터 시작해서 홀바흐Holbach, 라 메트리La Mettrie 등으로 계보를 잇는 고도로 천재적인 극소수 미치광이들만이 탁월성을 발휘하면서 실제로 이 길을 걸었다(폴라니는 이것을 '천부적 재능이 뒷받침하는 편견'으로 언급했고, 러브조이는 "인간 어리석음의 극치다."로 요약하였다).

이런 평원 원자론자flatland atomists 반대편에 평원 전일론자flatland holists가 존재한다. 그들은 모든 홀론을 원자로 환원시키지 않는다. 반대로, 그들은 도표 좌측 절반에 위치한 일체를 거기에 상응하는 우측 절반의 실재로 환원시킨다. 즉, 그들은 시스템 이론가들과 구조/기능주의자들로서 일반 시스템 이론에서부터 현대 역동적 시스템 이론, 수많은 '신패러다임'과 '생태학적/전일론' 이론에 이르기까지 여러 형태를 띤다.18)

내가 말했던 것처럼 대부분 그들의 가슴은 진실되지만, 그들의 이론은 실증적이고 독백적, 퉁퉁 불은 국수라서 눈으로 볼 수 있는 외면만 다룰 뿐 애써 해석해야 하는 내면을 다루고 있지 않아서, 이 모든 이유로 말미암아 은밀한 형태의 환원주의로 끝나고 말았다. 자신들이 한 일을 거의 완벽하게 의식하지 못하기 때문에 은밀하다. 실제로 절반을 짓밟아 버렸음에도 그들은 실재 전부를 포용하고 있다고 주장한다.

(이제 한 가지 예로서 시스템 이론에 대해 하버마스가 벌인 상대를 다그치는 공격과 그의 입증, 즉 시스템 이론이 중요하지만, 그 위치가 제한됨에도 불구하고 그 환원주의로 말미암아 오늘날에는 생활세계의 최대 적이 되었다는 사실에 대한 입증을 살펴볼 수 있다. 그는 이것을 '자신들이 치른 대가를 외재화하는 기능 시스템의 명령으로 인한 생활세계의 식민화… 시스템 유지와 시스템 확장을 향한 맹목적인 충동'19)이라고 하였다. 푸코가 '현대의 위험'이라고 말한 생체권력biopower이란 우리 모두를 서로 맞물려 있는 거대한 생명 그물의 가닥과 수단으로 바꿔 버린, 주로 생물화시켜 인간에게 적용시킨 시스템/도구적 성향이자 현대 강제력의 주된 형태가 아닐까?)

이 시스템 및 '전일론' 이론가들이 이해하지 못하는 것은 자신들이 실제로 거친 환원주의는 피해 갔지만, 이로 말미암아 대단한 칭찬을 받았지만, 그럼에도 불구하고 (분명히 자신도 알지 못한 사이에) 스스로 **미묘한 환원주의**의 전형이 되었다는 사실이다. 그들은 모든 것을 원자로 환원시키지는 않고 좌측 일체를 '시스템' 내부의 우측 설명으로 환원시켰다. 그들은 사상한 전일론(또는 온우주 전일론)을 한낱 우측 전일론, 평원 전일론으로 환원시켜 버리고 말았다. 자신들이 전일론자임을 마땅히 뽐내면서 평원 부분을 간과한 것이다.

보통은 누군가가 회귀법칙_{recursive law}(반복될 경우 복잡한 과정을 야기하는 단순한 과정)을 발견하면 거친 환원주의가 때때로 특유의 고개를 치켜들지만, 전반적으로 볼 때 그것은 수많은 신新패러다임 비평가가 생각하듯 분명 역사적으로 그다지 영향력을 미치지 않았다.

온우주를 없앨 만큼 실로 대단한 파괴력을 갖고 현대 평원 존재론에 기여한 것은 시스템 이론 또는 숱한 형태의 구조 기능주의라는 우측의 길이다. 환원주의적 악한은 원자론자이며, 시스템 속의 시스템이라는 전일론 성질을 강조하면서 자신들은 환원주의를 극복했고, 그러므로 '지구를 치유하는 데' 도움을 주는 입장에 있다고 시스템 이론가들은 주장하고 싶어 한다. 그러나 그들은 실제로 거친 환원주의를 극복하기 위해 미묘한 환원주의를 사용하였다.

예를 들어, 이 평원 전일론자들은 계몽주의의 대단한 '부정적 유산'은 원자론적·분열적 원자론이라고 주장한다. 그러나 원자론은 계몽주의를 지배했던 주제가 아니었다. (12장과 13장에서) 상세하게 살펴보겠지만, 그 시대에 관해 연구한 거의 모든 역사가가 풍부하게 밝힌 바와 같이 계몽주의를 지배했던 주제는 '서로 맞물려 있는 존재의 질서가 갖는 조화', 애덤 스미스의 위대한 '보이지 않는 손'에서부터 존 로크의 '서로 맞물린 질서', 개혁자들과 이신론자들의 '상호 관련된 존재라는 조화로운 거대한 전체'에 이르기까지 모든 것의 배후에 놓여 있는 시스템 조화였다.

이제 몇 가지 예를 들어 보자. 재론의 여지가 없는 결론을 다음과 같이 실질적으로 내린 학자들을 대표하고 있는 사람으로 찰스 테일러를 꼽을 수 있다. "계몽주의 주류에서는 서로 맞물려 있는 시스템 전체라는 객관적 실재로서의 자연, 그 속에서 인간을 포함한 일체 존재들이 일체 타자들의 존재 양식에 꼭 들어맞는 자연스러운 존재 양식을 갖고 있는 그런 자연이 행복과, 그러므로 선을 위한 기본 모델, 청사진을 제공한다. 계몽주의는 인간 본성을 포함해서 그 부분들이 완벽하게 딱 들어맞는 조화로운 전체로서의 자연에 대한 모델을 개발했으며, 질서의 통일성은 조화로운 전체를 구성하는 행위를 요구하는 서로 맞물린 집합으로서 간주되었다."[20] 알렉산더 포프Alexander Pope가 세대 전체에 대해 "그것이 질서, 합일, 사물들의 온전한 동의에서 나오는 세계의 위대한 조화다. 작든 크든, 약하든 강하든 고통을 주는 게 아니라 서로 봉사하며, 침해하지 않고 강화한다. 부분은 전체와 관계를 맺고 모든 것은 봉사하는 동시에 봉사를 받는다. 아무것도 홀로 존재하지 않는다."[21]라고 거듭 말했다.

계몽주의 사유의 보루인 『백과사전Encyclopédie』에는 "자연의 모든 것은 함께 연결되어 있다."라는 선언이 있으며, 러브조이는 "그들은 전체로서의 보편 시스템Universal System의 완전성에 대해 웅변하듯 담론을 펼치는 습관이 있었다."[22]라고 지적하였다.

계몽주의의 부정적인 면은 좌측과 우측 차원의 온우주를 취해서 그것을 실증적으로(또는 독백적으로) 서술할 수 있는 우주로 축소시킨 데 있다. 그것은 좌측 절반을 그와 관련된 우측 절반의 요인으로 뭉뚱그리고 말았다. 그것이 저지른 엄청난 죄악은 거친 환원주의가 아닌 미묘한 환원주의였다. 존재의 거대한 홀라키는 존 로크가 말한 '서로 관련된 질서의 조화로운 전체'로 붕괴되었지만, 이제는 내부, 내면, 질적 구분이 없는 질서로 되었고, 객관화시킨 실증적 시선을 통해서만 접근이 가능해졌다(평원 그물망에서 일체 존재는 똑같은 가닥이 된다).

간단히 말하면, 좌측은 우측으로 환원되어 내면을 잃어버리고 편평해져 외면에 그치고 말았다(앞으로 진행해 가면서 여기에 무엇이 수반되는지 더 자세하게 살펴볼 것이다). 이는 분열적이면서 이원론적인 존재론으로 끝이 났는데, 정확하게는 조화롭게 연동된 질서나 시스템으로서(서로 맞물린 거대한 그물망) 실재 전체를 객관적인 용어로 기술하지만 기술하고 있는 주체를 위한 여지를 남겨 두지 않았기 때문이다.[23] 해석, 의식, 내면적 깊이는 외면적·객관적·시스템 상호 관계로 전환(환원)되었는데, 즉 '나'와 '우리'가 전일적 '그것'으로 축소되었으며, 이것이 바로 미묘한 환원주의의 정확한 핵심이다.

간단하게 말해서, 대자연은 대자연에 꼭 들어맞을 수 없는 주체를 통해 알려진 조화로운 전체였다. 이런 전일론/도구적 또는 '전체의 일부에 불과한' 접근이 주체 자체에 적용될 때, 이는 푸코가 '스스로를 궁지에 몰아넣은 지식'으로 부른 것으로서 주체는 부지불식간에 자신을 없애기 시작한다(진정한 초월의 의미에서가 아니라 스스로의 발, 그보다는 머리에 총을 쏴 버린다는 의미에서 그렇다). 정확히 주체의 세계관은 경험적으로 볼 때 완전히 전일론이기 때문에, 주체는 그림에서 스스로 앞질러 버려 전일론 세계로부터 유리된 채 상공에서 때로는 무력하게, 때로는 난폭하게 매달린 채 떠돌고 있다(그러므로 유리된 채 스스로를 정의 내리는 유명한 또는 악명 높은 주체는 전일론/도구적 세계와는 단절되어, 나중에 더 자세하게 살펴보겠지만 그런 식으로 계몽주의를 정의하는 '과도하게 자율적인 자기'가 되고 말았다).

달리 표현하면, 평원 전일론에 내재하는 엄청난 이원론(즉, 객관적으로 전일론 세계와 대면하고 있는 고립된 주체)은 비록 가려진 상태지만(또는 즉각 드러나진 않지만) 그럼에도 불구하고 이미 작동하고 있었으며, 계몽주의의 '비인간화된 휴머니즘'에 직접적으로 기여하였다. 푸코의 '인간 시대Age of Man'에서부터 하버마스의 주체에 대한 철학, 테일러의 도구적으로 서로 연동된 질서로부터 유리된 주체에 이르기까지 모두가 이것을 아주 신랄하게 비판하였다. 주체로부터 등을 돌림으로써 그것이 이해하려고 노력한 바로 그 주체성을 부인하거나 파괴한, 객관화를 초래하는 전일론/도구적 앎의 양식에 대해 그들은 모두 비슷한 이야기를 들려 주었다.

이 장 후반(그리고 12장)에서 보겠지만, 계몽주의가 제시한 전일론 평원 패러다임은 내면적으로, 그리고 외면적으로만 홀라키인 (그러므로 좌측과 우측을 모두 포함하는) 온우주를 외면적으로만 홀라키인 (또는 우측만 남은) 평원우주로 무너뜨렸다. 내면의 깊이를 서로 맞물린 실증적 표면으로 된 거대한 보편 시스템으로 대체시킨 평원 그물망으로서, 일체의 내면은 거대한 기능적 그물망에서 외면으로만 지각되는 가닥으로 축소되었다. 이런 '전일론' 패러다임은 마치 (원자론자와는 반대로) '모든' 실재를 포괄하는 것처럼 들리지만, 사실은 온우주를 거칠게 반쪽으로 찢어서는 깊이와 내면성은 밖으로 던져 버린 채 외면, 표면, 서로 연동된 거대한 그물망으로 폭력적으로 안착시키고 말았다. 서로 엮인 '나'와 '우리'가 서로 엮인 '그것들'로 축소되었으며, 아이러니하게도 이는 '나'와 '우리'를 고립시키고, 가닥을 끊었으며, 소외시키고, 홀로 남겨 두었는데, 둘 중 어떤 것도 전일론 그것들its로 된 조화로운 그물망과 어울리지 않았기 때문이다.

주체는 '거대한 전일론 그물망으로부터 분리될 수 없는 부분', 객관적 · 과정적 · 역동적 · 시스템적 · 삼인칭적 그것-언어에서 설명된 그물망이라고 말하는 것은 그고유의 용어로 주체를 파괴하고 그 진정한 차원을 말소시키는 것으로서, 오히려 이것이 '계몽주의의 죄악'이 된다.

사상한 여정

이런 평원 환원주의가 일어나면(12장과 13장에서 자세하게 살펴볼 것이다.) 실재의 좌측 측면은 모두 그에 상응하는 우측 측면으로 환원된다. 정확히 말해서, 사상한의 모든 것 간에는 상호 관계가 존재하기 때문에 이런 식의 환원주의가 폭력적으로 수행될 수 있다. 미묘한 환원주의를 그토록 찾아내기 힘들고 수정하기도 힘든 건 이런 이유 때문이다.

예를 들어, 한 생각이 떠올랐다고 치자. 이것은 주어진 홀론으로서 우리는 이것을 한 예로 들 것이다. 이 홀론에 있어서 우상상한에서 뇌 생리학의 변화, 객관적 언어(그것-언어)로 완벽하게 기술할 수 있는 변화가 있다. 전두엽 신경 시냅스 사이에서 노르에피네프린이 방출되고, 여기에 수반해서 높은 진폭의 베타파 등의 변화가 일어난다. 이 모든 게 사실이면서도 매우 중요하다.

그러나 그것은 내가 그 생각을 경험하는 방식이 아니며, 실제 나는 그런 식으로 생각을 경험하지도 않을 것이다. 그 생각은 오히려 나에게 흥미로우면서도 중요한 의미를 가지며, 나는 그것을 당신과 공유할 수도 공유하지 않을 수도 있다. 내 뇌의 모든 원자가 무슨 일을 하는지는 알 수 있어도 내가 말하지 않는 한 당신은 내 생각의 실제 세부 내용을 알 방법이 없다. 그것이 이 홀론, 내게 떠오른 생각의 좌상상한 또는 좌상 측면이다(그리고 이것이 좌상상한을 우상상한으로 남김없이 축소시킬 수 없는 수 많은 이유 중 하나다. 강하면서도 일반적인 상호 관계와 상호 작용이 물론 존재하지만 세부적인 환원은 아니다).

덧붙여 말하면, 이런 이유로 말미암아 뇌는 내 유기체 '내부'에 있지만 내 존재의 외면에 불과하다. 뇌는 우상상한이고 여전히 외면이다.[24] 인간 신체를 외과적으로 절개해서 조직, 세포, 분자까지 '내부'를 샅샅이 살펴볼 순 있지만 그들은 내부나 내면이 아니다. 그들은 볼 수 있는 더 많은 표면, 더 많은 외면일 뿐이다. 그들은 표면 내부에 있지만 진정한 내면은 아닌 셈이다(이런 이유로 그들 모두는 우상상한에 기재되며, 모두 실증적으로 등록될 수 있는 홀론의 측면이다).[25]

그러나 결정적인 요지는 당신이 원하면 '내부'를 모조리 볼 수 있지만 내면은 볼 수가 없다는 건데, 표면이나 외면은 볼 수 있지만 내면은 해석되어야 하기 때문이다. 내면에서 당신 뇌가 어떻게 보이는지 알고 싶으면, 실제 살아가는 내면이 어떤지(다른 말로는 당신의 마음) 알고 싶으면 당신에게 말을 걸어야만 한다. 절대로 달리 방법이 없다. "무슨 생각을 해? 무슨 일이야? 어떻게 느끼고 있어?" 우리가 말을 함에 따라서 나는 당신이 말하는 것을 해석해야만 하는데, 모든 깊이는 해석이 필요하기 때문이다(반면에 뇌 생리학자는 당신에게 말을 걸 필요가 전혀 없다. 사실 뇌 생리학자가 당신에게 손을 대면 당신은 아마도 죽었을 텐데, 이로써 대화가 심하게 제한된다. 뇌 생리학자는 당신 뇌에 관해서 온갖 것을 알 수 있지만 당신이 했던 생각 하나라도 결코 알 수가 없다).

이런 이유 때문에 표면을 모조리 '독백적'이라고 말하는 것이다. 대화가 아닌 독백으로 그것들을 검토할 수 있다(깊이는 대화, 변증법, 가장 넓은 의미에서 공감적이진 않기 때문이다). 움직이는 돌 한 무더기를 독백적으로 연구할 수 있고, 뇌 생리학을 독백적으로 연구할 수 있으며, 자살률을 독백적으로 연구할 수 있다. 그러나 내면은 안에서부터 우러나오는 느낌으로서 공감적으로만 연구할 수 있다. 그것이 해석의 의미다. 당신과 내가 서로를 평가할 때 우리 둘 다 오해할 수도 있다.

우측의 길에서 기본적으로 내가 해야 할 일이란 보는 것이다. 내게는 어떤 개념적·물질적 수단이 필요할 수 있으며 이는 실제로 그렇지만, 마침내 그리고 근본적으로 나는 볼 뿐이다. 망원경으로 별을 보고, 현미경으로 세포를 보며, 안개상자에서 입자의 궤적을 보고, 미로에 놓인 쥐의 행동을 보고, 실증적 자료와 통계치를 갖고 사회 시스템을 본다. 각 경우에 나는 탐구 대상에게 말을 걸 필요가 없다. 상호 이해에 도달하려고 애쓰지도 않고 깊이나 내면을 해석하려고 애쓰지도 않는다. 나는 그저 표면을 보면서 외면을 기술하고, 내가 본 것을 기술한다. 그것은 모조리 독백 속에서 이루어지며 대화가 필요 없다. 한 가지는 옳고 나머지는 그른 게 아니라, 양쪽 다 지극히 중요하다.

이는 좌상상한을 탐구할 때 진솔성sincerity 개념이 중요함을 강조한다. 인간에게서 깊이의 유형이 발달하는데, 그쯤 되면 대화(그리고 신체 언어나 그런 식의 의사소통) 속에서 당신이 내게 말한 내용을 해석함으로써 그 깊이에 접근한다. 당신이 거짓말을 할 수도 있다. 더구나 당신 스스로에게도 거짓말을 할 수 있다. 여기서 정신분석 같은 무수한 '깊이의 과학'이 등장한다. 당신과 나는 우리가 지각한 것을 번역하는데, 오역이 일어날 수도 있다. 여러 형태의 (리쾨르가 말했던) '의혹의 해석학'은 언급된 표면 내용 아래를 파고들고, 진실하거나 실제적인 의사소통의 의미, 표면에 머물고 있는 게 아니라 깊이 속에 감춰진 것을 평가하려고 한다.

예를 들어, 정식 훈련과 공감적인(또는 동정 어린) 직관에 근거하는 치료자는 "당신이 경험하고 있는 우울의 느낌은 실제로는 당신 아버지가 당신을 저버린 것에 대한 분노가 위장한 느낌이다."라고 결론 내릴 수도 있다. 이 말이 당신에게 의미가 있어서 당신이 "아! 바로 그거예요!"라고 하면 거기 있다는 사실을 알지 못했던, 따라서 그 모든 세월 동안 오역하고 있었던(또는 잘못 해석하고 있었던) 당신 안의 깊이를 발견한 셈이다. 그러면 당신과 치료자는 오역된 느낌을 재번역하고, 당신 자신의 발달이라는 맥락 속에서 그들에게 정확한 꼬리표를 붙인다. 당신은 '슬픈' 게 아니라 실제로는 '화난' 것이다.

이런 의미에서(나중에 여기에 대해 더 탐색할 것이다.) 나의 '무의식', 나의 '그림자'는 현재로 운반된 과거에 대한 오역의 총합으로서 바로 지금 지각을 왜곡하고 있다('전이'). '슬픔'이라는 나의 감정은 실제로는 진실되지 않으며, 사랑하는 대상을 향한 분노라는 악화된 고통을 숨기기 위해 나 스스로에게 한 거짓말이다. 나는 고의적으로(그러나 '무의식적으로') 나 자신을 돌보기 위해 내 감정을 잘못 해석하고 있다('방어기제'). 나의 그림자는 나의 위선, 나 자신의 깊이에 대해서 오해가 자리 잡고 있는 장소다(실로 이것이 프로이트에서 융, 게슈탈트에 이르기까지 온갖 형태의 '심층 심리학'이 공유하는 점이다).

게다가 나 자신에게서도 오역했기 때문에 타인의 깊이마저도 오역하거나 오해할 것이다("도대체 무슨 말을 하는 거야!"). 따라서 나는 보통은 이전에 오역을 알아차렸고 나 자신에게 나를 해석하는 데 도움을 줄 수 있는 누군가의 도움을 받으면서 나 자신의 느낌이라는 텍스트를 재해독하고, 내 위선의 원천을 밝히고, 나 자신의 깊이를 더 충실하게 재해석해야만 한다. 문제는 의미, 해석, 진솔성(또는 진솔성의 부족)이다.

물론 행동주의는 내면적 의미라는 이 '블랙 박스' 중 어떤 것과도 관계 맺고 싶어 하지 않으며, 기껏해야 그 상당 부분을 관찰 가능한 자극과 관찰 가능한 반응 사이의 미지 영역에 놓인 '매개 변인' '행동을 향한 경향성'으로만 정의되는 내적 변인들에게 양도한다. 왜냐하면 우측의 길인 행동주의는 볼 수 없고 일방적으로 만지거나 강화 할 수 없는 것은 그 무엇도 신뢰하지 않기 때문이다.[26] (행동주의자 누군가는 자신들이 나누는 사랑이 매개 변인에 불과하다고 배우자에게 설명할지도 모른다.)

바꿔 말해서, 행동주의는 모든 우측의 길과 마찬가지로 근본적으로 **명제적 진리** propositional truth에 관심을 기울인다.[27] 나는 연구자로서 객관적 상황에 관한 진술이나 명제를 기술하고, 연구는 (종종 그것을 반증하려고 노력함으로써) 그 진술이 참인지 거짓인지를 알아내려고 애쓴다. 그러나 어떤 경우건 "밖에 비가 오나 안 오나?" 같은 진술로 압축된다. 나가서 살펴보고 객관적 상황("실제로 밖에 비가 온다.")이 어떤지 알아낸다. 다른 연구자들도 나가서 살펴본 다음, 모두가 동의하면 비가 내린다는 명제가 참이라고 말한다.

꽤나 복잡할 수 있지만, 모든 명제적 진리는 그 종류가 다양해서 독백적 시선으로 들여다보는 일은 종종 망원경, 현미경, EEG, 이런저런 종류의 복잡한 도구들을 필요로 한다. 그들은 모두 객관적인 상황과 명제를 일치시키려 노력한다. 그들은 독백적·명제적·실증적이다. 타당성 기준은 지도와 영토를 충분히 정확하게 일치시키는 진실이라는 기준이다.

그러나 좌상상한에서의 타당성 기준은 진실true보다는 진실성truthfulness이나 진솔성에 있다. 여기서 질문은 "밖에 비가 오나?"가 아니다. 여기서의 질문은 이렇다. 밖에 비가 내린다고 내가 너에게 말하면 나는 진실을 말한 것인가 아니면 거짓말을 한 것인가? 또는 혹시 스스로를 기만하는 게 아닐까? 나에게 진실성과 진솔성이 있는가? 아니면 속이면서 위선을 부리는가? 이것은 객관적 진실의 문제이기보다 주관적 진실성의 문제다. 그것은 지도와 영토가 부합하는가의 문제가 아니라 지도 제작자를 믿을 수 있는가의 문제다.

그렇다면 진실성이란 신뢰와 진솔성의 문제다. 정확히 말해서, 깊이는 모두가 볼 수 있는 표면에 위치하지 않기 때문에 깊이에 관한 나의 보고를 신뢰할 수도 신뢰하지 않을 수도 있다. 진실성, 진솔성, 믿음직함, 성실성, 이것들은 좌상상한을 항해하기 위한 결정적인 지침들이다.

간단하게 말하면, 진실된 외면의 문제만이 아니라 진솔한 내면의 문제다. 이런 진솔성은 실증적으로나 객관적으로나 독백적으로 결정될 수 없다. 우리는 실증적인 거짓말 탐지기 검사를 사람들에게 제공할 수 있지만, 그들이 우선 스스로에게 거짓말을 할 경우 독백적 기계는 그들이 진실을 말하고 있다고 잘못 알려 줄 것이다. 진솔성이 자리하는 장소는 객관적이 아니라 주관적이며, 독백적 징후가 아닌 대화적 해석으로만 접근할 수 있다.

우리는 추후에 이 요점으로 돌아오겠지만, 이들이 '내게 떠오른 생각'의 일부 개인적 측면이며, 우리는 이런 생각 홀론을 한 가지 예로서 활용하였다. 생각 홀론은 진실의 인도 아래 객관, 독백, 명제적으로(우상상한) 결정될 수 있는 뇌에 그와 관련된 요인을 갖고 있다. 그것은 진실성의 인도 아래 대화, 해석적으로만 결정될 수 있는 내면적인 관련 요인을 갖고 있다. 두 영역은 성질상 다를 뿐 아니라, 각각에서 무엇이 타당한지에 관해서 서로 다른 기준을 갖고 있다.

그러나 예를 계속 들면, 그런 개인적 측면 또한 사회적이거나 공통체적 요소(아래쪽 절반)를 갖고 있다. 당신에게 특정한 내 생각을 말하든 안하든 간에 그런 생각은 실로 내게 의미를 갖는데(당신에게 말하면 당신에게도 의미를 갖는다.), 왜냐하면 그 의미 자체는 우리가 공유하는 문화의 배경이 되는 관습, 규범, 언어구조라는 전체 네트워크를 통해 유지되기 때문이다. 내가 당신에게 말했지만 당신이 언어를 모른다면, 온갖 물리적 단어와 자극을 멋대로 당신에게 퍼부어도 당신은 그 의미를 포착하지 못할 것이다. 그것은 좌하상한, 의미가 어떻든 그 소통을 위해서 필요한 공유된 문화적 세계 공간으로서, 그런 공간이 없다면 나 자신의 사적 생각 대부분(또는 모두)도 대체로 무의미해질 것이다.

진실이나 진실성이 아닌 **문화적 적합성**cultural fit, 나의 의미와 가치가 그것들을 산출하는 데 도움을 주는 문화에 적절하거나 정당하거나 '적합'한지가 여기서의 질문이다. 나 자신의 개인적 의미와 가치를 이런 문화적 적합성으로 환원시킬 수 없지만 (어떤 상한도 다른 상한으로 환원할 수 없다.), 우선 그들은 나로 하여금 의미를 형성하도록 허락하는 모든 배경 맥락과 문화적 관습에 온전히 의존한다. 나의 생각 홀론은 관계교환 및 상호 주관적 의사소통이라는 문화적 맥락과 뗄 수 없이 얽혀 있다. 그것이 없다면 나 자신의 주체(그리고 그 진실성)와 (진실을 수반한) 대상세계는 우선 스스로를 드러내지 않을 것이고, 그럴 수도 없을 것이다.

만일 나의 생각 홀론이 문화적으로 적합하지 않다면, 나는 관습을 뛰어넘는 천재거나 정신병자일 수 있고, 혹은 동료들과 접촉하지 못할 수 있다. 어떤 경우든 기준은 진실이나 진실성이 아닌 공정성, 적절성이다. 내 생각이 대상세계에 상응하는지가 아니라, 내가 주관적으로 진실한지가 아니라, 우선 주체와 객체가 일어나도록 허용하는 문화적 세계 공간과 내가 **상호 주관적으로** 조화를 이루는지, 딱 들어맞는지가 준거가 된다(내가 그 문화 양상에 동의하든, 이의를 제기하든 간에 어떤 경우에도 나는 내게 상호 주관적 의미의 역량을 제공하기 위해 거기에 의존해 왔다).

표현을 바꾸면, 좌하상한의 타당성 기준은 내 진술의 진실이나 그것을 언급한 진실성에 있지 않고 당신과 내가 **상호** 이해에 도달할 수 있는가에 있다. 객관성과 주관성도 아닌 상호 주관성이다.

그러나 개인이든 문화든 간에 어떤 의미도 구체성을 벗어나지 않는다. 내 개인적인 생각이 뇌 생리학의 변화로 등록되는 것과 마찬가지로, 문화적 패턴은 외면, 물질, 관찰 가능한 사회적 행동으로 등록된다(그러나 이것들로 환원될 수는 없다). 이것이 우하상한이다.

즉, 내 생각이 뇌와 관련되듯이 문화적 의미는 객관적인 사회제도와 물질적인 사회구조와 관련이 된다. 식량 생산, 운송 수단 시스템, 활자화된 기록, 학교 건물, 지정학적 구조, 행동으로 드러난 집단 행위, 문자화된 법체계, 건축 양식 및 건물 자체, 기술 유형, 외측 측면의 언어구조(문자화되거나 발화된 기표), 생산과 분배의 기술 경제력 같은 사회 행위 시스템의 모든 물리적 요소, 실증적 또는 독백적 시선으로 볼 수 있는 사회 시스템의 온갖 측면이 여기에 해당한다.

여기에서의 기준은 대상의 진실도, 주체의 진실성도, 상호 주관적 이해와 의미의 망도 아니고, 기능적 적합성functional fit 또는 사회 시스템이라는 상호 객관적 망interobjective mesh이다. 사회 행위 시스템은, 예컨대 많은 양의 버터와 많은 수의 총만을 생산할 수 있어서 버터가 많을수록 총은 줄어든다. 그것들은 물리적으로 가능한 것에 대해 기능적 적합성을 띠어야 한다(이와는 달리 상호 주관적 의미의 경우, 내게 더욱 의미가 있다는 게 당신에겐 의미가 더 적다는 뜻은 아니다. 이것은 양이 아니라 질이라서 기능적 적합성에서의 양이 반드시 그래야 되는 것처럼 물리적으로 서로 더하거나 뺄 필요가 없다).

기능적 적합성("그것은 무슨 일을 할까?")은 시스템 이론이 인식한 주된 타당성 요건validity claim이다. 그리고 그것이 일부 미묘한 환원주의를 만든다. 해석적 깊이(진술성과 진실성)와 문화적 의미(공정성과 도덕적 적절성) 모두가 외부 표면에 있는 기능적 적합성으로 환원된다. 모두가 평원 전일론으로 축소된 것이다.

(명제적 진리나 주객에 상응하는 적합성이 기능적 적합성이나 상호 객관의 적합성으로 환원되었으며, '진실'은 자기조직하는 사회 시스템의 자기생성하는 사회제도를 촉진시키는 것은 무엇이나 그것으로 되고 만다. 그런 이론들은 자기 고유의 진실가truth value를 그들이 설명하는 기능적 적합성으로 녹여 버려 주관적 이론들은 여타의 상호 객관성 중 하나로 전락하고 마는데, 실로 매우 깔끔한 속임수가 아닐 수 없다. 추후에 여기로 돌아올 것이다.)

이 전반적인 예의 요지를 간단히 정리하면, 내 생각 '하나', 최초 홀론은 실제로는 생각 하나가 아니라 서로 분리할 수 없는 네 요소(의도, 행동, 문화, 사회)를 갖춘 홀론으로서, 각각은 고유의 타당성 요건(주관적 진실성, 객관적 진실, 상호 주관적 공정성, 상호 객관적 기능적 적합성)을 갖는다.28) 내가 이미 언급했듯이, 어떤 홀론이든 이 상한이나 저 상한에 단순하게 존재할 수 없으며, 모든 홀론은 네 개 상한을 소유한다. 각 상한은 다른 상한들과 밀접하게 관련 맺고 거기에 의존하지만, 그것으로 환원시킬 수 없다.

상한들이 모두 밀접하게 서로 상호 작용하기 때문에 환원주의를 거칠게 시도할 수 있으며, 실제로는 상당한 의미가 있는 것처럼 보일 수 있다. 예를 들어, 모든 생각은 실로 뇌 생리학에 어떤 변화를 기록하기 때문에 (유체 이탈 경험을 할 때조차도 그렇다!) 생각은 뇌 상태에 불과하다고 언제나 주장할 수 있으며, 뇌 상태 자체는 그들의 원자적 요소로 환원시킬 수 없는 고차원(또는 계층구조적인)의 창발 패턴이라고도 주장할 수 있을 것이다.[29]

거친 환원주의라고까지는 말할 수 없는 이런 입장이 미묘한 환원주의다. 이것은 내면적 깊이, 가치, 의미, 의식(좌측)을 전일적 · 실증적 사상들의 상호 연동된 질서라는 기능적 부분(우측)으로 환원시킨다. 삼차원의 체스를 평원의 체스로, 온우주를 우주로, 상호 관련된 생명의 피라미드를 상호 관련된 생명의 그물망으로, 상호 관련된 나와 우리를 상호 관련된 그것들its로 환원시켜 버렸다.

간단히 말해서, 미묘한 환원주의는 **홀라키(계층구조)**를 여전히 인정하지만 우측에 있는 계층구조만을, 크기, 연장, 표면의 계층구조만을 인정한다. 그러므로 이 계층구조는 모두 근본적으로 **물리적 포섭**physical inclusion을 통해 정의된다(세포는 물리적으로 분자를 포섭하고, 분자는 물리적으로 원자를 포섭하는 등이다. 그러나 이 '깊이'는 모두 납작하게 **단일가**monovalent를 갖는다. 그들은 가치, 미美, 동기, 이해, 의도, 의식, 애매하게나마 좌측에 해당하는 여타의 홀라키가 아니다. 순수히 내면적인 깊이를 모두 깨끗하게 문질러 닦아 내고는 실증적 방식을 써서 외면적인 물리적 범위, 외적-범위ex-span-sion 또는 연장/포섭이라는 단색으로 칠해 버렸다. 더 낮거나 나쁜 것도, 더 크거나 작은 것도 사라졌다).[30]

이런 미묘한 환원주의는 진화의 네 가닥 모두, 사상한 모두는 20개 원리를 따른다는 사실을 통해 도움을 받는다. 그것들은 모두 홀라키를 이룬다. 우측은 현저히 물리적 연장과 관련되며(유기체는 세포보다 크다.), 좌측은 의도와 관련된다(개념 자체는 상징보다 크거나 작지 않지만, 개념은 상징을 '포함하고' 상징보다 더 의도적이다. 이들은 크기의 점증적 변이가 아닌 가치와 미의 점증적 변이다).

더욱이 깊이가 깊을수록 20개 원리는 어떤 중요한 점도 말해 주지 않는다(그들은 가장 낮은 수준의 공통요인들, 퉁퉁 불은 국수이기 때문이다). 그럼에도 불구하고, 20개 원리는 근본적인 사항들을 사상한 모두에서 포착하고 있다.

따라서 미묘한 환원주의는 20개 원리, 발달이라는 개념, 진화의 창발적 속성, 모든 홀론의 상호 관련된 성질, 모든 홀론의 홀라키적 성질 등을 옹호한다. 미묘한 환원주의는 이 모든 것을 기꺼이 포용한다. 질과 관련된 온갖 홀라키가 양의 홀라키 속으로 완전히 사라지고 말았다. 내면의 깊이라는 점증적 변이는 모두 무의미한 외면의 점증적 변이로 대체되고 말았다(자비는 살인보다 좋다. 그러나 쿼크가 광입자보다 더 좋은 건 아니다. 따라서 외부 표면과 실증적 형상으로 온우주를 설명한다면 아무 가치도 없는 우주를 발견할 뿐이다. 진정코 그렇다).

좌측 차원에 속하는 모든 사상事象은 항상 우측에 무언가를 등록하기 때문에, 우측의 길을 남김없이 설명하면 실제로 언급할 만한 건 모조리 망라하는 것처럼 보일 수있다. 다른 식으로 설명하면, 온우주의 모든 사상은 우측 요소를 가지므로 우측의 길 하나만으로도 온우주를 샅샅이 설명한다고 잘못 볼 수 있다. 그러나 그것은 거인의 발자국만을 기록하고 측정하는 일에 불과하다.

온우주를 뭉뚱그려 버리는 이 프로그램은 무척이나 교묘하다.

계몽주의의 근본 패러다임

12장에서 살펴보겠지만 이 미묘한 환원주의는 계몽주의의 근본 패러다임이다.[31] 이 미묘한 환원주의 안에는, 계몽주의의 근본 패러다임 안에는 평원 원자론자와 평원 전일론자라는 서로 충돌하는 두 진영이 존재한다. 오늘날 시스템 이론가들이 계몽주의 패러다임이라는 후자의 극단을 수행하는 건 계보가 끊어지지 않고 이어진 것으로서, 양측 모두 거친 환원주의를 극복하려는 마땅히 칭송받을 수 있는 과제를 품고 있으면서도 은밀하게는 미묘한 환원주의를 전파하였다. 의도를 연장으로, 질을 양으로, 해석된 깊이를 분명하게 보이는 표면으로, 계층구조적 가치를 독백적 망으로, 내면을 전일론적 요소로, 진실과 의미를 기능적 적합성으로, 서로 얽힌 나와 우리를 모두 서로 얽힌 그것들로 환원시켰다.[32]

이런 이유 때문에 모리스 버먼은 "전일론을 향한 현대의 추구는 그것이 대체하려 애쓰는 기계론적 패러다임만큼이나 형식적이고, 추상적이며, '몰가치'할 뿐 아니라 구체성에서 벗어나 있다."[33]라고 지적할 수 있었다. 이는 전일론자들을 혼란에 빠뜨리고 분노하게 만들었는데, 왜냐하면 그들은 거친 환원주의를 간신히 물리쳤기 때문이다. "그렇지만 우리는 모든 것이 서로 연결되어 있다고 보여 주지 않았던가!" 평원에 머문 생명의 그물망에 불과했다. 의도는 순수했지만 평원이 끌어당기는 중력은 지구 탈출을 매우 어렵게 만들었다.

시스템 이론과 생태 전일론이 틀렸다고 말하는 게 아님을 기억하라. 그렇게 생각했다면 나는 그것을 칭송하느라 2장 전체를 소비하지 않았을 것이다. 그것은 단지 아주 부분적이며, 헤겔이 '이해라는 자만심'으로 부른 것에 그친다. 그리고 그 자만심은 위험해질 수 있는데, 온우주의 절반이 전체라고 주장할 경우 어떤 식이든 공격성이 수반되기 때문이다.

전일론자에 따르면, 오늘날 우리는 파손된 세계관으로 고통을 받고 있다는 점을 1장에서 살펴보았다. 그건 사실이다. 그러나 의도가 좋았음에도 불구하고 전일론자들은 문제를 해결하지 못하고 문제를 복제했을 뿐이다. 모든 것을 기능적 적합성으로 환원시킴으로써 각 영역의 온전성을 파괴했으며, 나아가 각각의 진실된 통합을 불가능하게 만들었다. 세계는 실로 파손되고 말았다. 평원 전일론자들은 그렇게 파손하는 데 기여한 일등 공신이다. 선한 의도에서 퉁퉁 불은 국수로 무장한 채 이런 납작하고 점점 희미해지는 풍경 속에서 그들은 우리의 구원자라고 소리 높여 외치고 있다.

물론 전일론자들은 계몽주의 이야기를 주로 원자론적 패러다임으로서 들려주면서 이것이 세계 파손의 진짜 원인이라고 주장한다. 이런 이야기는 전일론자들이 스스로 여전히 영속화시키고 있는 계몽주의의 심각한 범죄를 숨길 수 있도록 허용한다. 이 책 나머지 내용을 통해서 살펴보겠지만, 현대세계관은 모든 것이 기능적 적합성이라는 우하상한으로(생태 전일론자식 '해결책') 환원되지 않았기 때문이 아니라 사상한 자체가 아직 통합되지 않았기 때문에 파손된 것이다.

진실, 진실성, 의미, 적합성이 서로 조화를 이루는 것은 그런 통합 속에서다. 전체인 척 가장하면서 각각의 조각으로 갈갈이 찢어 버리는 환원주의가 아닌 조화가 이 책의 전반적인 주제 중 하나다.

기능적 적합성이 실로 중요하긴 하지만, 그것은 가용한 조화의 일부일 뿐이라는 점을 우리가 앞으로 발견할 내용이다. 그리고 기능적 적합성은 오늘날의 세계에서 가장 중요한 상한도 아닌데, 왜냐하면 생태적 치유를 시도할 수 있기도 전에 집단적으로 전진하기 위한 최선의 방법과 관련해서 맨 먼저 상호 이해와 상호 동의에 도달해야만 하기 때문이다. 표현을 달리하면, 치유 충동은 기능적 적합성(우하상한)이 아닌 상호 이해(좌하상한)를 위해 싸우는 데에서 비롯된다. 그리고 그것은 앞으로 보겠지만 무엇보다도 개인적 성장과 의식의 변용(좌상상한)에 의존한다. 우측의 길이 아닌 좌측의 길이 주도해야만 한다.

동기가 어떻든 이것이 결여된 것은 파손을 영속화시킨다(또는 그렇다고 입증할 것이다). 생태 전일론적 적합성이 중요하고 화급함을 강조하는 것은 이해할 수 있지만, 많은 전일론자는 우하상한을 절대화시켰으며, 이로써 그것을 진정한 통합으로부터 차단시켜 모든 조각이 겪는 운명에 빠뜨렸다. 모든 영역을 우하상한, 기능적 적합성으로 축소시키는 일은 다른 영역들을 파괴하는 데 그치지 않고 우하상한마저도 파괴하는 결과를 낳는다.

이것이 생물권을 절대시하는 일은 생물권을 파괴한다는 사실을 지적하는 또 하나의 방식이다. 통합이 절실하게 필요한 이 시점에서 평원 전일론자들은 궁극적으로는 가이아의 친구가 되지 못한다. 그들이 가이아 조각들을 군데군데 보호할 수는 있는데, 이는 멋진 일이다. 그러나 사상한 모두의 전체적인 통합 없이는, 가이아는 무관심이라는 바람을 맞으며 계속 시들어 갈 것이다. 우주적 전일론이 아닌 진정으로 온우주적인 전일론이 절실하게 필요하다.

삼대 가치권

사상한과 관련해서 위아래 양쪽의 우측 상한은 그것-언어로 기술할 수 있는 외면이기 때문에 나는 때로 그것들을 하나의 주된 영역으로 간주할 것이고, 나머지 둘은 좌상상한의 나-언어, 좌하상한의 우리-언어가 될 것이다. 간단히 표현하기 위해 우리는 이것을 삼대三大 영역Big Three (나, 우리, 그것)으로 부를 것이다.

다른 연구자들과 수없이 비교한 내용을 여기서 지적할 수 있을 것이며, 결국 우리는 그것들을 더 상세하게 논의할 것이다. 당분간 우리는 도표의 우측 절반은 칼 포퍼가 말한 제1세계(그것이라는 객관세계), 좌상상한은 제2세계(나라는 주관세계), 좌하상한은 제3세계가(우리라는 문화세계, 이는 포퍼가 지적했듯이 물질화된 사회적 제도나 우하상한에서 구체화되거나 매몰될 수 있다.) 된다는 사실에 주목할 수 있다.

이와 마찬가지로 하버마스가 말한 세 가지 타당성 요건, 즉 진실(대상), 진실성이나 진술성(주체), 공정성이나 정의(상호 주관성)는 각각 우측 절반, 좌상상한, 좌하상한에 해당한다(나는 잠시 후에 하버마스로 되돌아와서 이 점에 관한 그의 명확한 표현의 중요성을 강조할 것이다).[34] 가장 넓은 의미에서 볼 때, 이것이 플라톤이 말한 진(또는 상황의 객관적 상태를 지칭하는 명제적 진리, 그것), 선(또는 문화적 정의와 적절성, 우리), 미(또는 개인적-미적 차원, 나)다. 삼대 가치권은 칸트의 세 가지 비판, 순수이성 비판(이론적인 그것-이성), 실천이성 또는 상호 주관적 도덕성(우리), 개인적인 미적 판단력 비판(나)과 유사하다. 다른 항목들도 포함되지만 이 거대한 영역, 삼대 가치권은 실증과학, 도덕, 미의 영역이다.

그러나 영성에 관한 논의로 이동할 때에 우리는 불교에서 말하는 불佛, 법法, 승僧의 삼보와 같이 지극히 중요한 표현에서 삼대 가치권이 나타남을 볼 것이다. 불은 궁극적인 나, 법은 궁극적인 그것, 승은 궁극적인 우리다(뒤이어 등장하는 장에서 나는 이것을 특히 강조할 것이다. 영적 관심에서 이것은 절대로 중요하다).

찰스 테일러는 "(문화적) 선善이란 무엇인가에 대한 근본적으로 다른 감각은 인간 존재란 무엇인가에 대한 전혀 다른 개념, 자기에 대한 다른 개념과 함께 간다. 자기에 대한 우리의 현대적 감각은 선에 대한 새로운 이해와 연결되고, 이로 인해 가능해질 뿐 아니라 새로운 형태의 서사성과 사회적 연대와의 관계에 대한 새로운 이해를 수반한다. 이 모든 것은 마치 엉성한 '꾸러미'처럼 함께 진화하고 있다."[35]라고 지적하였다. 우리는 항상 나, 우리, 그것과 관련된 상황에 처해 있다. 그들은 함께 진화한다.

하버마스로 돌아가서, 이것이 하버마스주의자들이 일으킨 혁명의 본질이다. 우리는 삼대 가치권과 불가피하게 관계된 상황에 처해 있으며, 각각은 고유의 타당성 요건과 고유의 기준을 갖고 있고, 그중 어떤 것도 다른 것으로 환원시킬 수 없다. "어떤 발화 행위에서 화자는 객관적 세계(그것) 속에서의 그 무엇, 공통된 사회적 세계(우리) 속에서의 그 무엇, 자신의 주관적 세계(나) 속에서의 그 무엇인가와 관계를 시작한다."라고 그는 말했다. 이런 각각의 세계와 관련된 요청은 고유의 타당성 기준, 즉 **명제적 진실**(객관적인 상황 또는 그것으로 칭한다.), **규범적인 공정성**(문화적 공정성이나 적절성, 우리), **주관적인 진실성**(또는 진솔성, 나)을 갖는다. 이는 이 중 어떤 것도 다른 것으로 환원될 수 없다는 뜻이다.

주체가 표상이나 명제(명제적 진실)와 관련된 '세계'는 지금껏 대상이나 현존하는 상황(그것)의 총합으로 생각되었다. 객관적 세계는 진실된 모든 자기주장적(명제적) 문장과 관련 있다고 생각되었다. 그러나 규범적 공정성(우리)과 주관적 진실성(나)이 진실과 유사한 타당성 요건에 도입되면, 적법하게 조절된 대인 관계(우리)와 귀속 가능한 주관적 경험(나)을 위해 사실세계와 유사한 '세계들'(우리가 말한 '상한')이 상정될 필요가 있다. 우리에게 삼인칭 태도로 나타나는 '객관적'인 '세계'(상한)뿐만 아니라 응하는 태도를 갖고 의무감으로 느끼는 규범적 세계, 일인칭(나) 태도로 드러내거나 감추는(진솔성) 주관적 세계가 그것이다.36)

마찬가지로, 각 타당성 요건(진실, 진실성, 공정성)은 서로 다른 증거에 노출될 수 있으며, 따라서 고유의 진실 요건이 **증명되고** 실제의 타당성을 검증받을 수 있다.

(나, 우리, 그것과 관련된) 언어의 세 가지 근본 기능과 연관되어 타당성의 서로 다른 세 측면에서 각각의 근본적인 발화 행위에 이의를 제기할 수 있다. 청자는 주장하고 있는 명제의 **진실**(또는 그 명제적 내용의 실존적 전제의 진실) 또는 발언의 규범적 맥락이라는 관점에서 발화 행위의 **공정성**(또는 상정된 맥락 자체의

정당성) 또는 화자가 표현하는 의도의 진실성(즉, 의미하는 것과 언급된 것과의 일치)을 반박함으로써 화자의 발언을 거부할 수 있다.[37]

이제 우리는 미묘한 환원주의라는 개념, 온우주를 우측의 길로 뭉뚱그리려는(좌측을 우측으로 환원시키거나, '나'와 '우리'를 '그것'으로 환원시키거나, 원자론적이든 기능적이든 내면을 외면으로 환원시키려는) 시도로 돌아갈 수 있다(그리고 더 잘 이해할 수 있다).

진실은 단순한 표상으로 축소된다('반영 패러다임').[38] 즉, 생각은 더 이상 온우주의 통합적 일부가 아니며, 우주를 비추거나 저 밖에 존재하는 물질과 사실의 세계를 '정확히 반영'한다고(객관 상황 또는 '그것들'을 반영하는 것으로서의 명제적 생각) 추정되는, 유리된 채 허공에 떠도는 명제에 불과할 뿐이다.[39] 이성은 온우주 질서라는 실질적인 비전으로부터 평원의 지도를 그리는 절차적 과정으로 축소되고 말았다.[40] 진실은 더 이상 온우주와의 조율을 의미하지 않고, 우주의 지도를 제작하는 일만을 의미할 뿐이다.

더 섬세하게 말하면, 진실은 기능적 적합성을 의미하는 게 되고 말았다. 진실이란 온우주적 상황과 (내적으로나 외적으로, 수직으로나 수평으로의) 조율하거나 상황을 반영하지 않고, 기능적 적합성의 시스템을 자기생성적으로 자가 유지하는 도구적 수단만을 의미하게 되었다(특이하게도 그것은 이 지점에서 스스로의 위상을 무력화시켰다. 기능적 적합성은 진실의 의미를 부정함으로써만 진정한 이론이 된다고 내세울 수 있다. 이론이 참이라면 그 이론은 실질적으로는 그 시스템의 도구적 생성이 되어야 한다. 이 지점에서 그것을 더 이상 참이라고 말할 수는 없고 유용하다고만 할 수 있다).[41]

이와 마찬가지로, 개인의 성실성과 의도(좌상상한)는 건강한 뇌 기능(우상상한)으로, 현재 만연하는 생물학적 정신의학 모델로 환원된다(한 사람이 우울한 것은 삶이 무의미하거나 가치가 결여되었기 때문이 아니라, 그 사람의 신경전달물질에서 세로토닌이 부족하기 때문이다). 마찬가지로, 개인의 성실성과 의미는 행동 수정(여전히 우상상한)으로 환원된다. "온우주에서 나는 어디에 있는 것일까?"가 아니라 "우주에서 어떻게 하면 더 잘 기능할 수 있을까?"이며, "내 존재의 의미는 무엇일까?"가 아니라 "어떻게 더 잘 기능하게 만들까?"다.

따라서 개인적 의미는 행동적 적합성으로 환원되고, 이것은 널리 퍼져 있는 관습적인 문화적 현실에 의해 무의식적으로 판단된다(암묵적인 판단이 개입되었다는 걸 알지도 못한다). 그러므로 '사회 적응'이 행동(그리고 뇌 화학) 수정을 (명시적으로나 암묵적으로)판단하는 표준 척도가 된다. 사회에 적응하는 것이 좋은지 아닌지가 아니라, 어쨌든 그 사회에 더 잘 적응하는 방법이 초점이 된다(당신이 강간하고 살인하면서도 선량한 세르비아인이 되는 데 적용할 수 없다면, 그런 오점에 도움을 줄 수 있는 건 약간의 프로작일 것이다).[42] 자기이해는 행동 기능으로 대체되었으며, 여기서는 어떤 반응이 다른 반응보다 실제로 바람직하기 때문에 강화할 가치가 있는지에 관해서는 아무런 단서도 제공하지 않은 채 바람직한 반응을 강화한다.

문화적 의미(좌하상한)는 기능적 적합성의 또 다른 버전인 사회 통합(우하상한)으로 환원된다. 가치라는 문화 집합의 전체 타당성은 그것이 사회 응집성, 기능적 적합성, 사회 행위 시스템의 통합을 촉진하는 문제로 전환된다. 이런 기준에 따르면 나치는 전적으로 타당한데, 왜냐하면 그들은 분명 지금까지 고안된 것 중 가장 응집력 있는 사회질서 중 하나를 보유한, 행위하는 전일론이기 때문이다. 견고한 자기생성적 체제로서는 파시즘을 능가할 것이 없다. 사회 통합을 진실과 선善의 기준으로 삼는 것이 얼마나 한계를 갖는지를 이보다 더 분명하게 보여 줄 수는 없다.

표현을 달리하면, "그것은 무슨 의미일까?"(좌측)가 "그것이 무슨 일을 할까?"(우측)로 뭉뚱그려졌기 때문에 유일하게 남은 기준은 "그것이 그 일을 얼마나 잘할까?"이지 "우선 그것을 추구하는 게 가치 있을까?"는 아니다.

마찬가지로, 미묘한 환원주의에서 도덕은 선한 삶 또는 품위 있고 가치가 있으며 고귀한 삶, 모방할 만한 가치가 있는 삶, 힘을 부여하는 삶, 가치와 존경, 경외와 찬미를 고취시키는 도덕적 자원들에 접속된 삶을 살아가는 게 무슨 의미인지에 관한 진술을 구체적으로 나타내지 못한다. 오히려 사회 행위 시스템의 부분으로서, 파편으로서 우리에게 요구될 뿐인 것만 구체적으로 나타낸다. 상호 주관적 이해는 문제 및 기술적인 땜질을 조정하는 시스템으로 축소되었다. 도덕과 의미는 시스템 유지와 시스템 확장을 위해서는 어떤 절차가 필요할 것인지에 대해서 그 무엇도 할 수 없는 무기력한 표식이 되고 말았다. 진, 선, 미는 독백적 망이라는 만찬 테이블에 놓인 수저 세트로 전락했다.

우리 모두는 독재 시스템의 기능적 역량을 촉진하는 건 무엇이든 그것으로 축소되었고, 효율성을 갖는 것으로 축소되었으며, 딱 들어맞는 대상으로 축소되었다. 희미하게 사라져 가는 평면적인 풍경을 표상하는 지도를 바라보면서, 그 풍경에 들어맞기 위해 애쓰는 삶을 살아가는 존재론적 자살을 똑같이 즐겁게 포용하도록 타인을 설득하려는 모습으로 축소되었다.

근대와 탈근대의 위대한 과업은 셸링부터 헤겔, 하버마스, 테일러에 이르는 이론가들이 지적했듯이, 거친 환원주의를 미묘한 환원주의(또는 원자론을 평원 전일론으로)로 대체하는 게 아니라 삼대 가치권을 통합하는 것이며(나, 우리, 그것을 통합하거나 예술, 도덕, 과학을 통합하거나 자기, 문화, 자연을 통합하는 것), 이는 하나를 다른 것들로 환원시킴으로써가 아니라 각각이 그 자체로 번창하도록 허용하는 온우주라는 풍성하게 포섭하는 개념을 발견함으로써 가능하다.

달리 말해서, 계몽주의(그리고 '근대성')의 위대한 성취가 삼대 가치권의 필연적인 분화라면 '탈근대성'의 위대한 과업은 테일러가 '발달 지체라는 괴물'로 부른 것을 극복하는 삼대 가치권의 통합이다(두 가지 요점을 추후의 장에서 모두 논의할 것이다).[43]

그렇다면 이제 우리에게 필요한 일은 인간에게 나타나는 좌측 차원의(나와 우리) 진화를 살펴보면서, 더 균형감 있는 개요, 희망컨대 삼대 가치권의 통합에 기여할 수 있는 개요를 위해서 우측의 길을 설명할 때 이 차원이 '추가'될 수 있게끔 하는 것이다.

하버마스와 함께 시작해 보자.

미시와 거시, 계통과 개체

하버마스는 개인의 자기(좌상상한)와 문화적 배경(좌하상한), 즉 인간의식 진화의 미시와 거시 지류에서 동일한 의식구조(그의 표현이다.)를 발견할 수 있다는 관찰에서 출발하였다.[44] 하버마스는 종종 광의로 '사회'라고 쓰지만, 여기서 우리는 주로 내가 문화로 부른 것에 중점을 둘 텐데 그 의미는 문맥을 통해 분명해질 것이다.

사회제도와 사회화된 개인의 행위 역량이 갖는 일반적인 특징을 조사해 보면 동일한 의식구조를 만나게 된다. (한 가지만 예로 들면) 법률과 도덕을 통해 이것이 드러날 수 있다. 여기서 우리는 한편에서는 법률과 도덕이라는 제도로 구현된 의식구조, 다른 한편에서는 도덕적 판단과 개인 행위로 표현된 의식구조가 동일함을 알 수 있다. 인지발달심리학은 개체 발생에서 서로 다른 도덕의식 단계, 문제해결에 있어 특히 전인습, 인습, 후인습으로 서술될 수 있는(여기에 대해서는 추후에 설명할 것이다.) 단계가 존재함을 보여 주었다. 동일한 패턴이 도덕과 법적 표현에서도 나타난다. 45)

하버마스가 지적했듯이, 개인과 문화 홀론은 동일한 의식의 기본구조를 증언하고 있으며, 이런 의식의 동일한 기본구조가 개체와 종 모두의 발달이나 진화에서 드러나고 있다.

개체 발생 모델은 그에 상응하는 사회 진화 모델에 비해 확실히 더 잘 분석되어 있을 뿐 아니라 더 잘 확증되고 있다. 그러나 우리가 언어적으로 확립된 이해의 상호 주관성이 종의 역사에서 사회문화적(정신권) 학습 수준을 최초로 가능하게 만들었던 혁신을 기록했다는 점을 고려한다면, 종의 역사에서도 동종의 의식구조가 존재한다는 사실은 놀랍지 않을 것이다. 이 수준에서 볼 때 사회의 재생산과 구성원의 사회화는 동일한 과정의 두 측면으로서, 이들은 동일한 구조에 의존한다. 46)

하버마스가 두 가지라고 말한 것을 반복해 보자. 인간 개인과 그 사회문화적 환경은 의식의 동일한 기본구조를 입증하고 있으며(미시와 거시의 상호 관련성), 더 나아가서 이 동일한 기본구조는 개체와 종의 진화에서 발견될 수 있다(개체 발생과 계통 발생의 유사성).

개체와 종의 역사에서 동종의 의식구조는 (법률과 도덕 영역에만 한정되지 않고) 한편에서 자아발달과 세계관의 진화 영역에서 발견되며, 다른 한편에서는 자아와 집단적 정체성 영역에서도 발견된다(좌상상한과 좌하상한의 상호 관련성).[47]

하버마스에 따르면(그리고 그의 용어만을 차용하면), 다음과 같이 몇 가지 상호 관련성이 존재한다. 전조작기 사고 수준에 있는 사람은 자연발생적이거나 신체적 정체성, 마술-물활론적 공동세계관, 전인습적 도덕에 참여한다. 구체적 조작 사고 수준에 있는 사람은 역할 정체성에 개방되어 있으며, 신화적 사고라는 공동세계관과 인습적 도덕에 참여한다. 형식적 조작 사고 수준에 있는 사람은 자아 정체성을 보유하고, 합리적인 공동세계관에 참여하며, 후인습적 도덕을 분명히 보여 준다(앞으로 이 모든 내용을 설명할 것이다).

하버마스의 요지는 오늘날의 유아가 전인습(마술), 인습(신화), 후인습(합리)으로 발달하는 것과(6장에서 여기에 대해 탐색할 것이다.) 마찬가지로 종 자체도 마술, 신화, 합리로 진화한다는 것이다(다시 말해서 겝서와 유사하다). 그것이 개체 발생과 계통 발생 진화에서 나타나는 미시와 거시 지류 근저에 흐르는 동일한 의식의 기본구조이자 그들의 진화를 지배하는 **동일한 발달 논리다**(나는 성질상 홀라키적임을 첨언하고 싶다).

나는 『에덴을 넘어』와 『아이 투 아이』에서 사실상 동일한 접근을 취했으며, 몇몇 비평가들은 이는 더 이상 아무도 동의하지 않는 시대에 뒤떨어진 낡은 사고방식이라고 주장하면서 하버마스와 내가 계통 발생과 개체 발생의 연관성을 이용하는 데 반대하고 나섰다. 실로 에른스트 헤켈Ernst Haeckel(1834~1919)이 최초로 도입한 개체/계통 연관성 개념은 원래는 매우 엄격하면서도 단순한 방식으로 사용됨으로써 그 개념 전체의 평판이 떨어졌다. 그러나 현대식 버전에서 그 개념은 유사성을 보이는 일련의 추상적인 패턴만을 약술하고 있어서, 정통의 보루인 아이작 아지모프Isaac Asimov조차 널리 존경받는 그의 저서 『과학에 관한 새로운 안내New Guide to Science』에서 증언했듯이, 정통과학 자체도 이 버전의 개념을 수용할 정도가 되었다.

내가 방금 했던 것처럼 매우 단순한 것에서 복잡한 것까지 생명의 느린 발달이 있었다는(원리 12a) 강한 인상을 갖고 마무리 짓지 않는다면 살아 있는 생물들의 명부를 추적해서 찾아내는 일은 거의 불가능하다. 문門, phyla은 각 문이 이전 문에 무언가를 더하는 모양새로 배열될 수 있다(원리 5). 각 문 내에서 각 강綱, class도 마찬가지로 배열될 수 있으며, 각 강 내에서도 그렇게 목目, order이 배열된다.

수정란으로부터 인간이 발달하기까지도 문을 통한 경로의 재현을 실제로 추적할 수 있다. 이 발달 과정에서 난자는 단세포(일종의 원생동물)에서 출발해서 그 다음에는 (해면동물에서처럼) 소규모의 세포 집단이 되며, 각 세포는 처음에는 그 자체로 분리되어 삶을 시작할 수 있는데, 일란성 쌍둥이가 발달할 때 일어나는 것과 같다. 발달 중에 있는 배아는 (강장동물과 마찬가지로) 두 층으로 구성된 단계를 거친 다음, (극피동물처럼) 세 번째 층을 추가하고, 대략적으로 말해서 점차 상위로 진행되는 종의 순서로 복잡성을 계속 추가한다.48)

인지발달에 관해서 실바노 아리티Silvano Arieti부터 피아제에 이르기까지 발달심리 학자들은 심층구조의(표층구조가 아니다.) 진화에서 개체/계통 간에 무언가 연관성이 존재한다는 실증적인 결론을 내렸다. 아리티는 이렇게 설명하고 있다. "(개체 발생, 계통 발생) 과정은 대체로 유사한 발달 계획을 따른다는 사실이 근본적으로 중요하다. 심리구조에서 말 그대로 개체 발생은 계통 발생을 반복한다는 의미는 아니지만, 발달의 (두) 분야에는 어떤 유사성이 존재한다는 의미이고, (두) 유형의 발달에서 심리구조의 모든 수준을 포함하는 최상 형태의 일반성 체계를 개별화할 수 있음을 의미한다. 또한 우리는 발달 유형에서 전반적으로 동일한 구조 계획의 구체적인 변형을 인지하고 있다."49)

에리히 얀치에서부터("발생 반복은 구조를 지향하는 엄격한 방식이 아닌 시공간 구조를 유연하게 수정하는 식으로 일어난다.")50) 칼 포퍼, 존 에클스John Eccles(『자기와 뇌The Self and Its Brain』를 보라.)에 이르는 연구자와 이론가들은 개체/계통 간의 연관성에 관한 이런 식의 버전을 분명하게 수용하고 있다. 이 점에 관해서는 융주의자들이 엄청난 증거를 축적시켜 왔으며, 에리히 노이만Erich Neumann의 저서『의식의 기원과 역사The

Origins and History of Consciousness』에서 가장 강력하게 서술되었다.

그러나 이 개념을 아마도 가장 흥미롭게 사용한 예를 루퍼트 셸드레이크에서 볼 수 있을 텐데, 그는 일반적인 발생 반복을 진화의 모든 선행 단계들로부터 생긴 형태공명morphic resonance(또는 온우주 기억)의 한 형태로 보았다. 그것은 마치 자연이 습관, 그 또한 홀론이라고 부른 형태장을 수반하는 형태 단위를 발달시키며, 일단 이런 홀론들이 자연의 습관으로 발달하거나 집합 단위가 되면 자연은 뒤따라 일어나는 단계에서 그것들을 계속 재사용한다고 그는 말했다. 복합 개체성의 또 다른 버전이 아닐 수 없다.

이 개념의 오용과 이 개념을 사용할 때의 오류를 하버마스만큼 예리하게 인식하고 있는 사람은 없다. 실제로 그는 그 개념이 잘못 사용되는 8가지 방식을 개략적으로 서술했는데, 나로서도 강하게 동의하는 바다(이런 접근을 비판하는 사람들은 하버마스를 참조하길 바라는데, 그가 이들보다 그 문제에 대해 훨씬 더 분명한 것 같기 때문이다).[51] 그럼에도 불구하고 하버마스는 "일체의 조건에도 불구하고 어떤 상동相同 관계를 발견할 수 있다."라고 결론지었다. 개체 발달과 종 발달 간에 어떤 연관성이 존재하는 셈이다.[52]

이제 우리는 이런 상동 관계를 직접 살펴볼 수 있는데, 이것들이 흥미롭지만 무관한 먼 과거로부터의 어떤 고고학적 발굴에 그치지 않음을 항상 기억할 필요가 있다. 그렇기는커녕 이것은 우리 자신의 혼의 고고학이기도 하다. 이런 '발굴'은 우리 자신의 복합 개체성의 일부로서 우리 안에 포함된 상태로 현재에도 존재한다. 과거의 내면이 우리 자신의 현재 내면으로 들어와서 오늘날 우리 존재 깊은 곳에서 계속 살고 있다. 포용하고 초월하는 우리 자신의 역량에 전적으로 의존해서 우리를 풍요롭게 하거나 파괴하면서 말이다.

05
인간 본성의 출현

오늘이 어제를 의미 있게 만든다.

—에밀리 디킨슨—

나는 우리가 맞서 싸울 필요가 있는, 널리 퍼져 있는 안일한 경향성, 그것이 항상 우리 스스로를 해방시켜야만 하는 탄압의 주된 형태라도 되는 양 방금 일어난 것을 일차적인 적으로 지목하려는 경향성이 있다고 생각한다. 이제 이런 단순한 태도는 여러 가지 위험한 결과를 수반한다. 첫째로는 사람들이 실제로는 한 번도 가져 보지 못한 값싼 형태의 어떤 고풍주의(archaism)나 상상에서 우러나온 행복의 어떤 과거 형태를 찾으려는 경향성이 있다. 현재에 대한 증오 때문에 이렇듯 완전히 신화적인 과거를 불러올 수 있는 위험한 경향성이 생긴다.

—미셸 푸코—

여기까지 논의를 끌어오면서 우리는 상징과 개념이라는 내면 공간을 품고 복잡한 삼중 뇌를 갖춘 유기체까지(인류의 조상) 개체 외면의 진화를 약술하였다. 그들은 집단/가족(부족)이라는 사회 홀론에 살면서 문화적으로는 태고의 세계관을 갖고 있다(우리 이야기에서 이들은 이 지점까지의 사상한이 된다). 그다음에 인류의 조상을 진정한 인간(호모 사피엔스)으로 변용시킨 어떤 일이 일어났다. 어떤 일이 일어난 걸까?

호모 사피엔스의 출현

하버마스는 인간, 호모 사피엔스를 인류의 조상 및 그 밖의 영장류로부터 구별 짓는 것은 사회적 노동 또는 경제의 존재였다는 마르크스주의자의 아이디어에서 출발하였다. 그러나 하버마스는 인류의 조상도 경제를 영위하고 있었으므로 경제 교환이 단순히 존재한다는 사실이, 특히 인간적인 삶의 형태를 특징짓거나 인류의 조상을 호모 사피엔스로부터 구분 짓지 못한다는 사실을 발견하였다.[1)]

더 최근에 드러난 인류학적 연구 결과에 힘입어 사회적 노동(경제)이라는 개념을 검토해 보면, 그것은 진화척도에 아주 깊게 관여하고 있다는 사실이 분명해진다. 인류뿐 아니라 인류의 조상은 사회적 노동을 통해 재생산으로 전환되고 경제를 발전시켰다는 점에서 유인원과 구별된다. (인류의 조상) 성인 남자는 사냥하는 무리를 형성했으며, 이는 (1) 무기와 도구(기술)를 사용했고, (2) 노동 분업을 통해 협력했으며, (3) 집단 내에서 먹이를 분배했다(분배 규칙). 생산수단의 제조와 노동의 사회적 조직은 물론 그 생산물의 분배는 재생산하는 삶의 경제적 형태를 위한 조건을 충족시켰다.[2)]

이런 시리즈에서 일부 내가 원하는 목적은 남성과 여성의 가치 영역의 항로를 따라가는 것이기 때문에, 인류 조상의 태고 사회에서조차도 이미 이 두 영역은 종종 선명하게 분화되기 시작했다는 점에 주목하는 것이 도움이 된다. 하버마스는 이렇게 말했다.

인류 조상 사회는 그들의 생산 양식보다 재구성하기가 더 힘들다. 그들의 의사소통 시스템이 영장류에서 이미 발견되고 있는 몸짓을 매개로 한 상호 작용을 넘어 얼마나 멀리 진보했는지는 분명치 않다. 추측건대, 그들은 몸짓을 통한 언어와 호출소리signal call 시스템을 갖추고 있었을 것이다. 어쨌든 서로 협동해서 생기는 큰 사냥감 수렵은 경험에 대한 이해를 필요로 하기 때문에 우리는 원형언어를 상정해야만 하는데, 적어도 이것이 인지적 성취, 정서적 표현, 사람으로 진화하는 데 그토록 중요한 대인 관계가 체계적으로 연결되기 위한 길을 열어 주었다.

인류 조상 집단에서의 노동 분업은 아마도 두 가지 하위 시스템, 즉 한편에서는

다 함께 평등주의적 사냥 무리hunting band가 되어 전반적으로 지배적인 위치를 차지하는 성인 남자와, 다른 한편에서는 과일을 채집하고 자신들이 돌보는 어린아이와 함께 살아가는 여성의 발달로 이끌었을 것이다. 영장류 사회와 비교할 때, 전략적인 협동 형태와 분배 규칙은 새로웠다. 양쪽의 기술 혁신은 최초의 생산 양식, 협동적인 수렵의 성립과 직접적으로 연결되어 있다.[3]

따라서 경제의 출현은 "영장류 삶의 양식으로부터 인류 조상의 삶의 양식 범위를 한정짓는 데에는 적절하지만, 그것은 특별히 인간 삶의 재생산만을 나타내진 않는다."[4]라고 하버마스는 결론을 맺었다. 오히려 "이제 호모 사피엔스를 구분 짓는 진화적 참신함은 경제보다는 가족인 것 같다".[5]

지금까지 우리는 '가족'을 매우 느슨한 의미에서 얀치가 말한 유전적으로 관련된 동물군을 의미하는 용어로 사용했다. 그러나 하버마스에 따르면, 특히 인간 가족은 진화의 어떤 곳에서도 발견할 수 없는 창발적 특징을 띠고 있다.

인류 조상이 아닌 인간이 척추동물에게서 발생하는 사회구조, 즉 모든 동물에게 타동적으로 한 가지 신분만 부여되는 일차원적 서열 짓기를 최초로 파기한 것은 인류의 조상이 아니라 인간이었다. 침팬지와 개코원숭이 사이에서 이런 신분 시스템은 성인 수컷 사이에서 나타나는 꽤나 공격적인 관계, 수컷과 암컷 간의 성적 관계, 늙은이와 젊은이 사이에서의 사회적 관계를 조절했다. 가족 같은 관계는 어미와 새끼 간에, 형제들 간에만 존재했다. 어미와 자라나는 수컷 새끼 간의 근친상간은 허용되지 않았고, 아비와 암컷 새끼 간에는 여기에 상응하는 근친상간에 대한 장애물이 존재하지 않았는데, 아비의 역할이 없었기 때문이다. 사회적 노동으로 전환된 인류 조상 사회조차도 아직 가족구조를 알지 못했다.[6]

하버마스에 따르면, 인간 가족의 참신한 출현은 남자에게도 아버지 역할이 주어지면서 일어났는데, 왜냐하면 남자와 여자 두 가치 영역이 연결될 수 있는 건 오로지 이 방식을 통해서기 때문이다. 이 책 시리즈 제2권에서 낱낱이 다루게 될 방식을 통해 (그리고 그런 이유로) 남녀의 가치 영역은 이미 사회적 노동(수렵)과 어린아이 양육으로 분화되었다. 예를 들어, 렌스키Lenski는 이 단계에 도달한 이미 알려진 사회에서는 놀랍게도 97퍼센트가 그런 남녀 분화 패턴을 보여 준다고 보고하였다.[7] 진화가 지속되면서 새로운 통합도 필요해졌다. 추측건대, 여자는 임신과 동시에 사냥을 할 수 없기 때문에 양쪽 영역에 한 발씩 담근 아버지 역할이 새롭게 출현하는 걸 통해서 통합적 고리가 만들어졌다.

　　사회적으로 조직된 수렵이라는 생산 양식은 시스템 문제를 일으켰으며, 이는 남자의 가족화, 즉 족외혼에 근거한 친족 시스템의 도입을 통해서 해결되었다. 사냥 무리를 이루는 남성 사회는 식물을 채집하는 여성 및 어린아이와는 독립되었으며, 사냥 원정을 떠난 동안 여성과 어린아이는 뒤에 남겨졌다. 노동의 분업과 연결된 이런 분화와 더불어 통합을 위한 새로운 요구, 즉 두 하위 시스템 간의 통제된 교환(우리가 동일 수준의 홀론과의 관계교환으로 부른 것)에 대한 요구가 발생했다. 그러나 인류 조상은 분명히 신분에 의존한 성적 관계 패턴만 마음대로 할 수 있었다. 이런 패턴은 새로운 통합을 위한 요구에 부합하지 못했으며, 그 정도가 적을수록 사냥 무리 내에서의 평등한 관계 쪽으로 밀고 가는 힘이 영장류의 신분질서를 더 많이 훼손시켰다. 결혼에 근거한 가족 시스템과 조절된 혈통만이 성인 남자 구성원으로 하여금 아버지 역할을 통해서 사냥 무리의 남성 시스템의 신분을 여성과 어린아이 시스템에서의 신분과 연결시킬 수 있도록 허용한다. 이에 따라, (1) 사회적 노동의 기능이 어린이 양육의 기능과 통합되고, 더욱이 (2) 남성 사냥 기능이 여성 채집 기능과 조화를 이룬다.[8]

　　남성의 가족화다. 이에 따라 차후 모든 문명에게 주어진 단 하나, 유일한, 지속적인, 악몽 같은 과업, 테스토스테론을 길들이는 과업이 시작되었다.

남성의 이점과 여성의 이점

아버지 역할과는 달리 어머니 역할은 두 가치 영역의 연결을 위해서는 충분치 않은데, 어머니는 수렵이라는 사회적 노동에 참여할 수 없거나 아무튼 참여하지 않았기 때문임에 주목하라(드물지만 예외는 있다). 그래서 우리는 인류 조상으로부터 인간으로의 변용을 정의하는 바로 여기서 성적 분화, 우리가 앞으로 보겠지만 극단적인 성적 양극화로 분열될 수 있는 성적 분화가 출현함을 보게 된다.

초기 시점에는 이런 분화나 불균형이 심히 가치 평가적으로 보이진 않았다. 즉, 한 영역이 다른 영역보다 특별히 더 중요하거나 가치가 있진 않았다. 그것은 엄청 큰 신분의 분화가 아니라 대부분 단순히 기능의 분화인 것처럼 보였다. 그것이 심히 이데올로기적이거나 착취적이라는 증거는 없지만, 육체적 힘 및 기동성(남성의 장점)과 출산 및 생물학적 양육(여성의 장점) 같은 단순히 생물학적 요인에 주로 근거하는 것 같았다.

이것은 얽히고설킨 감정이 실린 이슈로서 여러 페미니즘 학파들에게는 특히나 그렇다. 이 때문에 이 책 시리즈 제2권을 그 이슈에 대해 광범위하게 검토하는 데 바쳤다.[9] 일부 자유주의 페미니즘은 모든 성적 분화나 불균형은 전적으로 남성 지배 때문이라고 느낀다. 반면에 급진 페미니스트들은 남성과 여성의 가치 영역 간의 분화를 강하게 수용하고 포용하며(앞으로 보겠지만, 그들은 이것을 각각 **독자성**agency, **공동성**communion과 똑같다고 본다.), 사회가 후자를 더, 전자를 덜 포용하도록 촉구한다. 사회주의 페미니스트들은 생산과 기술의 서로 다른 양식에서 성적 차이가 발생하는 경향이 있고, 이런 불공평한 차이는 자본주의 양식이 더 인간적이 되고 인도적이 될수록 '균등'해진다고 보는 경향이 있다.

나는 제2권에서 이 모든 입장을 주의 깊게 살펴볼 것이다. 그러나 그때까지 우리에게는 젠더gender 전쟁에서 합의된 휴전이 필요하다. 이 책 나머지 내용에서 내가 제시할 인간의식의 구조는 사실상 젠더 중립적일 뿐 아니라 심층구조 자체에는 어떤 근본적인 젠더 편향도 없다는 게 나의 주장이다. 그러나 역사가 발달하는 과정에서 이런 젠더 중립적 구조는 우리가 살펴볼 여러 이유로 인해 갖가지 요인(기술, 경제, 문화, 사회, 의도)이 부과되었으며, 이것이 종종 일부 이런 구조들을 특히나 예속의 방식으로, 분명 양극화(또는 분열되는) 방식으로 기울어지게 만들었다.

그러므로 제2권에서 나는 문화 단계나 세계관(태고, 마술, 신화, 심리, 켄타우로스) 각각을 살펴보고, [그림 5-1]이 보여 주고 있듯이 그것들을 물질 생산과 기술의 역사적 양식(수렵채집, 원예농업, 농업, 산업, 정보)과 관련시켜 볼 것이다. 더 나아가서, 특히 나는 각 단계에서 남녀의 신분을 조사할 것이다. 이 중요한 이슈의 다수에서 자유주의·급진주의·사회주의 페미니스트 관점들이 합의하고 있는 관점들이 이미 존재해 왔다는 것이 나의 주장이고, 나는 그 내용들을 그런 요지로 제시할 것이다.

현 논의에서, 예컨대 신화적 농업구조에 도달할 쯤이면 성적 양극화와 공적 영역에서 남성 지배가 역사적으로 볼 때 정점을 찍는다는 것이(여성이 최고 권력을 행사했다고 많은 페미니스트가 느끼는 이전의 일부 원예농업 사회와는 거의 정반대다.) 정통 연구자들 및 페미니스트 연구자들이 한결같이 합의하는 내용이지만, 나는 그런 사회의 여성 신분에 관해서는 거의 언급하지 않겠다. 내가 지금 그 이슈에 대해 논의하지 않는다는 건 그것을 무시한다는 뜻이 아님을 지적하고 싶을 뿐이다.

그렇지만 이런 접근이 새롭다고 믿는 몇 가지 점만 보여 줄 것이다. 젠더 차이와 젠더 차이 가능성을 연구할 때, 초기에 필요한 것은 기능에 있어 어떤 분명한 차이점을 인정하는 일련의 불변항constant이다(여자는 출산과 수유를 하고, 남자는 평균적으로 육체적 힘과 기동성 면에서 약간 유리하다. 앞으로 살펴보겠지만 자넷 채페츠Janet Chafetz부터 조이스 닐슨Joyce Nielsen까지 페미니스트 연구자들은, 예컨대 이런 특정 차이들을 강조하였다). 이런 단순한 차이는 오늘날에는 그다지 중요하게 보이진 않지만, 역사적·선사先史적으로 볼 때 그 차이는 종종 모든 문화에서 가장 중요하면서도 결정적인 일부 요인이었다.

예를 들어, 농업의 경우 동물이 끄는 쟁기가 발달하면서 손을 사용하는 괭이를 대체했을 때(이를 원예농업에서 농업 양식으로의 전환이라고 한다.) 주로 여성의 노동력에서 남성의 노동력으로의 전환이 대규모로 일어났는데, 괭이나 땅을 파는 막대기와는 달리 쟁기가 무거운 연장이라는 사실 때문에 거의 전적으로 일어났다. 원예농업 사회에서는 여자가 80퍼센트에 달하는 식량을 생산했다(그 결과, 상당한 공권력을 남자와 공유했다). 임신한 여자도 손을 사용하는 괭이를 쉽게 사용할 수 있었지만 쟁기는 그렇지 않았다. 쟁기를 발명했을 때 사실상 모든 생산 작업을 남자가 담당했으며, 모계중심의 생산 양식은 부계중심의 양식으로 대체되었고, 지배적인 신의 형상도 대모大母에서 대부大父중심으로 전환되었다.

(페기 샌데이Peggy Sanday는 지배적인 여성 신 형상이 거의 전적으로 원예농업 사회에서 나타남을 입증하였다. 약 1/3은 여성 신만을, 1/3은 남성과 여성 신을 섬기는 데 반해, 사실상 모든 농업 사회는 **남성 신만** 섬긴다. 따라서 여자가 괭이를 갖고 들판에서 일하는 곳에서는 신이 여성이지만, 남자가 쟁기를 갖고 들판에서 일하는 곳에서의 신은 남성이라는 것이 제2권의 결론 중 하나다. 그것이 영원히 지속되는 영Spirit의 남성적 얼굴, 여성적 얼굴과 어떻게 정확히 맞아떨어지는지가 제2권의 주요 주제다. 신의 형상이 이처럼 단지 경제적 부산물에 불과한 걸까? 아니면 뭔가 더 지속적인 것이 여기에 반영된 걸까?)

자넷 채페츠 같은 페미니스트 연구자들은 쟁기로 무겁게 밭을 일구는 데 참여했던 여자들은 유산율이 높아서 그런 일을 하는 건 그들에게 유전적으로 이득이 되지 않았음을 지적했다. 바꿔 말해서, 모계중심에서 부계중심으로 이동하는 이런 측면에 대해 탄압이나 남성 지배에 그 원인을 돌리는 것은 온당치 않으며, 자연스럽게 주어진 일단의 여건들에 직면해서 남자와 여자들이 함께 결정한 것으로 돌리는 것이 옳을 것이다.

그러나 기능의 그런 초기 분화는 (많은 경우에 그렇지만) 신분의 차이로 확대되어 남성은 공적/생산 영역을 지배하고, 여성은 사적/생식 능력에 귀속되었다. 우리가 검토하고 싶은 것은 자연발생적인 이런 분화가 한 성이나 다른 성에게(보통은 두 성 모두) 불리해지는 분열로(그리고 극단적인 성적 양극화로) 바뀌는 분화이며, 6개 정도의 주된 시기/ 단계/구조가 있는데 이들을 각기 살펴볼 것이다.

달리 말해서, 우리는 젠더 중립적인 다양한 의식구조와 기술 전개의 단계들에 적용할 때 일련의 불변항들이(대부분의 페미니스트 연구자들에 따르면 출산/육아 같은 소수 요인들은 문화에 따라 변하지 않았다.) 협력해서 각 단계에서 남녀의 신분에 있어 특정한 젠더 차이를 초래할 것이라는 점을 알게 될 것이다(그리고 이는 무엇이 억압이고, 무엇이 억압이 아닌지 결정하는 데 있어 우리를 도와줄 것이다). (육체적 힘/기동성과 출산/육아 같은) 이런 불변항을 제2권에 제시('성적 체계에서 나타나는 강한 보편성과 약한 보편성')했으며, 더 좋든 나쁘든 그것들이 어떻게 발생하고 전개되는지를 앞으로 전개되는 5~6개 장에서 검토하였다.

그러나 우리가 현재 논의하는 내용은 의식의 젠더 중립적 구조로서, 그 속에서 이런 섹스, 젠더의 양극화가 일어날 것이다.

남성과 여성의 해방

의식구조의 진화 이야기를 꺼내기 전에 이 장 후반부에서 (그리고 제2권에서 광범위하게) 다룰 근거에 대해 최종적인 예 한 가지를 들어 보자. 이제 내가 말하려는 내용의 일부는 이 장 마지막에 도달할 때까지는 완전히 이해되지 않겠지만(매우 소용에 닿는 증거를 일부 소개한 후라야 가능하다.), 이 시점에서는 그 중요성과 복잡성 때문에 일반적인 주제를 소개하는 것이 유용할 것이다(우리는 이 장 말미에서 이 주제로 돌아와서 제시된 자료를 토대로 이 주제들을 검토할 것이다).

자유주의 페미니즘과(남자와 여자는 역량에서 근본적으로 동일하다.) 급진 페미니즘(남자와 여자는 꽤나 다른 가치 영역을 대표하는데, 남자는 과도하게 자율적·개인주의적이고 다소 권력에 사로잡혀 있지만 일반적으로 **독자성을 지향하는** 반면, 여자는 더 관계적·양육적·투과적이며 공동성을 지향한다.) 간의 일부 불일치는 이런 두 가지 접근이 서로 거의 조화를 이루기 어렵다는 점에 있으며, 이것이 여권운동 계층 사이에서 상당한 불화, 때로는 무척 쓰라린 불화의 원인으로 작용하였다.

그러나 인간 존재의 생물권 요소에서는 급진 페미니스트가 옳고, 정신권 요소에서는 자유주의 페미니스트가 옳다면 어떨까? 이런 통합이 말로만 무성한 데 그치지 않고 진정한 방식에서 효력을 발휘할 수 있다면, 급진 페미니스트들이 강조하듯이 우리는 성적 존재에서의 일부 중요한 차이들을 존중하는 동시에 자유주의 페미니스트들이 중요하게 요구하는 법(이는 정신권에서를 의미한다.) 앞에서의 평등을 주장하고 유지할 수 있을 것이다.

그러나 그것은 또 다른 무언가, 더 중요한 무언가를 의미할 수도 있다. 이 장에서 우리는 서구에서는 16~17세기경까지 정신권과 생물권이 분화되지 않았다는 (여러 연구자가 제시한) 증거를(이런 분화가 너무 지나쳐서 **분열**로 가 버렸다는 증거, 이것이 우리의 중심 주제 중 하나이지만 당분간은 별도의 이슈다.) 볼 것이다. 당장의 요지는 정신권과 생물권의 분화로 인해 남녀 역할이 더 이상 (육체적 힘/기동성과 출산/육아 같은) 생물학적 요인, 역사상 그 지점까지 여자에 대한 남자의 관계뿐 아니라 남자에 대한 남자의 관계를 이런저런 식으로 주로 **지배했던** 요인에 의해 필연적으로나 자동적으로 결정되지(또는 주로 영향을 받지) 않았다는 것이다.

표현을 달리하면, 정신권과 생물권의 분화와 더불어 생물학은 더 이상 운명이 아니었다. 더 이상 필연적으로 운명이 될 수 없었다. 남녀(그리고 남자와 남자) 관계는 육체적 힘과 생식이라는 생물학적 차이와 결정요소가 휘두르는 무거운 손아귀에 지배될 필요가 없었다.

따라서 진화가 계속 정신권으로 이동하고 전적으로 생물권에 바탕을 둔 상태를 초월함에 따라, 우리가 짤막하게 언급했던 육체적 힘과 육체적 생식이라는 두 가지 보편성, 생물권에서만 가치를 둔 보편성도 초월할 수 있었다(즉, 보존되고 부정되었다). 물론 이것은 정도의 문제다. 생물학은 여전히 보존되고 있으며, 그런 경향성을 문화가 포착해서 재작업했다. 그러나 분화가 커질수록 부정과 재작업 가능성도 커졌다.

'여성의 가치 영역'은 공동성을 강조하는 경향이 있다는 급진 페미니스트들에게 당분간 동의한다면, 이런 가치 영역을 독점적인 생물학적 생식으로부터 분리시킬 수 있으며 생식 영역의 풍요로움에 뿌리를 둔 채 독자성이나 생산 또는 '남성 문화'의 세계로 들어갈 수 있다. 진화가 생물권을 더 많이 초월할수록 더 많은 여성이 양쪽 세계에(정신권-심적 세계와 생물권-가족세계) 참여할 수 있는데, 마음의 세계에서는 예컨대 육체의 힘이 전혀 문제되지 않기 때문이다.

바꿔 말해서, 정신권과 생물권의 분화와 더불어 여성은 생물권에 기반을 둔 동시에 정신권에서도 주체(역사적 주체)가 될 수 있다. 역사상 이 시점까지 남자와 여자가 수행했던 역할을 역전시킨 건 정확히 이것이었다. 예전에는 (생물학적 주체로서) 아버지 역할을 통해서 남성을 가족 내에 둠으로써 남성과 여성의 영역이 통합되었다. 이제 여성을 (정신권적 주체로서) 공적 영역에 둠으로써 두 영역이 통합될 수 있고, 통합되도록 요구된다.

그러므로 역사상 현 시점에서, 오늘날의 세계에서 두 가치 영역의 가교 역할을 할 수 있는 것은 역사적 주체로서의 여성의 역할이다. 이에 반해, 과거 모든 역사에서는 그런 역할이 필연적으로 아버지로서의 남성에게 떨어졌다(이런 '남성의 가족화'는 우리의 담론에서 하버마스가 막 소개한 요지다).10)

이런 식으로, 이런 식으로만, 그렇지 않았다면 역설적이고 혼란스러웠을 진실, '여성 해방'의 면전에서 종종 페미니즘에 손상을 가했던 역설적 진실을 주장할 수 있다고 나는 믿는다. 이런 방식을 통해서만 우리는 현재 여성이 해방에 개방되어 있고, 해방을 필요로 하고 있다고 주장하는 동시에 예전에는 비해방적인 방식으로(또는 속임수로) 행동한 건 아니라고 주장할 수 있는 것이다. 17, 18세기에 여성운동이 널리 출현했는데, 왜냐하면 정신권과 생물권이 마침내 분화되었기 때문이다.11) 이는 여성운동의 보편적인 출현은 쉽게 달라졌을 수 있는 성가신 상황의 원상 복구가 아니라 중요한 방식에서 불가피하게 전례가 없었던, 전적으로 새로운 상황의 출현을 나타내고 있음을 의미한다.

남녀를 협소한 바탕의 생물학적 역할에 기초하도록 만든 것은 진화적 과정으로서 그 과정 자체는 꽤나 최근까지 스스로를 생물권에 근거하고 있었으며, 최근에 와서야 그런 특정 역할의 속박으로부터 남녀를 해방시키는 도정에 있다. 그런 역할들은 당시에는 필요했겠지만 현재는 구식이 되고 말았다. 이런 진화적 변용의 주도권은 (이스트라 킹Ynestra King의 지적처럼) 가장 쉽게는 가족 간의 공동성에 머물지 않고 문화적 독자성을 취한 여성의 형태에서 주로 나타날 것이다(남성의 가족화라는 예전의 통합에서와 마찬가지로, 남자는 문화적 독자성에만 머물지 않은 가족 공동성이라는 위치에 놓여 있다).

이것이 현재 사회적 수준에서 요구되는 새로운 통합이다. 이렇듯 진화적 관점에서 그것을 봄으로써 남자는 창세기 첫날부터 탄압적인 돼지였고, 이로써 여성은 불가피하게 보살핌을 받는 양임을 암시하는 무용지물의 흔해 빠진 흰소리를 상당 부분 비껴갈 수 있다. 그런 관점은 의도가 그랬더라도 남성을 비하하는 내용이 아니다. 오히려 여자가 남자보다 더 어리석거나 약하다는 걸 동시에 함축하지 않고서는 여자가 5천 년(어떤 사람들은 50만 년이라고 말한다.) 동안이나 탄압을 받았다고 주장할 수는 없는 것이다. 달리 설명할 길이 없다.

생물학적으로 분화된 남녀의 역할을 남자가 여자에게 부과했다고 볼 경우, 우리는 남자를 완전히 돼지로 만들고 이와 동시에 여자를 전적으로 양으로 만들 수밖에 없다. 역할 분화를 자동적으로 지배의 결과로 가정한다는 것은 특정 집단을 자동적으로 희생자로 만드는 꼴인데, 이는 그 집단을 해방시키려는 시도로부터 그 영향력을 자동적으로 또 돌이킬 수 없이 빼앗아 버리는 격이다.12)

그러나 남녀가 주로 특정 생물학적 소여에 직면해서 움직인다면, 이런 소여가 주된 결정요소가 아니라면, 그렇다면 남녀는 모두 예전에는 제한을 가했던 그런 역할로부터 해방될 필요를 느끼게 된다. '가부장제'는 단순하게 또 쉽게 피할 수 있거나 우회할 수 있는 게 아니었다(괭이를 넘어 진화가 진행되는 곳마다 가부장제가 함께 생겼다).13) 그것을 쉽게 우회할 수 있었음에도 불구하고 그렇게 되지 않았다면 남자는 과연 돼지이고 여자는 머저리다. 그러나 가부장제는 역전될 필요가 있는 그 무엇이 아니라 벗어날 필요가 있는 그 무엇이다. 이로써 남성은 비난으로부터, 여성은 양처럼 순한 상태로부터 벗어난다.

더구나 그것은 오늘날의 페미니즘에 대한 불행한 저항의 진짜 원인을 보게끔 한다. 그것은 남성은 불쾌하고, 여성은 얼간이라는 수천 년에 걸친 편견을 무효화시키는 데 대한 저항이라기보다는 전혀 새로운 의식구조, 역사상 최초로 정신권과 생물권을 분화시킨 후에 이제는 남녀 모두를 완전히 새로운 세계 공간 속으로 통합시키려고 필사적으로 노력하고 있는 과정 중에 있는 구조의 출현에 대한 저항이다. 그것이 (많은 남녀가) 두려워하고 저항하는 대상이다. 그리고 그것이 바로 내가 길게 말하고자 하는 (자아-합리적을 넘어선 단계로서 '켄타우로스'와 '비전-논리'라는 명칭이 붙은) 새로운 통합이다.

탄압과 예속의 형태가 실로 존재해 왔다는 것을 앞으로 보겠지만, 오늘날의 의식구조에 비추어 이들을 판단해서는 안 되고 주어진 선행구조에서 할 수 있었던 것에 비추어 판단해야 한다. 우리는 주어진 구조의 가능성 안에서 그것의 야비성 정도를 판단한다. 판단은 단계에 특수하고stage-specific, 단계에 적합할stage-appropriate 필요가 있다. 이는 이 점과 관련해서 탄압의 개념을 주의 깊게 재구성해야 함을 의미하는데, 특정 시기에 주어진 상황에서 무언가가 일어날 수 없었다면 '일어나지 않음'을 지체 없이 탄압의 탓으로 돌릴 수는 없기 때문이다. 예를 들어, 정신권과 생물권이 분화될 때까지 페미니즘이 광범위하게 출현할 수 없었다면 그 이전에 출현한 문화에서 페미니즘이 부재했던 건 탄압의 결과가 아니라 아직 진화가 충분히 일어나지 않았던 결과로서, 스토리가 전혀 달라진다. 여자는 약하고 무지하며, 남자는 둔하고 게으름뱅이여서가 아니다(말하자면, 전혀 정상을 벗어나지 않았다).

정신권과 생물권이 마침내 분화되었을 때 생물학은 더 이상 운명이 아니었다. 이런 새로운 창발에 대해서 저항이 상당했음에도 불구하고 여성은 생물권을 벗어나 정신권으로 진입했다(실로 오늘날의 모든 남성은 생물권적 야수로서 자기 고유의 발달을 시작하며, 그 또한 정신권과 생물권을 분화시킴으로써 생물권이 아닌 정신권으로 행위할 때까지는 '발달을 성취하지' 못할 것이다. 탄생할 때마다 새롭게 전쟁을 벌여야 할 뿐 아니라 남녀 모두 형태는 다르지만 저항에 부딪힌다. 예를 들어, 여론 조사가 일관되게 보여주는 바에 따르면 미국에서는 남성 다수가 양성 평등 조항Equal Rights Amendment을 선호하는 반면, 다수의 여성은 거부한다. 새로운 출현은 모두에게 어려운 일이 될 텐데, 그것은 여러 면에서 생물학적 소여의 예정성과 안락을 떠나는 걸 의미하기 때문이다).

선사와 역사의 여정에서 생물학적 운명에서 벗어나 상승하기까지는 3~4개에 달하는 엄청난 주요 문화적 변용이 필요했다(각 단계에는 매우 새로운 형태를 띤 단계 고유의 병리와 분열 가능성이 존재했는데, 이 모든 것에는 협상이 필요했을 것이다. 때로는 그다지 성공을 거두지 못했다).

우리가 서술하는 지점은 여전히 첫 번째 변용이 일어나는 지점이다. 주로 단순한 생물권적 차이(육체적 힘/기동성 대 출산/육아)를 근거로 최초의 성적·기능적 분화가 이제 막 일어났다. 역사상 최초로 이 두 영역의 주된 통합도 발생해서, 아버지 역할이라는 전적으로 새로운 출현을 통해 남성을 양쪽 세계에 두었다.

마술-물활론

남성의 가족화 및 인간 사회문화적 진화의 출현과 더불어 우리는 태고에서 마술로 이동했다. 겝서와 나 자신에게 있어 태고란 최초의 인류 조상을 포함해서 그때까지 모든 의식구조를 단순하게 또 전반적으로 표현하는 느슨한 '잡동사니 자루'다. 우리는 [그림 4-1]에(여기서 개념에 이르기까지의 일체는 '태고의 자원'이다.) 제시된 더 상세한 분류에서처럼 태고를 수십 개 요소 및 개별 단계로 쉽게 쪼개 볼 수 있다. 태고는 우리의 풍성한 진화 역사의 총체를 나타나는 상징에 불과하지만 그렇다고 상징에 불과한 건 아닌데, 이런 역사가 현재 우리의 복합 개체성의 일부로서 개개인 속에 살아 있기 때문이다.

하버마스 및 그와 연루된 학자들의 광범위한 연구에 따르면, 마술적 구조 자체는 다음과 같다.

구석기 사회에서 나타나는 마술-물활론 표상세계는 분명 매우 배타적이면서 일관성이 없었다. 신화(즉, 신화적 단계 자체의 다음 단계에 등장하는 복잡한 신화가 아닌 초기 신화)의 배열 표상ordering representation은 최초로 비유 복합체를 구성하는 게 가능하도록 만들었는데, 여기서는 모든 자연 현상과 사회 현상이 함께 얽혀 있고 서로 교체될 수 있었다('마술적 환치'). 전조작 사고 수준에 있는 어린아이의 자기중심적 세계 개념에서 볼 때, 이런 현상은 아이의 자아중심과 관련이 있다. 마찬가지로, 사회 형태를 띤 세계관에서 그들은 종족집단중심과 관련이 있다. 이것은 집단 구성원들이 객관화된 자연과는 동떨어진 사회의 규범적 현실에 대해 뚜렷한 의식을 형성하고 있음을 의미하지 않는다. 이 두 구역은 아직 분명하게 분리되어 있지 않았다(즉, 생물권과 정신권이 아직 분명하게 분화되지/통합되지 않았다). 이런 마술-물활론 단계는 인습적 친족구조, 전인습적 법단계, 자아중심적 해석 체계라는 특징을 갖는다…….14)

인지 인류학자들에게 전조작 사고란 심상, 상징, 개념으로 작동하는 사고를 말한다(복잡한 규칙과 형식 조작은 아직 나타나지 않았다). 그것도 '표상적'으로 부를 수 있는데, 왜냐하면 상징과 개념은 본질적으로 외부 세계의 감각대상을 나타내고 표상하기(만들고 정합시키기) 때문이다. 이런 이유로 인지 심리학자와 인류학자들은 표상적 사고를 '몸에 가깝다'고 한다. 즉, 정신권이 방금 출현했고 마음이 방금 출현했던 터라 그것이 아직 생물권, 신체와 감각운동적 지능으로부터 비교적 덜 분화되었기 때문이다.[15]

이런 이유로 하버마스는 이 단계에 있는 자기정체성을 **자연발생** 정체성 또는 신체에 근거한 정체성으로 언급했다(프로이트가 "자아는 무엇보다 신체 자아다."라고 표현한 것과 마찬가지다). 다음 단계인 구체적 조작에서만 발달하는 광범위한 심적 규칙과 역할에 근거를 둔 정체성이 아직 아니다. 이 단계의 법과 도덕성도 마찬가지로 신체에 근거를 두고 있으며, 육체적·실용적 관심과 '순박한 도구적 쾌락주의'에 의존한다. 매카시McCarthy가 전인습 도덕 단계에 있는 사람은 "문화적 규칙과 선악, 옳고 그름의 표식에 민감하지만 행위의 물리적 결과, 쾌락주의 결과(처벌, 보상, 호의의 교환)나 규칙과 표식을 명확하게 말하는 사람들의 물리적 힘으로 이런 표식들을 해석한다."라고 요약하였다.[16]

이것을 '마술적magical'으로도 부르는데(하버마스, 겝서, 피아제), 마음과 신체가 비교적 분화되지 못해서 심적 심상과 상징이 종종 그것들이 표상하는 물질적 사상과 혼동되거나 심지어 동일시되며, 그런 결과로 말미암아 부두교, 통속적 진언, 주물숭배, 마술적 의식, '공감적 마술'이나 일반 마술에서처럼 심리적 의도가 물질세계를 '마술적'으로 변화시킬 수 있다고 믿기 때문이다(다음 장에서 이 주제로 돌아올 것이다).[17] 비분리의 또 다른 측면에서 보면 물질 대상은 파지가 아니라 명백히 개인적인 의도를 가진 채 '살아 있다'(물활론).

바꿔 말해서, 생물권과 정신권이 아직 분명하게 분화되지/통합되지 못해서 주체는 대상에 대해 특별한 힘을 갖고 있으며(마술), 대상은 특별한 주체적 속성을 갖고 있다(물활론). 그것이 진정한 의미의 '영적'일지는 추후에 탐구할 것이다.

인지 인류학자들은 종종 이것을 '포괄적인 종교 혼합주의global syncretism'나 '비분리

indissociation'로 부른다. 하버마스는 이렇게 설명했다.

"(이 사회에서는) 공통 조상에 속하는 인물까지 개인의 혈통을 추적할 수 있다는(친족) 사실을 통해서 집단의 정체성이 확보된다. 따라서 그들의 세계관 틀에서 보면 공통된 우주 창조적 기원을 스스로 확신할 수 있다. 이와 달리 개인의 개별 정체성은 부족집단과의 동일시를 통해서 발달하며, 이는 상호 작용하는 (마술적) 범주로 해석된 자연의 일부로 인식된다. 사회 현실이 자연 현실과 아직 분명하게 구분되지 않기 때문에 사회세계의 경계는 세계 일반의 경계와 융합되어 있다. 사회 시스템의 경계를 분명하게 정의하지 않으면 엄격한 의미에서의 자연환경과 사회 환경은 존재하지 않는다. 이질적인 부족과의 접촉은 친숙한 친족 연결 관계에 따라 해석된다."18)

낭만주의자들이 종종 칭송했던 것이 이런 비분리인데, 내 생각에 그들이 비분리를 통합으로 착각했기 때문이다. 닳아빠진 현대인인 우리에게 마술-물활론 구조가 사랑스러워 보일지는 모르겠지만 그것을 생물권과 정신권의 통합으로 볼 수는 없는데, 우선은 이들이 아직 분화되지 않았기 때문이다.

이와 동시에, 그리고 동일한 이유 때문에 그런 식의 '분리 결여'는 일종의 생태적 지혜, 수많은 현대인이 당연히 되찾으려 애쓰는 지혜를 구현하고 있을 수 있다. 환원하면 아직도 생물권 가까이, '신체 가까이' 있는 종족의 친족의식은 바로 그런 이유 때문에 때로는 '생태적으로 더 건전하고' 자연스러운 지혜, 지구 그리고 지구의 다양한 상태와 더 잘 조화를 이룬다. 그러므로 생태적으로 볼 때 이렇듯 파괴적인 시대에 다수의 현대인이 생물권과 더 조화를 이룬 종족의식이 주는 자연스러운 지혜를 부활하려 노력하는 건 그다지 놀랍지 않다.

나는 그런 접근에 완전히 공감한다. 시계를 거꾸로 돌려 그 구조가 보유하지 않은 통합적 힘이라는 특권을 띤 위상으로 그것을 격상시키려는 노력에 공감하지 않을 뿐이다. 한 걸음 더 나아가서 '자연과 가까이'를 '생태적으로 건전한'으로 자동으로 해석할 수 있을지는 활발한 논의가 필요하다. 환경 숭배는 차치하고라도, 환경을 대규모로 파괴할 능력 부족이 자동으로 지혜의 존재를 의미하진 않는다. 렌스키의 지적처럼, 실제로 많은 종족은 그 지역을 생태적으로 고갈시킬 때까지 한 장소에 머물렀을 뿐이며, 그런 다음에는 이동할 수밖에 없었다. 모든 경우, 종족의식은 비분리라는 의미에서 자연과 가까웠다. 생태적으로 건전한지는 또 다른 문제였다.

리안 아이슬러Riane Eisler는 이렇게 구체화시켜 말하고 있다. "과거와 현재를 주의 깊게 살펴보면, 자연과 가깝게 살고 있는 과거와 현재의 수많은 사람은 자신의 환경을 꽤나 자주 무분별하게 파괴하는 걸 알 수 있다. 많은 토착 사회가 자연을 굉장히 숭배하는 한편 동물을 지나치게 방목하고, 토지를 과도하게 경작하며, 산림을 심하게 훼손시키고, 인구 압력이 심각하며, 동물들을 무관심하게 쓸데없이 죽이는 비서구와 서구의 농부들, 유목 문화들도 존재했다. 오늘날 우리들은 부족 문화로부터 배울 게 많지만, 모든 비서구 문화를 무분별하게 이상화하고 우리가 안고 있는 온갖 문제의 탓을 세속적-과학적 시대로 돌리지 않는 것이 중요하다. 왜냐하면 식인 행위, 고문, 여성의 성기 절단 같은 부족의 관습들은 분명히 현대 이전에 일어났기 때문이다. 그리고 일부 토착 사회는 가장 '문명화된' 로마 황제나 가장 '영적인' 기독교 종교 재판관만큼이나 야만적이었다."[19]

르네 듀보René Dubos는 이용 가능한 증거를 이렇게 요약하였다. "지구상에서 과거 모든 시대를 통틀어 사람들은 주로 무지로 인해 또 긴 시간에 걸친 목적보다는 즉각적인 이득에 항상 더 관심을 가졌기 때문에 자연을 약탈하고 생태적 균형을 교란시켰다. 게다가 인간은 생태적 재앙을 대비하는 걸 예상할 수 없었고 대안을 선택할 수도 없었다."[20]

스스로 특정 유형의 '원시/부족 지혜'를 충실하게 대변하고 있는 시어도어 로작 Theodore Roszak은 그럼에도 불구하고 많은 경우에 "부족 사회는 그들의 거주 환경을 남용하고 파괴하기조차 했다. 선사시대에 살았던 지중해 유역의 부족인들과 유목민들은 토지를 과다하게 벌채하고 방목하는 정도가 너무 심해서 그 결과로 나타난 침식의 상처를 지금까지도 볼 수 있다. 자연에 대한 그들의 신성한 감각은 자신들의 거주 환경에 가한 장기간의 손상에 대한 무지를 벌충하지 못한다."라고 지적했다.

또한 토착 사회나 원시 사회는 "무지로 인해 일부 거주 환경을 망가뜨려서 자신들의 생존마저 위협할 정도였다. 강, 계곡은 황폐화되고 산림은 벌거숭이가 되었으며 표토는 닳아 없어졌다. 그러나 손상은 제한적이고 일시적이었다."[21]라고 언급했다.

달리 말해서, 원시/부족 구조 자체는 생태적 지혜를 갖추고 있지 않았으며, 단지 더 많은 부분의 글로벌 코먼즈(기상, 오존층, 삼림 등 지구환경을 가리키는「국제환경법」과 관련된 개념-역자 주)에 그 무지를 가할 수 있을 정도의 수단이 부족했을 뿐이라는 올바른 결론에 도달하게 된다.

부족의 생태 파괴와 현대의 생태 파괴 간의 주된 차이는 지혜의 존재 여부가 아니라 더 위험한 수단의 존재로서, 그런 수단이 존재하는 곳인 현재에도 동일한 무지가 대단히 파괴적인 규모로 자행되고 있다. 앞으로 보겠지만, 대규모가 된 우리의 수단은 역사상 최초로 정신권과 생물권이 똑같이 대규모로 분열되는 결과를 초래했으며, 따라서 치유책은 부족 형태의 생태적 무지를 재가동하는(우리의 수단을 없애는) 게 아니라, 현대적 모습을 띤 무지(자유시장이 우리를 구원할 것이다.)를 지속하는 게 아니라, 더 높고도 깊은 결합을 통해 역사상 최초로 생물권과 정신권을 **통합**할 통합적 각성의 양식으로 진화하고 발달하는 것이다(이 장 후반부에서 이 모든 내용을 탐색할 것이다).

진화는 수많은 이유로 부족중심주의 및 사회-지구적 통합을 위한 그 역량의 한계를 초월해서 진행되었던 것 같다. 부족은 자연을 숭배하는 상태로 남을 방법을 알 수도 모를 수도 있지만, 그들은 다른 종족들을 통합할 수 없었다. 왜냐하면 그들은 분열되어 서로 충돌하는 부족의 요구로부터 머지않아 통일된 사회를 구축하기 시작할 법적 구속력을 갖춘 인습 수준의 법과 도덕성에 의존하지 못했기 때문이다. 문제는 **생물권**에서 자연과 잘 지내는 일이 아니었다. 부족중심주의가 진화의 통합적 힘을 향한 한계에 부딪힌 것은 충돌하는 다른 이해관계와 **정신권**에서 잘 지내는 문제였다.

인류학적 자료를 면밀하게 연구한 하버마스와 그의 공동 연구자들(특히, 클라우스 에더Klaus Eder와 라이너 도버트Rainer Dobert)은 부족의 친족 체계가 진화적으로 막다른 골목에 놓인 일부 본질적인 한계를 면밀하게 조사했다.

　　체제의 친족원리가 제한을 가하는, 적응 역량으로는 다룰 수 없는 시스템 문제들이 진화적으로 볼 때 전도유망한 신석기 사회에서 발생했다. 예를 들어, 사회적 부의 불균등한 배분과 관련된 토지 부족과 인구 밀도 또는 인구 문제라는 생태적으로 조건화된 문제들이 있었다. 주어진 틀 내에서는 해결 불가능한 이런 문제들이 더욱더 뚜렷해질수록 그것들이 더 자주 갈등을 일으켜 태곳적(마술적인) 법적 제도(조정 재판소, 쟁의법)에 과도한 부담을 주었다.

　　그런 문제로부터 발생한 진화적 도전이 주는 압력에 시달렸던 소수의 사회는 자신들 세계관의 인지적 잠재력(사회적으로 아직 깊게 뿌리내리지 못했던 상위 도덕적-실용적 단계의 인지 역량)을 이용했으며, 부족 기반에서는 인습 수준에서의(신화-멤버십, 구체적 조작)법 집행을 최초로 제도화시켰다. 따라서, 예컨대 싸움의 우두머리는 더 이상 권력의 분배에 따라서가 아니라 전통에 기반한 사회적으로 인정된 규범에 따라서 갈등 사례를 재판하는 권한을 부여받았다. 법은 각 집단이 동의할 수 있는 것을 넘어섰다.[22]

　　그것이 어떤 다른 기능을 수행하든, 신화라는 복잡한 시스템이 단순한 혈통을 초월해서 최초로 사람들을 결합시키는 방법으로 종사하기 시작한 것은 이 시점이었다. 인류는 스스로 적응할 뿐 아니라 자기초월했다.

　　사회를 조직하는 정치 질서의 출현, 그럼으로써 **구성원들이 서로 다른 혈통에 속**할 수 있었던 것은 설명이 필요한 현상이다. 사회 통합의 기능은 친족 관계에서 정치적 관계로 이동하였다. **공통의 조상**이라는 인물이 집단 정체성을 대표하는 게 아니라 **공통의 통치자**라는(또는 리더나 총독으로서 그는 새롭게 출현한 권력을 언제나는 아니지만 때때로 남용하곤 했다. 우리는 나중에 여기에 관한 하버마스의 생각으로 돌아올 것이다. 지금으로서 그는 특정한 남용이 아니라 이런 변화가 초래한 새롭고도 필요한 통합적 권력에 초점을 두고 있다. 남용의 예는 아주 많았고, 그 또한 이것을 매우 상세하게 논의하였다.) 인물이 대표하였다.

　　통치하는 위치가 정당한(또는 합의된) 권력을 행사할 권리를 제공하였다. 권력의 정당성은 친족 신분을 통해서 부여되는 승인에만 근거를 둘 수 없었다. 왜냐하면 가족의 위치나 정당한 친족 관계 일반에 근거를 둔 요구는 정확히 통치자의 정치적 권력에 의해서만 제한되기 때문이다. 정의를 집행하는 기능과 법을 좇는 판결자의 위치를 둘러싸고 확고해진 정당한 권력은, 그것이 인습적 도덕성의 특징을 갖는다는 점에서 인정되었다. 판사는 관련된 무리들의 우발적인 권력 집합체에 대해 단순한 조정자로서 발이 묶이는 대신, 그가 행위자의 의도를 고려할 뿐 아니라 행위의 구체적인 결과를 고려할 때, 그리고 야기된 피해에 대한 보복과 전쟁 전 상태로의 회복이라는 생각(전인습적 도덕의 특징)을 더 이상 따르지 않지만 책임 있는 무리가 규칙을 어긴 데 대해 처벌할 때, 전통을 통해 정당화된 상호 주관적으로 인정된 법적 규범에 따라 판단할 수 있다. (이) 경우에 정당한 권력은 관습적 법 집행에서 강제력의 수단을 성공적으로 처리하는 권력 형태를 띤다. 이와 동시에 신화적 세계관도 설명적 기능에 더해서 정당성을 뒷받침하는 기능을 떠맡는다……23)

간단히 말해서, 부족의식이 아니라 종전까지는 고립되었던 부족적 이해관계를 더 높고 넓은 공동성 속에서 부정하지만 보존하는 초부족적 의식이 필요했다. 마술이 아닌 신화가 이 새로운 초월을 위한 열쇠를 제공하였다.

오늘날 일부 사람들은 '생태 지혜'나 '자연에 대한 숭배'나 '비공격적인 방식' 때문에 원시 부족 사회를 칭송한다. 증거는 이런 관점 중 어떤 것도 광범위하게 일반적으로 지지하고 있다고 나는 생각하지 않는다. 그보다는 완전히 다른 이유로 원시 부족 사회를 칭송한다. 우리는 모두 부족의 후손이다. 원시 부족은 말 그대로 우리의 뿌리, 우리의 기초, 뒤따라 일어난 모든 것의 근거, 뒤이어 일어난 모든 인간 진화가 구축된 구조, 수많은 역사가 기초를 두는 결정적인 1층이다.

오늘날에도 존재하는 부족과 오늘날의 국가, 오늘날의 문화, 오늘날의 성취, 이 모두는 그 위에서 인간의 가계도가 이제 막 구축되려고 하는 원시 부족 홀론까지 그 계보를 단절 없이 거슬러 올라갈 것이다. 그 관점에서 우리 조상들을 되돌아보면, 나는 눈부신 창조성, 최초의 돌파구를 마련한 창조성에 대한 경외감과 찬탄으로 넋을 잃는다. 그로 인해 인간이 주어진 본성을 초월했고, 정신권을 건설하기 시작했으며, 바로 그런 과정을 통해 천국이 이 지상으로 내려왔고, 지상이 천국으로 승격되었으며, 바로 그런 과정이 결국에는 전 세계 모든 사람을 하나의 지구 부족으로 묶어 낼 것이다. 당신이 그러려고 한다면 말이다.

그런 일이 일어나려면, 최초의 원시 부족들은 자신들의 고립된 부족의 친족 혈통을 초월할 방법을 찾아야만 했다. 그들은 이 새로운 초월을 향한 열쇠가 주어졌을 때 초부족, 마술이 아니라 신화로 가는 길을 찾아야만 했다.

신화

하나의 국가를 통해 조직화된 사회로 이행하기 위해서는 부족적 정체성의 상대화와 개인의 멤버십이 더 이상 공통의 자손에 기초하지 않고 영토적 체제에 공동으로 귀속됨에 근거를 둔 더 추상적인(덜 신체 구속적임을 뜻한다.) 정체성 구축이 필요했다. 신화적인 새로운 권력과 가깝게 연결되어 있고, 특권을 갖고 거기에 접근할 수 있다고 주장하는 통치자라는 인물과의 동일시를 통해 최초로 이런 일이 발생했다. 신화적 세계관 틀에서 볼 때 신들의 세계the world of the gods를 대규모로, 혼합식으로 확장함을 통해서 상이한 부족들의 전통을 통합하는 일이 성취되었다. 이는 다소 불안정한 해결책임이 증명되었다(그리고 이것은 그다음에 오는 주된 변용을 촉발시켰는데, 우리는 잠시 후에 이것을 검토할 것이다).[24]

마술-물활론 사회에는 신화가 없었던 게 아니라 실제로 있었다. 조지프 캠벨이 설명했듯이, 초기 국가가 최초로 발흥한 것은 성문화된 신화의 폭발적 증가, 신화적 모티브의 엄청난 분화/통합에서 두드러지게 나타났으며, 이런 신화가 사회를 통합하는 대부분의 구조를 형성했다는(즉, 문화적 의미와 사회적 통합을 제공했다.) 것이 하버마스의 요지다.

우리가 이미 살펴보았듯이, 전마술적 구조에서 개인의 정체성은 자연발생적으로 일어났거나 신체에 근거를 두고 있었으며, 집단적 정체성도 마찬가지로 친족이나 특히 공통 조상을 통한 혈통에 근거한 것이었다. 공통의 조상(또는 친족 혈통)이 아닌 경우에는 다양한 이해관계를 사회적으로 통합할 방법이 달리는 없었다. 그러나 신화적 구조의 발흥과 더불어 개인의 정체성은 (유전적으로 아무 관련이 없는) 공통의 정치 통치자가 지배하는 사회 안에서의 역할 정체성으로 전환되었으며, 혈통의 유대가 아닌 그가(또는 때로는 그녀가) 갖고 있는 신화적인 신/여신과의 특별한 관계로 인해 이 통치자에게 정당성이 주어졌다. '신화-멤버십'인 셈이다.

유전적으로 관련성이 없는 엄청난 수의 부족이 이런 처리 방식으로 결합되고 통합될 수 있었는데, 이는 신체 및 자연과 밀접하게 통하는 전인습적 마술구조가 결코 성취할 수 없었던 것이었다.

국가 주변에 조직된 사회로의 이행을 통해서만 신화적 세계관이 이미 도덕화된 법률이라는 인습 단계를 전제하는 (통치) 구조를 합법화시켰다. 따라서 그 시기 쯤에 신화에 대한 순박한 태도(마술의 특징)가 변할 수밖에 없었다. 더 강하게 분화된 시간의 지평에서 신화는 사회의 규범적 현실과 부분적으로 객관화된 자연으로부터 동떨어진 전통과 거리를 두게 되었다. 이렇듯 발달한 신화는 사회 형태의 특징을 지속적으로 띠면서 외양의 다양성에도 불구하고 통일성을 확립하였다. 형식 측면에서 볼 때, 이런 통일성은 구체적 조작 단계(그리고 인습 단계의 도덕성)의, 사회중심-객관주의 세계 개념과 유사하다.[25]

이런 신화들이 (예컨대, 칼 융과 조지프 캠벨이 주장하였듯) 진정으로 초월적인, 신비적인 또는 변용적인 영적 역량을 실제로 보유하고 있었는지의 주제는 나중에 더 자세하게 다룰 것이다.

우선은 마술시대나 신화시대 같은 여러 '시대'는 특정 진화 시기에 이룩한 의식의 평균 양식, 사회 전반이 그 궤도를 돌고 있는 특정한 '무게중심'과만 관련됨에 주목하자. 어떤 사회에서든 일부 사람들은 발달상 기준 아래로 처지지만, 일부 사람들은 기준을 상당히 넘었을 것이다.

예를 들어, 하버마스는 전조작적 마술 시기에서조차 어떤 사람들은 충분히 형성된 구조로서가 아니라 이해의 잠재력으로서, 인지 역량이 형식적 조작 인지까지 분명히 발달했다고 강하게 믿는다. 이것은 그 시기의 **평균** 양식과 대비되는, 의식 진화의 최첨단이나 가장 진보된 형태로서, 『에덴을 넘어』에서 내가 언급했던 내용의 한 예다. 그리고 마술적 구조를 예로 들면, 나는 그 시기에 가장 진보한 양식은 형식적 조작에만 머물지 않았다는 증거가 명백히 제시되어 있다고 믿으며, 형식적 조작이 분명 존재했지만 그것을 넘어 **특정 유형의 이해와 각성의 잠재력**으로서 (예컨대, 샤먼의 예가 보여 주듯이) 심령 수준까지도 존재했다고 믿는다(여기에 대해서는 8장에서 살펴볼 것이다).

각 시대에서, 유사한 깊이를 가진 소규모 공동체(오두막, 아카데미, 승가(僧家)) 안에서의 관계교환 속에서 존재하는 극소수의 사람들 사이에서, 그 시대에서 가장 진보한 양식이 더 고차원의 통상적인 인지 양식(그 시대의 아리스토텔레스) 및 실로 초월적 · 초개인적 · 신비적 각성의 영역(그 시대의 붓다)으로 뚫고 들어가기 시작했다는 게 나의 요지다.

따라서 내가 방금 언급했던 마술적 구조에서 제일 진보한 양식은 (소수의 진정한 샤먼이나 요기적 의식의 개척자에서 구현되는) 심령이었던 것 같고, 신화적 시기에서 제일 진보한 양식은 (소수의 진정한 성자에서 구현되는) 정묘 영역으로 알려진 곳까지 도달한 것으로 보이며, 심적-자아적 시기에서 제일 진보한 양식은 (소수의 진정한 현자에서 구현되는) 원인 영역에 도달하였던 것 같다. 우리는 이 모든 내용을 8장에서 논의할 것이다.[26]

그러나 신화시대의 평균 양식은 더 정묘한 그런 식의 초개인 차원에 도달하진 못했고, 신화를 구체적-문자적으로 이해하는 데 그쳤다(예컨대, 모세는 홍해를 경험적 사실로서 실제 갈랐던 것이다). 문자 그대로의 신화에 관해 초개인적으로 고취되는 경우는 극히 드물었다. 하버마스의 말대로 그것들은 분명코 구체적 조작과 인습적 도덕성이 제공하는 사회중심의 통합을 대변하며, 그런 이유로 인해 부족과 전인습을 초월해서 사회 통합을 이루는 데 지극히 중요했다. 특히나 중요하지만 제한되었던 신화의 초월적 위상은 분명 막을 내린 것 같았다.

신화-합리

합리rational는 이름 붙이기가 불가능한 단어다. 이는 수백만 사람들에게 수백만 가지를 뜻하며, 모든 의미가 친절하진 않다. 게다가 그 의미를 정할 때조차도 서로 다른 몇 가지 유형의 '그것'이 존재한다. 예를 들어, 베버는 (과학-기술적 지식 같은) 목적-합리성, (수학 같은) 형식 합리성, (도덕성과 의사소통에서 보여 주는 것 같은) 상호 주관적이거나 실용적인 합리성을 구분하였다.

인지 심리학자와 인류학자는 '형식적 조작 인지'를 의미하는 뜻으로 합리성을 사용하는 경향이 있으며, 이는 사고할 수 있는 역량만이 아니라 사고에 대해 사고하는 역량(사고에 대해 조작하는: '형식적 조작')을 의미한다. 당신은 자신의 사고 과정에 대해 조작하거나 반성할 수reflect upon 있기 때문에, 거기로부터 어느 정도는 자유롭고 어느 정도까지는 초월이 가능하다. 당신은 자신이 가진 관점과는 다른 관점을 취할 수 있다. 가설의 가능성을 즐길 수 있으며, 고도로 내성적이 될 수도 있다. 다음 장에서 보겠지만, 이 모든 것은 형식적 조작이나 '합리성'의 출현으로 말미암아 존재하게 되었다.

더구나 이제 당신은 자신의 사고와 행동 패턴에 대해 반성할 수 있기 때문에 당신이 배운 대로나 사회가 당신에게 일러 준 대로(이것은 규칙에 구속된, 순응주의, 인습적 또는 사회중심적인 이전의 구체적 조작 인지 양식이다.)가 아니라 이성의 검토를 통해서, 그런 신념의 실제 증거에 근거해서 당신의 사고와 행동을 정당화하려는 시도를 한다. 모세가 실제로 홍해를 갈랐을까?

이런 의미에서의 합리성은 당신의 신념에 대해 '사리에 맞는 이유'를 찾는다는 의미를 띤다. 어떤 증거가 있을까? 내가 이걸 왜 믿어야 하지? 누가 그렇게 말했을까? 그런 생각이 어디서 온 걸까?

마지막으로, 우리는 우리 자신의 사고 과정에 대해 반성할 수 있기 때문에, 이에 따라 거기로부터 스스로 어느 정도 벗어날 수 있기 때문에, 온갖 종류의 다른 가능성을 상상할 수 있다. 우리는 진정한 의미에서 **몽상가**가 된다. 다른 관점, 다른 신념,

다른 지평이 심안에 펼쳐지며, 혼은 아직 볼 수 없는 세계로 비상할 수 있다. 합리성은 비가시적 세계로 가는 위대한 문으로서 그 문을 통해서, 그 문을 넘어야 감각이나 인습에는 주어지지 않은 수많은 비밀이 놓여 있다(진정한 신비주의가 모두 초합리석인 건 이런 이유 때문이다. 반합리가 아니다. '올바른 사유正思惟'는 항상 '올바른 명상正定'에 선행한다).

따라서 합리성은 어쨌든 '메마르고 추상적이다.'라거나 거기에는 '느낌이 없다.'라는 생각은 표적을 빗나간 표현이다. 합리성은 더 깊고 넓은 느낌, 개인의 소외된 욕망이나 사무적인 인습적 현실이라는 협소한 한계에 구속되지 않는, 느낌이 흐를 수 있는 더 깊은 가능성의 공간을 창조한다. 합리성이 비교적 높은 수준의 발달이라는 사실은 늘 그렇듯 하위 홀론, 특히 성과 공격성이라는 정서를 억압할 수 있다는 의미이며, 이는 언제나 병리로 귀착된다. 합리성이 오명('메마르고 추상적이다.')을 뒤집어쓴 것은 합리성의 병리적 표현에 있었지, 분명코 그 구조 전반이 가진 특징은 아니다. 그러나 합리는 부담을 안고 있는 단어이기 때문에 동일한 뜻의 온당한reasonable이라는 단어를 쓰는 편이 낫겠다. 당신의 이유는 무엇인가? 왜 당신은 그 일을 하는가?

이 때문에 합리성이나 사리 분별은 그 성질상 보편적인 경향이 있으면서도 고도로 통합적이다. 내 이유가 타당하다면 나는 그것이 의미가 통하거나 진실임을 알고 싶어 한다. (그것이 아무리 중요해도) 나나 내 부족이나 고립된 나의 문화에 국한되지 않는다. 예컨대, 과학이 참이라면 그리스 화학과는 다른, 독일 화학과도 다른 힌두 화학이 존재하진 않을 것이다. 그저 화학이 존재하며, 그것의 진실은 강요되거나 강압되거나 이데올로기식으로 부과되지 않고, 그 이유를 살피고 싶어 하는 모든 사람에게 자유롭게 개방되어 있다.

이는 우리가 각 사회를 고유하면서도 특별하게 만드는 특정 문화적 차이를 지닐 수 없다는 의미가 아니라, 합리성만이 그런 차이들을 더 보편적인 공간에 존재하는 서로 다른 관점으로 봄으로써 이들이 서로 나란히 존재할 수 있도록 허용한다는 의미다. 이는 고유의 인습, 사회중심 또는 민족중심적 장치로 남겨진 문화적 차이들로서는 결코 할 수 없는 일이다. 바꿔 말해서, 실로 글로벌 또는 전 지구적 네트워크가 출현하도록 허용하는 건 오로지 합리성이며, 어떤 특정 사회로부터도 독립된 이런 네트워크야말로 모든 사회에게 그 고유의 독특하면서도 특별한 위치를 제공할 수 있다.

그러나 신화적 구조가(모세가 홍해를 갈랐다.) 새롭게 창발하는 합리적 구조로(홍해를 갈랐다니 무슨 뜻이야? 어디에 증거가 있는 거지?) 밀고 들어올 때 역사적으로 무슨 일이 일어났는지 상상할 수 있다. 호머Homer의 주장처럼, 신들이 거짓말을 하고 강간을 하는 게 정말 사실일까? 그렇지 않다면 신화가 틀렸단 말인가? 플루타르크는 아버지가 그에게 한 말을 기록하였다. "너는 매우 엄청나면서도 위험한 질문을 다루고 있는 것 같구나. 네가 우리가 신에 대해 갖고 있는 의견을 묻고 모든 것의 이유와 증거를 물었을 때, 그대로 두었어야 했을 주제를 소란스럽게 만들고 있어."

아테네 도시가 공식적으로 공표한 기소장은 이렇게 시작했다. "소크라테스는 국가의 신을 인정하길 거부한 죄가 있다." 그리고 이렇게 끝을 맺는다. "그의 죗값은 죽음이다." 관례상 소크라테스가 대안적 처벌을 제시할 수 있는지 물었을 때, 그는 일생 동안 공짜 식사를 제안했다.

그러나 그는 자신을 위해 마련된 감옥을 탈출할 것을 거절했고, 자유로운 상태에서 독미나리를 마셨다. 국가 신화 대신에 죽음을 택하면서 소크라테스는 이성의 출현이라는 이유로 죽음을 맞았다.

그러나 남은 인류는 그 특정한 변용으로 신속히 이동하지 못했다. 오히려 신화와 새롭게 창발하는 이성의 충돌에서 처음에는 전통적인 신화구조가 합리화되었다. 즉, 낡은 신화가 합리적 이성의 지지를 받았다. 나는 이 구조를 일반적으로 신화-합리 mythic-rational로 부른다.[27] 하버마스는 신화-합리라는 용어를 구체적으로 사용하진 않았다. 그는 신화적인 체제의 합리화에 대해 언급했는데, 이는 근본적으로 비슷한 개념이다.

하버마스는 이런 신화-합리 공간에 관해서 몇 가지 흥미로운 관찰을 했다. 우선 무엇보다도 우리는 합리성에 존재하는 보편화하는 경향, 글로벌 또는 지구적인 의식을 포용하고 이를 위한 여지를 두며 통합하고자 하는 합리성의 욕망을 다루고 있다. 그러나 이런 지구적인 또는 글로벌한 경향성은 일차적으로는 특정 신화를 세계를 포용하는 차원으로 확대시키려는 시도에서 스스로를 표현한다. 바꿔 말해서, 가능한 한 많은 사람을 정복하려는 무력적인 시도인 것이다.

따라서 하버마스에 따르면, 역사의 이 시점에서 위대한 제국의 출현을 세계 도처에서 볼 수 있다. 잉카에서 아리안까지, 아즈텍에서 알렉산더까지, 칸에서 로마까지 제국의 도래는 단순한 정복을 통해서 고립된 문화를 넘어 뻗어 나가려고 몸부림치는 지구적 확장을 위한 야만적인 첫걸음이었다.

일단 정복되면 사람들에게는 보통은 동등하게 시민권에 접근할 기회가 주어졌다 (많은 경우, 여기에는 여성, 노예, 아이들을 위한 시민권도 포함되었다). 그러나 이런 시민들은 제국 자체가 지구를 정복할 때에만, 즉 모두가 합리성이 지원하려 애쓰는 신화를 포용할 때에만, 모두가 선택된 신화적 신이나 여신의 '참된 신자'가 될 때에만 지구 시민이 될 수 있었다(우리는 오늘날에도 여전히 이런 유형의 신화 제국주의를 세계 도처에서 볼 수 있다). 지구 시민권을 꽤나 왜곡시킨 버전이다.

또한 낡은 신화구조는 글로벌 또는 지구의 시민권을 향한 또 다른 유형의 부분적인 이동, 즉 신앙 아래 동등한 시민equal citizens of the faith을 암묵적으로 담고 있었다. 휘청거리며 올바른 방향으로 걸음을 내딛었지만, 여러 신화가 여전히 서로 다르다는 사실로 인해 이 또한 어려움을 겪었다. 피부색, 인종, 성이 달라도 기독교인들은 어디에서나 모두 똑같이 구원받지만, 힌두인들은 모조리 지옥으로 떨어질 것이다. 위대한 신화와 이 신화를 지구 구석구석으로 전파했던 거대한 제국은 서로 충돌했기 때문에 통합적 힘에 있어 고유의 한계에 부딪혔으며, 이런 차이들을 극복할 유일한 방법은 배타주의적·분열적 신화를 벗어던지고 더 지구적인 사리 분별으로(다음 단계인 심적-합리) 변용되는 것이었다.

그러나 이제 우리는 제국이 전파했던 낡은 신화가 지탱되고 합리화되려 애쓰는 지점에 도달했다. 그러나 그것은 예전에는 그 자체로 단순하게 수용되었던 순수한 신화적 사고에 이미 심대한 균열이 생겼음을 의미한다. 하버마스의 말을 들어 보자.

이런 이유로 제왕처럼 발달한 문명(제국)은 신화적 사고와의 단절을 전제하는 방식으로 집단적 정체성을 확보해야만 했다. 종교의 위대한 창시자와 위대한 철학자의 보편적인 세계 해석이 확신의 공유에 밑그림을 그려 주었는데, 이는 가르침의 전통을 통해서, 또한 추상적인 동일시 대상만을 허용함으로써 매개되었다. 보편적인 신앙 공통체 구성원으로서 시민은 그들의 통치자 및 통치자가 대표하는 질서를 인식할 수 있었는데, 정치적 지배가 어떤 의미에서는 세계 질서의 유산으로서, 믿을 수 있고 절대적으로 받아들인 구원의 유산(신화적 도그마)으로서 그럴 싸해 보이는 한에서는 그랬다.

위대한 제국은 사회로부터 격리된 외부 자연(생물권)뿐만 아니라 제국에게는 이질적인 사회 환경으로부터 스스로의 경계를 설정해야만 했다. 그러나 이제 집단의 정체성은 보편적 요건을 띤 정책을 통해서만 확보될 수 있기 때문에 정치 질서 또한 이런 요건과 조화를 이루어야 했다. 제국은 허울로만 보편적인 게 아니라 (지구 정복을 시도한다는 점에서도 보편적이었다)······.

그러나 **여타 제국들의 실상**은 경계에 대한 이런 식의 정의와 제국의 사회적 환경과 양립할 수 없었다. 무역 관계가 존재함에도 불구하고, 기술 혁신의 보급에도 불구하고, 제국은 스스로를 이런 위험으로부터 방어했다. 그들은 제도화된 외교 정책이라는 의미에서 서로 간에 어떤 외교적 관계도 유지하지 않았다. 그들의 정치적 존재는 상호 인정 시스템에 의존하지 않았다(그들은 진정으로 합리적-지구적이지 않았다).[28]

버팀목의 지지를 받기 위해 애쓰는 신화적 세계관이라 해도, 그럼에도 불구하고 지지는 형식적 조작 사고와 함께 진행되었으며, 따라서 신화-합리세계의 중심부는 형식적 합리성과 그 보편화된 또는 글로벌한 규모로 도달할 수 있는 범위 주변에 집중되었다.

우주론적 세계관, 철학, 고등 종교(소위 '합리적인 종교')들이 생겨났으며, 이것이 그 근거가 논란의 대상이 되는 (이런 근거가 이유를 제공하였다.) 신화를 설명하는 설화식 설명을 대체하였다. 위대한 창시자로 돌아가는 전통은 명시적으로 교육 가능한 지식으로서, 이는 교리로 주장될 수, 즉 전문적으로 합리화될 수 있었다. 명확히 표현된 형태를 띤 합리화된 세계관은 형식적 조작 사고와 (후인습

적) 원칙의 인도를 받는 도덕의식의 표현이었다.[29]

그러나 버팀목은 여전히 버팀목에 불과하다. 모든 역사적 변용 중 가장 어려운 변용을 맞이해서 보편적 또는 글로벌한 사리 분별resaonableness은 서서히 국소적이면서 분열적인 신화, 공유된 증거를 통해서 보편적으로 논의하고 지지할 수 없었기 때문에 무력적으로, 제국주의식으로 지지할 수밖에 없는 신화를 보완하기 시작했다.

그러나 동서양 양쪽에서 서서히 합리적 철학, 합리적 과학, 합리적 정책, 합리적 종교가 출현하기 시작했으며, 이 중 일부는 실로 이성 너머를 겨냥했지만 모두는 자신의 무대로서 이성에 의존했다. 이 무대는 피부색, 인종, 신조와는 무관하게 누구나 그저 독단론을 외치고 신성한 지지자임을 주장하는 게 아니라, 거기에 대해 말하고, 그들의 증거를 공유하며, 그들의 이유를 토론하는 데 관심을 가진 모두를 위한 공통된 상호 이해를 확보할 수 있었다.

합리

지구 규모로 퍼진 사리 분별이 분열을 초래하는 신화를 털어 냄에 따라서 제국은 현대국가에게 길을 열어 주었으며, 국가는 적어도 공식적으로는 상호 인정하며 지구상에 각자를 위한 여지를 마련해 주었다. 그러므로 현대국가는 특정 신화에 매몰되는 것으로부터 분리되었을 뿐 아니라(지극히 중요한 교회와 국가의 분리다.), 더 나아가서는 글로벌한 시장경제, 보편적인 이성에 바탕을 두어야만 했던(그러나 처음에는 제국주의의 잔여물이 남을 여지가 있었는데, 이는 과도한 이성이 아닌 이성의 결여를 나타낸다.) 모든 시장경제의 출현을 허용함으로써 스스로 경제권으로부터 벗어났다.

최상의 원칙은 확고부동한 특징을 잃었으며, 종교적 신앙과 이론적 태도는 반성적으로 변했다. 현대과학의 진보와 도덕적·실용적 의지 형성의 발달은 절대적으로 상정된 질서(신화)에 바탕을 두긴 했지만, 그것으로 인해 더 이상 손상되지 않았다. 합리화된 세계관에 이미 담겨 있던 보편적 (글로벌) 잠재력이 처음으로 속박을 벗어났다. 세계의 통일성은 현실적이라고 단정 지은 통일적인 원리(신, 존재, 대자연)를 통해 더 이상 객관적으로 확보될 수 없었다. 이제부터는 이성의 통일성을 통해서 반성적으로만 주장될 수 있을 뿐이다. 이론적이고 실용적인 이성의 통일성이 현대세계 해석의 주된 문제였다……. 30)

바꿔 말해서, 주체가 대상세계를 바라보고, 이해하며, 거기에 조작을 가하려 애쓰는(구체적 조작) 문제가 더 이상 아니었다. 주체는 스스로를 바라보고, 이해하며, 거기에 조작을 가하려 애를 쓴다. 그것은 주체를 이해하려는 주체(형식적 조작)다. 갑자기, 아주 갑자기, 인류는 새로운 전환, 새로운 초월을 맞았고, 더 고차원의 새로운 의식을 수반하는 새로우면서도 더 심오한 내면을 발견하였다. 내면을 봄으로써 그 의식을 발견했다.

앞으로 알게 되겠지만, 하버마스, 겝서, 나(그리고 다른 수많은 사람)는 이 새로운 출현(자아-합리)의 대략적인 시작을 기원전 천 년 중간쯤에 두고 있지만, 그것이 결실을 맺은 것은 대략 16세기 유럽 현대국가의 발흥과 함께였다. 우리는 이런 결실에 집중하겠지만, 적어도 이 시기 전반에 걸쳐 들였던 핵심적인 수많은 노력의 공통점은 새로운 유형의 내면 성찰looking within임에 주목하자. 철학의 주제가 역사상 최초로 "저 곳에 있는 무엇을 아는가?"가 아니라 "내가 어떻게 알 수 있을까?"로 되었고, "저 밖에 어떤 대상이 있지?"가 아니라 "알고 싶어 하는 주체의 구조는 무엇일까?"로 되었다. 소크라테스 델피의, "너 자신을 알라."부터 흄, 로크, 데카르트, 칸트(그리고 나가르주나, 가라브 도르제, 천태지자, 법장)의 철저한 내성에 이르기까지 내면을 보라는 공통된 주제를 듣고 또 들었다.

'합리적 종교'의 발흥과 함께 우리는 정확히 똑같은 내용을 보고 있지만, 이는 종교가 합리적인 데 머문다는 뜻이 아니다. 어떤 경우든 그들의 목표는 실로 합리성마저 초월하는 것이었다. 그러나 이들은 최초의 위대한 종교로서, 마술적이거나 신화적인 의식ritual으로 달랠 필요가 있는 저 밖에 계신 신과 여신 신화 신전 편에 서지 않고 나사렛 예수가 표현한 "천국의 나라는 내면에 있다."를 출발점으로 삼았다.

또한 고타마 붓다의 본질적인 메시지는 "신, 여신, 정령, 사후세계, 그 어떤 것에도 신경 쓰지 마라. 대신에 당신 자신의 주체, 당신 자아가 갖고 있는 성질을 매우 주의 깊게 살펴보고 그 바닥까지 꿰뚫어 보라. 깨달음이 있다면, 주체 자체의 이해를 통해서(그리고 그것을 초월해서)이기 때문이다."이다. 이 모두가 근본적으로 새로웠다.

정확히 똑같은 이유로 사람들은 더 이상 민족중심, 신화-멤버십 사회에서처럼 자신들이 사회에서 수행하는 단순하면서도 비반성적인 역할을 통해서 정체성을 확인하진 않았다. 그보다는 후인습 사회에서 개개인은 여러 면에서 시민법의 폭넓은 제약 내에서의 **자유로운 주체**로서 자신들의 자유로운 선택에 의해서 스스로를 확인했다. 바꿔 말해서, 하버마스의 표현처럼 자아 정체성이 역할 정체성을 대신했다.

탈중심화된 개인의 결정이라는 이 영역은 중산층의 시민법 틀 내에서의 보편적인 원칙을 근거로 조직되었다. 그로 인해 사적 · 자율적 · 법적 주체가 일반적인 (보편) 금언에 따라 도덕적으로 중립적인 교류 영역에서 목적-합리적 방식으로 자신의 이해관계를 추구하는 게 가능해졌다. 생산 영역이 보편적인 (글로벌) 지향성으로 이렇듯 전환됨에 따라 자아 정체성이 인습적인 역할 정체성을 대신하는 성격구조를 발달시키려는 강력한 구조적 충동이 진행되었다. (내가 말한 것처럼, 하버마스와 나는 둘 다 자아 정체성으로의 이런 변화는 기원전 천 년 중간쯤 시작되었다고 보지만, 대략 16세기에 유럽에서 시작된 현대국가의 발흥과 더불어 그것이 결실을 맺었다고 본다.) 사실상 인습적 (사회중심) 정체성이 산산조각나 버린 중산층 사회의 해방된 구성원들은, (1) 자유롭고 동등한 시민법의 주체, (2) 도덕적으로 자유로운 주체, (3) 정치적으로 자유로운 주체로서의(국가의 민주적 시민으로서의) 자신들이 갖는 특징에 있어서 동료 시민들과 동등한 위치에 서 있는 스스로를 알 수 있게 되었다.[31]

이것은 여러 가지 이유로 엄청난 발달이었다(그 이유가 너무 많아서 이 책 시리즈의 제3권을 여기에 바쳤다). 그러나 이 시점에서는 이 장 초반에서 제기했던 주제로 돌아가서 짤막하게나마 이 새로운 자아-합리의 출현(그 무엇보다 정신권과 생물권의 분화)

이 성에 어떤 영향을 미쳤는지에 주목해 보자. 왜냐하면 가장 놀라운 발달을 일부 발견할 수 있는 곳이 바로 여기이기 때문이다.

정신권의 해방

대부분의 급진 페미니스트에 따르면, 여성의 특별한 강점 중 하나는 예로부터 내려오는 지구, 자연, 체현embodiment과의 연결이다(사실, 급진 페미니즘에 따르면 실제로 여성의 가치 영역을 훌륭하게 요약한 것은 '공동성의 체현'일 것이다). 급진 페미니스트들은 여성이 보여 주는 체현된 자연과의 특별한 연합을 존중하고, 소중히 여기며, 축하할 필요가 있다고 주장한다. 여성과 자연의 연결은 여성적 힘, 자유, 해방의 원천이다.

대부분의 자유주의 페미니스트에 따르면, 사정은 정반대다. 그들은 주장하길, 여성과 자연은 여성 억압의 일차적이면서 압도적인 원천이다. 그들은 여성/자연 '정체성'은 수시대에 걸쳐(말 그대로 첫날부터) 남성이 여성을 계속 정신권 외부에(공적·생산적·법적·문화적·권력 행사 영역 외부에) 가두었던 일차적인 동일시였다고 믿는다. '여성=자연'은 곧장 '맨발, 임신, 부엌에서'로 번역되었고, 자유주의 페미니스트들은 급진 페미니스트들이 그런 생각을 옹호하는 건 고사하고, 어떻게 그런 생각을 떠올릴 수 있었는지에 경악한다.

그러나 일단 정신권과 생물권이 분화되자 전혀 다른 세계가 펼쳐졌고, 그와 동시에 그 세계에서는 낡아 빠진 온갖 등식이 돌연히 전혀 새로운 의미를 띠었다는 게 내가 말하려는 요점이다. 일부 이런 의미들이 과거에는 실로 억압적이었지만, 새로운 세계(그야말로 새로운 세계 공간)에서는 반드시 그렇진 않았다.

첫째로, 급진 페미니스트들이 옳고 여성의 특별한 힘은 그녀가 자연과 신체에 뿌리를 두고 있는 데(생물권) 있다 해도, 그럼에도 불구하고 정신권과 생물권의 분화는 여성은 더 이상 거기에 머물거나, 그것일 뿐이거나, 전적으로 그렇다고 할 수 없음을 의미한다. 이 지점에서 정신권과 생물권이 집단 규모로 명백히 분화되었기 때문에 이 시기는 '여성/자연'이라는 **독점적 주체성**이 더 이상 필요하지도, 적합하지도, (독점적인 주체성으로서) 적절치도 않은(이는 급진적인 페미니스트들이 여성은 지구, 신체, 자연과 특별히 연결되어 있다고 주장하는 것을 부정하지는 않는다. 이는 단지 그것이 여성의 전부거나 여성들이 가진 전부가 아님을 의미할 뿐이다.) 최초의 시기이다.

여성이 공공 기관이라는 세계에 들어갈 수 없는 그럴듯한 이유가 사라지게 된 건 여기, 분명히 분화된 정신권에서였다(그들 고유의 공동성 형태를 도입하였다). 생물학적 역할이 더 이상 일차 요소가 되지 못했고, 육체적인 힘은 더 이상 공적 권력의 주된 결정요소가 되지 못했다. 생물권적 진화의 변수들이 서서히 정신권적 진화의 변수로 바뀌어 권리right가 세력might을 대체하기 시작했다. 새롭게 분화된 세계에서 여성이 문화적 독자성을 취하는 게 당연했는데, 예전에는 (집단적인 규모로) 저지되진 않았지만 의미가 없을 뿐인 권리였다.

광범위하게 조직된 여성운동은 이런저런 특별한 학대에 대해서가 아니라(이는 첫째 날 이래로 일어났다.), 사회에서 여성의 전반적인 위치에 대해 불만을 터뜨린 운동의 시발을 최초로 보기 시작한 건 정확히 여기에서이지 결코 그 이전이 아니었다.

이것은 근본적으로 새로웠다. 새로운 통합, 공적 및 역사적 **행위자로서의**(우리가 살펴본 것처럼 지금까지는 그런 역할이 주로 아버지로서의 남성에게 주어졌다.) 여성을 요구하는 새로운 출현, 새로운 초월, 새로운 분화였다.

따라서 이 시기 전에는 광범위한 여성운동의 출현을 찾아볼 수 없는데, 여성이 무지하거나 세뇌당했거나 복종하는 노예였기 때문이 아니라, 페미니스트가 말하는 의미에서의 해방(자유로운 행위자로서의 여성)은, 첫째, 생물권과 정신권이 뚜렷하게 분화되지 않는 한, 둘째, 국가와 경제 영역이 뚜렷이 분화되지 않는 한(이 두 가지는 우리가 말했듯이, 16세기경에 실현되었다.) 실제로 무의미했기 때문이다.[32] 그 이전이 아닌 바로 그 시점에서 자유로운 행위자로서의 여성의 권리가 엄청난 의미와 가치를 띠게 되었다.

역사상 최초의 위대한 페미니스트 논문은 1792년에 저술된 메리 울스턴크래프트Mary Wollstonecraft의 「여성의 권리 옹호Vindication of the Rights of Woman」였다.[33] 여성은 백만 년 동안 머저리였다가 그때서야 갑자기 강하고 지성적이며 책임 있는 존재가 된 게 아니다. 오히려 백만 년 동안 생물권의 자연발생적인 지혜를 발굴했던 똑같은 지성, 힘, 통찰을 갖고 있었고, 이제는 정신권에서 최초로 구조적 틈새가 생긴 걸 보고는 그에 따라 즉각 조치를 취한 것이다. 여성이 투표권과 재산권의 형태로 공적·정치적인 영역으로 접근하게 된 데에는 200년밖에 걸리지 않았으며, 이는 진화적 시간으로 본다면 눈 깜짝할 사이에 불과하다. 사회생활의 구조적 조건이 일단 생물권에서 정신권으로 그 무게중심을 옮기자마자 여성 측은 눈부시게 빛나는 속도로 빠르게 행동했다.

그 이후로 계속 아버지의 역할('남성의 가족화')은 더 이상 두 가치 영역을 연결시키기에 충분치 않았으므로 역사적 행위자, 정신권의 동등한 행위자(공동성의 체현에 그치지 않는 문화를 통해 익힌 독자성)로서의 여성의 역할이 합세해야만 했다. 바로 이 지점에서 자유주의 페미니스트들의 주장이 분명코 강력한 목소리와 확고부동한 도덕적 권위를 갖게 된 것이다.

그러나 정신권은 생물권을 초월하고 포함하기 때문에 자유주의자들이 급진주의자들을 포용한 후 자신들만 특별히 요구하는 사항을 추가하지 못할 이유는 없었다. 하나가 많다는 게 나머지가 적어짐을 의미하는 평원 놀이터에 있는 것과는 다르다. 다차원의 놀이터인 실제 우주에서는 양쪽이 많을수록 좋다.

바꿔 말해서, 생물권에 특별하게 뿌리내리고 있음을 당연히 주장할 수 있다. 자연의 체현과 공동성의 흐름을 느끼고, 서로 연결 짓는 지혜의 방법을 알고, 치유적 의식으로 그것을 축하한 현명한 여성에 관한, 말 그대로 백만 년에 걸친 풍성한 전통이 존재한다. 독자성을 드러내는 태양과 그 타오르는 광휘를 숭배하는 데 머물지 않고 깊이와 생물 특유의 어둠 속에서 관계로 연결시키는 방법을 발견한 지혜, 힘보다 배려를, 자기정당성보다 양육을 우선시한 지혜, 관심으로 파편들을 다시 엮어 내고, 우리 모두를 살아가게 만드는 공동성과 이름 없는 연결을 실현한 지혜 그리고 무엇보다도 자기가 된다는 건 항상 관계 속의 자기self-in-relationship임을 발견한 지혜를 알고 있었다.

뿌리내림으로서의 그 모든 걸 기쁘게 포용하고, 자신만의 특별하면서도 창발적인 아이디어와 요구를, 정확히 말해서 역사상 최초로 이 놀랍고도 새로운 출현에 의해, 정신권과 생물권의 분화에 의해, 글로벌한 합리성의 출현에 의해 가능해진 요구를 추가해야만 한다는 게 자유주의자들의 입장이다. 그리고 그런 요구는 우리가 방금 보았던, 하버마스가 자세히 서술한, 이제는 여성에게도 적용된, (1) 자유롭고 동등한 시민법의 주체, (2) 도덕적으로 자유로운 주체, (3) 정치적으로 자유로운 주체가 될 바로 그 가능성이다. 이것이 이 시기에 일어난, 이 시기 이전에는 없었던, 정확히 그런 창발적 진실을 선포하는 자유주의 페미니즘의 영원한 진실이자 힘이다.

마지막으로, 한 가지 왜곡이 있다. 생물권과 정신권의 분화(그리고 삼대 가치권의 분화)가 현대에 와서야 본격적으로 시작되었다면, 앞으로 보겠지만 그럼에도 불구하고 이런 분화는 여러 면에서 **분열**로 빠져 버린 경향이 있었다는 게 사실이다. 그로 말미암아 통합에 있어서 근본적인 페미니스트 요소가 중요하면서도 화급한 무게를 갖게 되었다. 어쨌든 우리는 우리의 육체성을 잊어버리고 말았다.

더 나아가서, '여성, 신체, 자연'은 종종 분리된 동일한 피류의 서로 다른 측면이기 때문에 이는 생태페미니스트의 관심사에도 어느 정도 설득력을 제공한다(그러나 이데올로기적 성향을 띤 그들의 이론적·역사적 설명을 우리가 반드시 포용할 필요는 없다).

이것이 내가 거듭 언급해 왔던 새로운 통합의('켄타우로스' '비전-논리') 모든 부분으로서, 여기에는 무엇보다도 심신의 통합, (분화 이후의) 정신권과 생물권의 통합이 포함되어 있다. 이유가 어떻든 간에 역사와 선사시대를 통틀어 여성, 자연, 신체 간에는 특별한 연결이 있었기 때문에[34] 심신의 통합은 실제로 우리 각자에게 남성과 여성의 통합과 동일성을 의미한다.

그 점에서 남녀 모두 한 발은 생물권에, 한 발은 정신권에 담고 있는 셈으로, 이는 도무지 **전례**가 없었던 창발적 통합이 아닐 수 없으며, 우리는 여전히 이것의 정확한 의미를 알아내려고 애쓰고 있다.

이런 이유로 과거는 실제로 전혀 도움이 안 된다. 물려받은 원형들과 낡은 신화적 모티브에 도움을 청하는 것은 이 새롭고도 전례를 볼 수 없는 창발적인 노력에서 거의 무용지물이다. 또한 많은 생태페미니스트는 평등성이 적어도 인간 본성과 인간 사회의 한 가능성이라는 점을 보여 주기 위해 여성이 '평등했던' (대부분 언제나 원예 농업인) 과거 사회를 가리킬 수 있어야만 한다고 느낀다. 그러나 가능성 자체가 **창발**

적이라서 과거에는 결코 없었지만 이제 막 나타나기 시작하기 때문에 미래를 위한 희망을 발견하기 위해 무턱대고 과거를 재해석할 필요는 없다는 게 나의 요지다.

우리는 발굴이 아닌 창발을, 시체 발굴이 아닌 탄생을 보고 있다.

메리 울스턴크래프트가 『프랑켄슈타인Frankenstein』을 쓴 메리 셸리Mary Shelley를 출산하다 사망한 것은 어쨌든 심히 상징적이라고 생각한다. 죽음, 탄생 그리고 괴물.

'저 괴물!'이라는 이미지는 정신권에서 남녀 모두 전례 없이 새로운 역할로서 서로를 보고 있는 관점이 어떻게 계속 먹히는지, 그리고 내 생각에 양측에서 일정한 친절함이 왜 그토록 필요한지와 딱 들어맞는 것 같다. 새롭고도 힘겨운 이런 통합, 이런 식의 죽음과 이런 식의 탄생을 통해 각 성은 서로를 창조한 괴물이 되고 말았다.

비전-논리/지구 규모

그것이 우리를 현재로 데려왔다. 출현하려 몸부림치는 새로운 통합, 사상한 모두에서의 통합으로…….

우리는 문화적 굴곡에 대해 관심을 갖기보다는 한 문화 단계에서 다음 단계로의 추이에 관심을 갖는다. 앞선 모든 시대에는 지구 표면의 제한된 부분만 알려져 있었다. 인간은 가장 좁은 지역에서 약간 더 큰 이웃을 내다보았고, 그것을 넘어서면 엄청난 미지의 세계가 펼쳐져 있었다. 그들 모두는 말하자면 섬 같았으며, 그 속에 갇혀 있었다. 그런데 우리의 관점은 이 지구 표면에 있는 한 점의 공간에 더 이상 제한되지 않는다. 그것은 행성 전체를 둘러보았다. 이런 사실, 이런 수평선의 결여는 무언가 새로웠다.

자신의 『모뉴멘타 테라룸Monumenta Terrarum』에서 위대한 레오 프로베니우스Leo Frobenius가 표현한 이 글은 1929년에 저술되었다. 앞선 시대, 합리의 초기 출현과 그 최초의 보기 드문 발견의 시대를 프로베니우스는 기념비적 시대로 불렀으며, 현재 진행 중인 새로운 것의 개막을 글로벌 문화 또는 세계 문화로 불렀다.

합리성이 실로 보편적인, 글로벌한 또는 지구 규모의 세계관을 향한 탐색, 비강압적인 성질의 탐색을 지속함에 따라, 그것은 결국 내가 비전-논리vision-logic 또는 네트워크-논리network-logic로 부르는 인지에게 길을 열어 주었다. 합리성이 온갖 가능한 관점을 제시한다면, 비전-논리는 그 관점들을 하나의 전체, 고차원의 새로운 내면 홀론으로 모아 낸다. 오로빈도는 "단일한 아이디어로 스스로를 자유롭게 표현하지만 그것의 가장 특징적인 움직임은 한 무리의 관념화ideation, 한 가지 관점에서 진리를 보는 시스템이나 총체로서, 저절로 통합적인 전체로 드러나는 아이디어와 아이디어와의 관계, 진리와 진리와의 관계를 말한다."라고 비전-논리를 고전적으로 기술했다.

이 책에서 내가 하려는 것은 당신이 이 책(또는 유사한 다른 책들)을 읽을 때 하려는 것은 비전-논리를 사용하는 것이다. 개별적인 이슈들을 합리적으로 결정하는 게 아니라, 이들을 마음속으로 한 번에 결합시킴으로써 진실-비전으로서 그것들이 모두 어떻게 딱 들어맞는지 판단한다. 달리 말해서, 비전-논리는 합리성 자체에 머무는 하위 홀론들을 조작하는 (그리고 초월하는) 상위 홀론이다. 예컨대, 비전-논리는 마음속에 모순을 담을 수 있으며, 정반대의 것들을 통합할 수 있고, 변증법적이자 비선형적이다. 그것은 다른 경우라면 서로 양립할 수 없는 개념처럼 보이는 것들을, 그 부분성에서는 부정되지만 긍정적인 기여에서 볼 때는 보존되면서 그들이 더 상위 홀론 안에서 서로 관련되는 한 그것들을 함께 엮는다.

이는, 예컨대 헤겔이 '이해'(또는 더 단순하면서도, 실증-분석적인 명제에 관한 이성 또는 아리스토텔레스식 이성)와 구별해서 '이성Reason'으로 부른 것이다. 헤겔이 이성(비전-논리)을 핵심적으로 정의하는 특징은 상반된 것을 통합하고 차이 안에서 유사성을 보는 능력에 있다고 주장한 건 이런 이유에서였다(이 점에서 헤겔은 셸링, 화이트헤드 그리고 우리가 추후에 탐구할 그 밖의 소수 철학자들과 마찬가지로 비전-논리에 관한 최초의 위대한 철학자에 속한다. 이전에도 시도했던 체계적인 전체성wholeness 때문이기보다는 차이 안에서의 유사성, '양분되지 않은 이성' 또는 비전-논리를 그들이 분명코 포착했다는 점에서 그렇게 볼 수 있는데, 이 모든 것을 넘어선 곳에서만 초합리가 펼쳐진다).

진실로 지구행성 문화의 가능성을 추동하면서도 그 기초가 되는 것이 비전-논리다(최초로 생긴 지구행성 조직의 진정한 형태로서, 이는 우리가 앞으로 보겠지만 고차원의 범주에 따라 진화할 가능성이 훨씬 더 크다).

(16세기에 유럽 주변에서 집단적인 규모로 시작된) 자아 정체성의 출현, 여기서는 모든 사람이, (1) 자유롭고 동등한 시민법의 주체, (2) 도덕적으로 자유로운 주체, (3) 민주국가 시민으로서 정치적으로 자유로운 주체로(물론 이 또한 역사상 최초로 노예를 최종적으로 종식시켰으며, 그런 해방을 법으로 뒷받침했다.) 간주되었던 (처음에는 남성들이, 그다음에는 비교적 신속하게 여성들이 이를 확보했다.) 그런 출현에 관한 하버마스의 설명을 생략했음을 기억하자.

그러나 하버마스는 이어서 이렇게 말했다. "이런 추상적인 결정은 다른 국가들에 대항해서 유지(그리고 방어)해야만 특정 국가의 시민이라는 정체성이 아니라 세계시민의 정체성과 가장 잘 어울렸다."[35] 다른 말로는 법적으로, 도덕적으로, 정치적으로 자유로운 시민이었다. 이것이 이 나라 또는 저 나라 시민에 머물지 않고 세계시민에게 실제로 적용되는 상황이었다. 합리성을 통해 창조된 자유로운 주체는 국가에는 손쉽게 또는 오랫동안 구속될 수 없었지만, 하버마스가 '글로벌 형태의 교류' '모든 참조 시스템의 영원한 변이'로 부른 것, 즉 비전-논리에는 오히려 속할 수 있었다. 따라서 하버마스는 진정한 세계시민권은 국가 조직이 아닌 행성 조직에 속한다고("정부가 오로지 국가적 결정에 따라 스스로를 합법화해야 한다면 초국가 수준에서 협력하려는 욕구는 쉽게 충족될 수 없다.") 표현했다.[36] 최초의 합리성에 근거를 둔 현대 민족국가는 그 자신의 내적 모순이나 한계에 부딪혔으며, 비전-논리/지구 규모 변용을 통해서만 벗어날 수 있었다.

비전-논리에서의 켄타우로스

비전-논리 세계관이나 세계 공간을 나는 '실존'과 '켄타우로스'라고도 부른다. '실존'에 관해서는 곧 검토할 것이다. '켄타우로스'는 신화에 등장하는 반인반마의 괴물로서 나(그리고 휴버트 브누아_{Hubert Benoit}와 에릭 에릭슨_{Erik Erikson} 같은 그 외 사람들)는 이를 심신의 통합 또는 생물권과 정신권을 통합하는 상징으로 보았다. 왜냐하면 몇 백 년 전 마침내 이 두 거대 영역을 뚜렷하게 분화시키는 데 성공했다는 게 사실이라면, 이들을 통합시킬 방법을 아직 찾지 못했다는 것도 마찬가지로 사실이기 때문이다. 오히려 반대로, 반드시 필요한 생물권과 정신권의 분화는 현재 분명하게 분열 초기 단계로 이동하여 일부 생태학자들은 분열이 빠른 속도로 진행됨으로써 돌이킬 수 없을 정도로 되었다고 느낀다. 그렇긴 하지만 어떤 식의 분열이 진행되고 있다는 사실은 거의 부정하기 어렵다.

글로벌 규모로 절박하게 필요한 것은 비전-논리의 통합적 힘이지 부족적 마술의 미분화나 신화와 연루된 제국주의가 아니라고 나는 믿는다. 내 생각에 생물권과 정신권의 통합, 지구의식을 띤 초국가 기구, 생태적 균형에 대한 진심 어린 인식, 제한되지 않고 강요되지 않은 글로벌 담론 형태, 비지배적이고 비강압적인 연합국가, 제한 없는 세계적 의사소통 교환의 흐름, 진정한 세계시민의 탄생, 여성 독자성의 문화화(즉, 정신권과 생물권 모두에서 남성과 여성의 통합)를 위한 유일한 희망은 켄타우로스/지구적 세계관을 담고 있는 비전-논리이기 때문이다. 그럼에도 불구하고, 내 생각에 이 모든 것은 우리의 집단적 미래라는 게 있다면 거기에 있는 실로 흥미로운 더 상위 초개인의식 상태를 위한 플랫폼에 불과하다.

진 겝서는 출현하는 비전-논리를 '통합-무조망_{integral-aperspectival}' 마음이라고 했는데, 이는 그중 적절한 표현이다. 이 전체 구조(자아-합리적)를 겝서는 '합리-조망'으로 불렀는데, 합리성은 우리가 살펴본 바와 같이 서로 다른 관점_{perspective}을 취할 수 있기 때문이다. 비전-논리 또는 통합-무조망 마음은 모든 관점을 전부 합산함으로써 어떤 관점에도 최종 관점으로서의 특권을 부여하지 않는다. 그것은 무조망이다.

달리 말해서, 무조망 마음은 하나부터 열까지 홀론적이다. 맥락 안의 맥락 또 그 안의 맥락이 영원히 지속된다. 물론 모든 의식구조는 실제로 홀론적(홀론만이 존재한다.)이지만 비전-논리는 이런 사실을 최초로 의식적으로 포착하며, 따라서 자신의 작용이 점점 더 스스로에게 투명해짐을 알게 된다(겝서에 따르면, 이런 '투명성'이 통합-무조망 마음의 주요 특징이다). "무조망성은 창발 과정에 있음으로 해서 새로운 의식구조 안에서 스스로를 표현한다."라고 그는 말했다. "우리는 이런 새로운 구조를 의식의 '통합구조'로, 창발 과정에 있는 세계 양식을 '무조망세계'로 명시하고 싶다."

겝서의 걸작 『항존하는 기원The Ever-Present Origin』은 수십 년에 걸친 사유와 연구의 정점인 1953년에 완성되었다. 그는 1973년에 사망했으므로 오늘날의 탈근대세계에서 무조망주의가 충분히 폭발하는 것을 볼 수 없었다. 무조망의 비전-논리는 (최고 측면에서 보면) 탈근대성을 정의하고 있을 뿐 아니라 탈근대의 수많은 자의식self-conscious 문제를 정의하고 있다. 사람들은 홀론, 무조망 공간을 의식하고 있을 뿐 아니라 종종 그 속에서 완전히 길을 잃고 말았다. 예컨대, 탈근대 후기 구조주의자들은 어떤 맥락도 어떤 관점도 최종이 아니라고 말하기 시작해서 어떤 관점도 다른 관점보다 결코 낮지 않다는 말까지 했는데, 이쯤 되면 그들은 점점 멀어져 가는 홀론의 미로 속에서 걷잡을 수 없이 갈팡질팡하며 무조망 공간에서 길을 잃고 만다.

모든 관점이 서로 연관된다는 것, 어떤 관점도 최종이 아니라는 건(무조망주의) 그들 사이에 상대적인 장점이 없다는 뜻이 아니다. 탈근대 후기 구조주의사들은 "최후의 관점은 없다."(또는 "관점에는 끝이 없다.")라고 말하기 시작해서 "그러므로 어떤 관점도 다른 관점보다 낮지 않다."라고까지 말했다. 관점의 이런 평준화는 모든 관점들의 상호 관계가 아니라 그 자체로 특정한, 은밀하게 특권이 부여된 관점에 불과하다(그리고 우리가 이미 살펴본 바와 같이 완전히 자기모순으로 끝나 버린다. 내 관점 말고 더 나은 관점은 없다. 이는 여타의 관점에는 그런 특권을 부여할 수 없다고 주장하는 바다). 내 생각에 탈근대 후기 구조주의자들은 바타유의 선구적인 광기의 뒤를 이어 자신들의 무조망 광기와 문학 및 정치 비판을 혼동하고 있다.

그럼에도 불구하고, 나는 최근에 일어난 사건들이 오히려 겝서의 논지를 강화시키고 있다는 데 그가 동의할 것으로 생각하고 그렇게 믿고 있다. 좋든 나쁘든 세계는 완전히 새로운 의식구조, 비전-논리 모습을 띤 켄타우로스, 통합-무조망 마음의 집단적 출현이라는 고통스러운 산고를 치르는 중이다.

겝서는 근본적으로 창발적인 성질을 강조하면서 그런 변용을 '의식의 돌연변이'라고 하였다. 그러나 각 구조는 그 선행구조를 초월하고 포함하면서 홀라키 모습으로 전개된다. "의식의 모든 돌연변이는 이전 가능성과 속성이 소실되는 원인으로 작용하지 않고 그것들을 돌연히 새로운 구조에 통합시킨다. 의식의 돌연변이 안에서는 시공간에 구속된 사상事象의 범위를 초월한 재배열 과정, 불연속적이거나 껑충 뛰어넘는 모습으로 스스로를 드러내는 (창발적) 과정이 일어난다. 매번 자가의 새로운 돌연변이가 일어날 때마다 의식은 더 강력하게 펼쳐진다……."37)

이 새로운 통합-무조망 구조는 마땅히 **통합**해 간다. 그러나 통합적 비전-논리는 수직적이고 창조적인 창발(그리고 초월)이 아닌 수평적 팽창주의에 머물 수 있는 이전 부분들의 총합에 불과하지 않다. 겝서는 "부분은 항상 어느 정도는 전체를 배반한다. 이 때문에 부분들의 총합마저도 허구에 불과한 전체일 뿐 유효한 전체는 아니다."라고 말했다. 마찬가지로, 비전-논리의 변증법적 성질, 즉 ('상호 침투'처럼) 심적으로 상상하는 대극의 합일unity-of-opposite은 통합구조의 특징이자 '창발하는 무조망 의식에 내재하는 성질이다'.

강조점은 실로 통합에 있다. 가장 유능한 겝서의 해석자인 게오르그 포이어스타인Georg Feuerstein이 통합-무조망 구조에 대해 "발생기에 있는 이런 의식구조는 인간 역사상 최초로 선행하는 모든 구조(그러나 공존하는 구조)를 의식적으로 통합하도록 허용했으며, 이런 통합 행위를 통해 인간 성격은 스스로에게 투명해졌다……."38)라고 말했다.

마찬가지로, 켄타우로스-통합 자각도 새로운 투명성으로 심신을 통합한다. 마침내 분화된 생물권과 정신권은 이제 새롭게 포섭되며 통합될 수 있다. 그러므로 포이어스타인은 새로 출현하는 이 구조를 '신체의 부활'을 포함하는 '정신신체psychosomatic'로 불렀는데, 전일의학과 생태적 감수성 같은 운동이 그 증거다. 그는 "이는 살아 있는 신체를 통해 느끼는 온전히 신체적인 사건이다. 어떤 형태든 육체적 존재로부터 달아나지 않는다. 더 정확하게는 육체적 존재corporeality를 온전히 수용하고 그것을 근본적으로 신뢰하는 데 바탕을 두고 있다. 그것은 투명한 심신체transparent body-mind다."라고 말했다.

정확히는 이런 켄타우로스 자각이 언어적·심적·자아적 차원을 상당 부분 초월하고(그러나 포함하고) 있기 때문에, 그 전체 차원 자체는 켄타우로스 자각에 대해 점점 더 객관적이 되고 점점 더 투명해진다. 언어적·심적·자아적 자기가 예전에는 그

런 구조를 세상을 바라보기 위한(그리고 공동창조하기 위한) 수단으로 사용됐다면, 이제 그런 구조들 자체는 점점 더 켄타우로스의식이 자각하고 탐구하는 대상이 된다(마음이 외부 대상을 객관적이고 '표상적으로' 바라보는 '반영 패러다임reflection paradigm'이 아니라, 마음이 마음을 상호 주관적으로 바라본다).

통합-무조망 의식은, 특히 언어에 대한 의식이라는 젭서가 내놓은 주장 배후에 놓인 내용이 바로 이것이다. 그는 "창안하고 창조하는 언어의 성질을 인식함으로써 언어를 원초적 현상으로 취급한다. 구조적으로 볼 때 문법적 측면을 새롭게 평가하고 통사적 자유를 참신하게 사용하는 것이 분명히 드러난다."(그리고 이 점에서 우리는 푸코와 데리다의 뒤를 좇고 있는 셈이며, '언어적 선회' 전반은 특히 소쉬르Saussure로 거슬러 올라간다.)라고 표현했다.

또한 젭서는 통합-무조망 구조를 대부분의 현상학 형태와 관련지으면서 '탈이성 패러다임'을 강조하였는데, 이 또한 '체현된embodied' 모습을 띠고 있다. 특히 그는 베르그송, 후설, 하이데거에 초점을 두었지만 그들을 날카롭게 비판하기도 했다(하이데거는 후기 구조주의의 '개척자'이기도 하며, 이성주의자들의 존재론에 대한 그의 파괴Destruktion는 데리다에서 해체로 나타나고 있다).

젭서의 풍부한 천재성은 사실상 모든 학문을 넘나들며 나타나는 돌연변이에 대한 그의 탁월한 설명에서 중요한 역할을 하는데, 이는 현재 합리-조망주의에서 통합-무조망주의로 글로벌하게 진행되는 과정으로서, 활력을 불어넣는 그의 설명을 나로서는 제대로 표현할 길이 없다('창발하는 세계관'에 있어서 단연코 개척적인 서적 『항존하는 기원』과 탁월한 개론서인 게오르그 포이어스타인의 『의식의 구조Structures of Consciousness』를 참고해 보라고 독자들에게 거듭 권유하는 바다).

젭서는 이런 무조망 구조를 매우 상세하게 알고 있었기 때문에 사실상 어떤 시도라도 그것이 출현하고 있음을 드러내는, 도무지 감출 수 없는 신호조차 찾아낼 수 있을 정도였다. 다음은 그가 엄청날 정도로 상세하게 다룬 몇 개 분야들이다(『항존하는 기원』은 1953년에 출판되었음을 기억하라. 그러므로 다음 목록은 비전-논리, '탈이성' 또는 '탈구조' 또는 가장 좋기로는 '탈근대'가 될 수 있는 운동이 매우 초기에 출현한 일부 신호들만 포함하고 있다. 이런 운동들은 '자기를 규정하는 주체'와 '인간 시대'를 극복하려 시도했으며, 삼대 가치권의 분화만을 지적하는 데 그치지 않고 그것의 통합도 지적하곤 했다). **생물학**(예컨대, 한스 드리슈Hans Driesch, 휴고 더 프리스Huga de Vries), **수학**(힐베르트 Hilbert의 공리학), **심리학**(자신의 방식으로 심층 심리학을 강조한 점에서 프로이트와 융), **철학**(언어학, 현상학), **법학**(여기서는 배려와 "책임이 정의 및 권리와 나란히 법의 언어로 들어감으로써… 이것이 '개방된 정의'로 안내하는데, 이는 지금까지는 불가능했던 유연성이다". 우리가 켄타우로스 특징의 하나로 상정한 독자성-권리와 공동성-책임의 통합에 주목하라.), **경제학**(포이어스타인은 E. F. 슈마허Schumacher를 가장 대표적인 최근의 인물로 꼽았다.), **역사**(예컨대, 아널드 토인비Arnold Toynbee와 스위스 역사가 J. R. 폰 사리스von Salis), **음악**(쇤베르크Schoenberg, 스트라빈스키Stravinsky; "미학의 측면으로서 박자와 음조라는 초기의 고정성을 극복하려 시도했다는 점을 고려할 때 신음악은 무조망적이다."), **건축**(프랭크 로이드 라이트Frank Lloyd Wright, 르 코르뷔지에Le Corbusier, 알바 알토Alvar Aalto), **회화**(들라크루아 Delacroix; "그는 직선의 독재에 반발했으며, 세잔은 군림하던 원근법에 최초로 진지하게 도전장을 던졌다.") 그리고 마땅히 아인슈타인과 플랑크와 관련된 **신물리학**(그러나 이것은 프레드 알란 울프Fred Alan Wolf 같은 대중적으로 보급하는 인물들이 표현했던 것처럼, '신비주의의 증거'는 아니었다. 포이어스타인이 언급했듯이, "신물리학 내에서 일어난 신화적으로 해석하는 경향을 간과하는 것은 경솔한 일일 것이다. 겝서는 이것을 통합적이기보다는 퇴행적인 것으로 기꺼이 인식했을 것이다".)들이 그 예가 된다.

세계중심 비전이 충실해지는 켄타우로스-통합 차원에 대해서, 겝서는 그것을 "'보편-통합적'이면서 '세계에 개방'되어 있으며, '세계에 투명'해진다."라고 언급했으며, 포이어스타인은 그것을 부상하는 글로벌 또는 지구행성 문화Planetary Culture와 같다고 보았는데, 내 생각에는 올바른 시각이다. 겝서의 말을 빌면, 자아-합리적 세계의 조망이 "열린 세계의 널리 개방된 광활한 공간, 무조망 세계로 대체되었다". 세계중심 비전의 정점은 합리성에서 시작되었고, 비전-논리에서 완성되었다.

겝서도, 나도(머피도, 하버마스도, 진화 지향적인 어떤 이론가라도) '무조망 세계중심' 구조의 출현을 분명한 것, 어쨌든 확실히 보장된 것으로 보지 않는다. 마이클 머피가 말했듯이, 진화는 전진하기보다는 구불구불한 행로를 거치며, 진보할 때조차 항상 '진보의 변증법'이 일어날 뿐 아니라 전체가 폭발하고 말 가능성, 진화가 (단기적으로는) 잘못 선회할, 우리를 포함해서 잘못 선회할 가능성, 정신권과 생물권의 분화가 유도한 스트레스로 인해 시스템 전체가 지속 불가능해질 가능성이 언제나 숨어 있다. 우리가 충분히 보았던 것처럼 진화는 예측 가능하지 않으며 재구성될 수 있을 뿐이다.

통합적 구조가 통합적이라는 사실은 필요한 통합이 실제로 일어날 것임을 보장하지 않는다. 우리가 사용해 왔던 용어로 표현하면 통합적 구조는 물질권, 생물권, 정신권을 **통합할 수 있다**고 주장할 수 있을 뿐이다. 그것은 그런 통합의 **잠재력**을 갖는다. 그런 잠재력이 현실화 될지 여부는 당신과 내게 달려 있다. 그것은 우리 각자가 취하는 구체적인 행동에 달려 있다.

언제나 그렇듯이 우리에게 주어진 미래를 건설해야만 한다.

사상한

[그림 5-1]은 지금까지 진행되어 온 진화 곡선을 따라 뒤따라온 사상한의 요약이다. 모든 도식과 마찬가지로 매우 개요식으로 표현되어 있어서 거기에 포함된 내용보다 많은 내용이 배제되었다. 그러나 그것은 사상한과 소수의 중대한 사상한 시점들을 현재까지 나타내는 데 도움을 줄 것이다.

도식에서 몇 가지 포인트가 있다. 진화가 인간 영역으로 진입하는 우하상한에서 나는 지정학적 구조 중 가장 구체적인 형태만을 나타냈다. 그러나 이 상한에는 인간 상호 작용의 모든 **사회적** 측면의 **외부**가 포함되는데, 여기에는 생산력과 기술경제적 양식(활과 화살, 원예농업 수단, 농업 도구, 산업 기계, 컴퓨터 등), 건축구조, 운송 시스템, 물질적 사회 기반 시설, 저술된 책의(물질적) 형태, 법체계, 언어구조, 언어적 기표 등이 포함된다. 또한 나는 문화에 해당하는 좌하상한에 세계관만을 포함시켰지만, 이 상한에는 해석적 이해, 문화적 의미 전반, 집합적인 정체성과 집단 정체성, 상호 주관적인 도덕적·윤리적 이해 등도 포함된다.[39]

우상상한에서 진화가 인간 영역에로 진입함에 따라 나는 SF1, SF2, SF3로 표시된

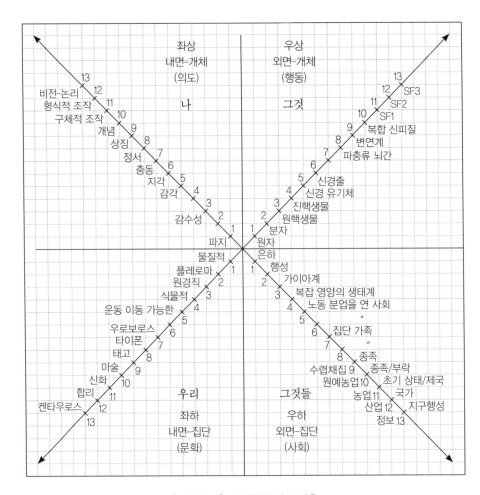

[그림 5-1] 사상한의 세부 내용

상태를 나타냈다. 이들은 구제적 조작, 형식적 조작, 비전-논리에 해당하는 인간 뇌 구조 및 기능이다. 현재 PET와 그 밖의 복잡한 도구들을 이용해서 이들을 상세하게 묘사할 수 있으며, 어떤 모습이 되었든 나는 그것이 이런 상징들과 관련되어 있음을 나타냈을 뿐이다. 심적 상태와 구조는 뇌 생리학과 어떤 식이든 상관관계가 있음에 모두가 동의하며, 나는 이것을 SF1 등의 상징으로 표현하였다.[40]

물론 우리는 이 도식을 일련의 접이식이나 겹겹이 층을 이루고 있는 피라미드로 그려 봄으로써 각 상한 내에서 몇 가지 다차원 관계들이 더 잘 표현되게끔 만들 수도 있다. 그러나 그럴 경우 단순성이라는 이점이 사라지기 시작할 것이다. 이것이 갖는 개요식의 단순화된 성질을 확고하게 염두에 두고 있는 한 이 그림으로 충분할 것이다. 이야기를 계속 전개해 감에 따라서 이 도식과 사상한이 갖는 함의에 점점 더 다가설 것이다.

변용 중에 있는 세계

현재는 머뭇거리고 있지만 틀림없이 진행 중에 있는 켄타우로스/지구 규모 변용에 관해서 지나치는 김에, 나는 코멘트 몇 가지를 가할 생각이다.

고유의 지배자 계층구조를 갖춘 이전의 신화-제국주의 거대 왕국(동과 서, 남과 북)은 (발생 지역이 어디든) 자아-합리성의 발흥과 역할 정체성으로부터 자아 정체성으로의 전환 및 그와 관련된 민주국가, 지배자 계층구조가 법에 명시된, (1) 자유롭고 동등한 시민법의 주체, (2) 도덕적으로 자유로운 주체, (3) 민주국가 시민으로서 정치적으로 자유로운 주체로 대체된 국가의 발생으로 말미암아 해체되었다.

물론 세계를 지배하길 희망하는 신화-제국주의, 즉 만일 당신이 (특정 지배자 위계를 수반하는) 특정 신화를 포용할 경우, 당신에게 평등한 세계시민이라는 위치를 부여할 제국주의가 여전히 존재한다. 당신이 그런 신화를 포용하길 원치 않을 경우, 그들은 기꺼이 당신이 그렇게 하도록 도울 것이다. 우리는 아직도 신화적 근본주의가 세속적이고 종교적인 외양을 띠고 나지막하고 굵직한 목소리를 내는 것을 지구 곳곳에서 듣고 있다. 이 중 어떤 것도 지배를 통한 구원을 향한 자신만의 충동을 숨기지 않는다(그리고 이런 사회에서 여성들은 남성과 마찬가지로 그런 지배를 전적으로 지원하고 있다).

그러나 합리성의 발흥은 비록 그것이 자유롭고 동등한 법 주체이자 시민으로서, 정치적으로 자유로운 주체로서 모든 사람이 인식할 수 있는 세계 공간을 창조했지만, 아직 글로벌한(국가 규모에 머물지 않는) 성질의 변용을 일으키지 못했거나 아직 일으키지 못한 상태에 있다. 이런 변용은 비강제적이고 비지배적인 방식으로 사회적으로 세계에 권한을 부여하려 노력할 것이며, 분열을 초래하는 특정 신화의 신봉자로서 또는 민족중심인 특정 종족의 구성원으로서 우리가 공유하는 게 아니라, 인간으로서 우리 모두가 공유하는 것에 대한 인식을 통해 추동될 것이다(그 차이가 제아무리 커도 세계중심적 맥락에서는 그 또한 소중히 여기고 존중할 것이다).

한 가지 중요한 예외가 있다. 지금까지 모든 역사에서 유일하게 존재했던 진지한 글로벌 규모의 사회운동은 국제노동운동international labor movement이었는데(마르크스주의), 이는 지속적이면서 정당한 한 가지 위대한 강점을 가졌으면서도 전적으로 치명적인 약점도 한 가지 갖고 있었다. 그것은 인종, 신조, 국적, 신화, 성을 불문하고 모든 인간이 갖는 공통된 특징, 즉 우리 모두는 어떤 식이든 사회 노동을 통해 신체적 생존을 확보해야 한다는 사실을 발견했다는 점을 강점으로 꼽을 수 있다. 그럼으로써 사회 노동은 우리 모두를 동일한 배에 태워 세계시민으로 만들었다. 이런 운동은 충분히 진정성을 띠고 있었고, 충분히 진지했으며, 수많은 사람에게 즉각적으로 마땅한 의미를 부여함으로써 러시아에서 중국, 남미에 이르기까지 현대 최초로 글로벌 규모의 의도된 혁명을 일으켰다.

이것이야말로 그것이 지닌 진정으로 숭고한 강점이다. 그것의 치명적인 약점은 고차원의 문화적 시도가 경제적이거나 물질적인 영역(물질권)에 기초를 두지 못하고, 사회적 노동과 물질교환에 기초를 두지 못했으며, 그런 노력들을 그런 교환으로 축소시키고, 가장 차원 낮은 공통분모로 축소시켰으며, 물질 생산과 물질적 가치 및 물질적 수단으로 축소시켜 버림으로써 고차원의 온갖 생산물, 특히 영성이 대중의 아편으로만 기능한 데 있다. 41)

간단히 말해서, 그런 운동은 정신권의 기초를 물질권에 (이는 복합 개체성이라는 이유로 절대 중요하다.) 두지 못하고 정신권을 물질권으로 축소시켜 버렸는데, 그런 축소는 너무도 어처구니없어서 그런 실수를 진지하게 지워 버리려면 한 세기에 걸친 진화가 필요했다. 마르크스주의의 이런 환원주의적 공세는 실재하는 온우주가 전혀 지지해 줄 수 없음으로 말미암아 종교적인 신화로 전환될 수밖에 없었으며, 그리하여 자신의 비전을 제국주의 방식으로 밀어붙여야만 했다.

글로벌 규모의 시민권을 뒷받침해 줄 가능성을 일부 보여 주었거나 그렇다고 주장하는 또 다른 주요 운동으로 녹색운동을 들 수 있다. **특별한** 운동으로서의 그 운동에 대해서는 나 자신도 크게 공감하지만, 그것은 원칙들을 자유롭게 포용하는(원칙들을 포용하도록 강요되었는데, 그것은 구속받지 않은 글로벌 담론이 아니라 새로운 강제력이다.) 세계시민 지구 연합체를 위한 통합적 잠재력을 갖는 것과는 거리가 멀다고 나는 믿는다.

왜냐하면 녹색운동은 근본적으로 마르크스주의와 동일한 곤경, 둘 다 상위 수준을 하위 수준으로 환원시켜 버리는 곤경에 처하고 말았는데, 단지 하위 수준이 실로 더 **근본적**이라는 (그러므로 필요하긴 하지만 상위에 있는 더 심층적인 생명에게는 이것으로 충분치 않다.) 반박할 수 없는 사실 때문이었다. 마르크스주의자들은 모든 관심을 물질권의 물질교환으로 축소시켜 버리는 경향이 있지만, 녹색운동은 모든 관심을 생물권의 생태적 교환으로 축소시키는 경향이 있다. 분명코 이것은 마르크스주의자들보다는 한 단계 올라갔지만 여전히 최하위 공통분모에 비중을 두는 접근임이 틀림없다. 이는 (마르크스주의처럼) 그 자체로는 진실되면서도 중요하지만, 그 특정 지점을 넘어서면 파국을 초래할 뿐 아니라 그 특정 지점을 넘어 세계시민들을 동원하는 건 전적으로 불가능하다.

녹색운동은 두 가지 핵심 개념을 사용한다. 즉, (1) 문화적 정신권은 생물권이라는 더 큰 전체의 일부라는 점과, (2) 생명의 그물이라는 시스템 이론을 자신들의 철학적 토대로 삼고 있다는 점이다. 이미 살펴본 바와 같이 첫 번째 개념은 올바르지 않으며, 두 번째 개념도 우리가 보았듯 미묘한 환원주의의 한 형태에 불과하다. 그런 원칙들에 근거를 둔 어떤 운동도 글로벌 규모의 통합과 지속 가능한 균형을 보장해 줄 수 없다.

오히려 우리의 현 역사적 현실과 조화를 이루며 작동할 수 있는 더 통합적인 접근이 필요하다. 지구상의 문화는 사실상 물질권에서 물질-경제적인 공평한 분배(비록 우리는 그의 특정 해결책을 거부하기는 하지만 마르크스가 보여 준 불후의 관심사다.)를 다루어야만 하고, 생물권에서 지속 가능한 생태적 분배(녹색운동의 불후의 공헌)를 다루어야만 할 것이다. 그러나 훨씬 더 나아가서, 특히 정신권을 비환원적으로 다루어야만 할 것이고, 그 분배와 왜곡을 다루어야만 할 것이다. 그리고 지구상의 문화는 만일 그것이 지구 전체의 동기와 자유롭게 관계 맺기를 원한다면 환원주의식 생명의 그물 이론과는 다른 무언가로 이런 것들을 다루어야만 할 것이다. 그것은 생태적 관심을 포함하지만, 초월하는 정신권에서의 자유로운 교환에 관한 특정 이론을 향해 나아가야만 할 것이다. [42]

사회 노동은 우리 모두 물질을 공유하고 있다는 점까지만, 그 한계까지만 세계시민을 결합시킬 수 있다. 녹색운동은 우리 모두가 공통적으로 육체를 갖고 있다는 점까지만, 그 한계까지만 세계시민을 결합시킬 수 있다. 우리 모두 물질과 신체와 마음을 공통적으로 갖고 있다는(영과 그 모든 것에 선행하는 참자아Self는 말할 것도 없다.) 켄타우로스적 토대를 근거로 세계시민을 결합시키기 위해서는 엄청난 통합력(보편-통합적으로서의 통합-무조망)을 갖춘 비전-논리 운동이 필요할 것이다. 녹색운동은 희망찬 토대를 마련했지만, 거기서 더 나가지 못한다면(지금까지는 정신권 교환을 도외시한 점에서 더 나가지 못했다.) 자본 생산이라는 자아-합리성 구조가 그것을 덥석 낚아채서 맥도날드가 재활용한 포장지로 햄버거를 팔게 될 텐데, 여기에 지구 규모 변용Planetary Transformation이라는 이름을 붙이는 것은 전혀 온당치 못한 처사다.

화제를 바꿔서, 출현하고 있는 세계 문화를 위한 토대가 물질-경제적 교환이 이루어지는 국제시장에 의해 점증하는 합리성 구조의 자유로운 교환, 특히 실증, 분석적 과학과 컴퓨터로 전송되는 정보에('정보시대'는 간단히 '정신권의 시대'다.) 의해 형성되는데, 이 모두는 그 근본 특징상 초국가적이다(우리는 곧 이 주제로 돌아올 것이다).

다가올 변용에 관해서 언급하자면, 과거 모든 변용이 그랬듯이 그것은 스스로 켄타우로스식 지구 비전을 갖출 만큼 진화된 사람들의 가슴과 마음 안에서 자라고 있다. 왜냐하면 이 사람들은 새로운 세계관(이 경우에는 켄타우로스-지구적이 된다.) 형태를 띤 '인지 잠재력'을 창조하기 때문인데, 이 세계관은 이전에는 '사회적으로 소외되었던' 세계관이 제도라는 형태로 닻을 내리고, 그 후에 집단의식을 새로운 상위질서에로 쏘아 올릴 때까지 현재 진행되고 있는 주류 사회제도에 되먹임한다.[43] 늘 그렇듯 혁명은 내부로부터 일어나서 외부에 깊숙이 박히는 것이다.

이 시점에서[44] 우리 각자가 개별적으로 할 수 있는 내적 작업 말고는 내면에서 일어나는 새로우면서도 깊이 있는 집단 작업을 나로서는 찾아볼 수가 없다.

진보의 변증법

진화를 정의하는 한 가지 측면은, 그것이 새로우면서도 창발적인 가능성을 가져 옴으로써 잠재적인 새로운 병리도 따라온다는 점을 기억하자. 다른 각도에서 작업 한 하버마스도 동일한 결론에 도달했으며, 그는 이것을 '진보의 변증법'으로 불렀다.

> 진화적으로 중요한 혁신은 새로운 수준의 학습을 의미할 뿐 아니라 새로운 문 제 상황, 즉 새로운 사회 형성과 더불어 발생하는 새로운 범주의 부담을 의미한 다. 진보의 변증법은 문제해결 능력의 습득과 더불어 새로운 문제 상황이 의식으 로 부상한다는 사실에서 드러난다. 생산력과 사회 통합이 더 높은 단계로 발달하 면 대체된 (이전) 사회 구성체가 안고 있는 문제로부터 벗어난다. 그러나 새로운 발달 단계에서 일어나는 문제들, 그것들이 낡은 문제들과 조금이라도 비슷한 경 우 그 강도는 커진다.
>
> 그러므로 우리는 진화적 진보에 의해 최초로 유발되었던 그런 **문제와 욕구**들을 우리의 안내자로 취하는 식으로 사회 진화를 해석하려는 시도를 할 수 있다. 모든 발달 단계에서 사회 진화적 학습 과정 자체는 새로운 자원을 낳는, 이는 새로운 차원의 결핍과 새로운 역사적 욕구를 의미한다.[45]

낭만적 퇴행에 대한 하버마스의 비판은 나 자신의 비판과 동일 선상에 있다. 물론 매 발달 단계마다 새로운 문제와 병리가 존재하지만, 상위 단계의 병리만을 취해서 그것들을 이전 단계의 성취와만 비교하는 것은 극도의 왜곡이다. 오히려 새로운 진 화적 변용이 필요하도록 만들고, 그것을 촉구했던 한계와 실패들을 고려하는 균형 잡힌 관점이 필요하다.

하버마스는 우리가 지금까지 검토해 왔던 각 주요 단계들이 이룬 성취와 부담이 포함된 계통 발생적 욕구위계에 해당하는 내용에 대해서 긴 단락을 할애해서 자신 의 견해를 요약하여 서술하고 있다. 이 내용은 살펴볼 가치가 있다(이탤릭체는 그가 표시한 것이다).

사회문화적 삶의 형태로 전환되면서, 즉 (전조작/마술 시기 동안) 가족구조의 도입과 함께 *사회와 외부 자연 사이에 경계가 정해지는(분화가 시작되는)* 문제가 발생했다. 신석기 사회 말엽에는 사회와 자연환경 간에 조화를 이루는 것이 주제가 되었다(문제가 되었다). 자연을 지배하려는 힘이 희소자원으로서 의식에 등장했다(이 단계를 칭송하는 설명과는 날카롭게 충돌하고 있다). 외부 자연의 우발적 사건과 관련된 무력화의 경험은 신화와 마술로 설명해 치워야만 했다. 집합적인 정치 질서(신화와 신화-합리)의 도입과 함께 *사회 시스템의 자기조절 문제가* 발생했다. 발달된 문명 말기에는 국가에 의한 질서의 성취가 핵심적인 욕구였다. 법적 안전이 희소자원으로서 의식에 등장했다. 사회적 억압과 전횡의 경험은 지배의 정당화와 균형을 이루어야만 했다. 이는 합리화된 세계관이라는 틀(신화-합리) 안에서 성취되었다(게다가 이를 통해서 무기력이라는 이전 단계의 핵심 문제가 완화될 수 있었다). 현대에 와서(자아-합리) 경제의 자율화(그리고 국가의 상호 보완성)로 말미암아 *사회 시스템과 외부 자연 간의 자기조절화된 교환(생체물질의 경제적 교환)*의 문제가 발생했다. 산업자본주의 말기에 사회는 의식적으로 경제성장과 부의 증가라는 의무를 스스로에게 부과하였다. 가치가 희소자원으로 의식에 등장하였다. 사회적 불평등 경험이 사회운동 및 그에 상응하는 유화정책 전략을 탄생시켰다. 이들은 사회복지 국가 대중 민주주의에서 그들의 목적을 달성하는 쪽으로 이끌었던 것 같다(더구나 여기서 이전 단계의 핵심 문제였던 법적 불안정이 완화될 수 있었다). 마지막으로, 오늘날 다른 각도에서 상상해 보는 탈근대 사회(지구적/비전-논리)가 과학적·교육적 시스템을 최고 위치에 두는 특징을 띤다면 *사회와 내적 성질과의 자기조절된 교환의 문제가*(그가 의미하는 바는 근본적으로 자존감과 자기실현 및 그 병리다. 특히 그는 실존적 무규범 상태를 언급했다.) 출현하는 데 대해 생각해 볼 수 있다. 또다시 희소자원이 주제로 떠오를 텐데, 권력, 안전 또는 가치의 공급이 아니라 동기와 의미의 공급이 주제가 될 것이다.[46)]

260

새로운 수준의 출현은 이전 단계의 일부 핵심 문제와 한계들을 해결하거나 '완화' 하지만(그렇지 않았다면 출현하지 않았을 것이다.), 그것은 또한 고유의 새로운 문제와 새로운 희소자원을 선보인다. '결핍 욕구'나 '희소자원'의 이런 위계는 에이브러햄 매슬로Abraham Maslow가(그리고 제인 뢰빙거Jane Loevinger와 그 밖의 연구자들이) 주장한 오늘날의 개체 발생 욕구, 즉 안전/힘에서부터 인습적 안전/소속감, 개인적 · 자아적 가치, 실존적 의미에 이르는 욕구와 상당히 유사함에 주목하지 않을 수 없다. 내가 오랫동안 켄타우로스 수준을 실존적 의미 수준이라고 언급해 왔던 것은 우연이 아니라고 믿고 있으며, 하버마스/매슬로/뢰빙거 간에 유사성이 있다는 점도 우연이 아님을 믿고 있다(우리는 6장과 7장에서 이 모든 내용으로 돌아올 것이다).

그러나 어쨌든 우리는 진화라는 파이를 분할해서 우리가 현재 서 있는 곳, 지구 규모 변용, 합리성에 의해 담보되고, 비전-논리에 의해 완성되며, 글로벌-지구적 사회제도 속에 새겨 두려고 분투하는 변용이 막 시작하려는 시점에 와 있다.

초국가주의

이런 변용이 갖는 **글로벌**한 성질은, 특히 기술경제적 기반에서 볼 때 현재 서로 관련된 세 가지 요소에 의해 추동되고 있다. (1) '글로벌한 공통요소', 즉 어떤 국가나 종족, 교리, 인종에도 속하지 않는 공통된 생물권을 보호할 필요성, (2) 더 이상 국경에 반응하지 않는 세계 경제 시스템을 조절할 필요성, (3) 약간의 국제 평화와 안전을 유지할 필요성으로서, 이것은 현재 어떤 국가든 두 국가 간의 심각한 전쟁의 문제이기보다는 느슨하게 연합된 국가들의 '신질서'와 세계 평화를 위협하는 변절한 체제 간의 문제다.[47]

요컨대, 이런 세 가지 관심은 모두 개별 국가 측이 취하는 행동에 더 이상 반응하지 않는다는 것이다. 이 문제들 중 어떤 것도 국가 수준에서는 해결될 수 없다. 말 그대로 그것들은 초국가적 · 세계중심적 반응을 요구하는 초국가적 위기들이다. 국가들이 전 세계 향상을 위해 자신들의 통치권을 자발적으로 일부 양도하면서 정확히 어떻게 이 어려운 과도기를 타개할 것인가는 분명 이런 세계 규모의 '탈국가' 과도기가 갖고 있는 지극히 어려운 성질이다.

그러나 상황은 의심의 여지없이 분명한데, 이들은 국가적 반응을 쓸모없게 만드는 초국가적 위기다.

이미 말했듯이, 나는 이 시점에서 이런 위기들이 안고 있는 복잡성과 전 세계 규모로 일어나는 필수 불가결한 변용을 논의하지는 않겠지만, 이 지점에서 우리 논의에 결정적인 한 가지 요인만을 예외로 지적하고자 한다. 세 가지 요인은 각각 중요한 물질-경제적 요소들(금전, 재정 시스템의 관계교환, 생체 재료 글로벌 공유의 보호, 국가 간 불가침이라는 물리적 안전)을 갖지만 물리적·물질적·경제적 요소들 중 어떤 것도 초국가적 선善을 위해 국가들이 자신들의 통치권을 일부 양도하는, 여기에 부합되는 국가 시민들의 의식 변화 없이는 결국에는 확보될 수 없다.

그러므로 세계 규모의 여러 위기에 대한 해법은 분명 생태-경제-재정적 최전선에서의 노력을 요구하는데, 현재 대부분의 노력이 여기에 집중되고 있다. 그러나 시민들과 그들의 정부가 덜 포기하고 더 많은 이득을 얻는다(더 큰 선을 위해 일부 통치권을 양도함.)는 점을 인식하게끔 만드는, 여기에 부합되는 세계관의 전환이 없다면 그것은 손해를 보는 데 그치는 제안이 될 뿐이다.

종족의식은 그 일을 해내지 못할 것이다. 신화-제국주의는 아무것도 양도하지 않을 것이다. 자민족중심의 청소는 세계중심의 합의에 대해 신경을 덜 쓸 수 있다. 신화-멤버십은 참된 유일신One True God이라는 근거를 제시하기 위해 그것의 진실된 신봉자의 삶을(그리고 비신봉자의 삶조차도) 완벽히 희생시키고 있으며, 언제나 완벽히 희생시키려고 했다. 만일 그것이 영원한 삶을 얻기 위한 세계 규모의 자살행위를 의미한다면 그건 치러야 할 작은 대가에 불과하다. 안 그런가? 마술적 혈연 청소는 그 민족 종족적 자기를 취한 후에 불순한 종족과 섞이기보다는 세계를 망각하고 말 것이다.

그러므로 어쨌든 세계가 요구하는 변용에서 생태·경제·재정적 요소가 갖는 결정적인 중요성을 부정하지 않으면서, 그들 모두가 궁극적으로는 인간의식에서 그와 관련된 변용에 의존한다는 사실을 잊지 말자. 전 세계적인 포용과 그것의 다원적 세계 연합체는 보편적이고 글로벌한 비전-논리를 갖춘 개인들만이 볼 수 있고, 이해할 수 있으며, 그들에 의해서만 시행될 수 있다. 여기서의 희소자원은 물질-경제적 결핍인 동시에 자기나 종족, 인종이나 국가에서는 더 이상 찾을 수 없는 삶의 의미meaning-in-life라는 자원이다. 그 삶의 의미는 세계중심적 포용, 이를 통해 공통의 인류라는 피가 흐르고, 자신의 생존을 위해 분투하면서 더 깊으면서도 진실된 내일로 해방되기를 열망하는 매우 작은 지구의 유일한 심장이 고동치는 포용에서 그 맥락, 그 치료, 그 오메가, 그 해방을 발견할 것이다.

다문화주의

한편, 상당수에 달하는 세계 인구의 다수에게는 현재 합리성을 넘어설 방법이 필요한 게 아니라 합리성까지 도달할 방법이 필요한 것 같다. 세계의 사회 홀론 대부분은 여전히 혈연과 민족 혈통에 근거한 마술적이면서 서로 상충되는 종족주의나 신화적인 제국 건설에 사로잡혀 있다. 그 예로서 신화-합리적 '세계 종교'로서의 마르크스주의의 잔당, 세계를 '개조하려는(강요하는)' 기독교 및 이슬람 근본주의자들, 세계 규모로 개종시키려는 분노에 찬 신화-종교적 선교사들, 선두에 선 선진국 신화에 근접한 일종의 국가-경제적 제국주의, 이 중 가장 낯선 것으로서 거대한 현대 신화-제국주의 일부 국가들이 혈연과 씨족 혈통 그리고 부도덕한 규모로 일어나는 종족적 무력 충돌에 흠뻑 젖어 있는 종족적 하위 홀론으로 해체되는 양상, 즉 세계의 상당 부분이 부족 상태로 되돌아가는 양상을 들 수 있다.[48]

그러므로 최대 규모로 일어나는 유일한 세계 변용이란, 간단히 말해 전 세계적인 합리성과 다원주의적 아량의 포용, (켄타우로스 비전-논리 도상에 있는) 자아-합리성을 전 세계적으로 포용하는 일이 될 것이다.

'로고스중심주의, 합리중심주의, 유럽중심주의'의 지배와 헤게모니로부터 벗어나서 모든 문화에 대해 보편적 관용을 베풀 것을 주장하는 '다문화주의 운동'은 선한 의도를 가지고 올바른 방향으로 한 걸음 내딛었지만, 자기모순에 빠져 결국에는 위선으로 끝나고 말았다. 그것은 '합리중심주의의 탈피'를 주장할진 모르지만, 사실 문화적 관용은 보편적 다원주의로서의 합리성에 의해 당신 스스로를 마음속에서 타자 입장에 놓은 다음, 설사 동의하지는 않을지언정 당신은 그런 관점을 존중하거나 적어도 감내하려고 결심하는 역량에 의해서만 확보될 수 있다. 합리적 세계 공간의 다원주의로 움직이고 있는 당신은 신화 신봉자의 생각을 용인하겠다고 결심할 순 있지만, 문제는 그들이 당신을 용인하지 않을 것이다. 실제로 역사적으로 볼 때, 그들은 당신의 혼을 구원하기 위해(당신의 구세주가 기독교인이든, 마르크스주의자든, 이슬람교도든, 신도神道 신자든 상관없다.) 당신의 관대한 후미부를 화형에 처하곤 했다.

표현을 달리해서, 다문화주의는 로고스중심이자 합리적인 숭고한 노력으로서, 그것이 감내하고 있는 몇 가지가 합리적이지 않다는 이유로 자신의 입장과 주장이 비합리적이라고 오인하고 있다. 그러나 그 관용은 속속들이 합리적이며 그런 게 당연하다. 합리성은 스스로와 다른 구조를 용인할 수 있는 유일한 구조다.

진정한 다문화주의는 '느낌'이나 '가슴에서 우러나는 것'을 통해 성립될 수는 없는데, 왜냐하면 나의 느낌은 단지 내 것일 뿐 반드시 당신 것이나 그들 것이 아니기 때문이다. 합리적 다원주의 공간에서만이 서로 다른 느낌과 생각, 욕망들이 공정한 게임을 할 수 있고 목소리를 평등하게 낼 수 있다. 다음 단계, 진정으로 무조망-통합(그리고 보편-통합적) 단계에 도달할 수 있는 것은 합리적 다원주의라는 무대를 통해서다.

표현을 달리하면, 다문화주의는 통합-무조망 구조로 이동하려는 숭고한 시도지만, 수많은 탈근대 후기 구조주의자들처럼 그것은 어떤 관점도 최종이 아니라는 사실과, 따라서 모든 관점은 동등하다는 개념을 철저하게 혼동하고 말았다. 그래서 그것은 그런 입장 자체가 실제로 (그리고 마땅히) 더 편협한 관점들을 모두 거부했음을 인지하지 못했다(이는 분명히 모든 조망이 동등하지 않음을 보여 준다).

바꿔 말해서, '다문화주의자'는 "어떤 입장도 궁극의 입장이 아니다."에서 "모든 입장을 똑같이 수용할 수 있다."로 퇴행한 나머지, 정도가 덜한 입장과 작은 범위에 국한된 관점들을 수용할 수 없다는 자신들의 정확한 판단을 파묻어 버리고(부정하고) 말았다. 그들은 무조망 공간을 제대로 일별했지만, 그 후에는 계속 미끄러지는 맥락이라는 홀론의 아득한 성질 속에서 철저히 방향을 잃어버려 맥락이 미끄러져도 아무튼 일부 맥락들이 덜 포괄적인 맥락보다 상대적으로 더 나을 수 있음을 인식하지 못했다.

따라서 모든 것이 상대적이라는 건 더 나은 건 아무것도 없다는 뜻이 아니다. 상대적으로 볼 때, 어떤 것은 진정코 다른 것들보다 언제나 낫다는 뜻이다. 원자나 분자 둘 다 우주의 최종 혹은 궁극의 구성요소가 아니지만, 그럼에도 불구하고 그들이 나타날 때마다 분자가 원자를 언제나 더 깊은 포용으로 그 성분으로서 포함하고 있다(물론 명칭이 다소 잘못된 아인슈타인의 '상대성이론'의 전체 요지는 상대적인 시공간을 넘어 불변의 변환을 발견하려는 것이었다). 시스템은 분명코 상대적이면서 미끄러지지만 안정된 방식으로 미끄러지고 있으며, 이런 상대성 내의 안정성stability-in-relativity으로 인해 실제로 다문화주의자들이 내리는 **올바른 판단이**(즉, 다원주의적 관용이 편협한 마음의 불관용보다 **좋다.**) 허용된다. 그러나 ("모든 판단이 상대적이기 때문에 우리는 판단하지 않는다."라고 오해한) 그들 자신의 이론은 자신들의 실제 입장을 설명할 수 없었다(그들 자신의 이론은 사실상 그들의 실제 입장을 부정하고 있다).

상대적 판단이 한계를 갖는다는 점을 보지 못하고, 그럼으로써 완전히 혼란에 빠져 무조망 공간에서 길을 잃어 버림으로써 그들은 자신의 입장이 갖고 있는 **통합적 부분, 보편-통합적 부분**을 놓치고 말았다. 그 결과, 그들 모두는 고유의 위치가 갖고 있는 통일성을 무너뜨리는 특이한 차이들의 소동 속으로 너무 자주 퇴행했다. 아내가 바람을 피운 사실을 알게 된 중국인에 대한 최근 미국 법정 사례가 있다. 그는 장도리를 들고 아내를 야만스럽게 때려 죽였다. 그는 '다문화주의 방어'라는 명목으로 무죄 선고를 받았다. 중국에서는 그렇게 한다는 것이었다. 어떤 관점도 '더 낫지' 않기 때문에 우리는 문화적 차이를 존중해야만 한다. 무조망 광기가 아닐 수 없다.

왠지 야비해 보이는 '유럽중심주의'에 관해 말해 보면 문화 간에, 즉 어떤 문화는 '좋고' 어떤 문화는 '나쁘며' 어떤 문화는 '높고' 어떤 문화는 '낮다'는 식의 경계선을 긋지 않으며, 그렇게 그어서도 안 된다. 경계선은 오히려 문화 내에 있다. 경계선은 어떤 문화에서든 자아중심에서, 사회중심, 세계중심으로 발달하길 원하고, 마술에서 신화, 이성-지구적으로(처음에는 형식적 합리성으로서 시작하지만 그 후에는 켄타우로스 비전-논리로서 완성된다.) 발달하길 원하는 사람들 간에 존재한다.

자신들만의 편협한 독단을 초월하는 변용을 견디고, 국제적인 인정과 특정한 존재에 대한 서로 간의 존중을 포용할 수 있는 개인들과 사회 시스템에서는 이런 합리성 구조가 대부분 이미 통용되고 있다. 개인이 집단적 신화-멤버십 전체로 침몰한 상태로부터 법으로 확보된 이성적 공간에서 법적으로, 도덕적으로, 정치적으로 자유로운 개인 또는 자아 주체가 출현하는 이런 변용을 러시아와 동구권은(이는 임시변통으로 그 하위 홀론을 잔인한 종족주의 전쟁 속으로 내몰았는데, 단지 이 종족 하위 홀론들이 한때 마르크스주의에 의해 군사적 신화-합리 제국으로서 결속되었다는 이유 때문이었다. 홀론이 해체될 때 퇴행의 길은 구축의 역라인을 따라 진행되는데, 현재 이것은 손쓸 수 없이 퍼져 가는 부족 상태로의 복귀를 의미한다.) 이미 받아들였다.

더욱이 신화-멤버십에서 자아-합리성으로의(그리고 그 위험성) 변용은 이미 중국, 쿠바, 리비아, 이라크, 북한, 세르비아 그리고 신화적 '우월성'을 양보하고 국제법과 상호 인정으로 지배되는 국가들의 공동체에 합류하길 원하는, 지구의식의 자유로운 교환으로부터 분리되거나 분열되지 않길 원하는, 공통의 세계정신과 이성, 소통, 비전의 집단적 공유로 재통합되길 원하는 그 밖의 사회 홀론들에게 이미 개방되어 있다[이는 국민국가, 특히 미국, 일본 그리고 불길하게 출현하고 있는 '유럽 요새'를 열외로 치지 않으며(이들은 여전히 자신들의 특정 이익과 신화-제국적 헤게모니 자취를 따라 초국가적 교환을 왜곡하고 있다.), 특히 공통의 생물권과 관련해서 그들이 세계 공동체 전체와의 합리적이고 공정한 교환을 계속 추구하는 것을 저지하거나 그 책임으로부터 면제시키지 않는다].

그러나 이미 그렇게 했던 사람들, 켄타우로스 비전-논리로서 출현하기 시작하는 사람들, 편협한 이런저런 파벌주의를 초월해서 지구적 자각 편에 선 사람들, 물질권, 생물권, 정신권을 통합하는 켄타우로스 정체성을 확보하려 애쓰고(남녀 모두), 의미, 실존적 의미, 전 세계적 의미를 찾는 사람들, 그런 소수 사람들에게 단순히 지구 규모 관점주의로(즉, 통합-무조망주의) 살아가는 것은 작은 규모의 '인지 잠재력' 고립 집단을 형성하도록 만드는데, 이는 느리지만 확실하게 집단적 세계관에, 그다음에는 사회제도 자체에(좌상상한에서 좌하상한, 우하상한으로) 피드백을 가한다. 일단

266

물질적으로 새겨지고 제도화되면, 그런 제도적 구조는 자동적으로 뒤따라오는 모든 사람을 위한 변용의 속도 조절기 역할을 한다.

정확히 무엇으로 변용되는 걸까? 켄타우로스가 라인의 끝일까? 다른 식으로 표현해서, 150억 년 동안 그토록 웅장하게 난항을 겪으면서 더할 나위 없는 엄청난 경이로움을 낳은 진화가 바로 거기에서 갑자기 멈출 이유를 상상할 수 있겠는가? 앞에 놓인 더 차원 높은 나선이 있진 않을까? 시간의 화살이 보이는 흐릿한 모습이라도 인지할 수 있다면, 까치발로 서서 미래를 향해 뻗어 있는 화살의 포물선을 어렴풋이나마 예견할 수 있지 않을까?

06
마술, 신화 그리고 그 너머

　　도덕군자인 체하는 편협한 인간들과 4분의 3쯤 미친 사람들은 자신들에게 유리하게 자연 법칙이 계속 깨진다고 자만할 수 있다. 온갖 종류의 이기심이 무한대로, 뻔뻔스러울 정도로 강화되는 것을 아무리 경멸해도 지나치지 않다. 그러나 기독교(그리고 어떤 형태든 신화적-직역주의)는 개인적 허영이라는 이 같은 비극적인 감언이설로 말미암아 승리를 거두었다. 거기에 설득당한 사람들은 바로 모든 실패자, 모든 반항아, 인정받지 못한 모든 사람, 인간쓰레기, 인간성을 거부한 사람들이다. '영혼의 구원'을 평범하게 표현하면, "세계는 내 주위를 맴돈다."가 된다.

―프리드리히 니체―

　　지난 장에서 우리는 태고, 마술, 신화, 심리(또는 켄타우로스 비전-논리에 인접한 자아-합리)로 전개되는 인류종 집단 진화의 형식적 단계들을 현 시점까지 훑어보았다. 이 장에서 우리는 오늘날 개인의 발달에서 드러나는 동일한 단계, 기본 홀론들을 살펴볼 것이다. 이것은 또한 개인 및 종 전체에서 미래의 그리고 가능할 법한 상위 발달에 대해서 논의할 수 있는 무대를 마련할 것이다. 내일로 이어지는 시간의 화살이 그리는 포물선을 보려고 전력하는 일은 실로 놀랍다.

전/초 오류

내가 전/초 오류로 명명한 자각의 전이성(또는 전개인) 상태와 초이성(또는 초개인)

상태를 구분하는 글을 쓰기 시작한 이후로 나는 더 상위(또는 더 심층적인) 의식의 실로 영적인 상태들을 포착하는 데 이런 이해가 결정적이라는 점을 그 어느 때보다 확신하게 되었다.

전/초 오류의 본질 자체는 꽤나 단순하다. 전이성 상태와 초이성 상태는 모두 그 고유의 방식으로 비이성적이기 때문에 제대로 배우지 못한 사람들의 눈에는 유사하거나 똑같이 보이기까지 한다. 전과 초를 혼동하면 두 가지 오류 중 하나가 일어난다.

첫 번째로, 초이성적인 모든 상위 상태가 전이성적인 하위 상태로 축소된다. 예를 들어, 진정으로 신비적이거나 정관적인 경험은 나르시시즘, 대양적 비이원adualism, 미분화, 원시적 자폐증마저도 포함하는 유아 상태로 퇴행하거나 역류하는 것으로 간주된다. 이것이 바로, 예컨대 프로이트가 『환상의 미래The Future of an Illusion』에서 취한 길이다.

이런 환원주의 설명에서 보면 합리성은 개인과 집단 발달의 위대하면서도 최종적인 오메가 포인트이자 모든 진화의 최고 수준을 나타내는 징표다. 더 깊거나, 넓거나, 높은 맥락이 존재한다고 생각하지 않는다. 따라서 삶을 이성적으로 살거나 신경증적으로 살아간다(신경증에 대한 프로이트 개념은 기본적으로 합리적 지각의 출현을 무산시키는 온갖 것을 말한다. 거기까지는 맞지만 더 멀리 가진 못했다). 더 상위 맥락이 실재하거나, 실제로 존재한다고 생각하지 않았기 때문에 진정으로 초이성적인 경우가 생기면 그것은 즉각 전이성적 구조로의 **퇴행**으로 설명된다(왜냐하면 이것이 허용된 유일하게 비이성적인 구조이고, 따라서 설명적 가설을 수용할 수 있는 유일한 구조이기 때문이다). 초의식은 하의식으로 축소되고, 초개인은 전개인으로 뭉뚱그려지며, 상위의 출현은 하위에서 침입한 것으로 재해석된다. 모두가 한숨을 돌렸고, 합리적 세계 공간은 근본적으로 흔들리지 않았다("신비주의 진흙탕이 검게 밀려온다!"라는 묘한 말로 프로이트가 융에게 설명했듯이 말이다).

이와는 달리 상위 또는 신비 상태에 공감할지라도 전과 초를 여전히 **혼동**하는 경우, 전이성적인 온갖 상태를 어떤 초이성적 영광으로 **격상시킬** 것이다(예컨대, 유아적인 일차 나르시시즘을 신비적 합일mystico unio 속에 무의식적으로 잠들어 버린 것으로 간주한다.) 융과 그의 추종자들은 이런 길을 종종 따랐으며, 그저 비분리되고 미분화되어 실제로 어떤 통합도 결여된 상태로부터 심도가 깊은 초개인적·영적 상황을 읽어 내도록 강요당했다.

격상주의자 입장에서는 초개인, 초이성의 신비적 합일이 궁극의 오메가 포인트로 보인다. 그리고 자아-합리성은 실로 이런 상위 상태를 부정하는 경향이 있기 때문에 자아-합리성을 인간이 가진 가능성의 하위 지점이자 타락으로서, 죄악, 분리, 소외의 원인으로 상상한다. 합리성을 반오메가 포인트, 소위 엄청난 반그리스도로 볼 경우, 비이성적인 건 모두 위로 휩쓸려 가서 유아적이고 퇴행적이며 전이성적인 내용을 다량 포함해서 신성을 향한 직접적인 통로로 무분별하게 찬미된다. 불쾌하고 회의적인 합리성을 없앨 수 있다면 무엇이든 상관없다. 격상주의자가 내지르는 전투의 함성, "불합리하기 때문에 나는 믿는다."(테르툴리아누스Tertullian)가 있다(온갖 종류의 낭만주의자를 통해 깊숙이 흐르고 있는 수로다).

프로이트는 환원주의자였으며 융은 격상주의자였는데, 이들은 전/초 오류의 양측에 있다. 요컨대, 둘 다 절반만 옳고 절반은 틀렸다. 상당수에 달하는 신경증은 실제로 전이성 상태, 찬미되어서는 안 되는 상태로의 고착/퇴행이다. 이와는 달리 합리성을 초월한(그 아래는 아니다.) 신비 상태가 실제로 존재하며, 그런 상태들을 축소시켜서는 안 된다.

근대의 최근 시기 대부분 그리고 분명히 프로이트(그리고 마르크스와 루트비히 포이에르바하) 이후로 영성에 대한 환원주의 입장이 활개치고 있다. 실제로 아무리 높이 발달했어도 모든 영적 경험은 원시적이며 유아적인 사고 양식에로의 퇴행으로 해석될 뿐이다. 그러나 그 모든 일에 과잉 반응하듯이, 우리는 현재 60년대 이후로 여러 형태의 격상주의자들이 만들어 낸 혼란에 처해 있다(뉴에이지 운동을 그 예로 들 수 있지만 거기에만 국한되지 않는다). 그 기원이 무엇이든 어떤 진정성을 띠든 간에 온갖 종류의 노력이 초이성·영적 영광으로 격상되었는데, 이런 멋진 선전광고를 위한 유일한 자격 조건은 그 노력이 비이성적이라는 점에 있다. 이성적인 건 무엇이나 잘못되었으며, 비이성적인 건 무엇이나 영적이다.

영은 실로 비이성이지만 전이성이 아니라 초이성이다. 그것은 이성을 초월하지만 포함하고 있다. 그것은 퇴행하지 않으며 이성을 배제하지도 않는다. 진화의 특정 단계 모두에서와 마찬가지로 이성은 고유의(그리고 종종 유린하는) 한계, 억압, 왜곡을 갖고 있다. 그러나 우리가 이미 살펴본 바와 같이, 한 수준에서 고유하게 발생한 문제는 발달의 다음 수준에서만 해결된다(또는 '완화된다'). 문제가 무시되는 이전 수준으로 퇴행함으로써 그 문제가 해결되는 게 아니다. 이성의 경이로움과 공포도 마찬가지다. 이성은 엄청나게 새로운 역량과 새로운 해결책을 가져오지만, 반면에 자신만의 특정한 문제들, 더 높으면서 초이성적인 영역에 의해서만 해결되는 문제들을 끌어들인다.1)

격상주의 운동 다수는 안타깝게도 이성을 초월하지 못하고 이성에 못 미치고 있다. 그들은 진리의 산Mountain of Truth을 올라가고 있다고 생각하고, 스스로 그렇다고 선포한다. 그러나 내가 보기에 그들은 넘어지고 떨어져서 빠른 속도로 그 산을 미끄러져 내려가고 있으며, 진화의 비탈길을 통제할 수 없이 미끄러져 내려갈 때 느끼는 신바람 나는 돌진을 '지복을 따라간다'고 부르고 있다. 치명적인 속도로 땅으로 곤두박질치자, 그들은 다가오는 세계 변용을 위한 새로운 패러다임으로서의 출발 지점으로 이 충돌 경로를 대담하게 제안했으며, 고속도로에서 20개 차량이 연쇄 충돌하는 것을 목격할 때 느끼는 것과 똑같은 매력을 느끼면서 충돌을 바라보는 자신들에게 다가오는 사람들에게 유감을 표시한다. 그러고는 우리가 그 특별한 모험에 참여하길 사양하면 슬픈 표정으로 고개를 끄덕인다. 진정으로 영적인 무한한 지복은 그 언덕 아래가 아니라 위에 놓여 있다.

더 깊고 높은 자각의 구조, 초이성구조를 살펴보고 싶을 것이다. 그러나 그 구조를 충분히 이해하기 위해서 우리는 우선 전이성구조를 면밀히 살펴볼 필요가 있으며, 그럼으로써 최소한 뺄셈 과정을 거침으로써 초개인 상태가 어떤 건지 알 수 있을 것이다.

그러므로 태고 및 마술구조에서의 개체 발생에 관한 스토리를 선택해서 그것을 초의식 영역에 대입할 경우, 그것은 우리가 가장 피하려 애쓰는 두 가지 왜곡, 즉 환원주의와 격상주의가 된다.

인지적 진화

이제 우리는 오늘날 세계에 존재하는 개별 인간 홀론의 내면 발달, 지난 장에서 여러 문화적 세계 공간(복합 개체성 때문에 오늘날에도 여전히 이용 가능한 세계 공간 그리고 개체 발달에서와 동일한 순서로 전개되는 공간)에서 역사 및 선사시대에 걸쳐 출현하는 것을 보았던 것과 동일한 기본 홀론들이 넓은 의미에서 재연되는 것을 따라갈 것이다. 셸드레이크의 말처럼, 일단 기본 홀론을 만들고 그것이 제대로 기능한다는 것을 확인할 경우, 자연은 후속 발달에서 동일한 홀론을 그 구성요소로서 계속 사용하는 것 같다(기본 홀론을 **보존하지만** 더 높고도 깊은 형태로 그것을 초월함으로써 그것의 부분성이나 배타성을 **부정한다**).

우리가 동행할 각 내면 발달은 마땅히 20개 원리에 의해 지배되며(그 원리만으로 지배되는 건 아니다.), 따라서 각 발달은 새롭고도 창의적인 창발, 새로운 초월, 새로운 깊이, 새로운 분화/통합, 그 정도가 더 큰 상대적 자율성(독자성과 공동성의 더 큰 역량), 정도가 더 큰 의식, 더 큰 전체적 포용을 포함할 뿐 아니라 새로운 공포, 새로운 불안, 새로운 욕구, 새로운 결핍, 새로운 욕망, 새로이 공유된 세계관에 도덕적으로 새롭게 참여함, 고차원의 새로운 병리와 왜곡이 일어날 지속적인 가능성이 수반된다.

장 피아제의 작업처럼 마음의 발달적 출현의 변천을 매우 상세하게 제시하고 있는 것은 없다. 피아제 체계가 완벽하다고 생각하는 사람은 아무도 없지만, 그럼에도 불구하고 40년이라는 기간에 걸쳐 그와 그의 동료들이 생산한 풍부한 연구와 자료들은 심리학(그리고 철학과 종교)에 실로 위대한 공헌을 했던 몇 안 되는 소수에 속한다.

그러므로 피아제 체계를 모두 지지하진 않지만, 태고에서 마술, 신화, 심리에 이르는 심리발달의 성질을 오늘날의 개체 발생에서 나타나는 모습으로 면밀하게 지적하기 위해서 그의 자료(그리고 일부 그의 결론들)에 의존하고자 한다. 왜냐하면, 예컨대 계통 발생적 과거에 해당하는 '마술-물활론' 시기에 관해서 정당성을 띤 질문이 제기될 경우, 오늘날 발달에서 나타나는 그 구조(그리고 신화적 구조)에 관해서 의심이 훨씬 덜 생길 수 있기 때문이다.

더욱이 피아제의 단순한 연구는 격상주의를 가장 **빠르게** 치유하는 치유책이 되므로 우리의 관심사에서 그만큼 중요하다. 왜냐하면 피아제를 면밀하게 연구하면서 우리가 발견하게 된 사실은, 소위 전조작 마음의 산물은 우리가 간신히 표면을 긁어내서 자기중심성, 인공론artificialism, 목적론, 인간중심주의, 미분화가 떠받치고 있는 전반적인 산물들을 발견할 때까지는 처음에는 매우 전일적이고, 매우 상호 연결적이며, 어떤 의미에서는 매우 '종교적'으로 보이기 때문이다. 그럴 경우, 우리에게는 분명 두 가지 선택이 주어진다. 그런 산물을 '실로 종교적'인 것으로서 지원하거나, 그렇지 않을 경우 진정한 신神을 찾기 위해서 다른 곳을 살펴보는 일이다.

파동과 지류

인지발달에 관한 피아제의 연구 결과들을 약술하기 전에 내가 제시하는 종합적인 심리학 모델에 관해 간단하게 언급하고자 하는데, 인지발달은 여기서 일부만 차지한다. 이 모델은 기본적으로 파동, 지류, 상태, 자기로 구성되어 있다. **파동**waves이란 의식의 기본 수준을 말한다(하의식subconscious, 자의식, 초의식에 걸쳐서 약 12개 정도의 기본 수준이 있다). 나는 의식의 이런 수준들이 유동적 성질을 띠고 있음을, 이들은 (무지개 색깔처럼) 서로 침투하며 중첩하므로 사다리 단처럼 고정되지 않음을 나타내기 위해 이들을 '파동'으로 부른다. **지류**streams란 기본 수준이나 파동을 따라 비교적 독립적으로 발달하는 (인지, 도덕, 심리성psychosexual, 정서, 대인 관계, 영성 같은) 여러 발달 라인을 말한다(그러므로, 예컨대 한 개인은 인지적으로는 꽤나 높은 수준으로 발달했으나 정서적으로는 중간 수준, 도덕적으로는 낮은 수준으로 발달했을 수 있다. 바꿔 말하면, 발달은 결코 선형적으로 일어나는 단계적인 사건이 아니다). **상태**states란, 특히 초개인 영역을 짧고 일시적이지만 종종 강력하게 경험하는 (절정 경험 같은) 변성된 의식 상태를 말한다(그러나 초개인 영역에로의 발달이 그저 스쳐 지나가는 데 머물지 않고 영구적이 되려면 이런 **상태**가 특질로 전환되어야만 한다. 변성 상태가 영구적인 구조가 되어야만 한다). 자기self란 거대한 생명의 강을 따라 자신의 길을 가면서 파동, 지류, 상태를 항해하는 자기시스템self-system을 말한다.

　파동과 지류, 또는 수준과 라인이 사상한 모두에서 작동한다. 이것들은 간단히 말해서 진화의 생물계와 군群, 홀론의 수준과 홀론의 라인이다. 즉, 이것들은 구조적 복잡성의 수준이고, 그런 수준들을 거치면서 이동하는 발달 라인이다. [그림 5-1]에서 수준, 파동 또는 계층을 13개 숫자로 표시하였다(매우 단순화시킨 요약이다). 각 상한은 동일한 기본 수준이나 파동을 공유하지만 자신만의 라인이나 지류를 갖고 있다. 예를 들어, 좌상상한은 정서발달, 에고발달, 인지발달(예컨대, 전조작에서 구체적 조작, 형식적 조작, 후형식에 걸쳐 있다.), 우상상한은 생물학적 성장, 신경생리학적 발달, 행동적 발달, 좌하상한은 문화적 세계관, 가치, 상호 이해, 집단 정체성, 우하상한은 기술경제적 형태, 지정학적 구조, 사회 시스템의 진화 등이다. 각 상한의 여러 라인이 비교적 독립적인 양상으로 전개될 수 있지만 어떤 라인의 어떤 홀론이든 다른 모든 상한에서 동일한 수준의 상호 관련된 요인을 갖고 있다는 게 요점이다('동일 수준의 관계'). 물론 어떤 상한에서든 발달의 각 수준은 20개 원리를 따른다.

　지금까지 (매우 일반적인 개요 형태로) 우리가 다룬 것은 ([그림 5-1]이 나타내는 바와 같이) 오늘날에 이르기까지 사상한 모두에서 일어난 계통 발생적인 진화이며, 어떤 부류의 홀론이든 그 홀론의 진화적 역사로서 광의의 의미로 '계통 발생'이라는 용어를 사용하였다. 인간 홀론에 초점을 두면서 우리는 (태고에서 마술, 신화, 합리, 비전-논리까지) 문화적 세계관의 계통 발생 진화도 검토했는데, 이는 좌하상한의 한 가지 발달일(그러나 매우 중요한 라인) 뿐이다(우리는 수렵채집에서 원예농업, 농업, 산업, 지식에 이르는 기술경제적 지류 같은 우하상한의 몇 가지 발달 라인들도 다루었다). 이 장에서 우리는 오늘날의 개인에서 나타나는 인지발달 라인의 발달을 검토할 텐데, 이는 좌상상한의 한 가지 발달 라인(그러나 매우 중요한 라인)에 불과하다. 우리는 이런 라인들이 서로 관련이 있다(미시와 거시 수준 모두에서 개체 발생, 계통 발생적으로 유사한 홀론들이 '재사용된다'.)는 점을 이미 살펴보았으며, 이제 우리는 오늘날의 개체 발생 발달에서 이런 현상이 나타나고 있는 증거를 풍부하게 볼 것이다.

　마지막으로, 피아제의 연구 자체에 관해서 한마디 언급해 보자. 최근 들어 피아제의 작업을 전적으로 기각하는 게 유행하고 있으며 정치적으로도 정당해졌다(그 것은 '위계적이고' '융통성 없이 선형적이며' '가부장적이다' 등). 피아제 전체 체계에는 몇 가지 약점이 있는 게 맞지만 이런 약점들이 비판받을 이유는 아니다. 반면에 그것 을 기각하는 이유 자체는 보통 지지받지 못하고 있다. 대부분의 학자가 현재 동의하 고 있는 피아제 체계의 주된 약점은 (논리-수학적 역량으로 생각되는) 인지발달이 발 달의 주된 축이며 여타의 모든 인지발달 영역은 부차적이라는 피아제의 제안에 있 다. 달리 표현해서 피아제는 인지 지류를 유일하게 주된 지류로 만들었으며, 그것이 함의하는 바는 다른 모든 지류가 그 한 가지에 포함된다는 것인데, 이와는 달리 여 러 발달 지류는 비교적 독립적인 방식으로 전개될 수 있다는(그래서 한 개인은 인지발 달에서는 그 수준이 높지만, 다른 라인에서는 중간 수준에, 다른 라인에서는 낮은 수준에 머 물 수 있다.) 증거가 현재 충분히 존재한다. 예를 들어, 내 모델에서 인지 라인은 약 24개 발달 라인 중 한 라인일 뿐으로 어떤 라인도 탁월성을 주장할 수 없다[이 장에 서 우리는 진화적 홀론의 도식적인 예로서 인지 라인만 검토할 것이다. 따라서 우리는 전체 적인 또는 통합적인 심리학을 제시하지는 않겠다(이를 위해서는 『전집』 4권인 『통합심리학 Integral Psychology』을 보라)].

그러나 인지 라인 자체만 보면 피아제의 작업은 여전히 아주 인상적이다. 게다 가 거의 30년에 걸친 집중적인 범문화적 연구가 진행된 후에 쌓인 증거는 거의 만 장일치 수준이다. 형식적 조작까지 피아제의 단계들은 보편적이고 범문화적이다. 유일한 예로서 『문화에 걸친 삶—범문화적인 인간발달Lives Across Cultures-Cross-Cultural Human Development』은 자유주의적이라고 공공연히 선언한 관점에서(이는 종종 '보편적 인' 단계를 의심의 눈초리로 본다.) 저술된 매우 존경받는 교과서다. 저자들(가디너, 머 터, 커린 코스미츠키)은 피아제의 감각운동, 전조작, 구체적 조작, 형식적 조작 단계 들의 증거를 신중하게 개관하였다. 그들은 문화 환경이 때로는 발달의 속도나 발달 의 어떤 측면에 대한 강조에 변화를 주지만, 단계 자체나 단계가 갖고 있는 범문화적 타당성은 그대로 유지된다는 사실을 발견하였다.

따라서 감각운동에 대해 언급하면 "사실상 감각운동 발달의 질적 특성은 문화 환 경이 엄청나게 다름에도 불구하고 지금까지 연구한 모든 유아에게 거의 동일하게 유지된다"(88쪽). 나이지리아인, 알제리인, 네팔인, 아시아인, 세네갈인, 아마존 인디언, 오스트레일리아 원주민을 포함한 방대한 수의 연구에 근거해서 볼 때, 전조작과 구체적 조작에 대해 "이런 엄청난 양의 범문화적 자료로부터 우리가 내릴 수 있는 결론은 무엇일까? 첫째, 전조작기에 놓여 있는 구조나 조작은 고도의 설득력을 갖는다는 것이다. 둘째, 구체적 조작 발달의 질적 특성(예컨대, 단계 순서와 추론 스타일)은 보편적으로 보인다. (그러나) 인지발달 속도는… 균일하지 않고 경제문화 요인에 의존한다."라고 했다. 저자들은 정확히 이렇게 표현하진 않았지만, 그들은 발달의 심층구조는 보편적이지만 표층구조는 문화, 환경, 생태 요인에 강하게 의존한다고 결론지었다. 바꿔 말해서, 개인발달에서 사상한은 모두 깊이 연루되어 있다. "마지막으로, 어린이들이 피아제의 구체적 조작기를 통해 변화하는 수행의 속도와 수준은 문화적 경험에(실제로 사상한 모두) 의존하지만 다양한 사회에 속한 어린이들은 여전히 그가 예언한 것과 동일한 순서로 나아가는 것 같다"(91-92쪽).

어떤 문화든(미국인, 아시아인, 아프리카인이나 그 외 다른 나라 사람들) 형식적 조작인지에 도달한 사람들은 거의 없는데, 그 이유 또한 다양하다. 내가 믿는 것처럼 형식적 조작은 실로 높은 단계라서 도달할 수 있는 사람이 거의 없을 수 있다(깊이가 깊을수록 폭은 좁아진다). 형식적 조작은 진정한 역량이지만 저자들이 믿는 바대로 진정한 단계는 아닐 수 있다(즉, 일부 문화만 형식적 조작을 강조하고, 그러므로 그것을 가르친다). 그러므로 피아제가 말한 형식적 단계의 존재에 대한 증거는 강력하지만 결정적이지 않다. 정치적 편견이 없는 올바른 사람들은 이 한 가지 사항을 이용해서 피아제의 모든 단계를 일축했지만, 형식적 조작까지 모든 단계는 현재 보편적이며 범문화적임을 제대로 입증하고 있다는 것이 막대한 양의 증거가 뒷받침하고 있는 올바른 결론이다.

이제 우리는 이 보편 단계들의 윤곽을 살펴볼 수 있다. 나는 형식적 조작과 그 너머 단계들(비전-논리와 초이성 단계 일반이 포함된다.)이 보편적임을 믿지만, 어떤 의미에서는 형식적 조작에 이르는 단계들은 가장 많은 시빗거리이자 논란거리였는데, 왜냐하면 태고, 마술, 신화 단계는 그들이 갖고 있는 '영적' 가치와 관련해서 가장 집중적으로 논란을 일으킨 단계들이기 때문이다. 이 단계들은 범문화적 증거가

일관되게 들먹이는 피아제가 연구한 바로 그 단계들임을 인식함으로써, 우리는 그
것들을 더 정확한 시각에서 볼 수 있다는 게 내 생각이다.

이미 제시한 바와 같이 피아제는 네 개의 광범위한 단계, 즉 감각운동(0~2세), 전
조작(2~7세), 구체적 조작(7~11세), 형식적 조작(11세 이후)으로 인지발달을 구분하
였다.[2] 그는 이 광범위한 단계를 각각 몇 개의 하위 단계로 나누었다. 우리는 이 단
계들을 한 번에 한 가지씩 검토하면서 다른 주요 연구자들과의 상관관계 몇 가지를
간단하게 살펴볼 것이다.

개체 발생과 계통 발생, 미시와 거시 간의 수많은 상관관계들을 바라보면서 자연
이 일단 하나의 홀론을 창조하면 그것을 반복해서 사용한다는 사실에 경탄을 금하
지 않을 수 없다. 온우주는 창조적으로 하나의 홀론을 생산하며(원리 2c: 자기초월),
그 결과로 그 홀론은 강력한 선택적 압력하에 놓인다(즉, 그것은 사상한 모두와 맞아야만
한다). 왜냐하면 그것이 선택되는 한(사상한 모두와 맞는 한), 계속해서 스스로 존재하
고 더 상위 초홀론이 이를 차지해서 자신 안에 포함시키는데, 그것은 여기서 계속
비교적 독립적인 하위 홀론으로 살아간다.

이 모든 것에는 실로 경외감을 불러일으키는 온우주 경제학이 존재한다. 수십억
년 전에 존재했던 수십억 마일 길이로 뻗어 있는 멀리 떨어진 은하계에 있던 최초
원자가 지금 이 모든 내용을 읽으면서 앉아 있는 당신 자신의 몸의 재료, 실제 하위
홀론이 될 줄 누가 상상이나 했겠는가?

감각운동(태고와 태고-마술)

인간은 임신되었을 당시 단세포 홀론으로서, 세포 소기관, 분자, 원자, 아원자 입
자, 더 거슬러 내려가서 그 어두운 그림자, 희미해져 진화의 밤 속으로 사라져 가는
그림자까지도 자신 안에 하위 홀론으로 포용하고 있다.

출생쯤 되면 인간은 원형질의 자극 감수성으로부터 감각, 지각, 충동, 원형-정서
로 발달하는데, 이들 각각을 고유의 복합 개체성 안에 연속적인 홀론으로서 감싸 안

고 있다. 그러나 어떤 기능도 아직은 뚜렷하게 분화되지(또는 통합되지) 않았으며, 삶의 첫 몇 년은 내면적으로나 외면적으로 물질권 및 생물권과 재빠르게 교감하면서 2세경 언어의 출현과 함께 본격적으로 시작되는 정신권의 출현을 준비한다.

그러므로 피아제는, 예컨대 생애 첫 일 년에 대해 언급하면서, "여기서 자기는 소위 물질적이다."라고 말하였다. 즉, 자기는 여전히 일차적으로는 물질권에 매몰되어 있다. 우선 유아는 주체와 객체, 또는 자기와 물질 환경을 쉽게 구분할 수 없고, 대신에 '일차 나르시시즘'(프로이트), '대양적 비이원'(아리티), '플레로마식 융합'(융), 또는 일차적인 '미분화'(피아제) 상태에서 살아간다. 유아의 자기와 물질 환경(그리고 특히 엄마)은 원초적인 미분화나 비분리 상태에 있다. 심리성적 측면에서 보면 이는 '구강기'인데, 유아는 음식, 물질적 자양분, 물질권에서의 이런 삶을 받아들이려 애쓰기 때문이다.

4개월에서 9개월 사이쯤 이런 태고의 비분리는 물질 환경으로부터 분화된 물질적 신체자기bodyself로 대체된다. 개별화된 물질적 자기가 '진짜 탄생'하는 것이다. 마거릿 말러Margaret Mahler는 이것을 실제로 '부화hatching'로 불렀다. 엄지손가락을 깨물면 아프지만 담요를 깨물면 아프지 않다. 유아는 물질적 자기와 물질적 타자 간에 차이가 있음을 배운다.

이를 달리 표현하면, 이 첫 번째 주된 분화와 더불어 의식은 물질체physical body에 자리를 잡고, 사회 홀론이라는 물질권(유아의 환경)이 아니라 개체 홀론이라는 물질권에 뿌리를 내린다는 뜻이다. 컨버그Kernberg에서 말러에 이르기까지 수많은 연구자는 생리/유전적 요인이나 반복된 트라우마 때문에 의식이 물질적 자기에 안착하지 못하면 이런 저런 정신병을 초래한다고 결론지었다.[4] 정신병 요인은 많지만(아마도 더 상위 차원으로부터의 유입도 포함될 것이다.), 확실히 환경과 뚜렷하게 분화된 현실에 기반을 둔 물질적 자기를 확립하지 못하는 것을 포함하고 있다. R. D. 레잉Laing의 말처럼 정신병자는 끊임없이 "신체로부터 달아난다". 그나 그녀는 신체가 어디에서 끝나고 의자가 시작되는지 쉽사리 구분하지 못하고, 경계가 환각적으로 희미해짐으로써 융합과 혼동 상태에서 주체와 객체가 무너진다. 정신병자는 물질권을 분화하고 통합하는 데 실패했다고 말할 수 있다.

모든 일이 비교적 잘 진행되면, 유아는 이런 태고의 융합 상태를 초월해서 현실에
기반을 둔 물질적 자기로서 출현하거나 부화한다.

따라서 감각운동기(0~2세)는 주로 물질적 자기를 물질 환경으로부터 분화하는 것
과 관련 있으며, 2세 말쯤 되면 피아제가 물질적인 '대상 항상성'으로 부른 것, 물질
적 대상은 그나 그녀와는 별개로 존재한다는(즉, 물질계는 그것에 관한 개인의 자기중
심적 소망과는 별개로 존재한다.) 점을 이해하는 유아의 역량이 결과적으로 생긴다.

따라서 일차 비분리라는(피아제 또한 이것을 '원형질protoplasmic'로 불렀다.) 초기 상태에
서 벗어나 물질적 자기와 물질적 타자가 출현한다.

> 내적 세계가 존재하면서 외부와 대비되는 것은 점진적인 분화를 통해서다. 처
> 음에는 둘 중 어떤 것도 주어져 있지 않았다…….
>
> 그 결과, 초기 원형질 현실로부터 객관적이고 주관적인 현실로 점진적으로 천
> 천히 분화되는 동안에 분화 과정에 있는 두 용어(내부와 외부, 좌상한과 우상한)
> 가 그 고유한 구조에 맞추어 진화할 것이다…….
>
> 이런 현상은 매우 일반적이다. 초기 단계 동안 (물질)세계와 자기는 하나였다.
> 그중 어떤 것도 나머지와 구분되지 않았다. 그러나 이 둘이 뚜렷이 달라지면 이
> 두 용어는 서로 매우 가까워진다. 세계에는 여전히 의식이 있으며, 의도로 가득
> 차 있고, 자기는 여전히 소위 물질적이라서 약간만 내면화되었다. 매 단계마다 자
> 연에 대한 개념에는 우리가 '집착adherence'으로 부를 수 있는, 여전히 외부 세계에
> 매달려 있는 내적 경험의 파편이 남아 있다.[5]

감각운동기 말기쯤 되면 물질적 자기와 물질적 타자는 뚜렷이 분화되지만, 전조
작기와 더불어 마음이 출현하기 시작함에 따라 심적 심상과 상징 자체는 처음에는 외부 세
계와 혼융되고 혼동되어 있어 피아제가 '집착'으로 부른 것으로 이어지며, 부적절하면
서 호도하기 때문에 어린이는 결국 이를 거부한다.

우리는 이런 식으로 정의되는 (몇 가지) 다양한 집착을 구분 지었다. 우선 아

주 초기 단계에서 나타나는 마술적 신념을 때때로 수반하는 참여의 느낌feelings of participation이 있다. 해와 달은 우리를 따라오며, 걷는 것만으로도 우리는 충분히 그 것들을 움직이게 만든다. 바람, 구름, 밤 등과 같은 사물은 우리를 인식하며 우리 에게 복종한다. 달, 가로등 같은 것들은 '우리를 귀찮게 하기 위해' 꿈을 보낸다는 식이다. 간단히 말해서, 세계는 우리 자신에게 (집중되어 있는) 경향성과 의도로 가득 차 있다.

선행하는 집착과 긴밀히 협력하고 있는 두 번째 형태의 집착은 물활론으로 구 성되어, 어린이로 하여금 사물에 (오로지 어린이를 향하는) 의식과 생명을 부여하 도록 만든다. … 이런 마술-물활론적 질서에서 보면 한편에서 우리는 사물에 명 령을 내릴 수 있고(해, 달, 구름, 하늘이 우리를 따라온다.), 다른 한편에서 이 사 물은 우리의 욕망에 순순히 따르는데, 왜냐하면 그들 스스로가 그러길 원하기 때 문이다.6)

세 번째 형태는 인위주의artificialism(인간중심주의)다. 어린이는 고유의 '나'라는 측면에서 사물에 대해 사고하기 시작한다. 주변 사물들은 인간을 인식하고 있으 며 인간을 위해 만들어졌다. 그 주변 사물과 관련된 모든 게 의지로 만들어졌으며 의도적이다. 모든 것은 인간의 이익을 위해 구성되었다. 사물이 어떻게 시작되었 는지 어린아이에게 묻거나 그들 스스로 물으면 어린아이는 그것들을 설명하기 위 해 인간에게 의지한다. 따라서 인위주의는 참여의 느낌에 근거하고 있으며, 이는 아주 특별하면서도 중요한 부류의 집착을 만든다.7)

우리가 앞으로 보겠지만, 피아제는 집착의 주된 특징이면서 여러 면에서 집착을 정의하는 특징은 자아중심성egocentrism 또는 자기 고유의 관점을 초월할 뿐 아니라 실재란 자기를 중심으로 돌아가지 않는다는 점을 이해하는 능력의 부족으로, 이는 생애 초기에 처음 등장한다고 믿었다. 그러므로 발달은 자아중심성에서 조망주의 로, 사실주의에서 상호주의와 상호 의존으로, 절대주의에서 상대성으로 서서히 진 행된다.

이런 공식이 의미하는 바는 어린이는 자신만의 관점을 절대적으로 간주한 후에 다른 관점의 가능성을 발견하고, 더 이상 직접 주어진 게 아닌 함께 고려되는 모든 관점의 공통점으로 구성된 실재를 생각하게 된다는 것이다.

이런 과정의 첫 번째 측면 한 가지는 지각으로 구성된 사실주의로부터 진정한 의미 해석으로의 변화다. 어린아이들은 모두 직접적인 지각을 진실하다고 본 후에 그것들을 자기중심적 관계에 따라 해석하는 쪽으로 나아간다. 자신을 따라온다고 아이들이 믿는 구름과 천체의 예를 가장 두드러진 예로 들 수 있다. 해와 달은 지붕에서 조금 떨어져서 이동하고 있는 작은 구체로서, 걸을 때 우리를 따라온다. 6~8세 아이조차도 이런 지각을 진실의 표현으로 삼는 데 주저함이 없으며, 신기하게도 이런 천체들이 다른 사람들도 따라가는지 여부를 스스로에게 묻는 것에 대해서는 생각도 못한다. 서로 반대 방향으로 걸어가고 있는 두 사람 중 해가 따라가고 싶어 하는 사람이 누군지 같은 까다로운 질문을 던지면, 아이는 깜짝 놀라서 그런 질문이 자신에게 얼마나 새로운지 분명히 보여 준다. 반면에 (나이가 더 든 아이들은) 해가 모든 사람을 따라간다는 사실을 발견한다. 이로부터 그들은 **관점의 호환 관계** 속에 진실이 있다는 결론을 내린다. 즉, 해는 매우 높이 있으며 아무도 따라가지 않는다······8)

피아제는 내적 세계와 외적 세계의 분화/통합 과정은 길고도 느린 과정임을 올바로 보여 주려고 많은 공을 들였다. 예를 들어, 마술-물활론적 신념은 한 단계에 나타났다가 다음 단계에서 완전히 사라지는 게 아니다. '순전히 마술적인 자폐증'에서 심적 자아중심성, 상호 간의 공유로 이동하면서 발달이 진행됨에 따라 '마술적'으로 불리는 인지가 점차 사라지는 것이다. 매우 중요한 절에서 피아제는 사태의 핵심을 찌르고 있다.

객관적 세계가 구축되고 엄격한 추론이 정교화되는 것은 관점의 상호성을··· 선호하면서 **자아중심성**이 점차 **감소**하는 데 달려 있다. 두 경우 모두 최초 상태의 특징은 자기가 외부 세계 및 다른 사람과 혼동되어 있다는 사실에 있다. 세계에 대한 비전은 주관적인 집착으로 인해 왜곡되고, 타인에 대한 비전은 개인적인 관점이 모든 다른 관점을 거의 배제할 정도로 우세해진다는 사실로 인해 왜곡된다. 따라서 양쪽의 경우, 진실은 자아로 인해 모호해진다.

그렇게 되면 어린이가 다른 사람들이 자신처럼 생각하지 않는다는 것을 발견함에 따라 그는 스스로를 다른 사람에게 맞추려고 노력하고, 토론과 논쟁을 의미하는 통제와 입증의 긴박한 필요성에 고개를 숙이며, 따라서 자기중심적 논리를 사회생활이 창조한 논리로 대체한다. 현실이라는 관념과 관련해서도 정확히 동일한 과정이 일어난다는 것을 우리는 보았다.

그러므로 자기중심적 논리(좌상한)와 자기중심적 존재론(우상한)이 존재하며, 이들의 결과는 평행선을 달린다. 둘 다 관계와 사물의 관점을 왜곡하는데, 왜냐하면 이 두 가지는 다른 사람들이 우리를 이해하며 처음부터 우리와 의견을 같이한다는 가정과, 사물은 우리에게 봉사하고 우리와 닮고자 하는 유일한 목적을 갖고 주변을 순환한다는 가정에서 출발하기 때문이다.[9]

용어에 관해 한마디 언급해 보자. 피아제는 주요 인지 단계 각각을 적어도 두 개의 하위 단계로 구분했으며(초기 전조작과 후기 전조작, 초기 구체적 조작과 후기 구체적 조작, 초기 형식적 조작과 후기 형식적 조작), 나는 이 점에 있어서 일반적으로 피아제를 따라간다. 우리는 또한 태고, 마술, 신화, 심리라는 겝서의 일반적인 세계관 용어를 (이들은 본질적으로 유사한 단계들을 지칭하고 있음을 분명하게 암시하면서) 사용하고 있기 때문에, 나는 종종 피아제의 하위 단계와 조화를 이루기 위해 겝서의 용어를 혼합해서 사용함으로써 태고, 태고-마술, 마술, 마술-신화, 신화, 신화-합리, 합리, 합리-실존이라는(그리고 비전-논리, 심령 등) 연속체를 갖게 되었다. 물론 이런 특정 명칭들은 인위적인 명칭이다. 그러나 그들이 지칭하는 실제 단계들은 광범위한 실증/현상학적 연구에 바탕을 두고 있다. 나 또한 이런 (마술, 신화-합리 등) 명칭들이 각각의 단계와 하위 단계가 갖고 있는 본질적인 '분위기'를 포착하는 데 도움을 줄 것으로 믿고 있다.

감각운동기와 전조작기(태고와 태고-마술: 대략 0~3세)에서 나타나는 비분리와 '집착'의 우세성은 피아제로 하여금 이 일반적인 초기 시기를 종종 '마술적 인지' 또는 '마술 자체'로 지칭하도록 유도하였다. 그는 다음과 같이 설명했다.

최초의 (일반) 단계는 자기에 대한 어떤 분명한 의식에 선행하는 단계 그리고 2~3세까지 지속된다고, 즉 어떤 면에서는 외부 세계에서 처음으로 저항을 자각하는 것을 상징하는 '왜'가 최초로 나타날 때까지 지속된다고 임의로 정할 수 있는 단계다.

우리가 추론할 수 있는 한에서는 두 가지 현상이 이 첫 번째 단계의(태고-마술 전반) 특징이 된다. (내적) 관점에서 보면 그것은 순수한 **자폐증**이거나 꿈이나 백일몽과 유사한 사고, 진실이 욕망과 혼동되는 사고다. 일종의 가짜 환상이나 유희 덕분에 모든 욕망에 부합해서 이런 욕망을 현실로 변형시키는 심상이나 환상이 즉각 떠오른다. 객관적인 관찰이나 추론이 불가능하다. 주체의 쾌락에 맞추어 지각을 변형시키고 상황을 창조하는 유희가 빈번히 지속된다(이것은 노먼 O. 브라운Norman O. Brown 같은 낭만주의자들이 '영적인 비이원non-dual' 상태로 종종 칭송하고 '격상시켰던' 단계지만, 이미 살펴본 바와 같이 실제로는 매우 자아중심적이고 자기애적인 상태, 초이성이 아닌 전이성 상태다). 존재론적 관점에서 보면 이런 식의 사고에 부합되는 것은 아마도 *마술* 자체, 어떤 욕망이든 대상에 영향을 미칠 수 있다는 신념, 외부 대상에 복종한다는 신념을 함의하는 형태의 초기 **심리적 인과율**psychological causality이다(그가 이탤릭체로 표시한 마술을 나는 태고-마술로 칭했다). 마술과 자폐증은 그러므로 동일한 현상, 즉 자기와 세상 간의 혼동이 안고 있는 서로 다른 두 측면이다…….10)

전조작(마술과 마술-신화)

모든 것이 비교적 잘 진행되면 유아는 초기에 나타나는 태고의 융합을 초월해서 현실에 뿌리내린 물질적 자기로서 출현하거나 부화한다. 그러나 유아의 물질체는 이제 환경으로부터 분리되지만 유아의 정서체는 그렇지 못하다. 유아의 정서적 자기는 여전히 다른 정서적 대상, 특히 보살펴 주는 대상으로부터 분리되지 못한 상태로 존재한다. 그러나 18개월쯤이면 유아는 자신의 느낌을 타인의 느낌과 구분하는 법을 배운다(이것이 두 번째로 일어나는 주된 분화 또는 '두 번째 분기점'이다). 유아 자신의 생물권은 유아 주변 사람들의 생물권으로부터 분화되었다. 달리 말해서, 유아는 비분화된 생물권에 매몰된 상태를 초월했다. 다시 한번 말하지만, 모든 홀론과 마찬가지로 유아는 자기보존과 자기적응뿐 아니라 자기초월을 위한 역량을 드러낸다.

말러는 이 결정적인 변용(두 번째 분기점)을 '분리-개별화 단계' 또는 안정된 정서적 자기의 분화 및 통합differentiation-and-integration으로 지칭하였다(반면에 우리가 이미 보았듯이 이전 분기점은 물질적 자기의 분화/통합이었다). 실제로 말러는 이 분기점을 '유아의 심리적 탄생'으로 불렀는데, 엄마라는 타자와의 정서적 융합으로부터 유아가 출현하기 때문이다.

(말러, 컨버그 및 그 외의 연구자들에 따르면) 이런 결정적인 분기점에서의 발달 실패는 자기애적 병리와 경계선 병리를 초래하는데, 왜냐하면 유아가 자신의 느낌을 주변 사람들의 느낌과 분화와 구분하지 못하면, 한편에서는 정서적 환경이 '밀려들고' '휩쓸리는 데' 취약하거나(경계선 증후들) 세계 전체를 자신이 가진 느낌의 단순한 연장으로 취급할 수 있기(자기애적 조건) 때문이다. 두 가지는 모두 미분화된 생물권에 매몰된 상태를 초월하지 못하는 데에서 온다. 이전 정신병이 물질권과 혼합되거나 물질권에 갇혀 있듯이, 개인은 생물권과 비분리 또는 '융합된' 상태에 머물면서 거기에서 꼼짝도 못한다.

모든 것이 비교적 잘 진행되어 3세쯤 되면, 어린아이는 안정되면서 일관된 물질적 자기와 정서적 자기를 갖는다. 유아는 자신의 물질권과 생물권을 분화하고 통합하며, 초월하고 보존한다. 이때쯤이면 언어가 출현하기 시작해서 정신권이 본격적으로 발달하기 시작한다.

그러므로 정서적 자기와 정서적 타자의 구분과 더불어 초기 태고-마술의 강도가 줄어든다(24~36개월). 그러나 피아제에 따르면 마술적 인지는 초기 전조작기 전체(2~4세), 내가 단순히 '마술'로 부르는 시기를 계속해서 지배한다.

표현을 달리 하면, 정신권의 최초 층은 마술적이다. 이 시기 동안 새롭게 출현한 심상과 상징은 대상을 단순히 표상하지 않는다. 이들은 스스로가 표상하고 있는 사물의 구체적인 일부로 생각된다. 따라서 '마법의 단어word magic'가 아주 많아진다.

4~5세까지는(어린이는) 자신이 달을 움직일 수 있게 '힘쓰거나' 강요할 수 있다고 생각한다. 관계는 역동적 참여나 마술의 한 측면을 띤다. 4세에서 5세까지는 달이 자신을 따라오려 한다고 생각하는 경향이 강하며, 관계는 물활론적이다.

이런 참여와 매우 유사한 것으로는 여러 면에서 단순한 참여가 마술로 되는 마술적 인과율이 있다. 주체는 자신의 몸짓, 생각이나 그가 다루는 대상들이 효험으로 가득 차 있다고 생각하는데, 그런 몸짓과 자신의 주변 사물들 간에 자신이 확립한 바로 그 참여 덕분에 그렇다('집착'). 따라서 어떤 단어는 어떤 사물에 작용하며, 어떤 몸짓은 어떤 위험으로부터 보호해 줄 것이며, 하얀색 공깃돌은 백합이 자라도록 할 것이다 등등…….11)

피아제는 그런 마술적 인지를 특정 형태의 '참여'로 언급했는데, 즉 주체와 객체 그리고 다양한 대상이 특정 유형의 집착이나 느낌을 통한 연결, 그러나 실제 대상을 이루는 관계들로 짜인 풍성한 피륙을 더럽히는 연결을 통해 '결합되어 있다'고 말했다.

이것은 환치와 압축이라는 두 가지 일반 법칙의 지배를 받는, 프로이트가 일차 과정으로 언급한 것과 상당히 닮았다. 환치의 경우, 서로 다른 두 대상은 유사한 부분이나 술어를 공유한다는 이유로 동일하게 취급되거나 '연결'된다(유사성 관계: 아시아인 한 사람이 나쁘면 아시아인 모두가 나쁨에 틀림없다). 압축의 경우, 서로 다른 대상이 동일한 공간에 존재한다는 이유로 서로 관계를 가진다(근접성 관계: 위대한 전사의 머리채는 그 전사의 힘을 압축의 형태로 '담고' 있다).

(이것을 범주화시키는 또 다른 방식이 있다. 각 홀론은 공동성 내의 독자성이다. 환치는 유사한 독자성을 공유한다는 이유로 서로 다른 홀론들을 혼동한다. 압축은 유사한 공동성을 공유한다는 이유로 서로 다른 홀론들을 혼동한다. 전자는 은유이고, 후자는 환유다. 이로써 흥미로운 상관관계가 다수 발생하는데, 여기에 대해서는 주석에서 다룰 것이다.)12)

단순하게 표현하면, 그런 일차 과정이나 마술적 인지는 아직 **홀론** 개념을 포착할 수 있는 역량을 갖추지 못했다. 그것은 전체와 부분을 상호 관련성의 풍성한 그물망 속에 두지 못하고 다양한 전체와 부분을 단순히 뭉뚱그리거나 혼동함으로써 그 과정을 줄여 버렸다. 피아제가 제설혼합주의syncretism와 병치juxtaposition로 부른 것이다 (유사성과 근접성이 다시 등장한다). 그럴 경우, 마술적 인지란 서로 관련된 전체와 부분이 아니라 융합되고 혼동된 전체와 부분의 성질을 띤다. '어형이 융합된 전체'들의 '융합된 그물망'은 매우 전일적으로(또는 '홀로그래픽하게') 보이지만, 실제로는 매우 일관성이 없으면서 이미 활용 가능한 감각운동 증거에도 들어맞지 않는다.

(이런) 유형의 관계가 **참여**다. 이런 유형은 처음보다는 더 빈번하게 나타나지만 5~6세 이후에는 사라져 버린다. 그 원리는 다음과 같다. 비슷함이나(유사성: 은유) 일반적인 친근성(근접성: 환유) 관계에 있는 두 사물은 멀리 떨어져 있어도 서로에게 작용할 수 있는, 더 정확하게 말해서 하나를 유출의 원천으로 나머지를 첫 번째 유출물로 생각하도록 만드는 공통점이 있다고 생각한다. 그러므로 방에 있는 공기나 그림자는 문 밖에 있는 공기나 그림자로부터 유출된 것이다. 따라서 꿈 또한 '바람을 좋아하는' 새가 우리에게 보낸 것이다.

(어린아이는) 실로 우리처럼 책의 그림자와 나무, 집 등의 그림자의 유사성을 느끼는 것부터 시작한다. 그러나 이런 식의 유추는 어린아이를 모든 (상호) 관계로 이끌지 못한다. 단지 특정 사례들을 서로 동일시하도록 이끌 뿐이다. 그러므로 여기서 우리는 유추가 아닌 어형 융합을 보게 된다. 어린아이는 이렇게 주장한다. "이 책은 그림자를 만들어요. 나무, 집 등도 그림자를 만들고요. (그러므로) 책의 그림자는 나무와 집에서 **나왔어요**." 따라서 원인이나 대상구조의 관점에서 볼 때 참여, 단일한 용어들이 결합되는 데에서 발생하는 어형 융합적 도식syncretistic schemas이 발생한다······.13)

마술에서 신화로의 전환

전조작 초기(2~4세: 마술)에서 전조작 후기(4~7세: 마술-신화)로 이동함에 따라 유사한 형태의 집착이 계속 의식을 지배한다. 그러나 한 가지 결정적인 차이점이 전면에 등장한다. 본래의 마술, 즉 주체가 마술적으로 대상을 변화시킬 수 있다는 믿음은 빠르게 줄어든다. 세계와의 지속적인 상호 작용으로 말미암아 주체는 그 또는 그녀의 사고가 세계를 자아중심적으로 통제하거나 창조하거나 지배할 수 없다는 사실을 깨닫는다. '숨겨진 연결 관계'가 현실에서는 유지되지 않는다.

따라서 마술 자체가 감소하거나 개별 주체의 전능한 마술, 즉 더 이상 '효력을 발휘하지' 않는 마술이 그저 다른 주체에게로 전이된다. 나는 주변 세계에 명령을 내릴 수 없지만 아빠(또는 신 또는 화산의 영혼)는 그럴 수 있을 것이다.

그러므로 백 명의 신과 여신들이 느닷없이 무대에 등장하는데, 이들은 모두 내가 할 수 없는 것들을 할 수 있으며, 내 소원을 충족시키기 위해 기적적으로 자연의 패턴을 바꿀 수 있다. 초기 마술 단계에서 우주의 비밀은 세상을 직접 변화시킬 올바른 마법적 언어를 배우는 데 있다면, 이제 초점은 신과 여신들이 개입해서 나를 위해 세상을 바꾸어 줄 올바른 의식과 기도를 배우는 데 있다. 피아제는 다음과 같이 말했다.

> 물론 기적의 가능성이 인정되거나 오히려 기적이 세상에 대한 어린아이의 개념의 일부를 형성하는데, 왜냐하면 (이 단계에서의) 법칙은 수많은 ('신'이나 다른 강력한 존재에 의해 '유예되는') 예외가 있을 수 있는 도덕적 문제이기 때문이다. 부모에게 비를 멈추어 달라든지, 시금치를 감자로 바꾸어 달라든지 등을 요청하는 어린아이들이 인용되고 있다.[14]

따라서 마술에서 마술-신화로의 전환이 일어난 셈이다. 피아제의 말을 들어 보자. "첫 번째 단계는 마술적이다. 걷는 것을 통해 구름을 움직일 수 있다. 구름은 멀리서 우리에게 복종한다. 이 단계의 평균 연령은 5세다. 두 번째 단계(마술-신화)는 인위주의이자 물활론적이다. 신이나 (다른) 사람이 그렇게 만들기 때문에 구름이 움직인다. 이 단계의 평균 연령은 6세다."15)

이런 마술-신화적 구조로부터 세계의 수많은 고전 신화가 대부분 생겨나는 것 같다. 필립 카원Philip Cowan의 지적처럼, "(전조작 후기 또는 마술-신화) 단계에서는 물리적 인과관계와 개인적 인과관계 간의 혼동이 여전히 존재한다. 물리적 세계는 상당히 인간과 같은 방식으로 작동하는 것처럼 보인다. 이 모든 예는 (전조작 후기) 어린이들은 삶(그리고 죽음)의 성질과 바람(등)의 원인같이 우주적 질문들에 대해 정교한 신화를 이미 발달시키고 있음을 보여 준다. 한 걸음 더 나아가, 이런 신화들은 여러 문화에 걸쳐 아이들마다 수많은 유사성을 보이는데, 어른들이 직접 가르쳐 준 것 같지는 않다".16)

신화와 원형

물론 이는 우리를 곧장 칼 융과 세계의 위대한 신화의 근본 형태와 주제, 즉 '원형적 형상'이나 '원형'은 우리 각자의 개별적 심혼에 집단적으로 유전된다는 그의 결론으로 데려간다.

이런 태고 유산의 존재에 관해서 프로이트가 융과 완전한 의견 일치를 보였다는 사실을 사람들은 종종 모르고 있다. 치료 중에 있는 사람은 근본적으로는 유사한 '환상', 그러므로 왠지 집단적으로 유전되는 것 같은 환상들을 계속 재생한다는 사실에 프로이트는 충격을 받았다. "이런 환상의 필요성과 이들을 위한 소재는 어디에서 오는 것일까?"라고 그는 물었다. "동일한 환상은 항상 동일한 내용으로 만들어지는 걸 어떻게 설명할 수 있을까? 당신에게는 매우 대담해 보일 줄 알지만 여기에 대한 대답 하나가 있다. 나는 이런 원시 환상이 계통 발생의 소산이라고 믿는다. 환상 속에서 개인은 과거 시대 경험까지 손을 뻗는다."17)

프로이트에 따르면, 이런 계통 발생 또는 '태고의 유산'에는 "선사시대부터 출발해서 아주 오랜 시기를 거쳐 인류 전체가 겪었던 진화를 축약적으로 반복하는 것이 포함된다". 앞으로 보겠지만 프로이트와 융은 태곳적 유산의 실제 성질에 관해서는 완전히 달랐지만, 그럼에도 불구하고 프로이트는 "나는 이런 계통 발생 유산의 존재를 인정하는 데 있어서는 융과 충분히 의견을 같이한다."[18]라고 명시했다.

피아제 또한 융의 작업에 근본적으로 동의하면서 그것을 존중하는 내용을 광범위하게 저술하였다. 그러나 그는 원형 자체가 과거 시기에서 직접 전해져 왔다고 보기보다는, 어디에서 발달하든 그 자체는 공통된 물리적 세계를 해석할 때 공통된 주제를 생성하는 인지구조의 이차 부산물이라고 본 점에서 융과는 약간 달랐다.

그러나 우리가 프로이트를 따르든 융을 따르든 피아제를 따르든 간에, 결론은 본질적으로 동일하다. 세계의 위대한 신화들 모두가 오늘날 우리 각자에게, 나와 당신 안에 존재한다는 것이다. 그것들은 우리 고유의 복합 개체성의 태고, 마술, 신화구조에 의해 생성되며 언제라도 생성될 수 있다(고전 연구에 의하면, 마술-신화적 구조에 의해 생성된다).

그렇다면 이런 신화 주제들, 이 원형들의 성질과 기능에 대해(여기서 프로이트와 융은 양극으로 갈라진다.) 의문이 집중된다. 그들은 유아적이고 퇴행적이기만 할까?(프로이트) 아니면 이들은 풍성한 영적 지혜의 원천을 담고 있는 걸까?(융) 이 특정 주제에 관해서 피아제는 두말할 필요도 없이 프로이트 편에 서 있다. 나는 이 특정한 '원형들'을 융이 믿듯이, 초개인 지혜의 드높은 원천으로 보지 않는다고 이미 의견을 제시한 바 있다. 그러나 상황은 매우 미묘하고 복잡하다. 우리는 이 장 후반에서 조지프 캠벨과 관련지으면서 여기로 되돌아와서 이에 대해 충분히 논의할 것이다.

앞으로 보겠지만 캠벨은 (우리가 탐색할) 어떤 상황에서 초기 신화 원형은 심오한 종교적·영적 의미와 힘을 전달할 수 있다고 믿었다. 그러나 캠벨조차도 초기와 후기 전조작 단계 자체는 엄청난 자아중심주의, 인간중심주의, 지구중심주의라는 특징을 띠고 있음을 분명하게 인정하였다(그리고 강조하였다).

표현을 달리하면, 여전히 '신체 가까이에' 있는 전조작 인지는 타인의 역할을 쉽게 취할 수 없으며, 정신권과 생물권을 아직도 뚜렷하게 구분하지 못한다. 전조작 후기 사고에서조차 어린아이는 그 명칭을 부여받는 사물의 일부나 그 사물 속에 실제로 명칭이 존재한다고 굳게 믿고 있다. 5살 된 어린이에게 "이름은 왜 있는 거니?"라고 물으면, "물건을 보면 알 수 있는 거예요."라고 대답한다. "해라는 이름은 어디에 있지?"라고 물으면, "해 속에 있어요."라고 한다. 한 어린이가 이것을 이렇게 요약하고 있다. "말이 없다면 엄청 안 좋을 거예요. 아무것도 만들 수 없으니까요. 어떻게 물건이 만들어질 수 있겠어요?" 조지프 캠벨은 다음과 같이 말했다.

> 태고 인간의 우주론에서 창조주의 주된 관심은 유아의 우주론에서처럼 인간의 고락에 있다. 우리가 볼 수 있게끔 빛이 생겼으며, 잠잘 수 있게끔 밤이 생겼다. 날씨를 예측하기 위해 별이 존재하며, 비를 경고하기 위해 구름이 존재한다. 어린아이의 세계에 대한 관점은 지구중심적일 뿐 아니라 자아중심적이다. 만일 가족 로맨스라는 프로이트가 인정한 주관적 공식(오이디푸스/엘렉트라)과 관련시켜 모든 것을 경험하려는 경향성을 이런 단순한 구조에 추가시킬 경우, 기본개념에 대한 꽤나 간결하면서도 매우 적은 수의 어휘를 갖게 되는데, 우리는 이 개념들이 다양한 방식으로 세계의 신화에서 활용되고 적용되는 걸 볼 수 있을 것이다.[19]

억압

정신권의 출현: 첫 번째(7개월경)는 심상이, 그다음은 상징(완전히 발달한 최초의 상징은 아마도 "노!"라는 단어일 것이다)이, 그다음(3~4세쯤)은 개념이 출현하는데, 이 모두가 무한히 언어 출현의 도움을 받는다.[20]

나는 "노!"라는 단어를 첫 상징으로 언급했으며, 그 단어는 새롭게 출현하는 정신권이 보유한 모든 강점과 약점을 요약하고 있다.

"노!"는, 특히 심적 초월의 첫 번째 형태다. 심상은 이런 심적 초월의 시작이지만 심상은 그 감각적 지시대상에 묶여 있다. "노!"와 더불어 나는 최초로 내 신체적 충동이나 내 욕망에 작용하길 거부할 수 있다(모든 부모는 '미운 두 살' 시기의 어린아이에게서 이것을 발견한다). 발달상 최초로 어린아이는 그저 생물학적이거나 생명중심 또는 생태중심의 매몰 상태를 초월하기 시작할 수 있고, 신체적 욕망과 신체적 방출, 신체적 본능에 대해 통제력을 행사하기 시작할 수 있는 동시에 타자의 의지로부터 스스로를 '분리-개별화'시킬 수 있다. 프로이트 학파들은 '배변 훈련'을 두고 말이 많다. '항문기'란 단지 심적·언어적 자기가 출현하기 시작하고, 자발적인 생물권 산물들과 타자가 '통제하는 것'에 대해 어떤 형태의 의식적인 의지와 의식적인 통제를 발휘하기 시작한다는 사실을 말할 뿐이다.

요약하면, 어린아이가 자신의 마음과 신체를 구분할 수 있고 자신의 심적 의지와 신체적 충동을 구분할 수 있게 된 후 자신의 마음과 신체를 통합하기 시작하는 것은 오로지 언어를 통해서다. 이것이 세 번째 주된 분화 또는 세 번째 분기점이다. 마음과 신체 구분의 실패, 이 단계에서 초월의 실패란 "몸이나 생물권에 꼼짝없이 갇혀 있다."라는 것을 다른 식으로 표현한 것이다. 우리가 보았듯이, 이것은 자기애/경계선적 병리 근저에 놓인 일차적인 발달장애다.

그러나 "노!"가 지나쳐 버리면 거기에 정신권의 온갖 공포가 놓여 있다. 왜냐하면 실로 언어를 통해 어린아이가 마음과 신체를, 정신권과 생물권을 구분할 수 있다면 그런 분화가 (항상 그렇듯) 너무 지나쳐 해리를 낳을 수 있기 때문이다. 마음은 신체를 초월하고 포함하는 데 그치지 않고 신체를 억압하고, 그 관능성을 억압하며, 그 성욕을 억압하고, 생물권에 두고 있는 그 풍성한 뿌리를 억압한다. 프로이트식(그리고 융식) 의미에서 볼 때 억압은 '언어 장벽', 즉 "노!"가 극단으로 치달았을 때 나타난다. 이런 극단적 "노!"의 결과를 전문적인 용어로는 '신경증' 또는 '정신신경증'이라고 부른다.

바꿔 말해서, 모든 신경증은 생태계 위기의 축소판이다. 그것은 복합 개체에게 유기적 삶, 정서-성적 삶, 생식적 삶, 관능적 삶, 리비도적 삶, 생물권적 삶의 일부 측면을 거부하는 것이다. 그것은 우리의 뿌리와 기초를 부정하는 일이다. 이런 의미에서 신경증은 생물권에 대한 정신권의 공적이자 우리 고유의 유기적 홀론의 일부 측면을 소멸시키려는 시도다. 그렇더라도 이런 생물권 홀론이 사라지진 않는다(개인을 죽이지 않고서는 그럴 수 없다). 오히려 억압된 홀론은 불안, 우울, 강박 같은 '신경중 증상'으로 알려진 형태로 되돌아온다. 이는 무시된 생물권이 보이는 고통스러운 증상으로서, 이제 감추어진 형태로 의식에 강요된 생물권은 정신권을 내동댕이치려고 한다.[21)]

의식이 그 억압을 늦추고, 그 자체로 존재하는 생물권과 재접촉하고 돌본 후 그 생물권을 새로이 출현하는 정신권과 독자적으로 통합할 때에만 신경증 증상이 사라지거나 치유된다. 이것을 "그림자를 드러낸다."라고 하며, 여기서 그림자란… 생물권이다.

따라서 생물권에 갇혀 꼼짝하지 못하는 것은 경계선/자기애적 상황을 만드는 데 반해, 정반대로 생물권을 소외시키면 곧장 정신신경증이 된다. 우리가 당면하고 있는 전 세계의 생태 위기는 그 용어의 가장 엄격한 의미에서 볼 때, 전 세계적 집단 신경증으로서 전 세계적 신경쇠약에 걸릴 문턱에 와 있다.

반복건대, 이런 위기는 결코 '생물권을 파괴'하진 않을 것이다. 우리가 생물권에게 어떤 행동을 하든 생물권은 어떤 형태로든지(바이러스나 박테리아 형태로) 살아남을 것이다. 우리가 하는 행동은 오히려 더 고등한 생명 형태를 지원하지 않는 방식, 정신권을 지원하지 않는 방식으로 생물권을 변화시키고 있다. 그 '변화'는 사실 억압, 소외, 우리 공통 조상의 부정, 모든 생명과 맺은 우리의 관계적 생존의 부정이다. 그것은 생물권의 파괴가 아니라 생물권의 부정으로서, 그것이 정신신경증의 정확한 정의다.

비엔나 카우치에서 환자들이 행하는 프로이트가 발견한 행위를 현재 우리는 집단적으로 세계 전반을 향해 행하려고 한다. 과연 누가 우리들의 의사가 되어 줄까?

구체적 조작(신화와 신화-합리)

발달이 비교적 완만하게 진행된다고 가정할 경우, 마음과 신체의 최초로 중요한 분화가 일어나면(세 번째 분기점), 신체적 지향에 매몰되고 마는 상태, 스스로에게 몰입된 상태(자아중심적)를 초월해서 마음은 다른 마음들의 세계로 들어가기 시작한다. 그러나 그러기 위해서 마음은 타인의 역할을 취하는 법, 새롭고 창발적이면서도 매우 어렵기도 한 과제를 배워야만 한다.

달리 말해서, 자기는 물질중심 정체성(첫 번째 분기점)에서 생명중심 정체성(두 번째 정체성), 초기 정신권 정체성(세 번째 분기점)으로 발달하는데, 이 모두가 철저히 자아중심적이고 인간중심적이다(마술과 마술-신화는 아무리 '내세적'이거나 '신성해' 보여도 둘 다 자기에 집중되어 있으며 오로지 자기만을 향하고 있다).

감각운동과 전조작세계가 자아중심이라면 구체적 조작세계는 사회중심이다(앞으로 보겠지만 신체적 정체성이 아니라 역할 정체성에 집중되어 있다). 그것은 여전히 '신화적'이고 '인간중심적'인 요소를 담고 있는데, 왜냐하면 코완이 말했듯이 '여러모로 여전히 이전 단계들로 채색되어 있기'[22] 때문이다(이런 이유 때문에 나는 초기 구체적 조작과 후기 구체적 조작을 각각 신화와 신화-합리로 부른다). '다섯 요소'(물, 바람, 땅, 불, 에테르)를 통해 더 분화된 인과관계는 더 강하게 제설혼합주의로 되어 버린 설명을 대체하는 경향이 있으며, 종종 '전성前成, preformation'에 의한 인과관계(도토리는 충분히 성숙했지만 축소판 떡갈나무를 포함하고 있다.)에 대한 신념이 출현한다.

그러나 단연코 가장 중요한 변용이나 초월은 타인의 역할을 취하는 역량에서 일어난다. 다른 사람들은 관점이 다르다는 사실을 깨닫는 데 머물지 않고, 그 관점을 심적으로 재구축할 수 있으며 타인의 입장에 설 수 있다.

세 개의 산山 과제로 잘 알려진 연구에서 피아제와 베르벨 인하더Bärbel Inhelder는 4세에서 12세까지의 아이들에게 진흙 산이 세 개 담긴 놀이세트를 보여 주었다. 산의 색깔은 각기 달랐으며 인형 한 개가 놓여 있었다. 질문은 단순했다. "너는 무엇을 보고 있으며, 인형은 무엇을 보는가?"

인형이 보는 산은 녹색일지라도 인형은 자신이 보는 것과 똑같은 것을 본다는 것이 전조작기 아이들의 전형적인 반응이다. 어린이는 서로 다른 관점들이 관여하고 있다는 사실을 이해하지 못한다. 전조작 후기가 되면 어린아이는 인형이 다른 관점을 갖고 있다는 것을 정확히 가리키지만, 그것이 정확히 어떤 것인지는 말하지 못한다.

그러나 구체적 조작이 출현하면 어린이는 인형이 실제로 갖는 관점을 선뜻 손쉽게 설명할 것이다(예컨대, "나는 산 세 개를 모조리 보지만 인형은 녹색 산만 보고 있어요".).

이런 과제 및 다른 유사한 과제들에 대한 (로버트 셀먼Robert Selman, 존 플라벨John Flavell 과 그 외의 연구자들이 행한) 탐구는 일반적인 결론을 확인시켜 준다. 구체적 조작 사고의 출현과 더불어서만 어린아이는 자신의 자기중심적 관점을 초월해서 타자의 역할을 취할 수 있다. 하버마스식으로 표현하면, 역할 정체성이 타고난(또는 신체적인) 정체성을 보완한다. 어린아이는 여타의 역할들로 구성된 사회에서 자신의 역할을 배우며, 이제 그 역할을 타자의 역할과 구분한 후에 새롭게 출현하는 세계 공간에서 그 역할을 통합하는 법을 배워야만 한다(이것이 네 번째 주된 분기점, 자기발달의 네 번째 주요 분화/통합이다). 따라서 근본적인 자기-정체성 현장이 자아중심에서 사회중심으로 전환되었다.

처음에 어린아이는 자신의 역할과 분리되어 있지 않고 그 역할에 매몰되거나 '갇혀 있다(처음에는 물질권에, 그다음에는 생물권에 갇혀 있는 것과 마찬가지다)'. 불가피하게 일어나는(그리고 처음에는 필요한) 이런 '사회중심의 매몰'은 인습적 도덕 단계(콜버그/길리건), 소속감 욕구(매슬로), 순응주의자 양식(뢰빙거)같이 다양한 형태로 알려진 것으로 인도한다.

이런 이유로 이 단계 병리를 일반적으로 '각본 병리'라고 한다. 개인은 물질권에서 문제가 없고(정신병) 생물권에서도 문제가 없지만(경계선 장애와 신경증), 부모, 사회, 동료집단이 부과한 초기 역할과 각본에 갇혀 있다. 그 이상의 증거를 갖고 각본을 검토하지도 검토할 수도 없는데, 그 각본은 시대에 뒤떨어져 있고, 틀렸으며, 종종 잔인하기까지 하다('나는 별로야, 속까지 썩었다고! 제대로 하는 일이 하나도 없어.' 등이 여기에 해당한다. 이것들은 정신신경증에서와 같이 신체적 충동과 관련되기보다는 사회적 위치, 역할에 대한 사회적 판단과 관련이 있다).

여기서의 치료는 이런 각본을 캐내서 더 성숙한 이성과 더 정확한 정보의 빛에 이런 신화들을 노출시킴으로써 '각본을 재구성하는' 일을 포함한다(이것은, 예컨대 인지 치료와 대인 관계 치료의 기본 접근법이다. 매장되고 소외된 신체 충동이 아무리 중요해 보여도 그것들을 파헤치지 않고, 그릇되고 왜곡된 인지지도를 더 합리적인 판단으로 대체시킨다).[23]

역할 취하기만큼 중요한 것으로는 심적 규칙을 대상으로 작업하는 구체적 조작의 역량을 들 수 있다. 우리는 전조작은 심상(그림을 이용한 표상), 상징(그림을 이용하지 않은 표상), 개념(이는 사물들의 전 항목을 표상한다.)을 대상으로 작업함을 보았다. 규칙은 한 걸음 더 나아가서 구체적 분류_{class}를 조작한다. 그러므로 (곱셈, 분류 포섭, 위계화 같은) 이런 규칙들은 여러 전체와 부분 간의 믿을 수 없을 정도로 풍요로운 관계들을 포착하기 시작한다.

즉, 구체적 조작은 홀론의 성질, 한 관계에서는 전체인 동시에 다른 관계에서는 일부가 될 뿐인 것의 성질을 분명하게 포착할 수 있는 첫 구조다(이 때문에 이 시점에서 가치 홀라키가 어린이들에게 자발적으로 출현하기 시작한다. 이들은 '이것이냐' '저것이냐'라는 전조작의 강력한 욕구에서 연속선상의 선호도로 전환된다). 물론 이 모든 것은 서로 다른 관점을 취하기 시작하고, 이런 관점들을 서로 관련짓는 구체적 조작의 역량에 의존한다.

규칙과 역할 모두를 대상으로 작동할 수 있는 역량 때문에 내 자신도 이 구조를 규칙/역할 마음_{rule/role mind}으로 불렀다. 이전 단계들과 관련지어 볼 때 그것은 더 큰 초월, 더 큰 자율성, 더 큰 내면성, 더 높고 넓은 정체성, 더 큰 의식을 나타낸다. 그러나 이전의 모든 단계와 마찬가지로 처음에는 이 시기를 지배하는 자기와 대상에 의해 의식이 '점유되지만', 이제는 사회적 자기와 사회적 대상(역할)으로 바뀐다.

따라서 이제 자기는 새롭고도 차원 높은 병리에 노출되는데, 이는 새로우면서도 또 다른 치료를 요구한다. 물질권에도, 생물권 또는 초기의 '자아권_{egosphere}'에도 더 이상 갇히지 않은 병리적 자기는 여기서 특정 사회의 규칙과 신화, 도그마에 매몰된 사회권에 갇혀 그런 신화-멤버십을 초월할 길이 막혀서 고립된 특정 사회가 부여하는 역할과 규칙을 수행할 운명에 처한다.

신화-멤버십은 사회중심이며, 따라서 인종중심이다. 널리 퍼진 신화를 수용할 경우 그 문화에 속하지만(그 문화의 멤버), 그 신념 체계를 포용하지 않으면 그 문화로부터 파문당한다. 모든 사람에게 특정 신화를 강요하지 않는 한 이 구조에서는 세계 또는 지구적인 문화는 생각조차 못한다. 그리스와 로마에서부터 칸과 사르곤 왕궁, 잉카와 아즈텍에 이르는 거대 왕국들의 신화-제국주의에서 우리가 본 것은 바로 이것이다. 이 거대한 제국들은 모두 자신의 체제를 제국의 체제에 포함시킴으로써 끊임없이 교전을 벌이는 지역 부족들의 자기중심성을 극복하였다(그와 같이 체제들을 부정한 후 더 큰 범위나 공동성 내에 보존시켰다). 그리고 우리가 보았듯이, 이는 부분적으로는 혈연이나 친족이 아닌(왜냐하면 이것이 불가능했는데, 각 부족은 혈통이 다르기 때문이다.) (공통된 여호와에 의해 결합된 이스라엘의 12부족처럼) 여러 역할을 결합시킬 수 있는 공통된 신화적 기원을 통해 서로 다른 부족들을 단결시킬 수 있는 신화라는 우산에 의해 성취되었다.

그러나 성숙된 자아-합리성이 출현하기 시작하자 민족중심은 세계중심으로 대체되었다.

자아

하버마스는 구체적 조작에서 형식적 조작으로의 초월을 역할 정체성에서 자아 정체성으로의 변용이라고 언급했음을 우리는 보았다. 여기서 '자아'는 '자아중심'을 의미하지 않는다. 반대로, 자아는 **사회중심**에서 세계중심 역량, 한 사람의 자아중심 · 민족중심의 매몰 상태로부터 스스로 거리를 두고 자기 자신뿐 아니라 모든 사람에게도 공평할 수 있는 것을 고려하는 역량으로의 이동을 의미한다.

자아$_{ego}$라는 단어의 의미를 논하는 게 도움이 될 것이다. 초개인 사회에서 이보다 특히 더 많은 혼란을 야기하는 단어는 없다. 신비, 초개인, 뉴에이지 단체에서는 합리성과 더불어 자아라는 단어가 일반적으로 더러운 용어가 되었지만, 그것을 정의하는 연구자조차 거의 없는 실정일 뿐 아니라 그런 연구를 진행하는 연구자들도 그 용어를 매우 다르게 정의하고 있다.

물론 일관성을 띠는 한에서 우리는 우리가 원하는 방식으로 자아를 정의할 수 있다. 대부분의 뉴에이지 저술가는 타자와 영적인 근본 바탕으로부터 고립된 별개의 감각$_{separate-self\ sense}$을 의미하는 것으로 이 용어를 매우 느슨하게 사용한다. 불행히도 이 저술가들은 전자아 상태와 초자아 상태를 명확하게 구분하지 못하고 있으며, 그럼으로써 그들이 구원을 위해 추천하는 내용의 절반은 종종 여러 면에서 퇴행을 위한 추천이 되고 말았는데, 이로써 정통 연구자들은 마땅히 이에 대해 경종을 울리고 있다. 그럼에도 불구하고 실로 영적인 상태는 모두 "자아 너머에 있다."라는 게 그들의 일반적인 결론이다. 이는 어느 정도는 진실이지만 주의를 기울여 자격을 부여하지 않는 한 전체 상황을 몹시 혼동할 수 있다.

정신분석을 지향하는 대부분의 저술가에게 자아는 '마음을 조직하는 과정'을 의미하게 되었으며, 이 점에서 하인츠 코후트Heinz Kohut 같은 수많은 연구자는 현재 더 일반적 용어인 자기self를 선호한다. 따라서 마음에 통일성을 부여하는 원리로서의 자아(또는 자기)는 결정적이면서도 근본적으로 조직화하는 패턴으로서, '자아를 넘어'가려고 애쓰는 일은 초월이 아니라 재앙을 의미할 수 있고, 그래서 이 정통 이론가들은 '자아를 넘어'라는 말이 무엇을 의미할 수 있는지, 누가 그것을 원할 수 있는지에 대해 당혹감을 금치 못하고 있다. 그런 식의 정의라면 그들 또한 상당히 옳다(우리는 잠시 후에 여기로 돌아올 것이다).

철학에서는 일반적으로 경험적 자아empirical ego, 즉 자각과 내성의 대상이 될 수 있는 한 자기로 되는 자아와 순수한 주관성(또는 관찰하는 참자아observing Self)이자 어떤 식이든 대상으로 보여질 수 없는 순수한 자아Pure Ego 또는 초월적 자아Ego(칸트, 피히테, 후설)를 구분하고 있다. 이 점에서 보면 순수한 자아나 순수한 참자아는 힌두인들이 아트만(또는 그 자체로 주시되지 않는, 결코 대상이 아니지만 그 안에 모든 대상을 담고 있는 순수한 주시자pure Witness)으로 부른 것과 사실상 동일하다.

더욱이 피히테 같은 철학자에 따르면 이런 순수한 자아는 절대적인 영과 하나인데, 이는 정확히 '아트만=브라만'이라는 힌두 공식에 해당한다. 순수한 자아로서 서술되는 영을 듣는 것은 종종 뉴에이지 추종자들을 혼란에 빠뜨리는데, 일반적으로 그들은 자아란 '악마'만을 의미하길 원한다('아트만=브라만'이라는 개념은 기꺼이 포용하면서 말이다).

정신의학과 명상의 접점을 연구한 이론가 잭 엥글러 같은 사람이 "명상은 자아 강도를 높인다."라고 말할 때 그들은 똑같이 혼란에 빠진다. 대부분의 경우 실제로 그런데, 왜냐하면 정신의학적 의미에서 '자아 강도'란 '사심 없는 주시 능력'을 의미하기 때문이다. 그러나 뉴에이지 추종자들은 명상은 '자아를 넘어서'를 의미한다고 생각하므로 자아를 강화시키는 건 모두 더욱 악마적일 뿐이다. 이렇듯 혼란이 지속된다.

자아란 한낱 '나'를 의미하는 라틴어에 불과하다. 예컨대, 프로이트는 자아라는 용어를 결코 사용하지 않고 독일어 대명사인 나das Ich 또는 '나the I'를 사용했는데, 불행히도 스트레이치Strachey가 이것을 '자아ego'로 번역했다. 프로이트가 '나'와 대비해서 그것Es으로 부른 것이 있는데, 이는 독일어로 '그것'을 의미하며, 이 또한 불행히도 '이드id'('그것'이라는 라틴어)로 번역되었다. 따라서 프로이트의 위대한 책 『에고와 이드The Ego and the Id』는 실제로는 '나와 그것The I and the It'으로 불린다. 프로이트의 요점은, 사람들은 나라는I-ness 또는 개성selfness의 감각을 갖고 있지만 고유한 자기의 일부가 때로는 낯설고 이질적이며 스스로에게서 분리된 것, 즉 '그것'으로 보인다는 것이다(우리는 "불안, 그것이 나를 불편하게 만든다."라고 말하거나 "먹고 싶은 욕망, 그것이 나보다 더 강하다." 등으로 말하면서 우리 자신의 상태에 대한 책임을 포기한다). 나의 일부가 분리되거나 억압되면 그것들은 우리가 통제할 수 없는 증상이나 '그것'으로 보인다.

치료에서 프로이트의 기본 목적은 나와 그것을 재결합함으로써 그들 사이에 생긴 분열을 치유하는 데 있다. 치료 목표에 대해 그가 말한 가장 유명한 언급은 "이드가 있던 곳에 자아가 있을 것이다."이며, 이는 실제로 "그것이 있던 곳에 내가 있을 것이다."로 해석된다. 프로이트 학파인지의 여부를 막론하고, 이런 표현은 온갖 형태의 노출 심리치료uncovering psychotherapy를 가장 정확하고 간결하게 요약한 것으로서, 그것은 예전에 소외되었던 과정을 통합시키는 더 높고 넓은 정체성을 향해 자아를, 나임을 확장시킴을 가리킨다.

자아라는 용어는 분명 아주 광범위한 범위에서부터 매우 협소한 범위에 이르기까지 무수히 다양한 방식으로 사용된다. 어떻게 사용하려고 하는지 구체적으로 밝히는 것이 전적으로 필요하며, 그렇지 않을 경우에는 자의적으로 의미론적인 선택을 할 때만 발생하는 논쟁이 끝없이 계속된다.

자아란 가장 넓은 의미에서 '자기'나 '주체'를 뜻하며, 따라서 피아제가 가장 초기 단계를 '자아중심egocentric'으로 표현했을 때 그는 세계와는 동떨어진 뚜렷이 분화된 자기나 자아를 의미하진 않았다. 그가 말한 의미는 정반대였는데, 자기가 세상으로부터 분화되지 않으면 강한 자아가 존재할 수 없으므로 자기의 연장으로서 세계를 '자아중심'으로 취급했다. 강하면서 분화된 자아가 출현함으로써만(이는 세 번째 다섯 번째 분기점에서 일어나며, 형식적 조작이나 이성적 조망주의에서 정점을 이룬다.), 성숙한 자아가 출현함으로써만 자아중심주의는 잦아든다! '전자아' 단계가 가장 자기중심적이다!

이와 같이 신체적 충동과 사전에 주어진 사회적 역할에 매몰된 상태로부터 실로 강하면서도 분화된 자기나 자아가 출현하는 것은 (우리가 잠시 후에 보게 되겠지만) 형식적 조작 수준에서뿐이며, 이것이 참으로 하버마스가 충분히 분리 개별화된 자기감각인 자아 정체성으로 언급한 내용이다.

반복해 보자. 정신분석, 피아제, 하버마스가(그리고 다른 사람들이) 사용한 '자아'는 그 전신인 전자아보다 덜 자기중심적이다![24]

나는 프로이트, 피아제, 하버마스 및 그 외 사람들과 비슷하게 그런 특정한 의미, 외부 세계로부터, 그 사회적 역할(그리고 초자아)로부터, 그 내적 성질(이드)로부터 분화된 합리적이며 개별화된 자기의 의미로 자아라는 용어를 가장 많이 사용할 것이다.

이렇게 사용하면, 자기가 내적 · 외적 세계로부터 제대로 분화되지 못한 전자아 영역이 생긴다(정신분석 표현처럼, '자아 핵'만 존재한다). 반복하면, 이런 전자아 영역이 가장 자기중심적이다(유아나 어린아이에게는 강한 자아가 없으므로 자신이 느끼는 대로 세계가 느끼고, 자신이 원하는 대로 세계가 원하며, 세계는 자신의 온갖 욕구에 맞춰 준다고 생각한다. 유아나 어린아이는 자기와 타자를 뚜렷이 구분하지 못하기 때문에 타자를 자기의 연장으로 취급한다).

신화 단계에서 자아는 (페르소나나 역할로서) 더 안정적으로 출현하기 시작하며, 형식적 조작 단계에서는 마침내 외부 세계 및 여러 역할(페르소나들)으로부터 뚜렷하게 분화된 자기로서 출현하는데, 이는 자아 영역 전체에서 정점을 이룬다. 따라서 더욱 영적인 영역에로의 상위 발달을 초자아transegoic라고 하는데, 여기서는 자아가 부정되지만 또한 (인습적 현실에서의 기능적 자기로서) 보존된다는 사실을 분명하게 이해한다. 이런 상위 단계에서의 자기를 나는 참자아Self로 부를 것이며(달리 표시하지 않는 한 순수한 자아Ego가 아닌데, 이것이 모두를 혼란에 빠뜨리기 때문이다.), 이야기

를 진전시킴에 따라서 이 모든 내용을 더 자세하게 설명할 것이다.²⁵⁾

이 세 개의 광범위한 영역을 매우 일반적인 용어로 하의식(전자아), 자의식(자아), 초의식(초자아) 또는 전개인, 개인, 초개인 또는 전이성, 이성, 초이성이라고도 부른다.

요컨대, 한 사람이 순수한 참자아에 가까이 감에 따라 각 단계마다 자기중심성이 점점 줄어든다.²⁶⁾ 피아제가 보여 준 바와 같이, 자기중심성의 최대는 일차 또는 물질적 비분리(자기-정체성이 물질권에 중점을 둔 첫 번째 분기점)에서 일어나는데, 물질 세계 전체가 자기감각 안으로 흡수되어 자기감각으로부터 분리되어 있다는 생각조차 할 수 없기 때문이다. 이런 태고-자폐 단계는 수많은 낭만주의자가 생각하듯이, '지복과 기쁨 속에 세상 전체와 하나 됨'이 아니라 자기가 물질세계를 삼켜 버린 것이다. 어린아이에게는 입이 전부이며, 다른 모든 것은 음식에 불과하다.

물질중심에서 생명중심이나 생태중심으로(분기점 2) 정체성이 전환되면 '순수한 자폐증'('오로지 나만!')은 줄어들지만 정서적 자기애나 정서적 자기중심성이(분기점 2) 꽃을 피우는데, 말러는 이를 "자기애가 극에 달했다!"라고 요약했다(그녀는 그것을 "세상은 유아 손에 달려 있다."라고도 요약하였다: 과대전능 환상). 전조작심의 출현은(분기점 3) 그런 정서적 자기중심성의 감소인 반면, 자기중심적(그리고 지구중심적) 마술의 개화다. 이는 선행 단계보다 덜 원초적이지만 여전히 자기중심적인 집착으로 가득 차 있다. 세계는 인간을 중심으로 돌아간다.

구체적 조작심의 출현으로(분기점 4) 자기중심적 마술은 감소하지만(여기서 자기는 우주의 중심이다.) 이는 특정 집단, 문화, 인종을 최상으로 꼽는 민족중심주의로 대체된다. 그럼에도 불구하고 이것은 동시에 피아제가 **탈중심화**decentering로 부른 것의 출발을 허용하는데, 여기서 개인은 중심에서 벗어나거나 초기 마음이 보이는 자기중심성으로부터 물러나서 타인의 역할을 취할 수 있다. 이것은 형식적 조작에서 나타나는 탈중심화의 증가, 자기중심성의 감소와 더불어 결실을 맺는다(형식적 조작에서는 자신의 집단에 속하는 타인뿐만 아니라 다른 집단에 속하는 타인들이 갖는 관점을 취할 수 있다: **세계중심** 또는 **탈민족중심**).

달리 표현하면, 각 단계는 선행 단계를 초월하므로 덜 자기중심적이고 더 협소하며 더 얄팍한 관점에 사로잡히는 정도는 줄지만, 그 대신에 더 깊고 넓은 계기를 포용하기 위해 더욱 더 뻗어 나간다. 자기는 점차 자기중심에서 벗어나서 점점 더 많은 홀론을 똑같이 존중할 가치가 있는 것으로 포용한다.

초개인 영역까지 진화를 따라갈 때 알 수 있듯이, 이런 발달은 모든 사람(사실상 살아 있는 모든 존재)에게 공통된 개인의 참자아로서의 매우 신성한 존재를 직관하는 쪽으로 수렴된다. 자기중심성의 감소, 큰 참자아를 발견하기 위해 작은 자기들로부터 벗어나는 이 전체 시리즈의 위대한 오메가 포인트인 참자아, 모든 존재가 공유하고 있어서 각자의 자기중심성(그리고 민족중심성)을 탈피할 수 있는 참자아 말이다. 완전히 탈중심화한 자기는 모두를 포용하는 참자아(禪에서 말하고 있듯이 무아no-self인 참자아)다.

진화란 자기중심의 감소 이외에 달리 무엇일 수 있을까? 점점 더 깊어지고 넓어지는 존재들을 더 많이 포함하는 포용적인 정체성들, 여기에서 무질서한 끌개장은 무엇일까? 이런 연속 단계들이 어디로 가는 것처럼 보일까? 달리 어디로 갈 수 있을까?

형식적 조작

이 시점에서 우리는 신화-멤버십에 매몰된 상태로부터 합리적인 강한 자아가 출현하는 것을 추적할 것이며, 이는 우리를 피아제의 형식적 조작 단계로 데려간다.

형식적 조작 의식은 구체적 조작 사고를 초월하지만 포함하고 있다. 따라서 형식적 조작은 구체적 조작을 형성하는 홀론을 조작할 수 있다. 그리고 사실 그것이 형식적 조작formal operational의 일차 정의다. 구체적 조작이 사고 규칙을 사용해서 구체적인 세계를 초월하고 이를 조작할 수 있다면, 형식적 조작은 새로운 내면성을 사용해서 사고 자체의 규칙을 초월하고 이를 조작한다. 이는 새로운 통합(그리고 더 깊고 넓은 정체성)을 허용하는 새로운 분화다.

다시 말해서, 이는 지독히 삭막하면서도 추상적으로 들리지만 결과는 그렇지 않다. 우선 형식적 조작 의식은 새로운 느낌, 꿈, 야생적인 열정, 이상주의적 분투의 세계를 동반한다. 합리성은 수학, 논리, 철학에 대한 새로우면서도 더 추상적인 이해를 선보이지만, 이 모두는 단연코 이성을 정의하는 일차적인 특징에 부수되는 것들이다. 이성은 가능성, 명백한, 주어진, 일상적인, 세속적인 데 매이지 않는 가능성의 공간이다. 우리는 앞에서 이성이란 보이지 않는 것을 향한 위대한 문이자 비가시 세계의 출발이라고 말했는데, 사람들은 보통 합리성을 이런 식으로는 전혀 생각하지 않는다.

이성적 형상Form이나 이데아를 현시된 모든 것의 근거가 되는 거대한 패턴, 육안으로는 단연코 볼 수 없고 심안을 통해 내면적으로만 볼 수 있는 패턴으로 간주했던 플라톤과 피타고라스 같은 위대한 신비가들을 생각해 보라. 또는 우주의 궁극적인 구성요소 또한 심안으로만 볼 수 있는 수학적 형상이라고 주장한 하이젠버그나 진스Jeans 같은 위대한 물리학자들을 생각해 보라. 또는 가시적인 세계는 전부 마음의 내적 형상이나 '종자 음절seed-syllables'의 침전물에 불과하다고 주장한 베단타와 대승불교의 위대한 현자들을 생각해 보라. 이 모든 이론가(그리고 이들과 유사한 수많은 사람)에게 이성이란 구체적인 물질세계로부터 도출된 추상적인 개념이 아니다. 그렇다기보다는 그들에게 구체적인 세계란 오히려 감각이 포착할 수 있는 것을 초월해서 존재하는 위대한 심적 형상, 가능성을 띤 온갖 현시의 세계를 위한 역량을 담고 있는 형상의 축소판이나 응결체다.

피아제는 구체적 조작기의 어린아이는 당연히 구체적인 세계에 조작을 가하지만, 그 단계에 있는 어린아이는 결국 분명한 것, 주어진 것, 현상적인 것에 묶여 있는 반면, 형식적 조작기의 청년은 주어진 것에 대한 다양한, 서로 다른, 가능한 배열을 마음으로 본다는 걸 보여 줌으로써 이 주제 전반에 접근했다. 다시 말해서, 전형적인 피아제식 실험은 매우 건조하고 추상적이며 일상 사건에서 멀리 떨어진 듯 들리지만, 실제로 그것이 보여 주는 내용은 창조적 상상의 힘이다. 나는 상당히 단순화시켜 이렇게 말하는 것이다.

무색 액체가 담긴 잔 다섯 개를 어린아이에게 제시한다. 잔에는 세 개를 혼합할 경우 노란색이 될 액체가 담겨 있다. 어린아이에게 노란색을 만들어 보라고 요청한다.

전조작 어린이는 잔 몇 개를 마구잡이로 혼합하고는 포기할 것이다. 아이가 우연히 올바른 해결책을 찾은 경우, 아이는 마술적으로 설명할 것이다("해가 그렇게 만들었어요." "구름에서 생겨났어요.").

　구체적 조작기 어린이는 한 번에 세 잔씩 여러 잔을 열심히 조합하기 시작할 것이다. 아이는 구체적으로 이런 일을 행한다. 아이는 올바른 해법을 우연히 찾을 때까지 또는 결국 피곤해져 그만둘 때까지 계속 구체적으로 혼합할 것이다.

　형식적 조작기의 청년은 당신에게 세 개 잔의 모든 가능한 조합을 해 봐야 한다고 말하면서 시작할 것이다. 청년은 아무리 모호해도 온갖 가능한 조합을 시도해야 한다고 알려 주는 심적 계획이나 형식적 조작을 갖고 있다. 아이는 이것을 이해하기 위해 구체적인 조작을 실제로 더듬더듬 찾을 필요가 없다. 오히려 온갖 가능성을 고려해야 한다는 사실을 심안으로 본다.

　바꿔 말해서, 이것은 매우 관계적인 유형의 의식이다. 사물들이 서로 간에 가질 수 있는 온갖 가능한 관계를 의식으로 포착할 필요가 있다. 이는 근본적으로 새롭다. 이는 마술적 융합 속에서 전체와 부분의 통합성이 깨지는 어형 조합식 융합syncretic fusion이 갖는 '전체성'이 아닌 상호 작용과 상호 침투의 관계로서, 전체와 부분이 완전히 분리되는 동시에 온전히 유지된 채 서로 간에 갖는 관계 덕분에 현재 모습이 되었음을 여기서 또한 볼 수 있다. 전조작기 어린이, 정도는 약하지만 구체적 조작기 어린이는 노란색이 그저 액체의 속성이라고 생각하지만, 형식적 조작기의 청년은 색깔이 여러 액체의 관계라는 점을 이해한다.

　형식적 조작 의식은 상호 관계를 포착한다는 의미에서 최초로 나타난 실로 생태적인 의식 양식이다. 그것은 생태계에 매몰되지 않고(분기점 2가 될 것이다.) 생태계를 초월하고 있으므로(생태계를 부정하지 않는다.) 생태계를 구성하고 있는 관계망에 대해 성찰할 수 있다. 여러 연구자의 지적처럼, 특히 코완의 표현을 빌면 "형식적 (조작) 체계에서의 강조점은 또다시 (여러) 시스템의 협동에 있다. (이 단계에 있는) 청년은 (개인) 내면에서 일어나는 변화를 관찰하고 거기에 대해 추론할 뿐 아니라 주변을 둘러싼 환경에서 일어난 상호 변화에 대해서도 관심을 기울일 수 있다. 예컨대, 그럴 경우에만 그들은 한 측면에서 일어난 자연의 변화가 다른 측면들 간의 균형의 변화라는 전체 시스템으로 이어질 수 있는 생태계를 개념화할 수 있다".27)

　그러므로 형식적 조작＝생태적이 우리에게 필요한 첫 번째 공식이다.

이미 보았듯이, 형식적 조작은 또한 잠재적으로 볼 때 생물권을 강하게 억압함으로써 생태계 재앙을 초래할 수 있다는 사실은 생태계 재앙은 합리성의 불행한 가능성일 뿐 그 본질적인 요소가 아님을 가리킨다. 언제나 그렇듯이 우리는 어떤 단계든 간에 그 단계의 병리적 징후를 그 진정한 성취와 구분하여 전자를 바로잡으려 노력할 때조차도 후자를 찬양하길 원한다. 다음 단계인 켄타우로스에서 생태적 의식이 더 커진다는 사실은, 그것이 상호 관계에 대한 형식적 조작의 이해와 함께 여기서 시작된다는 것이며, 그 이전 단계에서는 결코 시작되지 않는다는(이 이전 단계는 혼합식 전체가 되는데, 이는 '생태적'으로 들리지만 실제로는 전체/부분의 통합성을 단연코 해친다.) 사실이 갖는 중요성을 훼손시켜서는 안 된다.

형식적 조작＝상대성의 이해가 우리에게 필요한 두 번째 공식이다.

우리는 서로 다른 관점을 취할 수 있는 역량이 형식적 조작에서 본격적으로 시작됨을 보았다. 그렇지만 형식적 조작의 출현으로 말미암아 아무리 느슨하다 해도 여러 관점을 마음에 모두 담을 수 있으며, 그럼으로써 모든 관점이 서로 상대적으로 된다. "일련의 실험에서 달팽이 한 마리가 널빤지를 따라 움직이고, 널빤지는 탁자를 따라 움직인다. 형식적 조작기에 있는 어린이만이 달팽이가 널빤지와 탁자로부터 움직인 거리를 이해할 수 있다. 여기서 우리는 상대성 개념에 필요한 지적 장치를 발견한다. 움직이는 데 드는 시간이나 공간은 절대적일 수 없고 어떤 임의 지점과 비교해서 측정되어야만 한다."28)

우리에게 필요한 세 번째 공식은 형식적 조작＝탈인간중심이다.

초기 마술, 신화 단계에서 만연하는 동시에 이 단계들을 규정하고 있는 실재에 대한 자아중심, 지구중심, 인간중심 관념은 마침내 서서히 줄어들어 의식을 장악하는 힘을 상실하기 시작하고, 존재의 거대한 홀라키에 있는 온갖 다른 종류의 전체에서 자신이 그 일부가 되는 전체로서 인간은 자신의 올바른 위치를 정한다. 어떤 전체도, 어떤 부분에게도 최종적인 특권이 부여되지 않는다.

자아중심뿐 아니라 사회중심이나 민족중심도 서서히 줄어들기 시작한다. 형식적 조작이 도래하면 어떤 사회든 그 규칙과 규범 자체를 성찰하는 일이 가능할 뿐 아니라 더 보편적인 원칙, 이 문화나 저 문화에만 적용되지 않고 보편적 조망주의를 갖춘 다문화주의에 적용되는 원칙들을 통해 그것을 판단할 수 있다. "내 나라가 옳은 가 아니면 그른가?"가 아니라 "내 나라가 실제로 옳은가?"다. 십계명 같은 구체적인 도덕률("나 이외에 다른 신을 섬기지 말라.")이 아니라 더 보편적인 선언, 정의, 인정, 자비의 원칙, 개인에 대한 상호 존중에 근거를 둔 상호성과 평등성 원칙, (자율적인 전체로서의) 권리와 (더 큰 전체의 일부로서의 권리다. 독자성과 공동성, 권리와 의무다.) 의무에 근거를 둔 원칙이 등장한다.

(몇 사람을 예로 들면) 콜버그, 길리건, 하버마스는 모두 이 일반 단계를 후인습이라 고 했다(이것은 탈문화나 탈사회가 아니라 중요한 의미에서 탈순응주의자postconformist일 뿐 이다). 소크라테스 대 아테네, 마틴 루터 킹 대 인종 분리 정책, 간디 대 문화 제국주 의가 좋은 예다.

따라서 우리는 신체의 독립된 느낌과 자연의 충동에 얽매인 자아중심, 지구중심, 생명중심, 자기애가 강한 **전인습적 지향**(첫 세 개 분기점)에서 개인의 사회, 문화, 부 족이나 인종에 얽매인 인습, 사회중심 또는 인종중심 지향으로, 보편적 다원주의와 세계적인 이해의 공간에서 작용하는 **후인습, 세계중심 지향**으로 도덕발달이 이동하 는 걸 보았다(피아제, 볼드윈Baldwin, 콜버그, 길리건, 하버마스, 뢰빙거, 브로턴Broughton, 셀 먼 등이 이 단계들을 상술하고 있다).29)

이런 온갖 이유 때문에 정체성 확립을 위해 사회에서 주어진 역할에 더 이상 의존 할 수 없는 이 단계에 도달한 사람은 어쩔 수 없이 자신의 내적 자원에 기댈 수밖에 없다. "나는 누구인가?"가 최초로 화급을 요하는 중요한 문제로 대두되고, 소속감의 욕구로부터 자존감 욕구가 출현하거나(매슬로), '순응주의자' 양식으로부터 '양심적' 자기가 출현한다(뢰빙거).

이 고통스러울 만큼 자의식적인 단계('분기점 5'), 민족중심과 사회중심으로부터 의 **분화**를 잘 헤쳐 가는 일에 실패하면 에릭슨이 '정체성 위기'로 불렀던, 이 단계에 서 특징적으로 나타나는 병리가 발생한다. 이것은 사회에서 적당한 역할을 찾는 데 국한되는 문제가 아니라(이것은 각본 병리가 될 것이다.), 사회와 어울리거나 어울리 지 않을 수 있는 자기를 찾는 문제다(시민불복종에 관한 소로Thoreau가 떠오른다).

생태, 관계, 탈인간중심적인 데 더해서 우리는 이미 형식적 조작 의식의 여타 속성들을 언급했다. 그것은 고도로 반성적이고 내성적인 최초 구조이며, 실험적이면 서도(또는 가설-연역적) 문제해결을 위해 증거에 의존한다. 그것은 다원주의 또는 조 망주의로서 보편적이면서도 명제로 구성되어 있다propositional('~하면 어떻게 될까?'와 '마치 ~인 것처럼'을 이해할 수 있다. 형식적 조작이 '마치 ~인 것처럼'을 파악할 수 있는 첫 번째 구조라는 사실은 조지프 캠벨에 관한 다음 절에서 보겠지만, 신화를 해석할 경우에는 지극히 중요함이 드러났다). 그러나 이 모든 사항은 핵심 주제를 달리 표현한 내용일 뿐이다. 이성이란 가능성의 공간이다.

청년기와 형식적 조작의 출현은 거친 열정과 폭발적인 이상주의, 환상적인 꿈과 영웅적 충동, 유토피아를 향한 함성과 혁명의 급상승, 전 세계를 변화시켜 이상적으 로 올바르게 정리하고 싶은 욕망, 다만 주어진 것으로부터 촉발되었지만 그 대신 무 한한 가능성의 공간, 사랑과 열정 그리고 가장 사나운 공포를 느끼면서 그들이 배 회하고 미친 듯이 날뛰는 공간이 제공되는 느낌과 감정의 시기인 건 당연하다. 그 럴 수 있는 가능성, 심안으로만 볼 수 있는 가능성, 아직 존재하지 않았던 세계, 아 직 실제로 보지 못한 세계를 가리키는 가능성, 플라톤, 피타고라스, 샹카라Shankara 와 제 몫을 하는 모든 신비가가 언제나 알고 있었던 비가시적 세계, 저 너머의 세계 를 향한 위대한 출입구를 볼 수 있는 데에서 이 모든 것이 온다.

실로 더 고차원의 발달은 이성을 초월한 곳에 있지, 결단코, 절대로 그 아래에 있 지 않다.

조지프 캠벨

조지프 캠벨만큼 신화와 가까운 친구는 없는데, 좋은 의미로 그렇다. 논리 정연 하고 지극히 잘 연구된 일련의 책에서 캠벨은, 신화적 사고는 영적이면서 신비적 인 의식의 일차 전달자라는 입장을 옹호한 그 누구보다도 많은 일을 해냈다. 미르 체아 엘리아데Mircea Eliade와 칼 융은 예외일 수 있다. 나를 비롯해서 수없이 많은 연 구자는 몇 번이고 되풀이해서 그의 작업에 의존하고 있으며, 그의 꼼꼼한 학문적 작업과 상세한 분석은 언제나 영감을 준다. 그 무엇보다 '남성 해방운동'과 '신화를 낳는mythopoetic' 운동 전반의 상당 부분에 책임이 있는 사람은, 비록 로버트 블라이Robert Bly를 거치긴 했지만 바로 조지프 캠벨이다.

그러나 내 생각에 그가 견지한 입장은 마침내 옹호할 수 없는 입장이 되었으며, 그 자신의 가정과 결론을 사용해서 그렇게 되었음을 밝힐 수 있다. 왜냐하면 지난 분석에서 살펴본 바와 같이 그의 입장은 격상주의의 한 형태인데, 진정한 영적 · 신비적 경험의 실로 더 깊거나 높은 발달을 일리 있게끔 만들려면 이 점을 똑바로 직시할 필요가 있기 때문이다. 왜냐하면 우리가 앞에서 말했듯이, 진정한 신비 체험이 무엇인지 알 수 있는 가장 좋은 방법 한 가지는 무엇이 아닌지를 아는 것이기 때문이다.

우선 캠벨은 피아제식 체계의 정수들을 공공연하게 수용하였다. 즉, 그는 신화적 사고의 기본 모티브는 전조작과 구체적 조작 초기라는 유아적 구조에 의해 생성된다는 사실을 받아들였으며, 피아제 용어를 노골적으로 사용하면서 그렇게 말하였다. 수백 가지 중 한 가지 예만 들어 보자.

> 유아의 질서와 종교의 질서라는 두 질서는 적어도 유사한데, 아마도 후자는 비판적인 관찰 (이성) 범위를 벗어난 영역에 전자를 옮겨 놓은 것이라 할 수 있다. 자기 자신과 사물의 기원을 설명하기 위해 유아가 지어낸 어린 창세기 신화는 서로 다를지라도 모두의 근저에 깔린 기본 가정은 동일하다고 피아제는 지적했다. 즉, 누군가가 사물을 만들었으며, 그들은 자신을 창조한 살아 있는 자의 명령에 화답한다. 세계 신화 체계의 기원 신화도 서로 다르다. 그러나 살아 숨 쉬는 우주는 어떤 부-모 또는 모-부 신의… 피조물이라는 확신이 (어린 시절에서와 마찬가지로) 증명되지 않은 채 그 모든 신화 속에 유지되고 있다(인위주의/인간중심주의).
>
> 이 세 가지 원리(마술적 참여, 물활론, 인간중심주의)는 어린 시절의 모든 경험, 일부 세부 사항들이 어떻든, 그 경험의 자명하면서도 자발적으로 상정된 준거 틀을 형성한다고 말할 수 있다. 그리고 이 세 가지 원리가 바로 전 세계 신화와 종교 체계에서 가장 일반적으로 표현되고 있는 원리임이 분명하다.[30]

캠벨은 이 모든 것을 기꺼이, 그리고 매우 열정적으로 인정하였는데, 나름의 계획이 있어서 그렇게 한 것이다. 그는 한 가지 계획, 즉 신화를 구출할 계획, 신화는 '실제로' 종교적이면서 순전히 영적이며 어린 시절의 소망일 뿐이 아님을 입증할 계획을 갖고 있었다.

그 계획은 이랬다. 그는 전조작과 구체적 조작의 신화적 산물은 항상 문자 그대로, 구체적으로 받아들여진다고 말했다. 나 또한 이 점을 애써 강조하려고 한다. 그러나 캠벨은 매우 소수의 인간은 신화를 문자 그대로 받아들이지 않고 '마치 ~인 듯'과 같은 방식으로(그 자신의 표현이다.), 개인을 구체적인 신화로부터 해방시키고, 더 초월적인 영역으로 안내하는 유희적 방식으로 받아들인다고 말했다.

그가 말하길, 이것이 신화의 실제 기능이므로 모든 신화를 이런 방식으로 판단해야 한다. 대중에게는 신화가 환상이고 왜곡이자 실재에 대한 유아적이고 유치한 접근이라는 게(모두 그 자신의 표현이다.) 맞지만, 신화를 통해 볼 수 있는 극소수의 사람에게 신화는 진정 신비한 세계를 향한 문이다. 그는 이성이 아닌 신화만이 이런 일을 할 수 있으며, 이것이 신화의 멋진 기능임을 상세히 논하였다. 그리고 여기서 그는 심각한 난관에 봉착하기 시작했다.

신화를 구체적이고 문자 그대로 받아들일 경우, 그것은 개인을 사회와 그리고 주어진 문화의 세계관에 통합시키는 세속적인 기능에 종사한다고 캠벨은 말했다. 그가 말하길, 그런 평범한 기능의 경우 신화는 조금도 영적으로 초월적이거나 신비적인 목적에 종사하지 않는다. 이는 사실이다. 나 자신은 그런 발달 단계에서 신화가 갖는 중심적, 지속적, 지극히 중요한 기능으로서의 세속적 통합을 본다. (전조작과 구체적 조작 수준에서) 단순한 문화적 의미 및 이와 관련된 사회적 통합 말이다.

캠벨은 그런 기능을 인정했지만, 신화를 초개인 위상으로 격상시킬 방법을 찾고 있었기 때문에 그런 기능은 그에게는 아주 부차적인 것이었다. 그는 신화 신봉자의 99.9 퍼센트라고 말하지만, 신화를 실제 문자 그대로 받아들일 경우 그런 신화는 왜곡된다고 말하고 있다. 그는 이 점에 대해 매우 단호했다. "신과 영웅에 관한 우리 자연사自然史의 기본 원리로서 신화를 문자 그대로 받아들일 때마다 그 의미가 왜곡되었다는 사실을 시인해야만 한다."[31]

이는 신화 신봉자의 99.9퍼센트가 왜곡되었으며, 대신 신화를 문자 그대로 받아들이지 않고 '마치~인 듯' 식으로 받아들이는 극소수 사람들을 생각해 보라는 뜻임을 당장은 접어 두자. 캠벨은 분명 '마치 ~인 듯'을 칸트가 자신의『형이상학에 관한 모든 미래 체계의 서문 Prolegomena to Every Future System of Metaphysics』에서 사용한 의미로 썼는데, 여기서 칸트는 세계에 대한 우리의 지식을 '마치 ~인 듯' 또는 '가능한 실재들'의 방식으로 포착할 수 있다고 말하였다. 그렇다면 캠벨은 자신이 주장하는 핵심에 도달한 셈이다.

> 나는 저명한 형이상학자의 관점을 대표하는 칸트의 용어를 기꺼이 수용하려고 한다. 방금 검토한 축제 게임과 태도에까지(그는 신화를 심각하게 또는 문자 그대로 받아들이지 않는 태도를 말하고 있다.) 그것을 적용하면서 신성한 주인의 가면과 사원 이미지, 성스럽게 변한 숭배자와 성스럽게 변한 세계로부터 내가 볼 수 있고 또는 내가 볼 수 있다고 믿는 것이 있다. 즉, 일련의 시리즈를 통해서 '마치 ~인 듯' 식으로 해방의 원리가 작용하고 있으며, 이를 통해 심혼에 미치는 소위 '현실'의 영향이 성스럽게 변한다.32)

표현을 달리하면, 신화를 사실로 받아들이지 않을 때, '마치 ~인 듯' 방식으로 받아들일 때 신화는 '진짜 신화'가 된다. '마치 ~인 듯' 입장은 형식적 조작 의식에서만 가능하다는 사실을 캠벨은 너무도 잘 알고 있었다. 따라서 그 자신의 결론에 따르면, 신화는 합리성이 제공하는 가능성과 '마치 ~인 듯'의 공간에 의해서 초월되고 그 속에서 확고하게 유지될 수 있을 때에만 '해방'을 제공한다. 이성, 이성만이 신화를 그 구체적인 직역literalness으로부터 해방시켜 유희적인, 마치 ~인 듯이, ~라면 어떻게 될까 식으로 신화를 받아들이고 고차원 상태가 어떨지에 대한 하나의 비유로서 신화를 이용하는데, 이는 (예기치 않게도 캠벨이 마지못해 시인한 것처럼) 신화 자체만으로는 결코 할 수 없는 일이다.33)

캠벨, 융, 엘리아데 같은 사람들은 신화를 창안한 사람들이 갖지 못했던 합리성에 폭넓게 접촉하여 신화에서 '마치 ~인 듯'의 상징을 심오하게 읽어 내고, 신화를 가지고 놀면서 그것들을 비유로서 사용하고, 거기에서 상당한 재미를 느끼길 좋아하는 사람들이다. 반면에 실제 신화 신봉자들은 신화를 전혀 갖고 놀지 못하고 신화를 극도로 심각하게 받아들이면서 합리적인 담론이나 어떤 식의 '가설'으로 신화를 개방하길 단연코 거부한다.

요약하면, 신화란 그것이 신화임을 멈추고 이성의 공간, 대안과 가능성 그리고 가설의 공간으로 해방될 때만이 캠벨이 말한 주된 기능에 종사하는 것이다. 그는 칸트가 어떤 구조에서 작동하고 있다고 생각했을까?

따라서 캠벨이 제시한 모든 내용에서 그는 두 가지 방침을 따르고 있다. 첫째로, 그는 99.9 퍼센트의 신봉자들이 신화를 받아들이는 문자 그대로의 구체적인 방식을 펼쳐 보였다. 여기서 그는 종종 친절하지 않았다. 그는 분명 구체적인 신화-믿음을 경멸했다("대중적인 측면에서 볼 때, 인기 있는 사이비 종교의식에서 인도인들은 신화를 해석하는 데 있어 테네시주의 농부나 브롱크스의 랍비나 로마 교황처럼 실증적이다. 크리슈나는 여러 황홀경 속에서 고피 처녀들과 실제로 춤을 추었고, 붓다는 물 위를 걸었다.").[34]

그는 구체적인 신화를 그런 발달 단계에서 믿을 수 있는 유일한 방식으로, 그러므로 그 단계에서는 (부분적이고 한정된 의미에서) 완벽하게 적합하면서도 숭고한 것으로 보지 않았다. 그 대신 그는 마술과 신화에 대한 구체적인 믿음을 마치 이 구조가 실제로는 비난받을 수 있는 어떤 선택권을 가지기나 한 듯 하나의 '도착 행위'로 받아들였다. 사실 그는 그들만의 방식에서 볼 때 탁월한 진보를 대변하며, 도토리가 떡갈나무의 왜곡이 아닌 것과 마찬가지로 영적 발달의 왜곡으로 볼 수 없는 발달의 전체 시리즈를 사실상 폄하하였다. 그는 이런 단계들 자체를 비난해야만 했는데, 왜냐하면 그가 격상시킨 '진짜 신화'와 대비시켜 그것들을 판단했기 때문이다. 반면에 나는 이 단계들 자체를 비난하지 않는데, 왜냐하면 그 단계들 자체는 실제로 존재하는 품목, 실재하는 항목이기 때문이다. 그들은 신화에 대해 정확히 적절하고 최종적이면서도, 단계-특수한 역할을 수행하고 있다.

두 번째로, 캠벨은 (신화를 문자 그대로 받아들이지 않는) 극히 드문 사람들이 초월하기 위해(그러므로 신화라고 부를 수 있는 역할을 조금도 하지 않았다고 나는 지적하고 싶다.) 신화를 이용했던 방법을 제안하였다. 캠벨에 따르면, 여기서는 그 무엇보다 '가설' 공간에서 신화를 수용하는 것, 즉 이성의 공간에서 신화를 수용하는 것이 포함된다(그 후에는 더 나아가서 이성마저도 초월할 가능성이 따라온다).

이 지점에서 캠벨은 고전적인 전초 오류를 범하고 말았다. 전이성 영역이 분명 신화적이기 때문에 캠벨은 초이성적인 영역도 '신화적'이라고 부르고 싶었다. 왜냐하면 그것 역시 비이성적이기 때문이다(그리고 그는 그 분야를 홍보하기 위해 신화를 지켜내고 싶었기 때문이다). 그래서 그는 한편에서는 (원시적 신화에서부터 고도로 발달된 정관적 경험에 이르기까지) 비이성적인 모든 노력을 똑같이 취급했으며, '안 좋은' 다른 측면에서는 가엾은 이성을 내팽개쳐 버렸다. 자신의 신화를 지켜 내기 위해 (꽤나 위선자같이) 그 자신도 실제로 이성의 공간을 사용하고 있을 때조차도 그랬다. "신화적 상징은 이성의 언어가 미치는 범위를 넘어 삶의 중심부를 건드리면서 흥분하게 만든다."[35] 실로 '이성을 넘어선' 영역이 존재하지만, 그것이 '신화를 넘어' 얼마나 그럴 수 있는지는 미지수다.

캠벨이 집대성한 전 작업이 거침없이 가리키고 있는 점은 실제로 '신화 예찬'이 아니라 '신화를 넘어서는' 것이다. 4권에 달하는 실로 출중한 그의 걸작 『신의 가면 The Masks of God』을 자세히 살펴볼 때, 캠벨은 우리에게 최종 메시지 하나를 남기고 있다.

> 민속학자, 고고학자 또는 역사학자 모두가 관찰할 수 있듯이, 서로 다른 문명의 신화는 수세기에 걸쳐, 세계에서 인류가 거주했던 광범위한 영역에 걸쳐 서로 현저하게 다르다. 실로 한 신화에서 '미덕'이던 것이 종종 다른 신화의 '악덕'이 되고, 한 신화에서의 천국은 다른 신화에서 지옥이 될 정도로 다양하다. 더구나 다양한 문화세계와 그들이 모시는 신들을 이전에는 구별 짓고 보호했던 낡은 지평이 이제 사라짐에 따라 참된 신들의 황혼이 전 세계에 그 빛을 드리운다. 신화적으로 보장된 자신들만 품고 있는 깊은 신앙심 의식 속에서 한때는 편안했던 공동체가 이웃의 눈에는 악마로 비친다는 사실을 갑자기 깨닫게 되었다.[36]

민족중심이면서 분열을 초래하는 신화의 성질이 완전히 패배를 인정하였다. (그것이 신화-제국주의로서의 신화에 내재하는 것임에도 불구하고) 이런 사태를 개탄하면서 캠벨은 "과거에는 어디서나 상상했던 것보다 더 넓고 깊은 무언가에 대한 더 포괄적인 이해가 현재 필요하다."라는 결론에 도달했다. 지역주의에 국한된 고루한 신화를 넘어서는 곳에 참으로 희망이 있다. 그리고 신화를 넘어서면 포괄적이고 보편적인 이성이 존재한다(그다음에는 이성을 넘어선다……).

이성적 과학을 밀어내거나 해체시키려는 (이와 동시에 신화를 격상시키려는) 캠벨의 시도에서처럼, 그의 전초 혼동이 극명하게 드러나는 곳은 없을 것이다. 다시 말하지만, 그 자신의 전제와 그 자신의 논리적 결론에 의해 캠벨처럼 훌륭한 지성이 오로지 편견을 통해서만 외면할 수 있는 곤란한 상황이 연출되었다.

캠벨의 목표는 이성과 과학은 결코 '진짜' 신화보다 '높지' 않다는 것을 증명하는 것이었기 때문에, 그는 우선 과학의 세계관조차도 실제로는 하나의 신화임을 지적하는 데에서 출발했다. 그가 이 일을 성공적으로 해낼 수 있다면 과학과 신화를 동일 선상에 놓을 수 있을 것이다. 그는 모든 신화가 공통적으로 갖고 있는 네 가지 요인(또는 네 가지 기능)의 개요를 서술하기에 이르렀다.[37] 그는 첫 번째 요인을 '형이상학'으로 불렀는데, 그 기능은 '깨어 있는 의식을… 있는 그대로의 이 세계와 화해시키는 것'이다. 두 번째 기능은 '동일한 것에 대한 해석적인 전체 이미지', 해석적 우주론을 제공하는 것이다. 세 번째는 사회문화적인 것으로서 '사회질서의 확인과 유지'다. 네 번째는 심리학적인 또는 개인적인 지향성과의 통합이다(바꿔 말해서, 그가 말한 네 가지 기능은 통합적으로 개관한 삼대 가치 영역이다).

물론 그런 식으로 정의할 경우, 과학(또는 과학적 세계관)은 실로 신화의 네 가지 기능을 모조리 수행하고 있다. 그러나 물론 그런 경우 과학은 진화, 의학, 공학기술 등에서의 괄목할 만한 발견과 같이 신화 자체로는 할 수 없는 여타의 것들을 수행한다고 캠벨은 덧붙였다.

바꿔 말해서, 합리성/과학은 신화가 수행하는 모든 일에 더해서 무언가를 추가한다.

물론 이는 더 높은 단계를 정의한다. 신화는 인간발달의 특정 단계에서 비롯되었음을 캠벨은 인정했으며(그는 남녀 모두의 어린 시절임을 기꺼이 시인하였다.), 그는 또한 그것을 모든 단계가 공통적으로 가지고 있는 것으로(즉, 그가 말한 네 가지 기능으로서, 이는 사상한의 한 변형에 불과하기 때문에 인간발달의 모든 단계에 존재한다.) 정의 하였다. 이런 식의 교활한 이중 정의를 통해 그는 신화의 유치함을 인정하는 동시에 모든 고차원 단계 내내 신화가 유지될 수 있기를 희망했으며, 그럼으로써 그로 하여 금 신화를 구출할 뿐 아니라 무한까지, 초개인의 영까지 쭉 밀고 갈 수 있도록 허용 할 수 있길 바라고 있었다.

그러나 네 가지 기능(사상한)은 신화의 기능을 정의하는 게 아니라 진화의 기능을 정의한 것이다. 이들은 발달의 매 단계에서 나타나는 신화뿐만 아니라 마술이나 과 학 또는 켄타우로스 전개에서도 나타나는 인간 홀론 기능에 대한 정의다. 사상한에 서 신화는 어떤 특별한 주장도 할 수 없다. 신화는 그저 사상한의 한 가지 특별한 예 에 불과하다(형식적 조작이 생각하는 사상한은 과학이듯이 구체적 조작이 생각하는 사상 한은 신화다). 이는 캠벨의 또 다른 정의, 신화는 응당 남녀의 어린 시절에 대해서만 권리를 주장할 수 있다는 정의만을 남겨 둔다.

그런 정의를 무한까지 몰아가는 것은 영을 어린애 취급하는 결과를 낳는다. 캠벨 의 이중 정의는 사실상 서로를 망쳐 버리면서 그 대신 불변의 결론, 신화를 초월해 서 이성이 존재하고 양자를 초월해서 영이 존재한다는 결론을 암시하고 있다.

신화-멤버십에 대한 낭만적 관점

신화-멤버십은 실제로 매우 응집력 있는 사회질서를 제공하거나 제공할 수 있는데, 그것은 주로 무질서를 내몰고 비신봉자를 추방할 수 있기 때문이다. 공동체 세계관 에 이의를 제기한다는 이유로 화형당할 가능성만큼 공동체를 훌륭하게 결집하는 것은 없다.

반면에 이성은 사회에 지장을 줄 수 있으며, 일부 신화-멤버십 문화가 갖는 '사회 적 접착'이 결여될 수 있는데, 정확히는 합리성의 오메가 포인트는 사회중심이거나 민족중심이 아닌 세계중심(또는 전 세계적이거나 보편적)이기 때문이다. 여기에 미치 지 못할 경우에는 (간디, 소크라테스, 소로, 마틴 루터 킹에서와 같이) 불행하게 끝나고 만다.

민족중심으로 볼때는 분열을 초래하는 보편적 이성의 역량을 신화의 행복한 민족중심주의와 비교해 볼 때, 합리성의 출현은 아무튼 문화적 의미와 사회적 통합의 대규모 손실로 보일 텐데, 이는 민족중심적인(또는 신화-멤버십) 편견으로 볼 때만 그렇다.

글로벌한 현 수준에서 진화는 새로운 통합을 찾고 있으며, 과거의 모든 변용이 그렇듯 여기에는 더 제한되고 편협한 관점의 해체가 요구된다. 과거 만 년 동안 신화는 세계화를 향해 노력했지만 온갖 시도(이미 보았듯이, 진정으로 보편적인 이성의 깊이가 결여되어 있기 때문에 항상 군사-제국주의 방식으로 몰아붙여졌다.)는 실패로 돌아갔다. 이성은 세계적 규모의 역량과 의도를 갖고는 있지만 여전히 그 수단을 개발하고 진화시키고 있다. 그리고 이런 노력에서 이성은 자신의 신과 여신이 위협을 받는다고 느끼는 온갖 신화의 저항에 부딪히고 있다.

게다가 민족국가 안에서조차 이성은 미리 예정된 지배자 위계질서 속에서 순응주의자 역할의 관계교환이 아니라 소위 자존감의 관계교환을 통해 (때로는 흔들릴지라도) 더 깊은 형태의 통합을 제공하고 있다. 신화의 구성원들은 자신들이 신화적 계층구조에 편안하게 들어맞을 경우 행복감을 느끼는데, 그럴 경우 모든 사람이 유사한 깊이를 공유하기 때문이다.

그러나 이성적 시민들은 새로운 깊이가 다른 시민들, 즉 똑같이 자유로운 다른 시민들, 법적 · 도덕적 · 정치적으로 (인종, 피부색, 신조나 성과는 무관하게 세계적인 기준에서의) 자유로운 주체들과 관계교환하면서 공존할 때만 행복하다. 진정으로 자아-이성 수준에 있는 누군가는 이런 자유에 접근할 수 없는 다른 사람들을 생각하는 것만으로도 매우 고통스럽다(반면에 신화-멤버십 수준에 있는 사람들에게는 자신의 특정한 신을 받아들이지 않아서 '구원'을 못 받는 사람을 떠올리는 것이 고통스럽다. 다른 사람들이 자신들의 신을 받아들이지 않는다는 사실은 개종시키려는 격노에 찬 고통을 그들의 영혼에게 안겨 준다. 신앙심 없는 사람은 견딜 수가 없으며, 그들을 구원하기 위해서는 실제로 죽일 수도 있다).

이성적 구조는 신화 신봉자를 견뎌 낼 수 있는데, 왜냐하면 그것이 더 깊고 넓은 포용이기 때문이다(그러나 신화 신봉자들은 합리적 공격을 견뎌 낼 수도, 견디려 하지도 않을 것이다). 그런 합리적 변용은 문화적으로 볼 때 더 의미 있고 더 깊은(그리고 더 넓은) 수준에서 사회적으로 통합되는 것이다. 그것이 신화-멤버십의 더 피상적이면서 편협한 참여보다 골치 아플 정도로 덜 단단해 보일지라도 말이다.

그런 다음 이성은 자신에 내재된 문제를 도입하고, 자신에 내재된 한계와 맞닥뜨린다(그러고는 초이성 영역에서만 벗어날 수 있다). 그렇다고 중세나 원예농업이나 수렵채집 등으로 되돌아가는 역행열차를 타거나 그곳으로 되돌아가는 기계를 작동시킬 수는 없다. 그들 모두에게는 기회가 열려 있었다. 그것들은 전부 실패했다. 각각은 자신만의 특별하고 멋지면서도 극적인 방식으로 실패를 맞았다.

세계관 투쟁

발달의 각 단계는 그 선행 단계를 초월하고 포함하며, 부정하고 보존한다는 사실을 이미 살펴보았다. 여러 세계관과 관련해서 이것은 특히나 흥미로운 양상으로 드러난다.

전조작 의식에만 접근해도 온우주는 마술적으로 보인다. 구체적 조작 의식에 접근하면 온우주는 신화적으로 보인다. 형식적 조작에 접근하면 온우주는 합리적 · 과학적으로 보인다(부차적인 이슈로서, 온우주는 평원우주로 축소될 수 있다. 그리고 이런 평원은 이전의 마술구조와 신화구조를 그만큼 더 호소력 있게 만든다. 이는 낭만주의자들이 활용한 사실이지만, 이는 전혀 다른 이야기다). 앞으로 살펴보겠지만, 더 높은 구조가 되면 온우주는 아주 색다른 모습으로 보인다.

각각의 변용이나 교체에서 보존되는 것과 부정되는 것에 주목하라. 마술이 신화에 양보함에 따라 전조작구조 자체는 보존된다. 즉, 심상, 상징, 개념들(전조작의 구성요소들 또는 홀론들)은 모두 유지되고 구체적 조작의 마음속으로 (하위 홀론이나 필요한 구성요소로서) 포개어진다. 이런 역량 중 어떤 것도 소실되지 않지만, 이제는 더 높은 마음이 여기에 조작을 가할 뿐이다.

그러나 마술적 세계관은 (적어도 의식의 지배적인 초점으로서는) 소실되거나 부정되거나 몽땅 사라져 버린다.[38] 즉, 전조작 인지구조는 유지되고 구체적 조작이라는 새로운 인지구조 속에서 (매우 '친근한' 방식으로 그 자신의 존재가 갖는 구성요소나 하위홀론으로서) 보존된다. 그러나 마술적 세계관은 부정되고 신화적 세계관으로 대체된다. 사실 그들은 이제 상호 배타적이기 때문에 변치 않는 적이 되고 말았다(그들은 상호 배타적인데, 각자는 배타적 구조가 됨으로써 성립되기 때문이다. 나는 몇 가지 예를 들면서 곧 여기로 돌아올 것이다).

따라서 언제나 위대한 타자(신이나 여신)에 기적적인 힘을 두었던 신화적 세계관, 단순한 혈통이나 친족 유대를 넘어서서 그 주변에 사회적 응집력이 형성되었던 신화적 세계관은 끊임없이 마술적 세계관과 갈등을 빚는데, 마술은 기적적인 힘을 인간 개인(마법사, 마녀, 마술사)에게 두기 때문이다. 사회중심에서 자아중심 힘으로의 이런 퇴행은 의당 신화적 세계관을 놀라게 만든다. 그것은 도덕적 퇴행으로 간주되는데, 이는 백 프로 부정확한 건 아니다. 역사적으로 볼 때, 신화적 세계관은 여기에 대해서 기발하면서도 불쾌한 해결책을 수없이 궁리해 냈다.

이와 마찬가지로, 형식적 조작 의식이 출현했을 때 그것은 구체적 조작의 인지구조(규칙을 만들고 역할을 취하는 등의 역량)를 함유하고 포함시켰지만, 그것은 당신에게 오로지 구체적 조작만 있을 때 생기는 신화적 세계관을 적극적으로 부정한다. 합리성은 일종의 '친절한' 방식으로 구체적 조작구조를 자신의 존재 일부로서 (새롭고도 높은 체제의 하위 홀론으로서) 보존하지만 신화적 세계관을 합리적 세계관으로 대체시키는데, 이 둘은 또다시 변치 않는 적이 되고 만다. 이 때문에 16세기경에 시작된 교회는 마술로의 퇴행과 싸우는 동시에 과학에 의한 교체와의 전쟁이라는 두 전선에서 치러진 전쟁에 관여하였다. 갈릴레오와 마법사 둘 다 종교재판에 회부되었다.

이런 이유로 말미암아 과학은 역으로 항상 그 연구를 추진하려고 노력했을 뿐 아니라, 지배자 계층구조로 돌아갈 경향성이 내재된 신화와 끊임없이 투쟁하면서 항상 "잔혹성을 기억하라!"라고 볼테르가 내걸었던 슬로건의 영향을 받았다.

(마술적 구조나 마술적 문화에서는 지배자 계층구조가 거의 또는 전혀 존재하지 않았는데, 우선 전조작은 지배자 계층구조는 고사하고 계층구조를 구축할 수조차 없기 때문이다.

구체적 조작의 출현과 더불어 계층구조가 심적으로뿐만 아니라 사회적 · 정치적 · 종교적으로 카스트제도에 대한 열광을 창조했으며, 마술이 신화에게 양보하는 곳은 어디서든 지배자 계층구조가 등장했다. 정확히 말해서 구체적 조작은 **후인습** 양식에까지 도달할 수 없기 때문에, 이런 계층구조는 그들을 지탱하고 있는 문자적 신화가 그렇듯이 항상 경직되고 구체적인 모습을 띠었다. 사회적 위계를 변화시키는 것은 신/여신/통치자를 손상시키는 것이므로 사회 자체에 비극적인 보복이 가해진다. 합리성과 더불어 이런 지배자 계층구조는 해체되었는데, 왜냐하면 그것은 세계중심적이거나 후인습적 기준에 근거하지 않았기 때문이며, 합리성은 그런 오메가 포인트가 없으면 행복할 수 없기 때문이다. 이것이 제2권의 주된 주제 중 하나로서, 나는 지금 그것을 다양한 세계관에 내재하는 긴장의 또 다른 예일 뿐임을 언급하였다.)

각 경우에서 선행 단계의 기본구조는 새로우면서도 더 넓은 홀론 속에서 보존되지만, 유일한 또는 이전의 낮은 단계가 있을 때에만 독단적으로 생겨났던 세계관은 새로운 세계관에 의해 (발달이 지속될 경우 이것은 사라져 버릴 것이다.) 부정되고 대체된다.39)

따라서 더 높은 또는 초개인 영역으로의 발달이 똑같은 방식으로 진행되면 합리성의 기본구조는 친절한 방식으로 새로운 의식의 하위 홀론으로서 포용되고 함입되지만, 배타적인 합리성에 의해 구축된 과학적 세계관에 머물고 마는 세계관은 (앞으로 보겠지만) 영적 지향성으로 대체된다.

이것이 2장에서 기본구조와 배타성 구조라고 명명한 한 예로서, 발달은 '존재를 포함하지만 부분성을 부정하기' 때문이며, 나는 하와이의 국가적 지위를 그 한 예로 들었다. 나는 여기서 또 다른 예를 들고 싶은데, 내 생각에 이런 기초적인 발달 과정을 전반적으로 포착하는 것이 성장과 발달의 실로 더 깊거나 높은 단계들을 이해하는 데 결정적으로 작용하기 때문이다.

거친 비유이긴 하나 사다리에 비유하면 그런 관계를 더 쉽게 볼 수 있다. 사다리의 실제 단은 어떤 발달 라인이든 기본구조나 수준이 된다(인지를 예로 들 수 있다). 각각의 높은 단은 낮은 단에 의존하며, 아무리 높이 올라가도 모든 단이 필요하다. 낮은 단을 빼 버리면 전체 사다리가 무너진다. 각 단은 기본구조이며(또는 심상, 상징, 개념, 규칙 같은 기본 홀론), 전체 사다리에서 각각이 **보존된다.**

그러나 사다리를 올라감에 따라 당신은 주변 세상에 대해 다른 관점을 갖는다. 각 단은 서로 다른 세계관을 가지며, 높은 단에서는 세상을 더 많이 볼 수 있다(그들은 더 높은 세계관을 갖는다). 올라가면 각 단의 사다리는 남지만(당신이 올라가는 것은 실제로 그 단들에 달려 있다.) 여러 세계관은 대체된다. 일곱 번째 단에 있으면서 동시에 더 낮은 첫 번째 단에서 세상을 볼 수는 없다. 그러나 당신은 여전히 부분적으로는 첫 번째 단 위에 있다. 존재, 사다리 단들은 보존되지만 부분성이나 배타성, 부분적인 세계관은 **부정되고 대체된다**(물론 당신이 올라가길 멈출 때까지는 그렇다. 그 지점에서 당신은 여타의 모든 단을 포함시키려 시도할 '특정' 세계관을 갖는다).

따라서 위로 올라가는 각 변용은 '패러다임 전쟁', 배타적으로 세계를 보는 방법에 대한 장엄한 전쟁이다. 성장의 고차 단계들에 대한 설명을 계속해 감에 따라 우리는 역사적으로 신화가 마술을, 이성이 신화를 패배시킨 것과 마찬가지로, 미래의 패러다임 전쟁은 이성 자체와 이성의 잠재적 계승자 주변을 둘러싸고 치러지는 것을 볼 것이다.

역사가 안내자 역할을 한다면, 새로운 패러다임 전쟁도 똑같이 불쾌할 것이다.

신화적 접근의 가치

올바로 해석된 신화적 접근을 포함시키는 것은, 그것이 오늘날의 합리적 세계관에 대해서 우리들의 뿌리, 기초, 우리 자신의 현재 의식의 고고학적 층 일부 측면들과 접촉하도록 도울 수 있다는 데 그 가치가 있다. 프로이트에서 융, 피아제, 겝서에 이르는 사람들이 이런 뿌리를 인식하였다. 우리의 뿌리와 '접촉하고' 뿌리와 친구가 되는 것은 힘을 불어넣고 풍요롭게 만들며 활기를 준다. 융이나 캠벨이나 엘리아데를 읽을 때에는 해방된 에너지가 넘쳐 난다. 우리는 우리의 뿌리에 물을 주고, 그들은 새로운 가지가 싹트는 걸 돕는다.

그러나 현재의 높은 의식에서 볼 때, 그들이 정확히 하위 홀론이기 때문에 이 모든 일이 일어나는 것이다. 그것들은 더 근본적이다(그리고 덜 중요하다). 그들의 기본 구조('원형적')에 접촉하면서 동시에 그들로부터 그 배타적인 세계관을 빼앗을 때 진정한 힘이 생긴다. 우리가 그저 낮은 세계관을 실제로 재활성화하고 있을 뿐이라면 이것은 대규모로 진행되는 **탈분화된**de-differentiated 구조로의(경계선 장애와 정신병으로서 종종 이런 일이 일어난다.) 퇴행일 뿐이다. 내 생각에 이것은 원형에 대해 융이 취한 이중의 입장 배후에 깔려 있다. 그것들과 접촉하고 친구가 되는 게 전적으로 필요하지만, 최종적으로는 그들로부터 분화되고 개별화되며 그들이 우리에게 행사하는 힘을 단절시키는 것이 필요하다. 표현을 달리하면 심상들과 친해지고 그들로부터 세계관을 빼앗으라.

그러나 심상과 상징 그리고 초기 개념 자체, 이런 '원형들'에 관해 말하자면 그것들은 상향이 아닌 하향의 방향에 있다(더 깊은 게 아니라 더 얕다). 내 생각에 이런 이유로 융이 원형을 아무리 다양하게 정의해도 그는 항상 그 원형들을 '본능에 근접'해 있거나 '본능에 대한 본능의 심상'이라고 주장했다. 즉, 릴리안 프레이-론Liliane Frey-Rohn의 설명처럼, "(융)에게 본능과 원형적 심상 간의 연결은 너무도 가까워서 두 가지가 연동되어 있다고 그는 결론지었다. 그는 원시적인 심상('원형')을 본능의 자화상, 다른 말로는 본능이 스스로를 지각하는 것으로 보았다".40)

본능, 파충류 뇌간과 고포유류 변연계의 충동은 원형에 '근접한' 구조로서, 이는 의식의 스펙트럼상에 더할 나위 없는 위치를 점한다. 감각, 지각, 충동(본능), 심상, 상징, 개념, 규칙… 원형들은 대개 충동/본능 가까이 놓인 집합적인 근본 심상이다.41) 그러므로 원형으로 이끄는 방향으로 나아가면, 결국 우리는 영이 아닌 원자를 만나게 된다. 융의 이야기를 들어 보자. "심적 구조의 깊은 층은 어둠 속으로 멀리, 더 멀리 후퇴함에 따라 그들이 갖는 개별적인 독특성을 잃어버린다. '저 낮은 곳에서' 그것들은 점점 더 신체의 물질성, 즉 화학적 실체 속으로 사라져 버린다."42)

달리 말해서, 융식 원형은 플라톤, 헤겔, 샹카라, 무착, 세친에서 발견되는 초월적 원형이나 형상이 아니다. 후자의 형상, 진정한 원형, 이상적인 형상은 일체의 현시 근저에 놓여 있다고 전해지는 창조적 패턴으로서, 카오스에 패턴을 부여하고 온우주에 형상을 부여한다(9장에서 우리는 이것을 탐구할 것이다).

이와는 달리 융식 원형은 보통 마술-신화적 주제이며, 과거의 발달 단계로부터 당신과 나를 통해 집단적으로 상속된 '태고의 심상', 현재 우리 자신의 복합 개체성 일부를 형성하는 태고 홀론으로서 실제로는 '기본형prototype'으로 불러야 한다(그것들은 위에서 아래로 내려오지 않고 아래에서 위로 올라왔다). 이런 태고의 홀론과 조우하는 것은, 이런 기본형과 친해지고, 이들을 의식하고, 분화하고/통합하는 것은 유용한 노력일 수 있는데, 그들이 우리의 초이성적 미래여서가 아니라 우리의 전이성적 과거이기 때문이다. 이런 태고의 유산을 분화하고 통합할 필요성에 대해서 나는 융에게 전적으로 동의한다. 나는 이것이 진정한 신비적 영성과 깊이 관련된다고는 믿지 않는다.[43]

융에게 원형이란 집단적으로 상속된 태고의 심상임을 기억하라. 그 심상들은 도처에 널린 남녀의 공통적 · 일상적 · 정상적 · 전형적인 경험으로부터 오기 때문에 어머니 원형, 아버지 원형, 사기꾼 원형, 그림자 원형, 우로보로스(뱀) 원형 등이 존재한다. 도처에 존재하는 사실상 모든 사람이 이런 상황에 부딪히므로 천년에 걸쳐 일어난 이런 만남에 대한 각인이 소위 뇌에 새겨져 있다(또는 라마르크 학설 냄새를 덜 풍기면서 표현한다면, 전형적인 상황에 적응하도록 돕는 안내자 각인guiding imprint을 갖고 태어난 사람들은 생존해서 생산하고 그 심상을 전할 가능성이 더 크다).

그러나 과거 어떤 시대에도(오늘날도 마찬가지다.) 심오하게 신비적인 계기로 실제 초월한 사람의 수는 (우리가 살펴 본 캠벨의 지적처럼) 극히 적었다. 바꿔 말해서, 상황이 아주 좋아도 전 인류나 인류 집단에 각인시킬 수 있는 충분한 수의 신비가들이 존재하지 않았다. 심원한 신비 경험은 낚아채여 과거 집단적 진화 흔적에 포함될 수 있을 만큼 흔하고 전형적이며 일상적인 사건이 아니다.[44] 또한 오늘날의 심원한 신비적 자각은 과거의 일상적 · 집단적 · 전형적 경험들 중 하나가 전혀 아니다. 어떤 시대건 그 시대의 탁월성은 과거 집합적 정상성의 경험, 마치 평범한 사람들이 무리를 이루면 탁월해지고 평범성을 늘여 가는 게 탁월성인 듯 '집단적'이라고 부름으로써, 그것이 마치 '영적'인 듯 들리게 만드는 그런 경험이 아니다.

따라서 한 가지만 예를 들면,『모든 여성 속의 여신, 모든 남성 속의 신Goddesses in Everywoman and Gods in Everyman』이라는 장 볼렌Jean Bolen의 저서에서 남녀가 집단적으로 물려받은 (헤스티아의 확고함과 인내에서부터 아프로디테의 성적 특질과 관능성, 아르테미스의 힘과 독립성에 이르기까지) 모든 '원형적' 신과 여신들을 멋들어지게 제시하였다. 그러나 이 신과 여신들은 초개인의식 양식이나 진정으로 신비적인 광명이 아니라, 남녀가 접할 수 있는 전형적이면서도 일상적인 자기상의(그리고 페르소나) 집합일 뿐이다.[45]

이제 나는 참으로 신비적인 '원형'이 존재한다고 믿지만(앞에서 내가 언급한 초월적 의미로서 그렇고, 우리는 여기로 돌아올 것이다.), 이런 원형들을 과거의 유산으로 설명할 수는 없다. 그것들은 우리 미래에 놓인 알 수 없는 끌개장, 과거 어느 때에도 집단적으로 현시된 적이 없었던 오메가 포인트다. 그럼에도 불구하고, 구조적 잠재력으로서 상승하려고 애쓰는 과거구조가 아니라 하강하려고 시도하는 미래구조로서 모든 사람이 이용할 수 있는 것이다.

남성운동

거친 황야에서 북을 쳐 댔던 시대로 되돌아가 전사, 사냥꾼, 왕, 거친 남자 등 태고의 심상을 접촉할 때, 수많은 현대 남성은 이런 태곳적 홀론과 재접촉할 수 있게끔 도움을 받음으로써 풍성해지고 활기를 얻으며 뿌리를 선사받는다. 우리의 현대 문화는 이런 홀론들을 너무도 자주 부정해 왔으며, 통합적이고 수용 가능한 방식으로 그들을 보존하는 데에도 실패한 나머지 '뿌리로 돌아가라'는 것은 전적으로 타당하면서도 자비로운 일이 되었다.

그러나, 요컨대 이들은 이성의 풍부한 공간에서 가장하는 척 이런 신화들을 연출하고, 그럼으로써 그것과 유희하는 바로 그 과정 속에서 그것을 초월하는 남성이라는 사실에 주목하라(그리고 그것을 초월하지 못하는 사람들, 이 신화들을 심각하게 받아들이는 사람은 엄청난 정서적 고통에 빠져든다. 신화로서의 '거친 남성'과 고지식한 롤 모델로서의 '거친 남성'은 확연히 다르다).

그러나 나는 내가 알고 있는 사실상의 모든 여성 그리고 남성운동에 관해 저술했던 여성들은 모두가 거기에 대해서 전적으로 공포에 떨고 있다는 사실을 접하고는 충격을 받았다. 그들은 그것을 메스껍거나, 터무니없거나, 어리석거나, 저속하다고 생각한다. 자유주의 페미니스트들은 거기에 대해 격노했는데, 그들은 근본적으로 억압자인 남성은 어떤 것에 대해서도 불평을 늘어놓을 권리가 없다고 주장하기 때문이다. 그리고 그들은 '남성 모임'이란 간수들이 억압의 기술을 미세하게 조정하는 기회에 불과하다고 보고 있다. 이와는 달리 성 간의 차이를 노골적으로 옹호하는 급진 페미니스트들은 정확히 이런 차이를 마음에 두는 것 같지 않으며, 상황 전체에 대해서 매우 불편한 구토 증상을 갖고 반응한다.

그러나 이 모든 반응 저변에는 공포가 스며들어 있는 것 같다. 어떤 식의 관념으로 설득하건 거친 남자들 모임 대부분은 여성들에게 **공포스럽다**. 나는 이유가 충분하다고 생각한다. '신체에 근접해서', 본능에 근접해서, 생물권에 근접해서 여전히 잠자고 있는 태곳적 심상은 생물학적 보편 특성의 지배를 받으며, 그 안에서 그리고 그것에 의하면 생물권 남성은 (의도에 상관없이) 항상 여성을 지배해 왔다. 정신권에서만 평등을 생각할 수 있고, 평등을 발견하고 집행할 수 있다. 거친 남자는 오로지 생물권의 남성, 본능적 남성으로서 여기서는 육체가 지배하고, 성 간의 상호성은 유예되며, 소통은 툴툴대고 끙끙거리며, 냉소적으로 "흥!" 하는 소리만 남는다.

숲에서 들려오는 북소리에서 오늘날의 여성은 천년 동안 이어진 육체적 지배가 심연에서 나지막하게 울리는 소리를 듣는다고 나는 믿는다. 자신이 들은 소리를 좋아할 여성은 아무도 없다.

이성은 신화를 해방시킨다

캠벨 생각에는 '실로 진실된' (또는 제일 중요한) 신화의 기능은 '마치 그런 것처럼 as-if'을 받아들였을 때 일어난다는 사실을 이미 살펴보았다. 다르게 표현하면, 신화의 '숨겨진 힘'은 합리성에 의해 창조된 개방의 공간 안에서 신화를 받아들일 때 해방된다. 이제 우리는 왜 그런지 살펴볼 수 있다. 이성이 신화를 받아들일 때, 그것은 그 존재와 친구가 되지만 그 부분성은 부정한다. 그러므로 더 피상적인 계기 속에 속박되는 것으로부터 신화구조를 자유롭게 한다. 신화 속에 갇힌 광휘를 풀어 주는 건 이성, 오로지 이성뿐이다.

그러므로 이성은 신화 속에서 살려고 애쓰는 모든 영혼, 내면에서 밖으로 나오려고 분투하는 영혼을 자유롭게 한다. 합리성이 '영적'으로 보이는지의 여부는 완전히 핵심을 빗나간 문제다. 그것이 분명코 '신화적'으로 보이진 않겠지만, 그것이 '영적'의 의미라면 이성에는 도무지 해당되지 않는다.

그러나 우리가 앞으로 보겠지만, 진정한 영성은 일차적으로는 깊이의 단위이자 깊이의 노출이다. 신에 대한 신화적 확신보다 신에 대한 이성적 부정이 더욱 영적이다. 정확한 이유는 거기에는 깊이가 있기 때문이다(초이성은 신화나 이성보다 더 깊은 깊이, 영을 더 많이 드러낸다).

그러나 이성의 깊이, 보편-다원주의를 위한 역량, 보편적 인내에 대한 주장, 전 세계-전 지구적 관점의 포착, 보편적 선의와 자비에 대한 주장, 이것들은 진정한 깊이, 진정한 영성의 현현이다. 이런 역량들은 (신화적 자료를 통한) 외부에서 주어진 이성에게는 드러나지 않는다. 그런 역량들은 그 자신의 구조, 그 자신에 내재하는 깊이로부터 나온다(이런 이유로 보편적 선의라는 어젠다를 실행하기 위해 신화적 신에 의지할 필요가 없으며, 이런 이유로 합리-보편적 자비에서 행동하는 '무신론자'조차 신화-멤버십 신의 이름으로 세상을 전도하려는 목적에서 행위하는 근본주의자보다 더 영적이다). 이성으로 드러난 영이 벼락을 내리치면서 하늘을 날거나 시금치를 감자로 바꾸는 데 시간을 보내지 않는다는 사실은 이성에 대해 더 많은 것을 말해 준다.

오늘날의 신화

그러므로 우리는 오늘날의 세계에서 신화의 활용은 수없이 많고 다양하다는 점을 알 수 있을 것이다. 우선 한 가지 이유는 문자-근본주의적인 신화 주제는 수많은 문화에서 사회적 접착제가 되고 있으며(우리 문화의 상당 부분도 포함된다.), 그런 신화들은 분열을 일으키고 제국주의 성향을 띠지만, 그들의 특정 민족중심, 사회 통합적 힘을 신중하게 생각해야 한다. 그런 사회의(또는 사회의 일부) 신화에 도전장을 내밀거나 그런 사회를 해체시킬 수는 없으며, 그것이 살아남길(그들이 투항도 없이 순종하길) 기대할 수도 없다.

더구나 합리-다원주의 세계관을 둘러싸고 조직된 사회에서조차도 각 개인은, 그럼에도 불구하고 합리에 도달하기 전에 태고부터 삶을 시작해서 마술, 신화를 거친다. 계몽주의의 엄청난 문제점 한 가지는 이성이 뿌리로 곧장 내려가서 모두를 대체함으로써 모든 아이가 대충 계몽되고 관대해진 이성주의자로 태어날 것으로 예상한 데 있다. 필기판tabula은 백지상태rasa이기 때문에 우리가 해야 할 일이란 말끔한 판에 R·E·A·S·O·N이라고 쓰면 되고, 모든 게 훌륭하게 따라올 것이다.

말할 필요도 없이 일은 그렇게 진행되지 않았다. 모든 아이가 여전히 태고의 세계관과 협상해야만 하고, 그 후에는 마술적 세계관을 갖고 그것을 해체시키고, 그다음에는 신화로 마술을 해체시키고, 그다음에는 (초이성으로 가는 노정에서) 이성으로 신화를 해체시켜야만 한다. 각 변용은 고통스러운 일련의 죽음과 재탄생이므로, 보통은 변용을 중단함으로써 고통을 멈추려고 한다.

(발달된 동서양에서) 마술과 신화적 양식에 편안하게 안착할 수 있었던 시절은 지나갔다. '세계혼'의 무게중심은 소위 보편다원주의라는 합리적 양식으로 이동했다. 그러므로 한 개인이 사회적으로 비난받지 않으면서 변용을 멈출 수 있는 (그리고 고통을 '중지시킬 수' 있는) 가장 초기 시기는 신화-합리 근방 어딘가다(즉, 개인이 신화에 집착해도 합리화하면서 그것을 지탱해야만 하는데, 왜냐하면 합리성이 어디서나 영향을 미치기 때문이다). 실로 합리적인 사회에 살고 있는 사람들 다수는 여전히 신화-합리 근방 어딘가에 정착해 있으면서 분열을 야기하는 제국주의적인 특정 신화와 체계적인 불관용이라는 공격성을 띤 근본주의자 프로그램을 받쳐 주기 위해 가공할 만한 합리성의 힘을 모조리 사용하고 있다. 그들은 끊임없이 마술과 그 밖의 신화와 이성과 전쟁을 벌이고 있으며, 이 모든 일을 그저 악마의 행위로 간주한다.

이런 발달상의 악몽에 대한 현대적 해결책은 민주국가의 합리성 구조가 마술과 신화 하위 홀론을 감내하는 것임에도 불구하고, 합리성 구조는 교회와 국가와의 지극히 중요한 분리를 통해 그런 하위 홀론들의 세계관을 사회를 조직하는 체제로부터 제거하였는데, 그 자체를 만사에 대한 합리적 관용으로 정의하고 있지만 불관용에 다름없다. 이 하위 홀론들은 독점적으로 통치하는 자신들의 힘을 빼앗겼기 때문에 국가적 군사 수단을 동원해서 자신들의 신화-제국주의적 확장주의를 밀고 나가지 못하게 되었다. 그러나 이는 그들이 자신들의 근본주의적 가치 쪽으로 국가가 기울도록 언제나 선동하는 것을 막지는 못한다(물론 신화적 홀론이 통치 체제인 국가들의 경우에는 군사적 확장주의가 여전히 준거가 되고 있다. 이럴 경우, 항상 그렇듯이 개인이 실제로 다른 사람들을 이겨서 그들을 신앙 쪽으로 강요할 수 있는가가 아니라, 개인이 노력하면서 죽어 갈 권리를 획득할 수 있는가가 관건이다).

그러나 우리가 방금 보았듯이, 세상에 대해서 구체적이고 신화적으로 접근하는 걸 넘어서서 발달한 사람들조차도 신화적 구조 자체가 현재 그 사람 자신의 복합 개체성에서 하위 홀론이므로, 자신의 존재 및 뿌리로서 이런 접근을 존중해야만 한다. 내가 지적했듯이, 융주의자/캠벨/신화를 만드는 (격상주의를 벗어던진) 접근들의 진정한 가치는 여기에 있다.

그러나 내 주장처럼 진정한 영성이 과거(또는 과거 원형)의 산물이 아니라면, 과거에 분명코 존재했던 동서양의 위대한 영적 인물들은 어떻게 된 걸까? 붓다, 그리스도, 크리슈나는 어떻게 된 걸까? 그들은 어떤 과거의 역량, 우리가 접촉을 잃어버린 어떤 과거의 원형적 지혜를 표현하고 있는 걸까? 우리 자신의 영성을 접촉하는 데 있어 우리가 잃어버렸거나 부정했거나 망각했던 과거의 어떤 잠재력을 접촉하고 있는 건 아닐까?

잃어버렸을지도 모른다. 그러나 과거로부터는 아니다. '진실한 원형', 초월적이고 초개인적인 구조에 대해 앞에서 언급했던 내용을 기억의 단서로서 반복해 보자. 그런 구조들은 과거의 유산으로 설명될 수 없다. 그들은 우리의 미래에 놓인 알 수 없는 끌개장, 과거 어느 때도 집단적으로 현시된 적이 없었던 오메가 포인트다. 그럼에도 불구하고, 구조적 잠재력으로서 상승하려고 애쓰는 과거구조가 아니라 하강하려고 시도하는 미래구조로서 모든 사람이 이용할 수 있는 것이다.

(붓다부터 그리스도까지, 알-할라지부터 초갈 여사까지, 혜능부터 힐데가르디스까지)

희귀했던 과거의 위대한 신비가들은 사실상 자신들이 살았던 시대를 앞섰으며, 여전히 우리 시대 앞에 존재한다. 바꿔 말해서, 그들은 분명코 과거의 인물들이 아니라 미래의 인물들인 것이다.

영성에 있어서 그들은 과거에 다가가지 않고 미래를 향해 다가갔다. 그들의 심원한 자각 속에서 우리는 지는 해가 아니라 새로운 여명을 본다. 그들은 전적으로 과거를 물려받은 게 아니라 미래를 물려받았다.

이제 우리는 그런 미래로 눈을 돌릴 수 있다.

07

인간 본성의 심층

한 존재와 의식이 여기 물질에 포함되어 있다. 진화는 그것을 스스로 해방시키는 과정이다. 지각없는 것처럼 보이는 것(즉, 물질, 생물권) 속에서 의식이 나타났다. 일단 출현한 것은 더 높이 성장하기 위해, 동시에 더더욱 위대한 완성을 향해 확대되고 발달하기 위해 자가 추진('자기조직')한다. 생명은 이런 식의 의식 해방이 일어나는 첫 단계이고, 마음은 두 번째 단계다. 그러나 진화는 마음에서 끝나지 않는다. 그것은 더 위대한 것, 영적이고 초정신적인 의식으로의 해방을 기다린다. 그러므로 우리의 현재구조나 존재 상태를 최종적인 것으로 봄으로써 진화 가능성에 한계를 둘 이유가 없다.

—스리 오로빈도—

우리는 여전히 우리에서 끝나지 않는 진화의 사생아로서 어제의 파편과 미래의 합일, 오늘날 우리가 인식할 수 있는 그 어떤 것보다 분명 더 멀리 우리를 데려갈 수밖에 없는 합일, 그런 탄생 모두가 그렇듯 강렬하게 고통스럽고 참을 수 없이 황홀한 합일 사이에 항상 붙잡혀 있다. 내면을 또다시 조금이라도 들여다보면 새로운 결혼이 전개되고 드라마가 펼쳐진다.

내면의 성

나는 어떤 영역에서든 진화의 각 단계는 새로운 출현과, 그러므로 새로운 깊이나 새로운 내면성을 포함하고 있다고 끊임없이 강조해 왔다. 그것은 분자나 새나 돌고

래에도 적용된다. 각각의 새로운 내면은 또한 넘어서 가는 것, 초월, 더 큰 전면적인 포용과의 동일시다. 내면으로 감=넘어서 감=더 큰 포용이 공식이다. 이것의 정확한 의미를 아주 분명하게 하고 싶다.

나는 이것이 지극히 중요하다고 생각하는데, 왜냐하면 발달의 상위 단계, 초이성과 초개인 그리고 신비 단계는 모두 새롭게 내면으로 가는 것, 새로운 내부와 연루되기 때문이다. 명상 같은 노력은 아무튼 자기애적이자 내향적이라는 비난이 현재 유포되고 있다. 특히 환경주의자들은 종종 명상은 왠지 '도피주의자' '자아중심'이라고 주장했고, 이런 식의 '내면으로 가기'는 '저 밖' '실재하는' 세계에 존재하는 '현실적인' 문제들을 도외시할 뿐이라고 주장하였다.

정확히는 그 반대다. 명상(또는 초개인발달 전반)은 일종의 자기애적 위축이나 안으로 향하는 고립이 아니라 내면으로 들어갈 때마다 더 넓은 포용으로 초월하는 진화 과정의 단순하면서도 자연스러운 지속이다.

우리의 원리 중 두 가지(8번과 12번)는 진화의 증가는 깊이의 증가와 상대적 자율성의 증가를 의미한다고 명시했음을 기억하자. 특히 발달심리학에 따르면, 인간발달 영역에서 성장과 발달의 증가는 항상 **내재화의 증가**(또는 내면화의 증가)를 내포하고 있다는 사실에서(우리가 앞으로 살펴볼 것이다.) 이 점이 드러난다. 처음에는 역설적으로 들리겠지만 어떤 사람이 더 내면화될수록 그 사람의 의식은 덜 자기애적이다. 그러므로 우리는 발달심리학의 모든 학파에서 왜 이 등식, 즉 발달의 증가=내면화의 증가=자기애 감소(또는 자아중심성의 감소)가 진실인지 이해할 필요가 있다.

요약하면, 우리는 한 사람이 더 내면적일수록 왜 그 사람이 덜 자아중심적인지 이해할 필요가 있다.

내면화로 시작하자. "하르트만Hartman(정신분석적 발달심리학의 창시자)에게 진화란 점진적인 내면화 과정이다. 왜냐하면 종의 발달에서 유기체는 환경으로부터 점차 독립성을 쟁취하며, 그 결과 '처음에는 외부 세계와 관련해서 일어났던 반응이 점점 더 유기체 내부로 옮겨' 간다. 유기체가 더 독립할수록 직접적인 환경 자극으로부터 더 독립한다."1) 이는, 예컨대 음식이 금방 주어지지 않아도 유아가 더 이상 울지 않는다는 사실에 적용된다. 자신의 의식을 내면화함으로써 유아는 환경에서 일어나는 즉각적인 변동으로 인해 괴로움을 겪지 않는다. 유아의 상대적 자율성, 변화하는 환경 한가운데에서 안정되게 머물 수 있는 능력이 커진다. 이런 점진적인 내면화는 (하르트만에서부터 블랭크 부부Blanck and Blanck, 컨버그, 코후트에 이르기까지) 정신분석적 발달심리학의 초석이다. 개성화라는 융의 개념도 이것을 함축하고 있다. 마찬가지로, 피아제는 생각을 '내면화된 행위', 내면적으로 행동을 계획하고 반응하는 자동 장치가 아닌 그 과정을 예상하는 역량으로 설명했다.

바꿔 말해서, 발달심리학에서는 발달의 증가=내면화의 증가=상대적 자율성의 증가가 된다. 이는 물론 인간에게서 나타나는 12번째 원리다.

등식의 두 번째 연결 고리는 자기애와 관련 있으며, 자기애란 대략 자아중심성과 동의어로서 우리는 여기에 대해 이미 많은 이야기를 했다. 더 발달한다는 건 정확히 개인의 고립된 주관적인 관점을 초월해서 더 높고 넓은 관점과 정체성을 발견하는 능력과 관련된다는 점만 기억할 필요가 있다. 피아제는 발달의 전 과정을 자아중심성의 감소 또는 그가 '탈중심화decentering'라고도 부른 것의 과정으로 언급했다.

이 모든 내용을 종합하면 발달의 증가=내면화의 증가=자율성의 증가=자기애의 감소(탈중심화)가 된다.

달리 말해서, 내면으로 더 많이 가거나 자기에 대해서 더 많이 내성하고 성찰할수록 자기로부터 초연해질 수 있고, 자기의 한정된 관점을 넘어 더 많이 상승할 수 있어 자기애나 자아중심의 정도가 약해진다(또는 더 **탈중심화**된다). 이런 이유로 피아제는 항상 "마침내 어린아이가 자신의 주관성을 의식하면 할수록 자아중심성에서 탈피한다."와 같이 **역설적인** 말을 했다.[2]

자기에 대해 주관적으로 더 성찰할수록 자기를 더 초월할 수 있다. 그의 주관성, 내면성은 그에게서 자아중심성을 몰아낸다. 하워드 가드너Howard Gardner는 자아중심성의 감소와 내면성의 증가라는 두 과정으로서의 발달을 요약하는 명장다운 작업을 수행했다. "첫째는 자아중심성의 감소다. 피아제의 표현으로는 어린아이는 자기중심적인데, 아이가 스스로에 대해서 이기적으로 생각한다는 의미가 아니라 정반대로 스스로에 대해 생각할 수 없다는 의미에서 그렇다. 자기중심적인 어린이는 스스로를 나머지 세계와 분리시킬 수 없다. 그는 타인이나 대상으로부터 스스로를 분리시키지 못한다. 따라서 그는 타인이 자신의 고통이나 쾌락을 공유한다고 느끼고, 자신이 웅얼대는 소리는 결국 이해될 것이고, 모든 사람이 자신의 관점을 공유하며, 동물과 식물조차도 자신의 의식에 참여한다고 느낀다. 숨바꼭질할 때 그는 타인의 넓은 시야 안에서 '숨을' 텐데, 자기중심성으로 인해 타인이 자기의 위치를 알고 있다는 걸 인식하지 못하기 때문이다. 인간발달의 전 과정을 자아중심성의 지속적인 감소로 볼 수 있다……."[3]

자기애의 이런 감소는 '심적 성장의 두 번째 경향성'과 직접 연결된다. 즉, "내재화 또는 내면화를 향한 경향성으로, 유아는 세상에 가하는 자신의 활동을 통해 문제를 해결하거나 전혀 해결하지 못한다. 반면에 나이 먹은 어린이는 외현적인 육체적 행위 없이도 지적 돌파구를 수없이 성취할 수 있다. 그는 이런 행위를 구체적 조작과 형식적 조작을 통해 내면적으로 인식할 수 있다".[4] 내면적으로 자기에게 행위를 가함으로써 그 자기는 탈중심화되고, 이로써 자아중심성에서 사회중심, 세계중심으로(통합-비조망) 이동하는 도덕 반응의 지속적 확장(탈중심화)이 허용된다.

요약하면, 내면으로 갈수록 더 많이 초월하며, 그리하여 더 넓은 조망과의 일체감을 더 깊이 포섭할 수 있다.

우리가 자세히 살펴보겠지만, 그렇다면 명상은 내면으로 더 멀리 가는 것과 연루되므로 더 멀리 초월하여 새롭고도 더 넓은 정체성에 대한 더 높고 새로운 의식의 발견과 관련이 있다. 따라서 명상은 자아중심성과 자기애(그리고 지구중심, 인간중심, 사회중심)에 대한 가장 강력하면서 유일한 해독제다.

자아중심성에 대한 피아제의 핵심 요지, 소위 "자아중심성은 진실을 어둡게 한다."를 기억하자. 그렇다면 자아중심성에 대한 해독제로서의 명상은 진실 노출truth disclosure의 역량, 자기중심적 지각이 갖는 함정의 제거, 온우주가 더 선명하게 드러나서 이를 볼 수 있고, 그것이 나를 위해서 할 수 있는 것 때문이 아니라 있는 그대로 존재하기 때문에 가치를 인정할 수 있는 개방성을 상당히 높인다는 결론이 된다.

간단히 말해서, 모든 내면은 더 많은 온우주를 우리에게 드러낸다. 이것이 평원 전일론자flatland holist들(그리고 정관contemplation에 대한 생태적 비평가들)을 그토록 혼동시킨 것처럼 보이는데, 왜냐하면 자기와 우주에 대해서 그들이 갖고 있는 평원세계에서는 어느 하나에 주의를 더 많이 둘수록 다른 것에는 주의를 덜 두기 때문이다(그들은 모든 사람의 눈이 외부 자연에 고정되길 원한다). 반면에 다차원·홀라키 온우주에서는 더 깊은 자기가 드러날수록 거기에 상응해서 온우주의 깊이가 더 많이 스스로를 드러낸다(이 모든 것이 어디로 끌고 갈지는 잠시 후에 살펴볼 것이다).

내면-초월within-and-beyond이라는 이런 일반적 이동은 인간에게 전혀 낯설지 않다. 이는 온우주 진화 과정의 단순한 연장으로서 '자기초월을 통한 자기발달'이며, 원자, 분자, 세포에서 작동하고 있는 동일한 과정이자 인간 영역에서는 자연스럽게 초의식으로 지속되는 과정으로서, 거기에는 불가사의하거나 신비할 것이 전혀 없다.

비전-논리

내면으로 들어가서 합리성을 바라보는 역량은 합리성을 초월하는 결과를 낳는다. 그런 초월의 첫 단계가 비전-논리다. 만일 당신이 이성적임을 자각할 경우, 이제 그것이 합리성보다 크다면 그 자각의 성질은 어떤 걸까? 합리성을 의식한다는 것은 오로지 합리적인 데만 머물지 않는다는 것이다. 그렇지 않은가?

(브루너Bruner, 플라벨Flavell, 아리티, 코완, 크레이머Kramer, 코먼스Commons, 바세체스Basseches, 알린Arlin 등) 여러 심리학자는 피아제가 말한 형식적 조작을 넘은 단계가 존재함을 입증하는 상당한 증거가 있다고 지적해 왔다. 그것을 '변증법' '통합' '창조적 종합' '통합-비조망' '후형식' 등으로 불렀다. 물론 나는 비전-논리vision-logic나 네트워크-논리network-logic라는 용어를 사용한다. 그러나 모든 결론은 근본적으로 동일하다. "피아제의 형식적 조작은 문제해결 단계로 생각된다. 그러나 이 단계를 넘어서 중요한 문제를 정의하고 중요한 질문을 던지는, 실로 창조적인 과학자들과 사상가들이 등장한다. 피아제의 형식적 모델은 청소년과 유능한 성인들의 인지구조를 설명하는 데 적합하지만, 노벨상 수상자, 위대한 정치가, 시인 등 대단히 뛰어난 지성들을 설명하는 데에는 적합하지 않다."[5]

지당한 말이다. 그러나 이 구조를 색다르게 강조하고 싶은데, 왜냐하면 '노벨상 수상자라는 대단히 뛰어난 지위'를 실제로 획득할 수 있는 사람들은 아주 소수에 불과하지만, 비전-논리 공간(그 세계 공간이나 세계관)은 성장과 발달을 지속하길 원하는 누구에게나 접근 가능하기 때문이다. 표현을 달리하면, 성장의 여러 단계를 거치면서 진보하는 것은 한 사람이 각 단계에 탁월하게 정통해야만 하고, 그 단계를 넘어 진보하기 전에 그 단계에서 천재적인 이해를 입증해야만 한다는 걸 의미하지 않는다. 이는 미식가를 겸비한 요리사가 될 때까지는 어느 누구도 구강기를 넘어갈 수 없다고 말하는 것과 같다.

특정 단계의 특징을 명확히 표현할 수 있는 것조차 필요치 않다(어린이는 전조작을 정의할 순 없어도 그 단계를 넘어 진보한다). 다음 단계로의 초월을 위한 발판으로서 제대로 기능할 수 있기 위해서는 그 단계에 적절한 역량을 계발하기만 하면 그만이다. 언어를 초월하기 위해 먼저 셰익스피어가 될 필요는 없는 것이다.

이와 마찬가지로, 형식적 합리성을 계발하기 위해 미적분학과 명제논리학propositional logic을 배울 필요는 없다. 서로 다른 결과를 상상할 때마다, 오늘과는 다른 미래의 가능성을 볼 때마다, 어떻게 될지 꿈을 꿀 때마다 형식적 조작 의식을 이용하고 있는 셈이다. 그런 발판에서 당신은 비전-논리로 진입할 수 있는데, 이는 진보를 위해서 당신이 헤겔이나 화이트헤드가 되어야만 한다는 뜻이 아니라 포괄적으로 생각해야만 한다는 뜻이며, 이는 결코 어렵지 않다. 이 단계나 그와 관련된 어떤 단계를 터득할 수 있는 사람은 항상 소수에 불과하지만, 모든 사람이 이 단계를 거칠 수 있도록 초대받는다.

비전-논리는 형식적 조작을 초월하지만 포함하기 때문에, 그것은 보편적 합리성에서 시작된 수많은 경향을 완결 짓고 결실로 이어 간다(이 때문에 수많은 저술가는 비전-논리를 '성숙한 이성' '변증법적 이성' 또는 '종합적 이성' 등으로 거론하였다). 어떤 이론가들은 형식적 조작 의식을 몇 가지 하위 단계로 세분하는데, 이 단계 중 최고 단계를 우리는 비전-논리라고 부른다. 예를 들어, 제임스 파울러James Fowler는 형식적 조작을 초기 형식적 조작, 양분하는dichotomizing 형식적 조작, 변증법적 형식적 조작, 종합적 형식적 조작으로 구분하였다(처음 두 단계는 내가 합리성으로 부르는 것이고, 마지막 두 단계는 비전-논리로 부르는 것이다. 그러나 네 가지 모두 가장 광범위한 의미에서의 '이성'이다). 말이 난 김에 덧붙이면, '신앙의 단계'에 대한 파울러의 지극히 중요한 작업은(상세한 내용은 미주에서 다룰 것이다.)[6] 마술, 신화-문자, 보편적 '존재의 공화국'으로의 진화에 관한 또 하나의 명료한 설명이다.

바꿔 말해서, 합리성은 포괄적이지만 비전-논리는 더 포괄적이다. (『의사소통과 사회 진화Communication and the Evolution of Society』에서의) 하버마스를 예로 들어 보자. 형식적 조작 합리성은 우선 '시민 자유'나 '법으로 규정된 모든 사람'을 위한 '법적 자유'에 관한 후인습 단계를 확립한 후, 더 발달된 단계에서 그것은 법적 자유뿐 아니라 '사적 개인으로서의 모든 사람'을 위한 '도덕적 자유'도 요구하고 있다. 여기서 더 나아가, 성숙한 또는 의사소통적 이성(우리의 비전-논리)은 '세계사회의 구성원으로서의 모든 인간'을 위한 '도덕적·정치적 자유'를 요구하고 있다. 따라서 합리성이 보편적 다원주의를 위한 세계중심 지향성을 개시했다면, 비전-논리는 법적·도덕적 자유뿐 아니라 법적·도덕적·정치적 자유를(이전 단계를 포함하면서도 무언가 중요한 것을 추가한다. 초월하고 포함한다.) 요구하면서 합리성이 성숙한 결실로 가게끔 한다.

똑같은 방식으로, 형식적 조작과 더불어 출현하는 생태·관계적 의식은 비전-논리와 켄타우로스 세계관을 통해 주로 결실을 맺는다. 왜냐하면 비전-논리는 합리성으로부터 분화되기 시작하면서(합리성을 바라보고 거기에 조작을 가한다.) 생명과 물질을 포함해서 이성을 그 선행 수준들과 최초로 통합시키기 때문이다. 비전-논리 고유의 복합 개체성 속에 이 모두를 하위 홀론으로서 통합한다.

나는 이것을 매우 강조하려고 하는데, 표현을 달리하면 켄타우로스 비전-논리는 자신의 복합 개체성 안에 물질권, 생물권, 정신권을 통합한다(그리고 내가 5장에서 제안했듯이, 이것이 다음에 올 선봉에 선 전 세계적 변용의 주된 단계다. 그러나 우선 지구를 탈중심화된 보편-이성적 다원주의로 끌어올리는 게 '해야 할 작업'의 대부분이다).

이런 전체적인 통합(물질권, 생물권, 정신권 또는 물질, 신체, 마음)은, 예를 들어 브로턴, 뢰빙거, 셀먼, 매슬로 및 그 밖의 연구자들에 의해 사실임이 증명되었다. 중요한 한 가지 예로서 우리는 존 브로턴의 작업을 들 수 있다.

언제나 그렇듯이, 새로운 켄타우로스 단계는 새로운 인지 역량(비전-논리)뿐 아니라 새로운 욕망, 새로운 충동, 새로운 욕구, 새로운 지각, 새로운 공포, 새로운 병리를 수반하는 새로운 (켄타우로스) 정체성도 포함한다. 그것은 타인들로 구성된 새롭고도 폭넓은 세상에서의 차원 높은 새로운 자기다. 이렇듯 켄타우로스적 세계 내 존재라는 새로운 양식으로 이끌고 있는 자기와 앎의 발달 단계를 브로턴은 세심하게 표시하였다.[7)]

상당히 단순화시키면, 브로턴은 유치원생부터 초기 성인에 이르는 사람들에게 이런 질문을 던졌다. "당신의 자기self는 무엇인가? 또는 어디에 있는가?"

이것은 언어적 연구였기 때문에 브로턴은 자신이 제로 수준으로 부른 초기 전조작 어린이에서(마술-신화) 출발했다. 이 단계 어린이들은 하나같이 자기는 '내부'에 있고 현실은 '밖에' 있다고 대답하였다. 생각과 대상은 구분되지 않았다(여전히 마술적 집착이다. 어린이는 분기점 3을 완결 짓지 못했다).

후기 전조작 단계인 수준 1에 있는 아이들은 자기가 물질적 신체와 동일하다고 믿었다. 그러나 마음이 자기를 조절하고 자기에게 무엇을 할지를 알려 주기 때문에 신체를 움직이는 것은 마음이다. 마음과 신체의 관계는 권위의 관계다. 마음이 어른이고 신체는 어린애다(즉, 심신이 천천히 분화되고 있다). 마찬가지로, 생각은 대상과 구분되지만 실재와 겉모습은 구별되지 않는다('소박 사실주의').

약 7세부터 12세경에 수준 2가 발생한다(구체적 조작). 이 수준에서 심신이 최초로 분화되고(분기점 3의 완성), 어린아이는 자기에 대해서 신체가 아니라 한 개인a person으로서(사회적 역할이나 페르소나, 분기점 4) 말하며, 그 개인은 몸과 마음을 모두 포함한다. 생각과 대상은 구분되지만 지식에는 여전히 개인 특유의 풍미가 강하게 담겨 있어서(자아중심성의 잔여물), 사실과 개인적 의견이 쉽게 구분되지 않는다.

약 11세부터 17세경에 일어나는 수준 3에서(형식적 조작 초기) '사회적 성격이나 역할은 진실된 내적 자기와는 다른 거짓된 외적 모습으로 간주'된다. 여기서 우리는 자기(합리적 자아)가 사회중심적 역할에의 매몰로부터 꽤 분명하게 구분됨을, 외현적인 사회적 역할을 자각하고, 그리하여 이를 초월하거나 이들로부터 탈동일시된 새로운 내면성이나 상대적 자율성이 출현함을 볼 수 있다. "자기는 정상적으로는 개인의 본성인 것이다. 그것은 일종의 에센스로서 심적 내용물의 변화에도 불구하고 스스로를 유지한다."

이와 마찬가지로, 정확히 똑같은 이유로 "이 수준에서 반성적 자기자각reflective self-awareness이 나타난다"(이는 분기점 5의 합리적이고 반성적인 자아로서 사회중심적이거나 신화-멤버십 역할로부터 분화되어 그 역할을 초월하는데, 이와 관련해서는 '정체성 위기'라는 잠재적인 병리를 수반한다. 새로운 자아-자기는 심적 사건들의 흐름에 **주시자**로 남기 시작하며, 스쳐 가는 모든 생각에 마냥 휩쓸리지 않는다는 점에도 주목하라. 이 단계에 있는 청년은 무언가가 '심적 내용물들의 변화에도 불구하고 남아 있다'고 보고한다).

수준 4 또는 형식적 조작 후기에 있는 사람에게는 가설-연역적 의식(~라면 어떨까, 마치~인 듯)이 가능해지고 실재는 상대성과의 **상호 관련성**으로(우리가 보았듯이, 가장 넓은 의미에서의 생태학과 상대성) 여겨진다. 자기는 '성격, 경험, 행동에 통일성과 통합성을 부여하는' 기초 조건으로 간주된다(이것이 '성숙한 자아'다).

그러나 이 단계에서 발달은 비관적인 방향으로 전환될 수 있는데, 이는 매우 뚜렷하게 일어나는 현상이다. 자기는 경험과 행동에 통일성과 통합성을 부여하는 원칙이 되는 대신에 그저 **경험과 행동에 동일시**한다. 이 단계에서 냉소적인 행동주의자식 선회가 일어나며, "개인은 그 물질적 요구를 충족시키기 위해 인도되는 인공두뇌 시스템이다. 이 수준에서 상대적이거나 주관적인 참조 틀 안에서 모든 것을 바라보는 것을 철저하게 강조함으로써 그 사람은 유아唯我론적 입장solipsistic position에 가까워진다".

너무도 '전일론적'이라서 객관적 네트워크에는 실제 주체를 위한 여지를 도무지 찾을 수 없는 상대론적인 거대한 인공두뇌 시스템으로 세상이 보인다. 그러므로 자기는 유리되고, 미몽에서 깨어나고, 육체로부터 분리된 채 실재 위를 떠다닌다. 그것은 "유아론적 입장에 가깝다". 모든 공동성으로부터 단절된 초독자성hyperagency이다. 우리가 살펴본 바와 같이, 이것은 본질적으로 계몽주의 근본 패러다임, 즉 원자론적 자기atomistic self를 완전히 떠난 완벽하게 전일론적인 세상이다.[8]

초월적 자기는 다른 초월적 자기들과 연대를 맺을 수 있지만, 단순한 경험적 자기는 다시는 아무것도 들을 수 없는 경험적 그물망과 서로 맞물린 질서 속으로 사라져 버린다(그물망의 어떤 가닥도 그물망 전체를 결코 의식할 수 없다. 그럴 수 있다면 그물망이 아닐 것이다. 시스템 이론에는 이것이 허용되지 않는데, 하버마스가 입증했듯이 이런 이유 때문에 시스템 이론은 항상 고립주의자, 자아중심 또는 '유아론'으로 끝을 맺는다).

그러나 더 초월적인 자기가 출현하려면 우선 자기는 경험적 자기에 불과한 것으로부터 분화되어야만 한다. 따라서 우리는 브로턴과 더불어 "수준 5에서 관찰자로서의 자기는 알고 있는 자기-개념과 구분된다."라는 사실을 알게 된다. 달리 말해서, 관찰하는 순수한 참자아(우리가 곧 탐구할 초월적 주시자나 아트만)와 닮은 무언가가 경험적 자기 또는 객관적 자기와 분명하게 구분되기 시작한다. 이는 새로운 내면성, 초월해가는 새로운 내면으로의 진입, 경험적 자아를 초월하지만 포함하는 새로운 출현이다. 자아를 이런 식으로 초월하기 시작하는 것을, 물론 우리는 켄타우로스라고 부른다(분기점 6 또는 의식발달에서 우리가 지금껏 살펴보았던 여섯 번째 주된 분화의 시작이다).9) 이것은 켄타우로스 통합으로 이끄는 비전-논리 영역으로서, 이 때문에 이 단계에서 브로턴이 '실재는 해석적 틀의 일관성으로 정의'된다는 점을 발견한 것이다.

이런 통합적 단계는 브로턴이 말한 마지막 주된 수준(켄타우로스 후기)에서 결실을 맺는데, 여기서 '심신은 모두 통합된 자기의 경험'이 되고, 이는 내가 켄타우로스 또는 심신 통합된 자기로 가장 자주 정의하곤 했던 표현이다. 정확히는 의식이 신체, 페르소나, 자아, 마음과의 배타적 동일시로부터 분화되었기(또는 탈동일시 또는 초월했기) 때문에 이제 의식은 그들 각각을 하위 파트너로서 취하면서 그들을 상위에 있는 새로운 홀론 속에 통일된 방식으로 **통합**할 수 있다. 물질권, 생명권, 정신권 그 어떤 것과도 배타적으로 동일시하지 않기 때문에 그 모두를 통합하는 게 가능해진다.

그렇다고 해서 켄타우로스에서 모든 게 달콤하고 빛나는 건 아니다. 언제나 그렇듯이, 차원 높은 새로운 역량은 새롭고도 차원 높은 병리를 위한 잠재력을 가져온다. 비전-논리는 심안에 주어진 온갖 가능성을 모두 합산하기 때문에 종국에는 우울한 결론에 도달한다. 개인적인 삶은 우주적 허공 속에서 짧은 순간 동안 빛나는 불꽃이다. 현재 그 모든 것이 아무리 멋져도 우리는 여전히 죽을 것이다. 하이데거가 말한 것처럼, 두려움, 자기망각으로부터 자기현존으로 우리를 불러들이는 두려움, 나의 이런저런 부분(신체, 페르소나, 자아, 마음)이 아니라 나의 세계, 내 존재 전체를 사로잡는 두려움은 실존적(켄타우로스) 존재의 진정한 반응이다. 내가 진정으로 내 삶을 들여다볼 경우, 나는 그것의 끝을 보며 그것의 죽음을 본다. 그리고 나는 나의 '다른 자기들', 나의 자아, 나의 페르소나는 모두 허위를 통해, 외로운 죽음에 대한 자각의 회피를 통해 유지된다.

심오한 실존적 불안, 이 단계(분기점 6)의 특징적인 병리가 시작된다. 인간중심적 신과 여신에 의해 더 이상 보호받지 못하고, 대충 신비로 둘러대는 행복한 역량을 갖춘 이성도 김이 빠져 버린 채, 아직은 초의식 손으로 넘어가지 못한 우리는 그 어둡고 음울한 밤, 한때는 우리를 내뱉었던 것처럼 분명 우리를 곧 삼켜 버리고 말 밤을 우두커니 응시하고 있다. 톨스토이의 표현을 빌려 보자.

> 50세가 되었을 때, 나를 자살 생각으로 몰고 간 의문은 인간 영혼에 잠자고 있는 모든 의문 중 가장 단순한 것이었다. "내가 지금 하고 있는 것 그리고 내일 하게 될 것이 무슨 소용인가? 내 인생은 전부 무슨 소용이란 말인가?" 달리 표현해 보자. "나는 왜 사는 걸까? 무엇이 되었든 나는 그걸 왜 원하는 걸까?" 또 다르게 표현해 보자. "나를 기다리는 피할 수 없는 죽음으로도 파괴되지 않을 어떤 의미가 내 삶에 있는 걸까?"

마술구조에서는 그런 의문이 결코 일어나지 않는다. 그 구조는 풍성하면서도 지나칠 정도로 의미가 있는데, 우주는 항상 거기에 중심을 두고 있고, 그것을 위해 만들어졌으며, 매일매일 그 의미에 영합하기 때문이다. 모든 빗방울이 영혼을 위로하는데, 왜냐하면 확신을 주는 매 빗방울마다 우주중심성을 재확인시키고, 위대한 정령이 영혼을 감싸 안으면서 항상 이렇게 속삭이기 때문이다. "나는 그대를 위해 존재한다."

신화 신봉자에게 그런 의문은 결단코 일어나지 않을 것이다. 이 영혼은 오로지 자신의 신, 영혼이 신에 대한 믿음을 고백할 경우, 행복한 우연에 의해 이 영혼을 영원히 구원해 줄 신을 위해서만 존재한다. 서로를 추켜세우면서 지옥 같은 운명으로 한없이 추락하는 패거리 집단이 아닐 수 없다. 이런 집단 속에서는 신앙과 의미가 위기를 맞을 수 없다(영혼이 이런 신에 대해 의심을 품을 때에만 위기가 생긴다).

그런 질문은 행복한 합리주의자를 괴롭히지 않을 텐데, 그 사람은 오래전에 그런 질문을 다시는 묻지 않겠다고 결심한 후 그 질문을 잊어버리고, 무의식적으로 만들어 버리고, 그렇게 물어 오는 사람들을 조롱함으로써 그 무의식을 견디는 행복한 합리주의자가 되었다.

하지만 그게 아니다. 너무 많이 알고, 너무 많이 보고, 너무 많이 느끼는 자기에게는 그런 식의 질문이 일어난다. 위안은 사라졌고, 만찬에서 해골이 히죽대며 웃는다. 사소한 것으로 스스로를 더 이상 진정시킬 수 없다. 실존적 존재의 그 극심한 고뇌는 행복한 백만 개의 마술과 믿을 만한 천 가지 신화만큼의 가치를 갖지만, 그의 억누를 수 없는 고통이 유일한 위안이다. 신체의 위안과 기분 풀이 너머에서 느끼는 고통, 두려움, 허무다. 페르소나, 자아는 용감하게 텅 빈 공Void의 얼굴을 들여다보고서는 더 이상 신비나 공포를 대충 둘러댈 수가 없다. 그것은 지나치게 깨어난 영혼이다. 그것은 초개인의 가장자리에 선 영혼이다.

초개인 영역

우리는 한 단계의 문제는 다음 단계에서 '해체de-fuse'됨을 반복해서 보았다. 따라서 실존적 불안에 대한 유일한 치료책은 실존적 조건의 초월, 즉 켄타우로스의 초월로서 더 높고 넓은 의식에서 그것을 부정하고 보존하는 것이다. 왜냐하면 여기서 우리는 정신권의 고비를 넘어 신권theosphere, 초개인 영역, 자의식self-conscious에 머물지 않는 초의식 영역으로 들어서기 때문이다.

초개인 전개의 더 높거나 깊은 형태로 진화(그리고 20개 원리)를 따라가면서 수많은 이슈를 명확하게 할 필요가 있다.

우선 이런 차원 높은 전개를 '종교적'이라거나 '영적'으로 부른다면, 그 용어의 일상적인 의미와는 완전히 달라진다. 우리는 태고, 마술, 신화구조라는(이들은 보통 세계의 위대한 종교와 관련이 있다.) 초기 발달을 공들여 검토하면서 몇 개 장을 소비했는데, 정확히 말해서 그런 구조들은 초개인 및 관조contemplative의 발달이 아니라는 이유 때문이었다. 여기서 우리는 분명 캠벨에 동의할 수 있다. 99.9 퍼센트의 사람들이 마술과 신화를 '참된 종교'로 부르길 원하면 그들에게는 그렇지만(이는 정당한 사용이다.),[10] 그러나 그것은 세계의 위대한 요기, 성자, 현자들이 신비적이거나 '실제로 종교적'이라고 말하는 의미에서 벗어났을 뿐 아니라, 아무튼 내가 생각하고 있는 의미에서도 벗어나 있다.

그러나 캠벨이 마술, 신화, 합리 시대에도 극소수 사람들이 실로 마술을 넘어, 신화를 넘어, 이성을 넘어 초이성적이면서 초개인적인 영역으로 들어갈 수 있었다고 한 것은 단연코 맞는 이야기다. 대중이 그들(붓다, 그리스도, 파탄잘리, 파드마삼바바, 루미, 지의대사 같은)의 가르침을 낚아채서 '개인 영혼의 구원'이라는 마술, 신화, 자아 용어를 써서 하향식 해석을 했을지라도, 그것은 그들의 가르침을 분명하면서도 노골적으로 언급한 것도, 그 가르침이 그런 노력을 의도적으로 지지한 것도 아니다. 그들의 가르침은 지옥이나 윤회와 완전히 동급이 됨으로써 터무니없는 개념으로 전락한 개체성의 영원한 보존에 관한 것이 아니라, 개체성으로부터의 해방에 관한 것이었다.

그들의 가르침과 그들의 관조적 노력은 하나부터 열까지 초이성적이었다(그리고 지금도 그렇다). 즉, 모든 관조 전통이 내면으로 들어가서 이성을 초월하는 데 목적을 두지만 그 모두는 이성에서 **출발**하고 있고, 진리는 증거에 의해 확립되어야 하고, 그런 진실은 실험적 방법의 결과이며, 그 진실은 개인적 경험이라는 실험실에서 **검토**되어야만 하고, 이 진실은 그런 실험을 시도하길 원하고, 따라서 스스로 영적 주장의 진위를 드러내길 원하는 모든 사람에게 개방되어 있으며, 정확히 말해서 도그마나 주어진 신념들은 더 심오한 진실과 더 확장된 비전의 출현을 방해한다는 생각에서 출발하고 있다.

따라서 이런 영적 또는 초개인적 노력들은(여기에 대해서는 면밀하게 살펴볼 것이다.) 각자 의식, 포용, 사랑, 정체성, 실재, 자기, 진실의 더 높은 영역이 존재한다고 주장한다. 이런 주장들은 도그마가 아니다. 그저 권위 있는 사람이 그렇게 선언했기 때문이거나, 사회중심의 전통이 전수했거나, 구원이 '참된 신자'에 의존하기 때문에 그것들을 믿는 게 아니다. 그렇기보다는 차원 높은 이 영역들에 관한 주장은 수백 년 세월에 걸친 실험적 내성과 공동체적 확인에 근거를 둔 **결론**이다. 합의를 거쳐 도달한 증거를 근거로 잘못된 주장들은 거부되고, 더 많은 증거를 이용해서 실험적 결론을 바로잡고 미세하게 조정한 것이다.

표현을 달리하면, 이런 영적 노력들은 중요한 의미에서 과학적이며, 이런 노력들을 체계적으로 제시하는 방식은 정확히 모든 **재구성적 과학**reconstructive science의 방식을 따른다.

초개인에 대한 반대 의견

이런 관조과학contemplative science에 반대하는 통상적인 이유는 그다지 설득력을 갖지 못한다. 이런 신비 상태가 사적이면서 내면적이라서 공개적으로 진실임을 증명할 수 없다는 게 가장 전형적인 이유다. '주관적인 데 머문다'는 것이다.

이는 사실이 아니다. 사실이라면 이는 수학에서 문학, 언어학, 정신분석학, 역사적 해석까지의 모든 비경험적 노력에도 적용된다. '감각세계'에 존재하는 '저 밖에서' 마이너스 일의 제곱근을 본 사람은 아무도 없다. 그것은 심안을 갖고 내면에서만, '사적으로'만 볼 수 있는 수학적 상징이다. 그러나 훈련받은 수학자 공동체는 그 상징이 정확히 무엇을 의미하는지 알고 있고, 상호 주관적 의식 속에서 그런 상징을 쉽게 공유할 수 있으며, 엄밀한 의미에서 그 상징을 일관성 있게 사용하는 것을 확증하거나 거부할 수 있다. 이와 마찬가지로, 관조과학자들의 '사적' 경험은 공통되고 공유된 경험에 근거를 둘 뿐 아니라, 공적인 증거에 근거한 확증이나 반박에 대해 열려 있는 훈련된 명상가들의 공동체와 공유할 수 있다.

우측 길Right-Hand path은 경험적 확증에 대해 열려 있음을 기억하라. 이는 홀론의 우측 차원, 즉 그들의 형상이나 외면은 실로 감각이나 감각의 연장으로 '관찰될' 수 있다. 그러나 좌측 차원, 내적인 면은 비록 내면적으로 **경험될** 수는 있지만 '저 밖에서' 경험적으로 볼 수는 **없다**(그러나 그것은 경험적 **상관요소**를 갖는다. 나의 내면에서 일어나는 생각은 EEG로 기록되지만 **그런 증거에 의해** 결정되거나 해석되거나 알려질 수는 없다). 감각부터 충동, 심상, 개념 등등까지 좌측에 있는 모든 것은 **직접적으로 면식을 통해**by acquaintance 내게 알려진 내적 경험이다(실제로 그것을 '객관적으로 기술'할 수는 있지만 깊이가 같은 상호 주관적 공동체를 통해서만 가능한데, 여기서 그것은 **동일한 깊이**로부터 도출되는 해석에 의존한다). 직접적인 영적 경험은 좌상상한에서의 고차 영역일 뿐이며, 그런 경험들은 여타의 직접적인 모든 경험만큼이나 실재하고, 다른 어떤 경험적 지식과 마찬가지로 쉽게 공유될 수 있다(또는 왜곡될 수 있다).[11]

(수학적 지식이든, 내성적 지식이든, 영적 지식이든 간에 내면의 직접적인 경험적 지식의 타당성을 부정하는 유일한 방법은 행동주의자의 입장을 취해서 내적 경험을 외적 행동과 똑같이 보는 것이다. 이것이 브로턴이 말한 수준 4의 냉소적 왜곡이거나 병리적 작용이라고 누군가는 말해야 하지 않을까?)

물론 한 가지 단서가 붙는데, 그나 그녀의 경우 실험자는 **필요로 하는** 인지수단을 발달시켜야만 한다. 예를 들어, 구체적 조작 사고를 탐구하고 싶을 때 전조작 수준까지만 발달한 사람들의 공동체는 유효하지 않을 것이다. 전조작 어린이를 데리고 그 아이 앞에서 길이가 짧은 두꺼운 잔에서 길이가 길고 가느다란 잔으로 물을 부으면, 아이는 키가 큰 잔에 물이 더 많다고 대답할 것이다. 양쪽 잔에 같은 양의 물이 있다고, 왜냐하면 방금 내가 똑같은 물을 한 잔에서 다른 잔으로 붓는 걸 네가 보았기 때문이라고 당신이 말한다면 아이는 당신 말을 못 알아들을 것이다. 아이는 "아니요, 긴 잔에 물이 더 많아요."라고 한다. 당신이 두 잔 사이에서 물을 이리저리 몇 번을 부어도 아이는 두 잔에 들어 있는 물 양이 같다는 사실을 부정할 것이다(흥미롭게도, 이 단계에 있는 아이를 비디오로 촬영하고는 아이가 잔에 같은 양의 물이 있다는 것이 완전히 분명해지는 시점인 구체적 조작으로 발달할 때까지 몇 년을 기다린 후에 아이에게 예전 비디오테이프를 보여 주면 아이는 그것이 자신이라는 사실을 부정할 것이다. 아이는 당신이 테이프를 조작했다고 생각한다. 그토록 멍청한 인간을 상상할 수 없는 것이다). 전조작 어린이는 구체적 조작 실재를 포함하는 세계에 매몰되어 있으며, 그런 실재에 흠뻑 젖어 있지만 그것들을 '볼' 수는 없다. 그것들은 모두 '피안otherworldly'에 속한다.

사실상 발달의 매 단계에서 다음에 나타나는 높은 단계는 항상 완전히 '피안' '비가시적 세계'로 보인다. 실제로는 '다른' 세상을 담고 있는 실재에 젖어 있음에도 불구하고 그 사람에게 그 세상은 문자 그대로 도무지 존재하지 않는다. '차안에 있는 this-worldly' 그 사람의 존재는 주변에 온통 널린 '피안'의 특징을 이해할 수가 없다.

이와 동시에 더 높거나 깊은 이런 세계 공간의 (구체적 조작이나 형식적 조작이나 그보다 높은 어떤 단계든) 위치는 물질적 시공간 어디에서도 정확히 찾을 수 없다. 그것들은 여기에, 차안에 대한 더 깊은 지각 속에 있다. 발달과 진화가 확대되면 피안은 차안이 된다. 구체적 조작의 세계 공간은 전조작의 아이에게는 완전히 딴 세상(그러나 아이는 종종 그 공간을 직접적으로 응시하고 있다.), 그럼에도 불구하고 완벽히 분명하고 현전하며 보여지는 세상, 구체적 조작 단계에서는 '차안'이 되는 세상, "도대체 웬 소란이지?"라고 외치게 만드는 또 다른 세계다. 그러나 발달과 진화가 확장되기 전에는 현전하는 이 세상에서 아이가 다른 세상을 제대로 포착할 수 있도록 허용하는 건 아무것도 없다(그렇지 않다면 딴 세상은 이미 실재하는 이 세상이 되었을 것이다).

더 높은 또는 초개인발달에서도 똑같다. 합리적 수준에 있는 누군가에게 그런 발달을 설명해 보라. 당신에게 돌아오는 건 기껏해야 헤드라이트에 꼼짝없이 갇혀 버린 사슴의 멍한 눈빛일 것이다(최악의 경우에는 "우리 오늘 각성제 먹는 걸 잊었니?" 같은 답을 듣는다).

그러므로 내가 강조하고 싶은 첫 번째는, 초개인발달의 높은 단계는 실제로 그런 단계까지 발달했던 사람들, 감지 가능하고, 인식할 수 있으며, 반복될 수 있는 그런 발달 특징을 보여 주는 사람들로부터 취한 단계라는 것이다. 단계 자체는 이성적으로 재구축될 수 있지만(사실을 좇아 합리적으로 설명될 수 있다.), 그것들을 이성적으로 경험할 수는 없다. 초이성적 관조의 발달을 통해서만 그것들을 경험할 수 있으며, 그 단계들은 여타의 어떤 발달 단계와도 같은 방식으로 전개되고, 그 경험은 다른 어떤 경험과 마찬가지로 실재한다.

그러나 개인은 그런 경험에 적합할 필요가 있는데, 그렇지 않으면 그런 경험은 비가시적인 피안이 된다. 요기, 성현, 명상가들은 "온 세상은 참자아의 현현이다."와 같은 말을 하는데, 이런 말은 우리가 거기에 대해 생각해 보고 그 말이 논리적으로 맞는지 알아볼 수 있는 단순한 이성적 진술이 아니다. 그것은 오히려 직접 파지나 직접 경험에 관한 시적인 설명이다. 철학적으로 숙고함으로써가 아니라, 관조적 자각에 관한 실험적 방법을 취해서 필요로 하는 인지적 도구를 계발한 후에 우리 스스로 직접 봄으로써 이런 직접 경험을 검증해야 한다.

에머슨의 표현처럼, "우리가 보는 것은 결국 우리의 모습일 뿐이다".

언어와 신비주의

이 점과 관련해서 통상 제기되는 또 다른 반박은 신비적이거나 관조적인 경험은 평범한 언어나 그와 관련된 어떤 언어로도 표현할 수 없기 때문에 인식론적으로 볼 때 근거가 없을 뿐 아니라 '참된 지식'이 아니라는 것이다. 그러나 이것은 맨 먼저 언어적으로 위치가 정해진 지식이란 무엇을 의미하는가에 관한 문제를 우회하고 있다.

앞에서 언급했지만, 소쉬르는 모든 언어적 기호는 두 가지 요소, 종종 S/S로 표시되는 기표signifier와 기의signified를 갖는다고 주장했다. 기표란 기록되거나 발화된 상징이나 소리로서 (이 페이지에 기록된 물질적인 잉크 형태나 당신이 말할 때의 물리적인 공기 진동 같은) 기호의 **물질적** 요소다. 기의는 당신이 기표를 보거나 들을 때 마음에 떠오르는 것이다.

따라서 이 페이지에 물리적으로 개라는 단어를 쓰면 그것은 기표가 된다. 당신이 그 단어를 읽고, 내가 멍멍 짖는 네 발 달린 털 짐승을 의미한다고 이해한다면 그것은 마음에 떠오르는 기의가 된다. 기호란 이런 두 요소의 조합으로서, 이 두 요소는 물론 기호의 우측 차원(물리적 외면)과 좌측 차원(내적 의식이나 의미)이다.

양자는 실제 **지시대상**referent이나 내적이든 외적이든 그 기호가 '지시'하는 것과는 구분된다. 따라서 기표는 개라는 단어이고, 지시대상은 실제 개이며, 기의는 당신이 기표인 개를 읽거나 들을 때 마음에 떠오르는 것이다. 소쉬르의 천재성은, '마음에 떠오르는 것'은 실제 개와는 구분되는 다수의 요인 전체에 의존하기 때문에 기의는 단순히 지시대상과 동일하지 않다는 점을 지적한 데 있다. 이것이 언어적 실재를 매력적으로 만든다.

구조주의라는 운동 전체에 실제로 불을 지핀 소쉬르의 요점은, 기호 자체는 무의미하기 때문에 고립된 실체로서 이해할 수 없다는 데 있다(이런 이유로 상이한 단어가 상이한 언어에서 동일한 대상을 나타낼 수 있으며, '의미'란 단순히 어느 한 대상을 지시하는 단어의 문제가 아닌데, 왜냐하면 상이한 단어가 어떻게 동일한 대상을 나타낼 수 있는가라는 의문 때문이다). 더 정확히 말해서, 기호는 의미 있는 구조로 통합된 차이들로 구성된 홀라키의 부분으로 이해되어야 한다. 기표와 기의는 홀론으로서, 전체/부분이라는 사슬에서 전체/부분으로 존재하며, 소쉬르가 분명히 했듯이 각각에 의미를 부여하는 것은 그것들의 관계적 위상이다(언어는 무의미한 요소들의 유의미한 체계다. 항상 그렇듯이 초홀론 체계나 구조는 하위 홀론에 의미를, 하위 홀론 혼자서는 갖지 않고 가질 수도 없는 의미를 부여한다).

바꿔 말해서, 기표와 기의는 맥락 속의 맥락, 그 맥락 속의 맥락이라는 구조로서 존재하며, 의미 자체는 맥락 구속적이다. 단어에 의미가 있는 것이 아니라 맥락에 의미가 있다. 개 짖는 소리the bark of a dog는 나무 껍질the bark of a tree과 동일하지 않으며 차이는 단어에서 생기지 않는데, 양쪽 구절에서 bark라는 단어는 동일하기 때문이다. 그 의미를 결정하는 것은 관계 맥락이다. 모든 용어의 의미에는 언어구조 전체가 연루되어 있다. 이것이야말로 소쉬르의 위대한 통찰이다.

늘 그렇듯이, 이것이 우측 이론가들과 좌측 이론가들 간의 분열에 기여한 내용이다. 우측 이론가 또는 순수구조주의자들은 언어와 문화에서 기표 시스템의 외적 구조만 연구하길 원했다(이는 후기 구조주의자들에게 길을 열어 준 접근으로서, 이들은 푸코의 고고학이나 데리다의 서기법 연구grmmatology에서처럼 기표를 모든 기반으로부터 해방시키고, 그것을 자유롭게 떠돌거나 미끄러지면서 권력이나 편견에 의해서만 정박하는 것으로 보길 원했다. 여기에서 의미는 실로 맥락-의존적이며, 이는 권력이나 편견에 의해 자의적으로 부과된다). 소위 '자유롭게 떠다니는 기표'라는 '후기 구조주의 혁명'인 것이다.

좌측 이론가들은 내적 의미라는 맥락 속의 맥락, 보는 것이 아니라 해석될 수 있을 뿐인, 배경을 이루는 문화적 실천의 맥락에서만 해석되는 기의를 연구하고 싶어 했다(하이데거에서 쿤, 테일러에 이르는 해석학자들과 비트겐슈타인의 견해).

그러나 해석학적 좌측 길과 구조주의자들의 우측 길은 기호를 오로지 맥락적으로만 이해할 수 있다는 점에서 서로 의견을 같이한다(공통의 해석을 위한 예지나 배경지식의 맥락을 제공하는 공유된 문화적 관습에서든, 공유된 비개인적 언어구조라는 맥락에서든 그렇다. 이런 양측 접근 모두가 똑같이 중요하다는 점, 그것들은 언어 홀론의 내면과 외면을 나타낸다는 점을 4장에서 논의했다. 그리고 실제로 푸코조차도 이런 이해에 도달했다).[12]

이 모든 내용은 이런 식으로 신비주의와 관련이 있다. 개라는 단어는 당신과 내가 공유하는 의미를 갖는데, 그 기호는 공유된 언어구조와 사회적·해석적 관습이라는 공유된 문화적 배경 안에서 존재하기 때문이다. 그러나 진짜 개를 본 적이 없다면 어떻게 될까? 그다음엔 어떻게 될까?

나는 물론 당신에게 한 단어를 설명할 수 있지만, 그 단어가 내가 기표 '개'를 의미하는 것과 동일한 기의를 당신 마음에 '상기시킬 수' 있을 어떤 공유된 경험 지점이 없다면 그 단어는 무의미할 것이다(개 대신 **불성**이라는 단어를 쓰면 우리가 곧 탐구할 신비 경험에 대한 이런 계열의 생각이 갖는 중요성을 알 수 있을 것이다). 이 점에서 해석주의자들은 단연코 옳았다. 당신과 내가 공유하는 동일한 언어구조 자체만으로는 당신에게 제대로 된 기의를 제공하기에 **충분치 않다**. 동일한 의미를 설정하려면 당신과 나의 **공통된 삶의 경험**이 필요하다.

더구나 개를 보는 실제 경험 자체는 단순한 언어 경험에 머물지 않는다. 개라는 기표는 실제 개가 아니라 실제 지시대상이다. 분명히 진짜 개라는 전체 경험 자체를 언어로 옮길 수는, 기표로 표현할 수는 없다. 그러나 진짜 개를 언어로 온전히 포착할 수 없다는 사실은 진짜 개가 존재하지 않는다거나 실재하지 않는다는 의미가 아니다. 그것은 당신과 내가 유사한 경험, 공유된 공통의 생활세계 경험을 가질 때에만 기표가 의미를 갖는다. 그때서야 나는 당신이 '개가 무섭다'고 말할 때의 의미를 알 수 있을 것이다.

짧게 요약하면, 어떤 직접 경험도 언어로는 온전하게 포착할 수 없다.[13] 섹스를 말로 표현할 순 없다. 당신이 경험을 했든 안 했든, 시로써 아무리 표현한다 해도 그것이 경험을 대신하진 못할 것이다. 일몰을 감상하고, 케이크를 먹고, 바흐를 듣고, 자전거를 타고, 만취 상태에서 토하는 경험 중 어떤 것도 결단코 말로 표현할 수 없다.

따라서 영적 경험도 말로 표현할 수 없다면 어떻게 될까? 그런 경험들은 어떤 다른 경험보다 이 점에서 더 불리하거나 덜 불리하지 않다. 내가 '개'라고 말하고 당신이 그런 경험을 했다면, 당신은 내가 정확히 무엇을 의미하는지 알고 있다. 선禪 스승이 '공성空性'이라고 말하고 당신에게 그런 경험이 있다면, 당신은 무슨 의미인지 정확하게 알 것이다. 당신에게 '개'나 '공성'의 경험이 없다면, 숱한 말을 덧붙여도 도무지 그것을 전달하지 못할 것이다.

따라서 신비주의에도 그런 설명을 적용하려면 개의 특질과 일몰의 특질 및 우리에게 우연히 다가온 그 밖의 모든 경험에 대해서도 그런 설명을 똑같이 적용시켜야만 한다(이것은 정말 신비주의를 향해 퍼붓는 가장 저급한 설명이다).

역으로, 배경이 되는 공유된 실천의 맥락에서 당신과 나 둘 다 유사한 경험을 했다면 언어는 세속적이든 영적이든 경험에 대한 기표로서는 아무런 문제가 없다. 선스승은 공성에 대해 줄곧 이야기를 한다! 그리고 그들은 말로는 무슨 의미인지 정확히 알고 있고, 당신에게 그런 경험이 있다면 말은 그 의미를 전달하기에 완벽히 적합하다(왜냐하면 그들이 의미하는 바는 좌선 또는 명상 수행이라는 공유된 실천 속에서만 드러날 수 있기 때문이다).

한 걸음 더 가 보자. 구체적 조작기의 아이에게 "내가 다른 곳에 있다고 가정해 보자."라고 말하면 그 아이는 그런 진술의 모든 의미를 실제로 알아들은 양 고개를 끄덕일 것이다. 구체적 조작기의 아이는 말을 해독하기 위해서 공유된 언어구조(문법)를 이미 갖고 있다. 그러나 우리가 이미 살펴본 바와 같이, 구체적 조작기의 아이는 가설적 진술이 함축하는 내용을 완벽히 포착할 수 없기 때문에 아이는 내 진술이 뜻하는 바를 실제로 이해하진 못한다. 그러나 일단 형식적 조작이라는 더 상위 구조가 출현하면 이것은 하나의 세계 공간 속으로 아이를 안내하는데, 여기서는 '마치~인 듯'이 일종의 기표에 불과하지 않고 그 구체적 조작세계 공간에서 기존의 지시대상을 갖는 기의가 된다. 한 개의 단어가 아니라 우리가 그 단어를 듣거나 볼 때마다 어느 정도는 자동적으로 마음속에 튀어 올라오는 직접적인 이해로서 합리적 세계 공간에서 그 단어는 진정으로 존재하는 실체를 가리킨다.

달리 말해서, 모든 기호는 발달적 지시대상과 발달적 기의라는 연속선상에 존재한다. 기호의 지시대상은 누구나, 그리고 모두가 그저 보기를 기다리는 '그런' 세상에 마구잡이로 놓인 게 아니다. 지시대상은 스스로 오로지 발달 과정에서만 드러나는 세계 공간에서만 존재하며, 기의는 그 세계 공간까지 발달한 사람들의 내적 지각 속에서만 존재한다(이것이 기의가 출현하도록 허용할 때 배경으로 작용하는 해석적 의미를 구성한다). 구체적 조작기에 해당하는 아이의 어떤 경험도 아이에게 '마치~인 것 같은' 개$_{dog}$의 의미를 보여 줄 수 없는데, 왜냐하면 가상의 개는 구체적 조작세계 공간 어디에도 존재하지 않기 때문이다. 그것은 형식적 조작세계 공간에서만 존재하며, 따라서 그것은 우선은 인식만이라도 되길 요구하는 지시대상이다.

요점을 하나씩 지적해 보자. (이 페이지에 적힌 단어 같은) 기호의 기표들은 항상 물질적이면서 아무런 의미도 없는 물질적 요소다(소쉬르의 핵심). 기표는 물질적이기 때문에 내 개조차도 그것을 볼 수 있다(물론 어떤 의미도 발견하지 못하거나, 오히려 감각운동 수준에서 그것을 먹이로 볼 것이다). 이유는 기호의 실제 지시대상은 특정 깊이 수준(전조작, 구체적 조작, 형식적 조작 등)에서만, 스스로를 드러내는 세계 공간(감각운동, 마술, 신화, 심리 등)에서만 존재하기 때문이다. 이와 마찬가지로, 기호에 해당하는 기의는 **필수적인 깊이를 계발시킨 사람들의 내적 지각을 통해서만 존재한다**(문화적·사회적 실천이라는 맥락 또는 동일한 깊이의 상호 주관적 공동체 안에서 이 모든 것이 발생한다).[14]

구체적 조작기의 아이와 나의 개는 물리적 단어인 '마치~인 듯'을 볼 수는 있지만, 어느 누구도 그 구절을 이해할 수 없다. 실증적 부호는 무의미하다. 아이와 개에게는 발달적 기의가 없으므로 실제 지시대상을 볼 수가 없다.

지시대상과 세계 공간의 예를 몇 가지 들어 보자. 바위는 감각운동 세계 공간에 존재하고, 물활론식 구름은 마술적 세계 공간에 존재하며, 산타클로스는 신화적 세계 공간에 존재하고, 음수의 제곱근은 합리적 세계 공간에 존재하며, 원형은 정묘한 세계 공간에 존재하는 등이다. 미리 주어진 대상으로서가 아니라 사상한 모두의 산물로서 존재하는 셈이다. 따라서 ('바위'에서 '원형'에 이르기까지) 그런 기의들이 나타내는 지시대상을 이해하기 위해서 개인은 자신의 내적 발달을 통해 반드시 필요한 깊이를 지녀야만 한다(그래서 그런 기표들은 적합한 기의를 불러일으킨다. '음수의 제곱근'이라는 구절을 읽을 때, 형식적 조작까지 발달했을 때에만 당신은 그 의미를, 그 뜻을 알 수 있다).

이와 마찬가지로, 불성이나 지고 신Godhead, 영Spirit, 법신이라는 단어는 그 지시대상이 초개인이나 영적 세계 공간에만 존재하는 기표다. 그러므로 그것들을 이해하기 위해서는 발달적 기의, 제대로 발달한 내면, 외적 단어에 상응하는 좌측 차원이 필요하다. 그렇지 않은 경우 그 단어들은 보이지 않는 개, 보이지 않는 영처럼 단어에 그치고 만다. 발달된 기의가 없다면 단어는 개도, 영도 포착할 수 없다.

짧게 요약해 보자. 나는 개를 발견하고 당신에게 그 개를 보여 줄 때까지 이리저리 달릴 수 있는데, 우리 둘 다 감각운동 세계 공간에 존재하기 때문이다. 당신이 개를 찾아낼 수 없는 발달적 이유는 없다. 또 다른 예로서 지시대상이 이성적 세계 공간에 존재하는 가설적 개를 이해할 수 없는 이유는 없다. 우리는 이미 그 세계 공간을 공유한다. 우리는 이미 그 깊이 수준으로 변용되었다. 그러므로 공유된 지시대상의 세계 전체는 우리가 파악할 수 있도록 주변에 널려 있다(왜냐하면 우리는 이미 그것들이 현현될 수 있는 세계 공간이나 통로를 창조했기 때문이다).

그러나 당신으로 하여금 지시대상이 영적 세계 공간에만 존재하고, 기의가 그런 공간에서 깨어난 사람들의 의식에서만 존재하는 기표와 공명할 수 있게 해 주는 데 필요한 인지까지 당신이 발달한 게 아니라면, 나는 돌아다니면서 붓다를 찾아서 당신에게 보여 줄 수는 없다.

신비주의의 타당성 요건

비가 오는지의 여부를 알고 싶으면 창으로 가서 밖을 내다보면서 비가 온다는 걸 확인한다. 내가 잘못 봤을 수 있거나 내 시야가 흐릿할 수도 있다. 검증하고 싶으면 당신은 창으로 다가가서 비 오는 게 맞다고 체크한다.

이것은 (좌측 길이든 우측 길이든 상관없이) 매우 형태를 단순화시킨 모든 타당한 지식 추구의 세 가지 요소다.[15] 그 첫째는 지시injunction로서, 이는 항상 "이것을 알고 싶으면 이것을 해라."의 형태를 띤다. 세포에 핵이 있다는 걸 알고 싶으면 현미경을 가져와서 조직 절편 만드는 법을 배우고 세포를 염색해서 현미경 아래 놓은 후 들여다

본다. 햄릿의 의미를 알고 싶으면 영어를 배우고 책을 구해서 읽는다. 2 더하기 2가 실제로 4가 된다는 걸 알고 싶으면 산술이론을 배우고 정리$_{theorem}$를 취해서 마음속으로 계산한 후 결과를 검토한다.

달리 표현하면, 여러 가지 지시는 계몽, 파악, 직관이나 그 지시가 겨냥하고 있는 영역의 직접 경험의 가능성으로 유도하거나 이를 밝히거나 펼쳐 놓는다. 당신은 햄릿의 의미, 비가 오는지 또는 왜 2+2가 4가 되는지를 '볼' 수 있다. 이것이 두 번째 요소인 계몽이나 파악이다. 당신은 직접 경험을 통해서 그 영역에서 노출된 자료를 보거나 파악한다.[16]

그러나 당신이 잘못을 저지를 수도 있어서 당신의 결과, 당신의 자료를 첫 두 가지 요소를 완성한 타인들, 지시를 수행하고 자료를 얻은 타인들과 비교한다. 이런 동료 공동체에서 당신은 원래 자료를 비교하고 확증하거나 거부한다. 이것이 세 번째 요소인 **공동 확증**communal confirmation(또는 반증)이다.

지시, 계몽, 확증이라는 이 세 가지 요소는 타당한 어떤 지식 추구에서든 주된 구성요소다.[17] 토마스 쿤Thomas Kuhn(그리고 그 이전 실용주의자들의 가치, 특히 하이데거의 '분석-실용' 측면) 작업의 위대한 가치 한 가지는, 지식을 산출하고 여기서 더 나아가 주어진 세계 공간에서 명확하게 표명될 수 있는 지식 유형을 산출하는 데 있어 지시나 실제 실천의 중요성에 주의를 기울인 점에 있다.

즉, 사회적 실천이나 사회적 지식은(나는 '사회문화적'이라는 폭넓은 의미에서 '사회'라는 용어를 사용하였다.) 주체와 객체 유형(그럼으로써 전개될 수 있는 지식의 유형)이 드러나는 세계 공간 유형을 창조하고 드러내는 데 결정적으로 작용한다. 우리가 앞에서 살펴본 것처럼 지식의 지시대상은 특정 세계 공간에만 존재하는데, 그 세계 공간은 모든 사람이 지각할 수 있도록 주변에 널린 채 경험적으로 소여된 게 아니다.[18] 그렇기는커녕 그런 세계 공간은 배경을 이루는 지시나 사회적 실천의 맥락에서 인지적 변용을 통해 드러난다/창조된다.[19]

간단히 말해서, 지식 축적의 첫 번째 요소는 단순히 "보라."가 아니다. "이것을 한 다음에 보라."다.

우리 시대가 가장 오해하고 있는 개념 중 하나에서 쿤은 정상 과학은 전형이 되는 지시exemplary injunction라는 방법을 통해서 진행된다고 지적했다. 즉, 과학자들이 동의하는 공유된 실천과 방법이 그들 영역에서 중요한 이슈들을 드러내고 검토한다. 쿤은 그런 합의된 지시를 '전형' 또는 패러다임으로 불렀다. 모두가 동의하는 전형적인 실천, 기법 또는 방법은 지식 추구를 촉진하는 핵심이다. 어떤 유형의 자료를 드러내는 것은 패러다임, 전형이 되는 지시이기 때문에 패러다임 자체는 부합성correspondence이 아니라 합의의 문제다.

두 문화를 연구하는 학문세계에서 자금을 충분히 지원받지 못하는 인문학이론가들(실제로는 모든 뉴에이지 사람들)은 정상 과학의 권위를 약화시키고, 자신들만의 분야를 보강하고, 경험적 사실을 자의적인 사회적 인습으로 축소시키는 방법으로서 '패러다임' 개념에 달려들었고, 그런 후에 새로 개선된 자신들만의 '패러다임'을 제안하였다. 이 모든 과정에서 '패러다임'은 일종의 종합이론, 개념 또는 견해로서 오해되었다. 당신이 새로우면서도 더 나은 이론과 만나면 사실적 증거를 무시할 수 있는데, 그것은 그저 '낡은 패러다임'이라고 생각하기 때문이다.

그 무엇보다 이것은, 실증과학이란 실제로 어떤 '진보'도 보여 줄 수 없고, 과학자들의 자의적 인습을(그리고 이런 인습들은 항상 새로운 패러다임이 극복할 어떤 식의 '론ism'으로 가득 차 있다.) 제외하고는 어떤 지시대상도 갖지 않는 의견의('패러다임') 변천에 불과하다는 걸 의미했다.

이 모두는 "후속되는 과학이론들은 그것들이 적용되는 꽤나 다른 환경에서 발생하는 수수께끼들을 풀기 위한 이전 이론들보다 더 낫다. 이는 상대주의 입장을 취하는 게 아니라 나 자신이 확신을 갖고 과학적 진보를 믿는다는 의미다."라는 쿤의 반복되는 주장을 무시하고 있다.[20]

'패러다임'을 (확고한 기반이 없는) 단순한 이론으로 무너뜨림으로써 과학의 진취적 정신은 다양한 형태의 언어적 공론으로 주저앉을 수밖에 없었다(그래서 삼라만상의 새 주인은… 문학평론가다). 마찬가지로, 뉴에이지 운동에서 '신패러다임' 돌풍이 밀고 들어와서 낡은 패러다임의 추한 모습을 바로잡을 수 있었다.

그러나 패러다임은 그 무엇보다 지시, 실제적인 실천이다(이 모든 실천은 그것들이 지지하고 있는 이론에는 결코 들어서지 못하는 비추론의 요소를 갖는다). 이들은 검토된 영역에서 새로운 자료를 드러내는 방법이며, 패러다임은 그 용어가 갖고 있는 의미 그대로 진실이기 때문에 작동한다. 쿤이 말했듯이 과학은 실제로 진보하는데, 후속 패러다임이 점점 더 흥미로운 자료를 점차 드러내기 때문이다. 푸코조차도 자연과학이 권력구조로서 출발했지만 권력으로부터 분리되었음을 인정하였다(지식으로 가장한 권력으로 꽉 들어 찬 것은 생체권력biopower이라는 사이비과학이다).

뉴에이지 추종자도 '신패러다임 추종자'도 신패러다임에 가까운 건 전혀 갖지 못했는데, 그들은 말만 장황하게 늘어놓기 때문이다. 그들에게는 새로운 기술도, 새로운 방법론도, 새로운 전형도, 새로운 지시도 없으므로 새로운 자료도 없다. 그들이 가진 건 쿤을 오도함으로써 정상 과학을 날조하여 그것을 자신들이 관념적으로 선호하는 온우주에 대한 해석으로 대체하려는 거짓된 시도일 뿐이다.

이와는 달리 관조 전통에는 언제나 손쉬운 일련의 지시가 따라온다. 무엇보다도 그것은 일련의 실천, 숙달하는 데 수년이 걸리는(일반 과학자의 훈련보다 더 걸린다.) 실천들이다. 이런 지시는(좌선, 묵조선, 위파사나, 관조적 내성, 사트상satsang, 다르샨darshan으로서 이 모두를 앞으로 논의할 것이다.) 생각할 내용이 아니라 행위해야 할 것들이다.

일단 전형exemplar이나 패러다임적 실천에(요소 1) 숙달한 후에 새로운 자료가 스스로를 드러내는 세계 공간으로 진입한다(요소 2). 이것은 직접 파악이나 계몽으로서, 한마디로 표현하면 직접적인 영적 경험이다(신비적 합일, 깨달음, 견성, 샥티파티 Shaktipat, 나다nada, 샤바드Shabd 등). 첫 번째 두 요소(지시와 계몽)를 완결 지은 사람들로 구성된 공통체에서는 이런 자료들을 엄격하게 검토한다. 목표가 되는 영역에 적합한 인지적 안목cognitive eye을 가진 사람들의 공동체(승가)에 의해 불량한 자료는 **퇴짜를 맞는다.**

따라서 『아이 투 아이』에서 내가 다루었듯이, 진정한 지식은 쿤의 패러다임과 유사한 요소(즉, 지시), 증거나 자료나 경험에 대한 폭넓은 실증적 요구와 유사한 요소(즉, 감각 경험에서든, 심적 경험에서든, 영적 경험에서든 계몽이나 파악) 그리고 칼 포퍼경의 오류 가능성 준거fallibilistic criterion와 유사한 요소(즉, 적합한 사람들로 구성된 공동체에 의한 잠재적인 확증이나 반박)를 갖는다.

그런 이유로 관조적 지식이 진정한 지식이 될 수 있는데, 그것은 타당한 지식 축적의 세 요소를 모두 따르고 있기 때문이다.

관조적 길의 재구축

물론 이것은 여러 관조 전통이 자기 고유의 문화에 구속된 특정 함정, 맥락, 해석들을 갖지 못하도록 막을 수는 없다. 그러나 관조적 노력이 온우주의 보편적인 측면을 드러내는 한, 관조 전통의 심층구조는(표층구조는 그렇지 못하다.) 명상적 지시와 패러다임을 통해 창출된/드러난 여러 심층 수준에서 범문화적 유사성을 보일 것으로 기대할 수 있다.

표현을 달리하면, 세계 공간의 심층구조(태고, 마술, 신화, 이성, 초개인)는 깊은 추상 수준에서 대부분 불변하는 범문화적 양상을 보이는 반면, 표층구조(다양한 세계 공간에서 실제 주체와 객체)는 문화마다 당연히, 그리고 적절하게도 다르다. 인간의 마음이 보편적으로 심상, 상징, 개념들로 성장하는 것과 같이(그러나 이들 구조의 실제 내용은 상당히 다르다.) 인간의 영혼은 보편적으로 신성에 대한 직관을 자라게 하고, 그런 발달적 기의들은 온우주에 존재하는 여타 홀론들과 마찬가지로 진화적이면서 재구축될 수 있는 방식으로 전개된다(그리고 그들의 지시대상은 유사한 방식으로 드러난 여타 자료들과 마찬가지로 실재한다).

지난 몇 십 년 동안 (스타니슬라브 그로프Stanislav Grof, 로저 월시Roger Walsh, 프란시스 본Frances Vaughan, 대니얼 브라운, 잭 엥글러, 대니얼 골먼Daniel Goleman, 찰스 타트Charles Tart, 도널드 로스버그Donald Rothberg, 마이클 치머만Michael Zimmerman, 시모어 보어스타인Seymour Boorstein, 마크 엡스타인Mark Epstein, 데이비드 루코프David Lukoff, 마이클 워시번Michael Washburn, 조엘 펑크Joel Funk, 존 넬슨John Nelson, 존 처반John Chirban, 로버트 포르먼Robert Forman, 프랜시스 루Francis Lu, 마이클 머피Michael Murphy, 마크 왈드먼Mark Waldman, 제임스 파디먼James Fadiman, 나와 그 외 사람들 같은)[21] 수많은 연구자 측에서는 공동의 노력을 기울여, 정지되거나 고착이 일어나지 않을 경우 자아와 켄타우로스를 넘어 자연스럽게 또는 정상적으로 지속되는 초개인 또는 관조적 발달이라는 상위 단계들을 이성적으로 재구축하려고 했다.

이런 작업의 상당수는 『의식의 변용: 발달에 관한 인습적이고 관조적인 관점 Transformations of Consciousness: Conventional and Contemplative Perspectives on Development』(윌버, 엥글러, 브라운)에 요약되어 있으므로 나는 그 내용을 되풀이하진 않을 것이다. 그러나 결론은 간단하다. 브라운과 엥글러는 이렇게 요약했다.

> 그들의 원어로 우리가 연구한 주된 (관조) 전통은 단계 모델의 관점에서 명상경험이 전개됨을 보여 준다. 예를 들어, 티베트불교 전통의 마하무드라, 팔리상좌부 불교전통의 청정도론, 산스크리트 힌두 전통의 요가 수트라가 있다. 문화적이고 언어적인 차이 그리고 수행 스타일의 엄청난 차이에도 불구하고, 그 모델들은 충분히 유사해서 근저에는 불변하는 공통된 단계 순서가 있음을 시사한다.

이런 발달 모델은 유대교도(카발라), 이슬람교도(수피), 기독교 신비 전통에서(예컨대, 『변용Transformations』에서 처반이 쓴 장을 보라.) 발견되는 신비적이거나 내적인 기도 단계와도 일치하는 것으로 발견되었으며, 브라운 또한 중국의 관조 전통에서도 이를 발견하였다. 다 아바바샤Da Avabhasha 같은 이론가들은 현재 이용 가능하면서도 잘 알려진 온갖 관조 전통으로부터 추출한 대표 샘플로 보이는 것으로부터 해석학적이고 발달적인 해독을 광범위하게 실시했는데(예를 들어, 『관용의 그릇The Basket of Tolerance』을 보라.), 그들은 이런 전반적인 발달 모델에 대해 근본적으로 또 포괄적으로 동의하고 있다.

아직은 초보 수준이지만 증거는 최소한 초개인발달의 네 가지 일반 단계들이 존재하고, 각각에는 적어도 두 가지 하위 단계가(일부 연구자들은 더 많은 단계를 가정한다.) 있음을 강하게 시사하고 있다. 나는 이 네 단계를 심령, 정묘, 원인, 비이원으로 부른다.

각 단계는 동일한 패턴을 따르며, 다른 모든 의식 진화 단계와 동일한 발달 특징들을 보여 주고 있다. 각각은 20개 원리(새로운 분화/통합, 새로운 깊이를 띤 새로운 출현, 새로운 내면성 등)를 따르는 홀론이다. 각각은 새롭고도 더 넓은 타자의 세계에 존재하는 더 높은 새로운 자기감각을 갖고 있으며, 새로운 충동, 새로운 인지, 새로운 도덕적 입장 등을 갖는다. 각각은 문화적으로 불변하는 심층구조(규정짓는 기본 패턴)를 지니지만 문화적으로 조건화되고 형성되는 표층구조를 수반하며, 각각은 차원 높은 새로운 형태의 병리 가능성을 갖는다(비현현의 '최종' 지점은 예외지만, 그것조차도 현현될 때에는 특정 문제를 일으킬 가능성이 있다).

나는 어딘가 딴 데에서 이 네 가지 주요 단계 각각의 심층구조(그리고 병리)를 예비적으로 설명해 놓았다.[22] 스스로 되풀이하는 대신, 나는 이를 제시하기 위해 특히 이 단계를 대표하는 네 명을 선택했으며, 그들로 하여금 말하게 할 것이다. 그들은 각각 랄프 왈도 에머슨, 아빌라의 성 테레사, 마이스터 에크하르트, 스리 라마나 마하르시다. 각각의 인물은 또한 각 단계, 즉 자연 신비주의, 신성 신비주의, 무형상 신비주의, 비이원 신비주의에서(우리는 각각을 설명할 것이다.) 전형적으로 나타나는 신비주의 유형을 대표하고 있다.

각자는 내일의 형태, 앞으로 올 우리 운명의 모습을 대변하고 있다. 천재들이 항상 그렇듯이, 각자는 우리에 앞서 날아가는 시간의 화살에 올라탄 분들이며, 따라서 과거에서는 어렴풋이 보여도 미래에서 우리를 향해 손짓하고 있다.

08
신성의 심연

삶에서 향연이 열리면 신성한 숨결이 빛나는 형상을 통해 신성하게 흐른다. 사랑의 홍수가 흐르고, 천국으로 적셔진 살아 움직이는 강이 저 밑에서 울려 퍼질 때 으르렁대며 포효한다. 밤은 자신의 보물을 보답으로 돌려주고, 저 위 개울에서는 감춰진 채 있었던 황금이 희미하게 빛난다.

친절한 정령이여, 잔잔하게 관조하는 눈썹에서 당신의 빛이 인간 가운데 안전하게 축복하며 내려오는 것처럼, 당신은 내게 증언하고 내가 그것을 다른 이들에게 반복할 것이라고 말한다. 왜냐하면 다른 이들 또한 믿지 않기 때문에…….

−프리드리히 횔덜린−

내면과 초월within-and-beyond의 지속되는 진화 과정은 새로운 내면 그리고 새로운 초월을 가져온다.

심령 수준

우리는 소위 개인과 초개인의 경계인 켄타우로스의 출현에서 멈추었다. 첫 세 개 일반 영역을 물질, 생명, 마음의 영역이라고 한다면, 다음에 오는 일반 영역(심령과 정묘 영역)은 혼soul의 영역으로서, 나는 이 용어를 사용할 작정이다. 혼의 첫 번째 규칙은 그것이 초개인이라는 것이다.

초개인이라는 용어는 다소 불편하면서도 많은 사람을 혼란스럽게 한다. 그러나 에머슨의 표현처럼 요점은 간단하다. "혼은 개인을 모른다." 그는 이렇게 설명하고 있다. (그리고 주목하라. 이 인용문에서 에머슨은 줄곧 그 시대 관습에 따라 남성 명사를 사용하였다. 그가 오늘날 살아 있다면 여성과 남성을 동시에 사용했을 것이다. 대혼大魂, Over-Soul이라는 그의 개념이 갖는 전체 요지는 남성도 여성도 아니라는 것인데, 그런 이유로 그것은 어떤 제한적 역할로부터도 참으로 해방될 수 있었다. "혼은 개인을 모른다.")

개인은 혼의 일차 가르침을 보충한다. 젊었을 때 우리는 개인에게 열광한다. 어린 시절과 청년 시절은 그 속에서 모든 세상을 본다. 그러나 인간의 더욱 폭넓은 경험은 그들 모두에서 나타나는 동일한 성질(동일한 자기나 혼)을 발견한다. 두 사람이 나누는 모든 대화 속에서 제 삼의 존재인 공통점이 암묵적으로 언급된다. 세 번째 부분 또는 공통 성질은 사회적인 게 아니다. 비개인적인 신이다.[1]

혼에는 개체성이 없으며, 신이 그 근원이다. 그러나 '비개인'이라는 말은 꼭 맞지 않는데, 그 말은 개인적인 것을 완전하게 부정한다는 의미를 띠는 경향이 있기 때문이다. 그러나 더 높은 발달에서 개인은 부정되고, 보존되거나, 초월되고, 포함된다. 그러므로 '초개인'이다. 그러므로 우리가 초개인은 '개인 마이너스'가 아니라 '개인 플러스'를 의미하다는 걸 기억하는 것은 뒤이어 등장하는 모든 논의에서 매우 중요하다고 생각한다.

그러나 '초개인' 경험은 실로 무엇을 의미할 수 있을까? 그것은 말처럼 그렇게 신비한 게 아니다. 브로턴(그리고 그 외 많은 연구자)의 연구에 따르면, 켄타우로스에서 자기는 이미 경험적 자아나 경험적 개인을 초월하기 시작한다('관찰자는 알려진 자기 개념과 구분'된다). 당신 스스로는 지금 당장 자신의 객관적인 자기를 자각할 수 있다. 당신의 개별 자아나 인간을 관찰할 수 있고, 일반적으로 스스로를 자각한다.

그렇다면 누가 관찰하는 걸까? 당신의 개별 자아를 관찰하거나 주시하는 것은 무엇일까? 그러므로 그것이 어떤 중요한 방식에서 당신의 개별 자아를 초월하는 것일까? 그것은 누구일까? 또는 무엇일까? 고결한 에머슨은 이렇게 말한다.

인간 속의 혼은 하나의 기관이 아니라 모든 기관에 활기를 불어넣고 훈련시킨 다는 사실은 잘 알려져 있다. 그것은 기억, 계산, 비교의 힘처럼 하나의 기능이 아니지만, 이것들을 손과 발로 사용한다. 그것은 기능이 아니라 빛이다. 지성이나 의지가 아니라 지성과 의지의 주인이다. 그것은 우리 존재의 배경으로서 이들은 그 속에 놓여 있다. 소유되지 않고 소유될 수도 없는 방대함이다. 내면이나 배후에서 하나의 빛이 우리를 통해 사물을 비추며, 우리로 하여금 우리는 무無이며 빛이 전부임을 깨닫게 한다.[2]

당신 속에 있는 관찰자, 당신 속에 있는 주시자는 당신 속에 있는 고립된 개인을 초월하고, 그 대신 에머슨이 말한 것처럼 내면이나 배후에서 광대한 의식의 확장으로 개방된다. 그 의식의 확장은 개별 심신체에 더 이상 사로잡혀 있지 않으며, 더 이상 개인을 존경하거나 학대하지 않으며, 스쳐 가는 기쁨과 외로운 자기가 따로 분리시킨 슬픔에 더 이상 매료되지 않은 채, 세상에서 온 것이 아니라 세상으로 스며드는 빛나는 구멍이나 빈터로서 침묵 속에서 고요히 서 있다. "우리를 통해서 빛이 사물을 비춘다." 자기, 개인을 관찰하거나 주시하는 바로 그것은 정확히 그만큼 자기, 개인으로부터 자유롭다. 그리고 그 구멍을 통해 빛과 참자아, 혼의 힘이 쏟아져 들어온다. 에머슨의 표현처럼, 그것은 "무릎을 꿇게 만든다".

인간은 모든 지혜와 모든 선善이 거주하는 사원의 외양이다. 우리가 보통 ('개별 사람'이나 자아로서) 인간으로 부르는 것, 우리가 알고 있는 먹고 마시고 계산하는 인간은 자신을 있는 그대로 드러내지 못하고 있다. 우리는 그를 존경하지 않는다. 그 대신 그 자신은 혼의 기관으로서, 만일 그가 자신의 행동을 통해 혼이 나타나도록 허용한다면 그 혼이 우리의 무릎을 꿇게 만들 것이다. 그의 지성을 통해 혼이 숨을 쉴 때, 혼은 천재가 된다. 그의 의지를 통해 숨을 쉴 때, 혼은 미덕이 된다. 그의 애정을 통해 흐를 때, 혼은 사랑이 된다. 지성이 지성으로 그칠 때('고유한 개인'이 될 때), 지성의 맹목성이 시작된다. 개인이 개인으로 그칠 때, 의지의 나약함이 시작된다. 모든 개심改心은 특정 방식으로 우리를 통해서 혼이 자신의

길을 가게끔 허용하는 데 목적이 있다…….3)

그들을 통해 혼이 빛나는 사람들, 그들을 통해 '혼이 자신의 길을 가는' 사람들은 그러므로 우리들 가운데 나약한 성격, 소심한 성격, 온순한 태도를 지닌 사람들이 아니다. 그들은 개인을 배제하지 않고 개인을 포함하고 있다. 정확히 그들은 개별 성격에만 오로지 동일시하지 않기 때문에, 그럼에도 불구하고 여전히 성격을 보존하고 있기 때문에, 그런 성격을 통해 혼의 힘과 불꽃이 흐른다. 그들은 부드럽게 말하고 침묵 속에 종종 잠기는데, 그것은 그들 주변에서 시끄럽게 떠드는 자아의 목소리를 전혀 들리지 않게끔 만드는 우뢰처럼 커다란 침묵이다. 그들은 활기에 차 있고 매우 외향적일 수 있지만, 그들의 활력은 자석과 같아서 사람들은 매혹되어 그들 존재로 끌려든다. 착각하지 마라. 이들은 강한 성격의 소유자이고, 이 영혼들은 때로는 거칠게 과장된 성격을 갖고 있으며, 때로는 전 세계적으로 중요한 인물이 되기도 하는데, 정확히 말해서 그들의 성격은 그들의 혈관을 통해 소리 내서 울려 퍼지고, 그들 주변 사람들을 거칠게 몰아대는 보편적 근원과 접속되어 있기 때문이다.

예를 들어, 미국 역사에서 에머슨이 실제로 그 누구보다도 중요한 미국 자체의 지적 특성을 정의하게끔 만든 것은 정확히 이런 불꽃과 힘이었다고 나는 믿는다. 어떤 역사가의 표현처럼, 그의 에세이 중 하나인 『미국 학자The American Scholar』는 '19세기에 나타난 어떤 단일 작업의 영향보다 더 큰 영향력'을 행사했다. 올리버 웬들 홈스Oliver Wendell Holmes는 그것을 '우리의 지적 독립선언'으로 불렀다. 제임스 러셀 로웰James Russell Lowell은 이렇게 설명했다. "청교도 반란은 종교적으로 우리를 독립적으로 만들었고, 혁명은 우리를 정치적으로 독립하게 만들었지만, 그럼에도 불구하고 우리는 여전히 사회적으로나 지적으로 영국식 사고에 계류되어 있었으나, 마침내 에머슨이 종속의 고리를 끊고 푸른 강의 위험과 영광에 직면하는 기회를 우리에게 제공했다……."

울려 퍼지는 이 독립선언의 메시지는 무엇일까? 혼은 어떤 개인에게도, 어떤 문화에도, 어떤 전통에도 매여 있지 않고 모든 사람 안에서, 모든 사람을 넘어서 새롭게 솟아오르며, 시간과 장소 그리고 역사의 세계에서 그 어떤 것에도 고개 숙이지 않는 진실과 영광에 스스로 기초하고 있다. 우리 모두는 '스스로 빛나는 빛'이 되어

야만 하고, 그렇게 될 수밖에 없다.⁴⁾

홈스가 보여 주었듯이, 전 미국을 울린 문구에서 에머슨은 "아담이 가졌던 모든 것, 카이사르가 할 수 있는 모든 것을 당신이 갖고 있으며, 가질 수 있다."라고 선언했다. 왜냐하면 그것은 우리 각자 안에 있는 동일한 참자아이기 때문이다. 그는 우리가 절하는 대상은 우리 자신의 혼인데, 왜 우리는 과거 영웅들에게 절해야만 하는지를 물었다. "그들이 덕성스럽다고 가정하자. 그들이 덕을 다 써 버렸는가?" 위대한 영웅들이 끌어당기는 힘은 우리 자신의 참자아가 부르는 소리라고 그는 말했다. 똑같은 혼이 현재, 오로지 지금, 그리고 항상 지금 빛나고 있는데 왜 이렇듯 과거에 굽실거리는가? 그런 다음 에머슨은 재빨리, 그리고 되돌릴 수 없이 케이블을 잘라서 미국인뿐만 아니라 우리 모두를 푸른 강의 위험과 영광 위로 떠 있게 만들었다.

너 자신을 신뢰하라. 모든 심장은 그 철로 된 줄에 맞추어 진동한다……. 모든 원초적 행동이 발휘하는 자력은 우리가 자기신뢰의 이유를 탐구할 때 설명된다. 누가 신탁 관리자인가? 보편 의지가 기초하고 있는 원래의 참자아는 무엇인가? … 이런 탐구는 즉시 우리를 그 근원, 천재의 본질, 덕성의 본질, 생명의 본질로 안내한다……. 그 깊은 힘, 분석이 미칠 수 없는 마지막 사실에서 일체는 그들의 공통된 기원을 발견한다.

왜냐하면 우리가 어떻게 그럴 수 있는지 알지 못하지만, 고요한 시간에 혼 속에서 떠오르는 존재의 감각은 사물, 공간, 빛, 시간, 인간과 다르지 않고, 그들과 하나이면서 분명히 동일한 근원, 거기에서 그들의 삶과 존재 또한 진행되는 근원으로부터 진행되기 때문이다……. 행위와 사고의 토대가 여기에 있다. 인간에게 지혜를 주는 영감의 가슴이 여기에 있다……. 우리는 엄청난 지성의 무릎 위에 누워 있고, 이는 우리를 그것이 지닌 진리의 수혜자로, 그 활동의 기관으로 만든다. 우리가 정의를 알아볼 때, 우리가 진실을 알아볼 때, 우리 스스로가 한 일은 아무것도 없고, 단지 그 빛줄기로 가는 통로를 허락했을 뿐이다…….

혼과 신성한 영의 관계는 매우 순수하기 때문에 중간에 도움을 끼워 넣으려는 것은 신성모독이다. 신계서 말씀하실 때면, 그는 당연히 하나가 아닌 일체와 소통한다. 세상을 그의 목소리로 가득 채워야만 하고, 현재 생각의 중심부로부터 빛, 자연, 시간, 혼들을 흩뿌려야만 하며, 새롭게 날이 적히고, 새것이 전체를 창조한다. 마음이 단순하여 신성한 지혜를 받아들일 때마다 낡은 것들은 사라진다. 수단, 교사, 문서, 사원들은 추락한다. 그것은 **현재를 살고 있으며**, 과거와 미래를 현재의 시간으로 흡수한다. 그것과 관련을 맺으면 모든 것이 하나씩 신성해진다. 일체는 그 원인으로 말미암아 그들의 중심부로 녹아들며, 보편적인 기적 속에서 사소한 특정 기적들은 사라진다.

그러므로 한 인간이 신을 알고 신에 대해 말한다고 주장하면서 당신을 다른 지역, 다른 세상에 있는 낡고 부패한 나라의 말씨로 퇴보하도록 만든다면 그를 믿지 마라. 도토리가 그 충만하고 완성된 모습인 떡갈나무보다 낫단 말인가? 그렇다면 왜 과거를 이렇듯 숭배한단 말인가? 몇 백 년이란 혼이 가진 온전한 정신과 권위에 반하는 공모자다. 시간과 공간은 눈이 만드는 생리적인 색깔에 불과하지만 혼은 빛이다. 빛이 있는 곳이 낮이며, 빛이 있었던 곳이 밤이다. 역사가 나의 존재와 생성의 유쾌한 교훈담이나 우화보다 낫다면 무례할 뿐 아니라 해악을 끼치고 있는 셈이다. 5)

혼, '원래의 참자아'가 모든 존재에게 공통됨을 강조하기 위해 에머슨은 종종 그것을 우리 모두에게, 모든 존재에게 동일한 '대혼'으로 언급하였다. 혼의 총 숫자는 하나일 수밖에 없다.

그렇게 될 수밖에 없는 유일한 선지자는 지구가 대기의 부드러운 팔에 안기듯이 우리가 안식하는 그 위대한 자연이다. 모든 인간의 특정한 존재가 담겨지고, 다른 모든 것과 하나가 되는 그 합일, 그 대혼이다. 진심 어린 모든 대화가 숭배가 되고, 모든 올바른 행위가 순종이 되는 그 공통된 가슴이다. 우리들의 술책과 재능이 틀렸음을 입증하고, 모든 사람을 있는 그대로의 모습으로 통과하도록 강요하고, 입(자아)이 아니라 품성으로 말하도록 제한하는 아주 강한 실재다. 이것은 우리의 생각과 손으로 들어와서 지혜, 미덕, 힘, 아름다움이 되는 경향이 있다……

당신 안의 심장은 모두의 심장이기 때문에 그렇다. 자연 속 어디에서나 밸브, 벽, 교차로는 존재하지 않는다. 지구의 물이 모두 하나의 바다이듯 하나의 혈류가 끊어지지 않고 모든 인간을 통해 영원히 순환한다. 바다의 조수는 하나임을 실로 보았다…….

하나의 빛이 수천의 별들을 반짝이게 하고, 하나의 혼이 모든 인간을 살아 움직이게 한다…….

우리는 연속 속에서 분리되어 부분으로, 입자로 살아간다. 그러나 인간 안에는 전체로서의 혼이 존재한다. 모든 부분과 입자가 평등하게 관계하는 현명한 침묵, 보편적인 아름다움이, 영원한 일자—를가 존재한다.[6]

새롭고도 더 깊은 내면은 우리를 새롭고 더 넓은 초월, "사물, 공간, 빛, 시간, 인간과 다르지 않고 그들과 하나이면서 분명히 동일한 근원, 거기에서 그들의 삶과 존재 또한 진행되는 근원으로부터 진행된다."라는 걸 우리는 또다시 보고 있다. 이렇듯 새로운 내면과 초월은 사회중심 정체성을 넘어 모든 인류와의 세계중심 정체성으로 이동하는 데 머물지 않고(이는 합리적-자아/켄타우로스는 그 범세계적 또는 보편적인 후인습 자각 속에서 가정하는 내용이다.) 현현된 모든 것과의 동일시, 의식적인 합일을 향해 간다. 모든 인간에 그치지 않고, 모든 자연, 물리적 우주, '크든 작든' 모든 존재와의 동일시로서, 그 유명한 버크Bucke가 '우주의식'으로 불렀던 합일이나 정체성이다.

우리는 세계중심 켄타우로스에서 직접적인 우주의식으로 진입했다고 말할 수 있다. (세계중심의식에서 벗어난 놀라운 성취를 생각할 때, 이 표현은 엄청난 비약이 아니다).[7]

따라서 켄타우로스는 물질권, 생물권, 정신권을 **통합**할 수 있지만, 대혼은 물질권, 생물권, 정신권이 되거나 그들과 **직접** 하나가 된다. 그것은 내 안에서 또 나를 상당히 초월한 의식에 기초를 둔, 정체성의 지속적인 심화와 확장일 뿐이다.

그리고 에머슨은 문자 그대로 이걸 의미하였다! 에머슨에 따르면, 이런 우주의식은 시가 아니라(그러나 그는 종종 타의 추종을 불허하는 시적인 아름다움으로 그것을 표현하였다.) 직접적인 깨달음, 직접적인 파악이며, "그 깊은 힘, 분석이 미칠 수 없는 마지막 사실에서 일체는 자신들의 공통된 기원을 발견한다. 하나의 빛이 수천의 별들을 반짝이게 만들고, 하나의 혼이 모든 인간을 살아 움직이게 한다."라고 밝히고 있다.

대혼은 또한 세계혼World Soul으로 경험되기 때문이며, 여기서 자기와 세계는 '공통된 토대, 공통된 근원'을 발견하기 때문이다.[8] 대혼(또는 세계혼)은 순수한 주시자나 원래의 참자아를 최초로 파악한 것으로서, 이 심령 단계에서는 비록 자주 끊어지긴 하지만 경험적 실재로서 출현하기 시작한다[9](에머슨이 이런 주시자를 어떻게 다루었는지 곧 보게 될 것이다).

대혼, 세계혼과 더불어 개체성이 사라지는 게 아니다. 그러나 다시 한번 말하지만 그것은 부정되고, 더 깊고 넓은 근원, 모든 자연과 그 영광을 뚜렷하게 포함시키는 근원 속에서 보존된다. 이런 우주의식을 때로는 '자연 신비주의'로 부르지만, 이는 다소나마 잘못 사용된 용어다. 왜냐하면 이런 심령 수준의 신비주의는 자연뿐만 아니라 문화도 포함하고 있어서, 그것을 '자연 신비주의'로 부르는 것은 그것을 단순한 생물중심의 퇴행, 생태중심의 미분화와 혼동하게끔 만들며, 이는 에머슨이 생각한 내용과는 전혀 다르기 때문이다(우리가 앞으로 살펴볼 것이다).

그러나 대혼은 모든 현현과의 동일시 경험이기 때문에 그것은 가장 분명하고 가장 풍성하게 자연을 포용하는 정체성이다. 그것은 그 정도까지 주체/객체 이원성을 약화시키기 시작한다.[10] 에머슨은 이렇게 설명하고 있다.

해, 달, 동물, 나무처럼 우리는 세상을 조각조각으로 바라본다. 그러나 이들 하나하나가 빛나는 부분이 되는 전체는 혼(대혼, 세계혼)이다……. 우리가 존재하고 우리가 그 완전한 행복에 도달할 수 있는 이런 깊은 힘은 매 시간마다 스스로를 충족시킬 수 있을 뿐 아니라 완벽하기까지 하다. 그러나 보는 행위와 보이는 사물, 보는 자와 광경, 주체와 객체는 하나다.[11]

그의 유명한 『자연Nature』이라는 수필의 '투명한 눈알'이라는 절에서 에머슨은 혼과 자연의 합일에 대해서 제대로 접근하면서 이런 우주의식을 유발시킬 수 있는 자연의 역량에 대해서 감동적으로 말하고 있다. 물론 '투명한 눈알'은 대혼의 형태를 띤 순수한 주시자를 암시한다. 그곳에서 "저열한 자기본위성은 모두 사라지고, 나는 아무것도 아니다. 그러나 일체를 본다."라고 했다.

> 진실로 말하면, 자연을 볼 수 있는 성인成人은 거의 없다. 대부분의 사람은 해를 보지 않는다. 적어도 그들은 매우 피상적으로 본다……. 벌거벗은 황무지를 가로지르며, 눈이 녹은 웅덩이 속에서, 황혼을 맞으며, 구름 덮인 하늘 아래서, 마음속에 어떤 특별한 행운도 일어나지 않은 상태에서 나는 완전히 충만한 기쁨을 즐긴다. 나는 공포스러울 정도로 기쁘다……. 이 신의 농원에서는 점잖음과 고결함이 지배하고, 영원한 축제가 준비를 갖춘다. 어떻게 천 년 안에 그것들에 싫증을 낼 수 있는지 손님은 알지 못한다. 숲속에서 우리는 이성과 신앙으로 돌아간다. 거기서 나는 삶에서 아무 일도 일어날 수 없음을 느낀다. 자연이 회복시킬 수 없는 어떤 불명예도, 어떤 재난도 일어날 수 없다. 맨땅에 서서 나의 머리는 태평스러운 대기에 젖어 무한한 공간으로 들어 올려진다. 저열한 자기본위성이 모두 사라진다. 나는 투명한 눈알이 된다. 나는 아무것도 아니다. 나는 모든 것을 본다. 보편적 존재의 흐름이 나를 통해 순환한다. 나는 신의 일부다.[12]

이 심오한 '자연 신비주의'를 단순한 자연 미분화나 생태중심적 몰입이나 생물권적 퇴행과(이는 우리가 이미 살펴보았듯이, 자아중심이고 인간중심이다.) 구별 짓는 것은 자연이 곧 영이 아니라 자연은 고유한 방식으로 빛나고 영광되며 완벽한 영의 **표현**이라는 깨달음이다. 그러나 그럼에도 불구하고 하나의 표현이다. 에머슨은 자연은 영이 아니라 영의 **상징**이라고 말한다. 에머슨은 분기점 2(생물중심적 몰입과 비분화)로 퇴행하지 않았다! 에머슨은 한편으로는 자연 **퇴행**과 다른 한편으로는 자연도 **포용**하는 신비주의 간의 이런 구분에 대해 매우 분명했다. 이런 구분은 오히려 환경주의자인 그의 팬들을 당혹스럽게 만드는데, 그들은 유한하면서 일시적인 자연을 무한하면서 영원한 영과 **동일하게** 다루길 원하는 것 같다.

자연의 아름다움은 궁극이 아니다. 그것은 내적이면서 영원한 아름다움을 예고하며, 혼자서는 견고하면서도 만족스러운 선善이 되지 못한다.

자연은 영의 상징이다······. 혼이 드러나기 전에는 시간, 공간, 자연은 움츠러든다······. 비전의 시간에는 그 무엇도 감사나 기쁨으로 부를 수 없다. 열정 위로 몸을 일으킨 혼은 정체성과 영원한 인과관계를 지켜보고, 진실과 정의라는 자기존재를 지각하며, 모든 일이 잘 굴러간다는 것을 알면서 스스로를 진정시킨다. 자연의 광활한 공간, 대서양, 남해, 긴 시간 간격, 수년, 수백 년은 중요하지 않다······.

신성한 사실을 그저 선언함으로써 끼어드는 어중이떠중이들, 책들, 조직들을 멍하게 만들고 경악케 하자. 침입자들에게 신발을 벗으라고 하자. 신은 여기 내면에 계시니까. 우리의 단순성으로 하여금 그들을 판단하게 하자. 그리고 우리 자신의 법칙에의 순종은 우리의 타고난 풍요로움에 비해 대자연이 빈곤함을 보여 준다.13)

에머슨에 따르면, 실로 대혼과 내재하면서 초월하는 신에 대한 내적 직관에 대해 우리의 눈을 가리는 건 감각과 자연 자체에 대한 헌신이다.

자연의 절대적인 존재에 대한 일종의 본능적 믿음은 감각과 구태의연한 이해에 속한다. 그들의 견해에서 보면 인간과 자연은 서로 뗄 수 없이 결합되어 있다. 사물이 궁극이며, 그들은 결코 자신들의 권역(피아제의 자아중심적 '현실주의')을 넘지 못한다······. 그의 마음은 야수처럼 되었으며, 그는 이기적인 야만인이 되었다······.

직관의 존재14)는 (자연에 대한) 이런 신앙을 망쳐 버린다. 사고의 첫 번째 노력은 우리가 마치 자연의 일부인 듯 우리를 자연에 묶어 두는 감각의 횡포를 풀어 주는 경향이 있으며, 우리에게 냉담한 자연, 마치 떠다니는 것 같은 자연을 보여 준다. 이런 고차원의 힘이 개입할 때까지(직관), 동물적인 눈은 놀라운 정확성으로 선명한 윤곽과 색채를 띤 표면을 본다. 직관의 눈을 뜨면 즉각 윤곽과 표면에 은

총과 표현이 추가된다. 이들은 상상과 사랑에서 비롯되어 사물에 대한 경직된 구분을 다소나마 누그러뜨린다. 더욱 진심 어린 비전을 향해 직관이 자극되면 표면의 윤곽은 투명해져 더 이상 보이지 않는다. 그들을 통해 원인과 영혼을 본다. 삶의 최고 순간은 이렇듯 더 높은 힘에 기분 좋게 깨어나는 순간이고, 자연은 신 앞에서 경건하게 물러선다.[15]

에머슨이 지적했듯이, 이는 자연이 동시에 영과 떨어져 있거나, 영과 분리되거나, 영에 반反한다는 의미가 아니다. 이것은 신화적 구조에서 통용되는 믿음이지만(캠벨은 이것을 '신화적 분리 상태'로 불렀다.), 진정한 심령 신비주의 어디에서도 이런 믿음을 볼 수가 없다. 일체의 자연은 구석구석까지 영으로 몸을 씻고, 영으로 넘치며, 영 속에 존재한다. 영이 자연에 온전히 스며들고 감싸 안지 않는 곳은 하나도 없다.

이런 구분은 매우 중요한데, 이들이 자연과 영의 관계에 대한 꽤나 다른 세 가지 세계관을 세밀하면서도 분명하게 구분 짓도록 만들기 때문이다.

- 첫째는 마술적 미분화로서, 여기서 영은 단순히 자연과 같다(자연 = 영). 분화되기 이전이며, 매우 '세속적'이다.
- 두 번째는 신화적 분화로서, 여기서 자연과 영은 존재론적으로 떨어져 있거나 분리되어 있다. 매우 '내세적'이다.
- 세 번째는 심령 신비주의다. 자연은 영의 완벽한 표현이다(또는 스피노자의 표현처럼, 자연은 영의 하위 집합이다).[16] '세속'과 '내세'가 합체되어 결합되어 있다.

세 번째에 관해 언급해 보자. 심령 수준의 신비주의를 정의하는 주된 특징 한 가지는 그것이 물질권, 생물권, 정신권과 의식적으로 동일시한다는 점이다. 생물권에 특권을 부여하는 데 그치지 않으며, 지구중심/자아중심적 미분화와 퇴행에 머물지도 않는다. 이런 신비주의는 종종 자연의 경이로움으로 인해 눈부시게 빛나는 환희를 느끼지만, 그럼에도 불구하고 에머슨이 끊임없이 강조했듯이 이것은 '국가와 자연의 참자아'다. 즉, 생물권적 매몰이 아니라 물질, 생명 그리고 문화의 신비로운 결합이다. 자연의 참자아일 뿐 국가의 (문화와 도덕) 참자아는 아니라고 한다면, 그것은 완전히 퇴행적·이원론적·비도덕적인 입장으로서, 생물권에 반영된 스스로를 발견함에 있어서 자아중심적인 기쁨을 찬양하는 데 불과하다(비는 귀에 대고 속삭인다. 나는 너를 위해 여기에 있노라고).

좀 더 정확히 말해서, 그것은 인간의 도덕적 노력이 드러나 있는 주어진 자연과의 결합으로서, 이는 '국가-자연' 신비주의를 감상주의에 불과한 자기애적 '자연 숭배'와 구분 짓는다(이 논쟁의 전문적인 요점은 주석 16에 있다). 아주 분명하게 이것은 생태적 자기가 아니다. 생태-지성적 자기Eco-Noetic Self, 세계혼인 대혼이다.[17]

참으로 자연nature이 생물권을 의미하고 대자연Nature(또는 영)이 일체를, 즉 물질권, 생물권, 정신권 및 이들의 기저를 의미한다면 에머슨의 요지는 매우 단순해진다. 자연 숭배자는 대자연의 파괴자다.

그렇다면 에머슨은 자연을 노래한 게 아니라 대자연을 노래한 셈이다. 이런 이유로 그는 자연에의 매몰과 자연 숭배는 대자연 또는 일체를 초월하고 감싸 안는 내재와 초월의 영에 대한 각성을 방해한다고 주장한 것이다. 이것이 그가 말한 '자연-국가' 신비주의, 신권에서 결합된 생물권과 정신권 또는 동시에 세계혼이기도 한 대혼의 의미다.

그리하여 그는 자연 숭배자는 대자연의 파괴자, 영의 파괴자라는 매우 진실된 결론에 도달했다. 그들은 초월해 있는 진실, 문화와 자연 모두가 출현하는 대혼을 발견할 수 있을 만큼(그리고 사랑스럽게 양자를 포용할 만큼) 충분히 오랫동안 내면을 살펴보지 않는다고 그는 말했다. 그들은 대자연을 위해 내면을 결코 들여다보지 않으므로, 그가 표현했듯이 그들의 마음은 짐승처럼 변해 지구중심, 자아중심인 이기적 야만인에 머물고 말았다.

상위 속에는 일체의 하위 단계가 있지만, 모든 상위 단계가 하위에 속하지 않는 것과(그러나 하위에 '스며들어 있다'.) 똑같이 일체의 자연은 영 속에 있지만, 일체의 영을 자연 속에서 발견할 수는 없다. 오히려 영은 철저히 자연에 스며들어 있으며, 스스로 자연에 국한되지 않고 자연과 동일시하지 않지만, 어떤 지점이든 결코 자연과 분리되거나 자연과 구별되지 않은 채 자연을 초월해서 자연의 배후에 있다. 에머슨은 정확했다.

> 보이지 않는 사고의 단계를 따라가면서 물질은 어디에서 와서 어디로 가는 걸
> 까라고 물으면 의식 깊은 곳에서 수많은 진실이 우리에게 떠오른다. 우리는 최고
> 의 것은 인간의 혼에 존재함을 배우고, 지혜나 사랑이나 아름다움이나 힘이 아닌
> 일자에, 그리고 각각에 일체가 완전히 존재하고, 무시무시한 우주적 본질은 모든
> 사물이 그것을 위해 존재하고 그것을 통해 그들이 되는 것임을 배우며, 영이 창
> 조한다는 것을 배우고, 자연을 넘어 자연을 통해 영이 존재함을 배우며, 복합물
> 이 아니라 하나인 그것이 밖에서, 즉 시공간 안에서 우리에게 작용하는 것이 아니
> 라 영적으로 또는 우리 스스로를 통해서 작용한다는 것을 배운다. 그러므로 그런
> 영… 은 우리 주변에 자연을 세우지 않고 나무의 생명이 오래된 나무에 있는 작은
> 통로를 통해 새로운 가지를 싹틔우듯 우리를 통해 영을 싹틔운다.[18]

그 영은 우리 주변에 자연을 세우지 않고 우리를 통해 자연을 싹틔운다. 자연/국
가 신비주의와 단순한 생물중심적 매몰 간에는 엄청난 차이가 있다. 생태-지성적
자기와 단순한 생태적 자기 간에는 현저한 차이가 있으며, 초월과 퇴행 간에도 차이
가 있다.

에머슨의 관점에 대해서 널리 수용되고 있는 해석을 요약하면 이렇다. (1) 자연은
영이 아니라 영의 상징(또는 영의 현현)이다. (2) 감각의식 자체는 영을 드러내지 않
고 오히려 영을 어둡게 한다. (3) 영을 드러내려면 상승이나 초월적인 흐름이 필요
하다. (4) 자연을 초월했을 때만이 영을 이해한다(즉, 영은 자연에 내재하지만 자연을
초월한 곳에서만 스스로를 온전하게 드러낸다. 줄여 말하면, 영은 자연을 초월하지만 포함
한다). 에머슨 학자들은 이런 요지에 크게 반대하지 않는다(『아이 오브 스피릿The Eye of
Spirit』 11장 주석 2를 보라).

심령 수준과 국가-자연 신비주의라는 우주의식을 이렇듯 간략하게 개관하면서
내가 강조하고 싶은 두 가지 요점이 있다. 첫째는, 이제는 명백해졌다고 생각하는
데, 이렇듯 새롭게 내면으로 가는 일은 새롭게 초월하는 결과를 낳는다는 것이다. 타

자에 대한 더 넓고 새로운 포용을 동반하면서 더 높고 새로운 내면적 정체성(대혼)이 생긴다. 단일한 혼이 애정 어린 애무로 물질권, 생물권, 정신권을 포용한다.[19]

우리는 또다시 내면으로 들어가서 밖으로 떨어져 이번에는 실제 우주의식을 발견한다. 그러나 이런 움직임 자체는 우리가 검토한 이미 거쳐 왔던 모든 이전 단계들과 전혀 다르지 않다. 이 모두는 '자기초월을 통한 자기발달', 내면으로 새롭게 들어가서 더 깊고 넓게 초월하는 것이다.

대혼에 대한 이런 인식은 분리된 자기, 자아 또는 켄타우로스를 초월했을 때만, 정확히 그때가 되어야만 동터 온다. 이 결정적인 점에 대해서 쇼펜하우어는 에머슨(그리고 그 밖의 수많은 사람)에 완벽히 동의할 것이다. 쇼펜하우어의 표현을 빌려 보자.

어디서, 언제, 왜, 무엇 때문에를 더 이상 괘념하지 않고 오로지 대상과 함께하면서 거기에 대한 온갖 추상적인 생각, 지적인 개념과 의식마저도 내려놓고, 그 대신 개인 영혼의 힘 전부를 지각하는 행위에게 양도하고 그 속에 흡수되어 풍경이든, 나무든, 바위든, 건물이든 그 어떤 것이라도 즉시 현존하는 자연적인 대상을 고요하게 관조하는 것으로 일체의 의식을 가득 채우면 대상 속에 실제로, 그리고 온전하게 스스로를 잃어버리면서 개체성, 의지를 잊고 그곳에서 순수한 주체로서 대상에 대해 깨끗한 거울로서 남아 있으면, 대상과 관련된 그 어떤 것도 없이 대상 자체만 있는 것 같다. 그리고 보는 자와 보는 행위가 더 이상 구분되지 않을 정도가 될 때, (그때서야) 그 둘은 하나가 된다…….[20]

쇼펜하우어가 말한 '대상에 대해 깨끗한 거울'은 완벽히 초개인적이거나 더 이상 개인적이지 않은 에머슨의 '투명한 눈알'이다. 쇼펜하우어는 "이런 식으로 보는 양식은 더 이상 개인, 지각을 향해 스스로를 잃어버린 개인이 아니라 순수한 무의지, 무고통, 무시간의 파악 주체Subject of Apprehension다."라고 말했다. 순수하면서 영원한 주시자를 암시하는 대혼이다…….

내가 강조하고 싶은 두 번째 사항은 범세계적 자기나 대혼이 도덕성과 도덕발달이라는 전체 개념과 갖고 있는 관계다. 오늘날 대부분의 도덕이론가가 간과하고 있으나, 내게는 에머슨과 쇼펜하우어에게(그들에게만 국한되지 않는다.) 이것이 매우 분명했던 것으로 보인다.

우리는 도덕감moral sense 발달은 물질중심에서 생물중심, 자아중심, 사회중심, 세계중심으로('세계중심'이란 범세계, 글로벌, 지구행성 또는 보편화시키는 합리성 영역과 비전-논리를 말한다.) 진화한다는 점을 살펴보았다. 심령 수준에서 세계중심 개념은 세계중심적인 직접 경험, 범세계적 참자아/세계의 직접 경험, 생태-지성적 자기에게 길을 열어 주는데, 여기서 각 개인은 동일한 참자아나 대혼의 표현으로 간주된다.

이것이 도덕성과 무슨 상관이란 말인가? 에머슨과 쇼펜하우어에 따르면, 온갖 것이 관련이 된다. 왜냐하면 지각 있는 모든 존재를 참자아의 표현으로 본다면 모든 존재는 개별 참자아로 취급되기 때문이다. 탈중심화시키는 진화의 추진력의 심오한 결실인 그런 인식은 진실한 자비, 자기를 맨 앞에 놓거나(자아중심), 특정 사회를 맨 앞에 놓거나(사회중심), 인간을 맨 앞에 놓지(인간중심) 않고, 생각으로만 우리 모두가 결합되어 있는 것처럼 행동하려 애쓰지(세계중심) 않고, 아주 가까이 직접적으로 공통의 공기로 숨을 쉬면서 모든 존재 속에 단 하나로 존재하는 가슴과 신체에서 흐르는 피를 두드리는 자비의 유일한 원천이다.

도덕적 연쇄의 전체 요점, 그 기저이면서 목표, 그 오메가 포인트, 무질서한 끝개장은 대혼을 향한 충동으로서, 거기서는 타인을 자신의 참자아로서 대하는 것이 책임이나 의무나 힘겨운 부담으로서 강요되는 도덕적 명령이 아니라, 태양이 떠오르거나 달이 빛나는 것처럼 쉽고도 자연스럽게 다가온다.[21]

이런 도덕적 단일성은 정묘와 원인에서 강화되지만(우리가 앞으로 살펴볼 것이다.), 그것은 여기, 처음으로 심령에서 직접적으로 분명해지며, 대혼에 내재한 자발적인 자비 속에서 이전의 모든 도덕적 노력이 의존하는 자비, 그러나 이전의 모든 도덕적 노력은 그저 부분적으로 깜빡이는 빛에 불과할 뿐인 자비가 자연스럽게 흘러나온다.

대혼의 빛 속에서 아주 분명해지는 사실은 이전의 온갖 윤리를 애써 실천했고, 그런 윤리가 부족함을 알게 되고, 선하고 진실한 삶을 위한 이전의 온갖 분투는 너무도 부분적이고, 너무도 한정되어 있으며, 너무도 협소해서 만족스럽지 않다는 것이다. 모든 사람이 이것을, 모든 존재로 구성된 사회와의 보편적인 동일시를 통한 보편적 자비를 맛보길 원했다. 포용을 추동하는 사랑으로, 가장 부드러운 연민에서 흘러나오는 자비로 타자 안에서 나 자신의 참자아를 보기를 원했다.

쇼펜하우어의 말을 들어 보자.

> 내가 여기서 논의하고 있는 유형의 행위는… 자비로서, 즉 온갖 사려 분별로부터 벗어난 즉각적인 참여, 우선 타인의 고통에, 그다음에는 그런 고통의 완화나 종식에의 참여다. 이것만이 일체의 자율적인 정당성, 진실한 일체의 인간적 사랑의 진정한 근거가 된다. 이런 원천(공동의 참자아)에서 나왔을 때에만 어떤 행위가 진정으로 도덕적 가치가 있다고 말할 수 있다. 반대로, 그 밖의 원천에서 나온 행위에는 그런 가치가 없다. 이런 자비의 감정이 일어나는 순간 다른 사람의 행복과 비애가, 그렇지 않았다면 나 자신의 것만 존재했을 방식과 정확히 똑같이, 그러나 정도는 항상 같지 않지만 내 가슴으로 직접 다가온다. 이와 더불어 그와 나 사이의 차이는 더 이상 절대적이지 않다. 실로 이는 놀라우며 신비롭기까지 하다.[22]

물론 신비는 우리로 하여금 분리와 이중성이라는 환상을 초월해서 서로 안에서 우리들을 인식하도록 허용하는 대혼의 신비다. 쇼펜하우어는 이렇게 말했다.

> 왜냐하면 복수plurality와 차별('분리된 자기들')이 겉모습 세계에만 속한다면, 동일한 존재가 살아 있는 일체의 대상들 속에서 보인다면, 그렇다면 나와 나-아님의 구분이 해소되는 경험은 오류일리가 없기 때문이다. 역으로, 그 반대가 오류임에 틀림없다. 전자의 경험은 자비의 신비 기저에 놓여 있으며, 사실상 자비가 가장 중요한 표현인 실재를 나타낸다. 그러므로 그런 경험은 윤리학의 형이상학적 근거가 되어야 할 뿐 아니라, 간단히 말해서 이런 특징을 갖고 있어야만 한다. 즉, 한 사람은 다른 사람 안에서 자기 고유의 진정한 존재로서 스스로를 인식해야만 하는 것이다.[23]

정묘 수준

이성과 비전-논리의 보편화 및 범세계화 경향성은 심령 수준에서 모든 존재에 공통된 실로 보편적인 참자아를 임시로, 그렇지만 명백히 직접 경험하는 결실로 이어진다. 그 참자아나 혼의 표현이자 포용으로서 물질권, 생물권, 정신권이 합일되는 직접적인 경험인데, 그렇기 때문에 이 참자아는 물질, 생명, 마음 이전, 그 내면, 그 너머에 있는 것으로 이해되어, 체현된 영의 영광스러운 일체의 광휘에도 불구하고 물질, 자연, 문명은 모두 '신 앞에서 왜소해진다'.

동시에 이는 한낱 유아론에 머물지 않는다. 그것은 단언컨대 고차원의 참자아 또는 나, 그러나 또한 더 높은 진리(또는 그것)이자 더 넓은 공동체(또는 우리), 즉 객관적 상태로서의 모든 존재의 공통재 안에 존재하는 세계혼으로서의 대혼이다.[24] 더 깊은 전개, 더 높은 범위, 더 넓은 공동체, 더 강한 확신 속에서의 삼대 가치권이다…….

'내면화' 또는 '내재와 초월'이라는 이 과정은 정묘 수준에서 강화되어 새로운 깊이, 새로운 포용, 더 높은 의식, 더 넓은 정체성을 띤 새로운 초월이 일어난다. 혼과 신은 더 깊은 내적 결혼으로 맺어져 그 정상에서 혼과 영의 신성한 합일, 물질이나 생명이나 마음으로서의 그 어떤 현현이라도 그 이전에 발생한 합일, 여기서나 그 어디서라도 상상할 수 있는 모든 자연을 무색하게 만드는 합일을 드러낸다. 대자연이라는 국가 신비주의는 신성 신비주의Deity mysticism에 길을 열어 주고, 내면의 신은 거친 현현에서는 꿈도 꾸지 못할 방식으로 해를 가리는 빛과 자연과 문화를 향해 으르렁거려 우리를 두려움에 찬 침묵으로 몰아넣는 노래로 스스로를 알린다.

마치 자연의 영광을 넘어서서 다른 영광이 존재할 수 없다는 듯이, 마치 접촉할 수 있는 가시적인 경관이 온우주의 경이로움을 모조리 써 버렸다는 듯이, 일체의 세상 그리고 영원히 가능한 세상에서 영원히 그들이 사랑하는 자연만 빛나도록 허용해야만 한다는 듯이, 자연을 사랑하는 자들은 여기서 "반칙이야!"라며 고함친다.

그러나 자연, 소중한 사랑스러운 자연은 필멸이며 유한하다. 그것은 태어나고 잠시 유지되었다가 사라져 간다. 창조되었으니 소멸할 것이다. 어떤 경우라도 자연은 경계가 있고, 한계를 지니며, 현현된 일체의 세계를 특징짓는 쇠퇴할 운명에 처해 있다. 에머슨이 말한 것처럼, "나는 아무튼 위대한 혼을 수용한다. 그러므로 나는 태양과 별을 멀리서 바라보면서, 변하면서 스쳐 가는 공정한 우연과 작용으로서 그들을 느낀다".

물론 우리에게는 자연과 동일시할, 스쳐 지나가는 불행에서 우리를 위로해 줄 지구중심적인 이 땅의 종교earth-religion를 발견할 자유가 완벽하게 주어져 있다. 우리는 유한하고 한정된 필멸의 지구와 자유롭게 동일시할 수 있다. 그러나 그것을 무한이라고, 한계가 없다고, 불멸이라고, 영원하다고 부를 자유가 우리에게는 없다.

지구에 내재하면서 지구를 초월하는 그 영, 지구에 선행하지만 지구에게는 타자가 아닌 일체의 근원이자 토대이자 목표인 그 영, 그 영을 심령 수준에서 직관하지만, 의식 진화의 정묘 단계에서 영은 이전 단계들을 완전히 포함하고, 그들보다 밝게 빛나면서 전면에 등장한다. 지구, 우주, 세계가 사라지게 하라. 창조된 시간의 세계에서 한 번도 일어난 적도, 한 번도 사라진 적도, 한 번도 깜빡거린 적도 없는 공성空性으로 밝게 빛나는 영을 보라. 테레사는 말했다. "그 기쁨은 지구상의 온갖 기쁨보다 크며, 그것이 가진 온갖 환희와 온갖 만족보다 크다. 내가 경험을 통해 배워 감에 따라 그들 또한 매우 다르게 파악되었다."[25]

정묘 수준 발달에 관한 실로 위대한 교본 중 하나인 『내면의 성Interior Castle』에서 테레사는 자신의 혼을 부른 '작은 나비'가 신성과의 합일로 가는 진화 단계들을 매우 명확하게 설명하고 있으며, 그녀는 '일곱 저택' 또는 성장의 일곱 단계라는 용어를 썼다.

첫 세 단계는 일상적인 마음이나 자아, 생각과 감각으로 이루어진 거친 현현의 세계에 살고 있는 '회개하지 않은 자unregenerate'를 다루고 있다. 첫 번째 저택, 겸손의 저택에서 자아는 여전히 성 밖에 있는 피조물 및 위안과 사랑에 빠져 있으며, 내면으로 돌아서기 위해서는 길고도 혹독한 훈육을 시작해야만 한다. 두 번째 저택에서는 (기도 수행) 지적인 탐구, 의식 고양, 선한 동료들이 외부의 산만함으로 인해 자기를 분산시키고 흩뜨리는 것이 아니라, 내면화시키는 욕망과 역량을 강화시킨다. 세 번째 저택인 모범적인 삶Exemplary Life의 저택에서는 따라야 할 모든 것의 기초로서 훈육과 윤리가 확고하게 정착한다(계율sila 또는 도덕 훈련이 명상dhyana과 지혜prajna 또는 영적 통찰의 기초라는 불교도 개념과 매우 유사하다). 이들은 모두 **자연스럽게 일어나는** (또는 개인적인) 발달이다.

네 번째 저택에서 초자연적(또는 초개인적) 은총이 회상의 기도Prayer of Recollection 그리고 정적의 기도Prayer of Quiet와(테레사는 이것을 그들이 갖는 신체적 효과를 통해 구별했다.) 더불어 무대에 등장한다. 양쪽 모두에는 거친 수준을 지향하는 기능(기억, 생각, 감각)이 고요해지고 느려지면서 그 결과로 더 깊고 더 내적인 공간이 열리며, 여기에는 이와 관련된 '은총'이 수반되는데 테레사는 이를 이 단계에서 나타나는 '영적 위안'으로 불렀다(왜냐하면 이들은 자기에게 위안을 주지만 아직 자기를 초월하지 못했기 때문이다). 그것은 또한 혼 자체가 실제로 이 단계에서 출현하기 시작하는 것 같다. "감각과 모든 외적 대상은 점차 그 힘을 잃는 반면, 혼은 잃어버린 조절력을 회복한다." 이것이 "신께서 우리 안에 계시다."26)라는 진리의 희미한 빛을 실어 나른다.

합일의 기도Prayer of Union를 통한 다섯 번째 저택에서 영적 약혼이 거행되는데, 여기서 처음으로 혼이 직접적으로 출현하고 자신의 가슴 가장 깊은 내면에 거주하는 영을 직관한다(심령). 나는 '출현한다'고 했는데, 왜냐하면 앞에서는 혼이 심층에 현전했지만 이제 그것이 전면에 등장하기 때문이다.

테레사에 따르면, 이것은 특히나 중요한 한 가지 변용에서 일어난다. 개인은 최초로 온갖 기능의 완벽한 **지멸**cessation27)을 경험하고, 그 순수한 몰입 속에서 자기는 신과의(또는 테레사도 불생의 영Uncreate Spirit이라고 불렀다.) 태곳적 결합을 맛본다. "왜냐하면 그런 혼이 이 상태에 있는 한 그것은 볼 수도, 들을 수도, 이해할 수도 없기 때문이다. (이런 초기 단계에서는) 시간이 항상 짧다. 신께서는 그런 혼의 내면에 스스로를 심어 놓아 혼이 자신에게 돌아가면 신께서는 줄곧 그 안에 계셨고, 혼은 신 안에 있어 왔음을 더 이상 의심할 수가 없다."28)

여기서 테레사는 자신의 가장 유명한 은유를 사용했다. 테레사는 이런 변용적 몰입이 일어나기 전의 회개하지 않는 자기(또는 자아)는 누에와 같다고 말했다. 그러나 합일을 한번 맛보면(말 그대로 이것에 대한 단 한 번의 경험이라고 테레사는 말한다. 아무리 짧아도 상관없다.) 자기는 영원히 변한다. 불생의 영에 몰입하는 한 번의 맛으로도 벌레는 나비로 변한다. 우리 식으로 표현하면, 자아는 죽고 혼이 출현한다("일체의 저열한 자기본위가 사라진다. 보편적 존재의 흐름이 나를 통해 순환하고 나는 신의 일부가 된다"). 테레사의 말에 귀 기울여 보자.

이제 이 누에가 어떻게 되는지 보자. 누에가 이런 상태에 있고(지멸/몰입) 세상에 대해 단연코 죽어 버리면 누에는 작고 하얀 나비를 내보낸다. 오, 신의 위대함이여, 그토록 짧은 시간 동안 가깝게 결합한 후에 이처럼 혼이 나타날 수 있다니. 내 생각에 (지멸 속에서) 반 시간도 채 지나지 않았다. 추한 벌레와 하얀 나비의 차이를 생각해 보라. 그것이 여기서는 똑같다. 혼은 어떻게 벌레가 그런 축복을 받을 가치가 있는지 생각할 수가 없다. 정말이지 어디에서 그런 축복이 올 수 있는지. 벌레는 그런 축복을 받을 가치가 도무지 없다는 걸 잘 알기 때문이다.[29]

한 번만 맛보면, 나비가 태어나고 혼이 태어난다(또는 자아라는 깊은 잠에서, 외면적인 형상의 고치에서, 길을 잃은 곳에서 출현한다. 물론 누에에게는 나비가 오메가 포인트다). 『내면의 성』의 나머지 내용은 마침내 나비가 행복하게 죽어 갈(더 깊은 수준에서 또다시 탄생해서 불생의 영과 결합되는) 태곳적 불꽃을 향한 이 작은 나비의 비범한 여정을 묘사하고 있다.

연인, 나비와 신, 혼과 불생의 영인 여섯 번째 저택에서 이들은 오랫동안 '서로를 본다'. 다섯 번째 몰입이 반 시간가량 지속되면 여기서는 다양한 형태의 몰입이 하루 또는 며칠 지속된다고 그녀는 말했다(그러나 지멸 자체는 여전히 오래가지 못한다). "혼은 완벽히 몰입해 있고, 이해는 완전히 사라진 채 하루나 며칠까지도 지속되어 혼은 사랑에의 의지만을 일깨울 뿐 어떤 것도 포착할 수 없는 듯하다. 모든 집착은 잠들어 있고, 혼은 이 의지에서만 완전히 깨어난다……"[30]

그러나 우리는 성장의 새로운 단계 각각은 새로운 유형의 병리가 생길 가능성을 끌어들인다는 사실을 보았는데, 작은 나비도 마찬가지다. 많은 사람은, 테레사의 친구이자 조력자인 십자가의 성 요한이 도입한 명구로 유명한 '영혼의 어두운 밤'은 불생의 영을 발견하기 전의 끔찍이도 어두운 시기라고 생각한다. 그러나 그렇지 않다. 어두운 밤은 보편적인 존재를 맛본 후, 그러나 그 속에 안착하기 전인 시기에 일어난다. 왜냐하면 이제 천국을 보았지만 그것이 사라지는 것도 보았기 때문이다……

이제 고뇌는 깊어졌다. 작은 나비는 자아가 겪거나 겪을 수 있는 그 어떤 고통보다도 더한, 훨씬 더 큰 '고문'(테레사가 쓴 용어다.)으로 고통받는다. 작은 나비는 이렇게 보고한다. "특히 고통이 맹렬할 때 이것은 훨씬 더 큰 시련이다. 어떤 면에서 고통이 매우 극심해지면 나는 존재하는 시련 중 가장 큰 시련이 따라온다고 생각한다. 왜냐하면 혼이 너무도 시달려서 스스로에게 어떻게 해야 할지 모를 정도가 될 때까지 그 고통이 외적으로나 내적으로 혼에게 영향을 미치기 때문이다. 수많은 것이 내적으로 압박하면서 너무도 강렬하게, 너무도 참을 수 없이 맹습하여 그 무엇과도 비교할 수가 없다……"[31]

> 그녀는 낯선 고독을 의식하는데, 그녀의 친구가 될 수 있는 피조물은 지구상에 아무도 없기 때문이다. 사실 나는 그녀가 사랑하는 그분을 제외하고는 천국에서 누구도 발견할 수 없을 거라 믿는다. 그렇기는커녕 지구상의 모든 우정이 그녀에게는 고통이다. 그녀는 공중에 높이 매달린 채 내려와서 지구 어디에도 머물 수 있거나 천국으로도 올라갈 수 없는 사람으로 스스로를 생각한다. 그녀는 갈증으로 목이 타지만 물 가까이 갈 수가 없다. 참을 수 있는 갈증이 아니라 그 어떤 것도 풀어 줄 수 없는 갈증이다……[32]

진보의 변증법으로서, 여기서는 고뇌를 안겨 주는 가장 정묘한 형태로 촉발된다.

더 긍정적인 측면에서 보면 온갖 종류의 정묘 수준 현상이 의식에 출현하기 시작하는 것은 여기 여섯 번째 저택에서다. 테레사는 놀라울 정도의 명료함으로 이런 현상들을 차례로 기록하고 있다. 내적 광명, 황홀감, 정묘한 소리와 비전, 여러 유형의 평온과 회상, '무아지경, 황홀감이나 트랜스(왜냐하면 나는 이것들이 동일하다고 생각하기 때문이다.)'와 같은 것들이다. 이런 대부분의 비전은 (심령 후반과 정묘 초반) 언어를 초월해 있다('분명하게 입 밖으로 말하지 않고' '말없이 계시가 전달된다').[33] 그러나 이들 각각에서 핵심적인 사건, 불생의 영에 몰입될 가능성이 남는다. "혼이 그런 식으로 정화되면 신께서는 혼을 그분 자신과 결합시킨다. 혼이 신과 하나가 되는 것이다."[34]

이 모두가 일곱 번째 저택에서 절정을 이루는데, 여기서 실제 영적 결혼이 일어나며 비전은 직접 파악이나 직접 경험, '혼 전체와 신과의 합일'[35]로 바뀐다. 일단 이런 결합이 감지되면, 매우 분명하게도 그것이 일어나는 '출입구'를 찾는 것조차 불가능하다고 테레사는 말했다(이것은 선禪에서 말하는 '무문관'을 연상시킨다). 비밀스럽지만 그러나 더할 나위 없이 명백한 결합을 설명하기에 언어는 초라하게 실패하고 만다(그러나 우리가 그런 경험을 이미 해 보았다고 그녀로서는 가정할 순 없기 때문이다).

이런 비밀스러운 결합은 신께서 거주하시는 혼의 가장 깊은 중심부에서 일어난다. 그곳으로 들어가는 문이 필요하다고는 생각지 않는다. 나는 문이 필요치 않다고 말하는데, 지금까지 설명한 모든 내용(초반 여섯 단계나 저택)은 감각과 (심적) 기능이라는 매개체를 통해 오는 것 같기 때문이다. 혼의 중심에서 생기는 영적 결혼의 합일에서 일어나는 일은 매우 다르다. 신과 혼과의 이런 즉각적 합일이 혼에게는 엄청나게 비밀스럽고, 그 맛은 지고하며, 엄청난 기쁨으로 느껴져 그 무엇과도 비교할 수가 없다…….[36]

이런 신성한 결합은 여섯 번째 저택에서 실로 감지되지만, 매우 짧은 순간에만 산발적으로 일어난다고 테레사는 말했다. 그녀는 이런 예비 결합을 끄트머리가 결합된 촛불 두 개와 비교하였다. 그때 이들은 한 개의 빛으로 되지만, 촛불 두 개는 다시 떨어질 수 있다. 진정한 영적 결혼은 그렇지 않다.

그러나 여기서는 하늘로부터 강이나 개천으로 떨어지는 비와 같다. 거기에는 물밖에 없으며, 강에 속한 물과 하늘에서 떨어지는 비를 구분하거나 분리하는 게 불가능하다. 또는 마치 아주 조그만 개울이 바다로 들어가는 것 같은데, 바다로부터 개울 스스로를 분리할 방법이 없을 것이다. 또는 마치 방 안에 빛이 흘러 들어

오는 두 개의 큰 창문이 있는 것 같다. 빛은 다른 곳에서 흘러들지만 모두가 하나로 된다.37)

이렇듯 짤막하게 묘사하면서 나는 초개인 단계를 괴롭히는 병리의 가능성(서로 다른 네 단계, 매우 다른 유형의 네 가지 병리의 가능성)을 언급했지만, 그 세부 사항에 관해서는 곱씹어 보지 않았다. 이들 각각에는 (언제나 그렇듯이) 분화와 새로운 수준에서의 통합이라는 문제, 독자성과 공동성의 문제가 내포되어 있다는 것을 말하는 것만으로 충분하다. 어느 한쪽이나 다른 한쪽이 지나치면 균형이 깨진다. 그 단계에서 자기가 팽창되거나 그 단계에 있는 다른 사람들 속에서 자기를 잃어버리는 문제가 생긴다(지나친 독자성이나 지나친 공동성).38)

이렇듯 새로운 상위 수준의 병리, 즉 분기점 7(심령), 분기점 8(정묘), 분기점 9(원인)의 병리를 낮은 차원의 원시적인 병리(특히, 분기점 1, 2, 3)와 구분하는 게 결정적으로 중요해진다. 테레사는 높은 차원의 저택이나 단계에 있는 혼의 고뇌를 낮은 기능의 특징인 정서적인 문제와 구분 짓는 데 정말 탁월하였다. 예컨대, 그녀는 세 가지 유형의 '내면의 목소리'를 분명하게 구분하였는데, 그녀 말로는 환각적이고 '병리적인' '공상'이나 '상상'의 목소리, 언어적이면서 진실한 지혜를 표현하거나 표현하지 않을 수 있는 목소리(그들 또한 기만적이고 '병리적'일 수 있기 때문이다.), 직접적인 내적 파악을 나타내는 완전히 초언어적인 목소리가 있다. 그녀는 '공상'과 '환각'을 직접적인 직관적 파악과 구분 짓는 예리하면서도 정확한 의식을 갖고 있었으며, 그 차이를 길게 설명하였다. 그녀는 정묘 수준의 수많은 파악에 대해서 분명하면서도 고전적으로 또 현상학적으로 묘사했는데, 내적 광명, 소리, 지복, 시공을 초월한 일상적인 이해와 더불어 창조적 패턴으로서의 진정한 원형적 형상Form들이(신화적인 주제가 아니다.) 그 예다. 심령적 비전이 순수한 비언어적, 초언어적, 정묘한 직관으로 대체되며, 일체는 '혼 전체가 불생의 영과 합일'하는 데에서 절정을 이룬다.

(동서양 모두) 특정 명상가들이 '초자연'이라는 용어를 사용하는 것에 대해서는 그 용어의 의미와, 예컨대 신화나 종교적으로 직역하는 사람의 의미를 주의 깊게 구분할 필요가 있다. 예를 들어, 마술-신화와 신화적인 발달 단계에서 비롯되고 '신화적 미분

화'로 둘러싸인 기독교는 신을 자연 위에, 자연과 떨어져서 존재하는(존재론적으로 분리되어 있다.) 우주적 아버지로서 상상한다. 따라서 신 측에서 행해진 모든 행위는 '초자연적'이고 또 그래야만 한다. '그분의 자녀'라는 이유로 자연법칙이 '기적적으로' 유예되는데, 그러나 이 모든 행위는 시금치를 감자로 바꾸는 것과 다를 바 없다.

'자연'과 '초자연'의 이런 미분화, 초자연이 자연에 기적적으로 개입해 달라는 기도, 구걸을 에머슨은 '비열한 행위이자 도둑질', 생필품을 바라는 부도덕한 갈망이라고 불렀다.

> 인간은 스스로 어떤 기도를 하는가! 기도는 집 밖을 바라보며 어떤 낯선 미덕을 통해 어떤 낯선 부가물이 오기를 요청하면서 자연과 초자연 그리고 중재와 기적의 영원한 미로에서 길을 잃는다. 특정 생필품을 요청하는 기도는 부도덕하다. (진실한) 기도는 가장 높은 관점에서 삶의 사실들을 관조하는 것이다. 그것은 바라보면서 기뻐하는 혼의 독백이다. 자신의 일이 선함을 선포하는 신의 영혼이다. 인간이 신과 하나가 되면 그는 구걸하지 않을 것이다. 그러나 사적 목적을 수행하는 수단으로서의 기도는 비열한 행위이자 도둑질이다. 그것은 이원론을 가정하고 자연과 의식의 단일성을 가정하지 않는다.[39]

'자연'에 대한 신의 '초자연적' 개입, 이것은 심령과 정묘 단계에 있는 관조적 관점과는 무관하다. 신이나 영은 자연과 분리되어 있지 않으며, 오히려 자연 그리고 실로 일체 현현의 근본 바탕이다. 테레사의 표현처럼, "신께서는 현존, 힘, 본질로서 모든 사물 속에 계시다". 이런 식으로 사용하면 '초자연'이란 단지 영과 모든 사물과의 자연스러운 합일이 일부 사람들에게는 의식적인 깨달음이 된다는 점을 의미한다. 그런 의식적인 깨달음을 초자연으로 부를 수 있는데, 합일이 그들에게만 나타나고 자연에게는 나타나지 않기 때문이 아니라 그들이 직접적으로 그것을 인식하고 있기 때문이다. 테레사의 영적 친구이자 조력자인 비범한 십자가의 존은 그것을 이렇게 설명하고 있다.

신과 피조물의 이런 합일은 항상 존재한다. 그것을 통해서 신께서는 그들의 존재를 보존하시므로, 합일이 끝나면 그들 또한 소멸한다(존재의 근본 바탕으로서의 영). 그러므로 신과의 합일을 논할 때, 항상 존재하는 본질적인 합일을 논하고 있는 게 아니라 합일과 신 안에서 혼이 변용되는 것을 논하는 것이다. 이런 변용은 초자연적이지만, 합일은 자연적이다.[40]

이런 내적 변용, 이런 내적 깨달음에 대해서 테레사는 관조하는 가슴의 직접 경험에서 우러나서 자매 수녀들과 우리를 향해 감동적으로 말하고 있다.

이 화살을 쏘고 이 삶에 생명을 부여하는 '누군가'가 혼의 내면에 존재한다는 것, 이 위대한 빛이 생기는 태양이 존재한다는 것, 그 빛은 혼의 안쪽 부분에 전달된다는 것이 분명해졌다. 내가 말했듯이, 혼은 그 중심으로부터 움직이거나 중심의 평화를 잃지 않는다. (그것은) 혼을 순수한 영성 상태로 남겨 두어 불생의 영과 결합될 수 있게 한다.

오, 신이시여! 나를 도우소서. 이 말을 듣고 믿는 것과 그 말이 얼마나 진실한지 이런 식으로 깨닫도록 인도되는 것이 얼마나 다른지! 이 혼은 매일매일 더욱 놀라는데, 혼은 그것들('진실한 말들')이 결코 그녀를 떠난 적이 없다는 걸 느끼고, 내가 설명한 방식으로 그것들이 혼의 가슴 내면에, 모든 것의 가장 내면에 자리 잡은 장소에, 가장 깊숙한 심연에 있음을 아주 분명히 인식하고 있기 때문이다.[41]

이 새로운 심연, 새로운 초월인 이 새로운 내면은 자연을 완전히 초월하면서 자연을 완전히 포용하므로, 오로빈도가 가장 확실하게 설명하고 있듯이 자연 속에 구현되어 있다.

그것의 최초 효과는 물질로부터 생명과 마음의 해방이고, 최후 효과는 영적 의식, 영적 의지 그리고 지구상에 있는 존재의 영적 존재감의 출현을 돕는 것이라서, 그 존재는 더 이상 오로지 자신의 가장 바깥쪽 삶이나 심적 추구 및 관심사에 매이지 않고, 내면을 바라보고, 자신의 내적 존재와 영적 자기를 발견하고, 지상의 한계를 극복하려(부정하며 보존하고) 열망하는 것을 배운다. 그가 점점 더 내면으로 성장함에 따라 그의 심적(정신권) · 활력적(생물권) · 영적 경계가 확장되기 시작하고, 생명, 마음, 혼을 최초의 한계에 묶어 두었던 끈이 느슨해지거나 끊어지고, 심적 존재인 인간은 첫 번째로 나타난 지상의 삶에는 닫혀 있었던 자기와 세상의 더 커진 왕국을 힐끗 보기 시작한다.

만일 그가 자신의 최상층 비전을 자신 앞에서 가장 위대한 영적 필연성으로서 높이 치켜들고 있는 내면으로 이동한다면 그곳, 자신의 내적 존재 안에서 더 큰 의식, 더 큰 생명을 발견할 것이다. 내면에서 나오는 행위, 위로부터의 행위는 물질적 원칙의 우월성을 극복하고, 무의식의 힘을 감소시켜 마침내 끝장내고, 존재의 의식적 기초로서의 물질을 영으로 대체하고, 그 드높은 힘이 대자연에 구현된 혼의 삶 안에서 완전하면서도 개성적으로 표현될 수 있도록 해방시킬 수 있다.[42]

이 때문에 테레사는 이제 그녀 가장 깊숙한 곳에 있는 존재에서 흘러나오는 사랑과 기쁨의 중심부에서 일체의 피조물을 포용하는 노래를 부른다. "이것은 그토록 소중한 것을 표현하기에는 매우 서툰 비교지만, 나는 더 이상 신중히 생각할 만큼 명석하지 않다. 진짜 진실은 이 기쁨이 혼 스스로를, 모든 것을 잊어버리게 만들어 혼은 혼의 기쁨에서 생기는 것 말고는 아무것도 의식할 수 없고, 아무것도 말할 수 없다……. 내 모든 딸들아, 이 혼과 결합하자. 혼보다 더 현명하기를 어찌 바랄 수 있겠는가? 무엇이 혼을 따라 하는 것보다 더 큰 기쁨을 줄 수 있을까? 일체의 피조물이 영원히 우리와 함께하기를. 아멘, 아멘, 아멘."[43]

작은 나비는? 나비는 어떻게 되었을까? 자아(누에)가 죽고 혼(나비)으로 재탄생한 것처럼, 이제 심령과 정묘의 영역을 거쳐 그 목적을 잘 수행한 후에 혼은 마침내 영적 결혼, 그 자신의 오메가 포인트, 더 깊고 큰 맥락으로 진입하며, 그래서 더 작은 존재에 대해서는 죽으며, 분리된 자기로서는 죽는다. "여기서 작은 나비는 최대로 기쁨을 누리면서 죽어 간다. 이제 그리스도가 그의 생명이기 때문에."

이것이 우리를 원인 영역으로 데려간다.

원인 수준

정묘 수준에서 혼과 신이 결합하였다. 원인 수준에서는 신성 또는 순수한 무형상 의식, 순수의식 자체, 순수한 영으로서의 순수한 참자아(아트만 = 브라만)라는 선험적 정체성 안에서 혼과 신을 모두 초월한다. 신과 혼의 '최상의 합일'은 막을 내리고, 신성이라는 '최상의 정체성'이 등장한다. 마이스터 에크하르트가 표현했듯이, "이런 돌파구를 통해 신과 내가 같다는 걸 알았다".

우리가 살펴보겠지만, 이 순수한 무형상의 영은 모든 현현의 목표, 정상, 근원으로 알려져 있다. 그것이 원인causal이다.

내면으로 들어가서 완전한 무형상, 무경계, 비현현의 이 순수한 근원이자 순수한 영조차 초월하면 참자아/영은 높든 낮은, 상승하든 하강하든, 신성하든 세속적이든, 현현이든 비현현이든, 유한하든 무한하든, 일시적이든 영원하든 온갖 형상, 온갖 현현(조대, 정묘, 원인)과의 동일시, 그리고 이들로서의 정체성에로 깨어난다. 이는 다른 단계들 사이에 등장하는 특정 단계가 아니다. 그들의 목표, 그들의 근원, 그들의 최정상이 아니라 언제나 모든 차원에서 **모든** 단계의 근본 바탕, 진여 또는 여여다. 모든 존재의 참존재Being, 모든 조건의 참조건Condition, 모든 자연의 참자연Nature이다. 이것이 비이원이다.

나는 이 양쪽 단계(원인과 비이원)를 실제로 보여 주기 위해 마이스터 에크하르트와 스리 라마나 마하르시를 선택했다. 왜냐하면 두 사람에게서 우리는 원인에로의 돌파구뿐 아니라, 원인을 **통과해** 궁극 또는 비이원으로의 돌파구를 발견했기 때문이다. 여기서도 언어는 여전히 부적절하고 오해를 불러일으키지만, 이 비범한 두 성현들에게서 이런 두 가지 '이동'의 징후를 적어도 분명하면서도 확실하게 식별할 수 있기 때문이다.

스리 라마나 마하르시는 (샹카라에 공감하면서) 궁극 또는 비이원 깨달음의 '관점'을 요약하였다.

세상은 환영이다.

오로지 브라만만이 실재한다.

브라만이 세상이다.

첫 두 줄은 순수한 원인 수준 의식 또는 순수하거나 무형상의 영 안에서 비현현의 몰입을 나타낸다. 세 번째 줄은 궁극 또는 비이원 완성(무형상과 형상 세계 전체와의 합일)을 나타낸다. 신성은 일체의 세계를 완전히 초월하고, 그러므로 일체 세상을 완전히 포함한다. 최후의 초월로 이끌어 가는 최종의 내면, 아무것도 없어서 일체를 포용하는 초월이다.

무엇보다도 에크하르트는 초월 또는 창조된 유한 영역에서 무한하면서도 창조되지 않는 근원이나 기원(원인)으로의 '돌파구breakthrough'(그가 독일어로 만들어 낸 용어), 자기도, 타자도, 신도 존재하지 않는 직접적인 **무형상 자각**을 향한 욕구를 가리키면서 시작한다.

내 자신의 의지, 신의 의지, 신의 모든 작업, 신 그분 자체에서 해방된 돌파구에서는, 그곳에서 나는 온갖 피조물 위에 있으면서 신도, 피조물도 아니다. 오히려 나는 있는 그대로의 나이며, 지금도 그리고 영원히 그렇게 남을 것이다. 그때 나는 나를 모든 천사보다 높이 데려가 줄 충동(의식)을 받아들인다. 그런 충동 속에서 나는 엄청난 부富를 얻은 덕분에, 그분을 신으로 만드는 모든 것 그리고 그의 온갖 신성한 작업에도 불구하고 내겐 신조차 충분치 않다. 왜냐하면 이런 돌파구에서 나는 신과 내가 하나임을 발견했기 때문이다. 거기서 나는 있는 그대로의 나로서 더 작아지거나 커지지 않는데, 나는 일체를 움직이는 부동의 원인이기 때문이다.

그러므로 나는 불생이며, 나의 불생적(비현현) 존재의 길을 따라서 결코 죽을 수가 없다. 태어나지 않은 내 존재의 길을 따라서 나는 항상 그래 왔으며, 지금도 그렇고, 영원히 그렇게 남을 것이다.[44]

신과 혼이 존재하기 위해서는 그들 사이에 이중성이나 분리가 반드시 필요한데, 이런 이중성은 근원적인 신성을 모호하게 만든다.

> 나의 최초 원인 속에 있을 때 그곳에서 내게는 신이 없으며, 나는 나 자신의 원인이었다. 거기서 나는 어떤 것에도 의지하지 않았고 어떤 것도 욕망하지 않았는데, 왜냐하면 나는 진실의 기쁨에 젖어 있는 순수한 존재였기 때문이다. 거기서 나는 신에서도 일체의 사물에서도 벗어나서 자유로이 서 있다. 그러나 이런 상태에서 벗어나 창조된 나의 존재를 받아들일 때, 그때서야 내게 신이 존재한다.[45]

이런 신성(또는 에크하르트 또한 '신을 초월한 신'으로 불렀던 것)은 물질이든, 자연이든, 마음이든, 비전이든, 혼이든, 신이든 간에 어떤 유한하거나 창조된 대상을 근본적으로 벗어나 있다. 에크하르트는 이런 완벽하게 초월적이고 자유로운 또는 비현현의 상태를 '심연' '불생' '무형상' '근원적 기원' '공성空性' '무' 같은 단어로 표현했다.

> 모든 것을 비우라. 즉, 당신의 자아(또는 어떤 종류든 분리된-자기감각, 혼 또는 대혼)를 비우고 모든 것, 당신 자신 안에 있는 온갖 것을 비우라. 그리고 스스로를 신 안의 존재로 생각하라. 신은 존재를 초월한 존재이며, 존재를 초월한 무無다. 그러므로 고요히 있으면서 이런 공성으로부터 물러서지 마라.[46]

이런 '공성'은 어떤 이론이 아니다. '시'는(나는 종종 그렇게 들었다.) 더더욱 아니며, 철학적 제안도 아니다. 그것은 생각에서 벗어난, 이중성에서 벗어난, 시간과 시간적 연속에서 벗어난 직접적인 파악이다(직접적인 '경험'이란 말은 꼭 들어맞지 않는데, 왜냐하면 주객의 이중성에서 벗어났기 때문에, 전혀 시간의 흐름에 들지 않기 때문에 결코 틀에 박힌 의미에서의 '경험적이지' 않기 때문이다).

> 그러므로 나는 그곳으로부터 아직까지 아무것도 발산되지 않고, 아무것도 움직이거나 거기에 대해 어떤 생각도 못하는 신성에 대해 말하고 있다. 혼이 신이라

면, 신을 상상할 수 있다면 또는 혼이 하나의 생각이라면 혼이 신을 볼 수 있지만, 그렇더라도 거기에는 똑같이 불충분함이 있을 것이다. 그러나 혼에 대한 온갖 이미지가 사라지고 유일한 일자가 될 때, 그때서야 혼의 순수한 존재는 스스로 속에 휴식하고 있는 신성의 순수하고 형상 없는 존재를 발견한다…….

공간도 시간도 이곳에는 닿지 못한다. 혼이 신을 시간과 공간으로 이해하는 것만큼 방해되는 건 없다. 시간과 공간은 전체의 일부지만 신은 하나다. 혼이 신을 인식하려면 시공을 초월해야만 한다. 왜냐하면 신은 지구상의 여러 사물처럼 이것이나 저것이 아니기 때문이다('아니다, 아니다neti, neti'). 신은 일자—者이기 때문이다. 혼이 신을 알고 싶으면 시간 속에서는 알 수 없다. 왜냐하면 혼이 시간이나 공간 또는 어떤 다른 것(대상)을 의식하고 있는 한 신을 알 수 없기 때문이다.

그렇다면 일체의 완전성과 일체의 지복은 한 개인이 모든 창조물, 모든 시간성, 모든 존재를 통과하고 초월해서 토대 없는 토대로 들어간다는 사실에 달려 있음을 알라. 그들은 (사물의) 망각과 무아no-self 의식에 도달해야만 한다. 거기에는 반드시 절대적인 침묵과 고요함이 존재한다.[47]

이런 형상 없는 조용한 자각에서는 신성을 볼 수 없다. 왜냐하면 그 사람이 신성이고 대상으로서, 외부에서 아는 게 아니라 스스로 느끼는 가운데 내면으로부터 신성을 알기 때문이다. 순수한 주시자를(에크하르트는 '주체의 본질'이라고 불렀다.) 볼 수는 없는데, 왜냐하면 그것이 보는 자라는 단순한 이유 때문이다(그리고 보는 자 자체는 순수한 공성, 순수한 구멍이나 빈터로서, 그 속에서 모든 대상, 경험, 사물, 사건이 일어나지만, 그 자체는 다만 머물러 있을 뿐이다). 보이는 건 무엇이나 더 많은 것, 더 유한한 것, 더 많은 피조물, 더 많은 심상, 개념, 비전이다. 이것들은 정확히 그것이 아닌 것들이다.

그것은 마치 신께서 비어 있으면서 본질적으로 자유롭듯이, 온갖 명칭을 떠나 있고, 온갖 형상을 여의었으며, 전적으로 자유롭고 비어 있다. 그것은 신께서 일자이며 단순하듯이, 철저히 하나이면서 단순해서 우리는 그것을 결코 바라볼 수 없다(그것을 대상으로서 볼 수 없다. 그것은 보는 자로서 보이는 대상이 아니다. 보는 자는 보이는 대상이 그로부터 출현하는 순수한 공성이다).

거기에서 '수단'은 침묵하는데, 어떤 피조물도, 어떤 심상도 그곳으로 들어갈 수 없기 때문이다. 그 장소에서 혼은 행위도 지식도 알지 못한다. 그곳에서 혼은 스스로 또는 그 어떤 피조물로부터 온 어떤 심상도 의식하지 못한다.

당신은 그를 있는 그대로, 신도 아니고, 마음도 아니고, 사람도 아니고, 심상도 아닌 채로 사랑해야만 한다. 그는 모든 이중성으로부터 떨어져 나온 순수하고 투명한 일자이기 때문에 더욱더 사랑해야만 한다. 당신은 신을 무분별하게 사랑함으로써 당신 혼이 마음으로부터 떠나고, 온갖 심적 활동으로부터 벗어나도록 해야 한다. 왜냐하면 당신 혼이 마음처럼 작동하는 한 그것은 심상과 표상을 오랫동안 지니기 때문이다. 심상을 갖고 있는 한 혼은 매개물을 갖고 있는 셈이며, 매개물이 존재하는 한 일자성도 단순성도 없기 때문이다. 그러므로 당신 혼이 일체의 마음을 벗어 버린 채 무심하게 거기에 머물러야만 한다. [48]

에크하르트는 이런 '무심mindless' '미지의 현존' 또는 심적 매개물이 없는 순수한 무형상의식을 성 디오니시우스를 따라 '신성한 무지Divine Ignorance'로 언급했다.

피조물의 온갖 외적 측면을 떠나지 않는 사람은 그 누구도 이런 신성한 탄생 안으로 수용되거나 거기에서 태어날 수 없다. 당신의 모든 힘을 하나로 모아 당신이 몰두하고 있는 모든 대상과 심상을 더 많이 망각할수록, 피조물과 그들의 심상에서 더 멀어질수록 당신은 점점 더 가까이, 점점 더 많이 수용된다. 당신이 모든 사물을 완전히 의식하지 못하고 사물과 자기를 망각하는 경지에 도달하면 고요한 어둠이 더 많아지고, 그곳에서 당신은 미지, 탄생을 초월한 신을 인식하게 된다. 왜냐하면 이런 무지가 당신을 사물에 관한 온갖 지식으로부터 떼어 놓고, 이를 넘어서서 당신 자신으로부터도 떼어 놓기 때문이다. [49]

에크하르트와 마찬가지로, 인도에서 가장 위대한 현대의 현자 스리 라마나 마하르시는 참자아와 참자아가 신(그리고 신성)과 갖는 관계에 대해서 일부 언어적 충고와 정보 제공으로 시작한다. 우리가 살펴보겠지만, 그는 곧 단순한 잡담을 넘어 미지의, 무지의 근원을 곧장 가리킨다. 그러므로 여기서 그는 신성한 무지로 우리를 끌고 가기 전에 '긍정' 언어로 말을 한다.

> 참자아는 모두에게 분명하게 알려져 있지 않다. 존재가 참자아다. '스스로 존재함I am'이 신의 이름이다. 신에 대한 온갖 정의 중에서 나는 '스스로 존재하는 자I AM THAT I AM'라는 성경 구절처럼 신을 실로 더 잘 표현한 것은 없다고 본다. 절대존재는 있는 그대로 존재하는 것이고, 그것이 참자아이자 신이다. 참자아를 알면 신을 안다. 사실 신은 다름 아닌 참자아다.50)

여기서 라마나는 그 스스로도 종종 지적했듯이, 분명 '신성'을 의미하고 있다. "창조란 신성 전체에 의해 신성이 신과 대자연으로 쪼개진 것이다."51)

순수한 참자아/영 또는 신성에 대해 라마나는 사실상 에크하르트(그리고 전 세계에서 이 수준에 있는 성현들) 언어와 동일한 언어로 참자아는 몸도, 마음도, 생각도 아니라고 끊임없이 반복하고 있다. 그것은 느낌도, 감각도, 지각도 아니다. 그것은 일체의 사물, 일체의 주체, 일체의 이중성으로부터 근본적으로 자유롭다. 그것은 보이지도, 알려지지도, 생각될 수도 없다. "그 상태에서는 오로지 존재만 있다. 당신도, 나도, 그도 없으며, 현재도, 과거도, 미래도 없다. 그것은 시공을 초월했으며, 표현을 초월해 있다. 그것은 항상 거기에 있다."52)

참자아는 "이것도 아니고 저것도 아니다". 산스크리트어로는 '네티neti, 네티neti'로서, 에크하르트를 인용하면서 내가 괄호로 표시한 내용이다. 참자아는 이것도 저것도 아닌데, 정확히 말해서 그것은 이것이나 저것의 순수한 주시자이며, 그래서 어떠한 경우라도 이것과 저것을 모조리 초월해 있다. 참자아를 '일자'라고도 말할 수 없는데, 일자는 지각되거나 주시되는 또 다른 성질, 또 다른 대상에 불과하기 때문이다. 참자아는 '영'이 아니다. 그보다는 오히려 바로 지금 그 개념을 주시하고 있는 것이다. 참자아는 또 다른 언어나 개념인 '주시자'가 아니며, 그 개념을 주시하고 있는 것이다. 참자아는 공성이 아니며, 순수한 참자아도 아니다.

> 참자아 안에는 선한 성질도, 악한 성질도 없다. 참자아는 일체의 성질로부터 벗어나 있다. 성질은 마음에만 해당된다. 그것은 성질을 초월해 있다. 단일성이 있다면 이중성도 있을 것이다. 숫자 일은 다른 숫자를 낳는다. 진실은 하나도, 둘도 아니다. 그것은 있는 그대로다.

> 사람들은 참자아를 무언가로서 보길 원한다. 그들은 그것을 타오르는 빛 등으로 보길 원한다. 그러나 어떻게 그럴 수 있단 말인가? 참자아는 빛도, 어둠도, 어떤 관찰대상도 아니다. 참자아는 언제나 주시자다. 그것은 영원하며, 언제나 동일하게 유지된다.[53]

라마나는 종종 참자아를 '나-나ᅵ'라는 명칭으로 부르는데, 참자아는 평범한 '나'의 단순한 주시자이기 때문이다. 우리 모두는 나-나를 완벽하게 의식하고 있는데, 현 순간에 주시할 수 있는 역량을 의식하고 있기 때문이라고 라마나는 말했다. 그러나 우리는 순수한 나-나 또는 순수한 보는 자를 보여질 수 있는, 그러므로 정확히는 보는 자나 참된 참자아가 아닌, 그렇지만 어떤 기억이나 심상, 정체성 또는 자기 개념에 불과한 어떤 대상으로 오인한다. 이 모든 것은 대상으로서, 어떤 것도 대상의 주시자가 되지 못한다. 나-나를 이런 나나 저런 나와 동일시하며, 단지 유한하고 일시적일 뿐인 대상과 그렇듯 동일시함으로써 우리는 일체 유한한 대상의 돌팔매질과 화살의 고통을 겪는 데 반해, 무시간, 영원, 불생, 확고함, 불사, 항상 현존하는 참차아는 언제나 있는 그대로 남아 있다.

> 나-나는 언제나 거기에 있다. 그것을 (대상으로서) 알 방법이 없다. 그것은 새로 획득한 지식이 아니다. 나-나는 항상 거기에 있다.

> 한순간이라도 참자아를 경험하지 못하는 사람은 아무도 없다. 깊은 잠 속에서도 당신은 존재하며 깨어 있는 채로 있다. 동일한 참자아가 양쪽 상태에 존재한다. 차이는 오직 세상에 대한 자각과 비자각에 있다. 세상은 마음과 더불어 솟아

나고, 마음과 더불어 사라진다. 일어났다가 사라지는 것은 참자아가 아니다.

사람은 마음과 몸을 참자아와 혼동하기 때문에 불행하다. 방황하는 것이 마음의 성질이다. 마음은 치솟았다가 가라앉는다. 그것은 덧없고 일시적이지만, 당신은 영원하다. 참자아 이외에는 그 무엇도 존재하지 않는다. 문제는 참자아로 머무는 것이다. 마음에 상관하지 마라. 마음의 근원을 찾으면 마음은 참자아에 영향을 주지 않은 채로 사라질 것이다.[54]

"마음이 사라진다."라는 것은, 물론 에크하르트의 '무심한 자각'(그리고 선의 '무심 no-mind' 등)이다. 그러므로 라마나는 우리에게 마음의 근원을 보라고, 심적이거나 개인적인 '나'를 의식하는 그것을 보라고 조언한다. 왜냐하면 그것이 어떤 특정 상태, 특정 대상, 특정 상황, 특정 출생, 특정 죽음의 부침에 의해 변하지 않는 초개인적인 '나-나'이기 때문이다.

'나-나'의 근원, 근본적인 나-나를 추적하는 일만 남으며, 그것은 표현 불가능하다. 깨달음의 자리는 내면에 있으며, 추구하는 자는 그것을 자신 밖에 있는 대상으로서 찾을 수 없다. 그 자리는 지복이자 일체 존재의 핵심(궁극적 심연)이다. 그러므로 그것을 가슴Heart이라고 부른다. 이제 마음은 스스로 우주로 다양하게 분화되는 것을 본다. 다양성이 드러나지 않으면 그것은 그 본질, 그 원래 상태에 머물며, 그것이 가슴이다. 가슴으로 들어가는 것은 산만함(대상) 없이 남아 있는 걸 의미한다. 가슴이 유일한 실재다. 마음은 일시적인 상태다. 참자아로서 남는 것이 가슴으로 들어가는 것이다.

참자아는 태어나지도 죽지도 않는다. 성현들은 참자아 안에서 모든 걸 본다. 그 속에는 어떤 다양성도 없다. 어떤 사람이 자신이 태어났다고 생각하고 죽음의 공포를 피할 수 없다고 생각한다면 참자아가 태어나긴 하는지 살펴보라. 그는 참자아는 항상 존재한다는 것을, 태어나는 신체가 생각 속으로 녹아드는 것을, 생각의 출현은 온갖 불행의 뿌리라는 걸 알게 될 것이다. 생각의 근원을 찾으라. 그러면 당신은 마음속 깊은 곳에 항존하는 참자아 안에 거주할 것이며, 탄생과 죽음의 공

포라는 생각으로부터 자유로워질 것이다.[55]

이런 '자기탐구'를 생각의 근원까지, '나'와 '세상'의 근원까지 추적해 보면, 무엇이든 일체 대상으로부터 자유로운, 에크하르트가 정확히 '모든 대상을 완전히 의식하지 못하는' 텅 비고 순수한 자각 상태로 들어간다. 베단타에서 이것은 무상삼매 nirvikalpa samadhi로 알려져 있다(무상이란 '어떤 성질이나 대상이 없다'는 의미다). 자각 속에서는 완전한 투명성, 완전한 의식이 존재하지만 현현된 세상 전체(정묘를 포함해서 정묘까지)는 일어나길 멈추며, 에크하르트가 '적나라한 신성의 존재'로 부른 것으로 직접 인도된다. 스리 라마나의 말을 들어 보자.

> 참자아를 유지하고 있으면(어떤 상황에서도 참자아로 남아 있으면) 두 번째가 없다. 세상을 보면 참자아를 놓치고 만다. 반대로, 참자아를 잡고 있으면 세상은 나타나지 않을 것이다.
> 끊어지지 않는 물의 흐름처럼 멈추지 않고, 참자아 안에서 흔들리지 않고, 빈틈없이 지속함으로써 무상삼매라는 자연스러운 또는 불변하는 상태가 되는데, 이는 쉽고 자발적으로 모든 시공을 초월하는 직접적이고 즉각적이며 방해받지 않고 보편적인 브라만에 대한 지각을 낳는다.[56]

라마나와 에크하르트에게(그들만은 아니다.) 원인이란 일종의 궁극적 오메가 포인트다(그러나 우리가 살펴보겠지만 이것이 스토리의 끝은 아니다). 모든 현현의 근원으로서 그것은 모든 발달의 목적지다. 라마나는 이렇게 말했다. "이것이 참자아 깨달음이다. 이것에 의해 가슴의 매듭(분리된 자기감각)이 끊어진다. 이것이 의심과 이중성을 넘어선 무한한 해방의 지복이다. 이중성으로부터의 이런 해방 상태를 실현하는 것이 삶의 지고선이며, 그것을 획득한 자만이 지반묵타Jivanmukta(살아 있지만 해방된 자)다. 참자아나 일체 인간 행동의 원하는 최종 목적에 대한 이론적 이해에만 머무는 자가 아니다. 그때 아함-브라만Aham-Brahman, 즉 '나-나'는 절대라는 완전한 행복 속에 머물게 된다."[57]

비이원

그것이 무형상 원인이다. 그러나 에크하르트가 표현했듯이, 원인은 '최종 용어'가 아니다. 어느 한 사람이 순수한 비현현, 불생의 영에 원인적으로 몰입하는 일을 돌파하면 현현된 전 세계가 다시 한번 나타난다. 그러나 이번에는 영과 영으로서의 완벽한 표현으로서 나타나는 것이다. 무형상과 현현된 전 세계, 순수한 공성과 온우주 전체가 둘이 아닌 것으로(비이원) 보인다. 주시된 모든 것에서 주시자를 보기 때문에 라마나의 표현대로, "주시되는 대상과 주시자는 마침내 녹아들어(분리된 실체로서 사라져서) 궁극적으로 오로지 절대의식만 지배한다". 그러나 이 비이원의식은 세상과 다르지 않다. "브라만이 세상이다."

원인의 비현현에서 비이원적 포용에로의 이런 이동을 라마나는 무상삼매에서 본연삼매sahaj samadhi로의 발달이라고 언급했는데, 이는 '끊어지지 않고 자발적으로 그러한'을 의미하며, '우주(온우주) 전체가 완벽하게 평등한 채로 가슴에 담긴' 하나의 '상태'다. "왜냐하면 도처에 은총이 스며들고, 참자아가 아닌 것은 아무것도 없기 때문이다. 이 세상 일체가 브라만이다."58)

마이스터 에크하르트는 (세상을 완전히 초월하면서 완전히 포용하는) 이 두 가지 이동을 설명하고 있다.

첫째로, "일체의 대상에 대해서 잠들라". 그것은 시간, 피조물, 심상을 무시함을 의미한다(원인). 그러면 당신은 신께서 당신 안에서 일하심을 알게 될 것이다. 이 것이 노래의 노래에서, 흔히 "나는 잠들지만 내 가슴은 바라본다."라고 말하는 이유이다. 그러므로 당신 안에서 일체의 피조물이 잠들지라도 신께서(신성으로서) 당신 안에서 무슨 일을 하시는지 알 수 있다.

두 번째로, "모든 사물에 관심을 가져라". 여기에는 세 가지 의미가 담겨 있다. 그 의미는, 첫째, 모든 사물 속에서 신을 포착하라. 왜냐하면 신께서 모든 사물에 계시기 때문이다.

두 번째 의미는 "이웃을 당신처럼 사랑하라."다. 당신이 한 인간을 다른 누구보다 사랑한다면 그것은 잘못이다. 당신이 다른 사람보다 아버지, 어머니, 당신 자신을 사랑한다면 그것은 잘못이다. 당신이 다른 사람의 행복보다 당신 자신의 행복을 더 원한다면 그 또한 잘못이다.

세 번째 의미는 이렇다. "모든 사물에 계신 신을 평등하게 사랑하라." 왜냐하면 신께서는 모든 피조물에 똑같이 가까이 계시기 때문이다. 신께서는 이 모든 피조물 중 누군가를 다른 누구보다 더 사랑하시지 않는다. 신은 일체이자 하나다. 일체의 사물은 신에 다름없다[비이원].59)

만물이 오로지 신이라면 사물도, 신도 없으며 오로지 이것뿐이다.

객체도, 주체도 없이 오로지 이것뿐이다. 이 상태에 들어갈 수도, 이 상태를 떠날 수도 없다. 그것은 절대적으로, 영원히, 이미 언제나 그렇다. 단순한 존재의 느낌, 온갖 상태의 기본적이면서 단순한 즉시성, 사상한 이전에, 내부와 외부 간의 분리 이전에, 보는 자와 보이는 대상 이전에, 세상이 생기기 이전에, 순수한 현존으로서 항존하는 단순한 존재의 느낌, 온 세상이 쉼 없이 일어나는 구멍이나 빈터로서의 텅 빈 자각이다. 나-나는 우주가 들어오는 상자다.

나-나로 머물면 세상은 예전처럼 생겨나지만 이제 그것을 주시할 사람이 아무도 없다. 나-나는 '저 밖'을 보면서 '여기에' 있지 않다. 여기도, 저기도 없으며 오로지 이것뿐이다. 그것은 모든 자아중심, 모든 지구중심, 모든 생물중심, 모든 사회중심, 모든 신중심의 근원적 종말인데, 왜냐하면 그것은 모든 중심주의의 근원적인 종말이기 때문이다. 그것으로 끝이 난다. 그것은 어느 때든, 어느 장소든 현현된 모든 영역, 모든 영토의 최종적인 탈중심이다. 족첸불교의 표현처럼, 모든 현상은 근원적으로 비어 있기 때문에 있는 그대로의 현상은 생겨날 때 스스로 해방되어 있다.

그 순수하고 텅 빈 자각 속에서 나-나는 끊임없이, 영원히 온 세상의 생성과 소멸이다. 나-나는 시간이나 혼란에도 흔들림 없이, 근원적인 순수성, 격렬한 자비로 각자를 포용하면서 온우주를 삼켜 버린 채 수세기에 걸쳐서 존재한다. 진화라는 이 악몽은 결코 시작된 적이 없으므로 결코 끝나지도 않을 것이다.

그것은 있는 그대로 그것이 생성되는 그 순간에 스스로 해방되어 있다. 오직 이 뿐이다.

일체 만물은 나-나다. 나-나는 공성이며, 공성은 자유로이 현현한다. 자유로운 현현은 스스로 해방되어 있다.

물론 선禪은 훨씬 더 간단하게 표현하곤 했으며, 이뿐인 것을 직접 가리켰다.

> 잔잔한 연못,
> 개구리 한 마리가 뛰어든다.
> 퐁당!

역사의 종말

그렇다면 역사에는 최후의 오메가 포인트, 이전에 있었던 덜 중요한 온갖 오메가 포인트의 오메가 포인트가 있을까? 실제로 우리가 알고 있는 역사의 종말이 있을 까? 일체 존재가 신성의 의식적 깨달음 속에서 결합할 곳은 어디일까? 우리 모두 자 신이 걸어온 발자국을 녹여 버리는 '저 멀리에 있는 하나의 신성한 사건' 쪽으로 끌 려 갈 것인가?

신비적인 성향을 띤 수많은 저술가는 이렇게 가정했다. 얼핏 보면 어느 정도는 일리가 있다. '물병자리 시대의 공모Aquarian Conspiracy'에서 테이야르의 '최후의 오메 가 포인트'까지, '뉴에이지'의 새벽부터 '시간파 제로Timewave Zero'까지 천년 왕국 역 사의 종말이 풍부하게 공표되었다. 테렌스 맥케나Terence McKenna와 호세 아퀼레스 José Arguelles 같은 이론가들은 최후의 오메가 포인트의 실제 날짜를 계산할 정도였 다. 2012년 12월이 '시간파 제로'다.[60)]

물론 그런 식의 '역사의 종말' 개념을 마주한 것은 이것이 처음이 아니다. 그리고 2장에서 우리는 왜 그런 개념이 실제 일리가 있고 다소나마 진실이 담겨 있는지를 보았다. 그런 논의를 요약해 보자.

모든 상위 차원은 하위 차원에게 변용을 불러일으키는 오메가 포인트로서 작용하여, 더 깊고 넓은 것이 더 얕고 협소한 것을 뚜렷하게 끌어당긴다. 홀론 체제는 자신의 성장과 발달에 변용적인 오메가 포인트이며, 이는 오메가로 작용하는 유사한 형태들의 총합으로부터 발생하는 형태공명으로 촉진될 가능성이 있다. 그러나 자기초월에서는 창발하는 상위 수준이 하위 차원에 대해 하위 차원 스스로 또는 형태적으로 공명하는 그들의 파트너들이 혼자서는 할 수 없는 오메가 견인력을 행사한다.61) 바로 다음에 오는 상위 오메가에 도달하지 못하면 더 작은 차원은 부분성, 분열, 소외라는 난폭한 운명의 시련으로 고통받는다. 더 깊고 넓은 맥락은 덜 깊고 넓은 것을 고통 속으로 몰아넣는다(그렇기보다는 협소한 것은 자신만의 찢어질 듯한 한계라는 경계 때문에 고통받는다). 가장 넓은 의미에서 보면, 진화란 부분성이라는 고통으로부터 민감하게 날아오르는 일이다.

따라서 온우주에서 더 깊고 더 넓은 맥락은 각각 더 얕으면서 더 좁은 맥락에 대해 오메가 견인력을 행사하며, 특정의 더 넓은 깊이에 도달했을 때 그 특정한 오메가 견인력은 잦아들어 이제 자신의 더 넓고 깊은 맥락 안에 새로운 깊이가 존재함을 발견하는데, 그 맥락은 이제 또다시 초월하라는 배려와 의식으로 더 많은 온우주를 다시 한번 포용하라는 불굴의 오메가 힘을 발휘한다.

요약하면, 어떤 홀론도 바로 다음에 오는 더 깊은 맥락, 자신의 오메가 포인트를 발견하지 못한 상태로는 행복하게 휴식하지 못하는데, 이는 각 홀론은 스스로의 역사의 종말을 향해 돌진함을 의미한다.

서구 계몽주의 시대 이후로 일반적으로 어떤 형태의 합리성rationality(고전 계몽주의에서는 형식적 조작, 헤겔의 경우 비전-논리)을 위대한 오메가 포인트 또는 역사의 종말로 상정했으며 근대도 이렇게 믿었는데, 왜냐하면 그것이 더 작은 계기들이 가리키는, 그로부터 합리성이 마침내 의기양양하게 출현했던 당시의 참된 발달 상태였기 때문이다. 마술과 신화가 역사에 가한 고문, 이성을 찾아 잔혹하게 서로를 토막내는 더 작은 오메가 포인트의 고문을 향한 볼테르의 정치적 슬로건, "잔혹성을 기억하라!"를 상기해 보자.

근대가 싹트면서 합리성이라는 오메가 포인트가 실제로 모든 발달론자 이론에 침투하는 걸 볼 수 있다. 우리는 그것을 프로이트에서 볼 수 있다. 마술 및 신화의 일차 과정 인지가 상당한 저항과 혼란을 겪은 후에 합리성이라는 이차 (성숙한) 과정으로 대체된다. 마르크스에서도 볼 수 있다. 세계중심 인지 양식으로서의 합리성은 그 경제 발달과 함께 자아중심, 민족중심 계급 분열을 극복하고, 똑같이 자유로운 주체들의 진정한 교류의 도래를 알렸다. 피아제에서도 볼 수 있다. 전조작, 구체적 조작, 형식적 조작에서 각 선행 단계는 자신의 무능이 갖는 한계로 말미암아 고통받았다. 자아중심, 사회중심, 세계중심 이성으로 진행되는 콜버그와 길리건도 마찬가지다. 헤겔에게 있어서는 참자아를 상정한 영이 글로벌 이성 형태로 스스로에게로, 역사 자체의 정점에게로 돌아간다. 하버마스도 그렇다. 합리성을 통해 전개되는 무제한의 의사소통 행위에 대한 상호 이해는 개인적 · 사회적 진화 자체의 오메가 포인트가 된다.

목록을 열거하면 실제로 끝이 없다. 우리가 앞서 논의한 바와 같이, 그들의 한계 내에서는 여러 중요한 면에서 근본적으로 모두 옳으며, 범위와 배려라는 맥락을 확장시키는 데 대해 각각은 우리에게 상당히 가르쳐 줄 수 있다(이전에 태고와 마술과의 관계에서 신화구조는 스스로에 대해서 똑같은 말을 했다. 신화구조는 신화적 신의 도래는 모든 부족 역사의 종말이라고 주장했으며, 그 또한 충분히 진실이다).

프랜시스 후쿠야마Francis Fukuyama는 최근 『역사의 종말The End of History』을 출판해서 국제적인 센세이션을 일으켰는데, 거기서 그는 "20세기 끝에 와서 방향성을 띤 일관된 인류의 역사에 대해 말하는 게 의미 있을까? 별도의 두 가지 이유로 그렇다는 게 내가 도달한 결론이다. 하나는 경제학과 관련이 있고, 다른 하나는 '인정받기 위한 분투'로 불리는 것과 관련이 있다."라고 말하고 있다.62)

'인정받기 위한 분투'는 간단히 말해서 헤겔에서 하버마스, 테일러로 이어지는 주제로서, 모든 사람 사이에서 상호 자존감의 자유로운 교환이라고도 부르는 상호 인정(이성-자아적 자존감 욕구의 출현)은 그런 상호 인정의 자유로운 출현을 향해 역사와 의사소통을 견인하는 오메가 포인트다. 그런 출현이 없었다면, 역사란 다른 사람들에 대해 승리를 거두고 다른 사람들을 지배하거나 종속시키려 애쓰는 한 개인이나 개인 집단의 야만성에 불과하다.

이와는 달리 인간이 '특정 가치나 존엄성을 띤 존재로서' 서로를 인정할 때, 그런 의미에서 역사가 "종말을 맞는데, 왜냐하면 보편적인 상호 인정을 특징으로 하는 사회에서는 역사 과정을 추동해 왔던 갈망, 인정을 위한 분투가 충족되기 때문이다. 인간사회제도의 어떤 체제도 이런 갈망을 더 잘 충족시킬 수 없으며, 그러므로 더 이상의 진보적 역사 변화는 불가능하다".[63] 역사의 종말인 셈이다.

헤겔의 메아리가 되어 후쿠야마가, "이는 탄생, 삶, 죽음의 자연 순환이 종결될 것이라거나, 중요한 사건들이 더 이상 일어나지 않을 거라거나, 이들을 보고하는 신문이 발간되지 않을 거라는 뜻이 아니다. 이와는 달리 근저에 놓인 원리나 체제의 발달에 더 이상의 진보가 없을 것임을 의미하는데, 왜냐하면 실로 중대한 의문이 풀렸기 때문이다."[64]라고 말했다.

'실로 중대한 의문'은 이런 의미에서는 풀어질 것이다. 우리가 일단, (1) 시민법을 따르는 자유롭고 평등한 주체, (2) 도덕적으로 자유로운 주체, (3) 세계시민으로서 (세계중심적인 공동성 내에서의 세계중심적인 행위자) 정치적으로 자유로운 주체를 허용하면서 요구하는 세계중심 합리적 구조에 도달하면, 일단 거기에 도달하면 그 영역에서 특별히 더 할 수 있는 일이 있겠는가? 그 영역에서 "실로 중대한 의문은 풀어질 것이다".

물론 우리는 이런 자유를 이행하고 그것들의 범세계적 정의를 보장하는 데 도움을 줄 방법들을 계속 세부적으로 손볼 것이다. 우리는 참으로 새로운 자유를, 낡은 자유를 확장시킬 새로운 방법을 발견할 것이다. 그러나 이런 세 요인은 틀림없이 모든 새로운 발달을 위한 중요한 토대가 될 것이다. 그 지점까지의 역사가 이런 세 가지 요인을 거부하는 파벌들의 무력 충돌이 되는 한, 이것이 실제로 역사의 종말을 기록할 것이다.

내가 말했던 바와 같이, 이 모두가 사실일 수 있으며(사실이라고 나는 생각한다.) 그리고 여전히 더 이상의 역사 변화, 그런 변화들이 아무리 상호 자아 수준의 자존감과 자기인정의 토대 위에 이루어질지라도 변화가 일어날 가능성에 대한 여지를 여전히 남겨 두고 있으며, 여전히 그것을 요구하고 있다. 자아를 초월한 의식구조가 자기 차례가 되어 이미 실현된 자존감 욕구 위에 더 미묘한 오메가 견인력을 행사하는 구조가 실로 존재한다는 단순한 이유 때문이다. 그리고 이 새로운 오메가 견인력은 틀림없이 보편적 자아의 인정이라는(이것은 분명 보존될 것이지만… 또한 지구를 동요하게 만드는 미래의 패러다임 전쟁에서 고통스럽게 부정될 것이다.) 외관상 '안정된' 구조를 불안정하게 만든다.

표현을 달리하면, 여전히 해결이 요구되는 더 큰 '실제로 중요한 의문'이 물론 존재한다. 역사가 아니라 자아의 역사만 막을 내린다.

이것은 더 깊거나 높은 구조라는 (자아를 초월한) 주제, 가능성을 띤 온갖 역사의 진실되고 완전한 종말에서 발달의 전 과정이 실제로 정점에 도달할 것인지의 주제로 데려간다. 왜냐하면 그것이 시간파 제로, 모든 오메가의 절대적인 오메가, 모든 종말의 종말, 불화의 소멸, 완전한 심연 속으로 실종된 현상, 진실로 최후의 만찬이 마지막으로 제공되는 우주 끝에 존재하는 식당이라는 천년 왕국의 주제가 함의하는 내용이기 때문이다.

[그림 5-1]에서 나는 비전-논리/켄타우로스/지구행성까지 사상한 발달을 포함시켰다. 이윽고 이 시점에서는 그것이 세계혼 진화의 소위 선단이 되었다(나는 그렇게 주장한다). 이에 따라 이 시점에서 사상한에서의 모든 상위 발달은 개인의 신체적 변성으로 입증되고(우상상한), 깊이가 동일한 소규모 공동체나 승가僧家에서 수행되는(좌하상한), 소규모 사회구조를 갖춘(우하상한) 개인의 노력을(좌상상한) 통해서 일어나야만 한다.

이런 고차원의 잠재력이 앞으로 몇 십 년, 몇 백 년, 몇 천 년 동안에[65] 집단적으로 일어나기 시작함에 따라 우리는 실제 그 모습이 어떨지 추측할 수 있을 뿐인데, 이는 어떤 표층구조든 예정되어 있지 않기 때문이다. 이 고차원의 구조들(심령, 정묘, 원인, 비이원)은 잠재적인 세계 공간, 전前 존재론적 세계 공간으로서 숙명이기보다는 잠재력으로서만 주어진다.

그러나 그것들은 인간 심신체의 **구조적 잠재력**인데, 그것이 현재 모습으로 출현한 이래로(약 5만 년 전) 그 심신체는 실로 스펙트럼에 걸쳐 깨달음을 지원했기 때문이다(붓다, 가우다파다, 율리안 여사, 초걀 여사의 깨달음을 지원했다). 달리 말해서, 그 심신체는 이미 심령, 정묘, 원인, 비이원의 깨달음을 지원했다. 그러므로 재구성과학에 의하면, 우리는 이미 이런 잠재력을 이용할 수 있음을 알고 있다. 이는 선험적인 헤겔식 추론이 아니라 **후험적 결론**이다.

그러므로 구조적 잠재력에 접근하는 건 가능하다. 그러나 그것들이 어떻게 전개되는지는 의도, 행동, 문화, 사회라는 사상한 모두가 역사적으로 계속 진화함에 따라 그들 모두의 상호 관계에 달려 있을 것이며, 그중 어떤 상한도 엄격하게 예정되어 있지 않다. 예컨대, 삼중 뇌를 갖춘 인간 심신체가 현재 모습으로 출현했을 때(또다시 약 5만 년 전), 그 뇌는 이미 상징 논리를 위한 잠재력(또는 단단한 배선)을 갖고 있었지만 그런 잠재력은 그 형태와 기능을 드러내기 전에 문화적·사회적·의도적 발달을 기다려야만 했는데, 고차원의 잠재력도 이와 같다. 그것들이 어떻게 전개될지는 두고 볼 일이다. 그러나 그 잠재력이 거기에 존재한다는 사실은 그것이 (붓다에서 크리슈나까지) 일부 사람들에게 이미 전개되었다는 사실로서 입증된다. 따라서 내면과 초월이라는 진화를 지속할 것을 선택한 사람은 누구나 이미 그 잠재력을 활용할 수 있다.

그렇다면 의문이 남는다. 그 모든 게 주어졌다면 집단적인 인류가 종국에는 절대의 오메가 포인트, 모든 존재를 위한 순수한 그리스도의식(또는 그 비슷한 것)으로 진화할 수 있을 것이라는 말은 여전히 맞을까? 우리는 역사의 궁극적 종말, 모든 오메가의 오메가로 항해하고 있는 것일까? 그런 게 있기나 한 것일까?

그것이 존재하지만 우리는 그것을 향하고 있지 않다는 게 대답이다. 거기서 멀어지거나 그 주변에 머물고 있다. 불생의 영, 원인의 비현현은 매 순간 진화의 본성이자 조건, 근원이자 지주다. 그것은 출발 지점에서 시간의 흐름에 들어가지도, 끝 지점에서 **빠져나오지도** 않았다. 그것은 부분성을 배제한 채 일체의 시간을 보호하며 일체의 공간을 지원한다. 따라서 역사를 밀어내지도 끌어당기지도 않는다.

철저하게 무형상으로서 그것은 어떤 순간에도 형상의 흐름으로 들어오지 않는다. 그럼에도 불구하고 라마나가 말한 것처럼, 어떤 유한한 대상도 이런 무한성의 해방 없이는 휴식하지 못할 거라는 의미에서 그것이 지고선_{summum bonum}, 궁극적 오메가 포인트라는 말에는 일리가 있다. 바꿔 말해서, 무형상은 궁극의 오메가, 궁극의 종말이지만, 형상의 세계 속에서는 도달할 수 없는 종말이다. 형상은 끝없이, 쉼 없이 홀라키적으로 영원히 지속된다(추정컨대, 우주가 새롭게 시작하기 위해 스스로 왔던 길을 따라 물러서면서 붕괴되지 않는 한 말이다).

형상은 위로도 쭉 홀론, 아래로도 쭉 홀론인 홀라키 모습으로 스스로 반사하는 거울로 된 무한한 홀ₕₐₗₗ로서의 우주를 영원히 지속시킨다. 이런 이유 때문에 더 적고 낮은 차원에 대해서 뚜렷이 오메가 견인력으로서 작용하는 정묘 수준은, 그럼에도 불구하고 말 그대로 정묘 수준 안의 정묘 수준, 그 안의 정묘 수준이라는 무한 수를 담고 있다고 할 수 있다. 수십억에 달하는 또 다른 우주!

따라서 형상의 세계에서 궁극의 오메가는 계속 철수하는 실현의 지평(계속 철수하는 전체 현현의 지평),66) 영원히 우리를 앞으로 당기는, 스스로는 영원히 수축하는, 그러므로 언제나 똑같은 호흡에 전체성과 부분성을 부여하는 지평으로 보인다. 이 순간에 전체인 것이 다음 순간에 나타나는 전체의 일부가 된다. 어떤 순간이 주어져도 세상은 항상 완전한 동시에 불완전하므로 결코 충족될 수 없는 실현이라는 운명에 처해 있다. 형상은 서둘러서 앞으로 질주하는 만큼 그 보상으로 후퇴를 한다.

그러나 한 개인의 발달에서 발달이 충분히 일어난 어느 지점에서나, 무형상에로의 급격한 도약(에크하르트가 말한 '돌파구')이 일어날 수 있다. 더 높이 발달할수록 도약은 더 쉽고 가능성은 더 클 것이다. 그러나 무형상 자체는 그런 도약의 결과도 아니고 도약이 일어난 후에야 등장하지도 않는다. 그것은 자신의 본래 면목, 빅뱅 이전에 지녔던 얼굴, 우주마다 모든 유정물로부터 빠짐없이 내미는 얼굴로서, 상호 자기 인정self-recognition이 아닌 참자아 인정Self-recognition을 위해 하나하나 모조리 불러내면서 시작부터 그곳에 있었다.

공성으로 머물면서 일체 형상을 품어라. 최종적으로는 형상이 아닌 공성 속에 해방이 있다(그러나 결코 형상과 분리되지 않는다). 따라서 지고선을 실현할지라도, 끝없는 형상의 길을 돌연히 끊어 내고 무형상 속에 있는 스스로를 발견했을지라도 형상의 세계는 여전히 지속된다. 심령으로, 정묘로, 수십억에 달하는 형상의 우주로 끝없이, 쉼 없이, 극적으로…….

진화는 이런 무형상의 지고선만 찾는다. 그것은 오로지 이 궁극의 오메가만을 원한다. 진화는 항상, 오로지 이것을 찾으려고 앞을 향해 서두른다. 그러나 결코 그것을 발견할 수 없을 텐데, 진화는 형상의 세계에서 전개되기 때문이다. 온우주는 시간의 세계 속에서 완전히 무시간을 찾아 끝없이 앞을 향해 내몰린다. 결코 그것을 찾을 수 없기 때문에 찾는 일을 멈추지 않을 것이다. 윤회는 끝없이 순환하고, 그것은 항상 그 가슴속에 숨겨진 잔인한 악몽이다.

20개 원리는 이 영원한 꿈의 형상과 기능, 구조와 패턴이다.

SPIRITUALITY · SEX ECOLOGY

주석

01 생명의 그물망

1. 『생존하다*Staying alive*』에서 로저 윌시가 서술한, 통찰로 넘치는 논의를 보라.

2. 워릭 폭스Warwick Fox는 이런 역사 발달에 대해서 매우 유용하게 요약하고 있다. 『초개인 생태학을 향해*Toward a transpersonal ecology*』를 보라.

3. 카프라Capra, 『새로운 과학과 문명의 전환*Turning Point*』, 16쪽.

4. 다이아몬드Diamond와 오렌슈타인Orenstein, 『세상을 다시 엮다*Reweaving the world*』, 156쪽, 161쪽.

5. 드발Devall과 세션즈Sessions, 『심층 생태학*Deep ecology*』, 8쪽, 20쪽.

6. 라슬로Laszlo, 『진화*Evolution*』, 4쪽, 9쪽.

7. 같은 책, 5쪽.

8. 이 영역들이 정확히 어떻게 관련을 맺는지, 사실 이 영역이 세 개 영역인지 아니면 포괄적인 한 영역의 여러 측면인지, 그들이 어떻게 개별적으로나 집단적으로 신성한 영역인 '신권'과 연결되는지, 이런 것들이 우리가 궁극적으로 검토하길 원하는 의문들이다. 우리는 그동안 이 세 영역을 주어진 영역으로 잠정적으로 받아들일 수 있을 것이다.

   지금으로서는 한 가지 예만 들어 보자. 『생태, 공동체, 생활 양식*Ecology, community, and lifestyle*』에서 아르네 네스Arne Naess는 "인류는 의식적으로 그 수를 제한하면서 다른 형태를 띤 생명체와 지속적이면서도 역동적인 평형 상태에서 살아갈 수 있는 지적 능력을 갖춘 지구상에 출현한 최초 종이다."라고 지적하였다. 그러나 "글로벌 문화는… 이제 세상의 온갖 환경을 잠식하면서 미래 세대가 살 수 있는 살아 있는 조건들을 더럽히고 있다"(23쪽, 필자의 강조임). 이는 분명 사실이며, 인간 문화가 의식적으로 생물권(살아 있는 조건)과 조화를 이루거나 그로부터 빗나갈 수 있다는 사실은 문화는 모든 면에서 생물권과 동일하지 않음을 정확히 보여 주고 있다. 문화는 그 자신이 존재하기 위해 생물권에 의존하지만 중요한 면에서 생물권으로부터 분화되었는데, 그런 분화를 우리는 정신권으로 부른다. 우리는 이 책을 통해 몇 번이고 이 주제로 돌아오면서, 매번 정교하게 다듬어 갈 것이다. 그러므로 나는 내가 말한 생태계에 관심을 가진 동료들에게 이들 중 다수는 '정신권' 비슷한 그 어떤 것에 대해서도 지극히 의심하는데, 논의를 더 충분히 진전시킬 때까지 참을성 있게 나를 대해 달라고 요청하는 바다.

9. 버탈랜피Bertalanffy, 『일반 시스템 이론General system theory』, 87쪽.

10. 러브조이Lovejoy, 『존재의 대사슬The Great Chain of Being』. 이 주제는 9장에서 상세하게 탐구할 것이다.

11. 같은 책, 26쪽.

12. 라슬로, 『진화Evolution』, 14쪽.

13. 같은 책, 13쪽.

14. 따라서 일리야 프리고진Ilya Prigogine의 다음과 같은 예가 있다. "우리 시대에는 18세기 서구 물리학의 승리에 뒤따라 일어난 과학과 철학의 분리라는 결과로 인해 고통을 받고 있다."라고 말한 이보르 르클레르Ivor Leclerc의 말을 인용한 후에 프리고진은 계속해서 이렇게 말하고 있다. "그러나 나는 최근 시간에 대한 재발견이[즉, 불가역성] 새로운 관점으로 이끌어 가고 있다는 점에서 오늘날의 상황이 훨씬 더 유리하다고 믿는다. 이제 한편에서는 자연과학, 다른 한편에서는 인문과학과 철학 간의 대화는 고전 그리스 시대나 뉴턴과 라이프니츠의 17세기가 그렇듯 또다시 풍성해질 수 있다. 정확히 이 시점 후에 우리가 (생명과 물질 또는 더 정확히는 내면성과 외면성 간의) '엄청난 분열great fracture'로 부를 수 있는 일이 일어났다. 세이브룩, 『노벨상 수상자의 대화Nobel Prize conversations』(1985), 121쪽.

15. 가드너Gardner, 『마음의 탐구Quest for mind』, 172쪽.

16. 야콥슨Jakobson, 『언어에 대하여On Language』, 11쪽. 이것은 야콥슨의 관점을 편집자가 요약한 내용이다.

17. 가드너, 『마음의 탐구』, 172쪽.

18. 폴 에드워즈Paul Edwards 편집, 『철학 백과사전Encyclopedia of philosophy』, 2권, 474쪽.

19. 쾨슬러Koestler, 『기계 속의 유령Ghost in the machine』.

20. 아이슬러Eisler, 『성배와 검Chalice and the blade』, 205쪽.

21. 테일러Taylor, 『자기의 원천Sources of the self』, 19-20쪽.

22. 같은 책, 31쪽. 필자의 강조임.

23. 같은 책, 27쪽, 78쪽.

24. 같은 책, 22쪽, 98쪽.

25. 같은 책, 88쪽.

26. 『의식의 진화란 무엇인가? 문화 상대주의에서 본 초개인이론』에서 마이클 윈켈맨Michael Winkelman은 어떤 의식 성취든 문화를 더 높거나 낮다고 서열 짓는 데 반대하는 문화 상대주의자의 주장을 선도하였다. 그는 어떤 문화적 입장도 다른 입장보다 우월하지 않으며 그럴 수도 없다고 말했다. 그것은 그 문화가 갖는 장점에 따라서, 오로지 거기에 따라서 결정되어야 한다. 어떤 입장도 본질적으로 우월하지 않다. 그다음에 그는 왜 자신의 입장이 본질적으로 우월한지 설명하기에 이르렀다.

    모순을 감지한 그는 전반적인 이론을 제기하는 자신의 입장에 면죄부를 주어 어떤 적응적 가치도 갖지 못하도록 만들었다. 그는 그렇게 해야만 했는데, 왜냐하면 그가 세계중심의 글로벌 관점이 더 협소한 관점보다 적응적 이점이 더 있다고 인정한다면, 그는 보편-글로벌 조망이라는 자신의 문화적 입장이 그가 제기한 보편적 다원주의를 공유하지 않는 자신이 연구한 문화들보다 더 우월함을 인정해야만 하기 때문이다.

    따라서 자신의 전반적인 입장이 대안적인 경쟁 입장들보다 우월함을 확신하고 있다는 사실에서 윈켈맨의 수행모순은 가장 분명하게 드러나지만, 그 자신의 이론은 왜 그런지 그 이유를 설명하지 못하고 있다. 그는 오히려 어떤 식으로든 서열 시스템을 공언하는 사람들을 맹렬히 비난하기만 할 뿐이다(그는 자신의 암묵적 서열 시스템을 사용해서 그렇게 하고 있다). 그런 다음 이런 수행모순을 온갖 종교로 확장시켜 동일한 결론을 내렸다. 그 누구도 더 높거나 더 깊은 것을 말할 수 없다. 한 문화에 유효한 것은 그것이 적응적인 방식으로 기능하는 한 다른 어떤 것만큼이나 절대적으로 좋은 것이다.

    그런 입장은 부정확한 가정일 뿐 아니라(나치가 다른 누구만큼이나 훌륭하단 말인가? 우리 자신의 기준으로 그들을 판단할 수는 없다.) 드러나지 않지만 편향되어 있다. 문화적 가치를 적응적이거나 기능적인 적합성으로 뭉뚱그리는 것은 (우리가 매우 자세하게 살펴보겠지만) 계몽주의 패러다임의 일부 원칙일 뿐이며, 엄밀한 의미에서는 그 나름대로 매우 민족중심적이다(우리는 4, 11, 12, 13장에서 여기에 대해 검토할 것이다).

    윈켈맨이 자신의 입장을 옹호하기 위해 제시한 이론적 증거는 소수에 그치긴 했지만 대부분 공시구조주의synchronic structuralism(예를 들면, 레비스트로스Lévi—strauss)로부터 도출되었는데, 이것이 발달(또는 통시구조들)을 전혀 설명할 수 없음은 현재 널리 알려진 사실이다. 레비스트로스(예를 들어, 『야생의 사고The savage mind』)는 초기 문화는 그것이 객관적으로 묘사될 때에는 진보된 문화가 보여 주는 패턴만큼이나 모든 면에서 감추어진 복잡한 구조 패턴을 보여 주며, 따라서 현대문화와 관련시켜 볼 때 초기 문화의 인지적 풍요로움은 근본적으로 부족하지 않다고 믿었다. 이로 인해 그도 또한 다섯 살짜리 아이와 과학자 간에는 근본적인 인지적 차이가 없다고 주장하게 되었다.

그러나 이는 전자electron의 행동 가능성을 나타내는 슈뢰딩거의 파동방정식이 아리스토텔레스의 형식 논리 공식만큼이나 모든 면에서 복잡하므로, 전자의 인지 역량과 아리스토텔레스 인지 역량 간에는 근본적인 차이가 없다고 말하는 것이나 마찬가지다. 과학자와 다섯 살짜리 아이 둘 다 믿을 수 없을 정도로 복합한 구조를 가지고 있다는 주장은 역량에 있어서도 큰 차이가 없음을 보여 주기에는 충분치 않다. 실제로 레비스트로스는 그 후 다섯 살짜리와 과학자가 역량에서 근본적으로 동일하다는 자신의 주장을 철회했으며, 공시적일(불변하는) 뿐인 구조주의를 이렇듯 철회한 것은 발달적(통시적) 감수성 결핍이 끝났음을 보여 준다. 문화는 초기 구조주의자들이 상상했던 것처럼 정적이고 공시적이며 비역사적인 것이 아니라, 오히려 역사적이면서 발달적인 흐름을 깊이 담고 있으며, 문화/역사적 발달은 인지, 도덕, 법 및 기술적 측면에서 (우리가 앞으로 살펴보겠지만) 전반적으로 학습해 가는 경향성을 보인다.

따라서 우리가 (윈켈맨과 더불어) 보편적인 조망주의가 협소한 민족중심주의보다 낫다고(어떤 의미로 이 용어를 사용하든) 인정한다면(그리고 이는 모든 문화 상대주의자들의 입장에서 참인 부분이다.), 이런 세계중심 조망주의는 처음부터 문화에 단순히 주어져 있지 않고 천 년에 걸쳐 서서히 발달하고 진화하기 때문에 세계중심의 입장을 취하게 될 역량으로 안내하는 발달 단계들을 검토하는 일이 정당화된다. 이는 의사소통과 사회 진화이론으로 곧바로 안내하는데, 하버마스와 그 외 인물들이 정확히 이 길을 택했다.

그렇게 하는 가운데 하버마스는 언어를 넘어선 범문화적인 오류가능주의자 기준에 대해 열려 있는 일련의 보편적인 타당성 요건validity claim에 도달하였다. 말하자면, 우리가 실제로 문화 상대주의에서 진리의 순간을 진지하게 추구한다면(그들 자신의 요건으로부터 면제부를 받는 데 머물지 않고), 보편주의자가 제기한 타당성 요건으로 곧바로 이끌어 가는 진리의 순간을 인정하길 원한다면 (앞으로 살펴보겠지만) 달리 방법이 없다. 이 요건들은 문화 간이 아닌 문화 내에서 서열을 짓는다. 문화 자체가 더 높고 낮은, 더 깊고 얕은, 더 낫고 못한 가치를 인정한다. 실제로 가치 자체가 아닌 가치 유형들에 서열을 지을 수 있으며, 사회 자체가 서열을 매긴다(책의 내용이 전개됨에 따라 우리가 탐구할 기준들이다).

다음 장에서 우리는 하버마스의 관점을 상세하게 다룰 텐데, 내 생각에는 그 중요성이 꽤나 분명해질 것이다(더 최근의 발달적 관점에서 윈켈맨의 입장을 비판한 내용에 대해서는 5장의 주석 26을 보라).

27. 따라서 보편적 세계중심다원주의는 매우 어렵고 매우 희귀하며, 매우 특별하고 선발된 사람들만 갖는 입장이다. 여러 측면에서 나는 그런 엘리트 입장에 동의하게 되었다. 그러나 이 엘리트중심주의자들이 그것을 반엘리트로 부르는 건 내게 전혀 와닿지 않는다.

28. 9장과 10장에서 우리는 이것을 상세하게 다룰 것이므로, 지금으로서는 몇 가지 매우 간단한 예만으로 충분할 것이다. 자신의 저서 『잊혀진 진실*Forgotten Truth*』에서 휴스턴 스미스Huston Smith는 세계의 주요 종교들을 '존재와 앎의 위계'라는 한 구절로 요약하였다. 초감 트룽파 린포체Chögyan Trungpa Rinpoche는 『샴발라*Shambhala*』에서 인도에서 티베트, 중국에 이르기까지 동양의 모든 철학에 두루 퍼져 있고, 신도神道부터 도교, 샤머니즘에 이르기까지 모든 것의 배후에 놓인 배경적인 근본 생각은 '천, 지, 인의 위계'라고 지적했으며, 그는 또한 이것이 '신체, 마음, 영'과 동일하다고 지적했다. 쿠마라스와미Coomaraswamy도 『힌두교와 불교*Hinduism and Buddhism*』(New York: Philosophical Library, 1943)에서 세계의 위대한 종교는 예외 없이, "정도는 저마다 다르지만 동물에서 신까지 뻗어 있는 의식 유형이나 수준의 계층구조를 보이고 있으며, 여기에 따르면 동일한 사람이 서로 다른 상황에서 기능할 수 있다."라고 인정하였다.

02 연결 짓는 패턴

1. 우리는 이 책 전반에 걸쳐 이 주제로 계속 돌아올 것이다. 14장에서 IOU를 논의할 때까지 나의 최종 입장을 언급할 수는 없다. 지금으로서는 '불변의 법칙' 또는 '학습된 습관'을 완전히 선호하는 방향으로 결정하려는 건 우리를 여러 모순에 휘말리게 만든다고 말하는 것만으로 충분하다. 고정된 법칙은 없고 학습된 습관만 있다는 말 자체가 고정된 법칙이다. 그러나 고정된 법칙만 있다고 말하는 건 실제로는 발달해 가는 법칙을 무시하는 셈이다.

2. 호프스태터Hofstadter, 『괴델, 에셔, 바흐*Gödel, Escher, Bach*』, 142쪽, 146쪽. 게다가 야콥슨이 지적한 바와 같이, "언어의 중요한 구조적 독특성은 상위 단위를 그들의 구성요소인 부분으로 분해하는 그 어떤 단계에서도 정보상 무의미한 단편은 없다는 데 있다"(『언어에 관하여』, 11쪽).

3. 에드워즈,『철학 백과사전』, 5권, 202-203쪽.

4. 바타유Bataille,『과잉의 비전Visions of excess』, 174쪽.

5. 같은 책.

6. 같은 책에서 인용, xi쪽.

7. 컬러Culler,『해체에 대하여On deconstruction』, 215쪽. 필자의 강조임.

8. 같은 책, 123쪽.

9. 『근대에 관한 철학적 담론Philosophical discourse of modernity』, 197쪽. 본문의 다음 단락에서 내가 지적한 바대로, 미끄러지는 맥락은 진리의 존재를 무용지물로 만드는 게 아니라 그것의 위치를 정할 뿐이다. 그렇게 위치를 정하기 위해서 맥락이 계속 유지되는 비자의적인 방식이 수없이 존재한다. 예를 들어, 의사소통에서는 의미가 정해져야만 하는데, 그렇지 않다면 애초부터 의사소통이 시작되지도, 시작될 수도 없다고 하버마스는 지적하였다. 이것이 미끄러짐을 중단시킨다.

10. 바렐라Varela,『가이아Gaia』, 톰슨Thompson 편, 50쪽.

11. 케스틀러Koestler,『기계 속의 유령Ghost in the machine』, 63쪽. 필자의 강조임.

12. 화이트헤드의 '궁극의 범주'는 창조성, 다자, 일자라는 세 가지 개념을 포함하고 있다. 어떤 의미에서 그는 이것을 창조성과 홀론으로 축소시킬 수도 있었는데, 왜냐하면 홀론이란 일자/다자이기 때문이다(그리고 다자와 일자는 결코 별개로 존재하지 않기 때문이다). 화이트헤드의 파지적 통일성은 현전하는 주체 홀론이 뒤따라 나타나는 현전하는 주체 홀론의 객체로 이동함으로써, 모든 홀론은 그것의 실제 우주 전체를 파지하며, 일체 파생물들의 파지적 통일성 안에서 살아간다('인과율'). 물론 주어진 어떤 순간에도 지류로 유입되는 창조성 정도에 따라 계열 전체는 단계적 차이(위계)를 보인다.

   이런 이유로 과학에서 사용하는 '창발'은 실제로 그 무엇도 설명하지explain 못하고 실제로 일어난 것만 기술한다describe. 설명은 화이트헤드가 말한 창조성이라는 궁극의 범주 같은 것, 창발을 설명하지만 그 자체는 설명될 수 없는 어떤 실재의 양상이어야만 한다. 우리는 이 책에서 시종 이 주제로 돌아오면서 매번 정교하게 다듬을 것이다. 그 과정에 일종의 에로스가 개입되어 있는 게 분명한데, 그렇지 않았다면 처음부터 진행되지조차 않았을 것이다. 에로스/창조성은, 특히 모든 홀론의 자기초월 역량에서 드러난다.

13. 자기변용이나 자기초월에서 하위 홀론의 독자성은 상위 홀론의 새로운 독자성에 포섭되며, 새로운 독자성은 이제 새로운 유형의 공동성이라는 고유의 네트워크 내에 존재한다.

14. 얀치Jantsch,『자기조직하는 우주Self-organizing universe』, 11쪽.

15. 같은 책, 183쪽. 필자의 강조임.

16. 라슬로,『진화』, 76쪽, 78쪽, 35-36쪽.

17. 머피,『신체의 미래*The future of the body*』, 28쪽. 심슨Simpson의 관점에 대한 머피Murphy의 요약.

18. 같은 책, 28-29쪽.

19. 얀치,『자기조직하는 우주』, 49쪽.

20. 가드너,『마음의 탐구』, 199-200쪽.

21. 프로스Fross와 로센버그Rothenberg,『이차 의료 혁명*Second medical revolution*』, 151쪽.

22. 호프스태터,『괴델, 에서, 바흐』, 308쪽.

23. 라슬로,『진화』, 36쪽.

24. 바렐라 외,『몸의 인지과학*The embodied mind*』, 88쪽, 90쪽. 우리는 뒷장 몇 군데에서 이 중요한 작업으로 돌아와서 그 주목할 만한 강점에 의지할 것이다(그리고 있을 수 있는 몇 가지 약점도 제시할 것이다). 이 장에서는 그들의 작업에 내가 원하는 만큼 충분히 참고문헌 표식을 달 수 없는데, 그들의 소중한 작업의 중요한 윤곽이 가진 진가를 충분하게 평가하기에 앞서 몇 가지 새로운 주제를 소개할 필요가 있기 때문이다. 그러나 나는 이 장에서 제시한 일반적인 윤곽이 행동화 인지enactive cognition와 구조 결합structural coupling에 관한 그들 작업의 주요 주제들과 조화를 이룬다고 믿으며, 나중에 그들 작업으로 돌아올 때 이런 유사성이 더 분명해질 것으로 믿는다. 다음의 주석 49, 52를 보라. 4장 주석 13, 43과 14장 주석 1을 보라.

25. 마이어Mayr,『생물학적 사유의 성장*Growth of biological thought*』, 63쪽.

26. 우리는 홀론이 왜 특정 방식으로 행동했는지는 알 수 있지만, 그 방식만으로 행동했는지는 알 수 없다.

27. 독백적 자연과학은 비교적 자유로운 창발을 거치는 가운데 창조성이 최소한으로 줄어든 채 매우 고정되고 안정된 습관으로 정착해서 그 행동이 불변의 법칙에 접근하는 (따라서 그런 법칙들을 따르는 것처럼 오해되는) 홀론들을 연구한다. 이것이 내가 해석한 셸드레이크Sheldrake 입장의 정수다.

28. 라슬로,『진화』, 196쪽.

29. 버탈랜피,『일반 시스템 이론』, 74쪽, 87쪽.

30. 골드스미스Goldsmith,『길*The Way*』, 28쪽.

31. 셸드레이크,『생명의 신과학*New science of life*』, 74쪽.

32. 바렐라,『생물 자율성의 원리*Principles of biological autonomy*』, 86쪽.

33. 네스,『생태, 공동체, 생활 양식』, 58쪽.

34. 같은 책.

35. 얀치,『자기조직하는 우주』, 33쪽, 16쪽.

36. 모든 초월이 반드시 모든 선행자를 낱낱이 포함한다는 의미가 아니라, 각 초월은 그 선행자의 근본적인 일부 양상을 기반으로 일어난다는 의미일 뿐이다. 논의를 진전시키면서 이를 보여 주는 수많은 예를 살펴볼 것이다.

37. 바렐라,『생물 자율성의 원리』, 86쪽.

38. 미첼Mitchell (ed.),『노벨상 수상자와의 대화*Nobel Prize conversation*』, 59쪽.

39. 유일성 구조exclusivity structure를 포기하지 않을 경우, 고착이나 병리적으로 협소해진 정체성이라는 결과를 낳는 발달상에서 이것이 매우 중요함이 밝혀졌다. 인간발달의 예를 들면, 이것이 구강 충동과 구강 고착 간의 차이다. 음식을 향한 욕구는 후속 발달에서 계속 남아 있는 기본구조가 되지만, 유아가 오로지 거기에 매달릴 경우에 구강 고착이 일어난다. 그 욕구는 부정되고 보존되기를 거부하고, 보존만을 원하면서 고착이 되고 만다. 하와이는 연방의 일부로 되고 싶지만 화폐를 자체적으로 발행할 권리를 포기하길 원치 않는 것이다.

　　모든 발달은 근본적으로 유일성 구조를 기본구조로 전환시키는 것으로서, 다른 식으로 표현하면 여전히 기능하고 있지만 오로지 그 기능과만 동일시하지 않는다.

40. 셸드레이크,『생명의 신과학』, 83쪽, 87-88쪽, 고딕체는 필자의 강조임.

41. 라슬로,『진화』, 54쪽.

42. 셸드레이크,『과거의 현존*The presence of the past*』, 120-121쪽.

43. 케스틀러,『기계 속의 유령』, 50쪽.

44. 같은 맥락에서 일부 비평가들은 '수직' '수평'이라는 용어 사용에 반대하는데('더 높은' '더 낮은'은 말할 것도 없다.), 왜냐하면 그 무엇보다 그들은 이런 개념을 인간중심이거나 가부장적(남성중심) 또는 '낡은 패러다임'으로 느끼기 때문이다. 이와 맥을 같이해서 이 비평가들은 홀라키 개념을 전적으로 거부하는데, 이 비평가들도 대부분 스스로 전일적임을 주장한다는 면에서 이 점이 불분명해 보인다.

　　그러나 내가 나중에 보여 주겠지만, 그런 혼란은 엄청난 깊이를 엄청난 폭으로 착각하고, '더 높은'을 '더 넓은'으로 착각한 데서 온다(그런 경우 '더 높은' 또는 '수직' 개념을 모조리 거부하게끔 만드는데, 그들은 이 개념이 '더 넓은'의 개념에 포섭되므로 불필요하다

고 믿기 때문이다). 나는 이것이 환원주의의 한 형태라고 제안할 것이며, 생태여성주의
와 심층 생태학에 관한 우리의 논의에서 그런 접근이 안고 있는 본질적인 문제점에 대해
서 상당 부분 언급할 것이다.

그렇다면 지금으로서는 이 비평가들이 실제로(그리고 제대로) 반대하고 있는 것은 홀
라키가(라슬로가 말했듯, "여기에 대한 실증적 증거는 부인할 수가 없다".) 아니라 어디
에서 나타나든 병리 홀라키, 특히 인간중심주의와 독자성이 공동성과 급격히 균형을 잃
고, 온우주에서 어떤 거만한 홀론이 자신의 역할을 찬탈한, 남성중심주의에서 나타나는
병리 홀라키라고 나는 믿는다는 말만 반복하자. 이것이 이 연작물 2권의 주요 주제 중 하
나다.

45. 아원자 입자 모델에서는 전사轉寫가 이미 작동하고 있다. 우리가 소위 전자 한 개(그것의
심층구조)로 인식하는 것이 어떻게 실제 주어진 입자로 드러나는 걸까? 파동함수의 붕
괴는 전사의 한 예다(결국 전자는 개구리가 아닌 전자로서 현현한다). 생물권에서 한 예
만 들면, 외현상 핵산 재생산을 갖춘 형태에서 전사를 볼 수 있는데 핵산 재생산은 변환
과 전사(그래서 그런 명칭이 붙었다.) 양쪽을 포함하고 있다. 이 분야에서는 변용을 '돌
연변이'로 부른다. 정신권에서는 피아제에서 촘스키에 이르는 인지행동주의자들과 언어
학자들이 여러 가지 전사 규칙을 다루었는데, 이로써 심층구조의 잠재력이 실제 표층구
조에서 펼쳐진다. 겝서에서 하이데거, 하버마스에 이르는 '세계관'에 관한 상당수의 작
업들은 거주자들의 실제 표층구조를 관장하는 데 이바지하는 세계관(또는 선행이해)이
갖는 표현되기 이전의 심층구조를 정교하게 만드는 작업을 포함하고 있다. 논의가 진전
되면서 더 많은 예를 살펴볼 것이다.

46. 물론 변환과 변용은 실제로는 전체/부분을 다룬다(오로지 홀론만 존재한다). 그러나 변
용은 그 선행 홀론을 포섭하는 창발 홀론을 다루므로 '더 전일적'이다. 이전 수준의 전체
가 이제 상위 수준의 부분이 되었으므로 이전 변환의 '전체 단위'가 이제는 새로운 변환
의 '부분'이 되었다. 상위는 더 깊은 까닭에 더 포괄적이다.

분화는 주어진 수준에서 더 많은 체제regime를 분할하고 생산하지만 통합은 새로운 수
준, 새로운 전체, 새로운 관리 체제, 새로운 심층구조를 낳는다. 그것은 변환에 머물지
않는 변용이다(우리는 원리 12에서 분화와 통합이라는 이 주제로 돌아올 것이다).

진화란 단순히 공동성의 확장(또는 자기적응)이 아닌데, 왜냐하면 이는 무언가 새로
운 게 아니라 동일한 것을 더 많이 생산할 뿐이기 때문이라는 얀치의 설명을 우리는 들
었다. 이와 마찬가지로, 라슬로는 (자기생산성으로서) 자기조직하는 살아 있는 형태조

차도 확장된 독자성으로는 진화조차 설명하지 못함을 우리에게 상기시켜 주었다. "자가 생성하는 세포 자동 장치 모델이 세포들이 다세포 시스템으로 수렴하는 것과 같은 특정 진화 현상을 모사할 수 있다 해도 자가생성성은 진화가 아니다. 진화를 이해하기 위해서는 실제 세계의 역동적 시스템에서 어떻게 불연속적인 비선형 변화가 일어나는지도 이해할 필요가 있다"(『진화』, 39쪽). 바꿔 말하면, 변환 모델만 필요한 게 아니라 변용 모델도 필요한 셈이다.

변환 자체와 관련시켜 볼 때, 일체의 홀론이 변환에 관여한다는 사실은 가장 넓은 의미에서 일체 홀론이 기호라는 뜻이다. 퍼스Peirce의 말을 빌려서 나는 기호를 타자에게는 전혀 다른 것을 뜻하는 실재의 모든 측면으로 정의한다. 따라서 원자조차도 주변의 물리적 힘을 그들이 반응하는 측면으로 변환시킨다. 전자에게 있어서 비어 있는 궤도는 자신이 진입할 수 있는 하나의 기호다. 그것은 타자 측(전자)에는 또 다른 측면(진입할 수 있는)을 뜻하는 실재의 측면(비어 있는 궤도)이다. 모든 홀론은 기호인데, 왜냐하면 모든 주체는 공동성 내 독자성(또는 맥락 내의 주체)이기 때문이다. 맥락은 끝이 없으므로 일체의 기호는 미끄러진다.

마지막으로, 이런 이유로 해서 어느 영역에서든 기호는 표상에 그치거나 제2의 홀론을 표상하는 하나의 홀론에 머물지 않는다. 기호는 항상 한 홀론에게 한 홀론을 표상하는 하나의 홀론이다. 여기에 대해 퍼스와 관련시켜 야콥슨이 펼쳤던 흥미로운 논의가 있다. "정확한 의미화는 모두 '특정 기호를 또 다른 기호 시스템으로 변환'하는 것에 불과하다." (『언어의 틀Framework of language』, 10쪽을 참고하라). 무엇보다도 이런 이유로 언어 이론은 그 기호가 발생하는 시스템을 참조하지 않고서는 기호를 결코 정의할 수가 없으며(드 소쉬르), 더 나아가 탈구조주의가 끝없이 미끄러져 가는 의미화를 지적할 수 있었던 것이다(그러나 그것은 그들의 상상대로 완전히 '해체'된 게 아니라, 어느 세상에서나 일어나는 정상적인 삶일 뿐이다). 이것은 또한 지식이 그저 표상에 머무는 것을 막았다. 인지에 해석적인 여지가 끼어들었다(우리는 4장에서 여기에 대해 길게 살펴볼 것이다). ('통합 기호학'을 위해서는 『아이 오브 스피릿 The Eye of Spirit』, 5장, 주석 12를 보라.)

47. 같은 수준에 있는 온갖 유형의 홀론이 파괴될 것이다. 이와 더불어 파괴되는 다른 유형들은 수준이 더 높다. 파괴되지 않는 다른 유형들은 수준이 더 낮다.

48. 모든 유형의 인간발달 순서에도 이 원리가 적용된다. 예를 들어, 인습적 도덕 단계를 모두 파괴하면 우리는 전인습 단계가 아니라 후인습 단계를 모두 파괴할 것이다. 일체의 개념을 없애면 모든 규칙이 사라지지만 심상은 여전히 남는다. 나머지도 마찬가지다.

이 원리는 순수한 비계층구조의 파탄 또한 강조한다. 모든 것이 오로지 그 밖의 것들과의 내적 연결이나 관계를 통해서만 존재하는 순수한 비계층구조의 수평 차원만 있다면, 어떤 한 유형을 모두 파괴할 경우 동시에 나는 모든 유형의 일체를 파괴하는 것이 될 텐데, 순수한 비계층구조에는 어떤 식이든 존재론적 층위가 존재하지 않기 때문이다. 여기에서 평원 존재론이 실패로 끝난다. 그들은 진화와 창발의 의미를 간과하고 있다. 진화에는 완전히 연속적인 측면과 더불어 양자역학이 적용되거나 불연속적인 측면들이 있으며, 어느 한쪽을 배타적으로 강조하는 것은 각각 병리적인 비계층구조와 병리적인 계층구조로 이끈다.

49. 그런 독자성은 항상 공동성 내 독자성이며, 내가 이해하기로 이는 바렐라의 **행동화**enactive 패러다임의 핵심 양상이다. 내 식으로 표현하면, 어느 한 홀론의 독자성('내재하는 자기조직 성질')은 세계 공간을 규정하며(구분되는 영역을 만들고) 이를 비교적 자율적으로 행하는데, 홀론의 독자성은 부분적으로는 적합한 세계 공간과의 '구조 결합'의 결과라는 점이 여기에 중요하게 추가된다(논의를 진전시키면서 이 모든 내용을 더 상세하게 설명할 것이다). 그러므로 공동성 내 독자성으로서의 독자성은 상대적 **자율성**과 극소/거대 공동결정 모두를 설명한다. 바렐라, 톰슨, 로쉬가 표현했듯, "여기서 결정적인 점은 이미 정해진 독립된 환경이라는 개념을 붙잡지 않고, 소위 내재적 요인을(독자성) 지지하는 가운데 그 개념이 배경으로 사라지도록 둔다는 것이다. 대신에 우리는 환경이란 무엇인가라는 개념은 유기체란 무엇이고, 그들이 무슨 일을 하는가와 분리될 수 없다는 점을 강조한다. 리처드 레원틴Richard Lewontin이 이 점을 꽤나 감동적으로 표현했다. '유기체와 환경을 실제로 분리해서 정할 수는 없다. 환경은 외부에서 살아 있는 존재에게 부과되는 어떤 구조가 아니라 실제로는 그런 존재들의 창작물이다……'".

그들은 이렇게 이어 간다. "그렇다면 종species이 만족satisficing을 통해 해결되는 자기 자신의 문제 영역들을 만들고 구체화시킨다는 것이 핵심 요소다. 이런 영역은 그럭저럭 세상으로 떨어지거나 투하되는, 유기체에게는 착륙장 역할을 하는 '저 밖' 환경에 존재하지 않는다. 오히려 살아 있는 존재와 그들의 환경은 구체적인 **상호 명시**specification나 **공동결정**을 통해 서로로 관계를 맺는다. 따라서 우리가 환경적 규칙성으로 설명하는 것은 표상주의와 적응주의가 가정하는 것처럼 내면화된 외적 양상이 아니다. 환경적 규칙성은 협응해서 형성된 역사의 결과이자 공동결정의 오랜 역사로부터 펼쳐지는 조화의 결과다"(『몸의 인지과학Embodied mind』, 198쪽).

또한 이 때문에 진화의 '단위'는 기본적으로 소위 극소/거대 단위다. 존재하는 거의 모든 홀론이 그렇다. "짧은 DNA 서열, 유전자, 유전자군 전체, 세포, 종 게놈, 개체, 서로 다른 개체들이 운반하는 '포괄적인' 유전자 집단, 사회집단, 실제 이종교배하는 개체군, 종 전체, 실제 상호 작용하는 종들의 생태계, 생물권 대역처럼 단위를 나열한 완전한 목록은 꽤나 엄청나 보인다. 각 단위(홀론)는 결합 양식과 선택 제한(공동성)을 안고 있으며, 자기조직하는 특유의 성질(독자성)을 갖고 있어 다른 수준과 관련해서 자신만의 창발적 위상을 갖는다……"(192-193쪽).

행동화 패러다임을 더 보려면 다음에 오는 주석 52를 보라. 4장 주석 13, 43 그리고 14장 주석 1도 보라.

50. 얀치,『자기조직하는 우주』, 85쪽.

51. 지금부터 천 년 동안 쿼크가 새로운 수준의 입자를 수없이 많이 담고 있다는 사실이 발견될 텐데, 이는 연구자들이 자신 안에서 새로운 의식 수준을 발견하는 정도만큼에 해당한다. 이런 논의에는 그런 믿음이 필요치 않다는 건 말할 필요조차 없다.

52. 나는 이것이 우리가 발달병리를 실제로 이해할 수 있는 유일한 방법임을『에덴을 넘어 *Up from Eden*』에서 보여 주려고 했다. 즉, 깊이가 동일한 사회 환경과의 관계교환에서 일어나는 소란이 어느 한 수준(신체, 정서, 언어)에서의 소란일지라도 시스템 전체를 통해 퍼져 나감에 따라 다른 수준들이 발달적으로 왜곡을 재생산할 가능성이 있다.

이 책 전반에 걸쳐 살펴보겠지만, 동일 수준의 관계교환이란 극소가 주어진 거시와 교환함을 의미하지 않는다. 그들은 창발하는 세계 공간에서 서로서로 공동창조한다. 이것이 의미하는 바는 논의를 진전시킴에 따라 더 분명해질 것이다. 당분간은 바렐라와 그 외 연구자들이 지적한 내용을 보라. "그런 시스템은 (이미 정해진 세계를) 표상함으로써 행동화하지enact 않는다는 것이 핵심이다. 독립된 세계를 표상하는 대신 그들은 인지 체계를 통해 구현된 구조와 분리할 수 없는 뚜렷한 영역으로서의 세계에 작용을 가한다"(또는 더 일반적으로 표현하면 홀론의 심층구조나 독자성을 통해 구현된 세계구조다.『몸의 인지과학』, 140쪽).

53. 얀치,『자기조직하는 우주』, 75쪽.

54. 라슬로,『진화』, 25쪽.

55. 로Lowe,『화이트헤드의 이해*Understanding Whitehead*』, 36쪽. 로Lowe의 표현.

56. 같은 책. 마지막 구절은 로의 표현이다.

57. 데리다Derrida,『포지션*Positions*』, 101쪽.

58. 코워드Coward,『데리다와 인도철학*Derrida and Indian philosophy*』, 40쪽.

59. 같은 책, 40쪽, 135쪽, 137쪽, 148쪽.

60. 데리다, 『포지션』, 26쪽.

61. 스터록Sturrock, 『구조주의와 그 이후Structuralism and since』, 164쪽, 컬러의 번역.

62. 또는 소쉬르가 표현했듯, "언어는 각 용어의 가치가 오로지 다른 용어들의 동시 존재를 통해서만 발생하는 상호 의존하는 용어들로 구성된 시스템이다". 즉, 그것은 자체만으로는 존재하지 못한다(호키스Hawkes, 『구조주의와 기호학Structuralism and semiotics』, 26쪽에서 인용하였다).

　　언어 분화 과정에 대한 소쉬르의 유명한 인용은 이를 강하게 표현하고 있다. "언어에는 명확한 표현은 없고 차이만 존재한다. 그들의 가장 정확한 특징은 다른 것이 아님에 있다. 기의를 취하든 기표를 취하든, 언어는 언어 시스템 이전에 존재하는 개념이나 소리를 갖지 않으며 시스템으로부터 나오는 개념적이고 음성적인 차이만 있다"(28쪽). 호키스의 요약대로 여기서 통합이 매우 중요해진다. "그 구성요소들이 경계 안에서 통합되지 않는다면, 그리고 그렇게 될 때까지는 아무 의미도 없었던 자족적인(비교적 자율적인) 관계구조의 탁월한 예로서 언어가 성립한다."

　　소쉬르의 위대한 발명은 언어를 비교적 자율적인 홀론으로 다룬 데 있다. 따라서 그 구조나 관리 체제가 그 시스템 내의 모든 요소(하위 홀론)를 지배하는 구별 짓고 통합하는 패턴을 형성함으로써, 그렇지 않았다면 완전히 무의미한 요소들로 구성된 더미가 되었을 것들이 결합해서 유의미한 기호로 된다. 그런 시스템 덕분에 상위 홀론은 하위 홀론을 공통의 관계 속에 가둬 둠으로써 이들에게 의미를 부여한다. 소쉬르는 완전히 홀론식 관점을 취할 만큼 꽤나 철저하게 파헤치지 못했지만, 그것은 올바른 방향으로 내딛은 중요한 발걸음이었으며 역사적으로는 엄청난 충격을 안겨 주었다(실제로 모든 구조주의자 그러므로 모든 탈구조주의자, 수많은 기호론자는 자신들 계보의 기원을 소쉬르까지 거슬러 올라간다). 우리는 7장에서 언어적 기호에 대한 그의 생각으로 돌아갈 것이다.

　　마지막으로, "어떤 것도 그저 존재하지 않는다."는 (나중에 우리가 살펴보겠지만) 신비적 현존과는 거의 아무런 관련이 없다. 이것을 불교도들의 공성空性과 혼동하지 마라.

63. 하버마스, 『근대에 관한 철학적 담론』, 359쪽.

64. 같은 책, 345-46쪽. 하버마스는 부분적으로는 특정한 헤겔식 주제를 취해서 아직 가지 않은 길, 의사소통 행위 같은 이성의 길을 따라 그 주제들을 쭉 따라갔다는 점을 스스로 분명하게 밝혔다. 헤겔의 전반적인 철학은 어떤 의미에서는 홀론의 철학이자 일체의 발달을 추동하고 있는 분화-통합의 변증법이다.

65. 드레퓌스_{Dreyfus}와 라비노_{Rabinow}, 『미셸 푸코*Michel Foucault*』, 55쪽.

66. 라슬로, 『진화』, 35쪽.

67. 푸투이마_{Futuyma}, 『진화생물학*Evolutionary biology*』, 289쪽. 고딕체는 필자의 강조임.

68. 바렐라가 지적했듯이, 홀라키의 어느 한 수준은 그 하위 홀론에게는 외면이지만 상위 홀론에게는 내면이라는 동일한 이유로 그렇다.

69. 문학이론 전반은 우리가 무엇을 문학 홀론으로서 동일시할 것인가, 그러므로 우리가 어디에서 텍스트의 의미를 찾거나 의미를 둘지를 결정하려는 꽤나 기백이 넘치는 시도로 볼 수 있다. '의미'는 저자가 창조하여 텍스트에 끼워 넣고, 독자는 단순히 그것을 꺼내는 무언가로 항상 생각되곤 했다. 현재 모든 분파는 이런 관점이 턱없이 순진하다고 생각한다.

유기체 충동을 갖고 있는 자율적인 에고를 훼손시킨(즉, 소위 '자율적'이라는 에고에게 동기를 부여하는 무의식적 충동이 있다.) 정신분석의 도래와 더불어 일부 의미는 무의식적이거나 무의식적으로 발생하였고, 저자가 의식하지 못해도 이런 무의식적 의미가 텍스트 속으로 들어갈 수 있다는 점이 인정되었다. 그러므로 이런 숨은 의미를 밖으로 꺼내는 것은 순진한 독자가 아닌 정신분석가의 일이다.

따라서 수많은 형태로 된 '의혹의 해석학'(리쾨르)은 다 안다는 듯한 비평가를 통해서만 밖으로 끄집어낼 수 있는 무의식적 의미들의 레퍼토리로서 텍스트를 보게 되었다. 억압되거나, 탄압받거나, 소외된 모든 맥락이 위장된 채 텍스트에 등장할 것이며, 텍스트는 억압, 탄압, 소외의 표현이 된다. 소외된 맥락은 감추어진 하위 텍스트다.

마르크스주의자들식으로 바꾸면, 비평가들 자신은 은밀하게 지배력을 행사하는 자본주의-산업주의 사회 관행이라는 맥락 내에 존재하며, 이런 숨겨진 맥락(그러므로 의미)을 그 맥락 속에 놓인 사람이 저술한 책 어디에서나 발견할 수 있다(그러므로 끄집어낼 수 있다). 마찬가지로, 텍스트는 인종주의, 성차별주의, 엘리트주의, 종차별주의, 맹목적 애국주의, 제국주의, 로고스중심주의, 남성중심주의 맥락에서 해독될 것이다.

여러 형태의 구조주의와 해석학은 그러므로 최종적으로 실재하는 의미를 제공할 '진짜' 맥락, 일체의 다른 해석을 무효화시키는 (또는 대신하는) 맥락을 찾으려고 맹렬하게 싸워 왔다. 고고학적 시기의 푸코는 이 둘을 전례 없이 잘 해냄으로써 구조주의와 해석학을 모두 객관적 지식_{episteme}(나중에는 장치_{dispositif}]의 위치에 놓았는데, 그 자체는 우선 해석학과 구조주의를 원하는 사람들에게 이유이자 맥락이 되고 말았다.

부분적으로는 여기에 대한 일부 반응으로서 신비평_{New Criticism}은(실제 지금은 수십 년이나 낡았다.), 요컨대 이 모든 일에 진절머리가 났다고 말했다. 텍스트 자체는 자율적인 문학 홀론이다. 저자의 (의식적이거나 무의식적인) 성격, 시대, 장소를 무시하고 오로지 텍스트(그 관리 체제, 그 코드)가 가진 구조적 통합성만 보라. '정서-반응'이나 '독자-비평' 이론(피쉬Fish)은 이 모든 일에 대해 강하게 반응했으며, 의미는 독해를 통해서만(또는 예술품을 감상하는 데에서만) 발생하기 때문에 텍스트의 의미는 실제로 독자의 반응에서 발견된다고 주장했다. (예를 들어, 이저Iser와 잉가르덴Ingarden 같은) 현상학자들은 이 둘을 결합시키려 시도하였다. 텍스트에는 간극('불확정 지점')이 있으며, 독자는 간극의 의미를 발견할 수 있다.

해체주의가 나타나서 기본적으로 당신이 틀렸으며(그렇게 선언하기는 매우 힘들다.) 의미는 맥락에 의존하고 맥락에는 끝이 없다고 말했다.

나는 해체주의가 말한 후자의 진술에 동의하지만 이유는 거의 정반대인데, 의미에 대한 이론들 모두가 왜 틀렸는지가 아니라 그들 모두가 왜 옳은지가 나의 흥미를 끌었기 때문이다. 그것들은 모두 특정 맥락에 대한 (비교적) 진실한 스냅 사진이며 모두 상대적으로 정확할 수 있는데, 왜냐하면 맥락이란 항상 맥락 속의 맥락이라서 각각에 대한 여지를 남겨 두기 때문이다(그들이 다른 맥락들을 부인하는 경우는 예외다).

요약하면, 홀라키에 관한 연구는 겹겹이 쌓인 진리에 관한 연구다. 미국식 해체는 단지 사진의 부정적인 것을 취하고는 모든 접근법을 겹겹이 쌓인 거짓말에 대한 연구라고 (자체적인 것 이외의) 선언했는데, 정확히 이런 이유 때문에 그런 태도는 허무주의로 끝나 버렸다. 그러나 겹겹이 쌓인 진리에 대한 연구는 허무주의가 아니라, 온우주의 창조적 공간인 공성으로 안내한다(『아이 오브 스피릿』 4장과 5장을 보라).

70. 라슬로, 『진화』, 41쪽.

71. 같은 책. 바렐라 외 연구자들을 비교하라. "이런 다양한 현상 모두가 갖는 공통점은 각각의 경우 하나의 그물망이 새로운 속성들을 낳는다는 것인데, 연구자들은 모든 보편성 안에서 속성들을 이해하려고 노력한다. 이런 여러 시스템이 공통적으로 갖고 있는 창발적 속성을 포착하는 가장 유용한 방법 한 가지는 역동적 시스템 이론에서의 '끌개장' 개념을 통해서다." 바렐라 외, 『몸의 인지과학』, 88쪽.

72. 라슬로, 『진화』, 43쪽.

73. 같은 책.

74. 같은 책, 46쪽.

75. 같은 책.

76. 라슬로, 『선택The Choice』, 93쪽.

77. 또는 조너스 소크Jonas Salk의 말을 빌려 보자. "일어나는 변화 쪽으로 향하는 유기체의 성질이 존재한다. 유기체에 내재하는 성질(체제, 심층구조)은 일어날 수 있는 변화의 범위와 방향에 영향을 미친다. 일어나는 변화가 다른 변화들에 추가되고, 이 모두가 발달하는 유기체가 끌리는 '원인'이 되는 것 같다. '원인'이라는 용어는 이런 맥락에서 '종말이나 목적'이라는 철학적 의미를 띤다." 모든 내용은 야콥슨의 『언어에 대하여』, 481쪽, 482쪽, 483쪽에서 인용하였다.

물론 무척 사려 깊은 셸드레이크의 형태형성장morphogenetic fields의(그는 현재 이것을 형태장morphic fields으로 부른다.) 적용은 목적론적 발달을 보여 주는 논박할 수 없는 다수 사실을 설명하려는 시도로서, 이것을 유물론적 환원주의로 설명할 수는 없다.

78. 가드너, 『마음의 탐구』, 187-188쪽. 나는 '발생genesis'을 '발달development'로 바꾸었다. 이 또한 심리 성장이론가들(특히, 인본주의 심리학자와 초개인 심리학자들)이 오랫동안 모두 알고 있었던 사실, 즉 대부분의 신경증이 일차적으로는 과거 조건화 때문이 아니라 미래의 오메가 출현을 막아서 생긴다는 사실을 가리킨다. 프로이트의 고착조차도 일어날 때에는 실패한 오메가 포인트다. 리비도는 성장하면서 선호하는 정상 패턴으로 분포하지 못하고 대신에 정신적 외상을 입는데, 도토리를 짓밟는 것과 흡사하다. 그럴 경우, 이 실패한 오메가 충동들은 조건화되어 과거 고착으로서 나타나는데, 그러나 그것은 그들이 출발한 방식이 아니다. 따라서 회복 치료('자아에 바치는 퇴행')는 보통 과거 조건화가 실패로 끝나 미래의 성장으로 된 지점으로 돌아가려고 노력한 후 도토리에서 발을 떼서 더 자연스러운 오메가를 따라 더 정상적인 패턴을 띠면서 앞으로 성장하도록 허용한다(물론 상황은 이보다 약간 더 복잡하다. 도토리는 계속 약간 왜곡된 방식으로 자라고, 그런 일이 깨끗이 해결되지는 않겠지만, 요점은 충분히 분명하다). 만일 과거 조건화에 선호하는 패턴(오메가)이 없었다면 애초부터 실패는 없었을 것이다.

79. 야콥슨, 『언어에 대하여』, 483쪽에서 인용하였다.

80. 같은 책, 481쪽, 20쪽.

81. 하버마스, 『근대에 관한 철학적 담론』, 347쪽.

82. 해럴드 카워드Harold Coward의 표현. 『데리다와 인도철학Derrida and Indian Philosophy』, 92쪽. 고딕체는 필자의 강조임.

83. 홀라키는 겹겹이 쌓인 진리에 관한 연구이기 때문에 우리의 맥락을 아무리 확장시켜도 더 작은 맥락의 상대적 진리를 무력화시키지 못한다. 이는 더 작은 맥락들의 배타성(또는 그들의 궁극성)을 부정하지만 그들이 진리인 시점, 그들이 갖는 맥락 의존적인 진리를

보존한다. 프로이트를 넘어가도(나는 우리가 그럴 것이라고 믿는다.), 우리가 고립된 자아를 넘어 공동체 사회, 또는 생물권 전체, 또는 벼락을 내리치는 전능하신 신으로까지 우리의 맥락을 확장시켜도, 만일 내가 실제로 공격에 찬 구강기에 고착되어 있다면 나는 삶에서 전적으로 즐거움을 느끼지 못할 거라는 사실을 바꾸지는 못한다.

03 개체와 사회

1. 카프라, 『우주의 일원 *Belonging to the universe*』, xii쪽.

2. 다이아몬드와 오렌슈타인, 『세상을 다시 엮다』, 227쪽.

3. 포퍼Popper, 『자기와 뇌 *The self and its brain*』, 17쪽.

4. 얀치, 『자기조직하는 우주』, 117-118쪽.

5. 진화는 반드시 크기의 증가로 나타나지 않고 깊이나 구조적 조직화 정도의 증가로 나타난다. 『괴델, 에서, 바흐』에서 호프스태터는 진화가 초월과 포함('포용')이라면, 모든 경우 포함되는 것은 코드나 규범이나 체제이지 언제나 물질적인 재료가 아니며, 코드가 포함될 때 때로는 물질적 재료가 '줄어든다'는 점을 강조하였다. 따라서, 예를 들어 고포유류 뇌는 파충류 뇌를 포함하고 감싸지만, 공룡은 포유류보다 훨씬 더 크다. 포유류가 포함하는 것은 크기가 아니라 파충류 뇌의 역량과 기능 그리고 그것의 코돈(유전 정보의 최소 단위-역자 주)이다. 따라서 때로는 크기가 지표이지만, 그런 사실은 공간적 연장의 증가가 아닌 포용하는 깊이의 증가라는 실제로 진행되는 사항을 덮어 가린다.

    더 나아가서, 이것은 가장 중요한 요점이지만 다음 장의 개념을 소개할 때까지는 강조할 수 없는 요점으로서, 크기 요인 또는 물리적 연장은 홀론의 외면 또는 표면 형태에만 적용되며, 홀론의 내면에는 적용되지 않는다. 예를 들어, 인지에서 개념은 상징을 포함하지만 물리적으로 볼 때 상징보다 크지 않다. 내면은 연장의 정도가 아니라 의도의 정도를 다룬다. 진화적 변화 일체를 물리적 크기로 전환시키려는 노력은 온우주를 일부 납작하게 만드는 일이며 질적 차이를 야수처럼 만드는 일로서, 이것이 모든 평원 존재론이 안고 있는 도구주의의 특징이다.

6. 달리 표현해서, 공동체는 수준 간에는 더 작아지고 수준 내에서는 더 커진다(생태 평형까지는 그렇다).

7. 홀라키에서 주어진 차원은 그 상위 홀론에 대해서는 내면이 되고 그 하위 홀론에 대해서는 외면이 된다고 바렐라가 지적했던 내용을 우리는 이미 들은 바 있다. 우주cosmos는 생

물권의 내면이고, 생물권은 우주의 외면이다. 문자 그대로 말해서 물질적 세계에서 벗어나 있으며, 우주를 초월하면서 포함하고 있다.

8. 얀치, 『자기조직하는 우주』, 157쪽.

9. 케스틀러, 『기계 속의 유령』, 277-278쪽에서 인용하였다.

10. 같은 책, 279쪽.

11. 같은 책, 283쪽.

12. 얀치, 『자기조직하는 우주』, 167쪽.

13. 같은 책, 168쪽.

14. 같은 책, 169쪽.

15. 얀치와 웨딩턴Waddington, 『진화와 의식Evolution and consciousness』, 173쪽.

16. 이런 사회 홀론은 물리적 크기가 작아지는 것이 아니라 커짐에 주목하라. 왜냐하면 일단 수준이 새로워지면 그 수준은 지속 가능한 한계까지 확장되기 때문이다.

04 내면의 관점

1. 테야르Teilhard, 『인간현상Phenomenon of man』, 57쪽.

2. 그러나 내 자신의 주장을 서술하면, 내면/외면 구분은 창발적 성질이 아니라 특정 경계가 정해지는 최초 순간, 즉 창조의 순간에 존재한다. 대부분의 범심론자가 말하는 의식이나 마음은 내가 말하는 깊이에 해당하는 의식이 아니다. 왜냐하면 의식은 깊이라서 그 자체는 문자 그대로 무한정이다. 그것은 깊이이지 (감각, 충동, 지각 또는 의도같이) 한정시킬 수 있는 특정 수준의 깊이가 아니다. 이것들은 모두 의식 자체가 아니라 의식의 형태다.

달리 표현하면, 깊이는 감각이나 충동이나 아이디어 같은 특정한 질이 아니라 홀론들 간의 관계(또는 구멍)다. 따라서 나는 어떤 범심론 이론에도 결코 만족하지 못했는데, 왜냐하면 그들은 (감각이나 느낌이나 의도 같은) 특정 깊이의 현현으로 깊이를 한정 짓기 때문이다. 이 현현은 존재의 홀라키 내내 존재하는 게 아니라 특정 수준의 깊이에서만 출현하는데, 이에 반해 깊이 자체는 처음부터(또는 경계가 있는 곳은 어디든) 존재한다. 나는 범심론자가 아니고 범깊이주의자pan-depthist인데, 마음 자체는 특정 수준의 깊이에서만 출현하기 때문이다.

이런 이유로 나는 독자가 얼마나 깊게 '의식'을 밀고 가길 원하는지는 개의치 않는다고 줄곧 말하는 바이며, 식물이 감각 등등을 갖고 있는지에도 전혀 관심이 없다. 왜냐하면 대부분의 사람은 (감각이나 의도나 욕망 등과 같이) 일부 선호하는 의식의 형태로 '의식'을 말하는데, 이 중 어떤 것도 아래로 끝까지 내려가지 않기 때문이다. 그러나 깊이는 계속 아래로 따라 내려가며 깊이에는 한계가 없다.

의식이나 깊이가 무한정이라고 말할 때, 내가 강하게 말하는 의미는 순냐타shunyata 또는 공성空性이라는 대승불교 개념을 환기시키는 것으로서, 더 나아가서 나는 순수한 공성과 순수한 의식은 동의어라는 불교 유식학 개념을 당분간 따를 것이다. 의식은 어떤 사물이나 대상이 아니다. 윌리엄 제임스와 마찬가지로, 우리는 그것이 존재한다는 것조차 부정할 수 있는데, 궁극적으로 그것은 공성, 존재의 형상이 스스로 현현하는 구멍이나 빈 터clearing이지 어떤 특정한 현현 자체가 아니다. 이는 현존재Dasein 자체를 불필요하게 만들고, 깊이를 인간중심에서 벗어나게 만드는 일종의 하이데거의 선禪식 재구성이다. 존재들의 존재Being는 무한정 자체, 최종적으로는 공성 자체(의식 자체)인 깊이다. 그러나 현존재는 자기성찰을 하며 깊이에 참여하기 때문에 공성을 깨달을 수 있다(초개인 영역으로 스토리가 전개됨에 따라 나는 이 주제로 돌아올 것이다).

3. 테야르, 『인간현상』, 60쪽, 주석 1.

4. 한 단계의 내면을 다음 단계의 내면이 취해서 그 속에서 외적 형상이 된다. 삼차원 체스에 관한 세부 내용은 나중에 다룰 것이다.

5. 대부분의 시스템 이론가는 살아 있는 시스템(또는 생물권)을 절대화시켜 'B'라고 한다. 하버마스가 강력하게 지적했듯이, 그것들은 형이상학(절대화시킨 A)이 아닌 초생물학metabiology(절대화시킨 B)과 연루되어 있다. 이 초생물학으로 그들은 문화 진화를(루만Luhmann의 접근이 지금까지는 가장 정교하다.) 설명하려고 했지만, 정확히는 문화를 삶에 머물지 않는 문화로 만드는 것을 배제시키고 말았다.

더 나아가, 수많은 생태이론가는 초생물학을 이렇듯 절대화시켜 그런 식으로 문화를 설명하려 했는데, 유감스럽게도 문화는 그런 식에서 벗어나 있다. 절대화가 전제되어 확실히 그런 결론이 내려졌다. 후속되는 장에서 우리는 이 주제로 돌아올 것이다. 이런 초생물학적 절대화 발생의 근원을 추적해 보면 계몽주의 패러다임까지 거슬러 올라간다.

6. 얀치, 『자기조직하는 우주』, 56쪽.

7. 셸드레이크, 『과거의 현존Presence of past』, 105쪽.

8. 머피, 『신체의 미래』, 27쪽.

9. 특히 『근대에 관한 철학적 담론』 『의사소통과 사회 진화Communication and the evolution of society』 『의사소통 행위이론The theory of communicative action』을 보라. 하버마스의

관점을 제시한 후 나는 때로 그것들을 우리가 그동안 사용해 왔던 더 친숙한 용어로 번역할 것이다. 그 점에서는 후속되는 온갖 논의에 하버마스가 반드시 동의할 거라는 뜻을 은연중에 내비치진 않을 것이며, 어떤 경우에도 하버마스 자신의 관점을 분명히 드러낼 것이다.

10. 우스노우_{Wuthnow} 외, 『문화 분석*Cultural analysis*』, 1쪽, 3쪽, 4쪽, 2쪽.

11. 같은 책, 7쪽, 6쪽.

12. 앞으로 보겠지만, 푸코의 고고학적 방법은 담론 형성에서 진지한 발화 행위(담론 대상)의 **행동**에만 초점을 두고 있다. 이런 진술들의 진실에 대해서는 판단 대상에서 제외시켰을 뿐 아니라(표준이 되는 현상학적 판단 중지), 진술의 의미에 대해서도 판단 중지했거나 판단 중지하려고 했다. 그런 다음 그는 기체 입자나 개미 집단을 기술하는 일과 거의 유사하게 거리를 둔 입장에서 이런 담론 형성의 행동을 기술하기만 했다. 그러고는 체계적인 담론 형성 자체를 지배하는 희박화_{rarefication}(변용)의 규칙을 찾았는데, 일종의 존재론적 구조주의인 셈이다.

이런 접근이 틀렸다고 말하는 게 아니라 그것은 푸코가 고려하지 못했던 요인들에 달려 있다고 말하는 것이다. 가장 중요한 것은 진지한 발화 행위는 적어도 그들의 의미(그들의 내면)를 초보적으로나마 포착하지 않고서는 연구로 인정될 수 없다는 것이다. 일종의 해석학이나 해석학적 수단이 고고학적인 '위僞 구조주의'와 더불어 연구에 도입되어야 한다. 외적 언어 형성에 관한 객관적인 연구는 그 의미에 관한 내적 이해로 보완되어야만 한다. 따라서 푸코의 고고학은 더 균형 잡힌 그의 '해석적 분석론_{interpretive analytics}'으로 대체되었다. 이야기가 진전됨에 따라 이 점이 더 분명해질 것이다.

13. 내가 이미 간단하게 제시한 바와 같이 우리가 홀론의 내면을 인정하는 한, 일체 홀론이 동일한 깊이를 가진 홀론과의 관계교환 덕분에 존재하는 한, 특정 홀론 집단이 (모두가 수용하는) 공통된 물리적 공간을 공유하고 있다는 말은 또한 그들이 공통된 내적 공간을 공유하고 있다는 뜻이 된다.

'세계관'이라는 용어는 지나치게 범심론적 의미를 띠므로, 예를 들어 세포들이 외부 세계에 대해서 발달된 인지지도를 공유하고 있다고 제안하는데, 이는 좀 지나친 발상이다(바렐라의 생물학적 인지가 여기에 가깝지만 나는 그가 제시한 방식이 편안하다). 그러나 대부분의 목적을 위해서 나는 보통 '세계 공간_{worldspace}'이라는 더 일반적인 용어를 채택하려고 하는데, 이는 반응할 수 있는 자극들의 총합을 의미한다(즉, 그것은 실제의 의미나 영향 또는 등록을 허용한다). 행위 시스템을 실증적으로만 분석하는 일을 통해서 이를 결정할 수는 없는데, 왜냐하면 우리 모두는 이미 **동일한** 물리적 우주에 존재하므로 물리적 변수 하나만으로는 차이를 설명할 수 없기 때문이다. 세계 공간은 물리적 변수에 선행한다(그러나 우리가 앞으로 살펴보겠지만 궁극적으로는 자각awareness보다 선험적이지 않다).

바꿔 말해서, 내가 사용하는 세계 공간이라는 용어는 평범한 범심론을 암시하거나 함축하지 않는다. 전형적인 범심론은 의식을 특정 수준의 의식(지각이나 의도나 느낌)과 혼동하고 있어서 그런 '의식'을 아래에까지 줄곧 억지로 적용시키려고 한다. 나는 그런 접근에는 아무 관심이 없다. 원자가 실제로 파지하는지(화이트헤드) 아니면 지각하는지(라이프니츠) 나는 모르겠다. 그러나 이는 좀 지나쳐 보인다. 그러나 원자는 깊이를 갖고 있으며, 그러므로 그들은 공통된 깊이를 공유한다. 공통의 깊이는 세계 공간, 일정 정도 공유된 깊이를 통해 창조되고/노출되는 세계 공간이다(나는 화이트헤드의 '파지'를 계속 사용할 작정이지만, 이렇듯 꽤나 다른 맥락에서 사용할 것이다).

나는 앞에서 특정 기호에 대해 타자에게는 또 다른 것을 뜻하는 실재의 모든 측면이라고 지적하였다. 그러므로 다른 홀론들과의 관계 그물망 덕분에 존재하는 일체의 홀론들은 기호다. 즉, 어떤 홀론이든 그 체제는 특정 범위의 기호만을 **변환시킨다**(그것은 테두리가 정해진 자극들의 무리만을 **등록**한다). 공통의 기호로 된 변환 가능한 무리가 홀론의 세계 공간이다(따라서 '등록 가능한 기호'란 기호들은 사실상 등록을 통해 공동으로 결정된다는 의미를 띠고 있고, 그런 공동결정이 내가 말하는 세계 공간이라고 말할 수 있는 필요조건들을 잠시 후에 덧붙일 것이다).

게다가 만일 특정 홀론이 더 깊은 세계 공간으로 진입한다면 그것은 변환에 머물지 않고 변용되어야만 할 것이며, 이런 변용은 단연코 더 깊고 넓은 폭을 가진 기호에로 홀론을 개방시킨다. 새로운 세계, 새로운 세계 공간으로서, 그 속에서 구조 결합을 할 때 홀론은 자신의 체제 또는 자기조직하는 원리에 따라 변환될 것이다(공동성 내의 독자성).

바렐라의 행위화 문제enactive problematic와 관련시켜 보면, 홀론의 독자성은 세계 공간을 향해 행위하며(차별 영역을 만든다.) 비교적 자율적으로 그러는데, 이에 덧붙이면 홀론의 독자성이 부분적으로는 홀론에게 적합한 환경과 역사적으로 '구조 결합'한 결과라는 이해가 생긴다. 공동성 내 독자성으로서의 독자성은 따라서 주체와 객체가 공동결정하는 세계 공간에 대해 행위한다enact.

바렐라, 톰슨, 로쉬는 이렇게 말했다. "적합한 세계와 결합한 역사가 창발적 상태를 구속한다. 우리의 설명이 풍성해져 구조 결합의(공동결정하는 공동성) 이 차원을 포함시킴으로써 우리는 세계를 향해 행위하는 복잡 시스템의 역량을 제대로 인식할 수 있다……. 그 결과, 시간이 지나면서 이런 결합은 무작위한 세계로부터 뚜렷이 드러나는 영역을 선택하거나 거기에 대해 행위한다. 다른 말로는, 그 자율성에 근거해서 시스템은 유의미한 영역을 선택하거나 그 영역을 대상으로 행위한다."『몸의 인지과학』, 151쪽, 155-156쪽.

따라서 내가 앞에서 언급한 것처럼, 세계 공간은 그저 주어져 있을 뿐이고, 그다음에 독자성이 이른바 분리 가능한 공동성(다른 독자성)의 일치correspondence를 통해 표상되는 게 아니다. 더 정확히 말하면, 그것의 독자성(자율성)이 갖는 일관성과 교감하는 다른 독자성과 구조적으로 결합하여 서로 공동결정되는 세계 공간을 대상으로 행위한다. (비토리오Bittorio로 불리는) 세포 자동 장치를 예로 들면, "우리는 최소한의 해석이 관여한다고 말할 수 있는데, 여기에서 해석은 배경과 구분되는 영역의 행위화를 의미하는 것으로 넓게 이해될 수 있다. 따라서 비토리오는 그 자율성에 근거해서(폐쇄) 그것이 무작위한 환경이라는 배경으로부터 유의미한 영역을 선택하거나 만든다는 뜻에서 해석을 수행한다……. 이런 규칙성이 우리가 비트리오의 세계(세계 공간)로 부를 수 있는 것을 구성한다. 이런 세계는 주어진 다음 표상을 통해 회복되는 게 아니라는 것이 분명하다……. 그렇다면 비토리오는 폐쇄(독자성)와 결합(공동성)이 어떻게 특정 시스템(홀론)에 적합한 세계(세계 공간)를 만들기에 충분한지를 설명해 주는 패러다임을 제시한다"(155쪽, 행위화 패러다임에 대해 더 많은 내용을 보려면 2장의 주석 49와 52, 다음에 제시된 주석 43, 14장의 주석 1을 보라).

나는 13장에서(그리고 이 책 전반에 걸쳐) 표상 패러다임과 그것이 해석과 갖는 관계에 대해 다수 언급할 것이다. 실제로 이 책의 역사적 부분 상당수는 표상(또는 반영) 패러다임의 발생(그리고 결국에는 지배)을 검토하는 데 할애하였다(예를 들어, 12장 '온우주의 붕괴'). 우리는 이 장 후반에서 '계몽주의 근본 패러다임'이라는 제목으로 이것을 검토할 것이다.

내가 사용하는 세계 공간이라는 용어는 또한 가장 두드러지게는 라이프니츠와 칸트를 출발 삼아 여러 해석자를 거쳐 니체, 하이데거, 겝서, 푸코, 가다머, 피아제, 하버마스, 구조주의자 등으로 이어지는 풍부한 철학적 배경을 갖고 있다(이 장 후반에서 분명해질 것이다). 내 자신의 입장을 이렇게 간단하게 요약할 수 있다. 각 홀론의 독자성은 유사한 깊이에 있는 홀론들이 서로를 위해 서로에게 현현할 수 있는 구멍이나 빈터를 만든다. (아래로 쭉 내려가며) 공동성 내 독자성인 것이다.

　　마지막으로 한 가지 덧붙이자. 이전 작업에서 나는 물리적 세계 공간 또는 물리적 세계가 행위화할 수 있는 자극들의 총합에 대해 플레로마pleromatic라는 용어를 사용하였다. 세포의 세계 공간에는 프로토플라스마protoplasmic, 파충류에 대해서는 우로보로스uroboric, 포유류(변연계)에 대해서는 타이폰typhonic으로 언급했다. 그리고 이것은 마술, 신화, 심리 그리고 더 고차원 또는 초개인 세계 공간과 만난다. 나는 여기서 그 용어를 계속 사용할 것이다.

14.　윌버의 『아이 투 아이』 2장을 보라.

15.　푸코에 대해서는 이 장의 주석 12, 17, 23, 28을 보라.

16.　도널드 로스버그Donal Rothberg는 우상한의 길과 좌상한의 길에 해당하는 내용을 탁월할 정도로 간단하게 요약했다. "현대 인식론은 일반적으로 상호 관련된 지식의 주된 형태 두 가지, 즉 (1) 자연주의적인 지식과, (2) 해석적인 지식을 인정하고 있다(물론 일부 사람들은 두 가지 형태 중 한 형태의 우선권이나 독점성을 주장한다). 자연주의적 탐구는 실증적 설명에 목표를 두는데, 이는 법칙에 맞거나 법칙과 유사한 변인들 간의 규칙성과 인과적 연결성을 확인하는 이론들의 발달로 간주된다……. 해석적 탐구는 주관적이거나 간주관적인 의미의 이해를 목표로 삼는다. 목표는 개인 행위의 의미(예를 들어, '그것이 그녀에게 어떤 의미였을까?' 또는 '그 특정한 맥락에서 그것은 무슨 의미였지?'), 집단이나 사회가 종종 함축하고 있는 규칙(예를 들어, '사회적 상호 작용에서 우리가 학생으로서 동료로서 또는 남편과 아내로서 따르고 있는 암묵적이고 명시적인 규칙은 뭐지?'), 텍스트 및 또 다른 인간 창조 행위 표현들의 암묵적이거나 명시적인 의미를 이해하는 데 있다……. 그런 의미들은 인과적 연결의 확인으로 축소될 수 없으며, 설명적 언어보다는 의도적 언어를 활용한 설명을 요구한다." 포르만Forman의 『순수의식의 문제Problem of pure consciousness』에 있는 로스버그의 '현대 인식론', 175-177쪽.

17.　(즉, 현상학적으로 볼 때) 그것이 거의 그 정도로 단순하다는 내용에 대해서 하이데거의 해석학(좌상한 또는 내면)과 푸코의 고고학(우상한, 외면)을 예로 들어 보자. 후자의 경우 언어구조에 적용되었던 구조/기능 패러다임의 변종 또는 담론구조를 '전적으로' 외부에서 설명하려는 시도다. 드레퓌스와 라비노의 말을 들어 보자. "존재 조건으로서 이해되는 구체적인 구조에 대한 설명에 이렇듯 헌신하는 모습은 『존재와 시간Being and Time』에서 하이데거가 존재론적 분석이라고 부른 것과 상당히 유사하다. 그러나 한 가지 중요한 차이가 있다. 하이데거와 푸코 모두 객체와 주체의 출현을 지배하는 공간(세계 공간)을 구성하는 '사실에 기반을 둔' 원리들을 서로 관련지으려 노력했지만, 하이데거 방

법은 해석학 또는 내면적인 데 반해 푸코의 방법은 고고학 또는 외면적이다. 푸코가 고고학적 태도의 외면성exteriority을 해석학적으로 설명하는 데 반대했을 때, 그는 후설식 현상학과 하이데거식 해석학 모두를 노골적으로 거부하고 있다"(『미셸 푸코』, 57쪽, 필자의 강조임).

푸코 자신은 고고학자는 '그것을 외면적으로 분석하기 위해' 진술들을 고립시킨다고 언급하였다. "… 아마도 우리는 외면성보다는 '중립성'이라고 말해야 할 것이다. 그러나 이 용어조차도 너무도 쉽게 신념의 중지를 암시하는데, 그러나 그것은 그 외부를 재발견하는 문제로서 거기에는 발화된 사상들이 자신들이 전개되는 공간에 넓게 퍼져 있다"(51쪽, 57쪽, 필자의 강조임).

더 상세히 살펴보자. "푸코와 해석학자들은 실행practice은 오로지 그 속에서 특정 객체, 주체 또는 행위에의 가능성들이 확인되고 개성이 부여되는, 하이데거가 '빈터(세계 공간)'로 부른 것을 설정함으로써 객체와 주체를 '해방'시킨다는 데 동의했다. 그들은 또한 물질적이고 사회적인 인과성이라는 일차 관계도, 의도적인 정신적 인과성이라는 이차 관계도 실행이 실체들을 자유롭게 하는 방식을 설명하지 못한다고 하였다. 그러나 그들은 이런 해방 작업이 어떻게 그럴 수 있는지 설명하는 데 있어서는 근본적으로 달랐다. 현상을 내부(좌상한)로부터 설명하는 해석학자들에 따르면, 비담론적 실행들은 오로지 특정 담론의 실행과 그들의 객체와 주체들이 의미를 갖는 이해의 지평을 구축함으로써 인간 행위를 '지배'한다. 외부(우상한)에서 바라보는 고고학자 푸코는 이런 식으로 의미에 호소하길 거부한다. 그의 주장에 따르면, 외적 중립성으로 바라볼 때 담론의 실행 자체는 규칙의 지배를 받는 변용의 무의미한 공간을 제공하는데, 그 공간에서 의미에 관여된 사람들이 진술, 주체, 객체, 개념 등을 취한다……. 고고학자는 무언의 진술을 연구하면서 진실 및 그가 설명하는 의미를 진지하게 추구하는 데 관여하길 꺼린다"(79, 85쪽, 필자의 강조임).

이 모든 내용은 좌상한과 우상한 길로부터 나온 친숙한 책략이다. 푸코의 외면적 접근, 진실과 의미에 대한 그의 판단 중지, '무언의' 진술에 한정시킴(독백적), 그의 '행복한 실증주의', 이 모두는 물리 사회적 실재가 갖는 뼈처럼 단단한 구체성에 적용되는 게 아니라 외적이고, 물질적이고, 고고학적인 담론 실행의 단편들에 적용되는 우상한 책략이다. 규칙으로 지배되는 시스템으로서 언어를 밖에서 바라본 것이다(그의 계보학 시기까지도 거슬러 올라갈 수 있다. "계보학은 깊이 추구를 기피한다. 대신에 그것은 사상의 표면만을 찾는다…….", 106쪽).

푸코의 고고학과 계보학은 정당한 노력이지만, 그가 곧 깨닫게 되었듯 그것들은 홀로 서 있을 수 없다. 사실상 그 접근 자체는 완전히 모순투성이다. 그것이 진실에 대해 괄호 치기를 했기 때문에(진실이란 담론 시스템에서 그렇게 이름 붙여진 것일 뿐이며, 권력에 봉사하기 위해 사용되었다.), 이런 접근 자체는 자신이 말하는 게 사실이라고 주장할 수가 없다. 진지하게 취할 이유가 완전히 사라졌을 때 진리는 땅 위에서 배회한다. 오히려 비담론적인 사회적 실행뿐 아니라 해석학적 내면을 포함시킨(또는 적어도 해석에 대한 더 나은 해석) 좌상한 접근과 더 균형 잡힌 관점으로 그것을 보완해야 한다는 걸 푸코는 알게 되었다. 드레퓌스와 라비노는 "『성의 역사*History of Sexuality*』에서 푸코가 제시한 것은 더 나은 해석의 모습에 대한 날카로운 예였다."라고 했다. 질 들뢰즈Gilles Deleuze가 비평했듯이, 푸코는 "내면에 응축된 것으로서 과거를 생각했다". 드레퓌스와 라비노는 푸코의 접근을 '해석학적 분석'으로 부를 수 있다고 결론 내렸는데, 그들도 지적했지만 이는 수많은 비평가에게는 아무 문제도 되지 않았다. 푸코의 작업은 이 분야에서 엄청난 시사점을 던지고 있지만, 그럼에도 불구하고 "제대로 해석하는 자신만의 방법을 해석적으로 기술하는 데 있어서 우리에게 빚지고 있다. 그러나 그는 우리에게 아직도 한 가지를 제공하지 못하고 있다"(183쪽). 유감스럽게도 그의 죽음이 그런 가능성을 앗아 가고 말았다.

18. 미묘한 환원주의는 좌상한을 우상한 차원으로 축소시키며, 더 나아가서 우상상한을 우하상한으로 환원시키면서 개인을 지배하는 전체 시스템을 전적으로 강조한다. 물론 시스템 이론은 종종 이렇게 했으며, 대부분의 뉴에이지 패러다임과 생태이론가들은 이런 식으로 각색된 미묘한 환원주의를 따랐다.

19. 하버마스, 『철학적 담론*Philosophical discourse*』, 363쪽, 367쪽.

20. 테일러, 『헤겔』, 10쪽, 22쪽과 『자기의 원천』, 233쪽.

21. 『인간에 관한 에세이*Essay on man*』.

22. 러브조이, 『대사슬*The great chain*』, 211쪽.

23. 푸코의 초기 작업, 특히 고고학에서 우리가 주목했듯이, 그는 진리와 의미 모두를 괄호 치기했으며('이중현상학'), 그 결과 '깊이'와 유사한 모든 언어를 경멸했다(실제로 나는 그가 내린 수많은 결론에 동의하지만, 앞으로 보겠지만 종종 아주 다른 이유 때문이다). 따라서 그의 이중판단 중지('현상학을 끝장내려는 현상학')는 출발부터 깊이와 해석을 배제한 채 외면만을 남겨 두었다. 그럼에도 불구하고 그가 '인간의 시대' 및 '인본주의'를 벗어나기 시작했다고 본 과학은 정확히 깊이 개념을 재도입하기 시작한 과학들이었다(정신분석, 인종학, 언어학). 후에 푸코가 고고학과 계보학에서 윤리학으로 이동했을 때,

그 자신은 '내부로부터의 이해'나 재구성된 해석학('해석적 분석론')을 더 사려 깊게 이용하기 시작했다.

그러나 방법론상 우상한 책략으로서 푸코가 깊이를 거부했을 때조차도, 그럼에도 불구하고 그는 깊이에 관한 자신만의 버전을 갖고 있었다(그렇지 않았다면 그는 출발부터 어떤 식으로든 판단조차 하지 못했을 것이다). 따라서 그 스스로는 자신의 접근을 이렇게 설명했다. "해석자는 발굴자처럼 사물의 깊이로 어쩔 수 없이 들어가지만, 해석의 순간(그의 계보학)은 더 높이 올라가서 개괄하는 것과 같은데, 이는 깊이가 점점 더 엄청난 가시성을 띠면서 그의 면전에 펼쳐지도록 한다. 깊이는 절대적인 표면상의 비밀로서 위치를 재설정한다"(『니체, 프로이트, 마르크스Nietzsche, Freud, Marx』). 푸코가 여기서 '높이'로 부른 것은 내가 깊이로 부른 것의 각색이며, 그가 조롱조로 깊이로 부른 것은 실제로는 그의 주장대로 얕고 피상적이다. 예를 들어, 프로이트의 '심층 심리학'은 리비도를 향해 '아래로' 파고 내려간다. 그것은 아주 근본적이지만 그다지 유의미하지는 않은 인간의 측면으로서 매우 표면적이면서 깊이가 없다(13장). 인간이 자신의 이드를 들여다보며 삶을 소비하면서도 엄청 중요한 무언가가 진행된다고 느끼는데, 푸코에게 이것은 우스꽝스러워 보인다. 누군들 수긍하지 않겠는가? 더 높은(더 깊은) 관점들이 존재한다.

나중에 살펴보겠지만, 켄타우로스 수준의 언어는 분명 깊이의 (그리고 변증법) 언어다. 이성-자아 언어는 표상, 독백적 설명, 이해의 언어다(이성Vernunft과 오성Verstand을 비교해 보라). 계몽 시대 및 그 후에 이어진 인간 시대Age of Man('비인간화된 인본주의')는 신화-멤버십 양식에서 자아-합리적 양식이 광범위하게 출현한 시기였는데, 이것은 진정한 혜택을 수없이 몰고왔음에도 불구하고 헤겔이 '이해라는 허영'으로 부른 것(또는 실증분석적이고 독백론적인 사고)에 사로잡혀 질적 차이를 납작하게 눌러 버리고 수평으로 만드는 과실을 범하였다는(그리고 주체 자체에 가해진 평원적 양식의 반전은 '인간의 과학sciences of man'이 갖는 더 잔혹한 측면을 생산했다는) 것이 푸코의 초기 작품을 읽는 타당한 방법임이 나의 논지다. 차후에 일어난 비전-논리를 갖춘 켄타우로스의 출현(깊이의 변증법)은 (독백적이 아니라 대화적인) 간주관적 의사소통 교환에서의 더 성숙한 이성Vernunft이었으며, 이런 대화적인 깊이의 이해가 '인간의 종말'의 시작을 특징짓는다.

우리가 12장과 13장에서 살펴보겠지만, 이것은 또한 푸코의 설명을 하버마스와 테일러의 설명과 동일 선상에 두도록 했다.

덧붙이면, 켄타우로스를 넘어서면 깊이의 언어는 그 적용성이 점점 더 줄어들어 비전과 진동의 언어(심령), 그다음에는 원형과 광명의 언어(정묘), 그다음에는 공성과 꿈의 언어(원인), 그다음에는 뛰어난 일상의 언어(비이원)로 대체되는데, 나중에 이 모든 내용을 살펴볼 것이다(길게 논의한 내용을 보려면 8장 주석 58을 보라). 지금 이 책은 의도적으로 켄타우로스 수준에 있는 깊이의 언어로 썼다.

24. 좌상한/우상한은 심/신, 마음/뇌, 의식/형상을 구분 짓는 또 다른 버전이다. 내 시스템에서 이런 이원성은 엄격하지 않은데, 그것들이 상호 작용하기 때문이다. 그것은 또한 최후의 이원성도 아닌데, 초개인 영역에서는 '색즉시공(의식)이고 공즉시색'인 것이 분명해지기 때문이다. 우리는 나중에 이 중요한 요점으로 돌아와서 플로티노스에서부터 오로빈도, 대승불교에 이르기까지 다양한 초개인 수준의 해결책을 살펴볼 것이다.

더구나 언어적 **기표**(또는 기호의 물질적 요소, 즉 기록된 상징이나 발화된 단어의 물리적 공기 진동)는 모두 우상한 요소인 반면, 기의(특정 개인이 어떤 단어와 연결시키는 내적 의미)는 모두 좌상한의 계기_{occasion}로서, 해체될 경우 기표와 기의는 분명코 도처에서 서로서로 미끄러지고 만다. 이것은 심/신 '상호 작용'의 또 다른 버전(그리고 발달에서 포섭되는 외면적 존재의 또 다른 버전)이다.

이와 동시에 근대 프로그램을 대체하려는 포스트모더니즘이 간절히 열망하는 시도는 자신이 그렇다고 상상하는 정확한 영역에서 성공을 거두지 못했다. 포스트모던 후기 구조주의자들에게는 내적 기의로부터 물질적 기표로 강조점을 이동시키려는 애써 가장한 시도가 있었는데, 여기에는 기표가 자신들이 원하는 곳 어디에나 자유롭게 착륙한다는 생각이 결합되어 있다(주체는 권력과 담론 실행의 패러다임을 이동하기만 하면 된다). 우리는 의미가 맥락 의존적이며, 맥락은 끝이 없다는 것이 포스트모던 후기 구조주의자들의 중요한 통찰임을 보았다. 그러나 그것은 외부에서 바라본 물질적 기표를 우위에 두는 주장으로 빠르게 변질되었다. 외면뿐인 이런 우상한 환원주의는 푸코의 고고학에서부터 데리다의 서기법 연구_{grammatology}에 이르기까지 걸쳐 있으며, 이는 **미묘한 환원주의**로서 그 자체는 정확히 계몽 시대 패러다임을 계승한 것이다(하버마스는 유사한 분석을 통해 동일한 결론에 도달하여, 주체에 대한 계몽주의철학의 잔해로 말미암아 이 두 가지가 오염되었다고 보았다).

하버마스에서 좌상한과 우상한은 무엇보다 언어적으로 생성된 간주관성(좌측)과 자기참조적으로 폐쇄된 시스템(우측) 간의 차이로 나타나는데, 그는 이것을 '신용이 추락한 심신 문제(형태)를 대신할 논쟁을 선전하는 작금의 선전 문구'(『철학적 담론』, 385쪽)라고 말했다.

심/신 문제 자체에 관해 나는 뒤에서 그것의 정확한 성질은 해결될 수 없고, 유일하게 관조적 자각을 통해서만 해소될 수 있는데, 그곳에서 공성과 형상은 자신들의 궁극적인 관계를 드러낸다고 주장할 것이다. 그동안에 나는 나 자신의 입장을 '상호 작용주의자interactionist'로 지칭하는데, 내가 그런 입장이 무언가를 해결한다고 믿기 때문이기보다는 내 생각에 더 골치 아픈 문제들을 안고 있는 다른 '해결책'(동일론, 평행론, 이원주의자, 미리 구축된)을 거부하는 방법으로서다.

이미 언급했듯이, 내가 '상호주의론'이나 '공동결정'이라는 용어를 사용한 것은 어떤 면에서는 바렐라의 '행위화'와 상당히 유사하지만, 앞으로 살펴볼 바와 같이 몇 가지 점에서 다르기도 하다(다음의 주석 43과 14장 주석 1을 보라).

25. 좌측을 우측으로 뭉뚱그리는 것은 내면과 외면interior-and-exterior을 물리적 내부와 외부inside-and-outside로 뭉뚱그리거나 혼동하는 것을 의미한다('좋고-나쁨'을 '더 크고-더 작은'으로 뭉뚱그리는 건 말할 것도 없다). 이런 식으로 뭉뚱그리는 것은 무언가는 피부 경계 '내부'에 있지만 동시에 '외면' 차원이 될 수 있다는 점을 포착하지 못하고 있다. 뇌의 안쪽within이나 실제 내면interior은 뇌의 내부inside가 아니다. 뇌의 내부에는 더 많은 뇌 생리학이 있을 뿐이다. 뇌를 현미경, EEG 등으로 당신이 원하는 만큼 실증적으로 조사해 보라. 그러면 뇌의 더 내부만을, 표면의 안쪽을 더 많이 발견할 뿐, 깊이나 의식인 뇌의 내면이나 안쪽은(이것은 나에게 말을 걸고 내가 말하는 내용을 해석함으로써만 발견할 수 있다.) 발견하지 못할 것이다. 그리고 뇌 자체는 의식의 외면이자 의식의 또 다른 (잠재) 형상이다. 뇌의 내부가 아니라 내면이 의식, 깊이 또는 안쪽이며, 뇌는 그런 안쪽, 그런 내면의 외면이다.

달리 말해서, 의식은 뇌의 내부나 외부에 있지 않다. 의식은 이 모두를 완전히 정면으로 내리치면서 내면 차원으로 이동하는데, 이 차원은 물리적 형상으로 발견되거나 측정될 수 없으며, 그러므로 뇌를 떠나지 않고서도 원하는 곳 어디든지 이동할 수 있는데, 애초부터 뇌 속에 있지 않았기 때문이다(그러나 결코 뇌와 떨어져 있지도 않다). 예를 들어, 개인 정체성과 집단 정체성 현상을 달리 어떻게 설명할 수 있을까? 만일 내가(의식) 나의 뇌에 불과하다면 정체성이라는 심리적 발달이 어떻게 신체 자아에서 자아중심, 사회중심, 세계중심의 입장으로 이동할 수 있을까? 의식이 뇌 속에만 존재한다면 어떻게 그런 일이 일어날 수 있을까? 정체성 형태는 엄청나게 중요한 수십 가지 방식으로 피부 경계를 초월하는데, 외면에 우선권을 부여하는 설명은 이 방법들을 제대로 구상조차 할 수 없다. 유체 이탈 경험은 의식이 할 수 있는 가장 놀랍지 않은(가장 흥미롭지 않은) 부분인데, 정확히는 의식이 뇌의 내부나 외부에 있지 않기 때문이다(뇌의 내부와 외부는 의식 안에 존재한다).

앞의 주석 4에서 나는 '한 단계의 내면성은 다음 단계의 내면성으로 들어가 그 내면성 안쪽에서 외면적인 형상이 되는데, 이는 삼차원의 체스라는 세부 내용으로서 나중에 다룰 것'이라고 언급했다. 삼차원 부분은 서로 다른 변환과 변용의 몇 가지 축을 구분하는 일을 포함하고 있어서, 상위 수준으로 가면 하위 수준의 내부와 외부는 그 자신의 내면성 안으로 감싸진다. 따라서 역으로 말해서 상위 수준은 그것을 구성하는 요소들에게는 '밖external'으로 보이지만 다음 수준에게는 '안internal'으로 보인다.

여기에서 분명 언어가 문제시되는데, 왜냐하면 우리는 모두 실제로 '안'과 '밖'을 포함하는 세 개의 축을 논하고 있기 때문이다. 그것들을 내부/외부inside/outside, 안/밖internal/external, 내면/외면interior/exterior으로 부르자. 평원 존재론에서는 경계의 내부와 외부만 있다. 그러나 몇 가지 홀론이 변용적으로 결합하면, 즉 수많은 세포가 하나의 유기체로 되면 이제 일체는 그 유기체 안이 된다(원래 세포와 동일한 수준에서의 내면이 아니라는 것만 빼고는 일체가 유기체 내부에 있다. 이런 이유로 나는 이것을 '안'이라고 했으며, 유기체는 세포에게는 밖으로 보인다─바렐라의 요점).

그러나 그 모든 것은 여전히 일련의 외면적 형상으로서, 밖이나 외부가 아니라 내면성의 외면으로서 각 지점에서 그 모든 것과 나란히 의식으로 존재하는 내면성이다. 그리고 의식은 크기 측면에서 선행하는 내면을 감싸지 않는다(실제로 또 물리적으로 분자를 담고 있는 세포나 실제 세포를 담고 있는 유기체와는 다르다). 그렇기보다 의식은 선행하는 내면의 의도나 파지를 감싸는데, 이들은 모든 외면과 함께 존재한다. 엄밀한 의미에서 다양한 의식구조 자체는 또한 내부와 외부, 내면과 외면을 갖는다. 예를 들어, 무언가가 심적 구조의 '내부'에 있어 공간적으로 포위되었다는 의미가 아니라, 그것이 심적 구조의 심층구조든 관리 체제든 코돈이든 그것을 따른다는 의미에서 그렇다(당신이 물리적으로 무언가의 내부에 있는 게 아니라, 게임의 규칙을 따르고 있다면 당신은 체커 게임 속에 있는 것과 상당히 유사하다). 변용을 통해서 두 개의 내면적 구조가 모이면 둘 다 새로운 초구조의 내부가 되며, 초구조는 그들에게 외면으로 보인다.

이런 이유로 나는 의식을 그 자체로 완전무결한 깊이로 보지 않고 창발적 성질로 보는 것은 끔찍이나 잘못되었다고 생각한다. 의식을 특정 성질로 생각하면 우리는 그것에 위치를 부여하는 방법에 대해서 주로 두 가지만을 선택하게 된다. (1) 의식이 그렇다고 가정하는 성질(느낌, 의도, 지각 또는 그 밖의 어떤 것이든)을 정의한 다음, 원자까지 줄곧 내려가면서 그런 성질을 밀고 간다. 이것이 표준 범심론식 접근으로서, 나로서는 수용하기 어렵다(편의상 나는 별도로 그런 용어에 의지한다). 그러나 더 수용하기 어려운 것은, (2) 의식을 창발적 성질로 정의한 후, 그것이 갑자기 튀어나와 출현한다고 생각하는 진화의 지점을 선택하는 것이다(한계에 대해서 끝없이 실랑이를 벌이면서, "원숭이에게는 자의식이 있는가? 아니면 초보적인 의식만 있는가? 저녁 식사를 위해 끓이고 있는 새우가 실제로 느낌을 갖고 있나?"라는 질문을 퍼붓는다).

의식은 창발적 성질이 아닌데, 왜냐하면 좌상한 차원은 우상한 차원으로부터 출현하지 않기 때문이다. 즉, 내면은 외면으로부터 출현하지 않는다. 첫 번째 경계가 우주 universe를 창조하고 온우주가 최초로 내부와 외부로 나뉠 때부터(첫 번째 경계에서의 내면과 외면이 된다.) 분명 이 둘은 서로 손잡고 함께 출현하였다. 좌측 차원은 우측 차원으로부터 출현하지 않고 모든 단계에서 외면의 안쪽within, 내면으로서 우측 차원과 함께한다. 좌상한은 모든 단계에서 내면의 깊이이지, 라인을 따라 내려가면서 어떤 예기치 못한 단계에서 불쑥 튀어나오는 무언가가 아니다. 의식의 형상은 실로 (물질의 형상이 그렇듯) 출현하지만 의식 자체는 줄곧 함께할 뿐인데, 어떤 형상이든 거기에는 그것의 내면이 (창조의 순간부터) 존재하기 때문이다. 왜냐하면 표면이란 깊이의 표면, 형상이란 의식의 형상이기 때문이며, 불교도들이 말하듯이 내면과 외면은 처음부터 공동출현하지, 길을 따라 쭉 내려가면서 어디선가에서 불쑥 튀어 올라오는 존재가 아니기 때문이다.

다르게 표현해 보면, 의식은 홀론 체제의 개방성(또는 공성)이며, 개방성 자체는 창발적 성질이 아니라 성질들이 (다양한 체제와 세계 공간으로서) 출현하도록 허용하는 것이다.

마지막으로, 외면이 의식에 들어올 수 있고 내면은 외면을 포용한다(반대로가 결코 아니다). 라이프니츠의 관점은 그가 내면과 외면 간의 실제 관계에서 벗어나서 사전에 확립된 조화를 택한 일을 제외하고는 (그러나 나는 그것이 대부분의 다른 대안적 해결보다 나쁘지 않다는 것을 첨언하고 싶다.) 이런 '삼차원 체스'와 꽤나 유사하다(그러므로 그를 읽을 것을 강하게 요구하는 바다). 우리가 심신 문제에 관한 관조적 해결(또는 해체)을 제안할 때 우리는 이 모든 내용으로 돌아올 것이다.

26. 나는 행동주의가 잘못되었다고 말하는 게 아니라, 행동주의는 오로지 우상상한에 대한 정확한 연구라고 말하고 있다. 그것은 자신이 보는 모든 것을 충실하게 보고하며, 자신이 보는 것은 충분히 실재하고 있다. 그것은 이야기의 사분의 일에 불과하다. 그 이상도 그 이하도 아니다.

마찬가지로, 의학적 정신과학은 우상상한에서의 약리학적 개입에 관한 연구다. 책임을 저버린 아버지에 대한 격노가 우울로 전환되고, 대화로 치료가 가능하다고 정신분석가가 보는 것(좌상상한)을, 의식적 정신과학은 신경 시냅스에서 세로토닌의 흡수에 문제가 있고 프로작이라는 각성제로 치료 가능하다고 본다. 양쪽은 모두 자신들의 상한에서는 충분히 정확하다(이 책 전반에 걸쳐 우리는 이 주제로 돌아올 것이다).

27. 이는 또한 반영reflection 패러다임 또는 표상 패러다임으로 알려져 있는데, 이것의 역사적 발흥을 12장과 13장에서 추적할 것이다. 이미 지적했듯이 명제적 진리propositional truth는 일반적으로 우측 길이지만, 그것은 종종 우상상한에 국한되며 기능적 적합성은 우하상한을 위한 준거가 된다(본문에서 설명할 것이다). 그리고 우하상한에서 명제적 진리는 생산production 패러다임과 경쟁하게 된다(12장과 13장에서 이것 또한 추적할 것이다).

또한 어떤 상한과 관련해서도 객관적인 입장을 취할 수 있기 때문에 명제적 진리는 좌측 차원에서도 중요하게 적용된다. 앞으로 살펴보겠지만, 요컨대 명제적 진리는 그런 영역들에 모조리 적용되지 않으며, 좌측 차원에서 근본적이면서도 본질적인 의미를 규정하는 것을 담아내지 못한다.

28. 사상한 각각에서 진행된 연구를 살펴보면, 우리는 각 상한에는 '표층' 차원과 '심층' 차원이 있음을 알게 된다. 또는 '진리'라는 용어를 가장 넓은 의미에서 사용할 경우 각 상한은 표층 진리와 심층 진리를 가진다(앞으로 살펴보겠지만, 각각에서 무엇이 정확히 진리를 구성하는가에 따라 실명은 다양해진다).

우리는 일반적인 좌측 차원과 우측 차원으로 시작할 수 있다(그리고 진행해 가면서 그것을 위와 아래, 또는 개인과 사회로 다시 나눌 수 있다).

좌측의 해석학과 우측의 구조/기능 주의 둘 다 **표층**과 **심층** 차원(또는 드러나고 잠재된)을 인식하는데, 전자는 대부분 의식적이지만 후자는 대부분 무의식적이다(앞으로 살펴보겠지만 특별한 수단을 통해 무의식적이거나 숨겨진 또는 잠재된 차원을 의식으로 가져올 수 있다).

해석학에서 이런 '표층'과 '심층' 해석을 가장 주의 깊게 제시한 사람은 하이데거다(『존재와 시간』의 1부와 2부). 표층 해석은 문화 토착민들이 자신들의 일상 삶 속에서는 (또는 그들의 개인 삶 속에서는) 충분히 의식할 수 없는 해석이지만, 그들에게 그것을 지적할 경우, 그들은 보통 그걸 인식하고는 "맞아요. 바로 그런 뜻입니다."라고 대답할 것이다. 이런 식의 '일상의 해석학'을 어쨌든 (의식적으로나 전의식적으로) 그들은 알고 있지만 이것이 반드시 명확하게 표현되는 건 아니다. 해석학의 표층은 흔히 일어나는 이런 해석을 명확히 표현하는 일을 다루고 있다(또는 일상적인 실행에서의 의미를 지원하는 문화적 배경의 여러 측면들을 드러나게 만든다. 그러나 배경을 충분히 드러내거나 담론식으로 지성적으로 모조리 명시할 수는 없는데, 왜냐하면 배경의 상당 부분은 비담론적이라서, 후설에 따르면 개념적으로 드러낼 수 없기 때문이다). 가핀켈Garfinkel, 기어츠Geertz, 쿤, 테일러 같은 이론가들이 이런 '일상의 해석학'을 풍부하게 이용하였다. 그것은 공감적 교섭이나 참여적 관찰자 탐구를 통해 문화적 관습의 공통된 의미를 분명히 표현하고 설명하려 애쓰고 있다.

반면에 **심층 해석학**은 표층 해석 아래로(일상의 해석학 아래로) 파고들려고 시도하는데, 우리의 일상적 이해와 해석은 사실상 매우 왜곡되거나 부분적이거나 착각일 수 있다고 심층 해석학은 의심하기 때문이다. 또한 (하이데거가 제시한 것처럼) 실제로는 진실을 숨기고, 더 깊은(그리고 더 무서운) 진실을 희미하게 만들거나 덮어 버리는 동기를 가질 수 있기 때문이다. 그러므로 (리쾨르Ricoeur가 이런 여러 방법을 칭했던) '의혹의 해석학'은 표면 아래로 파고들어 더 깊은 해석적 진실과 의미를 드러내려고 애쓴다.

심층의 다양한 진실이 실제로 드러난다. 표층 및 일상 의식 저변에는 프로이트의 리비도, 마르크스주의자들의 계급 투쟁, 하이데거의 무근거성groundlessness, 가다머의 전통에 열중한 존재, 니체의 권력 등등이 놓여 있다.

그럼에도 불구하고, 각 경우에 우리에게 공통된 일상의 의미, 진실, 해석은(이들은 모두 어느 정도는 의식적이다.) 종종 표층 아래 도사리고 있는 더 깊고 고통스러운 진실을 정확히는 감추거나, 흐릿하게 하거나, 왜곡하기 위해 고안되었다고 말한다(따라서 진실은 무의식적이거나 깊이 감춰진 채 남는 경향이 있다. 진실은 무의식으로 추락한 게 아니라 무의식으로 밀려났다. 우리가 역동적인 심리적 고통 장벽pain barrier, 이런저런 류의 억압 장벽으로 부를 수 있는 것은 이런 괴로운 진실들이 쉽게 자각되는 것을 막는데, 이 이론가들에 따르면 이런 장벽을 제거하는 일은 어렵고 고통스러우며, 쇼크를 주고, 심히 불안하게 만들기 때문이다).

심층 해석학의 각 경우에 있어서 문화 토착민들은 더 깊은 진실을 일단 끄집어내면 인정함으로써 그것을 확인해야만 하는데, 소위 그런 심층의 길을 여행하는 것을 직업으로 삼고 있는 전문가의 안내라는 도움 없이는 이런 여정이 일어날 가능성은 희박하다. 문화 토착민들은 사실상 더 깊은 진실에 대해 상당한 저항을 보이며(고통 장벽 때문이다.), 일상의 해석과 관습의 상당 부분은 사실상 바로 이런 깊고도 종종 고통스러운 진실을 감추기 위해 만들어진 것이다. 그러나 심층 해석학은 한 개인이 일단 억압 장벽을 풀어 놓아 더 깊은 진실을 드러내고 인정할 경우, 어떤 해방, 진실을 감추기 위해 구축된 왜곡, 거짓, 망상으로부터 해방을 얻는다고 주장한다.

심층 해석학은 분명코 다루기 힘든 모험이다. 인류에게 제시된 수많은 '깊은 진실'이란 실제로는 일차적으로 자신의 권력 충동에 순응하도록 타인의 자각을 왜곡시키기 위해 고안된 심오한 이데올로기와 엄청난 편견들이다. 우리는 마르크스주의의 '깊은 진리'가 인간 영혼에 어떤 일을 했는지, 프로이트의 심히 환원적인 '진실'이 무엇을 깨부수려 애썼는지를 살펴보았다. 마르크스와 프로이트 둘 다 깊고도 매우 중요한 어떤 식의 진리에 주목했음을 인정할 수는 있지만, 이 진리가 소위 말하는 진리 전체였을까? 더 깊은 진리가 실제로는 진실되지만 부분적일 때 어떻게 그것을 알 수 있을까? '탈억압'하도록 돕는다는 미명하에 누군가의 목구멍으로 부분적인 진리를 밀어 넣는다면? 도가 지나쳐 그 자체가 새로운 형태의 억압이 된다면? 치료라는 부분성이 남은 실재를 억압하기 시작한다면?

달리 말해서, 심층 해석학은 두 가지의 매우 까다로운 문제에 봉착한다. 첫 번째는, 제시된 더 깊은 진리가 실제로 진리일까? 두 번째는, 이런 깊은 진리가 유일한 진리일까? 또는 그 자체가 더 깊은 노출을 덮어 가리는 부분적인 진리가 아닐까? 언제 멈출지 어떻게 알 수 있을까?

이미 공인된 예로서 프로이트를 들어 보면, 첫 번째 문제는 이럴 것이다. 리비도가 존재할까? 프로이트의 깊은 진리는 실제로 진리일까? 매우 일반적인 표현을 써 보면, 문화적이고 의식적인 개념들은 종종 무의식적인 정서-성적 충동을 감추거나 왜곡하거나 억압하는 걸까? 대부분의 심리치료이론가는 종종 그렇다고 인정할 것이다. 여러 면에서 사람들은 자신들의 더 깊은 느낌과 충동과의 접촉을 잃을 수 있으며 실제로 잃기도 하기 때문에, 이런 충동들을 덜 솔직한 방식으로 표현한다. 바꿔 말해서, 프로이트의 더 깊은 진실은 어느 정도까지는 진실이다. 무언가 리비도와 유사한 게 존재하며, 일상 삶에서 그것이 억압될/왜곡될 수 있어서 종종 고통스러운 정서장애를 야기한다. (어떻게 이해했건) 억압 장벽을 제거하는 일은 실로 이런 깊은 느낌들과 접촉하고 이를 더 적절하게 표현하도록 사람들을 도울 수 있어서, 그 결과 왜곡된 정서가 주는 압박감으로부터 그들을 해방시킨다.

하지만 두 번째 문제가 남는다. 어떤 식이든 무의식이 존재함을 인정한다면, 저 밑에서 우리가 발견하는 것은 오로지 리비도일까? 우리가 실로 하나의 진리로 이미 인정한 프로이트의 깊은 진리는 전체적인 진리일까? 나의 심리적인 고민은 오로지 또는 일차적으로는 억압된 리비도 때문일까? 거부되거나 억압되거나 모호해질 경우, 더 큰 심적 고민을 야기할 수 있는 다른 진실이 존재할 가능성은 없는 걸까? 만일 왜곡하고 있는 더 깊은 진실이 나의 개인적인 이드에 그치지 않고 융이 말한 집단 무의식을 포함한다면? 그런 진실이 마르크스의 사회적 무의식을 포함하며, 사회 자체가 매우 병들었고 부적응적이라면? 그 경우, 억압을 제거하는 것에는 정신분석학이 아닌 정치적 혁명이 포함될 것이다. 더 깊은 진리는 하이데거가 말한 철저한 무근거성, 여타의 모든 진리들이 변하면서 형체가 없는 것을 고정시키고 단단하게 만들려는 필사적인 노력이라면? 더 나아가, 더 깊은 진리란 헤겔이 말하는 영$_{Spirit}$이고, 신을 발견할 때까지는 내가 억압에서 벗어날 수 없다면?

내가 2장에서 제안했듯이 이 이론가들 각자는 기껏해야 발견되고 인정될 경우, 더 좁고도 얕은 구속 상태로부터 우리를 해방시키는 데 도움을 주는 더 큰 맥락을 가리키려 애쓰고 있다. 우리 모두는 영원히 홀론 속의 홀론, 그 홀론 속의 홀론이며, 이 이론가들 각자는 거기서 더 깊으면서도 넓은 의미와 해방을 발견할 수 있는 더 깊고 넓은 참여에 적응하도록 우리를 돕는다. 그러나 그 각각의 이론들은 첫 번째 문제는 해결하지만 두 번째 문제에서는 실패하는 경향이 있다. 즉, 그들이 새롭게 발견한 깊은 진리가 실제로 진리임을 보인 다음(내 개인적으로는 이들 각자는 그것을 충분히 보여 주었다고 믿는다.), 다른 깊은 진리들은 사실상 그들의 깊은 진리를 왜곡했다고, 다른 '깊은' 진리는 실제로 그들의 분석이 영원히 끝장냈어야 하는 **표층**의 진리에 불과하다고 주장하는 쪽으로 기울었다.

따라서 진리 전체로 승격된 그들의 부분적인 진리는 도가 지나쳐서 남은 온우주를 새로운 형태로 억압하고 말았다. 물질-경제적 조건들이 수많은 문화적·영적 노력의 형성에 중요하다고 말하는 것과 신은 물질적 탄압을 위한 구실에 불과하다고 말하는 건 전혀 다르다. 억압된 리비도가 영을 광적으로 믿는 데 동력이 된다고 말하는 것과 영은 단지 억압된 리비도에 불과하다고 말하는 건 전혀 다르다.

그러나 당신이 영 자체는 실로 억압된 리비도라고 믿는다면, 영에 대한 내담자의 믿음은 방어기제와 성적 갈망이라는 더 깊은 진실을 숨기고 있는 억압 장벽의 일부로서 해석되어야만 한다. 헤겔의 더 깊은 진리는 리비도라는 **참되고 깊은** 진리를 감추고 있는 **표층**의 진리로 해석된다.

부분적인 진리들의 싸움은 첫 번째 문제는 해결하지만 비참하게도 두 번째에서는 실패하는 식으로 진행될 것이다. 이 다수의 이론가가 자신들만의 더 깊은 맥락을 선호해서 보통 다른 것들을 배제시키는 것은 그들의 부분성을 규탄할 뿐, 심층 해석학 프로젝트 자체나 부분적인 진리의 **진실성**을 규탄하는 건 아니다.

물론 심층 해석학이 남용되는 ('당신에게 실제 필요한 것을 나는 알고 있다.') 경우가 아주 많고, 이 이론가들의 수많은 성공 그리고 그들의 실패는 이 민감한 여정에 날카로운 교훈으로 남아 있다. 표층은 볼 수 있지만 깊이는 해석되어야만 한다. 그리고 그런 해석에서 당신과 나는 **잘못을 범할 수 있으며**, 따라서 일종의 의혹의 해석학은 항상 심층까지 우리를 따라올 것이다.

이제 우측 차원으로 눈을 돌리자("그것은 무엇을 의미할까?"에서 "그것은 무엇을 할까?"로 이동하는 것이다). 구조 기능주의(예를 들어, 파슨스)에서 표층과 심층의 구분은 항상 '드러난' 기능(문화 토착민들이 자신들이 하고 있다고 말하는 것)과 '잠재된' 기능(연구자/권위자가 사회 시스템과 기능적 적합성으로서의 '참된' 기능, 토착민들에게는 알려져 있지 않은 채 무의식적인 기능으로 발견한 것)으로 나타난다. 이것 또한 유용하면서도 (부분적이지만) 정당한 탐구다(객관적이면서도 거리를 두는 자세와 비교적 초연한 관찰자에 의존하는 우측 접근).

우리 모두는 영원히 홀론 속의 홀론, 그 홀론 속의 홀론이기 때문에 구조 기능주의 접근은 해석학이나 좌측 접근과 동일한 유형의 '한계' 문제 또는 '경계' 문제에 봉착한다. 즉, 언제 멈출지 어떻게 알 수 있을까? 개인의 행동은 더 넓은 사회 홀론에 의해 어느 정도 중요하게 결정된다는 점을 인정하자. 그러나 **동일한 논리를 써서** 사회 홀론 자체는 어떤가? 그것은 수많은 맥락 속의 맥락 안에 놓여 있다. 영원히…….

따라서 구조 기능적 설명은 항상 더 넓은 맥락 속으로 떠밀려 간다. 개인은 개략적으로 제한을 가하는 가족 속에 놓여 있다. 가족은 하위 문화 속에 있고, 하위 문화는 더 큰 문화 속에 있으며, 문화는 문화들의 공동체 속에 있고, 이는 더 큰 지정학적 단위 속에 있다 등등…….

그 결과, (그리고 해석학적 접근에서와 똑같이) 설정된 **경계들**은 종종 실용적인 데 머물고 만다. 나는 내 탐구의 경계를 자의적으로 가족이라는 경계, 또는 마을이나 촌락 또는 국가라는 경계에 두고 그 지점에서의 이야기를 취할 것이다(해석학적 치료자들이 "사회가 병들었다 치자. 그러나 내 내담자인 당신은 나에게 도움을 청하려고 왔다. 지금 당장 사회를 고칠 수는 없기 때문에 당신과만 작업을 해 보자."라고 말하는 것과 똑같다).

내용을 요약하는 주석에서 상세한 내용으로 들어가지는 않겠지만, (형식이야 어떻든) 구조 기능주의는 그러므로 표층과 심층이라는 자신만의 버전을 다루는 데 있어 동일한 두 가지 까다로운 문제들에 직면한다는 점에 주목할 수 있을 뿐이다. 첫째, 깊은 기능적 진리(특정한 기능적 적합성이라는 잠재된 진리)가 실제로 진리일까? 두 번째, 그것이 전체적인 진리일까? (또는 그것은 다루고 있는 특정 문제에서 **가장 중요한** 맥락일까? 나는 곧 이 문제로 돌아올 것이다.)

사상한 각각에서 발견될 뿐 아니라 이런 식의 여러 접근이 다루고 있는 '무의식적 진실'의 유형들을 간단하게 요약하면 다음과 같다.

좌측 차원("그것은 무엇을 의미할까?")에서 우리는 '일상의 해석학'을 통해 이해되고 분명히 표현될 수 있는 표층, 일상의 의미와 해석을 맞이한다. 내 일상적 실재의 의미는 연속되는 배경 맥락 전체에 의존한다. 이들은 명시되지 않은 예지와 비담론적인 문화적 관습으로서, 일부는 의식되고 있고 일부는 직접 의식되지 않는다(내게 지적해 줄 경우 쉽게 의식될 수 있다. 그러나 전반적인 배경의 일부는 희미하게 멀어져서 접근할 수 없을 뿐이다). 이는 개인적(좌상상한)으로나 집단적(좌하상한)으로 그렇다.

일상의 해석 아래에는 일상의 해석이 종종 덮어 가리고 애매하게 만들거나 왜곡하려는 여러 유형의 더 깊은 진실, 더 깊은 실재, 더 깊은 의미가 존재한다. 이런 깊은 의미들은 역동적으로 저항에 부딪히는데, 왜냐하면 그것들을 인정하는 것은 깊은 고통이나 충격을 안겨 주는 어떤 인식과 관련이 있을 것이기 때문이다. 문화적 관습 전반(좌하상한)과 내 자신의 개인적인 의식(좌상상한)은 이런 더 깊은 의미들을 억압하거나 차폐할 수 있다(예를 들어, 개인적인 억압과 마찬가지로 종종 집단 히스테리와 집단적인 결탁이 존재하며, 물론 이 둘은 종종 결합되어 있다. 문화적 억압은 개인적인 초자아의 일부로서 내면화되며, 초자아는 종종 프로이트/마르크스 주의자들의 여러 통합 이론을 위한 가교가 된다).

'의혹의 해석학'을 통해 더 깊지만 고통스러운 이런 의미를 드러낼 수 있는데, 거기서 깊숙한 길을 여행했던 권위자가 특정 억압 장벽을 느슨하게 만들고 일상의 해석학에 의해 가려지고 차폐된 더 깊은 진실을 인정할 수 있게끔 개개인을(사회도 가능하다.) 도울 수 있다. 더 깊은 진실과 접촉하는 일은 잘못되고 왜곡된 표층의 의미로부터의 해방이며, 이런 해방은 이전의 고통이나 구속으로부터의 자유로 경험된다.

우측 차원에서("그것이 무슨 일을 할까?" 또는 일반적인 구조 기능주의) 우리는 표층 또는 드러난 의미를 맞게 되는데, 이는 문화 토착민들이 자신들이 하고 있다고 말하는 내용에는 무엇이나 통용된다. 그러나 사회과학자는 일상의 관례와 의미는 사실상 더 깊은 기능(잠재된 기능), 문화 토착민들에게는 알려지지 않은 기능이지만 과학자가 발견할 수 있는 기능에 봉사한다는 사실을 발견한다.

그러나 구조 기능주의자에 따르면, 문화 토착민들은 이 깊은 진실(기능적 적합성의 진실)을 억압하지 않는다는 점에 주목하자. 그들은 그것을 의식하지 못하고 있을 뿐이다. 이런

'기능적 무의식'을 아직 모르고 있을 뿐이다. 그것은 일단 의식에 들어온 후 억압되고 저항에 부딪히면서 무의식이 되고만 앞서 일어난 지식이 아니다. 어떤 문화 토착민이라도 사회 시스템 이론을 공부하기만 하면 이런 지식을 추출해 낼 수 있다.

지금까지는 모두 괜찮았다. 그러나 독점적인 우측 길에 억압이론이 존재하지 않는 이유는 우측 차원에는 의식이 존재하지 않기 때문이다(환원 불가능한 내면이 없다). 따라서 무엇보다도 억압을 실행에 옮길 대상이 존재하지 않는다(내면이 없으므로 내면적인 억압도 없다). 우측의 길에는 대상들이 어떻게 작동하는지에 관한 지식이나 그런 지식의 결여만(이것이 여기서 말하는 '무의식'으로서 당신은 그런 지식이 부족할 뿐이지만 쉽게 그것을 획득할 수 있다.) 있을 뿐, 어떤 것이든 억압할 수 있는 실제 주체가 존재하지 않는다. 우측 길은 객관적인 외면이 어떻게 기능하는지에 관해서 객관적으로 기술할 뿐이어서 '블랙박스' 문제는 전혀 생기지 않는다. 내면의 깊이에서 일어나는 투쟁에 의해서가 아니라, 당신이 묻기만 하면 타고난 사회과학자가 기꺼이 당신에게 제공할 객관적인 지식의 단순한 결여에 의해서만 유일하게 '문제'가 야기된다.

이런 우측 길을 우리는 위와 아래(개인과 집단)로 구분한다. 나는 방금 우하상한, 드러난 의미(무엇이든 내면적인 것: 의식, 가치, 억압 등)와 그것의 잠재적인 기능(기능적 적합성의 기초적인 또는 현실적인 실재)을 수반하는 사회 시스템 이론을 설명하였다.

우상상한에서 우리는 외면적으로 관찰되는 개인의 기능, 즉 뇌 생리학, 인지과학, 신경과학 등을 맞이한다. 여기서도 실질적인 의식은 존재하지 않으며, 계산하는 마음이나 의식 없는 신경전달물질, 또는 시냅스의 발화만 있다. 전형적인 문화 토착민들에게는 이 모든 게 두 가지 의미에서 완벽히 무의식적이다. 우리는 신경전달물질 자체(그리고 계산하는 과정)를 실제로 직접 경험할 순 없지만, 신경과학을 공부할 경우 이론적으로 그것들을 의식할 수 있다(그런 의미에서 무의식을 제거할 수 있다. 세포 이하 수준에서 일어나는 생화학 과정에 관해서 과학적인 지식을 획득할 수 있는 것과 똑같이 무의식적 과정에 대해서도 객관적이고 이론적으로 의식할 수 있다).

우상상한에서도 억압의 이론이나 진실에 대한 저항이 존재하지 않는데, 왜냐하면 무엇이 되었건 저항할 수 있는 의식이 존재하지 않기 때문이다. 일차 과업을 수행하려는 의도로 종종걸음으로 달리는 완전히 비의식적인 과정만 존재하는데, 이는 의식이 이 모두를 자각하고 있다는 환상을 만든다.

당신이 일단 그 기본적인 난센스를(의식은 스스로 환상이라고 표명하는 환상으로서, 이는 허깨비들의 엄청난 놀이다.) 집어삼키면, 일단 그것을 꿀꺽 삼켜 버리면(일단 온우주의 좌측을 모조리 무시하면) 여느 우측 길에서와 마찬가지로 또다시 객관적인 사실을 더 많이, 의식이 없는 대상들을 더 많이, 외면적인 기능을 더 많이 계속 발견하는 일을 제외하고는 해결해야 할 문제가 사라져 버리고 만다.

따라서 여기서 남는 유일한 '문제'는 기술적인 노하우의 문제다. 삶이 무의미하다면 우리에게는 세로토닌 기능의 부족만 남는다(이에 관한 다수의 예를 본문에서 제시하였다).

그러므로 우상상한에서 말하는 '무의식'은 우선 물리적 뇌의 생리적·계산적 과정, 우리가 보통은 알아채지 못하고 있는 과정(그 자체를 우리는 결코 직접 경험할 수 없다.), 그러나 내성적 마음이 아니라 객관적인 뇌이론을 공부함으로써 알 수 있는 과정과 기능을 의미한다. 당연히 그런 과정은 실로 거기에 존재하며, 실증분석적 연구와 공식적인 이론화를 거쳐 드러날 수 있다.

그러나 '무의식'은 또한 모든 우측 길에서와 똑같이 일반적이면서 개략적인 의미를 띠는데, 즉 우리의 모든 내면적인 문제는 외면에 대한 지식의 결여로 야기되었기 때문이다. 우리는 이슈를 처리하고 모든 문제를 해결하기에 충분한 기술적이면서 객관적인 사실들을 아직 알지 못한다는 의미에서 '무의식적'이다. 그리고 우리가 객관적인 사실을 모두 알아내는 즉시 그것이 우리의 온갖 문제를 해결할 것이다. 홀론의 외면적 기능에 대해서는 이것이 분명 사실이지만, 내면 차원에 대해서는 자멸적이 되고 만다(자기해체임은 물론이다. 우리의 모든 문제는 의식이 존재하지 않는다는 사실을 우리가 알아채지 못한다는 사실로 귀결되며, 이것이 우측이 우리에게 말해 줄 수 있는 전부다).

마지막으로, 우측이나 외면의 길이 사용하는 수단을 일부 이용하고 객관적으로 보이는 자세를 취하면서 좌측 또는 내면 차원을 바라보는 접근이 있다. 그들이 그럴 수 있는 근거는 개인적이고 문화적인 내면이 외면적 행동이나 언어적 형태로 드러날 때 그것들을 주의 깊게 분석하는 데 근거를 두고 있기 때문이다. 예를 들어, 그들은 **물질적 기표**나 **씌어진 형태나 발화된 행동의 구조**를 살펴보는데, 이런 외면들로 내면을 환원시키는 관점에서가 아니라(그러나 불행하게도 때로는 그렇게 한다.), 외면적 행동을 야기하거나 지원하는 내면의 패턴이나 구조를 재구축하려는 시도에서 그렇게 하는 것이다(따라서, 예를 들어 내가 특정 심적 구조의 형태를 외면적으로 기술하는 형식적 조작formop을 사용할 경우, 내가 말하는 의미는 외면적인 방식으로서 기술된 구조뿐 아니라, 특히 그 구조 내부에서 일어나는 살아 있는 실제 내면적인 경험interior lived experience과 실제 자각actual awareness 모두를 가리킨다. 이런 이유로 그것을 좌상상한에 기입하였다).

(꽤나 변형된 형태의 피아제, 콜버그, 푸코, 하버마스 및 나 자신 작업의 측면을 포함

해서) 일반적인 구조적 접근에서는 문화 토착민들에게 알려진 **표층구조**와 여러 세트의 표층구조 가운데 체계적인 분석을 통해 발견된 **심층구조**가 존재한다(나는 표층과 심층이라는 용어를, 예를 들어 촘스키가 부여한 매우 협소하면서도 특정한 의미에서가 아닌 일반적인 의미로 사용하고 있다. 현재 촘스키도 그렇게 사용하는 것은 너무도 협소함을 알게 되었다).

대부분의 개인에게 심층구조 자체는 모든 외부적·기술적 구조와 마찬가지로 억압되지 않았으며, 다만 알려지지 않았을 뿐이다. 지적해 줄 경우, 그것들을 쉽게 인식할 수 있다. 그러나 여러 표층구조는 실로 역동적으로 억압되거나 아니면 가라앉을 수 있다. 예를 들어, 심상을 형성하는 전체적인 역량을 억압하지는 않지만 특정 심상을 억압할 수는 있는데, 이것이 억압되거나 가라앉아 버린(해석학적으로 회복된) 무의식이다. 그러나 구조적 무의식은 그런 패턴 내부에 존재하는 다양한 표층구조 모두를 통해 드러난 심층패턴을 말한다. 그것이 무의식적인 이유는 억압되었기 때문이 아니라 아직 알려지지 않았을 뿐이기 때문이다. 따라서 표층구조는 문화 토착민들이 의식적으로 인식하는 것이고, 심층구조는 서로 다른 표층구조에 공통된 (보통은 보편적이지만 어쨌든 비개인적인) 패턴이다(그러나 개인적인 표층구조 자체에는 의식적으로 알려져 있지 않지만 이를 지적할 수는 있다).

이 심층구조는 각기 다른 심층구조라는 맥락에 놓이는데, 다른 심층구조에 비해서 그 자체가 표층이 될 수 있다는 점을 연구자들은 쉽게 인정한다. 따라서, 예를 들어 제인 뢰빙거는 인지구조는 대인 관계구조가 표층이 되는 심층구조이고, 대인 관계구조는 도덕적 구조가 표층이 되는 심층구조이며, 기타 등등도 마찬가지라고 말할 것이다. 나는 이렇듯 특정하게 사용하는 것을 피하려는 경향이 있는데, 왜냐하면 도덕적 구조는 지엽적인 데 그친다는 뜻을 은연중에 비칠 수 있기 때문이다. 그러나 어떤 구조가 심층이라고 말하는 것은 그것의 맥락을 부정하는 것이 아니라는 것이 일반적인 요점이다.

이런 **구조적 무의식**(개인의 표층구조에 따라오는 심층구조)은 보통 무의식적인데, 문화 토착민들이 실제로 그것을 따를지라도 그런 무의식은 전형적으로 또 직접적으로 그들의 즉각적인 자각에는 들어오지 않기 때문이다(대부분의 토착민들은 언어 사용을 지배하는 실제 문법의 규칙을 명확히 표명할 수는 없지만 특정 언어를 말할 수 있는 이치와 똑같다). 이런 이유로 다양한 구조적 접근은 즉각적인 경험이라는 단순한 현상학을 넘어서서 여러 가지 즉각적인 경험이 보여 주는 패턴이나 형태나 규칙들을 우측의 방식으로 분석하려고 시도하기도 한다(규칙 자체는 일상 경험에서 드러나지 않는다).

예를 들어, 이것이 바로 후설과 전통적인 현상학을 향한 피아제의 비난이었다. 여러 현상은 현상으로서는 드러나지 않는 패턴들을 따른다(카드 게임의 규칙이 어떤 카드에도 드러나지 않는 것과 상당히 유사하다). 경험된 현상들이 일어나는 주관적 공간은 그 자체로 구성되며, 보통 순박한 경험에는(또는 판단 중지된 경험에서조차) 드러나지 않는 패턴을 따른다. 더 나아가서 주관적 공간 자체는 대화적이고 해석적인 인지라는 간주관적 패턴을 통해서만 발달하며, 살아 있는 즉각적인 경험이라는 단순한 현상학에서는 이들 중 어떤 것도 드러나지 않는다(14장의 주석 7을 보라).

보통은 감추어진 (여러 형태를 띤) 이런 패턴들의 존재는 구조언어학(소쉬르), 구조주의(레비스트로스), 신구조주의나 고고학(푸코), 발생구조주의(피아제), 해석학과 발달 구조주의(하버마스)가 기여한 불후의 공헌 중 하나다. 이 구조적 무의식은 어떤 토착민이라도 의식적인 경험 '배후'나 '저변'에 있는 패턴을 공부하고 배울 수 있다는 의미에서 의식적으로 될 수 있다.

이런 논의 전체를 한 단락으로 요약해 보자. 여러 유형의 '무의식'은 사상한 각각에서 다양한 타당성 요건과 관련이 있으며, 각 상한에 꽤나 다른 방식으로 영향을 미칠 수 있는 타당한 자각valid awareness의 존재나 결핍, 즉 더 깊은 명제적 진리(우상상한), 더 깊은 기능적 적합성(우하상한), 더 깊은 문화적 의미(좌하상한), 더 깊은 진실성이나 정직성(좌상상한)에 대한 자각의 결핍과도 관련이 있다. 이 모두는 궁극적으로 우리가 맥락 속의 맥락, 홀론 속의 홀론이라는 사실에 달려 있다. 영원히…….

물론 나는 이 모든 접근이 우리에게 중요한 무언가를 말해 준다고 믿는다. 그것들은 숨겨진 차원을 매점하려 할 때에만 우스꽝스러워진다.

29. 물론 나는 의식은 근본적으로 뇌 생리학일 뿐이라는 주장을 '지지하는' 실증적 '증거'를 상당수 손에 넣을 것이다. 당신이 나에게 이의를 제기할 경우, 나는 "그렇다면 좋아요. 당신의 실증적 증거는 어디에 있나요?"라고만 말하고, 따라서 은연중에 정의상 비실증적이거나 대화적인 것에 대해 실증적이거나 독백적인 테스트를 하는 방향으로 슬쩍 빠질 것이다. '비실증'을 '비존재'로 전환시켜 버리는 교활한 조치인 셈이다(우리가 1장에서 보았던 것처럼, 그 입장 자체가 완벽히 자기모순이라는 점과는 무관하다. 그것은 질적 차이의 존재를 부정하는 질적 차이다. 가치와 무관한 뇌가 어떻게 가치와 관련된 연구자를 만들어 낸단 말인가? 가치는 뇌 상태로부터 창발한다고 말하는 것은 가치가 뇌 상태로 환원되거나 해명되거나 설명될 수 없다고 말하는 것이다. 그럴 경우, 이는 실증적 증거에 대한 요구에 의해 즉각적으로 부정된다).

30. 전문적으로 말하면, 깊이와 폭으로 된 내면과 외면의 홀라키는 깊이와 폭의 외면적인 홀라키로만 뭉뚱그려진다.

달리 표현하면, 홀라키는 여전히 인정된다. 우상상한과 우하상한 영역은 모두 홀라키이며 이는 부정되지 않는다. 그리고 이런 우측 홀라키는 모든 홀라키와 마찬가지로 엄밀히 따지면 깊이와 폭 둘 다를 갖고 있다. 그러나 내면은 없다(내면의 깊이나 폭은 없다). 오히려 유일하게 인정된 홀라키는 경험적 · 실증적 외면의 홀라키, 감각이나 감각의 도구적 연장을 통해 경험적으로 볼 수 있는 표면의 홀라키다. 따라서 어떤 가치(좌측과 관련된 어떤 요소)도 자동적으로 배제된다. 내면 차원이 부정되었기 때문에 질적 차이, 가치, 의식, 선善이나 탁월한 선(좌측 또는 내면)이라는 홀라키가 존재하지 않는다. 진리에 도달하기 위해서 의식의 변용이 필요치 않으며, 실증적이고 몰가치한 자료 주변에 분석적으로 공식화될 수 있는 것 이외의 진리란 존재하지 않는다.

따라서 우측 길이 깊이와 폭을 지닌 홀라키를 인정한다 해도, 이런 우측 홀라키의 깊이는 모두 **동일한 가치**를 갖는데, 다시 말해서 아무런 가치도 없게 된다(즉, 그것들은 '몰가치한' 표면이다). 따라서 내면이면서 좌측인 길의 관점에서 보면 외면적 홀라키의 '실증적 깊이'는 모두 동일한 폭에 속한(즉, 실증적이거나 기능적인) 변종들에 불과하다.

그러므로 ('나'와 '우리'에 관한) 내면의 깊이가 '그것들'이라는 외면적 깊이에서의 상관요소로 환원되면(예를 들어, 가치가 변연계의 신호로 환원되면), (어떤 종류든) 깊이 자체는 그것이 의식과 갖는 본질적인 연결로부터 단절된다. 깊이가 깊어진다는 건 의식이 커진다는 것을 더 이상 의미하지 않고 물리적 복잡성만 커짐을 의미할 뿐이다. 거기에는 충동을 초월하고 포함하는 정서적 가치를 개념적 가치가 초월하고 포함하는 온우주Kosmos는 더 이상 존재하지 않고, 그저 신피질이 물리적으로 변연계를 감싸고, 변연계는 물리적으로 뇌간을 감싸는 우주cosmos만 존재한다. 깊이는 더 이상 자각의 심화를 의미하지 않고 더 복잡한 물질을 의미할 뿐이다. 단연코 전일론적 물질인 '그것들'이다. 물질이 더 복잡해지지만, 깊이와 의식의 증가와 관련된 요소로서 복잡해지는 데에도 불구하고 편리하게도 이 모두를 무시하고 있다.

추가 사항 1에서 깊이가 의식과 동의어라고 말할 때, 그것은 좌측의 깊이인 개인인지 또는 우측의 깊이인 개인인지를 명기하지 않았는데, 요컨대 그들의 구조가 동일하기 때문이다. 하나가 많아지면 이에 상응해서 다른 하나도 많아진다. 그러나 온우주가 우측의 우주로 붕괴되면 외면의 깊이가 더 이상 내면의 깊이(또는 의식)에서 그 상관요소를 갖지 못하므로 의식의 증가, 깊이의 증가와 물리적 복잡화 증가 간의 본질적인 연결성이 근본적인 수준에서 단절된다. 전일론적 '그것들its'로 된 평원세계는 전일론적인 '나I's'와 '우리들we's'이 들어설 여지를 두지 않은 채, 과학적 유물론의 세계관은 길고도 화려한 질주를 시작한다.

(사상한 모두 깊이와 폭을 지닌 홀라키지만, 나는 종종 '깊이'를 '내면적 깊이'를 의미하는 뜻으로 사용하는데, 정확히 말해서 자연계의 모든 홀라키에서 의식과 깊이 간에 존재하는 본질적인 상관관계 때문이다. 우측에서 물리적 깊이가 깊은 것은 좌측에서 의식의 깊이가 깊은 것을 의미한다. 온우주의 붕괴와 더불어 '깊이'는 종종 개인 '내부inside'에 있는 무언가를 의미하게 되었고, 내면과 주관성과만 경멸 어린 조로 연결되었는데, 세 가지 모두는 환원 불가능하지만 부정된 실재들이다.)

이 모든 차이점을 12장에서 상세하게 살펴보았다. 여기에 있는 내용은 '계몽주의 근본 패러다임'에서 다룬 일반적인 주제를 간략하게 소개한 것이다. 더 정확한 차원들은 12장과 13장에서 그 윤곽을 제시하였다.

31. 찰스 테일러의 말을 들어 보자. "질적으로 분화된 수준들의 유의미한 질서(홀라키로 된 온우주)로서의 우주의 최종 원인과 이와 관련된 비전은 처음에는 수학적 질서의 비전으로 대체되었고, 결국에는 실증적 관찰을 통해 발견되는 (양적) 관계들의 세계라는 '근대' 관점으로 대체되었다"(헤겔, 4쪽).

계몽주의 근본 패러다임이었던 좌측을 우측으로 환원시킨 것, 그럼으로써 유리된 자기정의식 주체와 전일론적 자연세계관(또는 시스템 이론)을 만들어 낸 것에 대해서 하버마스는 여기에 몇 가지를 수정해서 '자기정의식 주체'(계몽주의 패러다임의 양극)를 바꿔치기한 데 불과한 '자기조직 시스템'으로 인해 쉽게 시스템적 접근으로 빠져드는 '주체의 철학' 관점에서 이것을 보았다. 그는 시스템 이론에 대해 "근대 유럽 초기의 자기이해에 강한 인상을 남겨 놓았던 전통이 교묘하게 지속된 것이다. 문화적·사회적 합리화의 인지 도구적 편향성이 인간 존재와 그들의 세계에 대한 객관적 (그것-언어) 자기이해를 확립하려는 철학적 시도에 표현되어 있다."(『근대에 관한 철학적 담론』, 384쪽)라고 말했다.

그가 지적하길, 이런 평원적 접근은 처음에는 **물리주의적**이고 기계론적인 용어로 채색되었지만, 이들은 **생물화시키는**biologizing 시스템 이론으로 빠르게 교체되었다(즉, 초생물학이 초물리학을 대체하였다). "시스템 이론이 생명세계로 침투하여 초생물학적 관점을 도입하면서, 거기에서 생물세계가 환경의 다른 시스템과 공존하는 환경 속의 한 시스템으로서 스스로를 이해하도록 배우는 정도까지는 객관화 효과가 있었다. 이런 방식으로 주체중심의 이성이 시스템 합리성으로 대체되었다……"(385쪽).

'유리된 주체'가 양적으로 또 실증적으로 표상 가능한 '서로 맞물린 존재의 질서', 즉 가치와 가치를 구성하는 선善이 필연적으로 빠져나가 버리는 격자로 됨으로써 질적으로 구분되는 다차원의 온우주가 붕괴되었다는 의미에서 테일러식 버전은 이와 유사하다. 더 나아가서, 그는 우리가 1장에서 보았듯이 이런 시스템 관점에 대한 믿음 자체가 자기 모순적임을 보여 주었다.

32. 간단히 말해서, 온우주를 우측 길로 환원시켰던 계몽주의 근본 패러다임에는 유리된 주체와 평원 네트워크 세계라는 양극이 존재한다. 평원의 세계 자체에는 원자론(또는 거친 환원주의)과 전일론(미묘한 환원주의)이라는 서로 충돌하는 두 개 진영이 존재한다. 내가 뒤에서 강하게 강조할 그 긍정적인 온갖 공헌에도 불구하고, 계몽주의 사고는 이 양극과 두 진영 사이를 연달아 이상하게 요동쳤다[우리는 푸코의 아포리아aporia(하나의 명제에 대해 증거와 반증이 동시에 존재하여 그 진실성을 가리기 어려운 상태-역자 주)에서 이런 요동의 한 버전을 볼 수 있다]. 이 내용은 12장과 13장의 주요 주제다.

주관과 간주관을 외면적인 기능적 적합성으로 환원시킨 데 대해서 하버마스는, 특히 소리 높여 비판하였다. 그는 이것이 진리와 의미를 기능적 역량으로 무너뜨리고, 간주관성을 꽤나 무신경한 자기중심성으로 축소시킨 대규모로 진행된 환원주의라고 했다. '시스템 이론은 인지 행위, 자신의 인지 행위조차도 복잡성을 지배하는 시스템의 성취와 뒤섞이게 만들었다. 존재, 사고 또는 명제와 관련시켜 구체화된 이성은 스스로 향상되는 시스템의 자기유지로 대체되었다……. 기능주의자들의 이성은 복잡성의 감소로 위축되고만 이성의 역설적인 자기부정으로 스스로를 표현했는데, '위축되었다'는 건 초생물학적 참조 틀이 이성중심적인 형이상학의 한계를 넘어서지 못했기 때문이다……. 기능주의식 사고를 갖고 의미의 개념을 살펴보면, 의미와 타당성 간의 내적 연결성이 사라진다. 푸코에서도(우리가 이미 살펴보았듯이, 기본적으로는 구조 기능주의인 그의 고고학에서) 똑같은 일이 발생한다. 진리(그리고 타당성 일반)에 대한 관심은 "무언가를 참되다고 간주하는holding-something-as-true 효과에 한정된다"(『철학적 담론』, 371-373쪽). 이것이 내가 구조 기능주의는 명제적 진리와 간주관적 이해를 간객관적 적합성이나 기능적 적합성으로 뭉뚱그림으로써 역설적이게도 자신의 진리가 갖는 위상을 독백적 그물망으로 녹여 버리고 말았다고 말할 때의 의미다.

내면의 깊이를 기능적 적합성으로 전환시킨 것은 또한 진정으로 간주관적인 이해와 교섭이 일어날 모든 가능성을 무너뜨리고 말았는데, 깊이 수준이 존재하지 않을 경우 고립된 요소들을 결합시킬 방법이 없기 때문이다. 하버마스가 말하길, "따라서 자체 촉매 작용을 통해 출현한 사회 시스템이 아닌 경우에는 서로 다른 심적 시스템 간에 어떤 공통분모도 추출할 수 없는데, 이런 시스템의 경우에도 즉시 자신의 시스템적 관점에 또다시 갇혀 버려 자기중심적인 관찰적 입장으로 되돌아가 버린다"(381쪽). 하버마스는 몇 번이고 반복해서 시스템 관점의 자기중심성을 공격했는데, 시스템 관점은 스스로를 정의하면서 스스로를 미화시키는 계몽주의 근본 패러다임 저변에 깔린 또 다른 극, 주체의 철학 잔존물임을 우리가 이해할 경우에는 여기에도 일리가 있기는 하다.

오늘날 스스로를 '신패러다임'으로 부르는 '생태학/전일론' 일부 이론에서 시스템 접근의 자기중심성을 볼 수 있다. 이 이론은, (1) 우리 각자는 전체 시스템의 통합적 일부, 생명의 그물 전체를 구성하는 가닥이며, (2) 우리는 전체 시스템과의 동일시를 통해 해방을 발견하며, (3) 이는 동시에 참자아 깨달음이 될 것이라고 주장한다.

그러나 시스템 이론에 따르면, 부분은 결코 전체를 의식한 적도 의식할 수도 없다. 유일하게 전체를 의식하는 것은 특정 홀론의 실제 체제actual regime, 그것의 '지배 유대regnant nexus'(화이트헤드) 또는 '지배 단자monad' 또는 자각의 핵이다. 앞에서 열거한 세 가지 원칙 모두가 진실일 수 있는 유일한 방법은 한 인간 개체가 사실상 온우주 전체의 지배 단자가 된다면 가능한데, 그럴 경우 시스템 이론 관점의 자기중심성(그리고 인간중심성)이 드러난다.

나는 온우주의식이나 신비적 자각(8장에서 살펴볼 것이다.) 같은 것이 실제로 존재한다고 믿는다. 요컨대, 우하상한만을 취급하는 시스템 이론으로는 우아하게 그것을 설명할 도리가 없다.

33. 이것이 샬렌 스프레트낙Charlene Spretnak이 요약한 버먼Berman의 입장을 살린 내용이다. 스프레트락의 『은총의 상태States of grace』, 298쪽을 보라.

34. 하버마스는 합리성의 세 가지 기본양식(인지, 도덕, 미학)은 세 개 영역(객관, 사회, 주관)에 적용된 (객관화하는, 규범적인, 표현하는) 세 가지 기본적인 태도들의 교차점에서 생겼다고 지적하였다. 단순화시켜 표현하면, 이것은 삼대 가치권은 각각 다른 영역들의 '태도'를 갖고 연구할 수 있다는 의미다(예를 들어, 주관적 영역을 객관적으로 연구할 수 있는데, 그러나 나머지 없이는 객관적으로 포착할 수 없다).

나는 이런 일반 입장에 동의한다. 실제로, 이 책은 객관화시킨 양식으로 사용한 비전-논리라서 여러 상한과 영역에 관한 명제로 이루어진 지도를 제시하고 있다. 그러나 명제적이거나 실증주의적인 입장에 머문다고는 할 수 없는데, 왜냐하면 지도의 부분들이 지도 자체로는 나타낼 수 없는 부분들을 설명하고 있기 때문이다(예를 들어, 간주관적 이해는 명제에 그치지 않는다는 건 명제로 된 진리다).

35. 테일러, 『자기의 원천』, 105쪽. 테일러는 문화적 세계 공간을 우리가 집합적으로 거주하고 있는 도덕적 선의 '공동 공간' '사람들 내부가 아닌 사람들 간에 실현되는 무언가로 인간 선을 개념화시키는 것'이라고 칭하였다.

36. 하버마스, 『근대에 관한 철학적 담론』, 313-314쪽.

37. 같은 책, 313쪽.

38. 그것의 정반대인 생산 패러다임이다(예를 들어, 마르크스). 반영 패러다임으로부터 유리된 사고는 자신의 유리된 도구로부터 정확한 '지도'를 구성하려는 시도에서 우주cosmos를 반영한다. 생산 패러다임에서 물질 우주는 생산의 초구조로서 사고를 구축한다.

39. 로티Rorty의 『철학과 자연의 거울Philosophy and the mirror of nature』과 비교해 보라. 그러나 나는 로티의 전반적인 입장에 대한 하버마스의 날카로운 비판에 동의한다. 즉, 문화적 가치와 '진실'은 '변하지 않는' 자연의 반영으로 환원될 수 없다는(진리는 주어진 불변의 객관화된 세계들과의 표상적인 대응 관계로 환원될 수 없다.) 사실은, 문화적 생산이란 그 자신의 타당성 요건이 결여된 변하기 쉬운 대화임을 의미하지 않는다. 의식이 없는 객관주의와 대상이 없는 주관주의 사이에서 방향을 잡고 나갈 수 있는 더 좋은 방식이 존재한다.

40. 이런 환원주의는 테일러의 『자기의 원천』에서 특히나 비난을 받았다(내 생각에 모두 적절하였다).

41. 전형적으로 볼 때, '가장 순수한' 반영 패러다임은 실증주의이며, 기능적 적합성의 '가장 순수한' 형태는 구조 기능주의다. 순수한 실증주의에서 유일하게 실재하는 것은 물리적 대상과 숫자(콰인Quine)이며, 따라서 순수한 명제적 진리는 최종적으로는 개별 물리적 대상을 지칭하는 수학적 언명이다(모든 명제는 궁극적으로 우상상한만을 지칭한다. 숫자가 실재하는 것은 물리적 대상을 주장하거나 가리키거나 의미하는 무언가를 갖기 위해서다). 이것이 순수한 우상상한 환원주의로서, 더 전형적인(그러나 덜 엄격한) 형태를 띤 경험론도 마찬가지다.

기능적 적합성에서 모든 실재는 마침내 우하상한 용어(사회 시스템)로 환원되므로(명제적 진리에서부터 문화적 의미, 개인적 통일성에 이르기까지) 여타의 모든 타당성 요건은 궁극적으로 사회 시스템의 자가생성 기능에 종사하는 역량을 기준으로 판단된다. 달리 표현하면, 다른 온갖 진실성 주장에는 기껏해야 '드러난 가치'가 부여되는 반면

'잠재적 가치', 진짜 가치는 기능적 적합성이 된다. 이것이 순수한 우하상한 환원주의다. 모든 질적 차이는 편의성과 효율성 용어로 환원된다. 무엇도 '진실하지' 않은데, 공식에는 유용성만 대입되기 때문이다.

기능적 적합성 자체가 진리임을 주장할 때 발생하는 수행모순을 피하기 위해서 수많은 기능적 적합성 이론가는 유일하게 남아 있는 길을 택했다. 그들은 자신들의 이론 자체가 시스템이 스스로를 보존하는 방법이라고 주장한다. 이론가 자신은 자가생성적으로 자가유지하기 위해 실재하는 시스템의 잠재적 충동이 드러난 기능일 뿐이다. 따라서 기능적 적합성 이론은 기능적으로 적합하다(그리고 그들의 주장은 여기에 근거를 두고 있다).

이는 마침내 이 이론가들이 암묵적으로 반응하는 태도, 즉 어떤 홀론도 더 낫거나 나쁘지 않고, 오로지 효율적이거나 비효율적이라는 태도로 이끌어 간다. 이 이론에서 보면 나치를 제거할 이유가 없으며, 그들은 매우 효율적이고 기능적으로 꽤 적합하며, 아주 합당하다. 스탈린 체제가 제대로 작동한다면 그 체제는 타당한데, 2천만의 우크라이나인을 살해한 것에 이의를 제기할 자가 누구겠는가? 그것은 제대로 기능하지 않았던가!

그러나 이것은 어떤 가치도, 어떤 질적 차이도 찾을 수 없는 외면을 기술하는 막장에 불과하다.

42. '과학적'이고자(우측) 시도하는 의료 정신의학이 종종 '적응'을 정신건강의 기준으로 삼는 일은 하인즈 하르트만Heinz Hartmann으로 거슬러 올라갈 수 있는데,『자아심리학과 적응의 문제*Ego psychology and the problem of adaptation*』라는 제목이 붙은 그의 걸작이 보여 주듯이, 그는 일반적으로 대상관계이론과 자아/자기 심리학의 할아버지로 알려져 있다. "우리는 그의 생산성, 삶을 즐기는 능력, 심적 평형 상태가 흔들리지 않는 경우에 잘 적응하고 있다고 하며, 적응의 결여를 실패라고 한다." 달리 말해서, 사회 상황이 적응할 가치가 있는지 아닌지에 관해서는 더 이상 탐구하지 않고 행동적·기능적 적합성(우측의 길)만을 따진다. 가정주부의 삶이 따분하고 무의미하다면 더 많은 문화적 권리가 아니라 더 많은 발륨을 처방한다.

해리 건트립Harry Guntrip은 상당히 칭송받았던『정신분석이론, 치료 및 자기*Psycho-analytic theory, therapy, and the self*』에서 그런 환원주의에 반대하는 정신의학에서의 용맹한(그러나 패배한) 싸움을 감행했다. 건트립은 적응이란 '정신건강'의 측정 수단으로서는 전적으로 부적당하다고 말하면서, 그 주된 이유는 특히 인간적 가치가 아니라 오로지 생물학적 요소들에 근거하고 있기 때문임을 지적하였다(나는 그것을 매우 광범위하게 수정해서 전자는 우측이고 후자는 좌측, 즉 자연주의 대 해석학이라고 말하고 싶지만 일반적인 요점은 상당히 유사하다). 개구리는 자신이 적응해야만 하는 환경이 그럴 가치가 있는 환경인지 아닌지 따지지 않고 적응하거나, 적응하지 못할 경우 죽어 버린다. 따라서 이런 생물학적 적응을 인간 정신건강의 기준으로 삼는다면 문화의 가치 여부는 그다지 문제되지 않는다. 적응하는 경우 당신은 행복하고 건강하며, 적응하지 못하면 병들고 혼란스러워진다. 적응은 은연중에 적응하도록 요구되는 가치를 받아들여 좌측을 우측의 기능적 적합성으로 환원시켜 버린다.

그러나 건트립은 "자아는 적응 기관 이상이어야만 한다. 이것은 물리적 생존(만)을 목표로 삼지 않고 개인의 **통일성**과 그의 가치 방어를 보존하는 것을 목표로 삼는다."라면서 이의를 제기한다. 둘 다 좌측의 성질이다. 그런 다음 외면과 내면 접근의 차이가 갖는 본질을 포착하는 아름다운 구절에서 건트립은 "인간의 삶을 연구하는 데 있어 '적응'은 더 상위 개념, 가치로 표현되는 **의미심장한 관계**라는 개념으로 대체되었다."라고 말하고 있다(그의 강조임).

따라서 건트립에 따르면, 적응에는 중요하나 한정된 용도가 있지만(예를 들어, 우측) 더 중요한 것은 개인적인 통일성/가치(좌상상한)와 의미심장한 관계에서의 상호 이해(좌하상한)다. "엄격히 말해서, 적응은 편향된 **적합성**(기능적 적합성)만을 표현하고 있다. 그러나 개인적 관계는 의사소통과 공유된 경험에서의 상호 자기충족을 포함하고 있다." 그가 말하길, 재앙은 정신분석학(또는 정신의학 일반)이 단순한 적응으로 환원될 때, 그 진실한 본질을 잃는 것이다. "그때 정신분석은 다른 사람들과 관련된 한 개인으로서 유일무이의 개체성(좌하상한과 관련된 좌상상한)을 위한 본질적인 잠재력을 실현하는 인간 정신에 관한 것이기보다는 외적 세계의 구조에 적응하는 인간 유기체(우하상한에 적응하는 우상상한)에 관한 것으로 취급된다."

건트립은 좌측 길과 우측 길 간의 차이는 가치 대 행위, 또는 존재 대 행위를 포함한다는 사실까지도 밝혀냈다. "정신분석은 개인을, 그나 그녀가 다른 사람들과의, 이들도 그들과의 관계 속에서 동시에 성장해 가는, 의미 있는 복잡한 관계 속에서 살아가고 성장하는 유일무이한 개인을 이해해야만 한다. 여기에는 존재가 행위보다 더 근본적임을, 질이 행위보다 더 근본적임을 포함하며, 한 개인이 행위하는 것의 실재는 그가 어떤 사람인지에 의해 결정된다는 것을 포함한다. 이는 영국 텔레비전 프로그램에 등장한 한 중년 여성이 '나는 결혼과 모성에 일찍 뛰어들어 행위를 존재로 대체하려고 했다'고 말했을 때와 유사하다. 여기에는 **적응하기**와 **관계 맺기** 간의 차이가 존재한다……."(!).

그는 멋지게 조언하며 끝을 맺는다. "적응은 편파적(독백적)이며, 분명 행위의 문제

다. 그러나 개인적 관계는 근본적으로 쌍방적이다(대화적 이해 대 독백적 행위). 그 관계
는 개인적이라는 이유로 상호적이며, 상호 적응에 불과한 문제가 아니라 상호 존중, 의
사소통, 공유, 각각이 타자를 위한 존재라는 문제다." (모든 내용은 105-112쪽에서 인용
한 것이다.)

나 자신은 어떤 상한도 다른 상한들에 우선한다는 주장을 하고 있는 것이 아님을 반복
한다. 나는 어떤 상한이건 다른 상한으로 환원시키는 것에 반대하는 것이다. 의료 정신
의학과 뇌 생리학, 행동주의, 적응은 결정적으로 중요하다. 한 상한을 다른 상한으로 환
원시킬 때, 그 결과 격렬한 형태의 공격성이 발생한다고 말할 뿐이다.

43. 분화가 너무 지나쳐서 분열로 된다는 점을 12장과 13장에서 논할 것이다. 즉, 계몽주의
근본 패러다임의 스토리는(온우주를 우측의 길로 환원시키면서, 좌측 차원 전체를 당연
시해서, 의식은 주어진 세계를 아무런 문제없이 투명하게 응시하는 착실하고 꼼꼼한 유
리된 주체라고 가정되며, 이런 유리된 주체의 과업은 주어진 객관적 세계를 반영하고, 표
상하며, 기술하고, 분류하며, 분석하는 일이다.) 정신권이 마침내 생물권으로 분화되었
으며, 그런 분화가 지나쳐서 분열로 가 버렸기 때문에(헤겔의 '이해라는 허영', 테일러의
'발달 지체라는 괴물'), 그리하여 분열된 정신권이 자연세계라는 전일론 평원 위를 떠돌
면서 유리된 채 그 평원을 응시하는 자기정의하는 유리된 주체에 머물렀기 때문에 생겼
다. 헤겔식 근본 프로젝트는 이런 '괴리'나 분열을 치유하기 위한 것이었다.

그 괴리를 치유하는 것은 여전히 후계몽주의('포스트모던')가 시도한 진, 선, 미 측면
이라고 나는 주장할 것이다.

(특히 영미국계 국가에서) 그동안 지배적이었던 인식론 패러다임은 어떤 형태건 오로
지 온우주의 우측 차원에만 매몰되는 데 확고하게 전념하여 계몽주의 근본 패러다임을
여전히 따르는데, 단순한 표상 또는 반영 패러다임의 형태거나 약간 더 정교한 수준에서
는 어떤 형태의 연결론, 전일론, 창발론, 역동적 시스템 이론의 모습을 띠고 있지만, 양자
는 모두 철저히 우측 환원주의에 기초를 두고 있다.

우리는 부상하고 있는 인지과학 분야를 주된 예로서 들 수 있다. 점점 더 영향력을 행
사하는 이 분야의 역사를 되돌아볼 때, 우리는 단순한 표상 패러다임에서 창발/연결 주의
자 패러다임으로(그러나 둘 다 철저하게 우측에 국한된다.) 이동하였으며, 최근에는 갓
태어난 행위화 패러다임에서 우측 차원과 좌측 차원을 통합하려는 몸부림을 볼 수 있다.

실로 (표상론, 연결론, 행위론으로 이어지는) 그런 역사적인 진보를 바렐라, 톰슨,
로쉬가 저술한 『몸의 인지과학: 인지과학과 인간 경험*The embodied mind: Cognitive*

science and human experience』에서 추적할 수 있다. 그들은 "우리는 일반적으로 인지론으로 알려진 인지과학의 중심이나 핵심에서 시작한다. 인지론의 핵심 도구와 인지론으로 안내하는 비유로서 디지털 컴퓨터를 들 수 있다. 컴퓨터는 특정 집합의 물리적 변화가 계산으로 해석될 수 있는 방식으로 구축된 물리적 도구다. 계산이란 상징에 대해서, 즉 상징들이 나타내는 것을 표상하는 요소들에 대해서 수행하거나 이행하는 조작이다……. 잠시 단순화시켜 보면, 우리는 인지론은 인지가 심적 표상이라는, 주어진 마음이 주어진 세계를 표상한다는 가설로 되어 있다."(8-9쪽)라고 말한다.

따라서 인지론에서 "우리는, (1) 세계는 미리 주어져 있다, (2) 우리의 인지는 이런 세계에 대한 것이다, (3) 이렇듯 주어진 세계를 인지하는 방법은 그것의 양상을 표상한 후 이런 표상에 근거해서 행하는 것이라고 말하는 이론을 본격적으로 갖게 된다"(135쪽).

이것은 물론 계몽주의 근본 패러다임이다. 따라서 바렐라와 그 밖의 연구자들은 로티의 결론과는 정반대로, 인지론은 참으로 '자연의 거울'이라는 개념을 지속하고 있음을 지적한다. "(로티와는) 정반대로, (표상적) 심상이라는 결정적인 양상은 현대 인지과학 속에 계속 살아남고 있다. 즉, 표상의 과정을 통해 회복되는 외부적으로 주어진 양상을 띤 세계나 환경이라는 관념 말이다. 어떤 면에서 인지론은 데카르트와 로크에서 개시된, 마음에 관한 표상적 관점을 여전히 강력하게 진술하고 있다고 할 수 있다(이것의 역사를 12장과 13장에서 상세하게 검토할 것이다. 필자의 강조임). 인지론을 선도하면서 가장 설득력 있게 이를 옹호하는 제리 포도르Jerry Fordor는 인지론이 18세기와 19세기 표상론을 넘어 주된 진보를 이루었던 유일한 대목은 마음의 모델로서 컴퓨터를 사용한 데 있다고 말할 정도였다"(138쪽).

동일한 표상론이 내가 앞에서 보여 주었던 신경생리학의 일차 패러다임이며, 바렐라와 그 밖의 연구자들도 "뇌가 환경 특징들에 선택적으로 반응하는 정보처리 기구라는 기본 생각이 현대 신경과학과 대중 이해의 지배적인 핵심으로 남아 있다."(44쪽)라고 지적하였다.

표상/계산 패러다임이 인지의 수많은 측면을 다룰 수는 있지만(결국 우리 지식의 상당 부분은 실제로 그런 사실에 따라 표상적이지만, 그것은 전체 스토리도 가장 기본적인 스토리도 아니다.), 그럼에도 불구하고 그 패러다임이 갖는 전반적인 부적합성과 더불어 감당하기 어려운 문제들은 인지에 대한 두 가지 주된 대안적 설명으로 이끌어 갔다. "우리가 창발로 부르는 첫 번째 대안은 전형적으로 연결론으로 지칭된다. (시각과 기억 같은) 수많은 인지 작업은 수없이 많은 단순한 요소로 구성된 시스템들로 가장 잘 다룰 수 있는 것처럼 보인다는 생각에서 이 명칭이 유래되었는데, 단순한 요소들을 적당한 규칙으로 연결할 때, 원하는 과제에 상응하는 전반적인 행동이 일어난다. 연결론자 모델은 일반적으로 국소화된 상징 처리 과정을 광범위한 작용(구성요소들의 그물망 전체에 걸쳐 있는 작동)으로 대체하였으며, 그 결과 국소적인 기능 불량을 복원하는 포괄적인 속성이 출현하였다"(8쪽).

행위자agent와 하부 행위자subagent 사회로서 마음을 바라보는 '마음의 사회'(민스키Minsky)라는 더 정교한 버전은 이런 접근과 관련이 있다. "행위자 테마는 꽤나 복잡한 과정이다. 각각의 행위자는 하부 행위자로 되어 있다고 생각할 수 있으며, 더 정확히 말해서 그들 스스로가 행위자로 구성된 기관으로 생각할 수 있다. 그렇다면 이 특정 영역에서 작동하고 있는 행위자들을 더 큰 효율적인 시스템이나 '기관'으로 조직하는 일이 과제로 남는데, 이 기관들은 또다시 더 상위 수준의 시스템으로 조직된다. 그러는 가운데 마음은 일종의 사회라는 모습으로 출현한다"(홀론적 관점이지만, 앞으로 살펴볼 바와 같이 '자기'와 '의식'이 문제로 남는다). "수많은 행위자 사회로서의 마음의 모델은 자기조직하는 넓게 분포된 그물망에서부터 국소화되고 순차적으로 일어나는 상징 처리 과정이라는 고전적인 인지론자 개념에까지 걸쳐 있는 인지 연구에 대한 다양한 접근을 포섭하려는 목적을 갖고 있다"(106쪽, 116쪽).

그러나 결정적인 요점은 이런 접근들(인지론자, 연결론자, 행위자 사회)이 모두 우측 환원주의에 확고히 뿌리를 박고 있다는 데 있다(바렐라와 그 밖의 연구자들이 자신들의 표현으로 지적한 바와 같다). 연결론자와 사회 모델은 사실상 미묘한 환원주의를 대표하는 주된 예로서, 그들은 창발, 네트워크, 포괄적인 속성, 홀라키 등등을 옹호하면서 단순한 원자론적 표상론이라는 거친 환원주의와 목청껏 싸우고 있지만, 결국 밝히기 더 어렵게 만드는 (따라서 첫 번째 문제를 이중으로 강화하는) 방식으로 자신들의 미묘한 환원주의를 숨기고 있다.

그러나 바렐라와 그의 동료들은 여기에 대해 분명하게 짚는다. 연결론자 모델은 상징을 단지 주어진 세계를 표상하는 포괄적인 상태로 대체하였다. "연결론자들에게 표상이란 창발하는 포괄적인 상태와 세계의 속성 간의 대응 관계로 되어 있다"(8쪽). 따라서 '우리 서구 전통 속에 깊게 침투하고 있으며 최근에 인지론에 의해 강화된 맹목성'은 전혀 근본적으로 변하지 않았으며, "따라서 연결론자의 그물망, 자기조직, 창발적 속성에 관한 연구에서와 같이 표상과 정보처리라는 개념이 꽤 변할지라도 어떤 식의 사실주의 가정은 여전히 남는다. 인지론에서 사실주의는 적어도 명시적이면서 보호를 받고 있다. 그러나 창발 접근에서 그것은 종종 암묵적인 동시에 문제시되지도 않는다(미묘한 환원주의에서 항상 커다란 문제가 된다). 이런 비반성적 태도는 인지과학 분야가 직면하는 가장 큰 위험 중 하나다. 그것은 이론과 개념들의 범위를 제한하며, 그럼으로써 그 분야의 더 넓은 비전과 미래를 막는다"(133쪽). 사회 전반은 말할 것도 없다.

의식 자체(또는 살아 있는 경험 전반)에 대한 인지과학 접근에서만큼 이런 미묘한 환원주의의 불쾌한 효과가 더 잘 드러나는 곳은 없다. 그런 문제들에 대해서 최종적인 권위가 있다고 주장하는 분야로부터 우리가 의식 및 살아 있는 경험에 대해 배우는 내용은, 그런 것은 근본적으로 존재하지도 않는다는 것이다. 재켄도프Jackendoff는 이렇게 표현하였다. "의식은 아무짝에도 쓸모없다"(바렐라와 그 밖의 연구자들, 108쪽).

(꽤나 다른 방식이지만 대부분의 인지과학 형태와 마찬가지로) 재켄도프의 특정한 인지 모델은 뇌의 물리적 구조 속에 주로 비특정적인 방식으로 매몰되어 있는 '계산하는 마음'을 자명한 사실로서 가정하고 있으며, 완전히 비의식적으로 작동하는 이 계산하는 마음이 인지라는 온갖 필요한 기능을 수행하고 있다. 따라서 의식이나 자각 또는 개인의 살아 있는 경험은 곤혹스러운 (궁극적으로는 불필요한) 부수현상, 투사 또는 비의식적인 계산하는 마음의 인과적 결과로 간주된다. 데닛Dennett이 표현했듯이, "실제 (인지) 하위 시스템은 유기적 기계의 문제가 될 수 없는 비의식적 비트로서 간주되며, 신장이나 슬개골과 마찬가지로 관점이나 내적 삶이 전혀 없다고 간주된다"(바렐라와 그 밖의 연구자들, 50쪽).

그 결과, 의식을 비의식적 과정의 효과/투사로서 볼 수 있지만, 그럼에도 불구하고 인지론은 "의식적인 경험이란 무엇인지에 관한 설명을 제시하지 않으면서… 이런 효과가 일어나는 수단들을 완전히 불투명한 상태로 남겨 두었다."(바렐라와 그 밖의 연구자들, 52쪽, 231쪽)라고 재켄도프는 말했다.

그렇다면 무엇이 새롭단 말인가? 우측, 객관주의 차원에는 의식, 자각 또는 살아 있는 경험은 어디에도 없다. 이 차원에서는 내면 의식의 외면적 형태만 등록하고, 따라서 객관화시키는, 외면적, 독백론적·계산적인 방식으로만 온우주를 바라볼 때, 당신은 어쨌든 살아 있는 주관적인 경험을 발견할 수 없을 것이다. '조금도 중요치 않은 실증적 발견'이 아니라 대수롭지도 않은 발견이다. 그것은 단연코 표상적·계산적 패러다임의 선험적인 기정사실이다.

계산하는 마음이 없다는 말이 아니다(신경전달물질의 존재를 부정하는 것도 아니다). 그러나 어디에서도(또는 신장에서도, 슬개골에서도) 의식을 발견할 수 없다는 사실은 과거에 내린 결론이지 극적으로 새로운 발견이 아니다. 그런 접근은 "의식을 해명했다."라고 주장하지만, 그들은 "의식을 설명해 치웠다". 그들은 구球를 원으로 잘라 내서는, "보세요! 구가 없잖아요."라고 말한다.

"의식은 아무짝에도 쓸모없다." 참으로 이상한 태도가 아닐 수 없다. 재켄도프의 계산하는 마음이론은 그를 심적 결론, 자신의 의식 속에서 그것을 직접적으로 경험한 결론, 즉 그의 의식은 자신의 비의식적인 계산적 마음이 만들어 낸 곤혹스러운, 궁극적으로는 불필요한 산물이라는 결론으로 이끌어 갔다. 이론은 사실일 수도 그렇지 않을 수도 있다. 그러나 아무튼 그 이론이 실제로 재켄도프의 실제 삶에 조금이라도 변화를 일으켰을까? 그가 자신의 친구나 동료들을 덜 사랑하게 되었을까? 자신의 아이들을 조금이라도 다르게 취급했을까? 소망이나 의지, 희망을 덜 갖게 되었을까? 그 이론이 결국에는 완전히 잘못되었음이 판명된다면 어떻게 될까? 자신의 의식에 관한 무언가가 전혀 다른 방식으로 경험할 거라면? 그 이론이 그의 살아 있는 실제 경험에서 무엇이라도 변화시키거나 바꾸어 놓을까? 재켄도프의 실제 삶에 근거해서 우리가 어쩔 수 없이 선택해야 한다면 우리는 실제 결론, 즉 "계산적인 이론은 아무짝에도 쓸모없다."라는 결론에 도달해야만 할 것이다(왜냐하면 그것은 의식에 대해 아무런 변화도 일으키지 않기 때문이다. 변화가 중요한 것은, 즉 가치를 갖는 것은 오로지 의식 속에서이기 때문이다).

훌륭하게도 재켄도프는 이 주제에 대해서 매우 민감하며, 그의 접근은 현상학적 마음(살아 있는 경험)과 계산하는 마음(비의식적인 심적 기제) 그리고 물리적인 신체-뇌 구조 간의 '상호 작용'과 맞붙어 싸우는 하나의 시도임에도, 출발부터 여전히 그 특정 종합의 실패를 보장하는 표상적 패러다임 속에 갇혀 버렸다. 정확히 이런 종류의 어려움 때문에 바렐라와 그 밖의 연구자들이 인지의 행위화 패러다임을 제안한 것이다.

내가 반복해서 말한 바와 같이, 행위화 패러다임은 인지에 대한 좌측 접근과 우측 접근을 통합하려는 직접적이면서도 명시적으로 언급되는 시도로서, 살아 있는 경험과 이론적 체계화를 결합시킨다. "우리는 과학과 경험 간에 존재하는 우리 현 세계의 극심한 긴장을 강조하고 싶다. 오늘날의 세계에서 과학이 지나치게 지배함으로써 우리는 과학이 가장 즉각적이면서도 직접적인 경험, 우리의 일상에서 일어나는 직접 경험의 내용을 부정할 때조차도 거기에 권위를 부여한다"(12쪽).

그러나 "검토의 대상이 인지나 마음이 될 때, 경험을 기각하는 것은 성립될 수 없으며 역설적이기까지 하다". 그리고 그것은 실제로 좌측의 모든 환원주의에 내재하는 수행모순으로서, 사람들이 행복하게 앉아 있는 나뭇가지를 톱으로 잘라 버리는 일이 되어 버렸다.

그러므로 경험과 과학(좌측과 우측) 간의 이런 균열을 어떻게 치유할 것인지가 가장 중요하다. "그 긴장은 특히나 인지과학에서 표면으로 부상했는데, 왜냐하면 인지과학이 자연과학과 인간과학이 만나는 교차점에 있기 때문이다. 그러므로 인지과학은 야누스의 얼굴을 하고 있는데, 양쪽 길을 동시에 내려다보고 있기 때문이다. 한쪽 얼굴은 자연을 향하고 있어서 인지 과정을 행동으로서 보고 있다(표준적인 좌측 접근). 나머지 얼굴은 인간의 세계, 또는 현상학자들이 생활세계라고 부른 것 쪽으로 돌리고 있어서 인지를 경험으로서(좌측) 바라본다"(13쪽).

행위화 패러다임의 핵심은 좌측과 우측의 **상호 공동결정** 또는 그들의 '근본 순환성'이다. "그렇다면 그런 접근에서 볼 때 지각은 주변 세계 내부에 매몰되지도, 주변 세계에 의해 제한되지도 않는다. 그것은 또한 이 주변 세계의 실행에 기여한다. 따라서 메를로-퐁티Merleau-Ponty가 지적한 바와 같이, 유기체는 환경을 개시하는 동시에 환경에 의해 형성된다. 그렇다면 메를로-퐁티는 유기체와 환경이 상호 명시하고 선택하면서 서로 묶여 있음을 우리가 보아야만 한다는 점을 분명히 인식하고 있었다"(174쪽).

수많은 현상학·해석학·실존적 접근은 직접적인 생활세계(좌상상한)의 중요성을 강조해 왔고 저자들은 특히나 그런 접근들이 기여한 공헌들의 가치를 인정했지만, 그럼에도 불구하고 다수의 저자는 살아 있는 생활세계에 관해서 이론적이면서 객관주의자식 담론으로 어느새 빠져 버리는 경향성을 지니고 있다. 그들은 "비반성적 경험의 직접성을 포착하려고 했으며, 의식적 반성을 통해 거기에 목소리를 부여하려고 노력했다. 그러나 정확히는 사실을 추구하는 이론적 활동이 됨으로써 경험의 풍성함을 되찾지 못했으며, 그런 경험에 대한 담론에 그칠 수밖에 없었다"(19쪽).

따라서 행위화 패러다임이 수많은 생활세계 이론가와 동조하고 있지만, 그것은 살아 있는 경험 자체와 훨씬 더 가까워질 것을, 그 경험이 열린 방식으로 전개되도록 허용하길 추구하며, 특히 마음챙김/자각 훈련 같은 실험적·탐구적 기법을 이용하는데, 이것은 자각을 내성하고 분류하려는 시도(이론적 분석)가 아니라 경험을 단순하게 경험하는 직접적인 접근(일종의 경험적 분석)이라고 말할 수 있을 것이다. 따라서 "과학이 책임을 갖고 계몽적인 방식으로 사실상의 권위라는 자신의 위치를 계속 유지하려면, 과학은 자신의 지평을 넓혀 여기서 일어나는 것과 같은 경험에 대해 마음챙김하면서 열려 있는 태도로 분석하는 일을 포함해야만 한다"(81쪽).

이런 중요한 작업에 대해서 나는 상당히 동의한다. 그러나 그 작업이 명상, 관조, 마음챙김/자각 훈련이라는 주제를 끄집어내었기 때문에 나는 이 주제들을 본문에서 소개하게 될 때까지는 나의 최종 코멘트(그리고 몇 가지 내가 동의하지 않는 사항들)를 보류할 생각이다. 14장의 주석 1을 보라.

화제를 바꿔서 구조 결합, 순환하면서 결합하는 과정을 제안한 내용을 보려면 앞의 주석 13을 보라.

44. 하버마스는 좌상상한(나), 좌하상한(우리), 우상한(그것) 간의 상호 관련성을 논의하면서 세 가지 모두에서 유래된 용어를 사용하였다는 점에 주목해야만 한다. 그러나 이 지점에서 그는 개인의 인지, 개인의 도덕발달, 개인의 정체성 같은 의식의 개인적 구조(좌상상한)와 집단 도덕성, 세계관, 집단 정체성 같은 문화적 구조(좌하상한) 간의 연관성에 특히 초점을 두었다. 그러나 둘 다 마찬가지로 구체적이고 물질적인 사회제도와 물리적 형태(우하상한) 속에 매몰되어 있으며, 이들과 상호 작용한다.

이 절에서, 그리고 다음 장에서 우리는 특히 의식의 개인적 구조(좌상상한)와 문화적 구조, 세계관, 집단 정체성(좌하상한) 간의 연관성('상응 관계')을 살펴볼 것이다(이 연작물 제2권에서 우리는 물질-제도적 형태, 생산력, 기술 양식 등의 우하상한과 그들이 갖는 상호 관계를 더 자세히 살펴볼 것이다).

45. 하버마스, 『의사소통과 사회 진화Communication and the evolution of society』, 98-99쪽.

46. 같은 책, 99쪽. 필자의 강조임.

47. 같은 책.

48. 아이작 아시모프Isaac Asimov, 『새로운 과학 안내서New guide to science』(New York: Basic Books, 1984), 771쪽.

49. 아리티, 『심리내적 자기Intrapsychic self』, 6쪽.

50. 얀치, 『자기조직하는 우주』, 150쪽.

51. 『에덴을 넘어Up from Eden』와 『아트만 프로젝트Atman Project』는 각각 계통 발생, 개체 발생에서 인간 진화에 대한 미시와 거시 분지를 다룬 두 권의 책이다. 두 책의 핵심은, (1) 의식 진화에 있어서 발달 단계나 구조(홀론)의 순서, (2) 이 단계들의 전개를 내적으로 설명하고 부분적으로는 추동하는 발달 논리(20개 원리의 한 버전), (3) 영-목적인과 영-대용물의 역동이다. 두 번째로 이용 가능한 증거를 근거로 이들에게 이 단계가 출현한 실제 시기를 부여하였다. 이것은 '이차적인 내용'이었는데, 왜냐하면 모든 발달 순서에서 추상적인 단계들의 성질과 순서는 그들이 나타난 실제 시기에 의해 바뀌지 않으며, 이 시기들은 사람마다 문화마다 달라질 수 있기 때문이다. 그러므로, 예를 들어 구순-항

문-성기라는 순서에서 순서 자체는 보편적이지만 정확한 시기는 달라질 수 있다. 이 책들의 네 번째 핵심 주장은, (4) 개체 발달과 계통 발달에는 상응적 구조가 존재한다는 것이다(물론 최초 단계는 예외인데, 인류가 출현하기 전이라서 그런 단계들을 증언하는 어떤 인간 사회도 존재하지 않았기 때문이다).

개체 발달과 계통 발달 모두의 실제 출현 시기(그리고 그들의 일반적인 상호 관계)를 계속해서 정교하게 다듬고 수정했다. 『에덴을 넘어』에서 나는 마술 및 신화적 생산에 필요한 인지적 복잡성을 과소평가했으며 이것을 『아이 투 아이』에서 수정했는데, 여기서의 상관관계는 내가 여기서 제시하는 바와 같다(예를 들어, 전조작/마술, 구체적 조작/신화 등이다). 이런 재조정은 『의식의 변용Transformations of consciousness』에 반영되어 있다. 그러나 단계 자체, 그들의 순서 및 역동은 근본적으로 동일하며, 이런 이유로 나는 여전히 초기 저작의 주된 결론을 강하게 뒷받침한다. 실로 후속 연구들은 그런 결론들이 더 적게가 아니라 많이 가능하도록 만들었다(『통합심리학Integral Psychology』을 보라).

『에덴을 넘어』에 대한 논평에서 윈켈만Winkelman은 첫 세 가지 근본 요점을 놓친 채 시기에 대해서만 논했으며 이는 잘못이 아니지만 부적절한 논쟁이 되고 말았는데, 왜냐하면 『아이 투 아이』와 『변용』에서 이미 그것들을 재조정했기 때문이다. 더 나아가서, 그는 근본적으로 공시적인 구조주의자 관점을 취했는데, 현재 이것은 발달을 전혀 설명할 수 없다고 거의 보편적으로 인정되고 있다(1장 주석 26을 보라). 그는 개체/계통 대비를 사용한 것은 완전히 시대에 뒤떨어진 내용이고 아무도 그것을 더 이상 사용하지 않는다고 언급했는데, 이는 예를 들어 하버마스, 셸드레이크 등이 수집하고 제시한 광범위한 증거를 간과하고 있는 것이다. 그는 모든 타당성 요건을 기능적 적합성으로 뭉뚱그렸다. 그는 자신의 입장을 약하게 만드는 수행모순을 범하면서 전반적으로 공격했다. 그는 그 자체로 수사적인 데 그치고 마는 현실적인 태도를 주장하고 있다.

근본적으로 볼 때, 모든 타당성 요건을 기능적 적합성으로 환원시켜 뭉뚱그린 윈켈만의 입장을 비판한 내용을 보려면 5장 주석 26을 보라.

52. 하버마스도 나도 개체/계통 대비를 가정하면서 시작하지는 않았다. 그건 오히려 여러 발달 단계에서 출현하는 자기구조, 도덕성, 인과성 개념, 인지 유형 등을 분석한 후 우리가 내린 결론이다. 로스버그가 지적한 대로 나와 하버마스는 재구성과학을 따랐는데, 이는 실증적·현상학적·대화적으로 연구할 만큼 충분한 규모의 집단에서 의식구조가 출현한 후에 그것을 재구성함을 의미한다. 이것들은 우리의 가정이 아니라 결론이다. 그리고 결론적으로 말해서 "어떤 상응 관계를 찾을 수 있다".

05 인간 본성의 출현

1. "현재 맥락에서 볼 때, 우리는 사회 노동 개념이 인간 삶의 재생산 형태를 제대로 특징지을 수 있는가의 문제에 당연히 관심을 갖는다. 따라서 우리는 '인간 삶의 양식'을 통해 우리가 이해하고 싶은 바를 더 정확히 구체화시켜야만 한다. 지난 세대에는 인류학이 영장류에서 인류까지의 발달, 즉 인류 진화 과정이 일어난 긴 시기(4백만 년 이상)에 대해서 새로운 지식을 얻었다. 추정컨대, 침팬지와 인류의 공통 조상에서부터 시작해서 호모 에렉투스를 거쳐 호모 사피엔스로 진화가 진행되었다. 이런 인류 진화는 유기체적이고 문화적인 발달기제의 협동을(생물권과 정신권, 또는 생물 발생과 정신 발생—하버마스의 강조임.) 통해 결정되었다. 한편에서는 인류 발생이 일어난 이 시기 동안에 오랫동안 연속된 돌연변이(변용)에 근거해서 뇌 크기 및 중요한 형태학적 특징에서(외면적 형태) 변화가 일어났다."

   "다른 한편에서는 선택 압력이 진행된 환경은 더 이상 자연 생태(생물권)에 의해서만 오로지 결정되지 않았고, 사냥하는 인간의 무리라는 적극적이면서도 적응적인 성취를 통해서 결정되었다(고딕체는 필자의 강조임). 오로지 호모 사피엔스로 가는 문턱에서 이렇게 혼합된 유기체적-문화적 진화 형태는 독점적으로 사회적(문화적) 진화로 대체되었다(지극히 중요한 정신권과 생물권의 분화). 진화라는 자연스러운 기제가 멈춰 버렸다. (인간의) 새로운 종이 나타나지 않았다. 그 대신 호모 사피엔스의 사회화를 위한 근거를 마련했던 이족 결혼은 유전적 유산이 종 내부에서 널리 퍼지고 혼합되는 결과를 낳았다. 이런 내부의 분화(내면에서의 원리 12b)는 사회적 학습 과정의 다양성에서 명백히 드러나는 문화적 다양화의 자연스러운 근거가 되었다. 따라서 발달의 사회문화적 단계에서—여기서만 오로지 사회적(인간의 사회문화적) 진화가 일어나는데, [즉 사회가 진화에 (즉, 그 자신의 정신권적 진화) 갇힌다]—영장류 단계뿐만 아니라—여기서는 아직도 오로지 자연선택만 존재한다[즉, 종의 진화(즉, 생물권적 진화)에 갇혀 버린다]—인간 단계와—여기서 두 가지 진화 기제가 함께 작용하며, 뇌의 진화가 가장 중요한 단일 변인이 된다—경계를 긋는 것이 바람직하다"(하버마스, 『의사소통과 사회 진화』, 133-134쪽).

2. 같은 책, 134쪽.
3. 같은 책, 134-135쪽.
4. 같은 책, 135쪽.
5. 매카시McCarthy, 『위르겐 하버마스의 비판이론*Critical theory of Jürgen Habermas*』, 238쪽

에서 매카시의 표현이다.

6. 하버마스, 『의사소통Communication』, 135쪽.

7. 렌스키, 『인간 사회Human societies』, 7장.

8. 하버마스, 『의사소통』, 135-136쪽.

9. 제2권은 페미니즘의 다양한 학파(자유주의, 급진주의, 사회주의, 마르크스주의), 영의 남성 얼굴과 여성 얼굴, 생태페미니즘과 생태남성주의(심층 생태학), 초개인 생태학, 세계관 생성에 있어 마르크스주의자와 기술경제적 요인, 포스트모던 사고의 흐름에 대한 소개를 스펙트럼 개관이라는 맥락에서 다루었다.

　　여기에 더해서 섹스라는 용어는 생물학적으로 주어진 것이고, 젠더라는 용어는 사회 문화적인 역할을 말한다. 남자male · 여자female는 섹스를, 남성masculine · 여성feminine은 젠더를 나타낸다. 나는 제2권이 될 때까지는 섹스와 젠더를 구분하지 않을 것이다. 성적 분화를 의미하는 데 불과한 **성적 비대칭**sexual asymmetry이 때로는 '남자가 지배하는 위계'를 의미하며, 제2권이 될 때까지는 그것도 구분하지 않을 것이다.

10. 모계중심이었던 원예농업 사회에서 삼대 가치권은 여전히 분화되지 않았다. 즉, 정신권이 생물권으로부터 아직 분명하게 분화되지 않았으므로 '모계중심'은 이 권역들을 **통합**하지 못했고 이들을 미분화 또는 비분리 상태로만 두었는데, 이런 이유로 그들은 오늘날의 세계를 위한 모델을 제공하지 못했다. 여성의 힘은 여전히 생물학적으로 결정되었는데, 이런 힘은 전혀 참된 힘이라 할 수 없고 환경의 운명이 될 뿐이었다(이 모든 내용을 제2권에서 탐색할 것이다).

11. 앞으로 살펴보겠지만, 여성운동의 역사적 전조가 정확히 (그리스처럼) 정신권과 생물권이 처음으로 분명하게 분화되었던 곳에서 발생했다(그곳에서 이성이 처음 출현하기 시작했다).

　　이것은 정신권이 마침내 생물권으로부터 분화될 때까지는 페미니즘이 하나의 이슈로서 발생하거나 광범위한 역사적 운동으로서 일어날 수 없음을 의미하며, 물론 실제로 이런 일이 일어났다.

12. 샬렌 스프레트낙Chalene Spretnak의 『은총의 상태』는 수많은 예 중 하나로서 영원한 희생자로서의 여성에 관한 무자비한 역사를 제시하고 있다. 이는 아마도 여성에게 권한을 부여할 의도였겠지만, 여성을 주로 타자에 의해 만들어진 존재로 정의함으로써 첫걸음부터 여성의 힘을 실제로, 그리고 깊게 약화시켰다. 남녀가 발달 이전 단계 모두를 어떻게 공동으로 창조했는지를 살펴봄으로써, 여성에게 힘을 부여하는 대신 특정 페미니스트의

현재 이데올로기에 부합하지 않는 모든 반응을 여성 측에서 찾으면서 역사를 훑어보았는데, 그 결과 그런 반응이 여성이 '실제로' 원했던 것이 아니기 때문에 그것을 재빨리 남성의 탄압 탓으로 돌려 버렸고, 따라서 그런 반응을 여성으로부터 제외시켰다.

따라서 이 모든 접근에서 여성을 해방시키려는 시도는 정의상 여성들로부터 영향력을 찬탈한 셈이 되고 말았다. 이런 접근은 남성이 아니라 여성을 심하게 모독하고 있다.

여성은 자신들의 권력을 되찾을 필요가 없는데, 왜냐하면 결코 권력을 양도한 적이 없기 때문이다. 그들은 그 당시 극히 힘겨운 환경적·사회적 조건하에서 가능한 최선의 사회제도를 남성과 더불어 공동으로 선택한 것이다[찬사해 마지않는 원예농업 사회에서 개인의 평균 수명은 예를 들어 25년이었다(렌스키)]. 제2권에서 살펴보겠지만, 가부장제에서의 여성 권력을 재배치하고 재발견하는 전혀 새로운 조류의 페미니스트 연구, 여성의 권력은 강하게, 의식적으로, 지성적으로 가부장제를 공동창조하였으며, 인간발달의 그(그리고 모든) 단계를 공동창조하였음을 입증하는 연구가 현재 존재한다.

정신권과 생물권이 분화되면서 이제 여성의 권력은 완전히 새롭고도 창발적인 방식으로 전개되었는데, 이는 잃어버린 권력의 회복이나 발굴이기보다는 동일한 권력을 전례 없이 새로운 방식으로 전개한 것이다. 반면에 희생자 페미니스트들은 끝없이 반복되는 무력화에 갇혀서, 일단은 그들의 권력을 이양함으로써 그것을 '되찾으려' 노력하였다.

진정한 권력을 갈취된 죄책감이라는 빛바랜 대체물로 이렇듯 바꿔 버린 것은 희생자 페미니스트들에게 부메랑으로 좋지 않게 되돌아오기 시작했으며, 이들은 자신의 역사와 자신의 선택에 대한 공동책임을 떠맡는 데 여전히 어려움을 겪고 있다. 그러나 진화의 교훈은 오늘날의 문제 대부분은 잃어버린 어제의 좋았던 것의 결과가 아니라, 여전히 출현하려 애쓰는 미래에 일어날 좋은 것의 결과임을 보여 준다. 수많은 희생자 페미니스트는 자신들 상태에 대한 공동책임을 떠맡고 싶어 하지 않는데, 그 상태는 여러 면에서 아직 '빈약하기' 때문이다. 그러나 그런 빈약함의 치료책은 비난의 이데올로기로 만들어진 과거의 회복에 있는 게 아니라, 출현의 저항에 직면해서 싸우고 있는 내일의 노출에 있다. 과거에 남성이 여성에게 행했던 것이 '적'이 아니라, 아직 충분히 진행되지 않은 진화가 남녀 모두에게 행했던 것이 적이다.

13. 가부장제는 페미니스트 문헌에서 꽤나 다른 두 가지 의미를 갖는다. (1) 수많은 급진 페미니스트들에게 (남성 지배로서의) 가부장제는 첫날부터, 문자 그대로 인류의 시작부터 존재해 왔다(앨리슨 재거Alison Jaggar는 이런 관점을 취한다). 지배받았다고 느끼지 않는 여성들은 자신들의 조건을 수용하도록 세뇌당했다. (2) 대모大母의 지배를 받았던 원예

농업 사회는 여러 면에서 이상적이라고 느끼는 생태페미니스트들(김부타스Gimbutas와 아이슬러Eisler)에게 가부장제는 모계중심(또는 양성동등중심)에서 부계중심으로의 변천을 의미하며, 지난 5천여 년 동안 우리와 함께한 것이다.

　가부장제 1은 사실상 아버지의 역할을 통해 남성이 가족화된 것이고, 첫날부터 우리와 함께해 온 터라 피할 수가 없었다. 가부장제 2는 원예농업이 물리적 힘/이동성을 선택한 쟁기와 말의 사회로 대체됨에 따라 지구 전반에 걸쳐 발생했으며, 발달 지체의 경우를(생태페미니스트들은 정확히 이런 사회를 찬미한다.) 제외하고는 이 또한 피할 수가 없었다. 이 중 어떤 사회에서는 정신권과 생물권이 통합되지 않고 미분화되었을 뿐인데, 이런 이유 때문에 수사적인 용도로 그들을 이용했음에도 불구하고 그들은 롤 모델이 전혀 되지 못하고 말았다.

14. 하버마스, 『의사소통』, 104쪽, 121쪽.

15. 물론 '단순한 표상'으로서의 이런 인지 유형은 앎에 관한 실증주의자 이론이 여전히 선호하는 인지다. '신체와 가깝거나' '감각과 가깝기' 때문에 그것은 대부분 표면과 외면을 등록하는 인지로서, 당연히 반영 패러다임(독백적·표상적)이 선호하는 인지다. 그러나 실증주의자 이론 자체는 실제로 형식적 조작 공간을 대규모로 이용하는데, 그것의 기제는 경험적으로 분명치 않기 때문에 무시될 뿐이다(또는 이론이 그들의 존재를 부정하고 있음에도 암묵적으로 가정하고 있다).

16. 매카시, 『비판이론Critical theory』, 250쪽.

17. 마술 수준이 결정적으로 중요한 기능을 하고 있지 않다는 의미가 아니다. 문화적 역량(좌하상한)에서 볼 때 그것은 문화적 의미와 가치의 중심이 되며, 사회적 역량에서 볼 때(우하상한) 사회적 통합의 근원이 된다. '마술'이라는 용어에 반대하는 급진적 평등주의자들은 이 용어가 아무튼 이 모든 중요한 기능을 부정한다고 상상한다.

18. 하버마스, 『의사소통』, 111-112쪽.

19. 아이슬러, 가이아 전통, 다이아몬드와 오렌슈타인의 『세상을 다시 엮다』, 32쪽.

20. 듀보스Dubos, 『내면의 신A god within』, 노바크Novak, 『어떻게 도를 할까?Tao how?』에서 인용하였다. 노바크를 매우 추천한다.

21. 로작Roszak, 『지구의 목소리Voice of the earth』, 226쪽, 69쪽. 이 책은 13장 주석 32에서 길게 논의하였다.

22. 하버마스, 『의사소통』, 162쪽. 하버마스와 그의 동료들은 부족 사회가 현재 어떻게 존재하는지가 아니라 그것이 최초에 존재했던 방식에 관해 언급하고 있다. 로작이 지적했듯

이, "인류학자들은 우리에게 선사시대 부족집단을 현재로부터 추론하는 것은 항상 위험하다고 경고했다. 현존하는 부족 사회는 다른 인류와 마찬가지로 역사를 상당 정도 경험했다……"(『지구의 목소리』, 77쪽).

따라서 오늘날 현존하는 부족 사회나 토착 사회의 구성원들을 대상으로 피아제의 인지발달에 관한 검사를 실시할 경우, 그들은 형식적 조작 역량을 보여 준다. 그러나 하버마스도 입증했듯이, 요점은 최초 부족 사회를 전체적으로 볼 때 그들의 실제 사회 구조 어디에서도 형식적 조작 인지의 흔적을 발견할 수 없다는 것이다. 공식적인 법이나 갈등 해결, 중재, 집단, 집합 정체성 양식에서나 세계관 등에서 그런 흔적을 찾을 수 없다. 그런 사회에서 일부 개인이 형식적 조작에 도달했는지(또는 아닌지)는 핵심을 벗어난 것인데, 이는 최초 사회를 조직하는 근본 원칙들은 형식적 조작을 입증해 주지 않고 전조작 인지(그리고 전인습적 분쟁 조정 등)라는 일차 구조를 따른다는 것을 말한다. 일부 사람들은 평균 수준 위에, 일부 사람들은 그 아래에 있었지만, 분명히 기본 평균 수준에 있는 사람 중 다수는 근본적인 면에서 전조작이면서 전인습인 데 머물렀다. 이것이 하버마스와 그의 동료들이 행한 연구 노선의 결론이었다(겝서, 캠벨, 피아제, 콜버그, 벨라, 렌스키 등도 유사한 유형의 주장을 폈다). 검토 대상은 부족 구조이지 부족의 특정 구성원이 아니다.

이와 동시에 하버마스와 나는 수렵채집 사회에서 적어도 일부 사람들은 합리성 역량을 계발시켰다고 믿는다. 나는 일부(즉, 샤먼)는 여기서 더 나아가서 영속적 적응은 아니지만 절정 경험이나 변성 상태로서 초합리에까지 갔다고 믿는다. 우리는 이런 초합리 영역을 8장에서 논의할 것이다(『통합심리학』을 보라).

23. 하버마스, 『의사소통』, 161쪽.
24. 같은 책, 112쪽.
25. 같은 책, 104쪽.

게리 스나이더Gary Snyder가 특정 생태집단에 상당한 찬사를 보냈던 논평, 즉 인간이 '피안'의 성질을 띤 신과 여신을 창안했을 때 인간의 온갖 문젯거리가 시작되었다고 논평했을 때, 그는 생태남성우월주의자ecomasculinist는 재해석된 종족주의를 선호한다는 사실을 폭로한 셈이다. 혈족 관계를 넘어선 공통점의 근원을 찾지 않은 채 부족적 사회 조직이 고립주의를 넘어 이동할 방법은 없으며, 이것이 신화적 모티브를 제공하였다. 렌스키는 수렵채집 종족은 대부분 약 40명을 수용할 역량을 갖고 있었다고 보고했으며, 이런 부족 단위는 혈족 관계 결합이라는 한정된 유대감을 넘어 확장되는 공통된 신화적 계보와 집단 정체성이라는 초월적 힘이 없다면 인습적·사회중심적인 더 큰 공동체로 통합될 수 없었다. '글로벌'과는 거리가 먼 부족의식은 간주관적 유대와 통일 양식 면에서 볼 때 상당히 파편화되어 있다(다음의 주석 26도 보라).

26. 이런 상관관계에 대한 상세한 증거를 『에덴을 넘어』에서 제시하였다.

샤먼적 비전의 성질에 관해서 내가 서슴없이 추천할 수 있는 유일한 책은 이런 까다롭고 어려운 주제를 탁월하게 개관한 월시의 『샤머니즘 정신The spirit of shamanism』이다. 월시는 초개인 운동을 선도하는 빛이며, 여러 면에서 결정적인 역할을 하는 그의 분별력을 갖춘 균형 잡힌 개관은 이 분야에서 주된 공헌을 하고 있다. 월시의 설명은 가치가 있는데, 왜냐하면 그것은 샤머니즘의 개척적인 영적 통찰을 인정할 뿐 아니라, 이와 동시에 그것을 더 큰 관점 안에 위치시키려 노력했기 때문이다. 이것으로서 학자들 대부분의 찬사를 받아 마땅하다.

간결하지만 포괄적으로 설명하는 가운데 월시는 샤먼의 여정(복합적인 샤먼적 실천을 핵심적이면서도 가장 결정적으로 특징짓는다고 볼 수 있는 일반적인 현상)은 보통 요기, 불교도, 신비 또는 정신분열적 상태와 일반적으로 동일한 상태로 가정되어 왔음을 지적하였다. 월시는 우선 (의식적 통제 정도, 환경에 대한 자각, 집중, 의사소통 능력, 정체성, 각성 같은) 여러 요인에 대한 '수평적' 분석을 제시하였으며, 이 모두를 합친 내용을 살펴보면 샤먼의 여정이 요기, 불교도, 신비, 정신분열 상태와 꽤나 분명하게 구분된다(이는 또한 이들 상태를 서로 분명하게 구분시킨다). 그는 "이런 접근을 통해 우리는 단일 차원 비교에서 다차원 분석으로 이동하며, 이 상태들을 더 민감하게 구분할 수 있다."라고 지적했다.

월시는 여기서 멈추지 않았다. 수평 격자상에서 샤먼의 상태를 분명하게 구분한 후, 그는 발달 단계 일반에 대한 표준적이면서 잘 수용될 수 있는 기준을 이용해서 '수직' 또는 발달적 격자를 적용시켰다. 세 가지의 주된 영적 발달 단계에서(정묘, 원인, 비이원. 각각에 대해서는 8장에서 탐구할 것이다.) "샤먼은 아마도 정묘 단계의 최초 마스터였을 것이다."라는 것이 그의 결론이다. 그는 몇몇 샤먼들은 자신의 길을 초월해서 원인과 비이원의 경우를 드러낼 가능성이 상당히 있음을 인정했지만, 샤머니즘의 가장 결정적인 특징은 아주 분명하게도 정묘 수준 현상인 것 같다.

동일한 기준을 적용하면, 수많은 형태의 요기 명상과 불교도 명상은 정묘를 넘어 원인과 비이원 상태에 도달하기 때문에 월시는 이런 관조적 노력들(그리고 이와 유사한 다른 노력들)은 어떤 면에서는 전형적인 샤먼의 여정보다 진보되어 있다고(또는 더 깊은 심도를 더 많이 드러낸다고) 분명하게 암시하고 있다. 이런 '서열 매김'은 한편에서는 몇몇 문화 상대주의자들, 다른 한편에서는 일부 샤먼 옹호자들의 화를 돋구었다.

문화 상대주의자를 대변하는 윈켈맨(1993)은 어떤 입장도 다른 입장보다 본질적으로 우월할 수 없는 이유를 늘어놓았다(물론 대안들보다 본질적으로 우월하다고 주장하는 그 자신의 입장은 예다). 윈켈맨은 보편적으로 진리인 입장은 존재하지 않는다는 건 보편적인 진리라는 입장을 취하고 있다.

다른 사람들을 향해 퍼부은 비난으로부터 자신의 입장을 면제시킨 후 윈켈맨은 사회 시스템에 대해 표준이 되는 기능주의자 분석을 제시하는 방향으로 나아갔으며, 모든 기능주의자 설명이 그래야만 했던 것처럼 사회문화적 관습이 적응적이라면, 즉 그것이 기능적 적합성을 띨 경우 그것을 어떤 다른 산물보다 열등하다고 판단할 수는 없는데, 그것은 있는 그대로 들어맞기 때문이라고 했다(따라서 그가 말하길, 요가 시스템은 샤먼 문화에서는 통하지 않았을 테고, 그러므로 요가 시스템이 '더 깊거나' '더 진보되었다'는 식으로 질적 구분을 할 수 없다).

그러나 요가(또는 불교도나 관조) 시스템이 샤먼 문화에 적합하다고 주장하는 사람은 아무도 없다(사실상 그럴 수 없다. 수많은 이유 중에서 샤먼 문화는 권력이라는 희소자원을 수반한 전인습인데 반해, 관조 전통 문화의 기반은 후인습이 시작되는 인습이며, 이들의 희소자원은 법적 멤버십과 자기인식의 시작이기 때문이다).

오로지 기능적 적합성에서만 볼 때 윈켈맨의 결론은 꽤나 옳지만(윌시와 나도 그런 식의 결론에 대해 오랫동안 동의해 왔다.), 요컨대 핵심 이슈와는 단연코 아무런 관련이 없다. 순전히 우측에 해당하는(구체적으로 말해서 우하상한) 윈켈맨의 접근은 모든 타당성 요건을 축소시켰으며, 이 모든 것(진리, 진실성, 문화적 의미, 기능적 적합성)을 기능적 적합성과 독백 시스템을 나타내는 표식으로 환원시켰다(모든 좌측 차원을 우하상한 표현으로 환원시켰다). 물론 그의 접근은 무엇보다도 질적인 구분을 밝히지 못한다(이런 이유 때문에 그는 자신의 가능성을 명시적으로 부정하는 입장에 서서 그 자신의 가치 서열 매기기를 암묵적으로 묻어 버려야만 했다. 우측 길에 머무는 길 모두에서 발견되는 전형적인 수행모순이다).

우리가 이미 살펴보았듯이, 기능적 적합성은 오로지 한 가지 타당성 요건만 갖는다. 그 시스템이 작동할까? 아닐까? 그것은 환경에서 제대로 기능할까? 그것은 적응적일까? 그것은 실용적인 측면에서 기능적일까? 그것이 **작동할까**? 이런 단일한 독백적 타당성 요건에 대해서 기능적 적합성은 한 가지 대답, 작동하면 '예스', 작동하지 않으면 '노'라는 대답만 한다. (자신만의 장소에서 자신만의 방식으로) 작동하는 경우에는 그것은 가치, 어떤 시스템이 더 높은지, 더 낮은지, 더 깊은지, 더 얕은지, 더 포괄적인지, 덜 포괄적인지에 관한 논의를 끝장내 버린다. 잘 작동하는 경우, 그것은 다른 어떤 시스템만큼이나 훌륭해서 더 이상 판단할 여지가 없다.

보편다원주의의 판단 자체는 그 자신의 입장이 편협한 인종중심주의보다 더 낫다고 서열을 매기는 하나의 판단이라는 사실을 신경 쓰지 말자. 정말로 그렇긴 하지만 이런 기능적 상대주의 입장은 좌측의 모든 질적 차이를(그 자신의 입장을 허용하는 차이가 포함된다.) 우측의 기능적 표식으로 뭉뚱그린 것이라는 점을 잊지 말자. 그렇다면 그것은 자신의 입장이 갖는 진실이나 선량함을 설명조차 할 수 없어서, 질적 차이, 좌측 차원 일반을 공공연하게 논의하고 평가하는 것으로부터 스스로를 철저히 면제시켜 버린다(좌측의 중요성을 완전히 부정해 버리는, 제대로 깊이 생각해 보지 않은 채 좌측 판단을 해 버린다).

테일러가 표현했듯이 이런 입장은 자신의 자취를 파묻은 후, 마찬가지로 자신의 입장을 감추지 않는 온갖 입장을 규탄하는 데 시간을 소비한다. 그럼에도 불구하고 그것은 완강하게, 공식적으로 온갖 가치의 서열 짓기를 부정하는 하나의 가치 서열 짓기로서(내 생각에 일부는 옳다.), 그렇게 할 수 있는 유일한 방법은 감춰진 자신의 가치 서열 짓기를 인정하길 거부함으로써다(그것은 기능적으로 적합할 경우 모든 가치는 **동등**하다고 주장한다. 모든 가치가 실로 동등하다면, 관대한 다원주의는 편협한 인종중심주의와 인종차별주의보다 조금도 나을 수 없다. 이런 입장은 선행하는 자신의 더 깊은 가치 판단을, 내 생각에 올바른 가치 판단을 놓치고 있는데, 그런 다원주의적 관용은 반드시 그런 가치 판단에 의존한다). 이런 심각한 혼동은 그것으로 하여금 모든 가치를 기능적 적합성으로 뭉뚱그리게 만들며, 그 결과 모순과 정면으로 충돌하는 결과를 낳았다. 나치를 위해 제대로 작동할 경우, 우리는 누구에게 판단하라고 할 것인가? 아우슈비츠가 꽤나 효율적으로 작동했다는 사실에 모두가 동의한다. 윈켈맨이 언급한 준거에 의하면, 우리는 더 이상 판단할 수가 없다.

이와 같이 윈켈맨이 가한 비판 대부분은 모든 가치와 타당성을 기능적 적합성으로 축소시켰다. 그의 기능적 분석은 나름대로 충분히 정확하다. 내가 지적한 바와 같이, 그것은 극도로 부분적일 뿐이다. 그의 분석은, 우하상한에서 샤머니즘은 그것이 근거를 두는 사회에 완벽하게 적응하고 있으며(그리고 기능적으로 적합하다.), 따라서 그런 식으로는 더 열등하다고 판단할 수 없다고 우리에게 말해 준다. 물론 이것은 사실이다. 기능적 적합성(정당성) 기준에서 보면 요가/관조 시스템은 실로 샤먼보다 더 낫거나 나쁘지 않다(실제로 우리 모두는 그것이 더 나빴을 거라는 데 동의한다. 그것은 제대로 들어맞지 않았을 것이다).

(월시와 나도 포함해서) 그 누구도 달리 주장할 수 없다.

그러나 실제로 좌측 차원의 모든 기준에서(더 깊고 넓은 질적 전환을 보여 주는 구조적 잠재력의 발달적 전개) 볼 때, 전형적인 샤먼의 여정은 뒤에 등장하는 영적 진화, 정묘에서 원인, 비이원으로 드러나게 될 진화에서 그것을 기반으로 구축되었던 관조적 노력을 더 심화시키고 확장시켰던 개척적인 참여였다(이 모든 내용을 8장에서 논의할 것이다). (『통합심리학』도 보라.)

윈켈맨 자신은 스스로 자신의 주된 요점으로 생각하는 예를 한 가지 제시하였다. 라이터는 단순한 부싯돌보다 더 진보되었을 수 있다고 그는 말한다. 그러나 부싯돌이 실용적으로 더 유용했던 시절이 있었기 때문에 라이터나 부싯돌은 어느 것도 본질적으로 더 낮지 않다. 왜냐하면 그것들이 실용적·적응적 기능에 들어맞는다면 둘 다 똑같이 만족스럽기 때문이다. 물론 그것은 단순한 기능적 적합성 논쟁으로서, 월시가 (그리고 내가) 그런 식의 자명한 이치를 처음부터 받아들였다는 것을 우리는 이미 살펴보았다. 그러므로 비유를 완결 지음으로써 윈켈맨 자신의 비유가 안고 있는 또 다른(그리고 무시되었던) 사실에 주목해 보자. 그가 말한 것처럼 라이터는 기술적으로 더 진보되었다. 라이터는 부싯돌에 대해서 더 정교한 다른 인지/기술적 발견을 포함하고 있다(예를 들어, 그것은 초기 수렵채집 사회가 발견하지 못했던 바퀴를 포함하고 있다).

그러므로 자신의 비판을 끝맺는 윈켈맨의 주된 비유법은 이 두 가지 사실을 지적하고 있다. 부싯돌과 라이터가 똑같이 적절했고 동일한 기능적 적합성을 가졌던 상황이 있었지만, 그럼에도 불구하고 라이터는 인지적으로나 기술적으로 더 진보되었다. 윈켈맨의 분석은 오로지 전자만을 다루지만 월시의 분석은 양자를 모두 다루고 있다. 따라서 월시의 설명은 기능주의자의 더 편협한 시도를 대신한다.

윈켈맨은 세계중심적 관점이 "더 포괄적이고 완전한 다중 관점을 제공하는 데 있어 이점을 갖고 있다."라고 주장하면서(내 생각에는 전적으로 옳다.) 자신의 가치를 분석에 은밀하게 도입하였다. 그렇지만 이것은 그가 공식적으로는 거부했어야 하는 전적으로 올바른 입장인데, 왜냐하면 그가 연구한 민족중심의 문화 대부분에는 세계중심다원주의가 결여되어 자신의(현대, 서구의) 입장이 민족중심적 편협성보다 우월함을 인정했을 것이기 때문이다(본질적 가치에 대한 범문화적인 보편적 판단이 가능하지 않다는 그의

466

공식적인 입장으로 인해 그에게는 이런 일이 허용되지 않았다). 1장 주석 26을 보라.

샤머니즘에 대한 수많은 접근은 기본적으로 한편에서는 일상적 실재가 존재하고, 다른 한편에서는 '신비주의'(또는 비일상적인 실재)가 존재한다고 가정한다. 이런 단순한 구분으로 인해(일상 대 비일상), 예를 들어 게리 도어Gary Doore는 "샤먼, 요기, 불교도들은 모두 동일한 의식 상태에 접근하였다."라고 진술하였으며, 홀거 칼바이트Holger Kalweit는 "샤먼은 실존적 합일, 힌두인들의 삼매나 서구 영성주의자나 신비가들이 깨우침, 계시, 신비적 합일로 부른 것을 경험했다."라고 진술하였다. 그러나 윌시는 "이런 주장들은 비교적 피상적인 유사성에 근거하는 것 같다."라고 지적했다.

윌시의 다차원 격자 분석(수평과 수직)은 그런 단순한 접근을 가차 없이 깨부수었다. 그가 언급한 모든 변인을 살펴보는 것도 불가능할 뿐 아니라(이 변인들은 여러 가지 상태에 따라 상당히 달라진다.), 이런 상태들 간의 거칠고 미묘한 차이들에 감동받지 않을 수 없다. 게다가 이런 정교한 분석을 갖춘다면 이런 상태들 자체의 전개에서 나타나는 발달적 요인을 분간하는 게 불가능하지 않다. 온우주의 온갖 것과 마찬가지로 그것들은 성장하고 진화하는 것 같다. 도토리는 제대로 모습을 갖춘 떡갈나무로 즉시 나타나지 않는다. 윌시는 예비 분석이라고 설명하지만, 그럼에도 불구하고 그의 수평적·수직적 분석은 그 분야를 상당히 진전시켜 놓았다.

윌시의 분석에 대한 두 번째 비판은 샤머니즘이 후속되는 관조 시스템과 질적으로 같은 깊이 수준을 드러내고 있다고 보는 이론가들로부터 나왔다. 그러나 윌시가 제시한 더 정교한 분석을 통해 볼 때, 전형적인 샤먼의 여정은 초개인/영적 영역으로 개척적으로 돌입한 것, 인습적 세계에서는 꿈꾸지 못했던 깊이 수준을 드러냈던 돌파구, 뒤이어 등장하는 관조적 시도가 심화시키고 확장시켰을 깊이였을 가능성이 현재로서는 높다. 위대한 샤먼 항해사들이 공개한 영적 정보를 기반으로 구축되고, 따라서 거인의 어깨 위에 서게 된 그들은 그 후 더 깊이 탐사하여 위대한 초월의 비범한 깊이 속으로 진입했을 것이다.

27. '신화-이성' 구조란 구체적 조작 후기를 나타내는 특정 용어이지만, 나는 일반적인 의미로 사용하면서 어떤 신화적 구조건 그것의 합리화를 지칭하였다.

28. 하버마스, 『의사소통』, 112-113쪽.

29. 같은 책, 105쪽.

30. 같은 책.

31. 같은 책, 114쪽.

32. 그리스 같은 초기 사회에서 짧게 출현했던 소수의 여성운동은 정확히 합리성이 지나치게 빨리 출현했던 곳, 자아 정체성 또한 역할 정체성으로부터 임시로 출현했던 곳에서 출현했다. 그러나 생물권과 정신권의 분화가 충분히 완성되지 못했기 때문에, 결국 생물권 정체성이 정신권에서 이런 운동을 흡수하여 신체적이거나 생물적인 결정 요인으로 되돌아가게끔 만들었다.

내가 앞에서도 언급했지만, 여성이 생산 작업력의 대부분을 담당했던 원예농업 사회에서는 일종의 평등주의제도가 실제로 작용했지만, 이것은 안정된 법적·정신권적 결정 요인이 아니라 생물권적 부수 사건에 의해 확보되었다. 괭이가 여성의 손에 힘을 부여했겠지만, 쟁기가 그것을 없애 버렸을 것이다. 이 사회에서는 생물권과 정신권이 아직 분화되지 못해서 스트레스, 방어, 혼란이 닥쳐오는 시기에 사회적 결정 요인들은 항상 생물권이 선택하는 쪽으로 되돌아갔다. 어떤 경우건 그들은 평등주의자 및 분화된/통합된 사회가 어떤 모습일지를 보여 주는 모델이 되지 못했다(이 모든 내용을 제2권에서 상세하게 다루었다).

제2권에서 살펴보겠지만, 산업화(좌상상한 자아 합리성에 대한 우하상한의 역사적인 상관요소)의 역할은 생물권의 결정 요인으로부터 인간 노동(그리고 여성)을 해방시키는 수단이 되었다(그리고 너무 멀리 가서 분열 또는 생태 위기로 되었다). 나는 산업화나 우하상한을 무시하는 게 전혀 아니다. 이들은 제2권의 주된 초점이다.

본문에서 지적하겠지만, 나는 수많은 생태페미니스트는 평등성이 인간 조건의 한 가능성임을 보여 주기 위해 여성이 '동등했던' 과거 사회를 지시할 수 있어야만 한다고 느끼고 있다고 생각한다. 그러나 그런 가능성은 부활이 아닌 출현이라는 것이 나의 요점이다. 과거의 영광을 잃어버렸기 때문에 되찾을 필요가 있다는 부활 모델을 취할 경우, 비난하는 게임으로 떨어져야만 한다. 형편없는 남자들이 그것을 찬탈해야만 했으므로 여성은 그런 일이 일어나도록 허용할 만큼 더 어리석거나 약했어야 했다. 부활(또는 낭만적) 모델은 남성을 돼지로 만들고 여성을 양으로 만들 필요가 있지만, 출현(성장) 모델은 기본적으로 남성과 여성을 공동창조하는 모습으로 그린다.

33. 역사를 통해 볼 때, 페미니즘의 수많은 전조는 물론 존재했었다(유럽, 그리스, 인도, 북아프리카 등). 특히 크리스틴 드 피상Christine de Pisan의 『부인들의 도시에 관한 책Book of the cities of ladies』을 언급할 수 있을 것이다. 리안 아이슬러가 지적한 것처럼, "현대 이데올로기로서의 페미니즘은 19세기 중반까지는 출현하지 않았다"(『성배Chalice』, 165쪽). 우리는 11장에서 여성운동의 출현으로 돌아갈 것이다.

엘리스 볼딩Elise Boulding의『역사의 이면*The underside of history*』, 셰일라 로보담Sheila Rowbotham의『여성, 저항, 혁명*Women, resistance and revolution*』, 마릴린 프렌치Marilyn French의『권력을 넘어*Beyond power*』『여성, 남성 그리고 도덕에 관하여*On women, men, and morals*』, 수잔 스튜어드Susan M. Stuard (ed.)의『중세 사회의 여성*Women in medieval society*』, 나왈 엘 사다위Nawal El Sadawi의『이브의 숨겨진 얼굴*The hidden face of Eve*』『아랍세계의 여성*Women in the Arab world*』, 낸시 코트Nancy Cott와 엘리자베스 플렉Elizabeth Pleck (eds.)의『그녀의 유산*A heritage of her own*』, 게르다 러너Gerda Lerner 의『다수는 과거를 찾다: 여성의 역사적 위치*The majority finds its past: Placing women in history*』, 라 프란시스 로저스-로즈La Frances Rodgers-Rose (ed.)의『흑인 여성*The black woman*』, 마샤 비시너스Martha Vicinus (ed.)의『고통받고 고요해지다: 빅토리아 시대의 여성*Suffer and be still: Women in Victorian age*』, 쟌 애처버그Jeanne Achterberg의『힐러로서의 여성*Woman as healer*』을 비교해 보라.

34. 여성, 자연(땅) 그리고 신체 간의 특별한 연결감에 대한 이런 주장을 제2권에서 상세하게 검토하였다. 수많은 급진 페미니스트와 생태페미니스트는 이런 주장 자체를 강하고 긍정적인 어조로 제기하였고, 수많은 자유주의 페미니스트도 똑같이 이런 주장을 비난하였다. 그렇게 주장한다면 여성을 정서/느낌 영역으로 동시에 '밀쳐 두거나' 격하시키지 않고 그런 일을 해낼 수 있을지가 내가 부닥쳤던 어려움이다. 달리 말해서, 그런 주장을 보존하는 동시에 부정할 방법을 찾아야만 했다. 나는 이런 일이 가능하다고 믿고 있으며, 제2권에서 이런 가능성을 탐구하였다.

    우리는 당분간 여성, 자연, 신체 간의 '특별한 연결성'에 대해 다음과 같은 (전혀 다른) 입장을 취하고자 한다. 특별한 연결성이, (1) 실제로 존재한다. (2) 긍정적인 가치를 위해 그런 연결성이 존재한다고 일부 여성들은 주장한다. (3) 그 권역 전체를 탄압하려는 전조로서 존재한다고 일부 남성들은 주장한다. 본문에서 기술한 나의 코멘트는 어떤 버전이든 '특별한 연결성'과도 충분히 통한다. 제2권에서 나 자신의 특정 의견과 실제 세부 사항들을 다루었다.

35. 하버마스,『의사소통』, 114쪽.

36. 같은 책, 197쪽.

37. 겝서의『항존하는 기원*Ever-Present Origin*』의 영문판을 구할 수 있다(참고문헌을 보라). 이 절에서 모든 인용문은 포이어스타인Feuerstein의『의식의 구조*Structures of consciousness*』에서 따온 것인데, 이것은 지금까지 겝서의 작업을 가장 잘 설명한 책이

다. 포이어스타인도 겝서의 단계와 나의 단계를 서로 관련시켰다.

38. 포이어스타인의 『의식의 구조』에서 모두 인용하였다(비전-논리와 그 후형식적 하위 단계에 대한 정확한 세부 내용을 보려면 『통합심리학』을 보라).

39. 좌하상한의 몇 개 용어, 즉 플레로마(물리적/물질적), 우로보로스(파충류/뇌간), 타이폰(고포유류/변연계)은 『에덴을 넘어』와 『아이 투 아이』에서 가져왔다. 그러나 세계관을 나타내기 위한 매우 일반적인 의미에서 이 모든 용어를 (여기에서나 『에덴을 넘어』에서) 사용했는데, 그 세계관에서는 이런 요소들이 결코 유일한 결정 요인은 아니지만 주요 관심사에 있어서는 크게 두드러지며 종종 가장 일반적인 분위기를 규정한다(때로는 그것의 가장 희소한 자원이 되고 있다). 본문에 나온 '고태archaic'는 개념이 출현하기 이전의 어떤 또는 모든 구조를 나타내는 포괄적인 문구다(그리고 융에서와 마찬가지로, 때로는 '유전'되거나 '원형적인' 초기 개념, 심상, 신화적 형상 등 어떤 것이건 그것을 지칭한다).

내가 앞에서도 지적한 바와 같이 '의식'(또는 어떤 식의 파지)을 '낮은' 홀론에까지 연장시키는 데 대해 독자들이 불편을 느낀다면, 그 결과 그들이 어떤 식이든 공통된 세계 공간을 공유한다고 믿지 않는다면, 좌하상한 전체를 현재 인간의 개체 발생적 전개로 해석할 수 있다. 그것은 분자, 원자, 아원자 입자(플레로마)를 포용하고 감싸 안는 단일세포 수정란(원형질)에서 출발해서 그 후 분화된 생명 기능(식물적 생장상태)을 거쳐 파충류의 뇌간(우로보로스, 아가미 구멍으로 완성되었다.), 고포유류의 변연계(타이폰), 천천히 전개되는 신피질/신경계로 발달하는데, 그 세계관은 태고에서 마술, 신화, 합리로 발달한다.

요컨대, 이런 두 가지 해석(인간의 개체 발생과 이전 홀론의 세계 공간)은 근본적으로 동일한 내용을 말하고 있다. 두 갈래로 갈라지는 산일구조조차도 그들이 진보한 길에 대한 '시스템 기억'을 보인다(2장에서 우리가 보았던 바와 같이, 해체될 때에는 그 길을 따라 물러서기 때문이다). 인간 존재가 그런 시스템 기억을 갖고 있다는 사실은 전혀 놀랍지 않아 보인다(뇌세포에 저장된 기억이 온우주가 만들어 낸 유일한 기억은 아닐 것이다!). 이전의 세계 공간은 우리 조상 시스템의 통로와 정확히 똑같이 우리 안에 내장되어 있다.

나는 내 주장의 근거를 다음과 같은 예에 두진 않지만, 인습적 실재를 날려 버리는 LSD 같은 약물이 주어질 경우 인간은 종종 자신의 출생뿐 아니라 식물과 동물과의 동일시 '기억', 원자적 공명까지도 보고한다는 사실은 설명에 도움을 주는 실제 예다. 세계 공간이 우리 안에 내장되어 있으며, 우리 구조 속에 하위 홀론으로 존재하면서 우리 자신의 온우주 가족 사진첩의 심연으로부터 여전히 우리에게 말을 걸어 오고 있다.

40. 우상상한 또한 (윌리엄 틸러William Tiller에서 히로시 모토야마Hiroshi Motoyama에 이르는) 여러 연구자가 홀라키식으로 심신체를 감싸고 있다고 느끼는 더 정묘한 생명에너지 존재의 가능성을 포함시키면서 내포한다고 여겨진다. 그러나 이 에너지들은 여전히 외면이며, 적절한 장비(또는 더 정묘한 감각)를 써서 독백적으로 지각될 수 있으므로 우상상한에 속한다(그러나 그들은 모든 홀론과 마찬가지로 다른 상한에도 여러 상관요소를 가질 것이다).

그 밖에 인간의식의 성장과 발달에 관한 몇 개 단계를(우리는 8장에서 이것을 탐구할 것이다.) 간략하게 서술한 다 아바바사Da Avabhasa의 작업을 지적하고 싶다. 그는 이 단계를 신체적 요소로 환원시키지 않고, 이 모든 것에는 신체에 그 상관요소가 있음을 지적하였다(초개체적인 원인 주시자조차도 오른쪽에 위치한 심장 부위에 신체와 관련된 요소를 갖고 있다). 이 모든 신체적 상관요소는 우상상한이며, (아무리 초월적이어도) 모든 홀론은 이 사상한을, 이 네 가지 상관요소를 가진다는 나의 중심 요점을 강화한다.

마지막으로, 현시된 모든 홀론은 어디에서나 사상한을 가짐을 보여 주는 더 많은 증거로서 마이클 머피의 작업을 특히 지목하고 싶은데, 그의 저서『신체의 미래』는 변용하고 진화하는 의식의 신체적 상관요소들을 격조 높게 연구한 것이다. 머피는 인간 변용에 있어 우상상한의 엄청난 중요성을 거의 단독으로 대변하고 있다(인간 진화를 우상상한으로만 축소시키지 않았다).

제2권에서 우리는 인습적 발달과 더 고차원의 발달에서 우상상한과 좌상상한 간의 상호 작용이라는 이 주제로 돌아올 것이다. 의료 정신의학 같은 분야에서뿐 아니라(여기서 정상 기능과 정신적 질환에서 신경전달물질이 수행하는 역할이 더 분명해진다.) 환각제 및 광범위한 '명상' 상태를 유도할 수 있는 새롭게 발달한 '뇌/마음 기계' 같은 '신비' 분야에서도 우리는 이런 상호 작용을 본다. 이 모든 게 정확히 무엇을 의미하는지 상세하게 검토할 것이다.

41. 그럼에도 불구하고, 마르크스 자신의 저술은 종종 그렇다고 생각되는 것만큼 전적으로 환원주의적이거나 종종 실제로 그랬던 것만큼 환원주의적이지 않다. 제2권에서 역사적 유물론의 더 미묘한 측면을 다루면서, 진화하면서 발달하는 세계관이라는 맥락 속에 놓고 보았다. 마르크스주의자 시스템 전반의 위대한 강점은 인간 진화의 발달 체계를 살아 있게끔 만든 데 있으며, 이런 이유로 렌스키에서 하버마스에 이르는 수많은 진지한(그리고 비환원주의적인) 이론가가 유용한 통찰을 얻기 위해 몇 번이고 반복해서 거기로 돌아

갔던 것이다(내가 말했던 대로 이 모든 내용을 제2권에서 길게 검토하였다).

42. 그것의 한 예가 제한 없는 의사소통 교환에 관한 하버마스의 작업이며, 이것만이 이런 이슈들 중 어떤 것이라도 거기에 대한 자발적 합의를 우선 확보할 수 있다. 우리는 12, 13, 14장에서 정신권과 그 분포 및 왜곡을 비환원적으로 다루는 대부분의 생태철학이 겪은 실패로 돌아올 것이다.

43. 즉, 문화적 변용 운동 전체는 개인의 인지 잠재력이라는 좌상상한에서부터 처음에는 사회적으로 소외된 집단적 세계관이라는 좌하상한으로 이동하고 마침내 우하상한의 사회적 제도 속에 매몰되는데, 이 지점에서 이런 기본 제도들은 자동적으로 세계관을 재생산하고(좌하상한), 다음 세대 안에서 '변용의 속도 조절자'로 작용하면서 개인을 사회화시킨다(좌상상한과 우상상한). 변용은 처음에는 개인의 창조적 출현과 초월의 순간에서 출발하거나 시작된다. 제2권에서 이 과정을 더 상세하게 논의했다.

44. 오늘날에도 여전히 존재하는 (그리고 7장부터 검토할) 위대한 '세계 종교(힌두교, 불교, 기독교, 이슬람교 등)'는 모두 신화-제국주의라는 시대에 발생했으며, 그 모든 종교는 어느 정도는 표층구조라는 (그리고 윤리) 옷을 입고 있는데, 이는 시대에 뒤떨어진 두 가지의 주된 기술적 시대다. 이 종교 중 어떤 종교도(이전의 부족 종교도 마찬가지다.) 글로벌 문화 내부에서 발생하지 않았으므로, 그들의 구체적 영적 실천이 아무리 중요해도(그리고 중요하게 남을지라도) 부상하는 세계 문화에게 말을 건넬 수 없다(또는 건네지도 않을 것이다).

글로벌 문화가 창조되고 그 표층구조가 일상 언어의 일부가 되기 시작하면, 그런 글로벌 문화 내부로부터 새로운 종교가 일어나서 부분적으로는 이런 글로벌 언어를 말하고, 이런 공통된 담론 안에서 일하며, 그것을 넘어선 곳을 가리킬 것이다. 특정 종교(말하자면, 기독교나 불교)가 새로운 영토로 이동해서 그 영토를 개종시키는(무력을 통해서든 진실한 설득력을 통해서든 간에) 시대는 벌써 지났다. 새로운 종교는 이전 종교에 뿌리 내리고 있음을 나는 의심치 않는다. 그런 종교들이 이전 종교 중 하나에서 나온다고도 믿지 않는다.

대지Earth를 신봉하는 부족 종교는 마술적 미분화 세계관 속에서 발생했으며, (권력이라는 희소자원과 더불어) 목재로 만들어진 곤봉과 창이라는 기술경제적 기반 위에서 발생하였고, 혈족 가계를 통해서만 함께 결속되었다. 위대한 세계 종교는 신화와 신화-이성의 세계관 내부에서 말과 쟁기라는(군집/농경) 기술경제적 기반 위에서 발생했으며, 멤버십이라는 희소자원을 갖고, 따라서 권력, 멤버십, 부 및 신성에 대한 접근에 있어서 여기에 상응하는 (매우 경직된) 위僞계층구조를 갖고 있었다. 따라서 이런 종교에서의 구체적인 도덕적 이행 명령은 오늘날의 세계에서는 (있다손 쳐도) 거의 의미가 없는 표층구조에 종종(여전히) 구속되어 있다. 돼지고기를 먹지 마라, 오른손으로 먹지 마라, 모직물 위에서 잠자지 마라, 여성을 사원에 들이지 마라…….

그러나 그런 종교들의 비전秘傳적이거나 신비적인 요소 상당 부분은 진실로 통속적인 외부 형태를 뚫고 나갔지만, 그럼에도 불구하고 외피를 얼마나 뛰어넘을 수 있을지에 대해서는 한계가 있었다. 농경시대에서 근대로, 근대에서 포스트모던으로 이동하기까지는 구축해야 할 기반이 상당했으며, 전통적인 관조적 시도가 가야 할 길이 너무나 멀었다(죄인으로 낙인찍지 않으면서도 던져 버릴 필요가 있는 쓰레기가 너무도 많았다).

새로운 글로벌 종교는 새로운 글로벌 문화 내부에서 나오는 것이며, 그것이 무엇이건 과거에 그저 접목된 게 아닐 것이다. 새로운 글로벌 종교는 관조적 자각, 실리콘 칩이라는 디지털 언어로 모국어처럼 자연스럽게 말하는 자각 안에서 편안함을 느끼고, 바람과 비의 유희처럼 가상현실 속에서 스스로를 분명하게 인식할 것이다. 글로벌한 관점과 보편적 다원주의를 당연하게 여길 것이며, 영이 살과 뼈를 통해 흐르듯 광섬유 회로를 통해 움직일 것이다. 그 모든 게 자연스럽고 정상적이면서 생동할 것이다. 그런 글로벌 네트워크 내부로부터 나온 새로운 초월의 목소리가 신성에 민감한 사람들을 끌어들이기 시작할 것이다. 전 지구적 공유의 정보 신경망 내부에서 자유를 드러내는 목소리가 나올 것이다.

다양한 뉴에이지 운동은 그런 세계적인 의식혁명의 도래를 알리고 있다고 주장한다. 그러나 이 책이 분명하게 밝히고 있듯이, 나는 이런 운동만으로는 충분치 않다고 생각한다. 그들에게는 외면과 내면 차원에서의 한결같은 비전-논리가 부족하다. 그들에게는 더 고차원의 내면에 접근할 수 있는 일관된 테크놀로지가 부족하다. 그들에게는 사회적 제도 외의 수단이 (그리고 이론조차도) 부족하다(달리 말해서, 그들에게는 사상한 모두의 분석과 참여가 부족하다). 게다가 대부분의 뉴에이지와 새로운 패러다임 접근들이 자신들은 탈데카르트라고 주장하지만, 그들은 데카르트식 세계에서나 가능하다고 설명되는 현상들을 확장시키고 있을 뿐이다. 그들은 계몽주의 근본 패러다임에 결정적으로 도전하고 있지 않다(우리는 이 책 전반에 걸쳐 이 주제로 자주 돌아올 것이다).

이런 뉴에이지 운동 대부분은 이처럼 합리적 세계관을 초월하면서 포함할 수 있는 방식의 세계관에 관여하고 있지 않다. 그렇기보다 그들 중 다수는 여러 형태의 신화-제국주의로의(부족적 마술로까지도) 퇴행으로 끝을 맺는다. 이런 운동은 대체로 마술적 이기주의로 되돌아가는 자기실현을 특히나 중요시한다. 그리고 이런 마술적 자기애가 제국주의적 공세를 간신히 감추고 있는 세계 변용의 신화와 섞여 있다.

45. 하버마스, 『의사소통』, 164-165쪽.

46. 같은 책, 165-166쪽.

47. 이런 주제를 흥미롭게 논의한 내용을 보려면 라슬로의 『선택: 진화인가 소멸인가?*The choice: Evolution or extinction?*』를 보라. 항상 그렇듯이, 라슬로의 설명은 감탄할 정도로 직접적이면서도 정곡을 찌르고 있다. 그러므로 그가 "(그가 주장하는) 상호 관계하는 존재interexistence의 문화는 포괄적인 논리를 갖는다. 그것은 당신과 나, 그들과 우리들이다. 그것은 나나 당신, 우리나 그들이라고 말하는 이기주의 및 배제의 논리를 대신한다. 새로운 논리는 사람들과 사회로 하여금 긍정적인 총량인 윈-윈 게임을 할 수 있게 한다 … 상호 관계하는 존재의 문화가 갖는 위대한 이점은 그 포괄적인 논리와 더불어 다양성이라는 현재 형태와 양상들을 조화롭게 할 수 있다는 데 있다."(109쪽)라고 말할 때 우리 모두 박수갈채를 보낼 수 있다.

실제로 그럴 수 있다. '포괄적인 논리'가 비전-논리다. 그러나 라슬로는 이 비전-논리로 이끌어 가는 내면의 단계에 대해서는 침묵했으므로 '위대한 해결책'에 필요한 결정적인 단계가 모호한 채로 남는다. 그가 이렇게 말할 때 꽤나 옳았다고 나는 믿는다. "이런 요인들이 객관적이고 물리적이기(우측)보다는 주관적이고 문화적이지만(좌측), 우리는 그들을 무시하거나 그 중요성을 폄하해서는 안 된다. 한 개인이 (물론 경제적인 의미에 머물지 않고 성숙하면서도 책임 있는 시민이 된다는 의미에서) 더 발달할수록 그 사회가 발달할 가능성은 더 많다"(140-141쪽).

그러나 '더 발달한' 것에 대해서 우리는 더 이상 아무것도 듣지 못한다. 『선택』에서 라슬로가 제시한 일반적인 설명에 나는 매우 공감한다(그는 계속 객관적이면서도 시스템 전일론에 입각한 자신의 사유를 구축하고 있지만, 특히 좌측 차원에 대한 그의 강조는 그가 예전에 거의 독점적으로 우측 시스템 이론을 강조했던 것과는 날카로운 대조를 보인다. 나는 '서구화가 아닌 근대화'라는 그의 개념을 전적으로 지지한다). '상호 관계하는 존재'가 가능할 수 있는 다원주의적 세계중심의식을 낳는 개인(좌상상한)과 문화(좌하상한) 변용의 실제 단계를 더 분명하게 이해하지 않고서는 '교육' '의사소통' '더 많은 정보'를 향한 라슬로의 요청은 충족되지 않을 것이다.

48. 종족으로의 복귀retribalization에 관한, 특히 소름 끼치는 설명과 머지않은 미래에 그것이 미치는 영향력이 커지는 데 대해서는 『아틀란틱』 1994년 2월호에서 로버트 캐플란Robert

Kaplan이 쓴 「다가오는 무정부 사회*The coming anarchy*」를 보라. 캐플란도 세계가 글로벌화로 향한다고 보았지만 종족으로 복귀하는 이행 기간이 상당 기간 있을 것으로 보았다. "먼 미래는 아마도 인종적으로는 잡종인 글로벌화된 인간의 출현을 보겠지만, 다가오는 몇 십 년 동안 우리는 유사성보다는 차이를 더 많이 의식할 것이다."

캐플란은 자신의 논문을 반 크레블드Van Creveld의 『전쟁의 변용*Transformation of war*』, 호머-딕슨Homer-Dixon의 환경연구, 문화충돌에 관한 헌팅턴Huntington의 사유와 연결시켰다. 환경적으로나 인구학적으로 강한 스트레스하에서는 국가의 다양한 통치 기제는 동족인종 무리로 파편화된다. 캐플란은 (반 크레블드를 인용하면서) 이렇게 지적했다. "무력을 동반한 갈등은 인습적인 대규모 전쟁보다는 원시 종족의 투쟁이라는 점에서 공통점이 더 많을 것이다"(즉, 폰 클라우제비츠von Clausewitz가 이론화시킨 국가 전쟁 이전의 종족 전쟁으로의 퇴행이다).

전쟁이라고 할 수 있는데, 왜냐하면 제약이 없다면 상당수에 달하는 인간은 전투의 스릴을 즐기기 때문이다(남자는 전투하고, 여자는 전투의 영광을 위해 아들과 남편을 바친다). 반 크레블드의 책은 '인간은 전쟁을 좋아하지 않는다는 생각을 뒤집으면서' 시작한다. 반 크레블드는 "역사에 걸쳐 전쟁에 대해 공포를 표현하는 사람이 있는 반면, 인간에게 허락된 온갖 경험 중 가장 멋진 경험을 전쟁에서 발견하고 나중에 자신의 위업을 상세하게 나열함으로써 자손들을 지루하게 만들면서 여생을 보낼 사람들도 그만큼 존재한다."라고 지적했다. 반 크레블드는 지극히 예리한 통찰력으로 정확한 이유를 알고 있었다. "감각을 강제로 지금 여기에 집중하도록 만듦으로써 전투는 인간으로 하여금 감각에서 벗어나도록 만들 수 있다."

따라서 캐플란은 "세르비아의 체트니크, 소말리아의 즉석 전투 차량, 아이티의 비밀경찰 또는 시에라리온의 군인을 경험했던 사람은 누구나 말할 수 있듯이, 서구 계몽주의가 침투하지 못하고 항상 대규모 빈곤이 존재했던 곳에서는 폭력에서 해방을 발견한다."라고 지적하였다. "그리고 사람들이 특정 경제적·교육적·문화적 기준에 도달했을 때에만 이런 성향이 잦아든다."

종족화된 전쟁이 증가하면서 "종족 사회 내부의 신뢰 범위는 (주로 전인습적, 자아중심적인) 직계 가족과 게릴라 동료들에게로 한정되기 때문에 한 사람의 지휘관이 주선한 휴전 협정은 다른 지휘관에 의해 즉각 파기될 수 있다". 마찬가지로, "국가가 아니라 문화(민족색)가 전쟁을 벌이면 문화적이고 종교적인 유물은 전쟁의 무기가 되어 그들을 공정한 게임으로 만든다".

나는 전혀 그렇지 않을 가능성을 부정한다. 그것은 이전에 일어난 변용이 윗방향으로 진행되었던 것과 똑같은 라인을 따라 아래쪽으로 퇴보한다는 점과 완전히 일치한다. '종족으로의 복귀'는 예전(선사시대)에는 규범이었지만('좋았었는데') 오늘날의 세계에서는 '나쁜데', 정확히 말해서 이제 그것이 퇴행적이기 때문이다. 그것은 이제 보편적 조망주의 지평 아래로 떨어졌지만, 예전에는 그 지평까지 올라가려고 분투했었다.

그런 **퇴행**은 사회운동을 오염시킬 뿐 아니라, 종족적인 '생태 지혜'에서부터 마술적이고 신화적인 뉴에이지 제국주의, 보편적 조망주의를 취할 수 없는 권역에 생물중심, 생태중심성이 투입되는 데 이르기까지 수많은 유형의 '신패러다임'에 맹렬한 기세를 떨치고 있다. 물론 이 모든 게 진정 '글로벌' 구원으로서 제시되지만, 대부분은 널리 퍼진 퇴행적인 종족 복귀의 조각에 불과하다.

06 마술, 신화 그리고 그 너머

1. 8장에서 훨씬 더 상세하게 살펴보겠지만, 영은 특히 진화척도의 최정상에 불과하거나 어떤 식이든 신성한 오메가 포인트에 불과하지 않다(그러나 이것은 스토리의 일부다). 영은 무엇보다도 진화의 매 단계에 온전히 현전하는, 비어 있는 근본 바탕Ground 또는 끝을 알 수 없는 공성空性이다. 영성은 특정 단계가 전개되는 개방성으로서, 전개되는 것의 실체로서 현전한다. 영은 세계를 초월하고 포함한다. 영은 세계, 빅뱅, 어떤 현현에도 선행한다는 의미에서 초월하며, 세계는 영과 다르지 않고 형상은 공성과 다르지 않다는 의미에서 포함한다. 현현된 것은 영과 '별개'가 아니며 영의 활동이다. 진화하는 온우주는 활동하는 영Spirit-in-action이다.

    자신들의 실증적인 눈으로 볼 수 있는 신을 선호하는 다수 생태철학자들은 초월적 영의 모든 측면을 부정하고, 대신 완전히 내재적인 표현으로 영을 도색하려 함으로써 유한과 무한을 완전히 혼동하거나, 무형상을 일시적이고 유한한 형상에 불과한 것과 혼동하였다(화신을 법신과 혼동하였다). 그들은 종종 이런 입장을 지지하는 사람으로 스피노자를 지적하고 있는데, 이는 믿기 어렵다. 스피노자는 영은 무한 차원을 갖고 있고, 우리는 그중 두 가지만(연장과 사고) 알 수 있어서 영이 무한히 초월함에도 불구하고 현현된 세계를 전적으로 포함하고 있다고 주장하였다. 이는 내가 여기서 제시하는 입장의 한 버전인 셈이다.

    반면에 초월만을 또는 내재만을 강조하는 사람들은 존재론에 있어 지극히 이원론적이고 분열적이라서 이는 종종 이데올로기로 퇴보하고 말았다. 내재만을 주장하는 입장은 현재 꽤나 인기가 있다. 그것은 종족주의를 선호하는 통상적인 생태남성우월주의자와 잘 통할 뿐 아니라 원예농업을 선호하는 통상적인 생태페미니스트와도 통한다. 초월과 포함으로 오인된 실증적 미분화가 아닐 수 없다.

2. 전문적으로 말해서 전조작과 구체적 조작은 광범위한 하나의 단계이지만, 그들의 특징 다수가 매우 다르기 때문에 통상적으로는 이들을 별개로 취급한다. 이들이 출현하는 나이는 평균일 뿐이다.

3. 블랭크Blanck와 블랭크Blanck는, 특히 마거릿 말러Margaret Mahler의 개척적인 업적에 근거해서 유아의 자기가 정서적인 타자(엄마)로부터 분리 개별화되는 것을 지칭하기 위해 발달분기점fulcrum of development이라는 용어를 도입하였다. 윌버와 그 밖의 연구자들의 『의식의 변용』에서 나는 이 분기점은 매우 뚜렷한 수많은 분기점 중 하나이고, 각각은 질적으로 새롭고도 구분되는 분화/통합(또는 초월과 포함)을 나타낸다고 제안한 바 있다. 각 분기점(나는 일반적으로 9개나 10개의 가장 중요한 분기점을 약술했다.)은 새롭고도 중요한 그리고 매우 다른 유형의 자기경계를 형성한다. 이렇듯 서로 다른 경계(그리고 그들의 매우 다른 기능)를 포착하지 못하면 내가 단일 경계 오류라고 부른 것, 수많은 심리학이론과 대부분의 신비/심리학 이론들을 난처하게 만들었던 오류가 생긴다(후속되는 장에서 살펴볼 것이다. 예를 들어, 13장의 주석 32, 14장의 주석 17을 보라). 이런 접근을 취하는 학생들을 위한 전문적인 상관관계는 다음과 같다.

첫 번째 분기점(F-1)은 최초의 일차 미분화 또는 '원형질의식'으로 시작되는 초기 감각운동기(0~1세)를 담당하는데, 이들의 세계관은 '태고'이며 미분화는 물리적 자기를 물리적 환경과 최초로 구분하면서('부화') 해소되고, 마침내 물리적 대상 항상성에 도달하면서(약 18개월로서, 이 시점에서 두 번째 분기점이 진행된다.) 확고해진다. F-1은 특히 물리적 경계의 확립과 관련이 있다(물리적 자기가 물리적 대상으로부터 분화된다).

두 번째 분기점(F-2)인 환상-정서는 감각운동 후기와 전조작의 시작(1~3세)을 담당하며, 정서적 자기와 대상의 최초 미분화로 시작되고('태고-마술') 정서 또는 리비도적 대상 항상성을 일반적으로 달성하면서(24~36개월로서, 정서적 자기와 타자 간의 분화, 정서적 경계의 확립) 해소된다.

세 번째 분기점(F-3)은 심적 기호와 그 지시대상 간의 최초 미분화(그리고 심신의 미분화)로 시작되고, 전조작기(2~7세)를 담당하며, 개념적인 대상 항상성의 출현(5~7세, 개념적인 자기경계의 확립)으로 해소된다. 피아제에 따르면, 이 시기는 심상과 상징의 지배를 받는('마술' 세계관을 갖는다) 초기 전조작(2~4세)과 개념의 지배를 받는('마술-신화' 세계관을 갖는다.) 후기 전조작(4~7세)으로 나뉜다.

다음에 등장하는 세 개 분기점(F-4, F-5, F-6)은 구체적 조작, 형식적 조작, 비전-논리 시기 동안 일어나는 분화/통합을 지칭한다(여기에 대해서는 이 장 후반에서 탐구할 것이다). 구체적 조작의 세계관은 신화와 신화-합리로 구분되며, 형식적 조작은 합리와 합리-실존으로 구분되고, 비전-논리는 실존과 실존-심령으로 구분되는데, 이 모든 내용은 나중에 탐구할 것이다. 더 고차원의 또는 초개인 분기점(F-7에서 F-9까지)은 7장과 8장에서 다룰 것이다.

분기점을 달리 표현하면 자기-단계self-stages와 그들의 분화/통합으로서, 그들이 의식발달의 기본 파동이나 수준을 성공적으로 넘을 때를 말한다(이들 자체는 발달적으로 펼쳐지며, 자기단계를 위해서는 필요하지만 충분치는 않다). 세계관(태고, 마술, 마술-신화, 신화 등)은 각각의 기본 수준이나 파동에서(개인적으로나 집단적으로) 생성되는 세계에 대한 인지적 지도를 말한다.

피아제나 (말러 같은) 정신분석 발달학자들은 첫 번째와 두 번째 분기점을 명시적으로 구분하지 않고 그들을 하나의 일반적인 분화 과정으로(분리 개별화) 함께 취급하였다. 그럼에도 불구하고 이들은 분명 두 가지 매우 다른 자기발달의 단계나 분기점으로서, 첫째는 물리적 자기와 물리적 환경 간의 분화(물리적 경계)를, 두 번째는 정서적 자기와 정서적 환경 간의 분화(정서적 경계)를 나타낸다는 것을 그들의 자료는 시사하고 있다. 첫 번째 분기점을 성공적으로 넘어가기 전에 유아는 원형질적 미분화에 파묻혀 있지만, 첫 번째 분기점이 지난 후 유아는 분명히 물리적 자기와 타자를 구분할 수 있고 스스로 물리적 항상성에 분명하게 착륙할 수 있으나, 그다음에는 정서적 미분화(자기정서와 타인 정서 구분의 결여)로 특징지어지는 두 번째 분기점 최초 단계에 위치하게 된다. 이 연구자들이 첫 두 분기점을 아주 유사하게 다룬 것은 이 두 분기점에서의 미분화와 '집착'이 우세한 탓이지만, 양측 연구자들의 진술은 자신들이 여기서 서로 다른 두 가지 움직임을 인정하고 있으며, 무엇보다도 서로 다른 병리(정신병과 경계선 장애)가 일어날 가능성이 수반된다는 점을 매우 분명히 하고 있다. 컨버그 같은 그 밖의 연구자들은 서로 다른 이 단계들을 노골적으로 인정하였다. 그러나 모든 정통 연구자들은 다섯 번째나 여섯 번째 분기점에서 연구를 끝냈으며, 초개인 분기점(7~9)은 무시하였다.

스펙트럼의 또 다른 끝도 마찬가지로, 자궁 내 상태와 출생 과정(그리고 출생외상)에 대한 (매우 논란을 불러일으키는) 이론과 증거가 대규모 존재한다. 이런 복잡한 논란으로 들어가지는 않고, 나는 출생 전에 관한 이런 연구가 일부 진정성을 띠고 있다는 것을 인정하면서 수태부터 출생까지의 전 과정을 분기점 0으로 언급하였다.

이런 분기점은 여타 분기점과 마찬가지로 **동일한 일반 특징**을 따른다. (1) 미분화와 비분리라는 최초 상태, (2) 강력하면서도 종종 어려운 분화의 시기(이 경우 출생 과정/외상 자체), (3) 분화 이후 다음 분기점이나 분화/통합 순회(이 경우 F-1)를 준비하는 공고화와 통합의 시기(이 경우 자궁 밖에서 일어난다.)가 그것이다.

언제나 그렇지만 분기점의 **어떤 특정한 하위 단계**에서도 발달 기형(하위 단계 1, 2, 3, 즉 미분화, 분화, 또는 통합 하위 단계에서의 기형이나 파괴)은 그 하위 단계 형성의(그리고 기형) 특징에 해당하는 매우 특정한 병리를 낳을 수 있다(분기점에서 나타나는 이런 일반적인 특징 전부를 『의식의 변용』3, 4, 5장에서 자세하게 검토하였다).

F-0의 경우, 융합/미분화 하위 단계에서 고착되면 개인은 세계와의 '신체적으로 신비로운' 융합이 일어날 소지가 있을 수 있다. 분화 하위 단계가 파괴되면 개인은 '지옥같이 느껴지는 막다른 길no-exit', 치명적인 쇼크, 강렬한 가학-피학적 활동, 퇴행성 우울증 상태가 되기 쉬우며, 통합 단계에서의 고착은 망상적인 구세주 콤플렉스로 이끌 수 있다 (F-0의 이런 하위 단계에서 일어나는 병리 가능성에 대한 짧고 무작위적인 표본을 제시하기 위해 나는 곧 이 연구로 돌아올 것이다).

게다가 F-0에서의 형성(그리고 기형)은 모든 구조화 사례에서와 마찬가지로 뒤따라 일어나는 발달이 동일한 방향으로 기울어지기 쉽게 만든다(그러나 원인이 되지는 않는다). 예를 들어, 출생외상은 고유한 병리적 상처로서, 뒤따라 일어나는 발달을 오염시킨다(그리고 기형으로 만든다). 따라서 '막다른 길'이라는 엄청난 분화 하위 단계에서 기형이 된 사람은 우울, 위축, 억압 등의 방향으로 그 분기점들이 기울어질 수 있는 경향성이 강한 상태로 그 후 발달 분기점에 도달한다. 그래서 일반적으로 분기점 형성(또는 기형)은 진주를 형성할 때의 모래알같이 그 후 발달층에 움푹 패인 자국을 만들거나 '주름을 만들어서' 유사하게 층을 이룬 기형 '콤플렉스'를 형성하는데, 그것의 핵심은 실로 특정 F-0 하위 단계까지 거슬러 갈 수 있다.

이런 점에서 스타니슬라브 그로프Stanislaw Grof의 연구는 광범위한 세 가지 '인간 무의식 영역'을 가정하도록 이끌었는데, 그는 이것을 프로이트식 또는 전기傳記적(또는 개인 무의식)인 영역, 계급식 또는 실존적(출생과 출생외상이라는 실제 과정에 의해 정해진 심리적인 매트릭스)인 영역, 초개인적 영역으로(여기에는 집단적·초개인적 원형, 경험, 통찰 등이 포함된다.) 지칭하였다. 그로프는 (특히, 육체적이거나 약물로 유도된) 강한 스트레스를 받은 몇 사례에서 개인은 (개인의 정신역동적인 재료를 경험하는) 프로이트식 또는 전기적biographical 단계에서 (몇 가지 주요 하위 단계에서 실제 출생외상을 재경험하는) 랑크식 출생 단계로 퇴행한 후 때로는 (광범위한 신비적·집단적·원형적·초개체적, 자아초월적 현상을 경험하는) 초개인 영역으로 진입하는 경향이 있다고 주장하였다.

그로프는 두 번째 광대한 영역인 랑크식/출생 매트릭스를, 특히 강조하였다. 이 '출생 전후 기본 매트릭스Basic Perinatal Matrices: BPMs'는 내가 간략하게 윤곽을 설명한 바와 같이 근본적으로 분기점 0의 하위 단계를 따른다. BPM I은 하위 단계거나 대양적 미분화 상태로서, 양쪽 상태는 모두 동요되지 않거나 동요된 상태다. BPM II는 하위 단계 2의 초기거나 분화 과정으로서, '우주적 함몰'과 '막다른 길'이 주는 지옥 같은 압력 등이 격화된다. BPM III는 하위 단계 2의 후반부 단계로서, 자궁으로부터 빠져나가기 시작하면서 '화산 같은'쾌락/고통, 절단되는 고통, 황홀한/피학적인 상태 등이 격화된다. BPM IV는 하위 단계 3으로서, 출생 후, 산후 신생아 상태인데, 이는 자궁에서 나와 새롭게 분리된 신체 존재를 통합해야만 한다(그러나 이것의 자기감각은 여전히 자신의 자기경계와 주변을 둘러싸고 있는 물리적 세계의 경계를 안정적으로 구분할 수 없다. 이제 F-1이 시작되는 것이다).

그로프는 또한 이런 출생 전후 기본 매트릭스는 뒤따라 일어나는 심리발달이 전개될 수 있는 격자를 형성한다고 추정되는 증거를 제시하였다(여전히 논란이 일고 있다). 내가 지적하고 싶은 것은 그의 BPM(그리고 그 결과로 나타난 COEX 시스템 또는 '압축된 경험 시스템systems of condensed experience)'은 여기서 제시한 모델(F-0 하위 단계와 뒤이어 나타나는 발달적 영향의 기본 패턴)과 모순되지 않는다는 사실이다. 연구가 그로프의 모델을 뒷받침한다면 그 구체적인 단계들은 조정될 수 있다.

이론가들은 종종 그로프의 지도와 나 자신의 지도는 어떤 공통된 특징을 공유하지만 연대기적 측면(또는 무의식이 노출되는 '순서')에서 볼 때는 꼭 들어맞지 않는다는 점을 지적하였다. 그러나 이는 단지 그로프의 지도가 일련의 **퇴행적인** 패턴으로부터 재발견한 내용이기 때문이다. 약물이나 스트레스 유도하에서 개인은 일상적인 자아에서 프로이트식(그리고 어린 시절) 트라우마로(또는 전기적 재료의 재발견) **퇴행**하고, 거기서 계속 출생외상과 자궁 내 상태로 **퇴행**하는데, 그 시점에서 그들은 물리적 심신체와의 동일시를 완전히 멈추고는 초개인·초개체적인 상태로 떨어진다. 따라서 그로프의 전형적인 '순서'는 일상의 자아, 프로이트식 트라우마, 출생, 초개인이 된다.

이와는 달리, 나의 지도는 주로 대대적인 성장과 발달 패턴에 근거하므로 소위 반대 방향으로 뻗어 있지만 똑같이 일반 영역에 도달한다. 나의 '순서'는 출생외상에서 프로이트식 트라우마, 일상의 자아, 초개인이 된다(왜냐하면 이런 영역들이 일시적인 경험으로서가 아니라 안정적인 적응으로서의 자각으로 실제로 진입하는 순서를 다루기 때문이다). 그러나 전형적으로 일상적 자아 수준에 있는 사람이 나의 지도를 이용해서 **퇴행**하기 시작한다면, 이 지도는 그로프의 지도와 동일한 일반 순서, 에고, 프로이트식 트라우마, 출생외상, 초개인을 예측할 것이다.

그러나 몇 가지 중요한 차이점이 있다. 자아와 초개인 사이에(퇴행이 아니라 성장의 방향이다.) 나는 일반적인 실존(켄타우로스) 수준(F-6)을 넣었는데, 이것을 그로프의 '실존적인' 출생 전후 매트릭스(F-0 하위 단계 2)와 절대로 혼동해서는 안 되는데도 불구하고 이들은 종종 '뒤섞인다'. 그로프의 표준 '순서'에서 BPM은 개인과 초개인을 구분짓지만 성장과 발달 순서에서의 소위 '분할 선'은 (다음 장에서 살펴보겠지만) 켄타우로스다. 이 때문에 일부 이론가들은 BPM과 켄타우로스를 동등하게 취급하려 했지만, 그렇게 되지는 않을 것이다. 켄타우로스는 앞문을 통해 초개인으로 들어가는 입구지만, BPM은 뒷문을 통해 들어가는 입구다.

일부 '실존 위기'는 그로프의 주장대로 실로 분만 전후 매트릭스를 재활성화할 수 있다(또는 반대도 가능하다). 그러나 F-6의 일반적인 실존 위기는 엄마와 유아와의 분리를 통해서가 아니라 주체와 객체의 분리를 통해서 야기되는데, 이는 가장 목가적인 출생 환경 이후에서도 일어날 것이며, 이런 실존 위기는 출생 경험으로 퇴행함으로써 완화될 수 있는 게 아니라 거친 주체/객체 이중성을 풀어내거나 초월함으로써 가능하다. 이런 초월은 출생 퇴행 경험의 부산물로 일어날 수 있지만, 초월 자체는 그런 퇴행으로 야기되지 않고 초월에는 그런 퇴행이 필요하지도 않다(그로프 모델을 포괄적으로 비판한 내용을 보려면 『아이 오브 스피릿*The Eye of Spirit*』 7장을 보라).

나는 본문에서 초개인 차원을 소개한 후 이 주제로(그리고 그로프의 작업) 돌아와서 우리 사이에 일치하는 점과 차이점들을 좀 더 정확히 지적할 것이다(14장 주석 17을 보라).

4. 이 장에서 나는 좌상상한의 발달을 제시하였다. 이 상한에서의 발달은 각각 다른 세 상한에서 상관요소를 갖고 있다. 개인 상한인 우상상한은 내면적인 (피아제식, 프로이트식, 융식) 각 단계가 잘 넘어감에 따라, 특히 그와 관련된 뇌 생리학에서의 변화가 일어나며, 어떤 경우에는 생리학적 요소가 우세할 수 있다. 정신병, 조울증, 강박신경증, 여러 가지 공포증에는(틀림없이 다른 기능장애도 따라올 것이다.) 유전적 소인이 있다는 강력한(때로는 결정적인) 증거가 발견되었다. 이 경우에 유전이 총을 장전하고 발달이

481

방아쇠를 당기는 격이다. 유전적 소인은 특정 분기점의 결과를 병리 쪽으로 기울게 만들고, 그런 유전 요인은 종종 증상의 주된 요인이 된다. 그렇지만 소위 조울증 유전자를 가진 사람 모두가 증상으로 발전하지 않기 때문에 발달 요인들이 여전히 역할을 수행한다.

더구나 이런 증상들(그리고 다른 많은 증상)을 약물로 다룰 수 있다. 그것이 바로 우측 길의 역할이다. 그러나 의료적 접근으로(그것만으로는) 안 되는 건 개인의 자기이해다. 그것은 증상의 깊이를 해석해서 어떤 형태의 자기명료성과 자기통찰 및 자기책임에 도달할 수 있도록(이 모든 것은 좌측의 길이다.) 개인을 돕지 못한다. 나는 조심스럽게 균형 잡힌 양쪽의 길을 강하게 지지한다.

양쪽 길(약물과 치료)이 유용하고 중요함을 대부분의 정신건강 전문가는 직관적으로 이해하고 있지만, 둘 중 어떤 것이 '참으로 실재하며' 가장 중요한지에 관해서는 둘 사이에 끊임없는 긴장이 존재한다. 어느 쪽도 다른 한쪽으로 환원될 수 없으므로 현명한 균형이란 실용적인 양보에 그치는 게 아니라 이론적인 필요성이라는 게 나의 요지다.

이와 같이 개인의 발달은 개인의 사회적·문화적 홀론과 (그런 맥락 안에서) 상호 작용하면서 전개된다. 문화적 의미(좌하상한)와 사회적 제도(우하상한)는 개인 패턴의 전개와 강력하게 상호 작용한다(주로 가족구조를 통해 매개된다). 이것은 '인습적 실재에의 적응'이 왜 정신건강을 측정하는 매우 훌륭한 척도가 되지 못하는지를 보여 주는데, 사회 자체가 '병들' 수 있기 때문이다. (나치즘에서 세르비아인들의 인종 청소에 이르기까지) 온우주의 피류을 극악무도하게 더럽히는 문화적 의미는 무엇보다도 적응을 원하는 대상이 아니다. 마찬가지로, (실제 노예제도에서 쥐꼬리만 한 월급에 이르기까지) 소외되고 소외시키는 기술경제적 사회 기반 시설은 개체 홀론과 그 발달에 심각한 부담을 안겨 준다. 현대 사회에서의 노예 상태가 뇌화학을 파괴하고, 자존감을 황폐화시키며, 병든 문화적 의미를 구현하며, 비인간화시키는 제도라고 말하는 것은 똑같은 말을 반복하는 셈이다. 이들은 동일한 홀론의 사상한이다(세계혼이 집단적으로 합리적 다원주의 수준에 도달한 적이 있다. 신화구조에서는 노예 상태가 표준 질서가 된다).

따라서 사상한은 모두 '개인'의 발달에 결정적으로 중요하다. 이 장에서 내가 좌상상한에 초점을 두는 것은 이 상한에 특권을 부여하려는 의도가 전혀 아니다.

마지막으로, '정신건강'은 우선 우리가 실재에 대해 적절하게 정의할 경우, 오로지 그 경우에만 '실재에 대한 적응'으로 정의 내릴 수 있다. 우리가 말했던 바와 같이 인습적 실재는 결코 척도로서의 역할을 못할 텐데, 왜냐하면 행복한 나치가 되는 데 적응하는 일은 전혀 정신건강이 아니기 때문이다. 그러므로 정신건강의 정확한 정의는 불가피하게도 속속들이 철학적인 것이다(의료 전문가와 우측 길 전문가들은 여기에 얽히고 싶지 않을 뿐이다).

그러나 이런 식의 사유 노선을 불가피하게 따라가다 보면, 정신건강이란 온우주와의 조율이라는 매우 플라톤적인 결론에 도달한다. 온우주에는 물질, 신체, 마음, 혼, 영이 포함된다. 그런 조율에 못 미치는 것은 무엇이든 병리적이다. 그런 조율에 못 미치는 문화는 병든 문화가 된다. 플라톤, 플로티노스, 세계의 철학자 성현들 대다수가 옳으며, 이 모든 차원(물질, 신체, 마음, 혼, 영)이 남녀 모두에게 열려 있다. 그러므로 그것을 존중하지 않은 것은 영양실조에 걸린 것과 마찬가지이며, 그것을 병이라고 할 수밖에 없다.

5. 132쪽. 달리 표시하지 않는 한 모든 인용문은 『피아제의 정수 *The essential Piaget*』에서 따온 것이다.

6. 플라벨Flavell, 285쪽에서 인용하였다.

7. 132-133쪽.

8. 134-135쪽.

9. 151쪽.

10. 151-152쪽.

11. 139-140쪽.

12. 유사한 독자성(은유)과 유사한 공동성(환유) 또는 단순히 유사성(독자성)과 근접성(공동성)에 근거한 이런 두 가지 비유적 표현은 언어학자들이 지적한 바와 같이 (부분이 전체를 대신하는 혼성어, 제유법과 더불어) 언어적 공동성에서 가장 기본이 되는 홀론이다.

흥미롭게도, 언어적 인지의 이 두 가지 기본 형태(독자성과 공동성)는 매우 근본적이라서, 어린 시절에 나타나는 실어증(말을 이해하는 힘의 소실)의 두 가지 주요 형태에 대해서 야콥손은 한 형태에서는 어린이가 은유를 이해하는 역량이 줄어들지만 환유는 꽤나 잘 이해하고, 다른 한 형태에서는 환유를 이해하진 못하지만 은유는 완벽히 이해한다는 사실을 발견하였다. 야콥손은 실제로 그것들을 '유사성 장애'와 '근접성 장애'로 불렀는데, 달리 표현하면 독자성 장애와 공동성 장애다. "그 결과, 인간 언어는 사실상 (독자성과 공동성이라는) 두 가지 근본 차원으로 존재하며, 이런 차원은 시詩가 특징적으로, 그리고 특별히 의존하고 있는 수사학적 장치로 결정화된다고 제안하는 게 가능하다. 은유와 환유는 다른 형태로 세분될 수 있지만(직유는 일종의 은유이며, 제유는 일종의 환유다.) 두 가지 양식 간의 차이는 근본적인 차이로 남는데, 그것이 언어 자체가 갖는 근본 양상의 산물이기 때문이다. 그것이 언어가 작동하는 방식이다"(호크스Hawkes의 『구조주의와 기호학 *Structuralism and semiotics*』, 78-79쪽).

프로이트에게 일차 과정 인지는 주로 은유와 환유로 작동하며, 신경증은 기본적으로 중요한 면에서 일차 과정을 벗어나지 못하는 것이라면 발자국을 조금만 떼면 구조주의의 기치 아래 있는 라캉Lacan의 명확한 설명에 도달하는데, 여기서 증상은 은유가 되고 욕망은 환유가 된다.

이와 같이 은유와 환유의 지극히 근본적인 성질은 특정 포스트모던 후기 구조주의자들, 특히 해체주의자들로 하여금 더욱 **중요한** 고차원 인지를 함부로 대하도록 만들었다. 모든 고차원 사고는 은유와 환유로 되어 있다고 말하는 것과 그것이 은유와 환원에 불과하다고 말하는 것은 다르며, 이는 심히 환원적이라서 이들 반反이론가들은 한편에서는 과학과 시간의 구분을, 다른 한편에서는 철학과 문학 간의 구분을 없애기 위해 주로 이것을 이용하였다. 그들은 이런 시도들 간에는 어떤 유의미한 차이가 없다고(특히, 과학과 시 사이에는 아무 차이도 없다.) 주장하는 데 불과한데, 그럼에도 불구하고 병이 생길 경우 그들은 지역에 있는 시 낭송회에 가지 않고 의사에게로 달려간다.

더욱 발달되고 더 중요한 인지 홀론은 자아중심성을 감소시키고, 간주관적 교환을 통한 상호 이해와 상호주의 네트워크를 확장하기 위해 은유와 환유의 맥락에 제한을 가할 것이다. 은유와 환유는 뿌리로는 남아 있지만 가지가 될 수는 없다.

개체 발생에 대한 우리의 서술 중 이 지점에서 우리는 오로지 뿌리만 출현했던 지점에 도착했다.

덧붙여 말해서, 서로 다른 저자들이 사용하는 여러 용어, 즉 압축, 환치, 병치, 어형 융합 등의 실제 의미는 때로 그들이 차용하는 이론적 관점에 따라 달라진다. 따라서 압축은 때로는 은유를, 때로는 환유를 지칭한다. 어형 융합도 마찬가지다. 그러나 독자성과 공동성이라는 두 가지 주된 모습은 동일하다.

따라서 라캉이 사용한 환치는 일차적으로는 결핍인 주체의 욕망의 성질을 나타내는 환유다. 압축은 미끄러지는 의미 사슬을 따라서 억압된 욕망의 의미를 추적하는 은유로서 증상에서 발견된다. 내가 수용하는 근본적으로 동일한 비유적 표현(은유와 환유)은 그러나 '단일한 경계', 즉 '결핍' 이론에 구속되어 있는데 나는 이 점을 전적으로 거부한다 (단일한 경계이론에 대한 비판을 보려면 13장 주석 32를 보라).

13. 140쪽, 152쪽.

14. 146쪽.

15. 피아제는 이런 변화를 다음과 같이 설명하였다. "(마술 수준까지) 첫 단계 동안은 모든 설명이 심리적 · 현상론적 · 궁극 원인론적 · 마술적이다. 두 번째 단계 동안(마술-신

화) 설명은 인위론적·물활론적·역동적이 되고, 마술적 모습은 사라지는 경향이 있다"(143쪽).

16. 코완Cowan, 『감정을 갖춘 피아제Piaget with feeling』, 168쪽.

17. 프로이트, 『정신분석 개요An outline of psychoanalysis』.

18. 같은 책. 프레이-론Frey-Rohn, 『프로이트에서 융까지From Freud to Jung』.

19. 캠벨, 『원시 신화Primitive mythology』, 86-87쪽.

20. 심상은 정신권의 최초 형태 또는 최초 홀론이기 때문에, 아마도 말馬에서 시작하는 포유류 또한 심상을 형성하기 때문에, 이 동물들 또한 정신권에 존재하기 시작한다. 얀치는 이것이 진정 말에서 시작한다고 믿었으며, 그가 지적했듯이 그 지점에서부터 생태 대칭성이 영원히 파괴되었는데, 왜냐하면 심상은 생물권을 정확히 반영할 수 있거나 반영할 수 없기 때문이다. 심상의 출현과 더불어 '대칭성 파괴', 인간에 와서 위험스럽게도 통제를 벗어난 파괴가 일어났다. 그러나 또다시 치료책은 퇴행이 아닌 통합이다.

21. 이 세 번째 분기점 전체는 마술적 인지와 여전히 가깝기 때문에, 프로이트가 지적하곤 했듯이 모든 신경증 증상은 환치와 압축, 또는 은유와 환유를 담고 있다. 페렌치Ferenczi의 표현대로, 모든 신경증 증상은 마술에 대한 무의식적 믿음이다.

22. 앞서 언급한 책, 222쪽.

23. 내담자는 인지적 지도를 충분히 의식한 상태로 온다("나는 속까지 썩었어요. 나는 무엇에도 성공하지 못했어요." 등). 그 지도는 우연히 잘못되었고 왜곡되었을 뿐이다. 따라서 인지 치료사들은 대부분 실제 과거 역사를 심하게 파고들지 않고, 그 대신 현재 잘못된 지도를 정면으로 공격한다.

　　이런 정면 공격은 노출 치료(정신분석 같은 분기점 3 치료들)가 겨냥하는 더 원시적인 리비도 홀론에서는 잘 작동하지 않는데, 왜냐하면 그 경우 내담자는 다룰 필요가 있는 재료들을 사전에 미리 의식하지 못하기 때문이다. 내담자에게 그림자 재료를 직접 직면시키는 일은 거기에 대한 저항을 높이는 경향이 있다. '더 깊이' 탐색할수록 그 과정은 더 민감하고 더 길다.

　　대부분의 사람은 단순한 인지 및 대인 관계 치료로부터(분기점4 치료들) 즉각, 그리고 엄청나게 도움을 받을 수 있어서 이런 치료 및 이와 유사한 치료들이 더 험난한 노출 기법을 빠르게 대체하고 있다. 이는 분기점 3 치료의 중요성을 조금도 줄이지 않지만, 실용적인 면에서 그것들은 여지를 잃는다. 시간과 비용 때문에 대부분의 사람은 엄두도 내지 못한다(물론 자기애적 자기홍보, 즉각적인 만족, 충동적인 행동화 등처럼 전통적인 정신분석이 병리로 간주하는 것들을 미국에서는 현재 미덕으로 간주한다. 아무 죄책감도 없이 개인이 이런 '자발성'을 성취하도록 돕는 데 인지 치료가 도입되었는데, 꽤나 흥미로운 제휴가 아닐 수 없다).

마지막으로, 분기점 2 치료를 (F-3의 노출 치료와 구분하기 위해) '구조 구축' 치료로 부른다. F-2의 병리는 억압이 아니라 우선 자기가 억압할 수 있을 만큼 충분히 강하지 않다는 사실에 있다. '노출시킬' 그림자나 '캐낼 것'이 존재하지 않는데, 자기구조가 상당한 정도 구축되지 않으면 그림자도 많지 않기 때문이다. 대신에 치료는 자아를 강화시켜 억압이 가능하도록 '일으켜 세우는' 것이다! 자기와 대상 표상을 분화시키고 경계를 강화하는 일이 치료다.

『변용』에서 내가 주장했던 것처럼, 명상은 일차적으로 구조 구축 기법이 아니고, 노출 기법도 아니며, 각본 재작성 기법도 아니지만, 명상과 함께 이들을 모두 활용할 수 있다.

그러나 명상 자체는 근본적으로 구조적 잠재력이 더 성장하고 전개되는 것이다. 어떤 식이든 '노출'이 있다면 그것은 어제의 노출이 아닌 내일의 노출이며, 유아기의 노출이 아닌 영원의 노출이다. 전집 2권『아트만 프로젝트』를 보라.

24. 여기에 부응해서, 우리는 '자아' 상태나 '자기' 상태 또는 '나' 상태의 스펙트럼 또는 연속체에 관해 정확하게 말할 수 있는데, 각각은 그 선행 상태의 초월이므로 따라서 각각은 그 후속 상태와 비교할지 선행 상태와 비교할지에 따라 '전자아'나 '초자아'로 정확하게 정의될 수 있다(즉, 한 단계의 자아나 자기는 이전 단계 자아의 '초'이며, 다음 단계 자아의 '전'이다). 순수한 자아Ego 안에서 모든 자아를 초월할 때까지, 아트만이 브라만에 녹아들 때까지 이 과정은 계속된다. 이것은 기술적으로 정확하게 사용하는 것이지만 거의 모든 사람이 혼동하는데, 정통식 및 뉴에이지식 용법과 상충하기 때문이다. 그러므로 본문의 다음 단락에서는 내가 약술한 용법을 따를 것이다.

25. 마음을 실제 조직하는 과정으로서의 자아를 나는 '자기시스템'이라고 말한다. 극단적인 경우를 제외하고 그것은 성장의 모든 단계에 존재한다. 예를 들어, 성장의 각 단계에서 자기보존, 자기적응, 자기초월, 자기퇴행이라는 '네 가지 힘' 사이를 운항하는 것이 자기시스템(또는 간단하게 '자기')이다.

따라서 초기 단계에 있는 자기시스템은 전자아, 중간 단계는 자아, 초개인 단계는 초자아가 되며, 여기서 자아는 순수한 공성 안으로 개방되는 참자아로 수렴된다. 바꿔 말해서, 자기시스템은 내면적인 인간 홀론의 체제나 코돈이다. 모든 체제와 마찬가지로, 그것은 그와 관련된 홀론이 현현할 수 있는 개방성이나 빈터다. 그것은 자기가 공성 자체로 되돌아갈 때까지 분리된 자기를 통해서 밖을 내다보는 공성이다.

26. 내가 말하는 '순수한 참자아'는 육체로부터 분리되거나 어떤 위치도 정해지지 않은 것을 뜻하지 않는다. 그것은 현현과의 연결이 끊어진 초행위적 자율성이 아닌 불, 법, 승(나, 그것, 우리)으로 드러나는 현현의 근원이자 진여다. 이 모든 내용은 나중에 상세하게 다룰 것이다.

27. 앞서 언급한 책, 270쪽. 합리성은 '직선적'이라서 '반생태적'이라는 생각은 수많은 '신패러다임'이 갖고 있는 생각의 초석이지만, 이는 진실과는 꽤나 거리가 먼 이야기다. 이 이론이 의미하는 실제 '합리성'은 그들의 합리성에는 부합되지 않는 모든 이론을 말한다.

28. 같은 책.

29. 전집 4권 『통합심리학』을 보라. 콜버그가 후인습을 정의한 방식은 구체적 조작 후기와 형식적 조작 초기에 바탕을 두는 인습적 단계와 비교해서 말하는 것이다. 따라서 이 단계를 넘어선 어떤 단계도 '후인습'이 된다. 콜버그가 보편적·영적인 7번째 단계를 추가했을 때, 그 단계는 '후인습 이후post-postconventional'였으며, 그보다 더 높은 단계는 이후-이후-이후가 될 것이다. 이 모든 '이후'는 인습/구체적 조작을 기준점으로 삼은 데에서 왔다. 형식적 조작을 기준점으로 삼는다면 더 높은 단계는 후합리나 초합리 또는 초개인이 된다. 순전히 의미론적인 문제일 뿐이다.

30. 캠벨, 『원시 신화』, 84-85쪽.

31. 같은 책, 27쪽.

32. 같은 책, 28쪽.

33. '만일 ~라면' '마치 ~인 듯'의 진술을 이해하는 역량은 형식적 조작에서만 출현한다는 사실을 피아제는 증명해 보였고, 캠벨은 다른 맥락에서 인정했다. 그 명칭이 함축하고 있듯이, 구체적 조작은 가능한 세계와 가설적 세계를 구상하기에는 지나치게 구체적-문자적이라서, 이런 이유로 구체적 조작을 통해 생성된 신화를 은유적으로나 상징적으로 사용된 가상이나 가설적 가능성으로서가 아니라 실제로 마치 **실증적인** 사실인 양 매우 구체적이고 문자적으로 받아들인다. 이 때문에 신화적 세계관에서는 과학(또는 실재 세계의 증거에 비추어 검증되는 가설적 가능성의 포괄적인 틀)이 등장하지 않는다.

34. 캠벨, 『창조적 신화Creative mythology』, 630쪽.

35. 같은 책, 4쪽.

36. 캠벨, 『원시 신화』, 18쪽.

37. 『창조적 신화』, 4-6쪽, 609-623쪽에서 인용하였다.

38. 구체적 조작이 실패하고 전조작으로의 퇴행이 일어날 때마다 마술적 세계관이 즉각 부활할 수 있다(왜냐하면 홀론은 진화가 상향으로 진보하는 동일한 노선을 따라 하향으로 퇴행하기 때문이다: 원리 2d). 내 생각에 마술적 구조 자체는 남지만 무의식으로 된다는 게 아니다. 그 독점성 구조의 일부에 고착할 때만 무의식이 된다. 억압되거나 소외된 그런 의식의 구덩이가 온전히 마술적인 상태로 남아 있으며, 이것이 그들이 보여 주는 일부 병리가 된다(이 때문에 이런 유형의 신경증 증상을 '마술에 대한 무의식적 믿음'이라고 하는 것이다). 전조작구조는 온전히 존재하면서 활동하지만 이제 구체적 조작의 하부 홀론으로서 그렇다. 그러나 고착을 막으면 독점성 구조 자체(마술)는 새로운 독점성 구조(즉, 신화)로 대체된다.

    내 생각에 이런 식의 명확한 설명은 무의식에서 무엇을 '발견'할 수 있을지에 관해서 다루기 힘든 문제를 안고 있다. 『의식의 변용』을 보라.

39. 도덕발달에서도 똑같이 일어난다. 최대한 짧게 표현하면, 전조작은 전인습(자아중심적) 도덕을 지탱하고, 구체적 조작은 인습(사회중심적) 도덕을 지탱하며, 형식적 조작은 후인습(세계중심적) 도덕을 지탱한다. 형식적 조작에 있는 사람은 동시에 완전하게 구체적 조작구조(역할, 규칙)와 전조작구조(심상, 상징, 개념)에 접근하며, 실제로 형식적 조작은 스스로를 구성할 때 이 모든 것을 필요요소로 포함한다. 그러나 후인습 도덕에 있는 사람은 모든 도덕발달 이전 단계들에 동시에 접근하지는 못하는데, 왜냐하면 낮은 단계들과만 오로지 동일시함으로써 이전 단계들이 생기기 때문이다. 그리고 더 높은 정체성이 출현하면 낮은 정체성은 풀려나고 대체된다. 당신은 후인습/글로벌 관점과 전인습/자아 중심적 관점을 동시에 가지면서 진심으로 행위할 수 없다.

40. 『프로이트에서 융까지』. 프레이-론의 탁월한 저서는 이 주제에 관해서 길고도 날카로운 논의를 몇 가지 담고 있다(때로는 격상주의자 해석이 실려 있다).

41. 융 또한 그림자, 페르소나, 에고 같은 전형적이면서 공통된 구조를 원형적인 것으로 포함시키기에 이르렀다. 이런 구조들, 이런 기본 흔적들 또한 집단적으로 유전되었다. 이 또한 별 문제가 없다. 이 또한 초개인과는 무관하다(다음에 나오는 주석 44, 45를 보라).

42. 융, 『집단 무의식의 원형Archetypes of collective unconscious』, 173쪽.

43. 그런 형태 또는 그 외의 다른 형상을 통해 영성이 표현될 수 있지만 그런 형상은 그 근원이 아니다(융식 원형을 충분히 논의한 내용을 보려면 『아이 오브 스피릿』을 보라).

44. 셀드레이크의 형태공명이론에서는 지속된 반복이 강화시킨 과거의 형태로 원형을 바라본다. 그러므로 이것은 후속되는 유사한 홀론의 형성 과정을 안내한다. 하나의 홀론이

더 많이 반복될수록 그것은 더 '원형적'이 되고 더 강력해진다.

이와 같이 '모성 해후mother encounter'의 숫자는 엄청난데, 존재하는 모든 인간이 그런 해후를 맞았으므로 그런 '원형'으로부터 일어난 공명을 총합하면 실로 엄청나기 때문이다 (출생 원형, 아버지 원형, 그림자 원형 등도 마찬가지다).

나는 이 모든 내용에 동의한다. 요컨대, 모성, 부성과 해후했던 총 숫자와 비교할 때 진정으로 신비적인 해후의 총 숫자는 한심할 정도로 적다. 과거 신비가들은 뒤이어 등장한 우리 모두와의 홀론 공명을 마련하였다. 그러나 그것은 인간에게 공통된 경험 중에서 아마도 가장 드물면서 가장 적게 일어났기 때문에, 그 이론으로만(또는 융식의 유전이론을 어떤 식으로 변형한 것이든) 설명한다면 모든 것 중 가장 약하면서 가장 덜 강력한 원형이 되었을 것이다. 그러나 실제로 영이 하강하면 모성 원형, 부성 원형, 유한하면서 작은 그 어떤 원형이라도 산산조각으로 날려 버린다. 그것은 단순히 과거나 어떤 유한한 진화습관이 아니라 정반대 쪽에서 무한한 힘을 동반하면서 다가온다.

현재구조적 잠재력으로서만 잠자고 있는 더 높고 초월적인 실재 원형에 누군가가 더 많이 '접속할수록' 다음 사람들이 비슷하게 '접속하기' 더 쉬워진다. 초개인 영역의 과거 위대한 영웅들이 바로 이런 일을 했던 것이다. 그러나 그들이 접속한 것은 공통된, 전형적인, 반복적인 더 많은 과거 패턴이 아니라 미래의 더 고차원적인 가능성이다. 그들은 과거가 아닌 미래를 물려받았다.

셀드레이크는 형태공명은 창조적 출현을 설명하지도, 그럴 의도도 없다고 지적함으로써 이것을 인정했지만, 창조적 출현에는 종종 영이 놓여 있다. 창조적 출현은 고차원과 미래의 구조적 잠재력으로부터 오지만, 형태공명은 과거로부터 오고 우선 창조적으로 출현한 후에만 확립된다. 형태장이 출현한 후에 그것은 다음에 등장하는 유사한 깊이에 있는 홀론을 위한 (그 자신의 깊이 수준까지는) 오메가 포인트로 작용한다. 그것은 유사한 발달에게는 온전한 미래로서, 실제로는 과거에 일어났던 행위였다.

45. 우리 모두가 집합적으로 발가락 10개, 허파 2개 등등을 물려받았듯이 집단적 전개인, 집단적 개인, 집단적 초개인구조가 존재한다. 집단적이라고 반드시 초개인은 아니다.

더 나아가서 『아이 투 아이』에서 내가 지적했듯이 인간의식의 기본구조는 집단적으로 물려받는 잠재력이지만, 이는 과거에 현시된 잠재력을 의미하지 않는다. 예를 들어, 인간 신피질에는 합리성이나 가설연역적 사고를 위한 잠재력이 존재하지만, 약 5만 년 전 오늘날의 형태로 출현한 신피질이 합리적 사고로 온전히 개화하지는 못했다. 신피질이 처음 출현했을 때, 그것은 논리를 위한 구조적 잠재력을 수용하고 있었지만, 논리 자체는 과거로부터 온 유산이 아니었다. 그것은 문화를 앞쪽으로, 상향으로 끌고 가는 상호 이해의 오메가 포인트로서 작용하는 미래의 잠재력이었다. 인간구조의 영적 잠재력도 마찬가지다. 어떤 시대든 그때까지는 아주 소수에 한정된 사람들에게만 드러났던 잠재력을 우리는 물려받았으며, 그러므로 그것은 더 높고 넓은 맥락에서 우리 각자에게 작용하는 오메가 견인력을 행사한다.

07 인간 본성의 심층

1. 블랭크와 블랭크,『자아심리학*Ego psychology*』.

2. 피아제,『피아제의 정수』, 133쪽.

3. 가드너,『마음의 탐구』, 63쪽.

4. 같은 책, 64쪽.

5. 코완,『감정을 갖춘 피아제』, 275쪽.

6. 재구성과학으로서 실행된 파울러Fowler의 실증적·현상학적 연구는 사람들이 6개나 7개 영적 신앙(또는 영적 지향)의 주요 단계를 거치면서 변한다는 사실을 발견하였다. 그가 발견한 사실은 내가 여기서 제시하는 지도의 측면들과 매우 근접하게 일치한다.

   간단히 설명하면, 0단계는 '언어 이전의 비분화'(우리의 태고)로, 1단계를 파울러는 '투사적, 마술적'(우리의 마술)으로 불렀으며 그 또한 전조작과 관련지었다.

   그는 2단계를 구체적 조작 초기와 관련된 '신화-문자'로 불렀는데, 여기서 신앙은 '우리와 유사한 사람들'에게로 확장된다. 3단계는 '인습'으로서, 이것은 '상호 역할 취하기'와 '집단 규범과 관심에의 순응'과 관련되어 있으며, 구체적 조작 후기와 초기 형식적 조작에 속한다(2단계와 3단계는 각각 우리의 신화 및 신화-이성이며, 두 단계는 우리의 신화-멤버십 전체가 된다).

   4단계에서는 '둘로 쪼개는 형식적 조작'(그리고 자아)이 출현하면서 '개인-반성'으로 되며, 여기에는 '반성적 상대론'과 '스스로 인정하는 이데올로기적 관점'이 포함된다. 5단계에서는 '변증법적 형식적 조작'이 출현하고 '자기 자신 이외의 집단, 계급, 전통을 포함'하기 시작하는 '연합 신앙'이 나타난다. '판단-경험 과정이 서로 다른 과정들과 인간이 축적한 지혜의 여러 표현에 관한 반성적 주장이 변증법적으로 결합된 것'이 여기에 수반된다(후인습, 보편적 합리성, 보편적 다원주의, 성숙한 자아, 세계중심적 지향의 시작).

   6단계에서는 '이전 단계의 경험과 진실을 통해 견문이 넓어진' '보편화'가 일어난다(이

전 단계들에 대한 켄타우로스적 통합으로서 파울러 또한 '결합력 있는 현실'과 '상징과 자기가 매개하는 실재의 단일화'로 불렀는데, 즉 통합된 켄타우로스 자기에 해당한다). 이런 자기는 '자아의 분투가 정화되고 훈육된 직관을 통해 존재의 원리와 연결되는데', 여기에는 '종합적인 형식적 조작'과 상호 관련된 '존재의 공화국'과 '초계급의식과의 동일시'가 포함된다(우리의 비전-논리, 세계중심 지향의 결실, 초개인 직관의 시작. 그 희귀성 때문에 파울러는 더 고차원의 관조 단계들을 연구하진 않았지만, 그 지점까지는 적합도가 매우 높으며 종종 정확하기까지 하다). 파울러, 『신앙의 단계Stages of faith』.

7. 뢰빙거의 『자아발달Ego development』은 브로턴Broughton의 최초 연구였던 하버드 대학 박사논문을 요약하고 있다. 달리 표시하지 않는 경우, 모든 인용문은 뢰빙거의 요약에서 따온 것이다.

8. 이론적으로 볼 때 자기는 그 구성요소로 환원시킬 수 있다고 믿어 왔는데, 정확한 이유를 들면 세계가 서로 맞물린 거대한 경험적 질서로 오인되었기 때문이다(평원 전일론). 그래서 멋진 그물 한 가닥을 차지하는 상대적인 시스템으로서의 주관적 자기는 경험적으로 관찰 가능한 경우로 분할되어야만(따라서 환원되어야만) 했다.

   인문학의 실제 패러다임인 존 로크를 필두로 하는 대부분의 영미 계통 심리학은 이런 부정적인 실책을 범했다. 온우주Kosmos가 우주cosmos로 축소되면 자기는 큰 그림에서 잘려져 사라진다. 자기는 현재 경험으로 축소시킬 수 있는 출력 장치를 구성하는 인공두뇌학적 톱니에 불과할 뿐이어서(행동주의) 어떤 식이건 궁극적으로는 다른 자기와 맺는 초월적 유대로부터 고립된다. 그물망의 어느 한 가닥도 망 전체를 의식하지 못하는데, 이런 이유 때문에 실증적 전일론은 분리, 이원론, 고립주의자로 막을 내린다.

9. (1) 물리적 환경으로부터의 분화(그리고 통합), (2) 정서-리비도 생물권으로부터의 분화(그리고 통합), (3) 신체로부터 (초기) 마음의 분화(그리고 통합), (4) 자아중심성으로부터 사회중심의 분화(그리고 통합), (5) 사회중심성으로부터 합리적-자아의 분화(그리고 통합), (6) 자아로부터 켄타우로스의 분화(그리고 통합)다. 각각은 더 넓은 포용과의 더 깊은 일체감이다.

10. 『켄 윌버의 신A Sociable God』에서 나는 영적 참여의 정당성과 진정성을 구분하였다. 정당성은 영적 참여가 변환translation을 촉진하는 정도의 기준이며, 진정성은 변용trans-formation을 촉진하는 정도의 기준이다. 신화-종교는 마지막 장에서 설명한 이유로 종종 꽤나 높은 정도까지의 정당성을 보이지만, 진정성은 그다지 크지 않다. 이성은 신화보다 진정성이 크지만, 특히 국가라는 경계 내에 한정될 때에는 종종 심한 정당성 위기를 맞는다. 반

대로 초개인 영역은 이성보다 진정성이 높지만, 적어도 현대 서구 사회에서는 보통 더욱 더 힘겨운 정당성에 직면한다.

11. 좌측과 우측 차원 모두 직접 파악이나 직접 경험에서 출발하며, 윌리엄 제임스가 설명한 대로 '내부적으로' 일어나건 '외부적으로' 일어나건 간에 그런 직접 경험을 정확히 자료 datum라고 부른다. 자료 자체는 다른 요인(문화, 심적 자세, 도구 등)에 의해 매개되지만, 그럼에도 불구하고 자각되는 순간에 경험의 직접성은 그 경우에 해당하는 순수한 자료가 된다. 내가 '저 밖에 있는' 한그루의 나무를 지각하건 '이 안에 있는' 음식에 대한 욕망을 지각하건 자각되는 순간에는 두 가지 모두 순수한 직접성 안에서 내게로 전달된다(그러나 그런 직접성은 매개 요인을 가질 수 있다).

우측 길은 감각적 직접성에만 고착되어 있고, 그것의 이론적 정립을 외부 감각이나 감각의 연장으로 탐지할 수 있는 홀론의 측면과 연관 짓는다. 그것의 자료는 감각적인데, 이는 항상 외부 감각을 의미한다(그것은 내면 감각을 신뢰조차 하지 않는데, 그것은 '사적이어서' 추정컨대 '공유할 수 없기' 때문이다). 독백적이고 실증-분석적인 양식은 엄청난 양의 내면적 · 개념적 · 선험적 인지를 사용하는데, 궁극적으로 볼 때 이런 접근은 그 모두를 외부로 감각되는 외면의 직접성과 연관 짓는다. 내가 말했던 것처럼 그렇게 될 수 있으며, 그것은 (한계는 있지만) 지식의 중요한 양식이다.

좌측 길은 주어진 경험의 동일한 직접성과 직접 파악에서 출발한다(그것은 외부 또는 우측 차원과 동일한 직접성인데, 왜냐하면 직접 파악하는 순간에는 제임스가 설명한 것처럼 주체도 객체도 없으며, 좌측도 우측도 없기 때문이다). 그러나 기본적인 직접성이 주체와 객체로 바뀌면서 홀론의 객관/외면에 집착하는 우측 길과는 달리, 좌측 길은 기본 직접성의 주관/내면 차원을 탐구한다.

여기서, 그리고 이런 이유로 해석이 좌측 무대에 등장한다(그러나 우측은 그렇지 않은데, 여기서는 표면을 응시하는 백지가 가장 큰 가치를 갖는다). 내면에서 나는 아는 경험acquaintance을 통해 깊이를 직접 알 수 있지만(어떤 수준에 있는 직접 경험이라도 그것이 감각적 충동인지 원형적 빛인지를 직접 알게 된다.), 그럼에도 불구하고 만일 당신과 내가 이런 경험을 공유하려 한다면 우리는 우리의 깊이를 서로 소통시켜야만 한다. 외부 표면은 우리 모두가 보는 '저 밖에' 존재하지만, 내면의 파악은 우리 각자가 상대방이 무엇을 전달하는지 해석이 필요한 의사소통 교환을 통해서만 공유할 수 있다. 이 때문에 좌측 길에서는 해석(해석학)이 불가피하다.

우측 길은 자신의 이론화 작업상 자료를 해석할 때 해석을 사용하지만, 모든 자료는 궁극적으로는 의사소통이나 내면적으로 반응하지 않는 자료들이다(바위건, 뇌 화학이 건, 자살률이건 간에 자료는 외부적인 표면일 뿐이다. 그들은 화답함으로써 사태를 복잡 하게 만들지는 않는다. 여기에는 골치 아픈 대화가 없다).

따라서 우측이 좌측에 대해서 실제로 진저리를 치는 이유는 그 자료가 직접적이어서 가 아니라(자료는 직접적이다. 우측 길에서의 똑같은 직접성이 출발점이다.), 공유할 수 없는 것으로 공공연히 거부해 버린 내성, 내면성, 해석의 필요성이다. 이는 물론 언어도 단이다. 우측 길이 자료로서 수용하는 것은 오로지 의사소통을 통해서 결정된다.

축약하면, 우측 길과 좌측 길은 주어진 경험이라는 동일한 직접성에서 출발하지만, 탐 구 대상으로서의 우측 길은 의사소통을 통해 반응할 필요가 없는(독백적) '외부 표면'에 집착하는 반면, 좌측 길은 한 걸음 더 나아가서 의사소통으로 반응하는 홀론을 탐구한다 (대화적·해석학적·해석적). 하나는 표면에 집착하고, 다른 하나는 깊이를 탐구한다. 볼 수 있는 표면은 "그건 무슨 일을 할까?"라고 묻는다. 그러나 깊이는 표면에 안착하지 않기 때문에 "그건 무슨 의미일까?"("이면에는 무엇이 있을까?")라고 물어야 한다.

(본문에서) 이어지는 논의에서 그것이 감각 경험이건, 심적 경험이건, 영적 경험이건 간에 일차적으로 나는 경험의 최초 직접성에 열중해 있다. 논의되고 있는 '타당한 지식 축적의 세 요소'는 일차적으로는 어떤 영역에서든(감각적·심적·영적) 직접적인 자료 의 습득을 말한다. 좌측 길이 취하는 더 멀리 나간 해석적 스텝과 우측 길의 실제 이론적 정립 또한 이 세 가지 요소를 따르지만, 추가적으로 적용된다(이 개념을 더 충분하게 논 의한 내용을 보려면 윌버의 『아이 투 아이』를 보라).

12. 푸코는 우측과 좌측 접근 모두가 필요하다는 점을 알게 되었다. 실제 존재에 관한 그의 (초기) 고고학은 가능한 경험에 대해 전통적인 구조주의자가 실시한 분석을 신구조주의 자가 재작업한 것이지만, 그것은 여전히 담론 형성의 외부 표면과 구조 및 신중한 발화 행위에 개성을 부여하는 (희박화와 배제에 관한) 변용 규칙을 강조하고 있다. 신구조주 의는 담론 형성의 내면적 의미에 도달하려는 온갖 시도를 피했을 뿐 아니라 참으로 경멸 했다(사실 푸코는 현상학적 표준 행동인 언어적 발화의 진실뿐 아니라 그 의미마저도 판 단 중지했는데, 이는 극치의 외면적 혹은 독백적 조치가 아닐 수 없다. 당신은 언어 형성 의 전달자에게 절대로 말을 걸 필요가 없는데, 당신은 그들이 한 말의 의미에 관심이 없 기 때문이다. 성가신 해석이 없는 구조의 외면만 문제 삼는 이것은 구조주의의 막장에 불과하다).

그의 더 균형 잡힌 후기 관점에서는 담론 인식이 장치dispositif나 사회적 실행의 (이를테면, 인식을 포괄하는) 전체 맥락으로 대체되었는데, 여전히 일관성을 통해 그 의미가 드러나지만 해석을 통해 그것의 '내부'로 들어간다. 드레퓌스와 라비노는 "이 새로운 방법은 구조주의의 거리 두기 효과를 보존하는 일종의 고고학적 분석(외면적이고 객관화시키는 접근 또는 우측 길)과 탐구자가 항상 그들 내부에 위치하며, 거기서 그의 문화적 실행의 의미를 이해해야만 하는 해석적 통찰(좌측의 길)을 계발하는 해석적 차원을 결합시킨다."라고 논평했다. 『미셸 푸코』, xii쪽.

13. 그것을 포착하는 공간을 구성하기 위해 언어가 필요해도 그렇다. 즉, 나는 생활세계와 세계 공간이 대부분 언어로 구성된다고 말하는 게 아니다. 내가 말하는 의미는 여러 면에서 언어로 구성된 특정 경험은 거기에 상응하는 생활세계의 기의 없이는 기표로 포착될 수 없다는 뜻이다. 나는 분명 '지도와 영토' 간에 구분을 짓지 않는데, 이는 언어에 대한 조잡한 표상적–실증적 이론이다. 의미 있는 기표는 최소한 물리적 대상을 표상한다. 마음속에서 지도는 영토지만 그것이 외부 세계를 표상하지는 않으며, 전적으로 새로운 세계를 제시하거나 창조한다. 언어는 세계를 창조하고 세계를 드러내는 역량을 가졌다.

　나는 또한 말과 경험을 구분하지도 않는다(다음의 주석 16을 보라). 말은 정신권에서 핵심적인 경험이지만 그런 언어 경험은 공통된 생활세계가 없으면 표상될 수가 없다. 본문에 서술된 더 진전된 나의 요점은 이 또한 거기에 발달 개념을 덧붙일 필요가 있다는 것인데, 언어는 내가 짐을 꾸려 거기로 들어갈 때에만 존재의 안식처가 되기 때문이다. 공유된 생활세계는 공유된 구조적 기표들만의 집합이 아니라 발달적 기의의 집합이기도 하다.

　'직접 경험'의 의미와 그것의 가능성에 대해서는 다음의 주석 16을 보라.

14. 따라서 나는 내면의 기의를 드러내고 지원하는 깊이 수준으로 내가 사전에 변용되었을 때만 하나의 기호를 올바로 변환시킬 수(그것을 올바로 또는 의미 있게 해석할 수) 있다. 그제서야 나는 의미화된 깊이와 동일한 수준에서 공명하는 기표들의 관계교환 시스템('동일한 수준의 관계교환') 속에 존재한다. 그렇지 않다면 기록되거나 발화된 기표들의 물리적 징표들을 완벽히 볼 수는 있어도 도통 아무것도 알 수가 없다.

　정확히 모든 홀론은 기호이며, 각각은 유사한 깊이에 위치한 홀론들의 공통된 세계 공간에 마련된 홀론의 체제나 코돈에 따라 실재를 변환시키는 데 관여한다(즉, 우선 그것이 등록할 수 있는 것에만 반응한다). 그것의 세계 공간 밖에서는 변환시키지도 변환시킬 수도 없다. 홀론은 아무것도 등록하지 못한다. 달리 말해서, 기호로서의 홀론은 동일한 깊이에서 의미화된 세계 공간을 드러내는 체제를 통해서 범위가 좁혀진 기표들에만 반응하고, 이들을 등록할(변환시킬) 뿐이다.

15. 여기에 관해서 나는 『아이 투 아이』(그리고 『감각과 영혼의 만남*The Marriage of Sense and Soul*』)에서 광범위하게 서술했다. 진지한 독자들은 본문에서 내가 취한 지름길을 양해할 것이다. 또한 지식 축적의 세 요소를 하버마스의 세 가지 타당성 요건과 혼동하지 말라. 타당성 요건은 삼대 가치권(주체, 객체, 문화, 또는 나, 그것, 우리)을 말한다. 나는 세 가지 요소는 삼대 가치권 타당성 요건 각각에서 작용한다고(그러나 그것들은 매우 다른 형태를 취한다.) 주장하는 바이며, 그것들의 작용은 지식의 지시대상은 내 상상 속이나 나의 잘못된 지각 및 그와 유사한 것에 있지 않고 온우주에(온우주의 세계 공간) 실재로서 존재함을 확인시켜 주는 데 도움을 준다.

16. '직접 경험'이라는 주제와 관련해서 의미론적·철학적 혼란을 꽤나 자주 볼 수 있는데, 보통은 그것이 존재하기는 할까라는 질문에 초점을 두고 있다. 온갖 경험이 실제로는 개념, 심적 세트, 문화 배경이 되는 가치 등에 의해 매개되는 게 아닐까? 모든 지식/경험은 상황 속에 놓여 있고 매개를 거치기 때문에 우리가 바랄 수 있는 최선은 '국소 지식local knowledge'이라는 개인 호주머니를 해석학적으로 연구하는 것이며, 어떤 초월적 주장이라도 대체로 불필요하다. 이렇게 논쟁이 진행된다.

여타의 수많은 것 중 이것은 신비 경험에 대한 비교연구에서의 혼란을 야기했다. 예를 들어, 스티븐 카츠Steven Katz와 그의 동료들은 일련의 논문과 저서에서 모든 경험은 매개를 거치기 때문에 카츠는 "순수한(즉, 매개되지 않은) 경험은 없다."라고 하였고, 그러므로 신비 경험에는 공통성(또는 범문화적 유사성)이 없다고 강하게 주장하였다. 각 문화와 신념은 다르기 때문에, 그리고 이렇듯 서로 다른 세트가 부분적으로는 신비 경험을 구성하기 때문에, 따라서 공통된 신비 경험이란 없으며 있을 수도 없다. 이는 또한 신비적 주장이 타당하거나 보편적인 지식으로 되는 것을 약화시킨다고들 말한다.

이런 일반적인 접근 전체를 느슨하게 '구성주의자'로 부르게 되었다. 즉, 우리는 독립적 실체에 관한 지식을 받아들이는 게 아니라, 해방시키는 다양한 실행에 근거해서 지식을 구성한다. 일종의 신칸트식 방식으로 우리의 현재 기본 경험을 받아들이고 재작업함으로써, 최종적으로 의식에 전개되는 것은 경험과 심적-문화적 틀의 불가분한 혼합이다.

그러나 모순되게도 이런 접근은 구성주의자가 아니라는 이유로 수난을 당하고 있다. 우선 경험과 구성 간의 이분법은 잘못된 이분법이다. 한편에는 경험이, 다른 한편에는 맥락적 틀이 있는 게 아니다. 모든 경험은 하나의 맥락이다. 단순한 감각 경험이라도 모든 경험은 언제나 이미 상황 속에 놓여 있으며, 언제나 이미 하나의 맥락이며, 언제나 이미

하나의 홀론이다. 데리다가 "그저 현전하는 것은 아무것도 없다."라고 말할 때, 이는 모든 홀론에 대해 사실이다. 화이트헤드가 말하곤 했듯이, 모든 홀론은 이미 실제 우주 전체에 대한 홀론의 파지적 통일성이다. 어떤 것도 그저 현전하지 않는다(이는 또한 업業이나 현재에 포섭된 과거라는 동양 개념과 매우 유사하다). 모든 것은 언제나 이미 맥락 속의 맥락이다.

따라서 모든 홀론, 그러므로 모든 경험은 언제나 이미 상황 속에 놓여 있고, 매개를 거치며 맥락적이다. '최초 경험'이 도달해서 심적 개념으로 재작업되는 게 아니다. 최초 경험은 최초가 아니라 무한한 맥락들의 맥락적·파지적 매개다. 더 나아가서 마음이 감각적 맥락을 맥락과 관련시킨다는 사실은 새롭지도 않고 피할 수도 없다.

모든 것(모든 홀론)은 매개된 맥락이지만 맥락은 즉시 접촉한다. 경험 자료에 즉각 접촉하기 위해 '신비한 순수의식'이 필요하지 않다. 매개된 사슬의 어떤 지점이라도 알려지면(또는 경험되면) 그런 앎이나 파지는 그 자체가 직접적인 사건, 직접적인 '접촉'이 된다. 접촉은 이미 존재하는 무언가와의 접촉이 아니라 그 자체가 순수한 현존(또는 파지)이다. 단순한 매개만이 영원히 존재한다면, 아무것도 알려지거나 경험되지 않을 것이다. 미끄러지는 사슬이 맥락적으로 영원히 빠른 속도로 돌아가는 것을 막을 방법이 없다(그것이 의식으로 들어갈 수 있는 지점은 없다).

그러나 파지/경험의 어떤 순간에도(감각적·심적·영적의 어떤 영역에서도) 그 순간에 주어진 것에 대한 즉각적인 파악이 존재하며, 그 즉각적 파악이 자료다(윌리엄 제임스는 그것을 주어진 순수한 경험으로 정확히 정의하였다). 그런 경험적 파지는 맥락이 접촉할 때 더 이상의 매개 없이 접촉한다는 의미에서 순수하다(그들은 언제나 이미 매개된 맥락으로 매개된 맥락 속에 놓여 있어도 말이다).

접촉의 순간에는 어떤 매개체도 없다. 매개가 있다면 접촉은 없다. 모든 것은 매개될 뿐이라고 말하는 것은 순수한 회의론을 현대적으로 화려하게 왜곡시킨 것으로, 이는 심히 자기모순적이다(그것은 "나는 토대가 불가능하다는 토대가 흔들리지 않는 신념을 갖고 있다."갖고 말하는데, 이는 회의론자로 하여금 자신의 신념은 검토하지 않은 채 속 편하게 남겨 두고 다른 사람의 신념을 쓰레기 취급하게끔 만든다).

어떤 영역에서든 접촉의 순간에는 매개는 없고 파지만 존재한다. 이 때문에 어떤 류의 지식이건(그리고 경험) 우선은 가능하다. '우선'이 있다는 건 어떤 지점(접촉 지점)에서 매개가 멈췄다는 의미다. 이런 이유로 어떤 영역에서든 (감각적·심적·영적) 경험이 일어날 때, 경험된 것과 경험자가 영원히 상황 속에 놓여 있고, 맥락적이라 해도 경험은 단순히 주어지고, 경험은 하나의 사례가 되며, 경험은 단순히 드러난다. 나는 매개된 세계를 직접 경험하는 가운데 스스로를 발견한다(우리가 살펴보겠지만, 그런 직접성, 그런 순수한 현존, 그런 접촉이 영을 바라보는 한 방식이다. 직접적임immediateness이 세계에 대한 영의 파지이며, 파지된 것은 맥락적으로 세계 속에 존재하는 영이다).

요약하면, 경험은 매개된 어떤 맥락이 주어지든 그것의 직접 파지다. 이 때문에 모든 경험은 순수한(직접적인) 동시에 맥락적이다(무한으로 개선되고 재맥락화할 수 있다). 앞으로 보겠지만 이런 이유로 하버마스는 모든 타당성 요건은 내재적이고(문화구속적) 초월적인(순수한) 요소를 갖고 있으며, 간주관적 의사소통과 학습이 맨 처음 일어나도록 허용하는 것은 초월적인 요소라고 주장한 것이다.

따라서 카츠조차도 '모든 경험의 매개적 성질'에 대해 숙고하면서 그런 개념 자체 그리고 거기에 대한 그의 앎에는 매개가 없는 지점에 도달했다. 매개 사슬의 어떤 지점에서 자료 자체가 자신의 의식으로 직접 들어와서 그는 그 개념에 직접 접촉하게 되었으며, 그래서 그는 "나는 이것을 안다."라거나 "나는 이것을 믿는다."라거나 "나는 이것을 경험한다."라고 말한다. 카츠로 하여금 모든 경험은 매개가 있다고 주장하도록 만든 공간이 무엇이건 그 공간은 어쨌든 매개로부터 벗어나 있는데, 그렇지 않았다면 그런 진술을 할 수조차 없었을 것이다. 모든 경험은 매개되었다고 말하는 자체는 매개되지 않은 공간에 위치한다. 달리 표현하면, 모든 것이 매개되었을 뿐이라면 그는 그것을 알 도리가 없다. 매개하는 사슬은 그가 거기에 접촉할 정도로 충분히 오랫동안 멈춰 있지 않을 것이다. 그것이 그의 자각 속으로 들어설 여지가 없다. 자기가 상황 속에 놓여 있다면 자기는 결코 그것을 알지 못할 것이다. 상황 속에 놓인다고 말하는 오류를 범할 수 있는 것조차도 그렇지 않음을 보여 주고 있는 것이다.

이것이 신비주의에 대한 카츠의 공격 노선 전체를 약화시키는데, 그의 공격은 그 자신의 공격에 적용되기 때문이다. 자멸하고 마는 셈이다. 즉, 카츠는 모든 경험은 매개되었고, 이는 예외 없이 모든 문화에 적용되는 사실이라고 주장하였다. 따라서 그는 범문화적으로, 보편적으로 사실인 비상대적 진리를 갖고 있다고 주장하는데, 그의 공식적 논문이 부정하는 내용이 사실상 누구에게나 가능해진 격이다. 그는 다른 모든 사람에 대해서는 부인한 실재에 관해서 보편적인/초월적인 주장을 하고 있으며, 그리하여 '신비' 경험에만 국한되지 않는 매일 매일의 일상적인 의사소통에서 초월적인 주장이 사실상 어떻게 형성되는지 그 실재 이슈를 숨기고 있다.

그렇다면 문제는 신비 경험에서 범문화적 유사성을 인정하지 않는 방식으로 문화가 경험을 매개하는지가 아니다. 모든 경험의 매개라는 측면은 어떤 경험에서든 모든 유사성을 불가피하게 무효화시키는지가 문제다(신비주의는 이와 관련해서 완전히 부차적인 문제가 된다). 달리 말해서, 초월적 기의가 하나라도 존재하는 걸까? 표현을 달리하면, 누구에게나 똑같은 의미로 될 가능성이 있을까? 신비주의는 잊자. 서로 다른 문화권에 속한 사람들이 (또는 동일한 문화권에서도) 무언가에 대해 말을 할 수 있을까?

논쟁의 이 지점에서 초월적 기의가 도무지 존재하지 않는다는(오로지 기표와 끝없는 매개의 미끄러지는 사슬만 존재한다는) 개념을 지지하기 위해 데리다에게 종종 도움을 요청한다. 그러나 이것은 데리다를 오독誤讀한 것이다. 우리는 이미 컬러Culler로부터 해체는 명제적 진실을 부정하는 게 아니라 우리에게 그 맥락성을 환기시킬 뿐이라는 설명을 들었다. 데리다 자신도 초월적 기의가 상황 속에 놓이더라도, "이는 그것(초월적 기의)이 기능하는 것을, 특정 한계 내에서 필수적으로 되는 것을 막지 못한다. 예를 들어, 그것 없이는 어떤 변환도 가능하지 않을 것이다."(『포지션』, 20쪽)라고 지적했다. 달리 말해서, 데리다에 따르면 우리가 언어를 의미 있는 정도로까지 변환시킬 수 있다는 사실은 진정으로 초월적인 기의가 존재한다는 의미이고, 이것이 일상 경험에도 해당된다면 (과학에서 신비주의에 이르기까지) 다른 경험에도 마찬가지로 해당되지 않을 이유가 없다. 우리는 언어를 변환시킬 수 있는데, 모든 맥락이 상황 속에 있어도 상당수의 맥락들은 문화를 넘어 유사한 상황 속에 있기 때문이다. '맥락'은 자동적으로 '상대적'이거나 '비교할 수가 없음'을 의미하지 않는다. 그것은 종종 '공통'을 의미하며, 그러므로 진정으로 초월적인 기의가 존재한다. 데리다조차도 이런 기본적인 사실을 인정했다.

비록 언어가 매개한다 해도 그런 유사성 안에, 초월적 기의의 존재 속에, 문화 내부와 문화를 넘어 의사소통할 가능성이 있다. 이런 이유로 하버마스의 타당성 요건은 내재적인 (맥락적인) 동시에 초월적(공통된 맥락)이다. 매카시가 설명했듯이, "의사소통 행위가 우리의 패러다임이 된다면 탈중심화된 주체(간주관적 주체)는 언어가 매개하는 사회적 상호 작용의 참여자로 남는다. 이것 때문에… 언어 사용은 타당성 요건을 지향하며, 타당성 요건은 결국 간주관적 인정을 통해서만 만회할 수 있다……. 의미와 타당성 간의 내적 관계는 의사소통은 언제나 '내재적', 즉 상황 속에 놓여 있고 조건화될 뿐 아니라 언제나 '초월적', 즉 어떤 국소적 맥락을 넘어 지탱되므로 무한하게 비판되고 방어되며 개정될 수 있는 타당성 요건에 맞춰 조정될 수 있음을 의미한다"(『철학적 담론』, xvi쪽).

하버마스의 표현처럼 "타당성 요건은 야누스의 얼굴을 하고 있다(이들 또한 홀론이다). 요건으로서 그들은 어떤 국소적 맥락도 초월한다. 동시에 그들은 지금 여기서 제기되어야 하고 사실로서 인정되어야 한다. 보편타당성의 초월적 순간은 모든 편협성을 박살 낸다. 수용된 타당성 요건의 의무적인 순간은 그들로 하여금 맥락 구속적인 일상적 실천의 전달자가 되도록 만든다"(『철학적 담론』, xvii쪽).

이 때문에 비록 우리가 언어적으로는 특정 상황에 있어도 타당성 요건은 우리를 실재의 언어 외적extralinguistic 측면과의 관계 속에 둔다(그것은 여러 면에서 그저 상황 속에 놓인 게 아니다). 매카시의 말을 빌려 보자. '진리, 진실성, 정의에 대한 (타당성) 요건은 화자의 발언을 실재하는 언어 외적 질서와의 관계 속에 둔다(하버마스 입문, 『의사소통과 사회 진화Communication and the evolution of society』, xix쪽). 달리 말해서, 일상의 의사소통조차도 항상 문화적 구속에 머물지 않는(또는 오로지 좁은 시야에 그치지 않는) 실재의 측면 속에 놓인다.

내 관점에서는 이런 언어 외적 질서(즉, 언어적 상황 속이라도 언어적인 것에 머물지 않는 질서)는 실로 하버마스가 주장하듯이 삼대 가치권(나, 우리, 그것)을 말하지만, 이 영역은 각각 전개인, 개인, 초개인요소, 또는 전언어(감각운동 세계 공간이나 육안), 준언어(정신권 또는 심안), 초언어(신권 또는 관조의 눈)로 구분될 수 있다.

초개인 영역을 잠시 접어 둔다 해도, 하버마스의 요점은 이런 여러 질서는 각각 우리의 상황 구속성에 제한을 가하고, 세계의 '구성'이 자의적인 데 머물지 않도록 막고, 그에 따라 어쨌든 학습이 일어나도록 허용한다('유일하게' 텍스트만 존재한다면, 아무것도 텍스트를 놀라게 하지 않을 것이며 학습도 결코 일어나지 않을 것이다).

자의적인 데 머물지 않는 그런 세계 공간은 어떤 의사소통 행위든 그것의 타당성 요건을 단단히 붙잡아 매서, 맥락이 통제를 벗어나서 끝없이, 그리고 의미 없이 돌아가지 않게 막는다. 언어 외적이거나 초월적(또는 초월적 기의)인 이런 요소들은 (하버마스가 주장하고 데리다조차도 인정했듯이) 일상적인 매일매일의 의사소통과 매일매일의 경험에서조차 기능한다. 그렇다면 우리 초개인주의자들은 신비주의를 어쨌든 예외적이고 이 점에서 특별한 방어가 요구된다고 옹호할 필요가 없다.

이와 같은 카츠의 주장이 사실이라면, 그것은 범문화적 신비 주장을 무효화시킬 뿐 아니라 평범하고도 일상적인 의사소통 자체도 무효로 만들 텐데, 이 점에서 그의 입장은 스스로를 공격하면서 자신의 신뢰성을 철저히 해체하는 격이다. 카츠의 입장은 자기모순적(그리고 자기축하식) 미사여구로 된 해체 분위기에 도움이 되게끔 다독여진 신칸트식 격언들의 혼합물이다. 그것은 탈근대 심성을 지배하는 지적 혼란의 한 형태인 비조망적 광기로 가득 차 있다.

게다가 초개인을 들여다볼 때, 카츠의 접근 전체에서 가장 골칫거리는 초이성 문제를 이성적으로 충분히 사고하려 애쓰는 일군의 학자들이 그런 접근을 취하고 있다는 점이다. 그들은 소위 탁상공론하는 명상가들이며, 거기에 해당하는 발달적 기의를 갖지도 않았으면서도 영적 지시대상에 대해 포괄적인 선언을 하려고 한다. 그것은 변용적 영성이 아니라 수다에 그치고 마는 종교다. 그들 자신의 설명에 따르면, 그들은 그저 텍스트를 연구하고 싶어할 뿐 지시injunction와 패러다임을 받아들여 진짜 과학을 하고 싶어 하지 않는다. 이것은 조리법만 읽고는 빵 굽기 경연을 판단하는 것과 같다.

신비적 발달을 살펴보고 더 단순한 비판을 제시한 후에 나는 8장 말미에서 카츠의 논의로 돌아올 것이다(8장 주석 58을 보라. 13장 주석 32도 보라).

카츠의 논쟁에 관한 탁월한 논의를 보려면 로버트 포르먼Robert Forman이 편집하고 기고한 그의 뛰어난 저서 『순수의식의 문제The problem of pure consciousness』를 보라. 포먼은 가장 흔한 신비 경험의 한 가지인 내용 없는 순수의식에(나는 이것을 원인의 비현현이라고 말한다.) 집중하는 기본적인 입장을 취하고 있다. 그 책의 여러 기고자는 실로 그것이 흔히 일어나는 범문화적 경험이며 그 경험 자체는 어디에서 나타나건 동일한데, 단순히 그 자체가 무형상이므로 구성된 형상(그리고 문화적 차이)이 실제 '경험' 자체로 들어오지 않는다는 (실증적·현상학적·이론적) 증거를 광범위하게 제시하고 있다('경험'은 대부분의 기고자가 지적했듯이, 단연코 적당한 용어가 아니다. 경험자/경험된 것의 주체/객체 이중성이 일시적으로 해소될 뿐 아니라, 더 나아가서 '순수의식'이나 '순수한 공성'은 그 자체가 하나의 경험이 아니라 경험이 일어나고 사라지는 궁극의 개방성이다).

그런 일반 접근에 나는 전적으로 동의하지만, 경험의 '동등성' 문제는 신비주의 및 지멸이나 비현현 공성이라는 신비주의 '끄트머리'에 한정되지 않는다. 예를 들어, 하버마스의 의사소통 행위이론에서 화자는 동일한 의미를 가정해야 하는데, 그렇지 않을 경우 대화는 시작조차 못 한다. 상호 이해라는 오메가 포인트에 의해 추동된 의사소통은 타당성 요건을 통해 계속 동일성을 다듬어 간다. 이 점에서는 신비주의가 또다시 특별한 게 아니다.

문화가 다르면 신비 경험에 대한 해석이 달라지고 그 맛도 다르다는 건 이를테면 충분히 진실이지만(카츠는 예상 밖에도 문화적으로 틀지어진 '신비적 실재'가 존재한다고 시인하였다.), 이는 사소한 주장이다. 그런 비판은 일몰부터 음식까지 어떤 경험에나 적용되며, 그런 비판이 일몰을 무효화시키지 않는다면(무효화시키지 않는다.) 영의 경우도 마찬가지다. 그 부분의 주장은 타당성 요건의 내재적 측면에만 집중되어 있고, 초월적 요소와의 맨 처음 의사소통을 위해 반드시 필요한 의미를 모조리 무시하고 있다(카츠의 입장이 초월적·보편적 타당성이 존재하지 않는다는 자신의 입장에 대한 초월적·보편적 타당성을 함축적으로 가정하고 있다는 사실은 물론 예외로 둔다. 이는 상대주의자 입장이 보여 주는 통상적인 수행모순이다).

이것은 무형상이라는 강력한 버전에만 오로지 근거를 두고 있는 신비 경험에서 나타나는 유사성을 옹호할 필요가 없다는 의미다. 어떤 류의 신비 경험이건 일상 경험과 일상적인 의사소통에서도 발견할 수 없는 문제들에 직면하지 않으며, 후자에서의 어려움이 (공격 자체를 동시에 무효화하지 않고서) 전자를 무효화시키는 데 선택적으로 사용될 수 없다.

신비주의가 특별한 점은 내가 해석하기에 발달은 이성적 자아(그리고 켄타우로스)를 넘어 더 높고/더 깊은 의식 영역으로 지속될 수 있다는 주장에 있다. 이 접근은 카츠식의 비판으로부터 이중으로 안전하다. 카츠의 냉소적인 (그리고 깊이 혼동하고 있는) 구성주의 버전이 사실이고 어떤 세계관에도 유사성이 없다손 쳐도 세계관 유형은 비슷하다(그리고 비슷할 수 있다). 매개 수준, 세계관 수준이 존재한다. 따라서 접근 방법은 다양한 세계관 자체의 심층구조를 매우 깊은 수준에서 추출하는 것이다(이런 접근을 피아제, 하버마스, 겝서 등이 이미 활용했다).

문화적 상황에 놓인 표층구조가 존재하는 공통의 심층구조는 내게는 '유사성이 전혀 없음'과 '대부분 또는 유일하게 한 가지 공통 핵심' 사이를 항해하는 것 같다. 동시에 나는 모든 관조 전통이 내가 제시하고 있는 지도 전체에 나타난 모든 단계를 담고 있다고 제안하는 게 아니다. 많은 전통은 한 단계를 겨냥해서 그것을 패러다임으로 삼는다. 그럼에도 불구하고 다수의 전통은 이 모든 단계를 갖추고 있으며, 온갖 발달 단계 경우와 마찬가지로 이런 단계들이 출현할 때는 사회적 조건화에 따라서 불변의 순서로 나타난다(개념 이전에 심상이 나타나는데, 어떤 문화건 아무리 강화해도 그런 순서는 역전될 수 없다).

심연Abyss이나 공성 자체로 말하면 그것은 실로 순수한 정체성인데, 이런 이유로 나는 종종 초언어적인 것으로서의 '신권'을 말한다. 의식이 비현현의 몰입에 접근함에 따라 모든 맥락, 모든 홀론은 일시적으로 중단되거나 일시적으로 해체된다(그렇게 되면 순수한 직접성이나 순수한 현존, 존재할 때에는 오로지 매개된 맥락을 파악하는 똑같이 순수한 현존만이 존재한다). 그러나 자체로는 내용이 없는 그런 '경험'은 부분적으로는 해석을 제공하게 될, 그러나 경험을 전적으로 결정하지는 않을 문화적 맥락 속에 놓여 있음을 깨닫는다. 그렇지 않다면 그 경험은 결코 아무도 놀라게 만들지 않겠지만, 실제로는 모든 사람이 놀라게 된다.

　포르먼의 책에 도널드 로스버그가 기고한 내용은 중요하다. 로스버그가 카츠를 취급한 방식은 공정하면서도 꽤나 충격적이다(내가 한 가지 달리 해석하는 점은 브라운을 좇아 명상 단계를 이전 단계들의 해체로 개념화시킨 것이다. 해체되는 것은 선행하는 기본 구조가 아니라 선행하는 배타구조다. 즉, 명상은 공간, 시간, 자기나 개체성을 인식하는 능력을 영원히 잃어버리는 게 아니라 의식이 더 이상 그런 구조와 배타적으로 동일시하지 않는 것이다. 또다시 구조를 보존하면서도 부분성을 부정하는 셈이다).

17. 어떤 경우에 그것들은 더 복잡해진다(예를 들어, 이론을 만들 때 우리는 세 가지 요소를 두 번이나 빠르게 살펴보는데, 한 번은 자료 생산을 위해, 그다음에는 이론을 만들고 그 자체로 심적 자료인 이론이 다른 자료와 어떻게 들어맞는지 검증하기 위해서다). 그것은 결코 한 번에 한 걸음씩 가는 단순 과정이 아니고, 세 가지 동일한 요소가 관여하는 과정이다.

　더구나 동일한 세 요소가 우측 길과 좌측 길 모두에서 지식을 단단히 붙잡아 둔다. 전자에서 우리는 자료를 체크하고, 후자에서는 자료와 그 자료 내부의 해석을 체크하는데, 해석 자체는 동일한 세 가지 요소에 귀속되는 심적 자료라는 게 요점이다. 근본 과정은 똑같지만 우리가 자료로서 무엇을 허용할 것인지에(외면 대 내면) 관한 개념이 다르다.

　본문에서 나는 (감각적이든, 심적이든, 영적이든 간에) 최초 자료 파악에 주로 중점을 두었다. 독백적 접근에서는 자료를, 이를테면 액면 그대로 받아들인다. 그것을 이해하려는 시도가 없으며, 그것을 보고하거나 기술하면 그만이다. 대화적 접근에서는 동일한 세 가지 일반 요소를 사용한 해석을 통해서 자료의 내면적 깊이에 접근한다(왜냐하면 해석 자체는 동일한 세 가지 요소에 귀속된 또 다른 자료기 때문이다). 초논리적 접근에서는 주관적 인식자와 객관적 자료 모두를 공통적이거나 비이원적인 근원까지 추구한다(세 가지 요소의 안내를 똑같이 받는다).

18. 개조차 특정한 세계 공간 속에서만 존재한다. 원자, 분자, 세포 또는 자폐적인 (일차적 자기애) 유아의 세계 공간에서 개는 존재하지 않는다. 개는 감각운동 세계 공간에 존재한다. 가상의as-if 개는 이성적 세계 공간에서만 존재한다.

19. 상호 이해와 상호 초월로 향하는 진화적 목적인에 의해 추동된다.

20. 쿤Kuhn, 『과학혁명의 구조Structure of scientific revolutions』, 2판, 206쪽.

21. 월시와 본Vaughan의 『에고를 초월해서Paths beyond ego』는 지금까지 출판된 책 중 초개인 분야를 가장 잘 소개하고 개관한 책이므로 관심 있는 독자들은 거기에서 출발할 수 있을

것이다.

22. 예를 들어, 『아이 투 아이』 『의식의 변용』 『세상에서 가장 아름다운 용기*Grace and grit*』 를 보라.

08 신성의 심연

1. 99쪽. 달리 표시하지 않는 한 모든 인용문은 R. 쿡이 편집한 랄프 왈도 에머슨_{Ralph Waldo Emerso}의 『산문과 시 선집*Selected prose and poetry*』에서 따온 것이다.

   에머슨은 하버마스가 언급한 '동일한 의미'를 매우 직접적인 방식으로 다루고 있다는 점에 주목해 보자. 의사소통이 진행되게끔 동일한 의미를 가정하는 데 그친다는 뜻이 아니다. 가장 깊은 수준에서 우리는 공통된 참자아나 대자연, 즉 신을 공유하고 있다는 말이다. 이 때문에 의사소통이 진행될 수 있다! 상호 이해라는 하버마스의 오메가 포인트는 여전히 진실이지만, 상호 동일성이라는 에머슨의 오메가 포인트의 맥락에서는 벗어났다(우리가 앞으로 살펴보겠지만, 이 점에서 에머슨은 플로티노스에서 셸링, 에머슨으로 이어지는 긴 후계 구도상에 있다). 하버마스에게 존재_{Dasein}의 '주체'는 간주관적 고리에서 순환하는 하에서 발견되지만, 에머슨에게서 '주체'란 신일 뿐이다.

   따라서 에머슨은 대혼_{Over-Soul}을 "진심 어린 모든 소통이 숭배가 되는 공통의 가슴"이라고 언급했다. 횔덜린_{Hölderlin}은 "… 우리는 조용히 미소 짓고 친밀하게 대화하는 가운데 우리 영혼이 노래하는 속에서 자신만의 신을 감지한다."라고 했다.

2. 96쪽.

3. 같은 책.

4. 또다시 말하지만, 참자아는 상황 속에 놓여 있지 않다는 뜻이 아니라 상황 속에 놓이는 데 머물지 않는다는 뜻이다. 영이 드러날 때 그것은 사상한 또는 삼대 가치권, 즉 나, 그것, 우리 안에서 사상한으로서 드러난다. 영/의식이 초개인 영역까지 진화하면 삼대 가치권은 불(궁극의 나), 법(궁극의 그것), 승(궁극의 우리)으로 나타난다. 수많은 신비가는 내 마음과 불심佛心이 한마음으로 되거나 한마음임을 깨닫게 되는(개인적으로는 무아가 된다.) 나-요소를 강조하는 정상적인 경향성을 띠며, 에머슨도 이 점에서는 예외일 수 없다.

   그러나 현현된 모두가 사상한의 형상으로 되어 있음을 인식함으로써, 모종의 유아론으로 기울어지는 이런 경향성을 주의 깊게 경계한다. 무한한 동시에 영원한 영의 성질은,

그럼에도 불구하고 사상한(나, 그것, 우리) 중 어떤 상한에서도(또는 그것을 통해) 직관할 수 있으며, 수많은 신비가와 마찬가지로 에머슨도 대자아Over-self나 대혼으로서의 나-상한 형태로 그런 식의 직관을 표현하고 있는 것이다. 그러나 이것과 뗄 수 없이 '대大-그것'과 '대大-우리', 또는 더 높은 진실과 더 넓은 공통체가 존재한다고 나는 주장할 것이다.

5. 73쪽, 81-82쪽. 여기서, 그리고 뒤이은 몇 개 인용문에서 나는 발췌문을 결합시켰는데, 이것들이 공통된 주제로 관련을 맺고 있기 때문이다.

6. 95쪽, 107쪽, 52쪽, 92쪽.

7. 우주의식에 반대하는 전형적인 비난, 즉 개별 유기체의 물리적 경계를 침해한다는 비난은 다른 모든 자기성selfness의 감각에도 똑같이 적용된다. 자기정체성 감각은 분기점 2를 제외하고는 결코 신체에 구속되지 않는다. 다른 모든 발달 단계에서 중심 자아의 감각은 가족이나 종족, 문화, 대의大義, 국가나 이성과 동일시하는 느낌과 선호의 집합체다. 그것은 소유물, 친구, 관계, 직업, 엄청난 가치들의 집합들과 불가분으로 엮여 있는데, 이 모두가 신체 경계를 초월한다. 나라는 감각I-ness은 결코 이 몸이 느끼고 있는 단순한 감각이 아니고 항상 신체 경계를 침해하는 (분기점 2를 지난다.) 동일시와 뗄 수 없이 밀접하게 관련을 맺고 있다. 도덕 충동이 일어날 때마다 나는 신체 경계를 훼손한다. 미래 행동을 예상할 때마다 나는 신체 경계를 훼손한다. 나 자신에 대해 반성적으로 자각할 때마다 나는 신체 경계를 훼손한다. 우주의식 또한 신체 경계들을 훼손한다는 사실은 겨우 정당화시킬 수 있는 비난이 아니다(6장 주석 3, 13장 주석 32, 14장 주석 17에서 '단일 경계 오류'를 보라).

8. 에머슨은 세계혼World Soul이라는 용어를 거의 쓰지 않았지만 대혼이라는 그의 개념 속에 이것이 함축되어 있다. 나는 그 용어를 종종 쓸 작정인데, 그것이 영의 현현에서 공동체 요소(우리)를 중요하게 상기시키기 때문이다. 대혼이라는 용어와 마찬가지로, 세계혼은 항상 심령 수준과 관련이 있다.

나는 이 사람들이 여러 초개인구조/단계를 대표하게끔 했기 때문에, 그들은 그들만의 개인구조와 문화적 표층구조를 띠면서 각 단계를 제시할 것임을 기억하라. 따라서 에머슨은 '대혼'과 관련지어 심령 수준에 대해 말하는 경향이 있는데, 이는 다른 사람들이나 다른 전통들이 그런 용어들을 사용할 것(또는 그 경험을 할 것)임을 의미하진 않는다.

더 구체적으로 말해서, 당분간 우리가 개인적인 자아/심신체에 집중된 인습적인 시공간을 넘어 어떤 형태의 의식이든 그것을 의미하는 매우 일반적인 의미로 신비주의라는 용어를 사용한다면, 네 가지 일반적인 초개인이나 신비적 발달 단계(심령, 정묘, 원인,

비이원)는 그들이 지시하는 대상의 주된 부분으로서 (각각) 조대/깨어 있는 영역, 정묘/꿈 영역, 원인/꿈 없는 상태, 비이원에 있는 요소를 취하는 신비 상태를 말한다.

따라서 초개인 또는 신비의식의 첫 영역인 심령 수준은 종종 다양한 유형의 실제 초자연적 인지와 사건들(예를 들어, '아스트랄 여행', 이체유탈 경험)에서부터 명상의 수많은 예비 상태에 이르기까지 겉보기에는 관련 없어 보이는 엄청난 수의 현상들, 몇 가지 예를 들면 쿤달리니 각성(특히, 첫 다섯 차크라), 탄생과 전생 상태의 재현, 식물, 동물, 인간, 자연 심지어 모든 자연과의 일시적인 동일시 현상을(자연 신비주의, 우주의식) 포함하고 있다.

신비 경험은 일상적이거나 인습적인 실재(조대/깨어 있는 영역)를 초월하지만, 그 지시대상의 일부로서 조대/깨어 있는 영역을 취하고 있다는 게 이 모든 현상의 공통점이다. 따라서 아무리 초상적이거나 '파격적'이라도 심령 수준의 모든 신비 경험은 여전히 조대/깨어 있는 실재와 관련된다. 경험은 여전히 전체로나 부분적으로 조대/깨어 있는 영역의 요소들을 지칭한다. 그러므로 '우주'가 전문적으로는 물질권을 지칭해도, 조대 영역을 지향함을 환기시키기 위해서 심령 수준에 대해 '우주의식'(그리고 '자연 신비주의')이라는 용어를 계속 사용할 것이다.

예를 들어, 다 아바바사는 이 때문에 대부분의 쿤달리니 경험을 이 수준에 둔 것이다. 그가 지적한 바와 같이(『명령의 패러독스The paradox of instruction』) 쿤달리니 경험은 여전히 몸이나 신체로 느껴지며, 그것은 여전히 주로 조대체에 등록된다(또는 여전히 조대체 측면을 포함한다). 그들은 물론 더 중요한 에너지이지만 에너지들은 여전히 거친 결정요소들을 지향하거나 그와 관련된다. 우주의식도 마찬가지다(아바바사, 오로빈도, 플로티노스는 모두 이것을 심령 수준에 놓았다). 우주의식이 쿤달리니 경험과 아무리 달라도, 그들 둘 다는 조대 실재와 상당히 관련된 신비 경험들이다(온갖 형태의 초자연 인지와 활동도 마찬가지다). 이런 이유 때문에 일반적으로 심령 수준의 온갖 현상은 그 표층구조가 아무리 극적으로 다를지라도 총칭해서 (조대와 관련된) 자연 신비주의라고 말할 수 있다.

반면에 정묘 수준 신비주의(신성 신비주의)는 지시대상이 설사 조대 영역에 있다손 쳐도 그 정도가 거의 미미하다. 내면의 광명, 소리, 원형적 형상과 패턴, 지극히 정묘한 지복의 흐름과 인지(샤브드, 나다)에는 조대 영역에 지시대상이 없다. 그 이유는 이 정묘하고 원형적이며 빛나는 형상들은 조대 영역 형상들이 (내화적으로) 파생되는 종자 음절seed syllables이나 종자 패턴seed patterns이기 때문이다. 따라서 이 지점에서는 우선 참조할

505

거친 현상들이 존재하지 않는다. 순수한 정묘 수준 신비주의는 (자연적인) 조대세계에서 실재하는 지시대상을 거의 갖지 않는다.

또한 이런 이유로 아바바사는 심령 수준의 신비주의를 요기의 신비주의로, 정묘 수준의 신비주의를 성자의 신비주의로 지칭하였다. 대부분의 요가 현상은 조대와 관련(쿤달리니 흐름의 신체적 각성으로 안내하는 신체기능의 조절)되는 반면, 성자 같은 현상들은 조대체와 관련이 적은 빛과 소리의 내면 후광이다. 더 구체적으로 말해서, 한 가지 유일한 예로서 『명령의 패러독스』에 따르면 첫 다섯 차크라는 특히 조대 지향적이고(또는 요기), 수많은 하위 수준을 담고 있는 여섯 번째 차크라는 정묘의 시작으로(성자) 조대체에 거의 지시대상을 갖고 있지 않으며, 일곱 번째 차크라는 심령-정묘 차원을 모두 초월하기 시작해서 빛나는 원인으로 개방된다(아바바사는 이것을 현자 같다sagely고 했다).

원인 수준 신비주의(또는 순수한 비현현의 몰입)에는 조대나 정묘에 지시대상이 없다. 그것은 스스로 존재하는 공성 이외에는 어떤 지시대상도 갖지 않는다. 비이원 신비주의는 공성과 모든 형상의 동일시이므로 그 지시대상은 무엇이건 그 순간에 일어나는 것들이다(비이원 성취자 또는 자발적으로 그러함spontaneously-so을 깨달은 각자覺者다).

따라서 네 가지 주된 신비주의 유형(자연, 신성, 무형상, 비이원)은 그 심층구조로서 네 가지 주된 초개인발달 수준(심령, 정묘, 원인, 비이원)을 갖는데, 이들은 자신들의 지배적인 지시대상(조대, 정묘, 원인, 비이원)과 동일시되어 있다. 표층구조가 아무리 변해도 이것이 쉽게 확인 가능한 심층구조다. 심령 수준에서 변형이 가장 많이 존재하는데, 여기에는 이유가 있다.

심령은 조대와 정묘 상태의 경계에 위치한다. 그러므로 그것은 온갖 종류의 다양한 예비 현상과 초기 신비 현상들의(이는 사람에 따라 상당히 달라진다고 예상할 수 있다.) 고향일 뿐 아니라 그 자체가 조대 상태에서 정묘 상태로 가는 광범위한 이행 상태이기도 하다. 그 자체가 신비주의이긴 하지만 한 발을 여전히 조대에 담고 있다. 그것은 조대 지향 신비주의다(그리고 그것이 초자연에서부터 쿤달리니, 자연 신비주의, 우주의식에 이르는 서로 턱없이 다른 모든 현상의 공통점이다. 사실 신비주의지만 각 상태에 한 발씩 담고 있는 조대와 관련된 신비주의다. 그러므로 그 실제 표층구조는 매우 극적으로 다양할 수 있지만 심령이라는 동일한 일반 영역, 조대와 정묘 사이의 경계로부터 나온다). 따라서 심령은 초기 명상 경험부터 초자연 현상까지, 유체 이탈 경험부터 쿤달리니 각성까지, 단순한 평정심 상태부터 만개한 우주의식까지 그 무엇이건 그것의 거주처이며, 거주처가 될 수 있다. 그것들은 모두 정묘 영역이 심령이라는 공통 경계에서 조대 영역으로 뚫고 들어오는 것들이다.

더 나아가서, 심령 영역을 (또는 그 문제에 관해서 어떤 다른 수준이라도) 거치는 사람이 잠재적으로 그 수준에서 드러나는 모든 현상을 경험할 필요는 없는데, 그것은 언어 차원을 거치는 사람이 존재하는 모든 언어를 자동으로 이해하거나 경험하지는 않을 것이며, 언어 차원을 초월할 수 있기 전에 모든 언어를 배울 필요도 없는 이치와 같다(언어를 초월하기 위해 셰익스피어가 될 필요는 없다). 일반 영역을 객관화시킬 필요만 있으며, 이는 의식적으로 숙달하든 안 하든 일어난다(문법의 온갖 규칙을 의식적으로 배우고 설명하지 않아도 언어 차원을 거쳐 갈 수 있다).

따라서, 예를 들어 원인/비이원으로 직입하는 선禪에서는 온갖 종류의 심령/정묘 현상이 명상 중에 일어나지만(아무리 짧더라도 모든 사람이 어떤 식이든 이런 경험을 한다.), 그러나 대부분은 마경魔境, 즉 열등한 파악이라고 재빨리 묵살해 버리며, 이것들이 빨리 지나가도록 수련생을 촉구한다(그것을 대상화시켜 총칭해서 초월하며, 그 면에서는 그 이상은 필요치 않다). 그 밖의 전통에서는 이런 심령과 정묘 현상을 높이 사면서 여기에 숙달하고 드러내 놓고 명확하게 표현할 때까지 이들을 계발시킨다(이는 멋지게 공헌하는 일이다). 그러나 온전하거나 통합적인 적응의 어떤 단계도 완전히 우회할 수 없으며, 이는 (몇 사람을 예로 들면) 오로빈도, 플로티노스, 아바바사가 강조했던 점이다. 어느 고차원 영역에서든 거기로부터 오는 절정 경험은 사실상 발달의 어느 지점에서든 가능하지만(이런 고차원 수준은 출생부터 구조적 잠재력으로 존재하기 때문이다.) 완전하게 적응하려면 이런 수준들에 대한 견고한 객관화가 필요한데, 그것은 실제로 일련의 주체들(일련의 자기들)을 구현하고 있으며, 순수한 주시자가 전면에 나오고 그것이 공성 안에서 죽기 전에 모든 자기가 죽어야만 (객체로 되어야만) 하기 때문이다. 객관화되지 않은 모든 일반 단계/수준은 숨은 주체로서 남아 무아나 순수한 비이원 자각을 모호하게 만들 것이다.

이 때문에 오로빈도(그리고 플로티노스와 아바바사 등)는 항상 이렇게 말하였다. "영적 진화는 연속적인 전개의 논리를 따른다. 이전의 주요 단계들을 충분히 정복했을 때에만 새롭고도 결정적인 주요 발걸음을 내딛을 수 있다. 신속하고 거친 상승으로 인해 어떤 사소한 단계를 삼켜 버리거나 껑충 뛰어넘으면, 의식을 지나쳐 버린 토대가 새로운 조건에 안전하게 통합되었음을 스스로 확인하기 위해 되돌아와야만 한다. 더 높거나 농축된 속도는(실제로 가능하다.) 단계 또는 단계를 연속적으로 극복할 필요성을 배제하지 않는다"(『신성한 삶The life divine』, 2권, 26쪽).

9. 발달과 꽤나 유사하게, 이는 정도 문제다. 발달의 매 단계는 이전 동일시로부터 주시자를 해방시킨다. 상징은 심상을, 개념은 상징을, 규칙은 개념을 주시한다. 자아, 특히 켄타우로스 시기가 되면 주시하는 자기로서의 주시자가 의식에 출현한다(도처에 존재하기는 하지만 말이다). 예를 들어, 브로턴의 연구에서 관찰하는 자기의 출현을 보았다. 그리고 심령 수준에서 이런 주시자는 직접적이면서 강력한 경험이 된다. 앞으로 살펴보겠지만, 이 과정은 원인까지 그 선명성과 강도가 계속 더해진다(원인에서 주시자는 마침내 순수한 공성 안에서, 순수한 공성으로서 녹아든다).

   마찬가지로, 에머슨의 통찰과 각성은 종종 원인과 비이원에 속하지만 그것은 정도 문제이며, 그의 전형적 설명은 심령 수준의 대혼에 대한 설명이다.

10. 이 절에서 내가 말한 '모든 현현과의 동일시'는 온갖 조대, 조대를 반영하는 현현을 의미한다. 국가-자연 신비주의는 일반적으로 정묘나 원인의 차원을 인정하지 않는다(앞의 주석 8을 보라). 그것은 깨어 있는 상태 영역(조대)에서 나타나는 모든 것과의 동일시이지 정묘 영역이나 깊은 수면 영역(무형상)이 아니다.

11. 95쪽.

12. 5-6쪽.

13. 12-13쪽, 97쪽, 83쪽, 84쪽.

14. 에머슨은 이성Reason이라는 용어를 사용했는데, 그것은 비전-논리를 의미한다(즉, 그것은 독일 관념론자들이 사용한 이성Vernunft을 지칭하고 있다). 이런 비전-논리가 그가 표현한 것처럼 "더 진심 어린 비전으로 자극되면" 그것이 순수한 비전 자체가 되는데, 이는 심령 수준을 특징짓는 인지 양식이다(내가 비전-논리를 통합에 추가시킨 『변용』에서 제안한 것처럼, 심령 수준 비전은 단순하면서도 직접적으로 통합을 본다). 나는 직접적인 심령적 비전을 취급하기 위해 더 일상적인 용어인 직관을 사용했고, 에머슨 자신은 "우리는 이런 일차적 지혜를 직관Intuition으로 표현한다."라고 했다.

15. 24쪽, 25쪽, 36쪽.

16. 수많은 생태철학자는 신이나 여신 또는 영과 동일한 것을 의미하기 위해 대문자 N으로 된 대자연Nature을 사용하길 원하지만, '내세적인' 의미를 함축하지 않는다는 점만 예외다. 그들에게 대자연은 차안으로서의 영인데, 우리는 거기에 어떤 초월적 영을 상정할 필요가 없다. (제2권에서 상당히 자세히 논의할) 이 생태철학자들은 문화란 단지 대자연의 또 하나의 산물이며 어떤 의미에서 만물은 대자연의 산물이지만, 따라서 대자연은 존재하는 모든 것의 한 토대라고 주장한다. 대자연은 영 그러나 철저히 내재하는 영을 나타

내는 또 다른 용어다(12장에서 나는 더 나아가서 대자연 또는 우측의 실증적 세계와 자연NATURE 또는 일체를 구분할 것이다. 이 주석에서 대자연은 자연NATURE 또는 일체의 온 우주를 의미한다).

그러나 이것은 화해 불가능한 문제를 끌어들인다. 대자연과 자연 간의 관계는 무엇일까? 즉, 일체를 생산하는 거대한 힘과 일체의 생물권 요소 간의 관계는 무엇일까? 이 생태철학자들은 이 두 가지 매우 다른 정의, 즉 (일체로서의) 대자연과 (생물권으로서의) 자연 사이를 오락가락한다. 정확히 말해서, 그들은 생물권에 우선권을 부여하고 자연의 법칙을 대자연의 법칙으로 만들고 싶어 하기 때문이다.

따라서 한편에서 그들은 야만적인 이원론, 즉 자연은 좋고 문화는 아주 나쁘며(또는 나쁠 수 있다.), 따라서 우리는 자연으로 돌아가서 지구를 치유해야 한다는 등의 이원론을 가진다. 그러나 문화가 걷잡을 수 없이 자연으로부터 벗어날 수 있다면, 문화는 분명 자연의 산물이 아니며 자연이 행하는 것도 아니다(우리가 자연을 자살적인 것으로서 정의하길 원치 않는 한 그런데, 이는 신에게는 어울리지 않는다). 그렇다면 문화는 단순히 자연이 아니다.

그러나 자연은 또한 일체의 근저에 놓인 거대한 힘으로 생각되기 때문에, 이 이론가들은 대문자 N이 있는 대자연Nature으로 전환하여 이 대자연이 문화적 산물과(이는 '두 번째 자연'일 뿐이다.) 자연적인 세계 모두의 바탕에 깔려 있다고 말한다.

그러나 질문이 남는다. 그렇다면 자연과 대자연의 관계는 무엇인가? 대자연이 자연과 문화의 바탕에 깔려 있다면 대자연은 그저 자연이 될 수 없다. 그들은 문화에 반해서 생물권(또는 자연)에 특권을 부여하길 원하기 때문에, 그러나 그들은 또한 생태중심 개념이 모든 것을 포용하길(그래서 '영적'으로 되길) 원하기 때문에 그들은 대자연을 문화와 다른 것으로서, 동시에 문화도 포함하는 일체를 포섭하는 거대한 힘으로서 생각해야만 한다. 그들은 이런 정의들 사이를, 자연과 대자연 사이를 자신의 목적에 맞추어 오락가락한다. 그들은 문화가 어떻게 자연을 파괴하고 있는지(자연과 문화는 실로 다르기 때문이다.) 보여 주기 위해 자연을 언급하고 나서, 그 전체주의적인 우산 속에 문화도 포함시켜야 한다는 생물중심의 해결책을 강요하기 위해 대자연으로 귀환하고 있다.

생물권이 실제로 신/여신이라면 어떻게 인간이 그것을 파괴할 수 있단 말인가? 인간이 실제로 어떻게 신을 파괴할 수 있단 말인가?

이 특정 생태학자들은 근본적인 것과 중요한 것을 혼동하고 있기 때문에 점점 더 넓어지는 존재론적 순환이 자연에서 문화, 영으로, 당신이 원한다면 자연에서 문화, 대자연으로 간다는 것을 보지 못했는데, 여기서는 영으로서의 대자연이 '초월하고 포함함'을 나타내기 위해 제대로 사용되고 있다. 문화는 실로 생물권의 일부를 파괴할 수 있는데, 정확히는 생물권은 대자연이 아니라 자연에 불과하기 때문이다. 자연을 초월하는 문화는 자연을 억압하고, 그것을 분리시키며, 실로 거기에 해를 가할 수 있다(자연은 문화적인 복합 개체의 내부 요소이기 때문인데, 그렇게 되면 그것은 순전히 자살적인 행위가 된다). 개의 꼬리가 개를 흔들 수 없듯이, 문화는 신이나 대자연이나 영을 파괴할 수 없다. 게다가 자연과 문화는 자연 속에서가 아니라 대자연(영) 속에서만 치유될 수 있다.

이 다수의 생태철학자는 '신=자연'에 대한 자신들의 버전을 지지하기 위해 스피노자를 가리키는데, 여기서 그들은 매우 왜곡된 독해를 하고 있는 셈이다. 스피노자는 영은 이 세계에 대해서는 근본적인 타자이지만 논리적 전제가 그 모든 결과를 포용하는 것처럼(그가 들었던 예다.) 전적으로, 그리고 완전히 이 세계를 포용하고 있다고 주장하였다. 영은 무한한 수의 속성을 갖는데, 그중 오로지 두 가지만 '현세'에 나타난다. 칼 야스퍼스가 지적했듯이, 스피노자에 따르면 "신의 무한히 많은 속성 중 오직 두 가지만 우리의 소용에 닿는다는 것이 신과 세계 간에 존재하는 철저한 차이의 징표다". 이것이 신과 이 세계 사이에 존재하는 철저한 간극이라서 스피노자를 세심하게 연구했던 헤겔은 스피노자 체계를 '무우주론acosmism'으로 불렀다. 즉, 세계는 사실상 존재하지 않거나 환상이다.

그러나 헤겔은 약간 더 나아갔다. 스피노자가 분명히 했듯이, 우리가 알 수 있는 두 가지 속성, 즉 사고와 연장에서 신은 온전히 내재하며, 따라서 이 세계에서 신이 차지하는 부분은 가련할 정도로 작지만 이 세계의 일체는 신 안에 있다(또다시 상위는 하위를 초월하고 포함하므로 하위의 모든 것은 상위 속에 있지만 상위의 모든 것이 하위에 있지는 않다). 이것의 안내를 받아 스피노자가 실제로 이 유한한 세계 자체가 신이라고 말했다는 '대중적인' 관점이 생겼다. 어디에서도 스피노자는 유한한 자연의 총합을 영이나 신 전체와 똑같이 보지 않았다. 이는 그가 말하려 했던 내용과는 완전히 반대다.

이 때문에 그 자신은 무한히 초월적인 대자연(신이나 영으로서의 능산적 자연natura naturans)과 내재적인 데 머무는 자연을 (이 세계로서의 소산적 자연natura naturata) 세심하게 구분하였다. 대자연과 자연을 동등하게 취급한 사람으로 스피노자를 꼽는 것은 조금도 과장 없이 말해서 수상쩍기만 하다.

이 생태철학자들이 자연이라는 이 세계를 무한히 초월하지만, 거기에 편재하고 그것을 유지하는 무한한 속성을 띤 실재Reality로서 (대문자 N인) 대자연을 의미한다면 나는 전적으로 동의한다. 스피노자에게 궁극의 실재는 감각적 연장이나 자연이 아니라 사고를 통해 접근되고 사고를 통해 알려진다. 스피노자에게 자연의 감각 경험은 그가 '훼손된, 혼동된' 지식으로 부른 한 예로서, 그가 말한 앎의 세 가지 수준 중 최하위에 위치한다.

　　나는 그 실재가 어떻게 알려지는가에 대해서는 스피노자에 반대하지만(그것은 실제로 스피노자의 세 가지 수준을 넘어선 '네 번째' 수준인 초이성으로 알려졌다. 그 밖의 사항에 대해서 나는 동의하는 바다.) 생태철학자들은 어떤 나무 껍질을 벗기는지는 알아야만 한다. 왜 스피노자가 영이 전적으로 세계를 초월하지만 그것을 전적으로 포용한다고 느끼는지는 내 생각에 이 장 후반에 가서 더 분명해질 것이다.

17. 이는 횔덜린의 관점이기도 하다. 그의 주요 번역자 중 한 사람이 설명한 것처럼 "일체를 통일하는 힘으로서의 대자연은 물론 물리적 실재에만 한정되지 않고 초월('천국')과 '국가'라는 역사적 존재에서 존재한다"(웅거Unger, 『횔덜린의 주요 시Hölderlin's major poetry』, 109쪽).

18. 32쪽.

19. 더 정확히 말하면, 대혼은 물질권, 생물권, 정신권을 그 자신의 복합 개체성에 하위 요소로서 포용하는 새롭고도 더 높은 홀론이다.

20. 쇼펜하우어, 『의지와 표상으로서의 세계World as will and representation』.

21. 이것 또한 칸트에 대한 헤겔의 비판 중 하나로서, 칸트의 '자율성'에서는 타율성이라는 외부 독재자가 정언명령이라는 내적 독재자로 대체되는 반면, 스스로 상정한 영의 실현으로부터 나오는 진정한 도덕성은 자신의 가장 깊은 성품으로서 자발적으로 표현된 것이다.

　　워릭 폭스는 『초개인 생태학Transpersonal ecology』에서 (네스를 좇아서) 이런 헤겔식 개념을 부활시키려 했지만, 그것을 순전히 평원적 존재론에 끼워 맞춤으로써 불쾌한 결과를 초래했다(제2권에서 여기에 대해 검토할 것이다). 폭스의 접근에는 추천할 만한 내용이 상당히 많고, 그 표현의 명료성과 의지의 통합성에 대해 분명 엄청난 찬사를 보내지만, 깊고/높은 차원을 포함시키지 않은 채 계몽주의 근본 패러다임의 유산인 협소한/넓은 차원만 인정했다는 점에서 절름발이로 남고 말았다. 수많은 생태철학자에게서 전형적으로 나타나듯이, 폭스는 이 패러다임을 모든 평원 홀론과의 평원 동일시로 확장시키길 원했다.

　　오메가 포인트가 세계중심 관점이라는 상호 이해로부터(자아-켄타우로스) 대혼이라는 상호 동질성으로 바뀐 내용을 보려면 앞의 주석 1을 보라. 다음 절에서 살펴보겠지만, 대혼은 그 오메가를 정묘와 원인 차원에서 발견한다.

22. "도덕성의 기초"

23. "도덕성의 기초"

인간 성장의 모든 단계에 존재하는 기본적인 도덕적 직관Basic Moral Intuition: BMI은 "폭을 최대한 넓히기 위해 깊이를 최대한 보호하고 촉진시킨다."라는 논지를 나는 제안하고 싶다. 이 BMI는 사상한(간단하게 삼대 가치권)에서 영이 현현하는 것을 나타낸다(그것의 직접적인 결과다). 나-영역의 깊이가 깊어져서 거기에 상응하는 객관적인 상황(그것) 속에 타인들(우리)을 포함시킨다. 즉, 모든 사람은 영을 직관하며, 영은 삼대 가치권으로서 현현하기 때문에 기본적인 영적 직관은 삼대 가치권 모두에서 느껴지는데, 따라서 기본적인 영적 직관("영을 존중하고 실현하라.")은 "폭을 최대한 넓히기 위해 깊이를 최대한 보호하고 촉진시킨다."로서 나타난다고 나는 주장하는 바다.

그 이상을 주장해 보면, BMI를 취해서 그것을 다양한 세계관(마술, 신화, 이성, 심령 등)에 적용하면 그 단계들에서 전형적으로 나타나는 도덕적 입장을 내세울 수 있는데, 각 단계는 동일한 BMI를 갖지만(영은 하나이기 때문이다.) 자기, 타자, 대상에 대해서는 서로 다르게 정의하기 때문이다(자기진화하는 과정에서 영은 깊이를 달리해서 전개되기 때문이다).

예를 들어, 자아중심적 입장에서는 깊이가 오로지(또는 주로) 자기에게로만 확장되고 타자들은 모두 그저(또는 보통) 자기의 연장일 뿐이다(그것의 도덕적 입장은 깊이 1이 되고, 그 폭을 띤 깊이만, 즉 스스로만 장려하고 보호한다. 전형적으로 이것은 향락적인 윤리이기도 하다).

사회중심 입장에서는 타인에게 깊이가, 그러나 특정 문화의 사람들에게만 존재한다는 걸 인정한다(그 신화를 믿는 모든 사람에게로 폭이 확장되고, 그들의 깊이를 보호하고 촉진한다. 이것은 전형적으로 의무윤리다). 그러나 그 밖의 모든 사람은 깊이도, 영혼도 없는 불신앙자 비슷한 사람들이 되어 보호받거나 촉진시킬 가치가 없는 자들이 된다(실제로 종종 문화가 숭앙하는 신의 영광을 위해 희생된다).

세계중심적인 합리적 입장에서는 깊이가 모든 인간에게 확장된다. 이제 폭은 인류 집단 자체를 포함한다(샛길로 빠져 보자. 온우주를 객관적인 자연세계나 우주로 납작하게 누르면 깊이는 그저 단일 수준의 행복으로 해석될 뿐인데, 그 경우 BMI는 '최대 다수의 최대 행복을 장려하는' 것으로 해독되어 우선 확장될 필요가 있는 서로 다른 류의 행복이나 서로 다른 수준의 깊이를 전혀 고려하지 않는다. 이 평원 BMI에서는 "만족한 돼지보다는 불행한 소크라테스가 낫다."가 먹힐 수 없다). 그럼에도 불구하고, 합리적이고 세계중심적으로 BMI를 해독하는 것은 그 깊이나 잠재적 깊이를 모든 인간에게 확장시키며 (인종, 성, 신념과 무관한 평등은 아닐지라도 기회는 평등하게 주어진다.), 인간이 아닌 존재에게도 그것을 확장시킬 수 있다.

초개인 영역에서 BMI가 불(나), 법(그것), 승(우리)으로 전개되면, 궁극의 승가는 살아 있는 모든 존재의 공동체가 된다(그러나 이로써 상대적 구분이 사라지는 건 아니다. BMI는 "폭을 최대한 넓히기 위해 깊이를 최대한 보호하고 촉진시킨다."가 되므로 모기 한 마리를 죽이거나 달라이 라마를 살해하는 일 사이에 선택해야만 한다면 우리는 손바닥으로 모기를 내리친다. 둘 다 동일한 참자아나 불심佛心의 완전한 표현일지라도 달라이 라마가 더 깊은 깊이를 실현했으므로 더욱 보호될 필요가 있다). 서로 다른 초개인 영역 단계에서는 이 주제가 다양해지는데, 나는 다른 곳에서 이들을 다룰 것이다(다음의 주석 58을 보라).

달리 말해서, 나는 우리 모두가 영을 여러 각도로 직관하고 있으며, 따라서 우리 모두 기본적인 도덕적 직관을 갖고 있다고 믿는다. 그러나 우리는 그런 직관을 현재 수준의 발달에서만 전개한다. 영은 항상 사상한 안에서 사상한으로서 동시에 현현하기 때문에, 이런 영적 직관은 발달의 각 단계가 어떻게 사상한을 인식하는지에 따라 해독된다(해독되어야만 할 것이다). 이런 수평과 수직 요인을 합치면, 내가 아는 한 지금까지 진전된 주요 윤리적 입장을 모두 나타낼 수 있는 다차원 격자가 우리에게 제공된다.

더 나아가서, 일정한 발달 수준에서조차도 기본적인 도덕적 직관은 문자로 된 명령으로 새겨진 태블릿이 아니라 하나의 직관일 뿐이다. 그것은 그것이 스스로를 발견하는 문화의 표층구조에 따라 형태와 모양이 주어지는데, 정확히는 그것이 직관이기 때문에 주어진 단계에 있는 사람들은 정확히 어떤 깊이, 어떤 폭이 포함될지, 그것을 객관적으로 실행하기 위해서는 어떤 기준을 채택해야 하는지에 대해서는 (나, 우리, 그것) 마땅히 다를 수 있다(높은 단계는 BMI를 더 진정성 있게 해독할 테지만, 그 단계는 여전히 그 수준에서 발생하는 고유한 정당성 문제에 직면할 것이다).

합리적 단계에서 일어났던 악명 높은 예 한 가지를 들어 보자. 우리가 깊이로 인식하는 것의 범위를 확장시켜 태아도 포함시켜야 할까? "폭을 최대한 넓히기 위해 깊이를 최대한 보호하고 촉진시킨다."는 태아가 실재로 깊이를 가지며, 따라서 보호되어야 한다는 걸 의미할까? 그렇지 않으면 태아란 기본적으로 잠재적인 깊이일까?(따라서 실제 깊이보다 더 적은 권리를 부여해야 할까?) 어머니에게는 잠재하지만 실현되지 않는 태아의 깊이보다 매우 큰 깊이가 이미 존재하므로, 임신이 어머니의 깊이를 심각하게 손상시킨다면

'최대 폭을 위한 최대 깊이'는 실제로 유산으로 인해 방해를 받는 게 아니라 촉진될까? (이런 식으로 명시되지는 않았지만 페미니스트들은 천편일률적으로 이런 입장을 취한다.)

요컨대, 합리적인 남녀는 각각 BMI를 최선으로 해독하려 노력하는 가운데 이런 이슈에 대해 마땅히 의견을 달리할 수 있다[반면에 생명의 신화적 기원을 믿는 사회중심 또는 신화-멤버십 사람들은 태아가 이미 완벽하게 성숙한 인간이기 때문에 동일한 깊이를 갖고 있으며 동일한 보호가 필요하다고 느낀다. 따라서 유산은 살인에 해당한다. 흥미롭게도 이 논쟁은 태어나지 않았지만 잠재 신자信者들에게만 확장되며, 믿지 않는 자는 영혼이 없거나, 세례를 받지 않으면 지옥행으로 떨어지는 운명에 처한다. 그래서 당신은 분명 신앙이 없는 자를 살해할 수 있다. 유산에 관해서 실제로 그들을 짜증나게 만드는 일은 인간 생명의 손실이 아니라 잠재 개심자의 손실이다. 그들은 '모든 인간 생명'이라고 비반성적으로 말하는데, 그들은 자동적으로 그리고 뼛속 깊이 모든 인간 생명이 자신들의 신, 그리고 자신들만의 신에 속한다고 가정하기 때문이다. 신의 아이들을 살해하는 자를 내가 죽여야만 할까가 이 단계에서 나타나는 도덕적 딜레마다. 사실상 정확히 이런 '토대' 위에서 미국의 한 의사가 이미 살해되었다. 닥터 건의 피살 이후 근본주의자들 소식지는 그의 죽음에 관해 참으로 열띤 논쟁을 벌였다. 그가 살해되어야만 했을까가 아니라(그건 전혀 문제시되지 않았다.) 만일 돌로 쳐서 죽였다면 그런 죄인에게는 성경에 등장하는 용인된 죽음이 될 것임이 이슈였다].

나는 나중에 BMI로 돌아올 것이다(14장 주석 13을 보라). 지금으로서는 에머슨과 쇼펜하우어와 관련된 나의 요점을 말하겠는데, BMI를 '유일한 참자아'나 '공통된 대혼'으로 표현하는 것은 BMI의 한 측면일 뿐임을(즉, 주관적인 요소), 온전한 도덕적 이론의(이것은 사상한을 모두 포함시켜야 할 것이다.) 한 요소일 뿐임을 기억하는 한 괜찮다는 것이다. 그렇게 되지 않는다면 우리는 계몽주의 근본 패러다임으로부터 유리되어 조만간 안달복달하는 과도한 독자성, 과도한 남성성의 손에 심하게 놀아나는 유아론과 주관적 관념론 속으로 빠져들 것이다.

24. 하버마스는 분화/통합되고, 탈중심화되고, 자율적인 성숙한 의사소통 이성(비전-논리)보다 높은 (어떤 영역이든) 어떤 단계도 인정하지 않았다. 의사소통 이성이 하버마스에게는 최종의 오메가, 역사의 종말이다. 그러나 그것은 역사책을 너무 빨리 덮어 버리는 격이라는 게 초개인을 지향하는 입장의 전체 요점이다.

나는 하버마스의 이론 전체를 자주 이용했지만, 일반적인 틀의 여러 측면에서는 마땅히 다를 것이다. 내게는 개인적·주관적 영역, '내적 본성' 영역에(치료적·미적인 것을 포함한다.) 관해서는 하버마스가 특히나 모호했던 것 같다. 한편, 그는 합리화와 누적학습cumulative learning에 대해서는 세 영역이 열려 있다고 언급하면서도, 다른 한편에서는 내적 영역은 오로지 특수하며 보편성 요건에 대해서는 열려 있지 않다고 언급하였다. 하버마스가 내적 영역의 형태(또는 구조)는 진화하지만(그 점에서는 보편적이다.) 내용은 개인적이고 특수하다고(그리고 보편성에는 열려져 있지 않다.) 주장할 것이라고 로스버그는 믿었다. 그렇게 본다면(이것이 하버마스의 일반 입장을 반영하는 것 같다.) 모든 영역의 심층구조는 대략 보편적인 형태로 진화하지만, 표층구조는 어디서나 '개별적이고' 문화적·개인적 우연성에 의존한다는 나 자신의 주장과 크게 다르지 않다(이 점에서 내적 영역은 사회적인 외적 영역과 다르지 않다. 자기성이나 주관성은 그것-영역 및 우리-영역과 기본적으로 동일한 틀을 갖고 동일한 노선을 따라 진화한다. 그것it과 우리we라는 '공적' 성질은 나I보다 더 공적이지 않다. 각 영역에 대한 인식은 관계교환이라는 동일한 패턴 속에 놓인다). 내적·주관적 세계는 특유한 양상을 갖는다고 말하는 건 이 측면에서는 사실이지만 사소한 일이다. 사소하지 않은 건 주관적 공간 유형과 자료나 내적 파악 유형은 도덕 반응 유형과 기술—객관 잠재력 유형의 전개와 마찬가지로 범문화적인 포괄적 패턴으로 진화한다는 사실이다. 특정 내용이 한 가지에서 다양하다고 말하는 건 그들이 모두에서 다양하다고 말하는 것일 뿐이다. 게다가 보편타당성을 말할 때 나I보다 그것it과 우리we에게 특권을 부여하는 건, 결국 특권 부여 자체를 약화시킨다.

12장, 13장에서 자세하게 살펴보겠지만, 나는 주체의 철학에 관한 하버마스의 비판에는 상당히 동의하지만, 이 특정 이슈에 대해서 그는 목욕물과 함께 갓난아기를 버리는 격이 되었다고 믿는다. "주관성으로서의 내적 성질에 관해 객관화시키는 태도로부터는 아무것도 배울 수 없다."라고 그가 말했을 때, 나는 그가 말하는 의미를 알고 있다. 주체는 정확히 그것이 객관화되는 순간 주체이길 멈춘다는 뜻이다. 그러나 주관성이었던 것이 다음 단계에서는 일반적으로 자각의 대상이 되며, 고차 또는 관조적 발달 단계에서는 정확히는 강렬한 내성 모드로 그 대상을 객관화시킴으로써 내적 성질에 대해 많은 것을 배울 수 있는 장소라는 게 내적 발달의 전체 요지다. 여기에서 객관화란 주관적-매몰성 또는 동일시로부터 해방되거나 초연해지는 것을 말하며, 정확히는 주관성을 객관화함으로써 주관성이 세계를 주관화시키는 힘을 찬탈함을 통해서 내적 성질에 관해 많은 것을 배운다. 더 나아가서, 관조 전통은 발달의 이런 주관화초월 과정에 대한 일반적인 지도, 일반적 또는 대충 보편적인 성질을 띤 지도라는 주장을 재구축할 수 있다. 타당한 지식 축적의 세 가지 요소의 보증하에 구성된 이 지도들은 어느 모로 보나 다른 어떤 지식 축적만큼이나 '공적'이다(12장, 13장에서 내가 객관화시키는 양식에 머물고 있는 계몽주의 근본 패러다임을, 유리된 자기나 주체의 철학을 비판했을 때 객관화에 대한 비판이 아니라 오로지 객관화에만 머무는 것을, 주체는 여전히 동일한 깊이에 있는 주체들과의 관계 교환 패턴 속에서 존재하고, 이것은 최종적으로 우리we뿐 아니라 나i에 정박하고 있다는 사실을 인식하지 못하는 것을 비판한 것이다).

로스버그는 '하버마스의 최근 작업에서의 합리성과 종교'라는 탁월한 개관에서 이 주제를 다수 논의하였다. '재구성된' 하버마스 체계는, 그럼에도 불구하고 관조적 종교의 현상학과 대충 양립할 수 있다는 로스버그의 결론을 나는 지지한다. 3권에서 이 주제를 상세하게 다루었다. 그동안 하버마스 체계를 내가 다소 일반적으로 사용하는 것에 대해서 비평가들은 용서할 것이다(마찬가지로, 나는 이 책에서 대부분의 코멘트는 최근에 출판된 그의 최고작 『의사소통 행위이론The theory of communicative action』까지의 하버마스 작업에 근거하고 있는데, 현재는 이 전집 중 두 권을 구할 수 있다. 여기에 관한 내 논의는 추후 출판을 위해 보류한다).

그래서 찰스 테일러가 하버마스 체계는 진실로 영적·실질적인 어떤 주장도 '틈새로 빠져 나갈 수 있게' 허용한다고 불평했을 때, 나는 하버마스식 체계는 세 영역 각각(사상한 각각)이 초개인요소로 확장되지 않을 때에만 사실이라고 믿는다. 이와 동시에 테일러에 대한 나의 주요 비평은 그가 마술-신화 혼합주의를 지나치게 좋아한다는 것이다. 되풀이하지만, 근대가 '잃어버렸다고' 느끼는 존재의 논리를 그가 예로 들었을 때, 그는 혼합적·신화적 '전체'로 되돌아갔다. 내 생각에 좀 더 많이 '초월trans'하고 '전개인pre' 정도가 좀 덜했더라면 그는 '재구성'되거나 확장된 (초개인) 하버마스식 체계가 갖는 가치를 인정했을 것이다.

하버마스와 테일러는 양면성을 띤 근대가 오늘날의 이론가들에게 끼쳤던 영향의 좋은 예가 된다. 두 이론가는 근대의 기쁜 소식/슬픈 소식의 성질이 갖는 가치를 예리하게 인정하고 있다. 하버마스는 활기에 넘쳐, "더 이상 신화는 없다!"라고 축하했고, 테일러는 "상승은 더 이상 없다!"라고 슬프게 탄식했다.

25. 99쪽. 달리 표시하지 않는 경우 모든 인용문은 피어스E. Peers가 번역한 『내면의 성 Interior castle』에서 따온 것이다.

26. 85-86쪽.

27. 테레사의 모든 단계에서 단일한 주요 변용 상태인 이런 지멸은 무상삼매 또는 무형상 몰입의 희미한 빛이다. 이런 지멸이나 정지suspension는(둘 다 그녀의 용어다.) 정적의 기도

에서 그 전조가 나타나지만 이 단계에 와서 전면에 드러나며, 여섯 번째 단계에서도 계속 변용적 사건으로 남는다. 이런 이유 때문에 그녀는 "이 (다섯 번째) 저택의 (지멸/몰입) 경험과 다음 저택의 경험은 거의 동일하다."(106-107쪽)라고 말한 것이다.

그러므로 그녀는 네 번째, 다섯 번째, 여섯 번째 그리고 일곱 번째 저택에서도 일어나는 이런 정지 상태를 설명했다. 몇 가지를 인용해 보자. "이런 정지 상태에서 정신적 능력은 완전히 몰입되어 우리는 그것을 죽었다고 설명할 것이다. 감각도 마찬가지다……"(150쪽). "여기서 우리는 세상의 사물들과 우리 자신에 대해서 완전히 잠이 들고, 빨리 잠이 든다(사실상 그 조건이 지속되는 짧은 기간 동안 혼은 의식이 사라지고, 생각하고 싶어도 생각할 힘이 없다)……"(97쪽). "이것은 아주 맛깔 나는 죽음이다. 여전히 숨을 쉬지만 숨 쉬는 걸 의식하지 못한다. 의식이 있어도 손이나 발을 움직일 수 없다……"(98쪽). "영혼이 이런 상태에 있는 한 보거나, 듣거나, 이해할 수가 없다……"(101쪽). "때로 그 몸에 숨이 남아 있는지 의심스럽기까지 하다. 이는 매우 짧은 시간 동안만 지속되는데, 이런 심오한 중지가 약간 걷히고, 몸은 부분적으로 다시 되살아나 숨을 쉬는데, 다시 한번 죽기 위해서다. 그러는 가운데 영혼에게는 더 충만한 생명이 주어진다……"(155쪽). (느린 순환으로 반복되는 초월과 호흡 정지라는 초월 명상의 초월 경험과 유사함에 주목하라).

그러나 테레사는 이런 지멸 상태에서 영혼이 '잠들거나' '의식하지 못함'에 관해서 마지막에 영혼은 "충분히 깨어나는 반면, 모든 애착은 잠든다."라고 지적했다(155쪽).

이런 중지, 몰입, 지멸을 동양 경전에서는 '조건적 무상삼매' 또는 아직 충분히 확립되지 않은 무형의 자각이라고 했다. 테레사의 각 단계는 이런 지멸의 맛에 단단히 기반을 두고 있지만, 그런 맛은 다양한 비전, 황홀감, 소리, 광명 등(유상삼매)을 수반하는 심령과 정묘를 통과하는 발달을 촉발한다.

이런 지멸/몰입이 테레사에게는 신과의 순수한 합일이다(그리고 힌두 경전들도 동의할 것이다. 그러나 이런 지멸은 실로 '조건적'인데, 왜냐하면 인식에서 이원론 흔적이 남아 있기 때문이다. 이런 흔적이 뿌리째 뽑히면 신과 영혼은 순수한 원인의 신성 또는 지혜삼매jnana samadhi로 대체되는데, 여기에 대해서는 에크하르트와 라마나와 더불어 다음 절에서 검토할 것이다).

28. 101쪽.
29. 106쪽.
30. 155쪽.

31. 129쪽, 131쪽. 불교도들이 말하는 '위고偽苦, pseudo-duhkha'와 비교해 보라. 『변용』을 보라.

32. 199쪽.

33. 134, 160쪽. 그러나 그녀가 지적하길, 이것은 그것이 유사한 경험을 가진 사람들과 의사소통할 수 없고 그들에 의해 실로 확증될 수 없다는 뜻은 아니다. "나는 그것을 경험한 사람들 말고는 그런 식으로 이해될 수 있도록 설명하는 데 성공할 수 있을 거라고는 생각하지 않는다. 이것들은 아주 섬세하고 미묘한 영향이라서 심장의 아주 깊은 곳으로부터 진행한다. 나는 그 경우와 꼭 맞는 비교를 모르기 때문이다"(134쪽). 즉, 발달적 기의가 듣는 사람에게 존재하지 않는 한 어떤 기표도 먹히지 않는다.

    이런 이유로 이 상태는 상대적-구성주의자가 말하는 의미로 자의적인 데 머물지 않는다. 진실과 거짓이 여전히 통용된다. "그러나 나는 지금도 당신이 만족하지 않을 거라 상상한다. 왜냐하면 당신은 오해받았다고 생각할 것이고, 이런 내적 문제들은 탐구가 어렵다고 생각할 것이기 때문이다. 실제로 경험한 사람들에게는 언급만으로 충분할 것이다. 거짓과 진실 간에는 엄청난 차이가 있기 때문이다"(100쪽). 하버마스는 항상 단순한 "예스나 노"를 원했고, 그에게 그런 대답을 할 수 있었다면 그녀는 무척 기뻤을 것이다.

34. 149쪽, 152쪽.

35. 하위-원인을 넌지시 암시하는 상위-정묘다. 테레사는 (심령과 하위 정묘의) 비전, 황홀감, 광명이 줄어드는 것은 영혼의 측면이 신과 결합하거나 신이 영혼의 일부 능력과 결합한 결과라고 말했다. 그러나 이런 최종적인 결합은 '영혼 전체와 신'의 결합이다.

36. 213쪽.

37. 213-214쪽.

38. 『아트만 프로젝트』와 『의식의 변용』도 보라.

39. 87쪽.

40. 『가르멜 산에 오르는 길Ascent of Mount Carmel』, 5장.

41. 216쪽, 210쪽.

42. 『신성한 삶』, 704-705쪽.

43. 169쪽.

44. 218쪽, 217쪽. 달리 표시하지 않는 한 모든 인용문은 폭스의 새로운 번역물,『돌파구Breakthrough』에서 따온 것이다.

45. 215쪽.

46. 104쪽, 178쪽, 242쪽.

47. 190쪽, 177쪽, 140쪽, 128쪽, 256쪽.

48. 277쪽, 294쪽, 181쪽.

49. 298쪽, 309쪽, 301쪽.

50. 달리 표시하지 않는 한 모든 인용문은 『라마나 마하르시와의 대화*Talks with Ramana Maharshi*』에서 따온 것이다.

51. 32쪽.

52. 13쪽.

53. 110쪽, 121쪽.

54. 53쪽, 93쪽.

55. 182쪽, 210쪽, 82쪽.

56. 132쪽, 316쪽.

57. 317쪽, 316쪽.

58. 비이원 전통은 여기서 일련의 매우 섬세한 구분을 짓고 있는데, 여기에 대해서는 간단하게 언급할 필요가 있다. 우리는 카츠로 돌아가서 그의 입장을 더 단순하게 비판할 수 있다.

    총체로서의 현현된 일체, 완성된 홀론은 사구나 브라만saguna Brahman(인격을 갖춘 신으로서 인간이 경험할 수 있는 브라만-역자 주), 형상을 갖춘 최종적인 신이다(하위 원인). 그렇듯 현현된 일체의 통일성All-Unity은 그러므로 일체 형태All-Form, 20개 원리의 최상위 적용으로서 진화한다. 순수한 비현현(또는 상위 원인) 영[니르구나 브라만nirguna Brahman(비인격적인 신-역자 주)]은 진화하거나 현현의 지류를 포함하거나, 어쨌든 그 지류로 들어오거나 지류를 떠나지 않지만, 대상의 상태가 어떻든 모든 대상 아래 똑같이 '놓인' 하나의 거울처럼 그 '기저를 이룬다'. 그것은 그 밖의 모든 수준의 근원이자 그들이 지향하는 궁극의 목적이다(그것은 사구나같이 현현의 총체나 현현이 추가된 것이 아닌데, 전적으로 비현현이기 때문이다).

    비이원 진여로서의 신성은(비현현의 근원과 목적과는 대립된다.) 현현도 비현현도 아니다. 그것은 최상위 홀론에서와 마찬가지로 최하위 홀론에서도, 현현이나 비현현 상태에서도 모든 현상의 존재와 본질로서 온전하게 현전한다.

    대략적으로 설명하면, 화이트헤드의 신의 원초적 본성은 거친 내화에(실체화concretion와 비교하라.) 선행하는 상위 정묘 속의 원형적 패턴을 말한다. 화이트헤드는 이런 패턴들을 '영원한 대상'으로 믿었지만 (무착과 세친의) 대승불교 같은 수많은 전통은 이 원형적 패턴(아뢰야식에서의 훈습, 상위 정묘에서 하위 원인)을 셸드레이크의 관점과 매우 유사한 우주적 기억 습관으로 보았다. 화이트헤드의 신의 필연적인 본성Consequent Nature은 사구나 브라만(상위-정묘에서 하위-원인), 계속 진화하는 완성된 홀론과 유사하다.

그러나 원초적 본성과 필연적 본성은 비현현의 신성(상위 원인)이나 진여로서의 신성(궁극이나 비이원)을 포함하거나 이를 지칭하지 않는다. 화이트헤드는 이 영역에는 친숙하지 않은 듯하다.

물론 이런 식의 대략적인 유사성은 카츠와 그의 동료들이 어떤 식으로든 이론적으로 정당화될 수 없다고 생각한 비교에서 나왔다(우리는 7장 주석 16에서 카츠의 입장을 자세하게 다루었으므로 여기서는 그와 관련되지만 더 단순한 비판을 제시하려고 한다. 칸트와 경험에 대한 논의를 보려면 13장 주석 32를 보라).

카츠의 일반적인 다원주의 입장은 신비 경험은 어디에서나 다른 문화적 개념들을 통해 매개되므로 어떤 신비 경험도 비교할 수 없다는 것이다. 그가 믿는 강경한 버전에서 볼 때 이것이 사실이라면, 그것은 신비 경험뿐 아니라 매일매일 일어나는 일상 경험에도 해당되며, 이 지점에서는 단순한 의사소통도(그리고 언어 간의 번역도) 불가능할 것이라는 점을 우리는 보았다. 이와는 달리 하버마스에서 데리다에 이르는 이론가들은 초월적 기의는 그저 구성에 그치는 해석적 실재를 부정하는 방식으로 의미에 정박하고 있는데, 그들은 언어 이외 요인들에 유의미하게 정착하고 있기 때문이라고 주장하였다.

이와 똑같이 신비적 타당성 요건은 언어 이외의 실재에 정박하고 있어서, 그것이 아무리 문화적 요인들에 의해 형성된다 해도 변화하는 문화적인, 그 지방에만 특수하게 한정된 양식의 산물에 머물지 않는다는 것이 신비가들의 주장이다(초월적 기표의 지시대상은 이들이 언제나 이미 문화적 상황에 놓여 있어도 적절한 발달적 기의를 가진 사람들에게 드러나는 세계 공간에 존재한다. 따라서 자연과학이 보편적 요건을 만들거나 회복하는 걸 문화적 맥락이 가로막지 못하듯이, 신비과학은 문화적으로 구속되는 요건이 아님을 막지 못한다).

실로 카츠는 이런 초월적 지시대상의 존재를 암묵적으로(때로는 명시적으로) 인정했다(그는 그것을 '신비적 실재'라고 불렀다). 카츠의 말을 빌면, "따라서 예를 들어 기독교 신비가들의 전신비pre-mystical 의식의 성질은 비인격적인 … 니르바나라는 불교도 교리가 아니라 예수, 삼위일체 또는 인격 신 등으로 신비적 실재를 경험하도록 신비적 의식을 알린다"(언어Language, 인식론epistemology, 신비주의mysticism).

그러나 추정컨대 문화적으로 제한되고 비보편적인 조건으로 밖에는 누구도 접근할 수 없는데도 불구하고, 카츠는 그 '신비적 실재'가 존재하는지 어떻게 알았을까? 그가 다른 사람에게서는 부정한 보편적·초월적 주장을 할 수 있게끔 만든 것은 무엇일까?

사실 마음 뒤편에서 그는 자신이 '신비적 실재'로 인정한 꽤나 분명한 범문화적 공통성을 인정하고 있지만, 그는 국소적 문화 맥락에만 집중함으로써 자신의 분석을 정착시킬 수 있는 신비적 실재의 존재를 계속 가정하고 있었음에도 불구하고 애써 그것을 지워버리려고 했다(그러나 그는 공식적 입장에서는 거기에 대해 보편적인 진술을 전혀 할 수 없었다. 전형적인 수행모순이 아닐 수 없다).

신비적 실재가 존재하고, 특정 문화에만 머무는 게 아닌 초월적인 특정 지시대상을 가질 뿐 아니라(카츠가 실제로 인정한 바와 같이 정말로 범문화적 공통성을 인정할 수 있다.) '신비적 실재' 자체가 발달 및 홀라키 방식으로 전개되며, 전개될 때 범문화적 공통성도 마찬가지로 발견할 수 있다는 것이 초개인 연구에서 일어난 최근의 진전이다. 카츠가 '신비적 실재'의 존재를 이미 인정했기 때문에, '신비적 실재에 있어서의 단계'를 인정하기 위해 더 이상의 수단이 필요치 않았다. 즉, 카츠가 이미 신비적 실재가 존재한다는 어렵고도 굉장한 첫발을 내딛었다. 그 첫발을 다듬는 것이 초개인의 진보다. 그 전개에는, (1) '신비의식이 지역색을 띠는 데 그치는 것을 막고, (2) 그 전개에서 학습이 일어나도록 허용하고(거기에 기초를 제공하고 그것을 교정할 언어 이외의 내용이 전혀 없는 상태에서 그 전개가 문자에만 머문다면 이것은 일어나지 않았을 것이다.), (3) 신비적 타당성 요건을 정착시켜 그것을 문헌적인 잡담과 개인 특유의 해석보다 더 심오한 것으로 만들고, (4) 온우주 지형을 더 깊게 노출시키는 세계 공간으로 개인을 안내하며, (5) 영을 그저 시詩가 아닌 전적으로 하나의 실재로 만드는 초월적 지시대상에 정박한 내재적 단계들이 존재한다.

순서를 매겨 보자.

자기는 아주 강한 내적 광명을 경험한다. 자기와 광명이 융합된다. 자기와 광명이 지멸로 사라진다. 지멸은 일체 현현과의 비이원의 합일로 대체된다. 이것들은 신비 경험의 매우 뚜렷한 네 가지 유형이다(사실 그들은 전형적인 심령, 정묘, 원인, 비이원 영역이다). 그런 유형의 경험들은 아주 분명하게도 범문화적으로 발견된다. 불교도는 그 광명을 화신으로, 기독교인은 그것을 아마도 천사나 그리스도로, 융학자들은 그것을 원형의 출현으로 해석할 것임을 누구도 부정하지 못할 것이다. 이는 사실이지만 지시대상 자체의 존재론적 위상(그리고 영향)과 관련해서 볼 때는 전적으로 사소한 일이다. 그것은 일체의 경험에도 적용된다. (당신과 나는 빨간 천 조각을 정확히 똑같은 방식으로 보고 있을까? 누가 말할 수 있을까? 이것이 붉음을 몽땅 무효로 만들까, 아니면 우리에게는 공통점이 없으므로 우리의 경험을 소통하는 것조차 불가능함을 의미할까?) 신비적 주장을 훼손시키기 위해 이런 주장을 이용하는 것은 어떤 초월적 기의라도 훼손시키는 일이며, 이는 어떤 의사소통 교환도 이론적으로는 불가능하게 만드는 일이 되고 만다.

이와 같이 '신비의식'의 중요한 측면은 항상 문화적 상황에 놓이지만 문화적인 상황에만 놓여 있는 게 아닌 지시대상('신비적 실재')에 정박하고 있는데, 이것이 그런 측면들을 (1) 개인적인 환상, (2) 지역 특유의 문화적 허구, (3) 개인 특유의 기벽, (4) 신화적 독단, (5) 위조된 권력 요구(이데올로기)와 구분 짓게 만든다.

더 정확히 말해서, '신비적 실재'는 초월적 기표에 정박한 채 존재하기 때문에, 이는 (1) 신비적 실재와 비교해서 학습이 일어나게끔 허용하며, (2) 모든 학습과 마찬가지로 그런 학습이 발달의 호弧를 그리면서 전개될 것임을 보장하며, (3) 그런 호의 단계들이 확인될 수 있음을 허용하고, (4) 훈련생이 오류를 범할 때 전통 스스로 밝혀낼 수 있게끔 허용하며, (5) 신비적 전개에 관한 이성적인 재구성과학이 추상적으로 (심층구조로) 표현될 수 있도록 하며, (6) 인간과 인간의 문화적 땜질 이전에 영이 존재하며, 영은 상징을 만들 수 있는 남녀의 역량, 즉 우리가 신을 만들었을까 아니면 이것은 약간 뒤로 가는 것일까라고 묻는 역량의 산물이 아님을 솔직하게 인정한다.

이 점에서 마지막으로, 4장 주석 23에서 나는 초개인 자각의 네 가지 주요 단계에서 종종 서로 다른 언어들이 사용됨을(최선책으로는 은유적으로 포착되는 것 같다고) 언급하였다(나는 서로 다른 담론구조에 대한 푸코의 추적과 관련시켜 이것을 언급했다). 이야기를 합리적 자아로 번역하는 가운데 나는 잠정적으로(그리고 매우 간략하게) 이 언어들을 다음과 같이 약술하고 싶다.

합리적-자아: 표상과 반영의 언어 이것은 (대부분) 외면에 대한 반영에 있어 형식적 조작심을 정의했던(그리고 정의하는) 전형적으로 독백적인 표상 패러다임이다. 이 언어는 세계가 이미 주어진(그리고 유리된) 주체에게 마치 똑같이 주어져 있는 것처럼 세계를 설명한다. 깊이의 다양성을 인정하지만, 이 또한 독백적 표현으로 (실증-분석) 설명되는 경향이 있다.

켄타우로스/비전-논리: 심도와 발달의 언어 비전-논리는 '이미 주어진' 반영에서 나타나는 '분명한' 표층 아래에는 외면적 형상(예를 들어, 신구조주의)과 내면적 해석(예를 들어, 해석학) 양자로 드러날 수 있는 깊이가 숨죽이고 있다는 사실을 더 쉽게 인정하는 경향이 있다. 이것이 표상의 언어에서 깊이의 언어(예를 들어, 정신분석, 언어학)로 푸코가 추적했던 일부 조치다. 게다가 일반적으로 깊이는 발달하는 것으로 이해되었다. 표층구조는 단순히 드러나지만 심층은 전개되거나 발달하거나 진화하는 경향이 있다. 그것들은 그냥 '미리 주어져' 있지 않다. 따라서 켄타우로스 언어는 변증법, 대화, 네트워크 지향, 발달적인(가장 포괄적인 의미에서 진화적인) 경향성이 있다. 줄여 말하면, 깊이와 발달의 언어다(내가 지적했던 것처럼, 이 책은 의도적으로 이런 언어로 저술되었다).

심령: 비전과 진동의 언어 비전-논리는 직접적인 비전으로 대체되며 발달적 관점은 진동적 관점으로 보충되는데, 여기서 진동은 물리적인 성질보다는 자각 강도의 질을 전달하기 위해 사용된다. 이런 언어는 쿤달리니 요가와 탄트라적 전개의 초기 단계에서 가장 흔히 나타나지만, 사실상 집중 명상의 모든 초기 단계에서도 어느 정도 발견될 수 있다. 우리가 이미 살펴보았듯이, 심령 수준은 그 지시대상의 일부로서 조대 영역의 측면들을 취하기 때문에 (신체적 진동으로 느껴지는) 진동은 조대 영역을 초월하기 시작하는 정묘 에너지와 의식을 가장 잘 포착하는 것 같지만, 여전히 그 영역에서 강하게 느낄 수 있다. 어떤 이유에서건 이 영역을(그리고 차크라, 나디nadis, 티글스tigles 등 정묘한 구조) 설명하기 위해 비전과 진동의 언어가 꽤나 자주 사용되는 것 같다.

정묘: 광명과 원형의 언어 내가 말하는 '원형'은 비융식non-Jungian의 의미, 더 전통적인 의미다(정묘한 온우주 형상이나 현현의 패턴으로서, 우리가 9장에서 보겠지만 내화에서 여타의 모든 패턴이 거기에 기반을 두고 있다). 비전은 강렬한 광명으로 대체되고(때로는 들을 수 있는 광명과 지복-광명), 거기서 진동은 조대 영역이 빛을 발산하거나 진동하는 정묘한 형상의 포착으로 보완된다. 내면의 광명과 원형적 신-형상의 '성자' 영역으로서 비범하고, 경외감을 유발하며, 초자연적이고, 환하게 빛이 난다.

원인: 공성과 꿈의 언어 광명은 순수한 공성으로 대체되며, 형상의 세계 전반(원형이나 그 밖의 형상)은 하나의 꿈으로 보인다(드라마나 유희, 릴라lila로 표현된다). 따라서 우리는 철학자, 성현들이 심연, 허공Void, 궁극의 기반Urgrund, 불생, 미생 등등에 대해 말하는 것을 들을 때마다 그들은 거의 언제나 거대한 꿈, 거대한 환상, 춤추는 유희, 어떤 최종적 실체도 없이 희미하게 빛나는 거대한 이미지로 현현에 대해 언급한다. 우리는 공성과 꿈의 언어 속에 있는 것이다.

비이원: 비범한 일상의 언어 공즉시색이고 색즉시공이다. 그러므로 최종의 깨달음은 현재 일어나고 있는 어떤 것과도 조금도 다르지 않으므로, 예를 들어 어느 선사의 표현대로 이렇게 가리킬 수 있다.

"나무 사이로 부는 봄바람은

두 개의 얼굴을 가졌네.

남풍은 따뜻하고,

북풍은 차갑지."

이것은 절대적 진실을 완벽하게 가리키고 있다. 얼마나 분명하며, 얼마나 평범한지. 이 물 잔은 차갑고 태양은 빛나네! 지붕 꼭대기로 떨어지는 빗소리가 들리는가? 누가 깨닫지 못했단 말인가?

본래 면목은 어디에 있나? 일미—味의 우주에서 바로 여기가 아니라면 절대 진리를 위해 어디를 가리킬 수 있단 말인가? 달리 어디 있단 말인가? 바로 여기의 언어다.

이 일체의 언어에서 내가 제시한 것처럼 (깊이와 발달 또는 광명과 형상 같은) 두 가지 '구성요소'는 매우 일반적으로는 (이 두 가지가 마침내 둘이 아님 또는 비이원이 될 때까지) 특정 수준의 내적 측면과 외적 측면을 나타낸다는 점에 주목하라. 주체의 측면을 가리키는 내면 요소는 비전-논리(또는 깊이)에서 비전, 광명, 공성(순수한 주시자)으로 발달한다. 객체 측면을 나타내는 외면적 요소는 진동에서, 원형, 꿈으로 발달한다. 최후의 공성과 최후의 꿈/형상이 둘이 아닌 상태가 될 때까지. 여름에 부는 산들바람은 차갑고 새는 큰 소리로 지저귄다.

언어에는 문제가 없다는 데 주목하라. 기표는 완벽히 적절하다. 발달적 기의인 경우 지시 대상은 참으로 분명하다. 정묘 수준에 있는 수행자에게 "태양보다 천 배 밝은 빛을 봤어요."라고 말하면, 그 수행자는 예를 들어 "지난밤에 강렬한 오르가슴을 경험했어요."라는 말만큼이나 '거의 완벽히' 당신이 말하는 의미를 이해할 것이다. 즉, 양쪽 경우 모두 실제 참조 포인트로서 우리가 살아온 경험에 의존해서 언어는 똑같이 별 문제없이(또는 똑같이 서툴게) 작동한다. 나는 당신이 말하는 '강렬한 오르가슴'이 정확히 무슨 뜻인지 모를 수 있지만, 그것은 모든 기표에 적용되며 결코 신비적 기표만을 무장해제시키지 않는다. 이미 말했듯이 그것은 '개의 특질'에 적용되듯이 '불성'에도 적용되는데, 언어적으로 포착하기 어렵다고 해서 개와 부처가 언어적으로 꾸며 낸 이야기라는 뜻은 아니다.

초개인 영역의 언어 유형을 분석하는 것은 내 생각에 탈근대의 또 다른 핵심 프로젝트다. 물론 유리된 채 떠도는 멍청이들 무리가 실제 지시대상에 관해서 단 한 가지 단서도 없이 기표를 분석하려 애쓰는 학문적 노력에 머물지만 않는다면 말이다.

59. 67-68쪽, 138쪽, 96쪽, 191쪽, 249쪽.

세계중심이 겪는 변용에 주목해 보자. 우리는 전반적인 발달이 물질중심, 생물중심, 자아중심, 민족중심, 세계중심으로 이동한다는 걸 보았다. 세계중심의 다양한 개념이 합리성에서 최초로 출현하기 시작한다. 세계중심의 모든 관점이 갖는 공통점은 특정한 자유가 인종, 피부색, 신념이나 성과는 무관하게 모든 인간에게 확장되어야 한다는(또는 이용 가능하게 되어야 한다.) 것이다. 합리성 그리고 그것을 넘어선 모든 단계는 근본적으로 본질상 세계중심적이다.

그러나 제시된 세계중심 자유의 유형은 발달의 방식으로 전개되며, 이런 자유 유형들(그리고 도덕의 유형들)은 더 높은 초개인적 발달 단계를 규정하는 일부 특징이다.

합리성 및 세계중심의 입장에서 이야기해 보면, 예를 들어 하버마스가 합리성은 세계사회의 모든 성원을 위해 우선 법적 자유를 요구하고, 그 후에는 도덕적 자유, 그 후에는 정치적 자유를 요구한다고 지적했음을 우리는 이미 살펴보았다(세 가지 유형으로 진행되는 자유에 주목하라). 그것은 글로벌, 켄타우로스 비전-논리와 그것의 도덕적 입장으로 우리를 안내한다.

실제 몇 개 단계/수준을 담고 있는 초개인, 즉 콜버그의 7단계 또는 보편/영적 도덕으로(또는 '후인습 이후') 지속해 가면서 우리는 여전히 세계중심 지향을 보지만 법적이나 정치적인 것을 넘어선 그 이상의 자유, 이를테면 영적 자유가 주어진다. 세계중심이라는 폭은 같지만 깊이는 그 이상을 드러내고 있다.

이렇게 진행되는 깊이는 심령, 정묘, 원인, 비이원임을 우리는 살펴보았다. 그리고 각각은 점차 더 깊어지고 더 넓어지는 영적 자유, 소위 여지가 더 많은 세계 공간과의 동일시에서 오는 자유의 유형을 제공한다. 그것들은 더 깊고 넓은 곳에서 자유를 발견함으로써 제한이 더 많은 더 적은 공간으로부터의 자유다.

따라서 각각의 자유는 종종 무언가로부터의 자유freedom from인 동시에 그 속에서의 자유freedom in로 설명된다. 더 작은 선행 영역으로부터의 자유이자 새롭고도 '더 넓은' 영역 속에서의 자유다(잠시 후에 살펴볼 것이다). 이런 자유 각각의 도덕적 입장은, 그러므로 모든 존재에게는 새로운 유형의 세계중심의 자유와 관련이 있다(기본적인 도덕적 직관BMI은 이 새로운 자유, 이 새로운 깊이를 살아 있는 모든 존재에게 가능한 한 많이 확장시키도록, 최대 폭을 위한 최대 깊이greatest depth for greatest span로 우리를 고취시킨다. 이것이 새로운 깊이의 자유로부터 도출되는 새로운 유형의 도덕적 명령의 특징이다).

점증하는 영적 자유와 그에 상응하는 도덕적 입장은, 예를 들어 요기, 성자, 현자, 비이원으로 언급되었다. 이들은 조대, 정묘, 원인, 비이원 세계 공간과 관련된 영적 자유이며, 따라서 각 경우 이 영적 자유는 더 작은 것의 한계로부터의 자유인 동시에 더 넓게 트인 큰 것 속에서의 자유로 설명된다. 조대로부터의 자유이자 정묘 속에서의 자유, 정묘로부터의 자유이자 원인 속에서의 자유, 원인으로부터의 자유이자 비이원 속에서의(그리고 비이원으로서의) 자유다. 더 적은 자유를 잃는 게 아니다(마찬가지로, 법적·정치적 자유가 부정되지 않는다). 그것들은 그들의 관심사를 더 큰 관점으로 포용하는 더 깊은 공간 속에 포섭될 뿐이다.

몇 가지 축약된 예를 들어 보자. 심령/정묘 경향성은 (감각적 몰입으로부터 벗어난 요가식 자각의 제어를 통해) 쾌락/고통과 감각적 수준, 심적 욕망과 좌절이라는 조대 수준의 일상적인 부침으로부터 자유롭다. 그것은 조대의 한계로부터의 자유이자 요동치는 감각적·심적 욕망과 혐오로 점철된 조대 영역 전반에 선행해서 움직이는 심령과 정묘 자각의 더 깊은 공간 속에서의 자유다.

마찬가지로, 원인의 경향성은 정묘 영역과 현현 일반(윤회) 한계로부터의 자유, 고통 및 분리기제와 동일시된 자각의 한계로부터의 자유이자 의식 자체인 형태 없는, 비현현의, 무현의 공성이라는 광활하게 펼쳐진 공간 속에서의 자유다. 결코 현현으로 들어가지 않는 원인의 자유는 이원성의 세계 및 그 찢어질 듯한 본질적 고뇌인 광기의 역학, 고통의 수학에 의해 결코 압도당하지 않는다.

비이원 경향성은 원인의 비현현이라는 극도로 정묘한 한계로부터의 자유[즉, 원인의 긴장이나 현현에 대한 순화된 공포의 한계다. 이는 사하즈sahaj(자연스럽다는 산스크리트어-역자 주)의 최후 두려움Phobos인 무상삼매의 심장 주변을 둘러싼 긴장으로서 공과 색 사이의 경계를 해소하고 영원히 일체의 형상으로서 깨어나는 데 대한 최후의 공포다.], 원인의 한계로부터의 자유이자 자발적으로 그러한 공과 색의 온우주 전체 속에서의(온우주 전체로서의) 자유다.

이런 유형의 새로운 영적 자유 또한 내가 간단히 윤곽을 제시한 바대로 종종 여러 언어를 통해 기술되었다. 따라서 비전-논리는 단순한 표상의 한계로부터의 자유이고, 정묘 수준의 나다 광명은 신체로 느껴지는 조대 진동으로부터의 자유이며, 원인은 일체 현현의 환상적 꿈으로부터의 자유이고, 비이원은 (가장 간단한 예로는) '돌부처' 공성으로부터의 자유다.

게다가 이런 네 가지 유형의 영적 자유(심령, 정묘, 원인, 비이원)는 금욕의 길Paths of Renunciation(요가/심령), 정화의 길Paths of Purification(정묘에서 원인까지), 변용의 길Paths of Transformation(원인에서 비이원까지), 자발적인 자기해방의 길Paths of Spontaneous Self-Liberation(비이원 자체)과 종종 상호 관련되며, 각각은 새로운 깊이에서 전개되고 해석되는 것으로서의 기본 도덕적 직관을 반영하는 서로 다른 도덕적 경향성과도 관련된다.

이런 상호 관련성의 세부 내용은 추후의 출판을 위해 남겨 둘 것이다. 합리성에서 시작하고 합리성 및 그 너머에 있는 **모든** 단계를 특징짓는, (적어도) 자유를 모든 인간의 범위로 확장시키는 **세계중심** 입장, 세계중심 폭을 갖는 입장 자체는 더 깊은 **깊이** 또는 새로운 도덕적 명령을 통해 **보편적**으로(인간뿐 아니라 살아 있는 모든 존재에게도) 확장될 필요가 있는 깊고도 깊은 유형의 자유를 점점 더 드러낸다는 것을 나는 여기서 강조하고 싶다.

이것이 이성은 초월로 가는 위대한 문이라는 사실을 지지하고 정당화시키는 또 다른 이유다. 어떤 사람(그리고 어떤 문화)은 초개인 영역의 '문을 두드리고 들어가지만', 전이성 구조, 자아중심이거나 사회중심/민족중심 경향성으로 좁게 직관을 통과시켜 자아중심성이나 민족중심성을 강화하는 데에만 활용한다. 신은 이제 그들 편만 드는데, 여기서 그들은 다른 신은 존재하지 않는 것이 아닐까라고 생각하기 시작한다. **세계중심** 합리성이 결여된 그런 직관은 모든 인간에게(궁극적으로는 지각 있는 모든 존재에게) 효과가 있다고 볼 수 없다. 따라서 세계중심 합리성이 결여된 모든 영적 직관은 일시적으로는 아무리 믿을 만해도 그 진정성 있고 자비로운 현현을 가로막는 구조 속에서 장악되고 얼어붙게 된다.

전이성 구조 및 세계중심에 미치지 못하는 포용으로 절름발이식 제한을 가하는 것으로부터 진정한 직관을 해방시키는 게 포스트모던 프로젝트의 일부다.

60. 이 주제에 관한 흥미로운 논의를 보려면 피터 러셀Peter Russell의 『적기의 화이트 홀*The white hole in time*』을 보라.

여러 이론가는 진화의 속도가 부정할 수 없이 가속되는 걸 지적했는데, 여기서는 주요 변용들이 기하급수적으로 **빠르게** 일어나는 것처럼 보인다. 어느 한 관점에서는 분명 사실이지만, 내가 본문에서 제시하는 주장에는 영향을 미치지 못한다.

61. 이 시점에서 우리가 알 수 있듯이, 신비가들은 그런 힘을 에로스로, 그런 목표를 신으로 부를 것이다. 다음 두 장에서 그런 오메가의 '근원'을 탐구할 것이다.

62. 후쿠야마Fukuyama, 『역사의 종말과 최후의 인간*The end of history and the last man*』, xiii쪽.

각 세계관의 주된 기술, 경제적 기반을 살펴본 후에 제2권에서 경제적인 이유를 논할 것이다. 모든 내면에는 외면이 있기 때문에 주요 세계관 각각은 물질적 생산의 주된 힘과 상호 관련된다(그러나 그것으로 환원될 수는 없다). 마술(수렵채집), 마술-신화(원예농업), 신화(농업), 이성(산업), 비전-논리(정보)가 된다.

SEX. ECOLOGY. SPIRITUALITY

켄 윌버의 성, 생태, 영성: 진화하는 靈

이런 여러 가지 생산 양식의 상호 관련성과 특징들을 제2권에서 길게 검토하겠지만 가장 중요하게는 각 시기에서 성의 위상을 검토할 텐데, 어제 그리고 내일에서 성이 갖는 역할을 판독하는 게 목표다.

현재 진행 중인 글로벌한 변용의 성질은 여러 가지 세계관과 관련된 '기반'(기술, 경제적 하부 구조)이 맡고 있는 역할을 이해하지 않고서는 제대로 논의할 수 없다. 이미 언급했던 것처럼 이것은 제2권의 주요 주제다.

그러나 후쿠야마 주장의 이 부분은 (경제적) 우측 요소, 물질적 요소이며, 그는 당연히 그것이 자연과학의 (우측) 결론과 관계있음을 발견했다. "근대 자연과학은 역사의 방향성과 일관성을 설명하는 조절자나 기제다. 근대 자연과학이 유용한 출발점인데, 왜냐하면 그것이 공통된 합의를 통해서 누적적인 동시에 지향성을 띤 유일하게 중요한 사회적 활동이기 때문이다"(『역사의 종말』, xiv쪽).

"인정을 위한 투쟁"은 그의 주장 중 좌측 요소에 해당한다. 모든 사람 사이에서의 상호 인정이나 상호 자존감의 자유로운 교환은 역사와 의사소통을 앞쪽 방향으로, 오메가 포인트가 자연스럽게 출현하는 쪽으로 견인하는데, 그렇게 되면 어떤 의미에서는 역사의 종말이 된다는 게 그 주제다.

63. 『역사의 종말』, xviii쪽.

64. 같은 책, xii쪽.

65. '미국의 녹색화'와 '물병자리 시대'에서 뉴에이지 이론가들이 간과하는 경향이 있는 몇 가지 요인을 언급하고 싶다. 우리가 소위 심령적인 대혼까지 집단적으로 진화한다 해도, 물병자리 유토피아를 꿈꾸는 사람들이 명심해야 할 세 가지 중요한 요인이 있다. 여기서 대혼까지 집단적으로 진화한다는 건 모든 사람이 대령을 인정하고 실현하는 쪽으로 사회적 무게중심이 조직화된 정치적·교육적·문화적 제도 주변을 맴돈다는 뜻으로서, 이는 현재 합리적인 자기자존감의 인정 주변으로 우리가 조직화되고 있는 것과 꽤나 유사하다.

(1) 어떤 사회에서도 예상 가능한 심리문화적 발달의 평균 수준은 그 수준까지 발달상의 속도 조절자로서 작용하지만, 모든 사람의 발달이 그렇게 진행된다고는 보장할 수 없다. '선진' 국가에서조차 극소수 사람들만이 세계중심, 후인습 자각에 확고한 기반을 두고 있다(한 연구는 상위 후인습 단계에 도달한 미국 인구가 4퍼센트에 불과하다는 걸 발견했는데, 이것은 대혼이 하강하기 이전에 일어나는 필요한 단계다!). 모든 대혼의 사회는 동일한 문제로 고통받을 것이다.

거꾸로 말해서, 주어진 사회에서 예상되는 집단 평균 수준이 어느 정도건 사람들은 언제나 그것을 넘어 의식의 더 높은 구조로 진화하고 발달할 수 있는데, 이들이 인간 홀론의 구조적 잠재력이기 때문이다. (a) 그러나 그 잠재력은 깊이에서 유사한 소규모 공동체(승가) 속에서만 실행될 수 있으며, (b) 주어진 사회에서 예상되는 평균 수준이 높을수록 더 높이 발달하기 쉬울 것이다(그러나 가능성이 반드시 높진 않다).

(2) 대혼으로 예상되는 평균 수준까지 사회가 집단적으로 진화했어도, 그럼에도 불구하고 그 사회에 태어난 사람은 모두가 단세포 수정란처럼 처음부터 발달을 시작해야 할 것이며, 물질중심, 생물중심, 자아중심, 사회중심, 세계중심, 신중심으로 이어지는 홀라키의 몹시도 고된 오르막을 올라가야 한다. 올라가는 속도가 가속될 수는 있지만, 기본 단계를 건너뛸 수는 없다(누구도 심상 없이 개념을 형성할 수 없으며, 나머지도 마찬가지다).

발달의 매 단계에서 **사태가 잘못될** 수 있다. 단계가 높을수록 발달이 유산流産되는 악몽이 더 자주 일어날 수 있다.

(3) 고차 단계 자체로 말하면, 그들은 새롭고도 영광된 잠재력을 선사하지만… 새롭지만 극도로 비참한 병리 가능성도 가져온다. 초기 정묘 수준에 대한 테레사의 설명을 다시 읽어 보라(힌두인, 불교도, 수피 경전에서도 비슷한 설명을 발견할 수 있다). 사회 전반이 그런 단계를 거친다면 재미있지 않을까?

진보의 변증법은 신의 얼굴마저 덮어 버리고, 현현된 온우주 어디에도 이상화된 '천국'을 찾을 수 없다. 그 이유를 더 살펴볼 것이다.

66. 일체 현현의 총체인 만물the All은 필연적이면서 원초적인 영의 성질의 총합으로서(대충 화이트헤드의 의미) 낮은 원인 수준에 있다. 이런 총체는 각 개인과 유한한 사물에 가해지는 현시된 오메가 견인력이다. 그 자체는 점점 희미해진다. 각각의 새로운 순간에는 결코 도달되거나 충족될 수 없는 새로운 총체적 지평이 있는데, 충족의 순간 자체는 이전 전체가 지금은 부분이 되는 새로운 전체를 창조하기 때문이다. 전체/부분이 계속 상향으로 단계적으로 진행되면, 홀론은 영원히 자기초월하기 때문에 결코 최종적으로 자기충족될 수 없다. 시간을 초월하길 애쓰며 쉼 없이 시간 속에서 앞을 향해 서두르는 격이다.

최후의 오메가가, 궁극의 비현현 오메가가, 원인의 무형상은 지평 저편에 있는 자석으로서 결코 단일성이나 전체성으로서의 형상 세계로는(또는 어떤 현상적 사건으로) 오지 않는다. 따라서 최후의 오메가는 현현된 어떤 모습에서도 찾을 수 없지만, 이런 무한의 공성이 없다면 현현된 만물은 어디에도 안식처를 찾지 못할 것이다.

어떤 각도에서 보건 형상의 세계에서 발견될 수 있는 궁극의 오메가란 없다. 현현된 세계에서 완벽이란 없다. 형상의 세계가 완벽과 완전한 충족을 발견한다면, 그것은 할 일이 없을 것이며 갈 곳도 없을 것이다. 원하고, 욕망하고, 찾고, 발견할 것이 더 이상 없을 것이다. 전 세계는 그 추구를 멈출 것이고, 그 충동도 멎을 것이며, 그 움직임도 끝날 것이다. 운동, 시간, 공간은 사라질 것이며 무형상으로 될 것이다. 그러나 지평의 저편에는 무형상이 있다. 이를테면 무형상은 이 순간, 매 순간의 가장 깊은 심연으로서 이미 여기에 존재한다.

　이 가장 깊은 심연은 일체 형상의 욕망, 형상의 세계에서는 도달할 수 없는 욕망이지만 모든 형상의 공성이다. 일체 형상이 이미 언제나 무형상임을 본다면, 펼쳐진 온갖 것의 진여이자 여여如如인 비이원의 텅 빈 근원적 바탕이 동터 온다. 형상의 세계 전체는 이미 항상 완벽하게 공성이며, 이미 항상 모든 조건의 항존하는 조건 속에 존재하며, 이미 언제나 모든 사물의 목적이 아니라 모든 사물의 진여인 궁극의 오메가다. 오직 이뿐. 추구는 언제나 이미 끝나 버렸으며, 형상은 신성의 몸짓으로서 그들의 영원한 유희를 계속한다. 영을 찾은 게 아니라 형상의 모든 움직임과 운동으로서 영을 표현하면서.

찾아보기

켄
윌
버
의
성,
생
태,
영
성:
진
화
하
는
靈

켄
윌
버
의
성,
생
태,
영
성:
진
화
하
는
靈

내용

켄
윌
버
의
성,
생
태,
영
성:
진
화
하
는
靈

❁ 저자 소개 ❁

Ken Wilber

우리 시대 최고의 통합사상가로 꼽히는 미국 출신의 저술가이자 철학자로, 23세의 젊은 나이에 동서양 사상을 섭렵한 『의식의 스펙트럼*Spectrum of Conciousness*』을 저술하여 세상을 놀라게 했다. 그는 심리학, 사회학, 철학, 신비주의, 포스트모더니즘, 과학, 시스템 이론을 총망라해서 인간의식의 발달 및 진화에 대한 특유의 통합 이론을 제시하여 의식 분야의 아인슈타인으로 불리기도 한다. 선불교와 티베트 족첸을 비롯한 여러 전통의 수행을 40년 이상 직접 실천해 오고 있는 윌버는 1998년 통합연구소를 설립한 이후 통합 이론 및 훈련을 주도해 오고 있다. 그의 사상은 낭만주의 시기, 의식발달론 시기, 수준과 파동을 포섭하는 확장된 의식발달론 시기, 진리의 사상한론 시기, AQAL론 시기라는 대략 5단계를 거쳐 변화, 발전하였다. 초기의 대표적인 저서로는 『의식의 스펙트럼*The Spectrum of Consciousness*』『무경계*No Boundary*』『아트만 프로젝트*Atman Project*』가 있고, 후기의 대표 저서로는 『성, 생태, 영성*Ses, Ecology, Spirituality*』『모든 것의 역사*A brief History of Everything*』『통합심리학*Integral Psychology*』이 있다. 그의 저서 대부분이 현재 한국에서 번역, 출판되었다.

❀ 역자 소개 ❀

조옥경(Cho Okkyeong)

켄 윌버의 저서를 한국에서 가장 활발하게 번역하여 소개하고 있는 통합치유 전문가로서, 고려대학교 심리학과를 졸업하고 동 대학원에서 문학박사학위를 받았다. 인도 푸나 대학에서 요가심리학을 전공하고 하타요가의 대가 아엔가 센터에서 요가 수련을 한 후 미국 히말라야 요가연구소에서 하타요가 지도자 과정을 수료하였다. 서울불교대학원대학교 심신통합치유학과 교수로 재직하며 요가를 바탕으로 몸-마음-영성의 통합적 건강 패러다임을 연구, 지도하고 있다. 한국요가학회 회장을 역임하였고 현재는 한국명상학회 부회장, 대한심신치의학회 부회장을 맡고 있다. 요가, 명상에 관한 다수의 논문과 저서를 출판하였고, 『켄 윌버의 통합심리학』(학지사, 2008), 『에덴을 넘어』(공역, 한언, 2009), 『세상에서 가장 아름다운 용기』(공역, 한언, 2006), 『영원의 철학』(김영사, 2014), 『아이 오브 스피릿』(공역, 학지사, 2015), 『켄 윌버의 신』(공역, 김영사, 2016) 등을 번역하였다.

김철수(Kim Chulsoo)

고려대학교 대학원에서 심리학으로 박사학위를 받았으며, 계명대학교 심리학과 교수로 재직(1983~2012)한 바 있다. 역서로는 『아이 투 아이』(대원출판, 2004), 『무경계』(정신세계사, 2012), 『아이 오브 스피릿』(공역, 학지사, 2015)이 있으며, 논문으로는 「영원한 지혜와 첨단과학 지식 간의 만남」[사회과학논총, 18(1), 1998, 계명대학교], 「의식의 구조와 자기의 발달과정」[사회과학논총, 24(1), 2005], 「Wilber의 통합(AQAL)과 통합 방법론적 다원주의」[사회과학논총, 26(1), 2007] 등이 있다. 윌버의 '온수준, 온상한' 모델을 기반으로 한 통합연구와 그 성과를 정치, 교육, 리더십, 조직 문화 등 현실에 적용하는 데 관심을 갖고 있다.

켄 월버의 성, 생태, 영성 (상)
-진화하는 靈

Sex, Ecology, Spirituality:
The Spirit of Evolution, Second Edition

2021년 1월 15일 1판 1쇄 발행
2022년 1월 20일 1판 2쇄 발행

지은이 • Ken Wilber
옮긴이 • 조옥경 · 김철수
펴낸이 • 김 진 환
펴낸곳 • (주) **학지사**

      04031 서울특별시 마포구 양화로 15길 20 마인드월드빌딩 5층
대표전화 • 02) 330-5114   팩스 • 02) 324-2345
등록번호 • 제313-2006-000265호
홈페이지 • http://www.hakjisa.co.kr
페이스북 • https://www.facebook.com/hakjisabook

ISBN 978-89-997-2231-8 94180
    978-89-997-2230-1 94180(set)

정가 27,000원

이 도서의 국립중앙도서관 출판시도서목록(CIP)은 서지정보유통지원시스템
홈페이지(http://seoji.nl.go.kr)와 국가자료공동목록시스템(http://www.nl.go.kr/kolisnet)
에서 이용하실 수 있습니다.
(CIP제어번호: CIP2020044422)

출판 · 교육 · 미디어기업 **학지사**

간호보건의학출판 **학지사메디컬** www.hakjisamd.co.kr
심리검사연구소 **인싸이트** www.inpsyt.co.kr
학술논문서비스 **뉴논문** www.newnonmun.com
원격교육연수원 **카운피아** www.counpia.com